◎ 张广志／著

张广志论学杂著 选辑

ZHANGGUANGZHI LUNXUE ZAZHU XUANJI

经济科学出版社
Economic Science Press

图书在版编目（CIP）数据

张广志论学杂著选辑/张广志著 . —北京：
经济科学出版社，2016.5
ISBN 978 – 7 – 5141 – 6826 – 6

Ⅰ.①张…　Ⅱ.①张…　Ⅲ.①中国历史 – 古代
史 – 文集　Ⅳ.①K220.7 – 53

中国版本图书馆 CIP 数据核字（2016）第 076193 号

责任编辑：庞丽佳
责任校对：杨　海
版式设计：齐　杰
责任印制：邱　天

张广志论学杂著选辑

张广志　著

经济科学出版社出版、发行　新华书店经销
社址：北京市海淀区阜成路甲 28 号　邮编：100142
总编部电话：010 – 88191217　发行部电话：010 – 88191522
网址：www. esp. com. cn
电子邮件：esp@ esp. com. cn
天猫网店：经济科学出版社旗舰店
网址：http：//jjkxcbs. tmall. com
固安华明印业有限公司印装
710 × 1000　16 开　36 印张　700000 字
2016 年 6 月第 1 版　2016 年 6 月第 1 次印刷
ISBN 978 – 7 – 5141 – 6826 – 6　定价：86.00 元

前　言

　　人老了，爱想这想那。我这一生，写过几本书，写过一些文章。书好找，用起来也方便。问题是那些单篇论文，早的写于 1960 年我读大三时，晚的写于近日，时间跨度既大，又分散各处，且有的发表过，有的尚未发表，于人、于己皆不方便。于是便有了把自己半个多世纪以来所写论文筛选、汇集一下的想法，于是便有了这个《张广志论学杂著选辑》集子。

　　我的主业是先秦史研究。先秦史中又主要着力于先秦社会性质即中国无奴隶社会发展阶段问题的研究。此外，我又曾涉足"对立面的统一性"及"十月革命后民族民主革命的性质及其所属阵线问题"的研究。前者属哲学，后者属近现史，虽皆非我之主业，却倾注过我不少心血，且是与毛泽东讨论、商榷的，颇有些意思、意义，故亦收进集子中。附录三种，一为治学心得，一为偏重学术内容的个人小传，一为一束反映笔者不同时期心路历程的旧体诗词，都与学术沾边，故亦塞入。

　　接触过我的朋友都知道，我这个人学问不大，胆子却大得出奇，"五种生产方式"说敢碰，大三时就写文章和毛泽东讨论问题，故说我"胆大包天"亦不为过。自然，胆大并不等于就占着理。是邪？非邪？实践、历史会做出正确的检验、评判。

　　收入这个集子中的文章，大部分刊出过，有些则属初次发表。对已刊诸文，这次收入时仅作了个别文字上的改动、订正，观点、材料则一仍其旧，未作任何变动，以存其真。

张广志

2016 年 3 月 22 日于南京

目录

第一辑　奴隶社会并非人类历史发展必经阶段研究

第二辑　中国古史传说时代研究

第三辑　三代及相关古史研究

第四辑 "对立面的统一性" 及 "十月革命后民族民主革命的性质及其所属阵线" 问题研究

附　　录

第一辑
奴隶社会并非人类历史发展
必经阶段研究

略论奴隶制的历史地位

为方便读者计，先简单交代一下自己的观点：一、奴隶制和奴隶制社会是两个不同的概念，人们在使用中常常将他们混淆，这是错误的；二、奴隶制作为一种生产关系，一种剥削方式，曾经在各民族的历史上长期存在过，但它仅仅在极个别地区（地中海一带）获得过充分的发展，上升为占主导地位的剥削方式，从而使这个地区的社会构成为奴隶社会，而在世界其他更为广大的地区，则不是这样；三、因此，奴隶社会并非人类历史发展的必经阶段，事实上，不经过奴隶社会，见之于广大地区，是通例，经过奴隶社会，见诸极个别地区，是变例，以变例为通例，是以偏概全，是"西欧中心论"；四、明于以上诸点，中国史和世界史上一些长期纠缠的问题，似是而非的结论，才有获得解决和澄清的希望。这些，便是本文所要提出和所要证论的问题。

一、从中国古史分期谈起

聚讼几十年的中国古史分期问题，至今未获解决。原因何在？有人说，是史料问题。诚然，在史料的发掘、鉴别、诠释、运用等方面，是存在不少问题，还有许多工作要做；但这里，我不能不说更重要的却是理论问题。在理论问题上，又可分为两个方面：一是现存理论的理解、运用问题；一是某些现存理论本身的检讨问题。两者相比较，我认为关键又在后者。

多少年来，人们苦心于中国的奴隶社会与封建社会分期问题的研究、讨论。但拿现今我们所依以为据的某些理论来观察中国古代社会，却是左看不像，右看也不像，于是，只好牵强附会，削足适履，以西欧史为蓝本大做中国史的改铸工作，以致闹出了种种笑话，无端消耗了中外一大批史学工作者的宝贵心血。事情本身理应使人很自然地提出如下的疑问，即：中国历史上到底有没有一个奴隶社会发展阶段？因为，这是"分期"的前提，否则，那一篇篇、一本本的分期文章、专著，岂不成了题外之争，成了"子虚赋"！遗憾的是，我们的史学工作者却不大愿意、不大敢去接触这个问题。因为，据说是苏联的某些权威学者早已对古代东方之为奴隶社会这一问题作了肯定的、毋庸置疑的回答；古代中国既属古代东方之列，自然不能例外，自然也得是奴隶社会了。

人们都还记得，自 20 世纪 20 年代以来，在古代东方社会性质以及奴隶社会是否是人类历史发展必经阶段这类问题上，本来是有着长期的、激烈的争论的。因为，从一个方面来说，马克思主义的创始人马克思、恩格斯在这类问题上没有给我们留下确定不移的指示，他们在不同的地方，有着不同的，甚至相互冲突的提法，也就是说，他们并没有把话说死；另外，随着历史科学的不断进步，越来越多的史学工作者也逐渐意识到，地中海到底不是整个世界，再也不能以西欧史为楷模去"匡正"整个人类的历史了。因此，当时的争论，如抛开它同政治斗争的关涉，单就学术角度言之，是完全正确的，应该的。只是到了后来，当 B. B. 斯特鲁威等人的古代东方奴隶社会说及奴隶社会乃人类历史发展必经阶段说逐步取得优势，特别是当 1938 年斯大林根据论战的"成果"在《辩证唯物主义与历史唯物主义》一文中提出了那个著名的"五种生产方式"说之后，争论始暂时平息下来。自那以后，十多年天气算是比较平和地过去了。但这种景况并没有维持多久，到了 50 年代，争论再次爆发。这也并不奇怪。因为，斯特鲁威的学说本不是马克思主义的，它不符合历史的真实，故理所当然地受到了人们的怀疑和抛弃。奇怪的倒是：当斯特鲁威的学说及其在史学界的主宰地位已不止一次地受到挑战和有力摇撼的时候，它却牢固地在中国史学界继续保持自己的独尊地位，维持着一统天下。

是到了结束这种不正常局面的时候了。先一口咬定中国有奴隶社会，再以此为据去进行什么奴隶社会与封建社会的分期，是十分荒谬的。只有抛弃这种荒谬而徒劳的做法，中国古史的研究才能从"分期"的死胡同中走出来。

二、阶级社会生成中的两种类型

马克思主义经典作家通过对人类历史的研究，揭示了人类社会由公有制而私有制再公有制的辩证发展。人类历史的这种演进过程，是生产方式自身矛盾运动的结果，是客观规律，这就粉碎了资产阶级学者的私有制从来就有和万古长青的神话。不仅如此，经典大师们还进一步指出，在人类历史发展的私有制阶段，生产方式的运动又曾在不同的历史时期、不同的地区体现为不同的社会经济形态，即是说，同为私有制社会，若细析之，则又可具体区分为奴隶社会、封建社会和资本主义社会等三个不同的形态。这样，人类历史上便一共有五种基本的生产关系，五种社会经济形态。这是没有问题的。问题在于：这五种社会形态在人类历史发展中是否都具有普遍的意义？争论和分歧就在这里！按照通常的说法，原始社会、奴隶社会、封建社会、资本主义社会和社会主义社会，它们之间是一个高于一个（后者高于前者），一个产生一个（前者产生后者），若无特殊情况，它们中的任何一个对于各民族的历史来说都是不可或缺的。换言之，它们在人类历史发展中都具有普遍的意义，都是"必经"的。这对不对呢？笔者认为：不对，不能这样笼统地一概而论！因为，奴隶社会虽堪称五种社会形态之一，但它远不像其他社会形态那样具有世界范围的普遍意义；对于世界绝大多数民族的历史来说，继原始社会之后到来的并不是什么奴隶社会，而是封建社会；奴隶社会并不是"必经"的！

简单说来，我的看法就是如此。但这种看法却不会为一般流行的观点所容。如苏联东方学者斯特鲁威院士就曾断言："原始公社制度在其发展中，如没有更为发展的社会的影响，便不可能越过奴隶制的生产方式。原始公社制要变成奴隶制，而不是变成封建制，这是马克思主义有关社会结构的基本原理之一。"①

现在，我们就来看看斯特鲁威的上述见解到底是马克思主义的还是不是马克思主义的呢？

1859 年马克思的《政治经济学批判》于柏林出版。在该书的序言部分，马克思第一次比较系统地阐述了马克思主义的关于人类历史上生产方式诸种运动形态的学说。他写道：

大体说来，亚细亚的、古代的、封建的和现代资产阶级的生产方式可以看做是社会经济形态演进的几个时代。②

这里，虽然只是极简短的一段话，但却有着重大的意义。因为，就一个方面来说，它是马克思主义的关于人类历史上诸种生产方式学说的最早的比较系统的表述；另一方面，它又并不因其原始性（早期性）而失去为这一学说奠立基础的价值。因此，马克思的这段话一直为后人所重视是非常自然的。此处，马克思没有提及社会主义——共产主义的生产方式；而古代的、封建的与现代资产阶级的生产方式，又说得非常明白；问题就发生在"亚细亚的"这几个字上面。如所周知，在这几个字上是打了几十年的笔墨官司的。后来，奴隶社会说占了优势，特别是在中国史学界，此说更成了不容怀疑的定论。因为笔者对此问题未曾作过专门研究，不便多有议论，这里只能简单表示一下自己的看法。我总觉得，人们在讨论这个问题时往往爱拿自己的看法去附会马克思，在许多地方是走得太远了些，而没有对马克思之所以用"亚细亚的"这个略嫌含混的字眼的原意——在什么条件下用的——给予足够的注意。大家知道，在 19 世纪 50 年代，马克思主义的关于人类历史上诸种生产方式的学说虽已基本确立，但也不应忘记，当时历史科学所能提供给人们的，同今天相比，毕竟是太可怜了。那时，人们对某些社会形态（比如原始社会）的了解，还很不够；就范围来讲，当时历史科学的活动园

---

① 《〈古代世界史选读〉序言》（日知先生译成中文时曾另加标题作：《论古代东方与古典世界》），华东师范大学函授部编印《世界史论文选辑》，1956 年印本，第 139 页。

② 《马克思恩格斯选集》第 2 卷，人民出版社 1972 年版，第 83 页。

地大体上说还多半局限于欧洲、特别是西欧各族的历史上，对广大的东方以及世界上其他各民族的历史，则所知无几——所有这些，在一定程度上，无可否认的是会妨碍马克思进一步完善和更确切地去表述他的那个业已基本上建立起来的学说的。马克思为什么用"亚细亚的"这个地域性的字眼来表述某种并非地域性的生产方式呢？这完全是马克思在科学研究上的一种审慎，即马克思发现古代亚洲社会经济结构有许多有别于西方的特点，而这些特点的性质又使他一时无法把它归属到自己已经确切知道了的欧洲历史上曾经存在过的任何一种社会经济结构的范畴中（在科学上，非本质的差异并不妨碍一般的类的归属，这一点，马克思自然是懂得的），基于此，马克思才抱着存而待论的审慎态度姑且将之暂时名之为"亚细亚的"，又因看到其中尚保有许多原始社会的残迹，故将其序列于"古代的"之前。所以，有理由认为，马克思本人在当时并没有判定"亚细亚的"究竟是何种社会。我们依据马克思的指示精神并结合当今历史科学所能提供给我们的材料去探讨"亚细亚的"之为何物是可以的；但若以为马克思已经作出判定从而去东猜西猜，则大可不必。现在，说者多认为"亚细亚的"乃是指奴隶社会，并说这是马克思的意思。这里，我们姑且不论事实本身是怎样的，也姑且不论马克思是否有这个意思，这些，我将在下文详加议论；当下，我只想指出上述说法仅仅在下面这一点上就说不过去，即：马克思如果真是将"亚细亚的"当作奴隶社会看待的，那岂不是等于在"古代的"（奴隶社会的代称）之前又叠加了一个奴隶社会了吗？以马克思之严谨，定不会出如此低下之差错。至于大家常常征引的马克思关于东方是"尽人皆是"的奴隶制的说法，如果我没有理解错的话，那不过是一种比喻而已，正如我们有时会说资本主义制度下的工人是奴隶一样。

既然马克思并未指明"亚细亚的"是奴隶社会，那么，我们从马克思主义创始人关于人类历史上诸种社会经济形态学说的那段最早文字里，是无法得出奴隶社会乃人类历史发展之必经阶段这一结论来的。马克思去世之后，他的这一未竟之业——亚细亚生产方式问题——一直未获圆满解决；某些人仅仅根据西欧的历史便在马克思的名下制造出奴隶社会乃人类历史发展之必经阶段说来，是很不严肃的。

说到这里，"必经说"的持有者们一定会提出如下的责难：你的这种看法除了靠着对马克思上述那段文字的牵强附会的解释（他们一定会这样看的）之外，还有没有一些什么别的、更为有力的根据呢？我的回答是：有！这根据便是历史的真实、经典作家的有关指示以及中外学者在探索这个问题时所取得的可贵劳动成果。

且先来看看经典作家是怎样说的吧！

在考察农村公社解体的原因时，马克思写道：

但是，同样明显，就是这种二重性也可能逐渐成为公社解体的萌芽。除了外来的各种破坏性影响，公社内部就有使自己毁灭的因素。土地私有制已经通过房屋及农作园地的私有渗入公社内部，这就可能变为从那里准备对公有土地进攻的堡垒。这是已经发生的事情。但是，最重要的还是私人占有的泉源——小土地劳动。它是牲畜、货币、有时甚至奴隶或农奴等动产积累的基础。①

这里，马克思在论及对公社制度起着破坏作用的动产集中现象时，不但列举了牲畜、货币、奴隶，而且还提到了"农奴"。可见，在马克思看来，当原始社会瓦解时，就不仅有奴隶制因素存在，也还有农奴制因素的出现。但是，由于在马克思的上述一段长长的话中除了"农奴"二字之外并没有更多的与之有关的东西，所以，"必经说"的持有者们肯定会不以我的理解为然，他们可能还会指责我对经典作家的指示妄加引申。对此，我不准备作任何辩解，因为马克思在另外一些地方的更为明确的指示已足以判明谁是谁非了。马克思说：

奴隶制和农奴制只是这种建立在部落制度上的财产的继续发展。②

又说：

奴隶制、农奴制……这是建立在公社制度以及在这种制度条件下的劳动上的那种所有制的必然的和合乎因果关系的结果。③

如果这里还有什么争执余地的话，那么，我再请大家读读如下材料：

现代家族在胚胎时期就不仅含有servitus（奴隶制），而且也含有农奴制，因为它从最初起就和土地的赋役有关。它含有后来在社会和国家中广泛发展起来的一切对抗性的缩影。④

面对马克思的这一明白不过的指示，真不知"必经说"的持有者们该怎样去自圆其说！

下面，我们再来看看作为马克思主义创始人之一的恩格斯在这个问题上的见解。1882年12月22日，恩格斯在一封给马克思的信中写道：

毫无疑问，农奴制和依附关系并不是某种特有的中世纪封建形式，在征服者迫使当地居民为其耕种土地的地方，我们到处，或者说几乎到处都可以看得到，——例如在特萨利亚很早就有了。⑤

遗憾的是，对于马克思和恩格斯的上述指示，许多史学工作者竟没有给予足够的重视。他们多追随斯特鲁威之后，认为在原始社会末期只能产生奴隶制关系；对于马克思、恩格斯不止一次提到的农奴制关系，他们或则避而不谈，或则轻率地将之视为例外的特殊历史现象而不屑一顾。这些人难道就没想过：即使是

---

① 《给维·伊·查苏利奇的复信草稿——三稿》，《马克思恩格斯全集》第19卷，第450页。
② 《资本主义生产以前各形态》，人民出版社1956年版，第29页。
③ 《资本主义生产以前各形态》，人民出版社1956年版，第34页。
④ 马克思：《摩尔根〈古代社会〉一书摘要》，人民出版社1965年版，第38页。
⑤ 《恩格斯致马克思》，《马克思恩格斯全集》第35卷，第131页。

例外的特殊历史现象，也不是什么人主观创造出来的，不是天上掉下来的，它必然植根于社会经济条件的现实基础之上，更何况，马克思、恩格斯所说的那个产生于原始社会末期的农奴制本不"例外"，本不"特殊"；回避对客观事物的具体分析，把一个个不利于自己观点的棘手问题以"例外"为由逐出研究领域之外，这除了表明自己心虚还能表明什么呢！

所幸，在中外史学工作者当中，也还有那么一些人，他们尊重历史的真实，尊重马克思、恩格斯的上述指示，从而在一定程度和一定范围内给予了阶级社会的生成问题以比较正确的解释。

比如，苏联学者谢苗诺夫就认为，在各民族由原始社会向阶级社会过渡的时候，由于历史条件的不同，有的民族"一开始便过渡到""封建制和奴隶制同时有机的并存着"的所谓"混合的结构"；有的民族便过渡到"奴隶制的或古代的结构"；有的民族则"从氏族社会过渡到封建结构。"① И. В. 索津则进一步指出，各民族在从原始社会向阶级社会转变时之所以会走上奴隶社会或封建社会的不同发展道路，并不是什么外来的特殊的因素在起作用的结果，而是在于"在原始公社制度内部就已蕴藏着奴隶制关系或封建隶属关系发展的潜能"，"原始公社制度在其瓦解过程中，同等地为奴隶制生产方式和封建生产方式的发展提供了可能，公社制度的作用就在这里。为了把公社制度提供的这种或那种可能变成事实，完全取决于：在原始公社制度瓦解时期该族有什么样生产力和该族是在什么样的自然历史条件下获得发展的。"② 英国学者罗宾·查尔丁指出："当我们考虑印度和中国以及撒哈拉以南的非洲时，我们发现五个发展阶段简直不能像对于欧洲地区那样地适用于这些地区的历史。""把五个阶段的理论应用于整个人类的困难在于，根据现有的证据，在上述地区是否存在过以类似希腊罗马的奴隶制为基础的经济制度，是可疑的。奴隶制当然是存在的，但是有什么证据可以指明，作为整个经济的基础的农业是以奴隶为主进行的呢？"③ 作为对罗宾·查尔丁上述看法的一个响应，毕尔·泰特说道："有没有理由设想，某种形式的封建主义是跟着原始公社制之后而来的，奴隶制仅仅在世界的少数地区发生过？……非洲就其大部分说来，似乎是由原始公社制不经过任何奴隶制的中间阶段而发展为封建主义的明显例子。"④ 民主德国史学家 E. C. H. 威尔斯科普夫认为："把古代东方和古典时期都划为奴隶制时代"的做法是"不能完全解决问题"的。虽然她没有明确提出古代东方之为何种社会，但却肯定地指出"古代东方社会和古典社会是有

---

① 转引自《文史哲》1957 年第 3 期童书业《与苏联专家乌·安·约瑟夫维奇商榷中国古史分期等问题》一文所附《苏联专家乌·安·约瑟夫维奇来信》。

② 《谈东方斯拉夫人由原始公社制度过渡到封建制度的起因问题》，载于《民族问题译丛》1958 年第 1 期。

③④ 转引自《历史研究》1962 年第 4 期《关于社会发展阶段问题的讨论》（国外史学协态）。

本质上的不同的"。① 苏联科学院主编的《世界通史》第3卷序言谓："当谈到封建制度在世界历史的范围内产生（起源）的问题时，我们应当注意的是：并不是所有各民族都是通过奴隶制度到达封建制度的。其中有许多是直接从原始公社制度完成这一过渡，并没有经过社会发展的奴隶占有阶段。例如，欧洲的西方斯拉夫人和东方斯拉夫人以及日耳曼部落的大部分（在莱茵河与易北河之间的地区和不列颠）、亚洲的朝鲜人、许多突厥部落联盟和蒙古人，都是走的这样发展道路。"②

在国内，在50年代，亦有不少史学工作者对这类问题进行过积极的探索。如杨向奎先生就曾指出："我们不能拘泥于欧洲的'中世纪'才有农奴，'中世纪'是一个相对概念，凡是有农奴的地方全有封建关系的存在。"他认为，应该把斯巴达的赫罗泰、帖撒利亚的珀涅斯泰看作农奴；又认为，在古代东方，除开奴隶制关系之外，也还存在着封建制关系。③ 童书业先生认为："农奴制也可以从部落制度直接产生出来"④，因为，"一般说来，奴隶制和农奴制的因素，在原始社会的末期，本来已经存在着"。⑤ 何兹全先生认为："农奴制，就其在人类历史上的出现说，几乎是和奴隶制同其古老的。在家长制家庭时期，就不仅有了奴隶制，而且也有了农奴制。"⑥ 范义田先生同样提出过类似的看法，而且他的提法还更为概括些和理论化些。他说："由父系氏族所发展成功的'家庭公社'，它里面包含着奴隶制的萌芽，同时也包含着农奴制的萌芽，因而它的发展前途曾有两种不同的类型：一种是奴隶制充分发展起来变为典型的奴隶社会而消灭了氏族公社制度；一种是农奴制一直顺利发展起来变为封建社会而保留着氏族制度的公社组织形式。在后一种类型的发展过程中，奴隶制往往与农奴制并行，但局限在家庭奴隶制的形式上面。"⑦ 诸如此类的看法，还有不少，而态度明朗，观点鲜明，迳行向斯特鲁威等的"必经说"提出挑战的则首推雷海宗、李鸿哲二先生的文章（虽然，对其中某些观点笔者并不同意），未读过者不妨找来一读。⑧

马克思、恩格斯的指示和上引诸家的看法，归结起来，不外是说：当原始社

---

① 据《历史研究》1958年第8期费路介绍威尔斯科普夫著《古代东方与希腊罗马古典时期的生产关系》一书时所述。

② 苏联科学院主编：《世界通史》第3卷，生活·读书·新知三联书店1961年版，《序言》第4~5页。

③ 《古代史研究中的几个问题》，载于《文史哲》1956年第6期。

④ 《〈古代史研究中的几个问题〉的补充》，载于《文史哲》1956年第6期。

⑤ 《从租佃制度与隶属农民的身份探讨古巴比伦社会的性质》，见《古巴比伦社会制度试探》，山东人民出版社1957年版，第10页。

⑥ 《关于中国古代社会的几个问题》，载于《文史哲》1956年第8期。

⑦ 《西周的社会性质——封建社会》，文史哲杂志编辑委员会编：《中国古史分期问题论丛》，中华书局1957年版，第216页。

⑧ 雷海宗：《世界史分期与上古中古史中的一些问题》，载于《历史教学》1957年7月。李鸿哲：《奴隶社会是否社会发展必经阶段？》，载于《文史哲》1957年第10期。

会末期，奴隶制和农奴制的因素便皆已出现，这就在可能性上预示了阶级社会生成中的两种不同的方向、途径和类型。而且，这两种可能性都是现实的可能性，它们在以后的发展中，终于都凭依着相应的历史条件，分别构成不同质的社会。比如，在雅典、罗马以及地中海沿岸的其他一些地区，奴隶制关系充分发展起来，从而在这些地方形成了奴隶制社会。而在另外一些地区，封建关系却日益发展起来，从而形成了封建制性质的社会。这样的地方，根据中外学者的比较确定和已基本上得到世人公认的研究成果，至少已包括有：除地中海沿岸某些地区以外的大部分欧洲地区（斯拉夫人和日耳曼人所在的大陆欧洲以及不列颠岛、斯堪的纳维亚半岛等），蒙古人、越南人、朝鲜人、阿富汗人等所在的亚洲地区，拉丁美洲大多数印第安人所在的地区，非洲土著居民所在的地区以及所有游牧民族所在的地区；而在笔者看来，这样的地区事实上还要大得多，大到除地中海沿岸某些地区之外的整个世界！

没有人能够否认奴隶制社会确实在一些地区出现过；但又有谁能够提出奴隶社会在世界其他更为广大的地区也存在过的像样根据呢？人们之所以会把对于作为局部地区历史现象的奴隶社会的认识变成一种历史哲学去到处套用，这除了思想方法方面的原因外，罗宾·查尔丁的如下说法对我们来说倒是值得深思的：

当我们把五个阶段说成到处都适用时，我们是否犯了一种常见的错误呢？克里尔在《中国思想》中说，"当中国人说到'世界'时，他们通常是指'中国世界'，正如我们说到'世界'时常常是指'西方世界'一样。在这两种情况下，这一名词都是意味着'有关的所有世界'"。当我们假定世界历史是拿一个特定地区的历史当作模式时（而且这个地区仅仅在最近四百年左右才占有领导地位），我们事实上是在跟着资产阶级历史学家说话。①

我劝大家好好想想：在对于奴隶社会历史地位的认识上，我们这些自以为是马克思主义信徒的人，是不是"事实上是在跟着资产阶级历史学家说话"，把"西欧"当成了整个世界？

以上，我从对经典作家指示的分析中，从对历史事实的分析中，论证了由原始社会到封建社会这一发展道路的存在。但是，这些远不足以使"必经说"的持有者们心服，因为，他们也会从另外的角度来"解释"这些指示（虽然，正确的只有一个）；对于我所征引的部分历史事实，他们也会说：这些都是别人著作中的简短结论，你自己并没有任何具体的论证；尤其是，对于这条发展道路，我也没有能够从理论方面去加以说明。

关于经典作家有关指示的解释问题，我所能做的都已做了，究竟谁是谁非，这只能在各自的进一步学习中去解决，是不便将自己的理解强加于人的；关于具

---

① 转引自《历史研究》1962 年第 4 期《关于社会发展阶段问题的讨论》（国外史学动态）。

体史实的论证，我打算在本文的第四部分主要根据古代东方史的材料进行必要的分析。现在，先来谈几个有关的理论问题。

（一）生产力问题

在这个标题下，我打算分两点来谈。

1. 产生封建社会的生产力一定要比产生奴隶社会的生产力高吗？"必经说"的持有者们似乎在下面这一点上感到自己是坚不可摧的，即：既然封建制生产关系是一种比奴隶制生产关系处于较高发展阶段的、新的和进步的生产关系，那么，根据生产关系一定要适合生产力性质的原理（毫无疑问，这个原理本身是无比正确的！），当原始社会瓦解时，在当时的低下的生产力水平之下，就只能产生奴隶制的生产关系、奴隶制的社会；后来，只是随着生产力的进一步发展，才导致了奴隶社会的崩溃和封建社会的到来！面对这种说法，许多人都感到已不便再说些什么了，因为，这牵涉到历史唯物主义的基本原理啊！其实呢？这完全是一种似是而非的理论！因为，正如本文前面已经论述过的，奴隶社会并非人类历史发展的必经阶段，对于地球上的绝大多数民族来说，在它们的历史上，继原始社会之后到来的是封建社会，在这里，压根儿就不曾有过奴隶制社会，还哪里谈得上什么封建社会同奴隶社会之间的前后之别、高下之分！因此，先认定封建社会源于奴隶社会、高于奴隶社会，再进而以此为据去推定它们所要求的生产力水平的高低，"不准"封建社会继原始社会之后出现，是十分荒唐的，不值一驳的。事实上，对于广大的没有经过奴隶社会发展阶段的地区来说，足以产生阶级社会的生产力就是产生封建社会的生产力！

2. 铁器问题。不少学者认为，封建社会应该是铁器时代的产物。根据何在呢？无非是因为欧洲的中世纪是在铁器出现很久以后才到来的；既然欧洲的封建社会是"铁"的，别处自然不得在铁器出现之前"早产"。且看，这多么可笑！

（二）农村公社问题

人们不承认在地中海沿岸以外的广大地区继原始社会之后到来的是封建社会，恐怕也同他们对下面这样一个问题感到困惑不解有关，即：在这些地方，当阶级社会已经出现之后，村社组织等原始社会的残迹却普遍地存在着；既然奴隶社会的雅典、罗马等都已将这些东西相当彻底地扫除了，那么，普遍保存着这些东西的地方又怎么能够是封建社会呢？其实，他们不明白正是这些东西的存在才阻塞了通向奴隶社会的道路，便利了向封建社会的发展。因为，村社组织是同奴隶制"势不两立"，却易于同封建制结合的。众所周知，奴隶制的特点在于，奴隶主不仅要剥夺生产者对生产资料的所有权，而且要进一步剥夺其独立的使用权。这样，它就非破坏原有的村社组织不可。封建制的特点则是，封建主只剥夺生产者对生产资料的所有权就够了，生产者仍可保有相对独立地使用生产资料的权利。这样，它就无须乎去完全破坏对自己行使所有权并无妨害的村社组织；相反，它倒是很"愿意"借助于村社的组织形式和组织力量（当然是加以改造了的）去束缚生产者，去实现封建剥削的。这就是为什么封建社会会比奴隶社会更多地保留着原始社会残迹的原因之所在。

正因为封建制度同村社组织有这种"不解之缘"，所以当罗马（在这里，由于奴隶制的充分发展早已将村社组织破坏净尽）实现由奴隶社会到封建社会转变的时候，竟不得不借助日耳曼人的村社组织，并在进入封建社会之后在新的形式下重新复活村社制度。吴泽先生说过：

"农村公社"是由奴隶制向封建制过渡的形式。……古典发达奴隶制的罗马帝国，由于商品生产，"农村公社"瓦解了，其最后向封建制过渡，仍然要借助于日耳曼人的"农村公社"形式，不这样，它就过渡不来。①

吴先生的这个封建制度的产生必须依赖于村社制度的看法，是很有见地的。

既然封建制度的产生离不开村社制度，在不存在村社制度的情况下，还不惜假贷于他人，那么，当各民族处于原始社会末期的时候，当他们那里普遍存在着现成的村社制度的时候，又有什么理由不"准许"他们实现从原始社会到封建社会的直接转变呢！

其实，对于由村社制度内部直接脱胎出封建制度这一普遍的、便当的道路，马克思早已发现并作过具体的论述：

在多瑙河各公国，徭役劳动是同实物地租和其他农奴制义务结合在一起的，但徭役劳动是交纳给统治阶级的最主要的贡赋。凡是存在这种情形的地方，徭役劳动很少是由农奴制产生的，相反，农奴制倒多半是由徭役劳动产生的。罗马尼亚各州的情形就是这样。那里原来的生产方式是建立在公社所有制的基础上的，但这种公社所有制不同于斯拉夫的形式，也完全不同于印度的形式。一部分土地是自由的私田，由公社成员各自耕种，另一部分土地是公田，由公社成员共同耕种。这种共同劳动的产品，一部分作为储备金用于防灾备荒和应付其他意外情况，一部分作为国家储备用于战争和宗教方面的开支以及其他的公用开支。久而久之，军队的和宗教的头面人物侵占了公社的地产，从而也就侵占了花在公田上的劳动。自由农民在公田上的劳动变成了为公田掠夺者而进行的徭役劳动。于是农奴制关系随着发展起来，……②

对于马克思上述极为明确的指示，人们难道还能有什么别的解释吗？

---

① 《关于奴隶制的下限和封建制形成的标志问题》，华东师范大学编印《中国通史基本理论问题论文集》，第46页。

② 《资本论》第1卷，人民出版社1975年版，第265页。

可见，只要我们不固执原始社会必定归结为奴隶社会而封建社会又必定发生在奴隶社会之后的成见，承认封建社会可以、而且在绝大多数情况下也是从原始社会直接脱胎而来，那么，对于在封建社会中还会保留村社制度（而且，由于封建制度的特点，它比之奴隶社会还会保留得更多些），也就不会感到有什么可奇怪的了。

（三）外来影响问题

斯特鲁威院士之所以会说"原始公社制度在其发展中，如没有更为发展的社会的影响，便不可能越过奴隶制的生产方式"，是因为他毕竟无法抹煞某些民族的非奴隶社会的发展道路，但自己的那个"必经说"的理论尊严又是丝毫损伤不得的，于是才又有所谓"外来影响"的补救说法被发明出来。

诚然，历史上确实有过一个民族借助于先进民族的外来影响跨越一个乃至两、三个社会发展阶段的具体事例存在，但这种情况多发生在各民族处于紧密联系之网中的近代与现代，在各民族基本上是孤存独处的古代，则极为少见。因此，用它、并且是那样频繁地用它去解释许多民族的非奴隶社会的发展道路，是轻率的，非科学的。如果说斯拉夫人、日耳曼人、印第安人、大部分的非洲人、朝鲜人、阿富汗人、蒙古人等受过这种影响还多少有点可能，还多少有牵强附会余地的话（因这些民族相对地说比较后进些），那么，对于古代东方的古埃及、古巴比伦、古印度和古代中国这几个文明古国来说，又是谁给它们以影响呢？没有的，没有谁能有这种资格，它们是自己从原始社会走向封建社会的！事实上，即使是晚后得多的多瑙河流域诸公国封建社会的产生，根据前引马克思的分析，也完全是公社自身发展的"必然的和合乎因果关系的结果"[①]，而丝毫看不到什么"外来影响"的影子。再以日耳曼人而论，还早在他们向罗马大进军以前，在他们的部落内部就已经逐渐发展出一种封建性的奴役形式。关于这种奴役形式，塔西佗是这样描述的：

至于一般的奴隶，不像我们的奴隶这样被分派以各种不同的家务，他们每人都有自己的一所房屋和一个家庭。像我们对待佃农一样，奴主只从奴隶那儿索取一定数量的谷物、牛和衣服；奴隶的属从关系仅此而已。[②]

虽然塔西佗按照罗马人的习惯把这种被奴役者称作"奴隶"，但事实上，他们是算不得什么奴隶的。试问，这又是谁给予的影响呢？所以，人们应当抛弃在封建社会产生问题上的"外来影响"说，应当承认由原始社会到封建社会的发展道路不仅是可能的、正常的，而且它比起通向奴隶社会的那条发展道路来还显得

---

① 《资本主义生产以前各形态》，人民出版社1956年版，第3~4页。

② 《日耳曼尼亚志》，见《阿古利可拉传·日耳曼尼亚志》，生活·读书·新知三联书店1958年版，第67页。

更平坦、更宽广和更具有世界范围的普遍意义。

通过以上三点分析，可以说，由原始社会到封建社会的转变，在理论上是讲得通的。

在给这条具有世界范围普遍意义的发展道路提供史实的论证（这将留待本文第四部分去解决）之前，请允许我先来分析一下古典世界的奴隶社会式的发展道路是在怎样的特定历史条件之下出现的，以便于从比较中去说明古典世界以外的广大地区又是怎样由于不具备这些特定条件而走着和古典世界不同的发展道路的。

三、古典世界的奴隶社会及其赖以形成的历史条件

前面已经说过，在这一小节里，我们所要讨论的是在地中海沿岸的一些地区阶级社会的生成是怎样沿着原始社会——奴隶社会的路线进行的。自然，在这样的地区，当阶级社会生成时，也同样是存在着两种发展道路的可能性的，只是由于特定历史条件的作用，奴隶制的因素日益成长壮大起来，奴隶制生产关系逐渐取得了主导的、支配的地位，从而才使得这些地区的社会构成为奴隶社会。但这绝不是说，这里的社会经济结构就是单一的、清一色的奴隶制经济。这是不可能的。可是，我们的一些史学工作者，却似乎不懂得这一点。在他们看来，既然是奴隶社会，就不该有非奴隶制的经济成分和非奴隶身份的其他形式的被奴役者存在。正是根据这种观点，赫罗泰"变成"奴隶了，克拉罗托、珀涅斯泰等也都被"奴隶化"了。这也并不奇怪，因为，为了满足人们头脑中的形而上学，让历史作出点小小的牺牲本是常有的事！

说古典世界是清一色的奴隶制，是缺乏历史常识的表现。事实远不是这样的。例如，在奴隶制取得支配地位之前的古希腊、古罗马社会中，就有为数甚多的自由小农和独立手工业者阶级的存在。这些人既然要对统治阶级提供种种的赋税和劳役，说明他们已被剥削，已不再是原始社会中的自由人了；但这些人又有自己的一定的生产资料和人身的自由，你又总不好把他们视为奴隶。这些人同统治阶级之间的剥削和被剥削的关系究属何种性质？有些研究者（例如时希哲先生）是把它确认为"封建关系"的。[①] 对此我虽不敢轻予唱和，但可以肯定这绝不是什么奴隶制关系，而可能是某种带有封建性质的东西。我们知道，自由小农经济是一种建立在土地私有和自身劳动基础上的极不稳定的经济。随着时间的推移，许多小农都会失掉自己的土地，破产。破产后，他们中的一些人固然会陷于奴隶的境地，但也并非全都如此。例如在早期希腊，因欠债而失去土地的小农

① 《从泛论古代史中的几个理论问题阐明西周的社会性质》，载于《文史哲》1956 年第 8 期。

们，除沦为债务奴隶外，又有去当雇工、佣仆的，也有相当的一个部分，成为富人的"被护民"或者佃农。这种佃农，往往仍可保留对原土地的使用权，条件是将收成的六分之五作为租物纳给主人，自己仅得余下的六分之一，因之有"六一汉"之称。① 在罗马，自王政时代起，亦有所谓"被保护人"存在。这类人的身份虽不尽一致，但其中必有这样一部分人，"他们从贵族手里获得土地，他们有义务尊重贵族为'保护人'，在家为之服役，出征时则在贵族的亲兵队伍里追随贵族。此外，当取赎战俘、贵族女儿出嫁时，须在物质上帮助贵族。"② "六一汉"和部分"被保护人"所受富人和贵族的这种剥削显然是封建性的，他们（特别是罗马的一部分"被保护人"）对主人的关系也显然带有封建依附关系的性质。荷马时代的希腊，有的"奴隶"可以"从自己的主人那里得到不大的份地，房子，甚至妻室"③，这样的人是否是严格意义上的"奴隶"，是值得怀疑的。再如斯巴达的赫罗泰问题，争论一直很大。如果我们抛开一些足以使人迷惑的细枝末节，仅从生产关系的角度着眼考察问题，那么，摆在人们面前的就只有这样一些事实：主要的生产资料——土地，为斯巴达人占有，赫罗泰则保有部分生产资料；赫罗泰从斯巴达人那里领得份地后进行独立的经营，而将收获物的一定部分交给主人；赫罗泰有自己的妻室和自己的相对独立的经济；赫罗泰不能随便离开土地，并要为斯巴达人服兵役，他们的人身虽非自由，但亦不是完全不自由的；虽然，为了镇压赫罗泰的反抗，斯巴达人经常对他们进行杀戮，但这种举动往往带有暗杀活动性质，同奴隶主对奴隶的随心所欲的处置并不相同。这种"生产资料没有完全被剥夺"，"自己还享有一定程度的经济独立性"④ 和一定人身自由的赫罗泰明明不是奴隶，恩格斯在《家庭、私有制和国家的起源》一书中也明明把他们当作"农奴"⑤，可是，我们的一些学者，却无视上述事实，无视恩格斯的指示，硬是要把赫罗泰说成奴隶。这是没有道理的。其实，不仅赫罗泰是农奴，它如帖撒利亚的"珀涅斯泰"、克里特的"克拉罗托"、西库翁的"科律涅福洛"等也都是农奴或十分接近农奴。即使是进入了奴隶制高度繁荣阶段后的希腊、罗马，在其社会经济结构中除了有居于支配地位的奴隶制经济成分外，也还有诸种非奴隶制的依附关系和租佃制度等的存在。凡此种种充分证明了，即使是在被世人视为奴隶社会典型的古典世界里，奴隶制关系也不是一开始就占据主导地位、"真正支配生产"的⑥；而支配地位的终于取得，也远不意味着这种关

① 亚里士多德：《雅典政制》，商务印书馆1959年版，第4页。
② 东北师范大学历史系世界古代史及中世纪史教研室古代史组编：《古代世界史》，高等教育出版社1958年版，第275页。
③ B. C. 塞尔格叶夫：《古希腊史》，高等教育出版社1955年版，第129页。
④ 苏联科学院主编：《世界通史》第2卷，三联书店1960年版，第35～36页。
⑤ 《马克思恩格斯选集》第4卷，人民出版社1972年版，第59页。
⑥ 《资本论》第1卷，人民出版社1975年版，第371页注（24）。

系就是当时社会中的唯一生产关系。人们一提起希腊、罗马来，便以为那里是纯一的奴隶制度，便以为那里不会有任何的封建制成分，实在是一种偏见或误解。

当然，也无可否认，在地中海沿岸的一些地方，如公元前 5 世纪以后的雅典和公元前 2 世纪以后的罗马，是的确存在过奴隶制的社会和国家的。因为在这些地方，奴隶制关系的确成了支配的关系，奴隶的劳动真正成了整个社会生产的基础。

在这里，奴隶劳动被广泛地使用在一切生产的和非生产的领域。在奴隶制大田庄的农业生产中（主要指罗马），在手工业作坊中（特别是在雅典），在矿坑、采石场和公共建筑工程中，在家务劳动以及娱乐场所中，到处都使用着奴隶劳动。有时，奴隶还被用来补充兵员和担任国家机构中的下级公务（如狱卒、警察、书记员等）。如在雅典，仅劳里昂银矿一地就使用万名以上的奴隶。一些大的手工业作坊，往往拥有一百个以上的奴隶。至于拥有几个、几十个奴隶的作坊，更是到处都是。个别富有的奴隶主可占有几百个甚至上千个奴隶，一般奴隶主也有几个、几十个奴隶。此外，国家手中还握有相当数量的奴隶。作为物品和商品的奴隶经营事业，这时也显得特别发达，奴隶被在市场上公开买卖，也可以像牛马物品一样租借给他人使用收取租金。在罗马，奴隶劳动的使用比之雅典更是有过之而无不及。在迦太基的一处银矿里，就有四万名奴隶在劳动。奴隶制的大田庄，遍及意大利半岛（主要在半岛南部）、西西里和北非；一个这样的大田庄，往往拥有数百亩以至数千亩的土地，役使着几十个以至几百个奴隶。大奴隶主克拉苏，一人即拥有奴隶两万名。

在古典世界，战俘、海盗活动、弃婴、卖身、罪犯、奴产子等构成奴隶来源的多种多样的途径，而其主要来源则是靠一系列胜利的对外战争来保证的。在希腊，据说，"客蒙在攸律墨冬一役大败波斯人之后，竟把两万奴隶投到市场"。[1] 罗马人在对迦太基人、马其顿人、叙利亚人、条顿人等的一系列战争中，每次俘获的奴隶都数以万计。

关于古典世界奴隶的确切数目以及奴隶同自由人的比例，我们尚无可靠资料可循。恩格斯曾推断"到了雅典全盛时代，自由公民的总数，连妇女和儿童在内，约为九万人，而男女奴隶为三十六万五千人，被保护民——外地人和被释放的奴隶为四万五千人。这样，每个成年的男性公民至少有十八个奴隶和两个以上的被保护民。"[2] 根据古典作家的某些零星记载，在公元前 312 年的亚狄迦，雅典公民为二万一千人，异邦人一万，奴隶四十万。[3] 在罗马，同样缺乏有关的确

---

① B. C. 塞尔格叶夫：《古希腊史》，高等教育出版社 1955 年版，第 257 页。

② 《家庭、私有制和国家的起源》，《马克思恩格斯选集》第 4 卷，人民出版社 1972 年版，第 115 页。

③ 参见 B. H. 狄雅可夫、H. M. 尼科尔斯基编：《古代世界史》，高等教育出版社 1954 年版，第 332 页。

切资料。法国学者马加特认为，当奴隶制全盛时代，罗马的自由人为七十一万，奴隶为九十万。① 现代的一些学者，对上述数字多表怀疑。但对于个别学者一味压低奴隶的人数，以至于认为罗马的奴隶仅及自由人的四分之一左右的说法②，则是我们所不能同意的。大多数西方学者则倾向于认为古典世界中奴隶与自由人约为一与一之比，或在奴隶方面略多些。③ 看来，古典世界奴隶的确切数字是无从知道的，继续在这方面花费功夫也是多余的、不必要的（因为，确定一个社会是否是奴隶社会，无须乎一个关于奴隶数量的精确数字作为依据），但这时"奴隶的数量总以万计，无论如何大大超过自由民底人数"④，当是可信的。

总之，认为古典世界是奴隶社会，这是没有问题的。因为，在这个"世界"里，奴隶劳动的确成了社会劳动的主要形式，成了社会生产的基础。在这个"世界"里，不仅奴隶主，甚至破产的自由民都是靠奴隶养活的。若是没有奴隶的劳动，这个"世界"就一天也维持不下去。在雅典，国家从国有奴隶方面的所获构成了国库收入的主要来源，它甚至超过了其他收入的总额。⑤ 可以毫不夸大地说，古典世界经济文化的繁荣是建立在奴隶劳动基础上的。

在古典世界，阶级压迫的主要形式是以奴隶主为代表的自由民对奴隶的压迫。由于奴隶主同一般自由民的对立比之自由民同奴隶的对立相形之下处于次要地位，所以奴隶主可以给自由民以相当广泛的政治权利从而建立起"民主"、"共和"的奴隶制国家体制来。

所以，不论从社会经济结构来看，还是从阶级对立关系以及国家政权的体制来看，古典世界的社会性质都无疑是奴隶制的。

那么，古典世界的奴隶社会是怎样建立起来的呢？换句话说，到底是什么样的特定历史条件才使得奴隶社会的发展道路在这里得以实现的呢？对于这个复杂而带有关键性的问题的解决，自然有待于大家的共同努力。这里，我只能提出一些十分粗浅的看法，作尝试性的探索。在我看来，古典世界奴隶社会的确立，起码具备着下列条件。

（一）公社制度的彻底瓦解和私有关系的充分发展

事实证明，凡是这一过程进行得比较充分的地方，如雅典、罗马等，奴隶制

---

① 参见陈同燮：《古代罗马奴隶社会概述》（上），载于《文史哲》1956 年第 11 期。

② 此系德国学者加斯特的推断。参见陈同燮：《古代罗马奴隶社会概述》（上），载于《文史哲》1956 年第 11 期。

③ 参见 B. H. 狄雅可夫、H. M. 尼科尔斯基编：《古代世界史》，高等教育出版社 1954 年版，第 332 页。

④ 奥斯特罗维强诺夫：《前资本主义形态》，中国人民解放军华东军区第三野战军政治部 1951 年据中国人民大学出版社 1950 年版翻印本，第 64 页。

⑤ 参见 B. C. 塞尔格叶夫：《古希腊史》，高等教育出版社 1955 版，第 264 页。

关系就顺利发展下去；反之，奴隶制就发展不起来，如斯巴达、帖撒利亚、克里特等地以及古典世界以外的广大地区的情况便是这样。原因何在呢？对此，马克思写道：

奴隶直接被剥夺了生产工具。但是奴隶受到剥夺的国家的生产必须安排得容许奴隶劳动，或者必须建立一种适于使用奴隶的生产方式（如在南美等）。①

恩格斯更对使用奴隶劳动的经济条件作过具体的分析：

并不是每个人都能使用奴隶服役。为了能使用奴隶，必须掌握两种东西：第一，奴隶劳动所需的工具和对象；第二，维持奴隶困苦生活所需的资料。因此，先要在生产上达到一定的阶段，并在分配的不平等上达到一定的程度，奴隶制才会成为可能。……

……

要强迫人们去从事任何形式的奴隶的劳役，那就必须设想这一强迫者掌握了劳动资料，他只有借助这些劳动资料才能使用被奴役者；而在实行奴隶制的情况下，除此以外，还要掌握用来维持奴隶生活所必需的生活资料。这样，在任何情况下，都要拥有一定的超过中等水平的财产。②

即是说，奴隶劳动的使用并不是纯暴力的结果，而是以一定的经济条件为转移的。一个人如果要成为奴隶主，他必须拥有一定程度——超过中等水平以上——的财产，即拥有供奴隶使用和消费的一定数量的生产和生活资料。而在公社残余浓重、私有制不发达、土地尚属公有的条件下，生产者和生产资料分离的机会既少，居民的贫富分化和少数人积累大量生产、生活资料的现象也就不会怎么严重。在这样的场合，不仅本族人沦为奴隶的现象不会普遍发生，就是对战争提供的外族俘虏也很难在奴隶制的条件下加以使用。试想，一个自耕自食的小户人家，仅有供自己需用的生产资料和生活资料，奴隶对他又有什么用呢？如果他真的脱离生产过程做起奴隶主来，那么，那点可怜的土地所能提供的生产物除了奴隶的必不可少的消耗外，也就所余无几了，恐怕在现实生活中还没有过这种宁愿饿着肚皮也要做奴隶主的人吧！众所周知，"奴隶社会的特点，是以奴隶劳动为基础的大土地占有制占着统治。"③ 在公社制度顽强存在从而妨碍着财产分化和大土地所有制形成的古代东方条件下，只有王室、大官僚、寺庙才握有较大的地产，因之，奴隶劳动的使用也就仅仅可能在这些经济里找到自己的狭小地盘；而在雅典和罗马，由于公社制度彻底瓦解，贫富分化严重，大地产到处出现，因之，奴隶在农业生产领域中的使用也就处处有着自己的广阔天地了。这也就是马

---

① 《〈政治经济学批判〉导言》，《马克思恩格斯选集》第 2 卷，人民出版社 1972 年版，第 101 页。

② 《反杜林论》，《马克思恩格斯选集》第 3 卷，人民出版社 1972 年版，第 200～201 页。

③ 奥斯特罗维强诺夫：《前资本主义形态》，中国人民解放军华东军区第三野战军政治部 1951 年据中国人民大学出版社 1950 年版翻印本，第 73 页。

克思所说的"奴隶受到剥夺的国家的生产必须安排得容许奴隶劳动"的一个方面。

（二）手工业和商业的相当程度的发展

所谓奴隶制国家的生产"必须安排得容许奴隶劳动"，除了须要有大土地所有制的存在外，还必须有手工业和商业的相当程度的发展。人们看到，古典时期奴隶制高度繁荣阶段的到来是伴随着工商业的比较充分的发展出现的；而奴隶劳动使用的最典型、最集中的形式也表现在工商业方面。因为同农业生产相比，在手工业和商业方面使用奴隶不仅更为合适（工作场所集中、有限，生产过程规则，便于监督；生产活动的集中性和对协作的要求，也需要集体的劳动形式），而且也更为有利可图。恩格斯说过："要使奴隶劳动成为整个社会中占统治地位的生产方式，那就还需要生产、贸易和财富积聚有更大的增长"，还需要"高度发展的""手工业以及广泛的贸易。"① 事实上，一个没有发达工商业的国家，是不能称其为奴隶制国家的。这是因为：第一，发达的工商业可为奴隶劳动的使用在农业之外提供新的经济领域；第二，也唯有通过商品货币关系的作用，居民间的贫富分化以及与此相联系的大地产才能出现，从而为在农业上使用奴隶劳动提供可能。关于商品经济同奴隶制发展之间的这种有机联系，马克思有过如下的论述：

在古代世界，商业的影响和商人资本的发展，总是以奴隶经济为其结果；不过由于出发点不同，有时只是使家长制的、以生产直接生活资料为目的的奴隶制度，转化为以生产剩余价值为目的的奴隶制度。②

这里，马克思告诉了我们两点东西：第一，奴隶制由家长式的转化为充分发展的（家长式的奴制度并不能构成奴隶社会，只有充分发展的奴隶制才足以构成奴隶制的国家和社会），离不开商品货币关系的作用；第二，充分发展的奴隶制，是以商品生产为重要特征的。作为对马克思上述说法的一个发挥，B. C. 塞尔格叶夫的"奴隶制生产方式与商业资本，是彼此不能分离的"，"名符其实的奴隶社会，乃是具有发达的货币交换经济的社会"的说法③，是颇有见地的。

无疑，这样的条件，在古典世界是具备的。

（三）特定的自然条件和得天独厚的地理位置

似乎可以说：奴隶社会是某种"开放型"的社会，它是生存于同外间世界紧密联系和工商业比较发达的社会条件之上的；在"闭锁的"、几乎是经营单一的

---

① 《反杜林论》，《马克思恩格斯选集》第 3 卷，人民出版社 1972 年版，第 200 页。
② 《资本论》第 3 卷，人民出版社 1975 年版，第 371 页。
③ B. C. 塞尔格叶夫：《古希腊史》，高等教育出版社 1955 年版，第 267、252 页。

农业生产从而商品货币关系极端微弱的社会条件下，是不会有奴隶社会的。当然，按照社会发展的一般规律，商品经济的充分发展是资本主义时代的历史现象，因为，它必须以生产力的比较高度的发展和社会分工的进一步扩大为前提。所以，我们在前资本主义的漫长时代里，看到的总是自然经济的统治和商品货币关系的不发达。这是没有问题的，这是事实。但是，在承认上述前提的条件下，当我们把奴隶社会同封建社会进行比较时，便又不难发现奴隶社会中的商品货币关系相对说来要比封建社会活跃得多（资本主义萌芽时期的情况是另外一回事）。这同样是没有问题的，这同样是无可争辩的事实。何以会出现这种情况呢？我以为原因固然很多，但其中的一个相当重要的原因却不能不归结到地中海区域的特定的自然条件和非常有利的地理位置，说具体点，就是不能不归结到这个地区的适合于手工业发展的自然条件和适合于对外贸易的地理位置。

说到这里，有些人也许会提出如下的指责：这样说，岂不是地道的地理环境决定论！这倒很可能吓我一跳。不过，经再三考虑，我还是准备坚持自己的观点。因为：第一，我并没有把这一点看作决定奴隶社会形成的唯一因素；第二，这在经典著作中是有根据的。马克思在谈到农村公社内部的二重性矛盾斗争的结果可能有两种不同的发展前途时写道：

农业公社天生的二重性使得它只可能是下面两种情况之一：或者是私有原则在公社中战胜集体原则，或者是后者战胜前者。一切都取决于它所处的历史环境。①

马克思此处所说的村社发展的两种不同前途，实际上就是指阶级社会生成中的两种不同的道路、类型。所谓私有原则战胜集体原则，当是指私有制获得比较充分的发展，村社制度彻底瓦解，这便是古典世界的道路，奴隶社会的道路；所谓集体原则战胜私有原则，恐怕不能拘泥于字面，把它理解为私有的一面在不断萎缩以至消失从而退回到单一公有制的原始社会中去，而当是指村社组织的长期顽强残存，私有制的发展受到极大的抑制，这便是非古典的道路，封建主义的道路。之所以会出现这种情况，在马克思看来，完全取决于"历史环境"。这个所谓"历史环境"包括不包括自然的和地理的条件在内呢？马克思此处虽未明说，但是，当我们把它同马克思在其他地方的一些有关指示联系起来考察的时候，是不难对此作出肯定的答复的。如马克思在分析亚细亚社会的特点时，十分强调村社的存在这一事实。而村社的顽强存在，根据马克思的观点，又是同灌溉事业的存在分不开的。在分析影响着部落共同体变化的诸种因素时，马克思提到许多方面，其中就包括气候的、地理的条件。② 恩格斯在分析东方不存在土地私有制的

---

① 《给维·伊·查苏利奇的复信草稿——三稿》，《马克思恩格斯全集》第19卷，第450~451页。
② 《资本主义生产以前各形态》，人民出版社1956年版，第4页。

原因时说:"我认为,这主要是由于气候和土壤的性质,特别是由于大沙漠地带"。① 根据上述马克思和恩格斯的指示,就很难说地理环境在人类社会发展中仅仅起着加速或延缓的作用,而应该进一步承认它还有远比这更大些的作用。尤其是在遥远的古代,这种作用就表现的更加突出。因为,当人们对自然作斗争的能力还相当低下的时候,他们怎样生产和怎样生活便不能不在更大的程度上受着自然的和地理的诸条件的制约。因此,东方的私有制、商品经济以及与此有关的奴隶制生产关系之所以不能获得充分的发展,当是同这里的灌溉事业的存在以及地理位置的相对闭锁性紧密联系着的;而古典世界的相反情况,也可以从那里的灌溉事业不存在以及那里具备着发展工商业的特别优越的自然、地理条件中得到说明。

此外,还有一些属于上层建筑方面的条件,也是同古典世界奴隶社会的形成有一定关系的。但这些条件毕竟是派生的,为上述三个基本条件所决定的。篇幅所限,就不再涉及了。

通过以上分析,可以看出,在世界范围内适合于奴隶社会生存的"土壤"实在是很有限的。首先,它所需的那种特定的自然、地理环境,这种作为天然物的东西,并不是任何人想有就能够有的;其次,它要求公有关系的彻底破坏和私有关系的充分发展,这也是刚刚从原始社会步入阶级社会大门的大多数民族所难以做到的;再其次,它所要求的相当发达的商品经济,在很大程度上是凭借着它那得天独厚的自然、地理环境造成,这同样为其他地区所不能企及。因此,这个社会的活动范围,由于它所要求的条件过分"苛刻",就只能局限在地中海沿岸的一隅之地了。

再从生产方式运动的一般进程来看。众所周知,原始社会之所以实行集体的劳动和集体的占有,乃是生产力极端低下的结果,是单独的个人在与自然界作斗争中极端软弱的结果。后来,随着生产力的提高,个体劳动成为可能,这样,就产生了个人的占有,产生了私有制。在私有制发展的漫长前半段(前资本主义时期),按照一般规律,应该是(事实上,在大多数民族那里也正是)个体劳动的形式占着绝对的统治地位。只是到了资本主义时期,由于生产力的高度发展,由于社会化大生产的出现,才结束了这种局面,才出现了新的集体劳动的形式。古典世界的奴隶社会之所以能奇怪地采取集体的、大规模的奴隶劳动形式,既不是生产力极端低下(如像原始社会那样)的结果,也不是生产力高度发展(如像资本主义社会那样)的要求,而主要是凭借了前述那些特定的历史条件。不过,由于奴隶制下的集体劳动形式毕竟不是建立在真正意义上的社会化大生产(虽然奴隶社会中的社会分工和商品经济都有相当程度的发展)的基础之上的,所以,

---

① 《恩格斯致马克思》,《马克思恩格斯全集》第 28 卷,第 260 页。

特定的历史条件也终于无法长期支撑它的存在。在经历了一段并不算长的历史时期之后，古典世界的奴隶制的大规模集体劳动形式便不能不宣告破灭，而重新回到前资本主义的大多数民族都在采取的个体劳动形式的通常轨道上来。而劳动的个体性又必然要求生产工作者拥有一定的生产资料和自己的相对独立的经济，又必然意味着封建关系的出现。

综上所述，我认为有根据这样说：奴隶社会实在是一种没有多少立足范围、没有坚实的存在根据和旺盛生命力的社会制度，它远不能像其他几种社会制度那样在世界范围普及开来，为绝大多数民族的历史所接受。

文艺复兴以来，欧洲人便懂得并使用了古典时代、中世纪和近代的历史划分，这本是无可非议的（因为这对西欧史来说也的确是事实），后来，当先进的西欧人走遍世界并把这种对自己祖先历史的认识强加给整个人类历史的时候，谬误便发生了。马克思、恩格斯觉察到了这个谬误并试图纠正它（他们留意于东方史的研究并在"古典的"之外提出"亚细亚的"生产方式来，便是最好的证明），遗憾的是，由于种种条件的限制，他们没来得及解决这个问题便相继去世了。到了 20 世纪 30 年代，随着历史科学的不断进步，当上述问题有可能获得圆满解决的时候，以斯特鲁威为首的一批有影响的苏联历史学家却大力论证了西欧资产阶级学者的旧说，并给这个旧说披上马克思主义的新装。这就不仅是谬误，而且是悲剧了！

四、古代东方社会性质的分析

在这一小节，我打算通过对具体史实的分析来论证古典世界以外的广大地区的非奴隶社会的发展道路。按照常理，为了使自己的结论有可靠的根据，我是应该对这些地区的历史逐一加以分析的。但是，一来由于本文并非什么专门论著，篇幅有限，实不便再把本已冗长不堪的文字拖得更长，再则，笔者学力浅薄，也无力涉及更多的、特别是那些对当代历史科学来说还相当陌生的领域。因此，我只能择取其中的一个部分作为自己的研究对象。基于以下几点，我选中了古代东方史。这是基于：①不论就地域范围，还是就人口数量言，这里虽只是世界的一个部分，但却是其相当大和相当重要（它的重要性在古代表现得尤为突出）的部分，具有一定的典型性和代表性。②这里有较为完备的材料可供人们在大体上复原早已逝去了的远古历史。③这里是人类文明的摇篮，它是在不存在更先进社会的"外来影响"的情况下独立发展的。如果能在这里说得通，我的结论便是基本成立的。

但我也清楚地知道，要在这里证明自己的结论也困难得多。因为，一些有影响的苏联东方学者早已对古代东方之为奴隶社会作出十分肯定的回答。例如，斯特鲁威院士就曾断言："可以明白确定古代东方社会是半奴隶制半家长制的社会"，是"原始奴隶制社会"①。阿甫基耶夫在《古代东方史》一书《引论》中说：古代东方是"最古老的、原始的、在很大程度上是家庭奴隶制度的"社会②。《古代世界史》一书的作者狄雅可夫和尼科尔斯基同样认为："古代东方社会则是早期的奴隶制社会，其中奴隶制基本上不曾越出家内奴隶的范围"③。这些看法，长期以来成为在苏联学者以至中国学者中间广为流行和居于统治地位的看法。后来，А. И. 久梅涅夫院士又倡新说，提出："在古代东方奴隶占有制社会和古典奴隶占有制社会的历史上，我们看到的不是奴隶占有制发展的两个循序渐进的阶段（如在苏联历史科学中盛行的观点所证定的那样），而是两个类型彼此相异的奴隶占有制社会。"④ 此说一出，在中国史学界也赢得了一部分人的唱和。应该说，这种说法比起前一种来有个高明之处，就是它不自觉地触及到了问题的本质——古代东方本是走着与古典世界大不相同的发展道路的。可惜的是，由于大前提（仍承认古代东方与古典世界皆为奴隶社会）的限制，它又终未使自己的这一有价值的认识进一步发展下去，而是仅仅把自己同前一种看法的分歧局限在所谓两个世界的奴隶制度有着怎样的差别（发展的"两个阶段"，还是彼此相异的"两种类型"）之上。两种说法，有个共同之处，即不管根据哪种说法，古代东方的奴隶制比起古典世界的奴隶制来，到底是不够发达的（不发达的"阶段"或不发达的"类型"）。除了上述二说之外，在中国，又有郭沫若的"超奴隶社会说"，即认为中国的奴隶制比之古典世界还要发达得多，在这里，曾经到处都是奴隶，"尽人皆是"奴隶。这样，在对这个问题的认识上，便一共有三种不同意见。但三者有着一个总的、共同的前提，即：古代东方是奴隶制社会。

他们都是从哪些方面去论证古代东方之为奴隶社会的呢？大体说来，有四个方面。但这四个方面，有的是凭借了不正确的推论，有的则是曲解事实，全是站不住脚的。下面，试逐一加以分析，以证古代东方奴隶社会说之似是而实非。

（一）一个从错误的前提推导出来的错误结论

这里，让我们再一次更完整地引用前文已引用的斯特鲁威院士的一段话：

原始公社制度在其发展中，如没有更为发展的社会的影响，便不可能越过奴隶制的生产方式。原始公社制要变成奴隶制，而不是变成封建制，这是马克思主

---

① 《〈古代世界史选读〉序言》（日知先生译成中文时曾另加标题作：《论古代东方与古典世界》），华东师范大学函授部编印《世界史论文选辑》，1956 年印本，第 140 页。

② 《古代东方史》，生活·读书·新知三联书店 1956 年版，第 5 页。

③ В. Н. 狄雅可夫、Н. М. 尼科尔斯基编：《古代世界史》，高等教育出版社 1954 年版，第 60 页。

④ 《近东和古典社会》（续），载于《史学译丛》1958 年第 4 期。

义有关社会结构的基本原理之一。既然古代东方各国的阶级社会是在人类文明开始之时独立地形成而无其他阶级社会的影响，那么，任何证明古代东方社会有半封建制成分的企图，在客观上便不免对马克思列宁主义关于社会发展学说最主要的法则作了修正。①

根据这个所谓马克思列宁主义的法则断言古代东方之为奴隶社会，自然是再便当不过的了。可惜的是，这并不是马克思列宁主义的法则，不是正确的法则。如前所述，马克思主义创始人马克思、恩格斯在这个问题上的观点倒是：在阶级社会生成时期，各民族可视历史环境的不同，有的（个别的）走上了奴隶社会的发展道路，有的（绝大多数）则走着封建社会的发展道路。据此，人们本可以不去理睬斯特鲁威的那个法则，从而了结这方面的争论。但我又考虑到，在学术讨论中把自己尚未充分论证过的东西当作前提和武器使用是不合适的，所以，我还是放弃了这种做法。根据同样道理，斯特鲁威及其观点的追随者们似乎也应该放弃从这方面来论证自己观点的任何打算，因为，谁也不应该以一个未经充分证明的东西作为武器使用。事情很清楚，斯特鲁威院士此处所研究的是古代东方社会，既然还在研究，就说明在事先还不知道它为何物。如果尚不知道在世界古代史上占有重要地位的古代东方社会之为何物，那么，原始社会瓦解后接着到来的必然是奴隶社会的说法又是怎样得出来的呢？谁都知道，要得出这样的结论，特别是还要赋予这个结论以法则的意义，那就不仅需要有古典世界的历史事实作为根据，而且还需要有古典世界以外的广大地区的历史事实作为根据。可是斯特鲁威院士在建立和运用自己的法则的时候，却表现了一种学术上的极不严肃的轻率作风——在未具体论证古代东方的社会性质之前，先假定（或者说根据古典世界推导）它为奴隶社会，借以建立自己的法则；然后再把这个假定的法则作为普遍的、既定的前提，去证明古代东方的社会性质，去证明古代东方之为奴隶社会。不用说，这样做是十分便当和十分舒服的了，可是，人们在这里除了看到一场理论游戏之外，还能看到些什么呢？什么也看不到的！

所以，斯特鲁威院士的古代东方奴隶社会说实在是一个从错误的前提（奴隶社会为人类历史发展所必经）推导出来的错误结论。

所以，为了求得问题的解决，我们必须抛弃这个错误前提，抛弃一切先验的成见，抛弃根据成见去推论，而不是根据事实去分析的不良思考习惯，一老一实地到古代东方史的实际中去求得对于古代东方社会性质的认识。

（二）古代东方社会中的奴隶制问题

古代东方奴隶社会说的论者在论证古代东方之为奴隶社会时，又往往以对奴

---

① 《〈古代世界史选读〉序言》（日知先生译成中文时曾另加标题作：《论古代东方与古典世界》），华东师范大学函授部编印《世界史论文选辑》，1956 年印本，第 139 页。

隶制的论证来代替对奴隶社会的论证。如《古代世界史》一书的作者狄雅可夫等就有过如下的一段话：

苏联东方学者遵照这些马克思主义经典作家的方针，对于古代东方社会结构的类型问题，得到了正确的解决。他们已经共同承认，古代东方社会是阶级社会，也就是已经越出原始公社制的范围，并在其内部除自由的农民公社成员外，还有奴隶和奴主（奴主是统治的、指挥的阶级），此种社会必须确定为奴隶社会，亦即必须属于奴隶制的结构。①

这里，狄雅可夫等提出了确认古代东方奴隶社会的两点理由：一是这里"已经越出原始公社制的范围"而进入"阶级社会"，二是这里已有了"奴隶和奴主"的划分，亦即有了奴隶制度。第一点，本源于斯特鲁威的继原始社会之后到来的必然是奴隶社会，奴隶社会是人类历史上的第一个阶级社会的说法，其不足为训处前已多所辨析，此处不再重复。关于第二点，想多说几句。

应当看到，混淆奴隶制和奴隶社会这两个不同的概念，用对奴隶制的论证代替对奴隶社会的论证，并非狄雅可夫一人之见，而是一种相当普遍的倾向。浏览一下有关世界上古史的论著，人们便可看到作者们为了论证某一社会为奴隶社会，总是在那里不厌其烦地列举出许许多多有关奴隶制的材料，好像这就是唯一的、全部的工作。众所周知，在世界各民族历史发展的私有制阶段，都存在过某种形式的奴隶制度。因为，在所有一切生产力的发展已足以产生人剥削人现象的地方，作为剥削方式之一种的奴隶制度就会被人们"发明"出来。古代东方当然也不例外，奴隶制度同样在这里存在着。因此，人们要在这里寻找有关奴隶的材料，是不会有什么困难的，但这充其量只能证明古代东方有奴隶制存在，至于这里是不是奴隶社会却并没有因此而得到任何说明。因为，有奴隶，从而有奴隶制存在的社会，并不一定就是奴隶社会。否则，上自原始社会末期（这时已有了家长奴隶制），下及资本主义社会（这时仍有某种形式的奴隶制），岂不都成了奴隶社会！所以，要想论证古代东方的奴隶社会的社会性质，就不能仅仅限于证明这里有奴隶制存在，还应进一步论证奴隶制在这里的确已是占主导地位的剥削方式，它确实已经"在农业、制造业、航运业等等方面是生产劳动的统治形式（就像在希腊各发达国家和罗马那样）"。②可是，由于事实只能使他们在这方面的努力除了失望之外再也得不到什么，所以他们多是尽量回避接触这个问题的。既然如此，一些有关的问题也就只好由我们来谈了。

1. 关于奴隶的数量问题

我在上文中曾经谈到，确认一个社会之为奴隶社会并不需要一个关于奴隶数

---

① B. H. 狄雅可夫、H. M. 尼科尔斯基编：《古代世界史》，高等教育出版社 1954 年版，第 60 页。

② 《资本论》第 2 卷，人民出版社 1975 年版，第 539 页。

量的精确数字作为依据，但这并不是说奴隶社会的质的规定性完全和奴隶的多少无关。在奴隶社会中，奴隶制生产关系是主导的、占统治地位的生产关系，奴隶的劳动是整个社会生产的基础，所以，没有相当大数量的奴隶是不成的。

古代东方社会中的奴隶到底有多少，虽然没有任何人能够提出确切的统计数据，但肯定它的数量不会太多，它远远少于自由人的人数，这是包括古代东方奴隶社会论者在内的绝大多数研究者（郭沫若除外）都承认的事实。

试以构成古代东方奴隶队伍组成部分之一的债务奴隶为例。由于这里的私有制不发达，贫富分化不显著，广大居民群众被牢固地组织在村社之中，他们的起码生计条件多能被相当稳定地保障着，所以，因负债破产而变为奴隶者，为数不会很多。古代东方的债务奴隶问题，恐怕在巴比伦时代算是最严重的了，但即使在这时，巴比伦百分之八十至九十的土地仍然掌握在公社手中①，这就意味着约有同样比例的被组织在公社内的居民不大会遭到债奴命运的袭击。因此，说债务奴隶在古代东方总人口中仅仅占着微不足道的比例，当不会有什么问题。

再说罪犯奴隶。这是古代东方奴隶队伍的一个重要组成部分。以中国来说，恐怕最早的奴隶多是由他们构成的。《周礼·秋官·司厉》郑注："今之为奴婢，古之罪人也。"《初学记》卷十九《奴婢》引应劭《风俗通》亦谓："古制本无奴婢，即犯事者或原之。"但任何一个社会中的罪犯，毕竟只是人口中的极少部分。

战争中的俘虏固然可为奴隶的来源开辟广阔的途径，在古代东方史上，大规模的对外战争也是不乏其例的，但我们在引用有关材料时务必认真考虑其真实的程度。如晚近出土于孟菲斯的一件铭刻中，详细记述了埃及新王国时代法老阿门霍捷普二世两次远征巴勒斯坦和叙利亚的战事。据载，在这两次征伐中，阿门霍捷普二世共俘虏了十万一千二百十八人。这条材料自然是很宝贵的，但对其真实性，就连阿甫基耶夫这样的东方史专家、古代东方奴隶社会论者也表示谨慎的怀疑②。《逸周书·世俘解》有一段材料："武王遂征四方，凡憝国九十有九国，馘磿亿有十（七）万七千七百七十有九，俘人三亿万有二百三十，凡服国六百五十有二。"这条材料在国内史学论著中经常出现。按古代十万曰亿，三亿万有二百三十，即三十万过。其真实性更令人生疑。另外，退一步说，即使上述俘人数字可靠，我们也不应该以战俘数字代替奴隶数字。因为，在古代东方，大部分战俘都没有被变成奴隶。亚述的情况，就是一个明显的例证。众所周知，强大的亚述帝国曾经进行过一系列惊人规模的对外征伐，每次战争都俘获了成千上万的俘虏。这些俘虏有一部分变成了"真正的"奴隶，但大部分还是变成了这样的人：

---

① 《古代东方史》，生活·读书·新知三联书店1956年版，第84页。
② 同上，第274页。

他们"定居在土地上","经营的是独立的经济",但要"把自己田园上收入的一定部分献给主人"①。同样对待俘虏的做法，在赫梯、乌尔、中国等古代东方范围内的许多国家都流行过。这些人的身分，自然不是什么奴隶。此外，还有一些俘虏被杀掉了。因为征服者对一些在自己的社会中用场不大而又危险的敌人的生命是并不怜惜的；而为了复仇或悼祭亡灵，他们也需要这样做。在古苏美尔，在阿卡德王朝，在乌尔第三王朝，都存在过成批地消灭俘虏的事实，中国商代盛行的人殉、人祭，也同样只能作此理解。另外，也还有一部分俘虏被用来补充征服者的兵员，如在亚述和乌拉都所见到的那样。所以，在古代东方，变成奴隶的俘虏仅仅是俘虏中的一个不大的部分，这同古典世界几乎将所有俘虏都变成奴隶的情况是大不相同的。

原因何在呢？古典世界奴隶的来源主要是依靠战争和暴力保证的，难道古代东方缺乏这种暴力吗？不是的。这里并不缺乏必要的暴力。但正如经典作家所说，奴隶制并非纯暴力的结果，为了能役使奴隶，"奴隶受到剥夺的国家的生产必须安排得容许奴隶劳动"②而"要使奴隶劳动成为整个社会中占统治地位的生产方式，那就还需要生产、贸易和财富积聚有更大的增长"③。可是在古代东方，是缺乏奴隶制的大田庄，缺乏发达的工商业的，一句话，是缺乏奴隶劳动的广阔场所的。所以，古代东方的奴隶数量不多，奴隶制发展不起来，关键不在于没有奴隶的来源，而在于它不能把自己的生产"安排得容许奴隶劳动"。因此，这里的征服者就不能不把俘虏中的大部分或者杀掉，或者用来补充自己的军队，或者在非奴隶制的方式下加以役使。

通过以上对古代东方社会中奴隶队伍各个组成部分的分析，可以看出这里的奴隶是为数甚少的。虽然确切数字已无从得知，但根据私有关系和工商业都比较发达（在古代东方范围内）的巴比伦社会仍然有百分之八十至九十的土地掌握在公社手中这一历史现象推测，古代东方社会中的奴隶似乎不能超过人口总数的百分之十。因为除开约占人口总数百分之八十至九十的村社成员外，余下的百分之十至二十的人口是由统治阶级、商人、手工业者、雇工、佃农、非奴隶身分的依附者以及奴隶等共同组成的。

2. 关于"家长奴隶制"问题

人们在谈到古代东方奴隶制特点的时候，通常习惯于在它的前面冠以"家长制的"、"家庭的"或"家内的"等字样。其根据大概是恩格斯有过"东方的家

① H. M. 季雅考诺夫：《论俘虏在亚述与乌拉都的命运问题》，尚钺编《奴隶社会历史译文集》，生活·读书·新知三联书店 1955 年版，第 231 页。

② 马克思：《〈政治经济学批判〉导言》，《马克思恩格斯选集》第 2 卷，人民出版社 1972 年版，第 101 页。

③ 恩格斯：《反杜林论》，《马克思恩格斯选集》第 3 卷，人民出版社 1972 年版，第 200 页。

庭奴隶制"① 的提法。恩格斯在论及家长制家庭公社时曾引用摩尔根的一段话说：它的组织形式是"若干数目的自由人和非自由人在家长的父权之下组成一个家庭"，接着，恩格斯自己也指出"这种家庭的主要标志，一是把非自由人包括在家庭以内，一是父权"②。可见，本来意义上的"家长奴隶制"乃是原始社会晚期与家长制家庭公社结合在一起的东西。进入阶级社会以后，它仍然会在许多地方——如古代东方——存在着，并会有一定程度的发展，但不管是在什么地方，也不管是在什么时候，它都不可能使它所在的社会成其为奴隶社会。这是因为，在"家长奴隶制"下，"奴隶只是补助力量，是主人的助手"，奴隶的劳动"还不是整个经济的基础"③。所以，历史上从来就不曾有过什么"家长奴隶制的社会"，所谓"家长制奴隶社会"的提法本身就是不科学的。

3. 奴隶劳动在社会生产中的地位问题

前面已经谈到，"家长奴隶制"根本不能成为社会生产的基础，在古代东方，虽也有非"家长奴隶制"的奴隶存在，但他们为数甚少，同样不是社会生产的主要担当者。下面，试就古代东方奴隶劳动在各个经济部门的分布情况作一简单分析。

首先，在水利、庙宇、交通、金字塔等大型建筑工程上使用着奴隶劳动，但其中的相当一部分属于非生产性的工程。何况，即使在这些领域，奴隶的劳动也不是唯一的，甚至也没有什么可靠的根据说它是主要的。如在埃及，根据某些研究者的意见，"承担所有这些工程的首先是按照强迫劳役方式征召而来的"村社成员④。

在工商业方面使用的奴隶劳动也甚为有限，因为工商业在古代东方社会经济组成中所占的比重不但微乎其微，且其经营方式也有别于古典世界。在国王的和受托于国王的少数富商的商队里，可能役使着一些奴隶。至于为数甚多的坐商小贩，那是无力使用奴隶的。在王室、寺庙、权贵们的手工业作坊中，可能使用着较多的奴隶，但即使在这里，主要的劳动也仍然是由被征召服役的村社成员担任的。广大的个体手工业者，多是自食其力的劳动者，他们自亦无力使用奴隶。这里虽也有少数以使用奴隶劳动为基础的较大的私人手工业作坊，但由于整个社会经济的非奴隶制性质的影响，这种比较典型地使用奴隶劳动的经营方式往往在没有充分发展起来之前就萎缩和蜕变了。如在巴比伦时代，作坊主往往"先将奴隶

---

① 《家庭、私有制和国家的起源》，《马克思恩格斯选集》第 4 卷，人民出版社 1972 年版，第 153 页。

② 《家庭、私有制和国家的起源》，《马克思恩格斯选集》第 4 卷，人民出版社 1972 年版，第 52 页。

③ 奥斯特罗维强诺夫：《前资本主义形态》，中国人民解放军华东军区第三野战军政治部 1951 年据中国人民大学出版社 1950 年版翻印本，第 48 页。

④ A. H. 久梅涅夫：《近东和古典社会》，载于《史学译丛》1958 年第 3 期。

送去受训，然后使他们自己有机会去独立操作，而向庄主缴纳代役租（曼达土姆）"①。到了新巴比伦时代，这种经营方式更已成了占优势的形式。

最后，我们来考察一下作为古代东方社会经济最主要部门的农业经济中的奴隶劳动的使用情况。

为此，先要了解一下这里的土地占有情况。以两河流域的巴比伦为例，当时私有土地约占土地总额的百分之一至二，公社掌握着土地总额的大约百分之八十至九十，余下部分为国王和寺庙所支配。古代东方其他诸国，缺乏这方面的具体材料，以理推之，当亦不会有太大的出入。

那么，这些不同类型的土地都是怎样经营的呢？首先可以肯定，约占土地总额百分之八十至九十的公社土地不是采取奴隶制经营方式的。虽然不能说在公社的泥土里没有一滴奴隶的汗水——会有的，个别富有家族会拥有一定数量的家内奴隶的，如在印度农村中就会看到这种情景：当主人耕田的时候，有奴隶给他送饭②——但就总体而言，这类土地的经营不管怎样说也不会是奴隶制的。其次，说到约占土地总额百分之一至二的私有土地。在这类土地上，即使全部使用奴隶劳动，其在整个社会经济中也是无足轻重的；何况，这类土地实际还是采取或自营、或出租、或雇工、或使用奴隶等多种方式经营的，"使用奴隶的田庄寥寥无几。通过将土地主要以小块地段短期出租的办法来经营土地的方式是最普遍的。"③最后，问题比较多的是约占土地总额百分之十上下属于国王和寺庙掌握的那部分土地的经营状况问题。这类土地虽为数不多，但却十分集中，可以说是在古代东方条件下比较集中和比较典型地使用奴隶劳动的场所。因此，在不少人看来，这类土地经营方式的奴隶制性质是无可置疑的了。其实，只要我们细心地观察一下，就会觉得情况并非如此。事实表明，提供到这类土地上的劳动性质是多种多样的：（1）奴隶的劳动。（2）村社成员的劳动。这是在为"王家服役"等名目下提供给王室和寺庙的，且数量甚大。如在乌尔第三王朝时代（一般认为，这是在古代东方范围内奴隶制和王室经济都比较发达的时代），关于王室土地的经营，狄雅可夫等在其所著《古代世界史》中有着如下的描述："在田地里（指国王的田地——引者），奴隶仅仅是日常的劳动力，且为数不多。例如，在一个田地的国王经济里，面积虽达二百公顷，却只有二十四个'耕者'之奴，所有定期的和季节的工作，要求大量劳动者的，则按'王家'工作的制度由公社成员进行。"④（3）少量雇工的劳动。⑤（4）佃农或依附人的劳动。这种经营方式在王

---

① ③　A. H. 久梅涅夫：《近东和古典社会》，载于《史学译丛》1958 年第 3 期。

②　参看 F. Φ. 伊林：《古代印度奴隶制的特点》，尚钺编《奴隶社会历史译文集》，生活·读书·新知三联书店 1955 年版，第 128 页。

④　B. H. 狄雅可夫、H. M. 尼科尔斯基编：《古代世界史》，高等教育出版社 1954 年版，第 77 页。

⑤　苏联科学院主编：《世界通史》第 1 卷，生活·读书·新知三联书店 1959 年版，第 289 页。

室和寺庙经济中占有重要地位,其性质自然是非奴隶制的。在巴比伦时代,在埃及新王国时代,都可以看到这种经营方式(详细情况留待后论)。上述种种,都说明那种把古代东方的王室经济和寺庙经济认作单一的奴隶制经济的说法,是没有根据的。

总之,古代东方虽有奴隶制的经济成分存在,但比重甚小,它远没有成为整个社会经济结构的基础。

(三)古代东方社会中的村社组织、租佃制度和依附制度问题

在古代东方,除奴隶制外,尚有一些非奴隶制的成分存在,诸如村社组织、租佃制度以及各种非奴隶制性质的依附关系(制度)等,而且后者还在这里明显地居于更为突出、更为重要的地位。我们不能硬用什么"奴隶制的"或"带有奴隶制性质的"等来解释它们,因为,这明明都是些封建性的东西。

1. 古代东方的村社组织

农村公社开始见诸人类历史,是在原始社会末期。按照马克思的说法,它是"以公有制为基础的社会向以私有制为基础的社会的过渡"形态①。这种新的社会组织和原有的氏族公社比较起来,已经增添了不少新的内容。在这里,强固的氏族血缘纽带已被割断,从而形成了"最早的没有血统关系的自由人的社会联合"②。其次,氏族制下无所不包的公有制度被打开缺口,房屋及其附属物——庭园已经是村社成员的私有财产。再其次,和氏族制下的共同生产、共同分配不同,在村社中,土地定期分配给各个家庭分散使用,作为这种分散劳动的成果除了抽出一定部分供公共所需外,当然也就归生产者各自所有了。不过,人们也不应忘记,新出现的村社不但没有完全消除原始社会的公有制传统,而且还相当严重地保存了它——作为主要生产资料的土地仍然是归整个村社所有的。农村公社正是这两种对立的因素(方面)——公有制和私有制——的统一体。这两种对立的因素在马克思的著作中被称为村社的二重性。这种二重性,正如马克思所指出的,它一方面曾经是村社"巨大生命力的源泉",但另一方面,它"也可能逐渐成为公社解体的萌芽"③,换句话说,它"在一定的历史条件下会导致公社的灭亡"④。也就是说,当"私有原则"终于战胜"集体原则"从而使这种二重性一元化为单一的"私有原则"时,村社便会失去存在的依据,便会灭亡。村社发展中的这种结局,按照笔者的理解,实际上就是阶级社会生成中的"古典道路",奴隶社会的道路。不过,马克思曾非常明确地告诉我们,村社发展的这种结局又并非千篇一律和到处都是如此的。事实上,由于"所处的历史环境"不同,除会

---

①③ 《给维·伊·查苏利奇的复信草稿——三稿》,《马克思恩格斯全集》第19卷,第450页。

② 同上,第449页。

④ 同上,第445页。

发生"私有原则在公社中战胜集体原则"的结局外，也会出现刚好相反的结局，出现"后者战胜前者"的情况①。在后一种情况下，村社不但不会迅速灭亡，反而会长期存在下去，私有关系的发展会受到极大的阻滞、压抑。这是村社发展中的另一种结局，一种和前一种结局完全不同的结局，这也就是阶级社会生成中的以古代东方为代表的"非古典道路"，封建主义的道路。

古代东方普遍地保存着村社制度。但这时的农村公社已与原始社会末期时大不相同，阶级社会的影响已经沿着不同的途径渗入到它的内部，它已经被按照阶级社会的要求多方面改造过了。

这首先表现为村社的生产资料所有权被剥夺。原为村社所有的土地、灌溉设施等主要生产资料这时已被"以最高的所有者或唯一的所有者的资格而出现"的专制主义国家掠取，而作为原所有主的公社"却因此不过作为承袭的占有者而出现"，至于每一个单独的村社成员，他也"事实上已经失去了财产"，那些原为大家共同所有的生产资料，这时已不过是专制主义国家通过他"所属的公社而分配给他的""间接的财产"罢了②。

其次，是村社已沦为剥削对象。专制主义国家既已从村社那里攫取了对生产资料的所有权，它也就同时取得了向继续使用这些生产资料的村社榨取部分劳动成果的权力。村社正是在"贡赋"和"为王家服役"等名目下把自己的一部分剩余劳动无偿地贡献给专制主义国家的。马克思对此写道："公社的一部分剩余劳动属于这个最终作为一个人而存在的最高集体，而这种剩余劳动在贡赋等的形式中表现出来，也在集体的劳动形式中表现出来"③。

再次，是村社的管理机关已变为专制主义国家的基层统治机构，村社组织已由自治的单位变为专制主义国家统治下的基层行政单位，原为村社成员服务的村社首领也已蜕变为专制君主的臣僚、下级官吏和爪牙了。如在埃及，就有一种号称"金伯特"的公社会议，"它同时是行政的又是司法的机关。此外，公社会议又受国王政权的委托，负责收缴公社的实物税，并派定人们从事国王的工作。"④在巴比伦，从《汉谟拉比法典》中可以看出，村社机构同样是既负有国王贡赋的收缴和徭役的派遣，又负有社会治安等多方面的职责的。在中国，也有类似的情况。《周礼·地官·里宰》云："里宰，掌比其邑之众寡，与其六畜兵器，治其政令，以岁时合耦于锄，以治稼穑，趋其耕耨，行其秩叙，以待有司之政令，而征敛其财赋。"这个既管农事，又管户籍、产业、政令以及财赋征敛等项事务的里宰，同样当是由村社首领蜕变而来的国家下级官吏式的人物。

最后，作为上述几项变化的结果，广大村社成员也已由自由的劳动者、平等

① 《给维·伊·查苏利奇的复信草稿——三稿》，《马克思恩格斯全集》第19卷，第450~451页。
②③ 马克思：《资本主义生产以前各形态》，人民出版社1956年版，第5~6页。
④ E. H. 狄雅可夫、H. M. 尼科尔斯基编：《古代世界史》，高等教育出版社1954年版，第112页。

的共同体成员一变而为国王治下的被剥削、被压迫的臣民了。

总之，古代东方的农村公社已经在木质上不同于原始社会末期的农村公社了。这里，已经有了剥削，有了压迫，有了国家的权力。下面我们就来分析一下古代东方村社组织的性质，分析一下国家对村社成员剥削的性质和村社成员的身份到底是怎样的。

大多数古代东方奴隶社会论者虽然都认为村社所受专制主义国家的剥削是奴隶制性质的，但径行把村社成员说成奴隶，把村社说成奴隶制的劳动集中营的尚不多见，郭沫若在有关中国古史的一些论著中便非常突出地表述了这种观点。

按照郭沫若的说法，中国古代文献中所说的"邑"、"里"、"书社"等都和村社无涉。值得注意的是，郭沫若之所以这样提问题，还不在于在他看来把"邑"等视为村社不够合适，而是因为他从根子上就不承认中国商周社会中还有村社存在。上自马克思、恩格斯，下及当代学者，几乎还没有谁否认古代东方社会中普遍存在着农村公社的事实，唯独在郭沫若的著作中，中国古代史上的农村公社才被一个不留地取消了。因为，郭沫若担心："如果太强调了公社，认为中国奴隶社会的生产者都是公社成员，那中国就会没有奴隶社会。"[1] 照郭沫若看来，中国文献中的"邑"等都是奴隶制的集中营。其根据是《汉书·食货志》上的一段记载。兹据郭文所引照录如下：

> 殷周之盛，诗书所述，要在安民，富而教之。……
>
> 民，年二十受田，六十归田。七十以上，上所养也。十岁以上，上所强（勉强）也。……
>
> 春，令民毕出在野，冬则毕入于邑。……
>
> 春将出民，里胥平旦坐于右塾，邻长坐于左塾，毕出然后归。夕亦如之。……
>
> 冬，民既入，妇人同巷相从夜绩。女工一月得四十五日。必相从者，所以省费燎火，同巧拙而合习俗也。

对这段文字，郭沫若的解释是："这里的邑，很像是劳动集中营。里胥、邻长就跟哼哈二将一样，坐在居邑门口，监视'民'之出入。"[2] "依据这种情形，可以明白地看出殷周两代的农民，即所谓'众人'或'庶人'，事实上只是一些耕种奴隶。连妇人的工作时间一天都是十八小时，男人的工作时间也就可以想见。"[3] 我觉得，这样解释古书是很成问题的。不用说，记载中的里胥、邻长是在那里扮演着某种"监督者"的角色，但须知"监督劳动"并非奴隶制所独具，"凡是建立在作为直接生产者的劳动者和生产资料所有者之间的对立上的生产方

---

[1] 《关于中国古史研究中的两个问题》，《文史论集》，人民出版社 1961 年版，第 117 页。

[2] 同上，第 118 页。

[3] 《奴隶制时代》，人民出版社 1973 年版，第 30 页。

式中，都必然会产生这种监督劳动。"① 一见到"监督劳动"就把它同奴隶的"劳动集中营"联系起来，这恐怕不妥吧！至于"妇人同巷相从夜绩，女工一月得四十五日"句，明明是言其勤，明明是为了"省费燎火，同巧拙而合习俗"，竟也能从中发现奴隶制的"十八小时"工作日来，这样去联想，未免离事实太远了些吧。

与对村社的上述看法相联系，郭沫若在自己的著作中也把商周社会中的"众人"、"庶人"等处理成了奴隶。这样一来，僮、仆、臣、妾等是奴隶，"众人"、"庶人"也是奴隶，商周社会中除了少数统治者外竟都成了奴隶。这正如日知先生所指出的："在郭沫若的体系里，……是没有自由农民的，殷周时代的一切农业生产者都被奴隶化了：……根据郭沫若的体系，在这些占有黄河流域乃至长江流域庞大农业地区的殷周国度里，在许许多多的世纪中，一个自由农民也看不见了。"②

说"众"是奴隶都有些什么根据呢？郭沫若虽然从卜辞中，从《诗经》中，从《尚书》中，都找到了一点材料，不过，对这几条材料，郭沫若自己也不太满意，认为它们只能做做佐证，单靠它们还不足以解决"众"的身份问题。怎么办呢？"可幸有一个有名的《曶鼎》"。郭沫若所引以为据的是该鼎铭文的第三段，兹据郭沫若的节录照抄如下：

昔馑岁，匡暨厥臣廿夫寇曶禾十秭，以匡季告东宫。东宫迺曰："求乃人，乃（如）弗得，汝匡罚大。"匡迺稽首于曶，用五田，用众一夫曰益，用臣曰疐、〔曰〕朏、曰奠，曰"用兹四夫稽首"。……

在引证了这段铭文之后，郭沫若写道："'稽首'在这儿是赔罪的意思。匡季抢劫了曶的十秭禾，甘愿用五个田，一个所谓'众'三个所谓'臣'的人来赔偿。'臣'向来是奴隶的称谓，在此与'臣'同其身分的'众,可见也是奴隶了。"③ 若仅仅限于说："在此与'臣'同其身分的'众'可见也是奴隶"，自然是对的；但我们知道，郭沫若不是这个意思，他要推而广之，以此来证明商代和周初的所有的"众"都是奴隶的，这就有了问题：第一，"众"在有关商周的各类文献中虽属屡见，但可断为奴隶者仅《曶鼎》一例而已。我们没有任何理由置绝大多数的材料于不顾，而去相信一个孤证。第二，从逻辑上讲，也绝无一处如此就处处如此的道理。《周礼·地官·质人》："质人掌成市之货贿，人民、牛马、兵器、珍异，凡卖读者质剂焉。"毫无疑问，此处的"人民"可解为奴隶，但谁也不会认为"人民"处处可解作奴隶，"人民"就是奴隶。至于郭老说"庶人"是奴隶，也基本上是按照上述路子论证的，其说之不能成立，学者们已多所

---

① 《资本论》第 3 卷，人民出版社 1975 年版，第 431 页。
② 《中国古代史分期问题的关键何在?》，载于《历史研究》1957 年第 8 期。
③ 《奴隶制时代》，人民出版社 1973 年版，第 22～23 页。

指出，这里就不再重复了。

总之，商周时代的中国社会是存在着村社组织的，村社成员曰"众"、曰"庶"，他们是人口的绝大多数，是作为社会经济主要部门的农业生产的直接担当者；郭沫若的"取消村社"和"把村社成员奴隶化"的做法，是缺乏说服力的，没有根据的。

绝大多数的古代东方奴隶社会论者虽然没有像郭沫若那样迳直把村社组织说成奴隶的劳动集中营，把村社成员说成奴隶，但他们仍然千方百计地用诸如"带有奴隶制性质的"、"和对奴隶的剥削没有什么两样的"等来解释它们。理由则是村社成员已失去了自己的土地啦，他们的剩余生产物被剥夺啦，他们在为王家服役时要遭到如同奴隶一样的鞭打啦，以及其他，等等。这就不自觉地犯了一个明显的错误，即以对一般剥削现象的论证来代替对作为剥削方式之一的奴隶制的论证。

为了弄清村社制度是奴隶制性质的还是封建制性质的，我们不妨先来辨明一下区分奴隶制（奴隶制生产关系）和封建制（封建制生产关系）的标准问题。马克思说：

不论生产的社会形式如何，劳动者和生产资料始终是生产的因素。但是，二者在彼此分离的情况下只在可能性上是生产因素。凡要进行生产，就必须使它们结合起来。实行这种结合的特殊方式和方法，使社会结构区分为各个不同的经济时期。①

马克思这里所说的劳动者和生产资料结合的方式和方法，实际上是指整个生产关系，即既包括"生产资料的所有制形式"，又包括"由此产生的各种不同社会集团在生产中的地位以及它们的相互关系"，也包括完全以上述二者为转移的"产品分配形式"②。不少人在实际运用中往往把生产关系片面理解为生产资料所有制形式亦即生产资料归谁所有的问题，这是不正确的。当我们区分不同的社会经济结构特别是不同的剥削制度时，不能仅仅局限于生产资料归谁所有的考察，而应全面考察劳动者和生产资料结合的特殊的方式和方法，考察生产关系的各个方面。因此，我们似乎可以对奴隶制和封建制的生产关系作如下描述：

在奴隶制下：（1）奴隶主占有生产资料，奴隶一无所有。（2）生产资料的所有权和使用（经营）权统一于奴隶主手中，奴隶主直接干预着生产过程。奴隶作为生产条件之一，和牛马一样完全为奴隶主支配，他们没有任何权利和人身自由，他们是物而不是人。（3）在分配上，奴隶的一切劳动成果除开作为带有工具维修费和牛马饲料意义的奴隶最低生理所需外，全部为奴隶主占有。因之，在一

---

① 《资本论》第 2 卷，人民出版社 1975 年版，第 44 页。

② 斯大林：《关于雅罗申柯同志的错误》，《苏联社会主义经济问题》，人民出版社 1952 年版，第 65 页。

般情况下，奴隶都无从建立自己的家室和自己的经济。

在封建制下：（1）封建主占有绝大部分的生产资料（主要是土地、大型工具等），农奴（或佃农等）则占有部分生产资料，如农具、耕畜、种籽、某些经济建筑物等。（2）生产资料所有权同使用权往往处于相对的分离状态，封建主除留下部分土地自行经营外，还"把土地、建筑用的木材、一般生产资料（有时甚至是生活资料）交给每户农民，让农民自己养活自己，同时强迫农民用全部剩余时间给他做工，服摇役。"① 在这种情况下，劳动者可"独立地经营他的农业和与农业结合在一起的农村家庭工业"②，他们不是作为一般的生产条件而存在，他们有着相对独立的人格，他们是人而不是物。（3）在分配上，封建主对剩余劳动的榨取有着较为固定的形式和量的相对界限，特别是在采取劳役地租的情况下，劳动者"为自己的劳动和为地主的强制劳动在空间上和时间上都是明显地分开的"③，他们可以保有自己的部分劳动成果，并独立地支配和享用它们。因之，在一般的情况下，封建制下的劳动者都会有自己的家室和自己的经济。

明确了上述问题，再来分析古代东方专制主义国家对村社成员剥削的性质，就感到非常明了了。

首先，从生产资料的所有制形式来看。毫无疑问，主要生产资料——土地、灌溉设施等——是归专制主义国家所有的，但村社成员的生产资料并没有被完全剥夺，他们还拥有农具、耕畜、种籽以及某些经济建筑物等。其次，从"各种不同社会集团在生产中的地位以及它们的相互关系"的角度考察。在村社制度下，生产资料的所有权和使用权显然是彼此分离的——握有土地所有权的专制主义国家并不直接经营这些土地，不干预生产过程，而没有土地所有权的村社成员们却"独立地"使用着他们通过自己"所属公社"从国家那里领得的一份"份地"。最后，从分配形式上看。村社成员除把一部分劳动果实在贡赋和徭役的形式下提供给专制主义国家外，自己仍可保有余下的部分，且得以独立地支配、享用。总之，他们是有着相对独立的人格和自己的经济的。所有这些，无不充分表明：在古代东方，村社成员所受的剥削绝不是什么奴隶制剥削，而是封建性的剥削；村社成员的身份绝不是什么奴隶，而是在实质上同欧洲中世纪的农奴没有什么两样的人；村社组织也绝不是什么奴隶的"劳动集中营"，而是一种为封建社会、特别是早期封建社会所固有的榨取劳动者剩余劳动的组织形式（如果我们不总是以欧洲中世纪史上的封建庄园作为楷模的话）。

不少人习惯于把封建制同农奴制等同起来。按照这些人的观点，封建制就是意味着领主、农奴、庄园等。事实上，农奴制（领主制）只不过是封建制的一种

---

① 列宁：《民粹主义的经济内容》，《列宁全集》第 1 卷，第 465 页。
② 《资本论》第 3 卷，人民出版社 1975 年版，第 890 页。
③ 《资本论》第 1 卷，人民出版社 1975 年版，第 590 页。

表现形式而已，在它之外，还有众所周知的地主制形式。此外，我们是否可以设想封建制还有它的第三种表现形式呢？马克思曾经说过："相同的经济基础——按主要条件来说相同——可以由于无数不同的经验的事实，自然条件，种族关系，各种从外部发生作用的历史影响等等，而在现象上显示出无穷无尽的变异和程度差别"。① 只要我们不拘泥于成见，而是坚持从本质上——劳动者和生产资料结合的特殊的方式和方法——去考察问题，我们便不难发现村社制度（自然是指阶级社会中的村社制度）连同人们通常所说的领主制和地主制原不过是封建制这个同一的经济基础的一些不同表现形式罢了，只要劳动者与生产资料结合的方式和方法是封建制性质的，就可判定其为封建制，至于作为对立双方出现的是领主与农奴，还是地主与佃户，或是在国家与臣民关系掩盖下的其他什么东西，等等，都丝毫无损于封建制的质的规定性。马克思在分析了通常的封建制剥削形态后，紧接着补充说："如果不是私有土地的所有者，而像在亚洲那样，国家既作为土地所有者，同时又作为主权者而同直接生产者相对立，那么，地租和赋税就会合为一体，或者不如说，不会再有什么同这个地租形式不同的赋税。在这种情况下，依附关系在政治方面和经济方面，除了所有臣民对这个国家都有的臣属关系以外，不需要更严酷的形式。在这里，国家就是最高的地主。在这里，主权就是在全国范围内集中的土地所有权。"② 马克思牢牢地抓住了事物的本质——在不存在土地私有、不存在通常意义上的领主与农奴、地主与佃户的条件下，也会有封建制的存在。

还有一个土地国有制问题，也使不少人感到迷惘。他们总是在想：封建制是从领地制开始的，只有出现了领主的土地所有制，才谈得上封建制，既然村社制度下的土地问题尚属国有，又怎么好把它解释为封建性的东西呢？这仍旧是一种偏见，一种误解，根子还是在"欧洲中心论"上。这里，我倒要反问一下这些同志：在土地国有的条件下，为什么不能有封建制？而从上文的分析和马克思的指示精神来看，这明明是可以的！

2. 古代东方的租佃制和依附制

古代东方社会经济结构中的封建制成分除表现为村社制度外，还表现为通常的封建制形式，这就是租佃制和诸种依附制等。私人经济领域中的租佃制度，承租者除对主人提供租物外，通常并不负担其他义务和附带经济关系外的其他条件，所以在这种场合，租佃制并不和依附制结合在一起。而在王室经济和寺庙经济中，生产者则被固着在土地上，他们不但是佃户也是依附人，他们除了对主人提供租物和劳役外，还要负担种种其他的和经济外的义务。在这种场合，租佃制

---

① 《资本论》第 3 卷，人民出版社 1975 年版，第 892 页。
② 同上，第 891 页。

则是同依附制结合在一起的。

关于古代东方的私人租佃制度，我们掌握的材料不多。也许是因为私有制相对说来比较发达的缘故吧，我们只在两河流域的历史上才比较普遍的看到这些东西。根据某些研究者的意见，两河流域的私人租佃制度至迟在阿卡德王朝时代即已产生，而到巴比伦时代则已成为相当普遍的东西了①。这时期，拥有较大规模土地的私有主们，很少使用奴隶劳动，而"通过将土地主要以小块地段短期出租的办法来经营土地的方式是最普遍的。"② 在往后的新巴比伦时期和波斯时期，"在私人大田庄内经营土地方法的主要形式，依然首先是将土地出租。"③ 其他地区的情况，我们缺乏相应的材料，不过，可以肯定私人租佃制在古代东方社会经济结构中并不占有重要的地位，因为这里的私有制不够发达，私有土地数量微乎其微，巴比伦时代私人租佃制虽号称活跃，但它的活动地盘仍然十分有限，因为那时私有土地充其量只不过占当时土地总额的百分之一至二。

古代东方的王室经济和寺庙经济一直在社会经济组成中占着相当重要的地位。这种经济中的土地经营方式是比较复杂的，在早期，当主要是使用奴隶和被征召的村社成员的劳动；往后就逐渐采取租佃制的方式经营了，而且这里的租佃制度一开始就是和依附制度结合在一起的。

童书业先生曾提出两河流域早在苏美尔时代就已经有租佃制度和隶属农民存在了④，但接着就有日知先生出来反对，其理由之一是童先生所依据的史料大多是陈旧的⑤。可是，日知先生所介绍的新史料并没有提供任何足以否定苏美尔时代有租佃制和隶属农民存在的充分根据，相反，如果我们根据日知先生的介绍，把苏联学者 И. М. 贾可诺夫在苏美尔土地制度研究方面的新成果作为依据，倒是完全可以作出苏美尔时代确已存在着租佃制度和隶属农民的结论。贾可诺夫曾以拉格什为例对苏美尔时代寺庙经济中的土地使用状况作过分析，他认为当时寺庙所拥有的土地分为三种类型：第一种 nig-en-na 土地是直接供应神庙需要的土地，第二种 kur_6 土地是分配给在第一种庙地（nig-en-na）上工作的人的小份地（不纳税），第三种 uru_4 – lal 土地是分配给交纳一份收获品（或实物税）者的小份地。⑥ 这样的土地经营方式显然是封建性的，寺庙正是在劳役地租和实物地租的形态下对耕种庙地的依附农民进行剥削的。

苏美尔时代王室经济中的土地经营，据 И. М. 贾可诺夫（И. М. 季雅考诺

---

① И. Н. 贾可诺夫、马加辛涅尔：《古巴比伦法解说》，《巴比伦皇帝哈漠拉比法典与古巴比伦法解说》，中国人民大学出版社 1954 年版，第 116 页。

②③ А. И. 久梅涅夫：《近东和古典社会》，载于《史学译丛》1958 年第 3 期。

④ 《从租佃制度与隶属农民的身分探讨古巴比伦社会的性质》，见《古巴比伦社会制度试探》，山东人民出版社 1957 年版，第 13 页。

⑤ 《我们在研究古代史中所存在的一些问题》，载于《历史研究》1956 年第 12 期。

⑥ 据《历史研究》1956 年第 12 期日知《我们在研究古代史中所存在的一些问题》文所述。

夫）的研究，除使用部分奴隶劳动外，也"主要是以奴役依附者为基础"的，这些依者本来都是"人身自由的"当地居民，但"为了糊口或为了份地"才沦于被奴役的地位的。[①]

"大约自亚克得时代起，神庙土地为国王所侵夺，庙田变成王田，……但起源于庙地的广大的王家土地，仍保存三种形式：王家经济的土地，服役的份地，纳租的份地。"[②] 这说明上述经营方式仍在继续着。

关于乌尔第三王朝时代王室经济中的土地经营方式问题，苏联十卷本《世界通史》的编者认为当时在王室的土地上劳动的除少数雇工外，基本上是广大奴隶[③]。狄雅可夫等和格拉德舍夫斯基则认为奴隶劳动的使用非常有限，主要的操作是由被征召的村社成员担任的[④]。但令人困惑的是苏美尔时代的那种经营方式为什么竟在这时一下子消失了呢？要知道它在此前的苏美尔时代和尔后的巴比伦时代都是普遍存在的呀！我们是否可以设想：它实际并没有消失，只是历史没有给我们留下有关的材料或我们还对它缺乏认识罢了。

到了巴比伦时代，王室中的大土地经营方式已不复存在。"王室土地以交纳部分收获为条件……被分发给小占有者使用"[⑤]。王室土地采取着这种经营方式，对大多数研究者来说，似已没有争论，至于说到租佃关系在整个社会经济结构中所处的地位，分歧便产生了。按前引狄雅可夫等的估计，在巴比伦时代，私有土地占全部已耕地的百分之一至二，村社土地占百分之八十至九十，余下的部分才属王室和寺庙支配，那么，行之于如此规模的王室土地上的租佃制度便不会在整个社会经济结构中发生举足轻重的影响。而按贾可诺夫等的估计，当时王室所拥有的土地"大概不在两河流域全部耕作地的半数以下"，[⑥] 那么，情况就是另外一个样子了，行之于这样大范围的租佃制度在整个社会经济结构中的地位就不可等闲视之了。虽然后一种估计十分有利于我们对古代东方社会性质的看法，但我们还是觉得它偏高了，不如狄雅可夫等的估计近乎情理。

在亚述，当帝国处于鼎盛时期之际，由于一连串的对外征伐，掠获了为数甚多的外族居民，奴隶的数目虽因此而有所增加，但也远不像某些史学家所说的，

① 《论俘虏在亚述与乌拉都的命运问题》，尚钺编《奴隶社会历史译文集》，生活·读书·新知三联书店 1955 年版，第 228～229 页。

② 《历史研究》1956 年第 12 期日知《我们在研究古代史中所存在的一些问题》一文所述贾可诺夫的看法。

③ 苏联科学院主编：《世界通史》第 1 卷，生活·读书·新知三联书店 1959 年版，第 290 页。

④ 分见 B. H. 狄雅可夫、H. M. 尼科尔斯基编：《古代世界史》，高等教育出版社 1954 年版，第 77 页；阿·尼·格拉德舍夫斯基：《古代东方史》，高等教育出版社 1959 年版，第 45 页。

⑤ И. Н. 贾可诺夫、马加辛涅尔：《古巴比伦法解说》，《巴比伦皇帝哈漠拉比法典与古巴比伦法解说》，中国人民大学出版社 1954 年版，第 81 页。

⑥ 同上，第 86 页。

"这时期亚述的奴隶制，表现着发展为古典之奴隶制经济系统的倾向"①，事实上，绝大部分俘虏和外族居民并不是在奴隶制下被奴役的。

那时，当某一领土被亚述征服的时候，其居民"通常都是差不多全部有组织地被带走，而迁移到靠近国家（指亚述——引者）另一个边区的先前被破坏的领土上，同时，俘虏被带走的时候已不像从前一样被剥得赤裸裸的并戴上颈枷，而是容许他们携带部分家具和家人"，到了新居住地之后，他们便被"分成一小群一小群地或者一家人一家人地散居"着，他们享有"某种程度的独立性"②，"定居在土地上"，"所经营的是独立的经济"，但须"把自己田园上收入的一定部分献给主人"③。尤其应引起注意的是，他们虽然没有土地所有权，但对土地的使用权却是十分稳定的，也就是说他们已被牢固地附着在土地上，以至当主人出卖这份地段的时候，他们也连同着被一起卖掉④。上述剥削俘虏的办法，不论在俘虏属于国家还是属于私人（私人可通过分配或购买的方式取得他们）的场合都是一样的。季雅考诺夫说："更早以前的赫梯诸皇帝也采取相类似的方法"⑤。非常明显，这种奴役俘虏的办法远不是什么奴隶制，而是封建制。

埃及在新王国时代，有一种被称为"农人"的人，他们出身不同，地位各异，这些人"就社会关系来说不是一种人"。但其中有这样一些人，他们"在国王和神庙土地上"劳作，"耕种自己的份地，和自己的妻子儿女一起在家过日子"，他们自己也有一些农具，但像耕畜这样的大的生产工具却是"租"来的，种籽或自备，或由主人供给，他们须向主人缴纳"预先给他规定好的"一定数量的生产物⑥。不用说，这一部分"农人"的身份是同巴比伦王室佃农没有什么两样的。

在中国，同样存在着类似的奴役形式。周灭商后，将商族人成族成族地分配给各级贵族，但这些商人并未被变成奴隶，他们仍然保有自己的相对独立的经济，耕种着虽非己有但仍可供自己独立使用一块份地，只不过须以租物、徭役去"孝敬"那些周人贵族罢了。这种榨取形式，夏、商二代当时也是实行着的。所谓"贡"、"助"、"彻"，其实都是专制主义国家对村社成员的一种封建性地租剥削，因为，在奴隶制下，奴隶的"全部劳动都表现为无酬劳动"⑦，对他们，是无任何租税制度可言的。

和私人经济领域中的租佃制度不同，王室和寺庙经济中的租佃制是和依附制

① B. H. 狄雅可夫、H. M. 尼科尔斯基编：《古代世界史》，高等教育出版社 1954 年版，第 178 页。

② 苏联科学院主编：《世界通史》第 1 卷，生活·读书·新知三联书店 1959 年版，第 749~750 页。

③⑤ И. M. 季雅考诺夫：《论俘虏在亚述与乌拉都的命运问题》，尚钺编《奴隶社会历史译文集》，三联书店 1955 年版，第 231 页。

④ 同②，第 751 页。

⑥ 同②，第 458 页。

⑦ 《资本论》第 1 卷，人民出版社 1975 年版，第 591 页。

度结合在一起的。这里，不是短期的契约关系，而是生产者终生和世世代代地被固着在土地上，除经济关系外，生产者和主人间还存在政治上的统治与被统治的关系，双方在身份上是不平等的。所有这些，都使它更近于欧洲中世纪史上的封建农奴关系。

通过以上对村社制度、租佃制度和依附制度的论述，我们可以看到，在古代东方是非常明显地存在着封建剥削方式，存在着封建制的生产关系的。

（四）从社会经济结构中的主导成分论证古代东方社会性质

和郭沫若不同，不少古代东方奴隶社会论者，愿意尊重事实，承认古代东方社会经济结构中多种经济成分的存在，这些同志之所以把古代东方视为奴隶社会，是从把奴隶制的经济成分认作是这里的主导经济成分出发的。应当说，希望从这个角度来解决问题，路子是对的。因为，历史事实一再证明，任何一种社会经济结构（主要指阶级社会）总是由多种经济成分组成的，一个社会的性质，正是由在该社会中主导的、居于统治地位的经济成分决定的。

古代东方既有奴隶制经济成分，又有封建制经济成分，哪个才是主导的经济成分呢？下面，就来谈谈"主导"经济成分的含义并对比一下奴隶制和封建制二者谁可称得起这里的主导经济成分。

（1）"主导的"经济成分应该具有一定的"量"的优势。

一些人认为，古代东方的奴隶制虽然在"量"上处于劣势，但在"质"上却是占优势的，因为，它在当时来说是先进的东西。但是"先进"是否就意味着"主导"？一个社会的性质难道就是由"先进"的经济成分决定的吗？如果真的如此，那么，资本主义社会岂不是可以从资本主义萌芽时期算起、阶级社会岂不是可以从第一件私有财产出现之日算起了吗？所以，以"先进"为"主导"，在道理上就讲不通，更何况我们也没有任何根据说奴隶制是比封建制更"先进"的东西。

过去，有个别同志甚至说："周代既是一种'古代东方社会'，所以尽管那时已有'奴隶'，但这些'奴隶'，实际上是'家内奴隶'，真正从事生产的，还是'公社'的农民"，"周代的社会经济情况，根据斯大林的指示来看，除了周代缺少了正常的奴隶生产者以外，也还是完全符合于奴隶社会的标准的。"① 这实际是说，可以有奴隶数量既小且不从事生产劳动的"奴隶社会"。而恩格斯的说法却是："在前一阶段上（野蛮中级阶段——引者）刚刚产生并且是零散现象的奴隶制，现在成为社会制度的一个本质的组成部分；奴隶们不再是简单的助手

---

① 吴大琨：《论地租与中国历史分期及封建社会的长期阻滞性问题》，载于《文史哲》1953 年第 2 期。

了；他们被成批地赶到田野和工场去劳动。"① 请注意，虽已是"本质的组成部分"，"成批地""去劳动"，但还够不上奴隶社会，而是"野蛮时代高级阶段"。可见，离开了一定的"量"去谈什么社会性质，是很不合适的。

虽然，谁也无法具体指出"主导"的东西究竟需要何种程度的"量"作为凭依，但可以肯定，主导的经济成分必然在"量"上对其他经济成分占有相对优势。以这个标准来衡量古代东方社会中的奴隶制成分，它显然是称不起"主导"的，而当之无愧的倒是这里的由村社制、租佃制和依附制等共同构成的封建制成分。

（2）"主导的"经济成分应该是统治的、领导的成分，它是整个社会经济结构的基础，它以自己的存在和发展影响和制约着其他经济成分的存在和发展。

前已述及，奴隶劳动在古代东方整个社会生产中所起的作用相当小，作为社会生产主要担当者的是广大的村社成员，如果再加上佃农和依附农民的劳动形式，我们有充分理由认定：在封建奴役形式下的各种生产工作者的劳动才是古代东方整个社会生产的基础，这里的社会经济结构确是建立在封建制经济成分的基础之上的。正是这种居于支配地位的封建制经济成分，决定了古代东方社会的非奴隶制性质和非"古典"的发展道路。

至于说到各种经济成分间的关系问题，固然，他们是相互影响、相互制约的，但也无可否认，居于主导地位的经济成分是会给它种经济成分以更多、更强的影响和制约的。在古代东方，奴隶的数量之所以不大，奴隶被奴役的形式之所以比较和缓，都无疑是强大的封建制成分钳制和浸润的结果。

（3）"主导的"经济成分应该给所在社会的阶级关系、国家体制和社会思想以决定的影响。

古代东方与古典世界，在阶级关系、国家体制以及社会思想等各个方面，都有许多不同之外。这是众所周知的事实。关于这种"不同"的性质问题，人们多认为，这是同一社会形态之下的"变异和程度差别"，而在我们看来，这种种的不同实反映了立足于不同经济结构之上的两种社会形态间的质的差别。

以上，我们比较详细地考察古代东方社会中的各种经济成分，并进而论证了封建制经济是其中的主导成分，古代东方是封建社会。不过，这种类型的封建社会乃是建立在村社结构之上的，是由原始社会直接脱胎的，在它身上，原始的残余还相当浓重，同人们通常所说的"领主制封建社会"和"地主制封建社会"不大一样。这也是需要在此略作说明的。至于要不要给这种类型的封建社会以某种名称（如"原始封建社会"或"村社封建社会"等），那是进一

---

① 《家庭、私有制和国家的起源》，《马克思恩格斯选集》第 4 卷，人民出版社 1972 版，第 159 页。

步研究的问题了。

　　*　　　　　　　　　　*　　　　　　　　　　*

　　以上，我把自己在学习中遇到的一个疑难问题连同自己的初步想法提了出来。我的态度是：不固执，不盲从。我希望得到：严正的批评，公正的讨论。

　　　　　　　　　　　　　　　　　1962 年秋草成
　　　　　　　　　　　　　　　　　1979 年秋再改
　　　　　　　　　　　（原载《青海师范学院学报》1980 年第 1、2 期）

"中国奴隶社会"研究中的几种常见提法驳议

为了证明中国古代也像古典世界那样曾经历过一个奴隶社会发展阶段，我们的史学工作者大抵是循着如下两条路子开展研究工作的。第一条路子，可以郭老为代表。其特点是：比较严格地按照马克思主义关于奴隶和奴隶制社会的见解立论，在诸如什么样身份的人才算是奴隶、什么样性质的社会才称得起奴隶制社会这样一些理论问题上说得通，站得住脚。其失在于：以古典世界为楷模，大做中国史的改铸工作，把中国古代广大并非奴隶的劳动者普遍加以奴隶化，借以满足在中国构筑希腊罗马式的奴隶社会、甚至比希腊罗马还要希腊罗马的"超奴隶社会"的需要。不用说，这是一条削足适履，依模铸物，靠歪曲史料以满足既定理论需求的路子，自然不足为训。另有一些历史学家（在触及具体问题时，本不属此一类型的郭老有时亦会厕身到这类人的行列中去），他们意识到在古代中国是很难找到大批希腊罗马式的严格意义上的生产奴隶的，古代中国社会到底同希腊罗马很不一样，但却囿于"奴隶社会乃人类历史发展必经阶段"的成说，硬是要在中国另行制造出各种名目的奴隶，另行制造出一个个有别于古典世界的中国牌号的奴隶社会来。这样的同志，比较尊重中国史的实际，在具体问题上每能言中，这是好的，但他们给所谓"中国式的奴隶社会"所添加的种种名目，却很难在理论上站得住脚。

关于以郭沫若为代表的中国奴隶社会论，笔者已另为文①并拟继续为文论之。这里，只打算针对后一部分同志关于"中国式奴隶社会"的种种提法，发表点不同意见，向史学界求教。

一、关于家长奴隶制社会

苏联某些东方学者和中国部分历史学家，习惯把古代中国以至整个古代东方

---

① 拙作：《论奴隶制的历史地位》，载于《四川大学学报》1980 年第 2、3 期；《商代奴隶社会说质疑》，载于《人文杂志》1982 年增刊《先秦史论文集》。

称之为家长奴隶制社会。

应该说，作为一种人奴役人的制度，家长奴隶制是确有其事的，但人类历史上却从来不曾有过建立在这个制度之上的社会——家长奴隶制社会。

关于家长奴隶制，马克思主义的创始人马克思、恩格斯有过如下论述。

其一：

第一种所有制形式是部落所有制。它是与生产的不发达的阶段相适应的，……隐蔽地存在于家庭中的奴隶制，只是随着人口和需求的增长，随着同外界往来（表现为战争或贸易）的扩大而逐渐发展起来的。①

其二：

这样确立的男子独裁制的第一个结果，表现在这时发生的家长制家庭这一中间形式上。……

这种家庭的主要标志，一是把非自由人包括在家庭以内，一是父权；……父权支配着妻子、子女和一定数量的奴隶，并且对他们握有生杀之权。

……

这种家庭形式表示着从对偶婚向一夫一妻制的过渡。②

其三：

奴隶制，在它是生产的主要形式的地方，使劳动成为奴隶的活动，即成为使自由民丧失体面的事情。……（家奴制是另外一回事，例如在东方：在这里它不是直接地，而是间接地构成生产的基础，作为家庭的组成部分，不知不觉地转入家庭（例如内宅的女奴）。）③

其四：

单纯的家庭奴隶，不管是从事必要的劳役，还是仅仅用于显示排场，这里我们都不予以考察，他们相当于现在的仆役阶级。④

根据以上论述，再参以某些研究者的研究成果，我们似可以作出如下结论：(1) 家长奴隶制产生于生产尚不发达的原始社会末期，它比奴隶社会要古老得多，同奴隶社会之间并无必然联系。(2) 在这种制度下，奴隶是家庭之一员，"自由人与奴隶之间的界限并不像希腊、罗马的那样明显"，"奴隶与主人之间的关系的特点就是家长式的纯朴"，这"意味着没有阶级对抗的剧烈表现"。⑤ 很难设想，在这种尚缺乏"阶级对抗的剧烈表现"的制度之上会孳生出一个奴隶制的国家和

---

① 马克思、恩格斯：《德意志意识形态》，《马克思恩格斯全集》第 3 卷，第 25 页。

② 恩格斯：《家庭、私有制和国家的起源》，《马克思恩格斯选集》第 4 卷，人民出版社 1972 年版，第 52～53 页。

③ 恩格斯：《〈反杜林论〉材料》，《马克思恩格斯全集》第 20 卷，第 676 页。

④ 马克思：《资本论》第 2 卷，人民出版社 1975 年版，第 539 页。

⑤ Г. Ф. 伊林：《古代印度奴隶制的特点》，尚钺编《奴隶社会历史译文集》，生活·读书·新知三联书店 1955 年版，第 141～142 页。

奴隶制的社会来。（3）在家长奴隶制下，"奴隶只是补助力量，是主人的助手"，"奴隶还不是整个经济底基础"。① 如在古代印度，"奴隶就大都是些辅助工作者或是家庭奴仆；……耕田的是主人，而往田里给他送饭的却是奴隶。"②

总之，在家长奴隶制下，奴隶要么不事生产，仅仅作为"单纯的家庭奴隶"——"仆役"而存在，即使从事生产的，也不过是"主人的助手"，是"辅助工作者"。怎么能够设想，一个主要靠自由人的劳动支撑的社会，一个奴隶仅仅作为"辅助工作者或是家庭奴仆"而存在的社会，竟会是奴隶社会？如果一定要把有这种奴役制度存在的社会都叫做奴隶社会，那么，人们又何尝不可把几乎整个的阶级社会都叫做奴隶社会，因为，人尽皆知的事实是，这种最初产生于原始社会末期的人对人的奴役形式曾在后世的阶级社会中长期存在着。

这里，用得着郭沫若的一句话："严格按照马克思的意见来说，只有家内奴隶的社会，是不成其为奴隶社会的。"③ 所谓"家长奴隶制社会"、"家庭奴隶制社会"、"家内奴隶制社会"一类的提法，本身就是欠考虑、不科学的。

二、关于种族奴隶制社会

名古代中国社会为"种族奴隶制社会"的有郭沫若、杨荣国等。杨氏谈到殷周社会时每有"种族奴隶制的殷周社会"、"殷周种族奴隶制国家"之谓，说是在这样的社会里，"被征服的氏族"，"全都成为奴隶"，"整族沦为奴隶"。④ 关于这一层，论述得比较清楚的，还是郭沫若。他写道：

有的种族被别族征服了，就会部分地或全部地降为种族奴隶——"黑劳士"（Helots）。商代已有种族奴隶是不成问题的，所谓"纣有亿兆夷人离心离德"，便是。周是以少数人征服了商，又把殷民降为种族奴隶。如"殷民六族"、"殷民七族"都是殷之遗民。"怀姓九宗"，则是属于殷的种族奴隶。但以后都成为了周的种族奴隶了。⑤

又：

这所谓"殷民六族"、"殷民七族"及"怀姓九宗"，都是殷之遗民或属于殷人的种族奴隶，现在一转手又成为周人的种族奴隶了。……

① 奥斯特罗维强洛夫：《前资本主义形态》，中国人民解放军华东军区第三野战军政治部 1951 年据中国人民大学出版社 1950 年版翻印本，第 48 页。

② Г. Ф. 伊林：《古代印度奴隶制的特点》，尚钺编《奴隶社会历史译文集》，生活·读书·新知三联书店 1955 年版，第 128 页。

③ 《关于中国古史研究中的两个问题》，《奴隶制时代》，人民出版社 1973 年版，第 231 页。

④ 分见杨荣国：《种族奴隶制的殷周社会》，载于《新建设》1951 年第 4 卷第 3 期；《中国古代思想史》，人民出版社 1973 年版，第 1 页；《简明中国哲学史》，人民出版社 1973 年版，第 2 页。

⑤ 《关于中国古史研究中的两个问题》，《奴隶制时代》，人民出版社 1973 年版，第 235 页。

……周人对待这些种族奴隶是比较自由的，颇与古代斯巴达的"黑劳士"（Helots）和西亚、北非其他古国的国家奴隶相类，让他们耕种着原有的土地而征取地租，征取力役，很有点类似农奴。例如《周书·多方篇》周公对殷之遗民说"今尔尚宅尔宅，畋尔田"，仿佛殷人的田宅都没有被没收的一样。其实这只是统治农业奴隶的一种更省事而有效的方术。"宅尔宅，畋尔田"并不是宅尔所有之宅，畋尔所有之田，而是宅尔所宅之宅，畋尔所畋之田。那些田宅只是享有的对象，而不是所有的对象。对于这些种族奴隶，国家是操有生杀予夺之大权的。①

再：

农业生产奴隶和手工业的生产奴隶或商业奴隶，性质不尽同。这在典型的奴隶制时期的希腊已经是表明着的。注重手工业和商业的雅典，奴隶是无身体自由的，而注重农业的斯巴达，它的农耕者黑劳士（Helots）便有充分的身体自由。这是因为农业的土地便发挥着更大的缧绁髡钳的作用，耕者不能离开土地，离开了便有更深沉的苦痛。……故殷周两代的农耕奴隶，能显得那么自由。②

这里，郭沫若实际上是说：在古代，族对族的征服必然产生种族奴隶制；纵使被征服者在身份上"显得那么自由"，在经济上继续"耕种着原有的土地"而只须向征服者提供"地租"、"力役"，他们还是只能被称做奴隶。能不能这样去看问题呢？我以为那是不能够的。

首先，我们必须明确，虽然随着族对族的征服必不可免地会带来征服族对被征服族的某种形式的奴役，但是，这种奴役并不一定、并不总是要毫无例外地采取奴隶制这种奴役形式的，这要视具体情况——征服者如何处置被征服者、在怎样的经济关系下榨取他们——而定，如果"征服者从他们征服的土地上俘虏出它的人民，带回自己的国家用在任何的生产部门上而完全剥夺他的自由便可以出现奴隶制；如果把征服的作为土地之有机属性的人类本身，作为生产条件之一，就他原来的住地强迫他耕种原有的土地，而征服者对之又不完全听其自由像普通的属领一样仅责其贡纳，而是把他们按一定的秩序分配给征服者而奴役的方式比较温和一点，赋予他们一定的自由，使他们有自己的经济，便可以出现农奴制"。③这是很有见地的看法。因为，谁都知道，当某个被征服族还居住在原来的地方、还保持着原有的族的组织形式的时候（这是他们的力量之所在），征服者是无法把奴隶制这一最最粗野的奴役方式强加在他们头上的；被征服者会整族整族地沦为"种族奴隶"的提法，殊为不妥。

---

① 《奴隶制时代》，人民出版社1973年版，第27~28页。

② 《古代研究的自我批判》，《十批判书》，科学出版社1956年版，第36页。

③ 时希哲：《从泛论古代史中的几个理论问题阐明西周的社会性质》，文史哲杂志编委会编《中国古史分期问题论丛》，中华书局1957年版，第273页。

其次，从广大被征服族所处的社会地位和经济地位看，这些人也完全不是什么奴隶。郭沫若自己也承认，殷周两代的所谓"种族奴隶"，一如斯巴达的"黑劳士"一样，"有充分的身体自由"，"耕种着原有的土地"而向征服者提供"地租"、"力役"。可是，到头来还得把这些人派做奴隶。这是毫无道理的！

自然，郭沫若为了证明这些人的奴隶身份，也曾提出过自己的"理由"。什么理由呢？一曰"黑劳士"和殷周两代的劳动者皆是"可杀"的[①]；一曰这些人对田宅之类只有"享有"权，而无"所有"权。

关于"可杀"，且不说它早已同郭沫若自己关于这些人在身份上如何如何自由的说法大相龃龉，重要的还在于它不是历史事实。众所周知，斯巴达人屠杀黑劳士，是一种军事镇压行动，是一种卑劣的谋杀暗害，这同奴隶主对奴隶的屠杀毫不相干；盘庚的"乃有不吉不迪，颠越不恭，暂遇奸宄，我乃劓殄灭之，无遗育"（《尚书·盘庚中》），周公的"尔不克敬，尔不啻不有尔土，予亦致天之罚于尔躬"（《尚书·多士》），"乃有不用我降尔命，我乃其大罚殛之"（《尚书·多方》）之类，亦不过是专制君王对臣民们训话时的惯常用语，其中并无多少奴隶制的微言大义好寻。说那时的民众可以被"当作牲畜来屠杀"，[②]并无根据。

至于说到对田宅的"享有"、"所有"问题，这须分开来说，不可一概而论。作为生活资料的住宅，看来对殷周两代广大被征服者来说，恐怕就不单单是"享有"的对象，而且是"所有"的对象了。因为，如果这住宅的所有权属于征服者，那么，他们就必须承担旧住宅的维修和新住宅的兴建事宜（随着时间的推移和人口的增殖，修旧建新的事是不少了的）；可惜，这样的材料我们在历史上一条都找不到，也不可能找到——这有悖于常理。至于被征服者失去了对土地的所有权，那倒是事实，但是，失去了对土地所有权的人并不一定就是奴隶，这同样是千真万确的事实。农奴对土地有所有权吗？没有。我们总不好说农奴也是奴隶吧！

人们（郭沫若等，还有苏联的多数历史学家）之所以把早期阶级社会中族对族征服的结果不加分析地、毫无例外地视为奴隶制，大约是受了奴隶制乃人类历史上最早的头一个剥削方式这一成说的影响。多少年来，人们小心翼翼地严守着这个理论堤防，认为它是马克思主义的。殊不知这既不是历史事实，也远不是马克思主义的。马克思说：

> 假如与土地一起，也征服了作为土地有机从属物的人本身，那么，他们就也征服了作为生产的条件之一的人，这样便产生了奴隶制和农奴制，……[③]

这是从一般理论高度阐明随着征服，在原公社所有制的基础上，既可产生奴

---

① ②　《奴隶制时代》，人民出版社 1973 年版，第 23、116～121 页。

③　《资本主义生产以前各种形态》，人民出版社 1956 年版，第 27 页。

隶制，亦可产生农奴制。再从史实上看，根据恩格斯的见解，这也是成立的，有例可援的：

毫无疑问，农奴制和依附关系并不是某种特有的中世纪封建形式，在征服者迫使当地居民为其耕种土地的地方，我们到处，或者说几乎到处都可以看得到，——例如在特萨利亚很早就有了。①

斯巴达至少在其全盛时代，还不知有家庭奴隶，而处于农奴地位的赫罗泰则另外居住在庄园里，……②

这就明确告诉我们：农奴制如果不是更早，也起码是和奴隶制同其古老的，它绝不是奴隶社会晚期随着奴隶制的瓦解才新冒出来的东西——一如人们通常所认为的那样。

总之，不应该把族对族的征服一概解释为奴隶制的，事实上，倒是恰恰因着族的被保留，才使被征服者避免了奴隶制的厄运；殷周时代的广大被征服族，斯巴达的"黑劳士"，特萨利亚的"珀涅斯泰"，克里特的"克拉罗托"一类的所谓"种族奴隶"，事实上都是些农奴或带有封建依附性的农民。"种族奴隶"一说，实难成立。

三、关于普遍奴隶制社会

不少研究者承认，在古代中国，真正的、严格意义上的奴隶不多，社会生产的基本担当者是村社成员。这无疑是对的。但这些同志却又根据马克思的两段话，把村社成员视为普遍奴隶，把古代中国视为普遍奴隶制社会。这就错得远了。

不错，马克思是说过：

在亚细亚的形态下，……单独个人从来不能成为财产的所有者，而只不过是一个占有者，所以事实上他本身即是财产，即是公社的统一体人格化的那个人的奴隶，……③

在奴隶制，在农奴制等等之下，劳动者本身只是那为某一第三者个人或集体服务的生产的自然条件之一（这不是对那例如存在普遍奴隶的东方而说的；这仅仅从欧洲方面看来才是这样的）……④

能不能据此得出结论说马克思本人的确是把东方的村社成员视为奴隶、把东方社会视为普遍奴隶社会的呢？我认为不能那样简单地从字面上理解马克思的话。

---

① 《恩格斯致马克思》，《马克思恩格斯全集》第 35 卷，第 131 页。
② 《家庭、私有制和国家的起源》，《马克思恩格斯选集》第 4 卷，人民出版社 1972 年版，第 59 页。
③ 《资本主义生产以前各形态》，人民出版社 1956 年版，第 30 页。
④ 同上，第 33 页。

首先，我们必须看到，马克思这两处论述中的所谓"奴隶"，不过是为了指明进入阶级社会后村社成员已失去了往昔不受奴役、不受剥削的自由村社成员地位的一种极而言之的比况用语罢了，这正如经典作家们有时会称近代无产阶级为奴隶、称父权制下妻子是丈夫"淫欲的奴隶"一样，我们难道也能根据这些情况去坐实他们的奴隶身份吗？

其次，若一味拘泥于字面，东方社会势必会成为全体社会成员作为尽人皆是的"普遍奴隶"而从属于唯一一个奴隶主——"公社的统一体人格化的那个人"（即专制君主）这样一个怪物。世界上竟会有这样的社会？以马克思之博大精深，是绝不至如此浅薄的；那样浅薄地去理解马克思，是我们自己的浅薄。

再次，马克思在上引第二段论述中明明指出：在奴隶制下，劳动者已沦为生产的自然条件之一，即是说，他们是物而不是人；可这样的情况恰恰不适用于东方社会。这就明白不过地告诉我们，村社成员不是奴隶，古代东方不是奴隶社会。

综上所述可知，人类历史上从来不曾有过什么"普遍奴隶"和"普遍奴隶制社会"；把这类似是而非的提法挂到马克思名下，是对马克思的歪曲。

四、关于授产奴隶制社会

公开把古代中国称谓授产奴隶制社会的虽至今不见其人，但类似的意思却是有的。如郭沫若就曾说过：

从事农业生产的奴隶和封建农奴的区别，往往不很显著。由于土地本身有很大的束缚性，耕者一离开了土地便很难生存，奴隶主便利用了这种土地的束缚性来束缚耕奴，而不必格外施加刑具。有时狡猾的奴隶主还可以把一小片土地给予耕奴，并让他们成家立业。这样施予小恩小惠，使男女耕奴于生产农作物之外，还能生儿育女以繁殖劳动力。特别是成立了家室，家室本身又具有更大的束缚性，因而做耕奴的人便更不容易逃跑了。所以奴隶制下的耕奴和封建制下的农奴，往往看不出有多么大的区别。[①]

在分析民主改革前凉山彝族社会性质时，亦有人自觉或不自觉地把"曲诺"或"阿加"认作授产奴隶。[②] 在古典世界，也有这种"奴隶"，如罗马帝国后期普遍出现的拥有"彼库里"（Peculium）的"奴隶"，即是。有人甚至加以概括

---

① 《中国古代史的分期问题》，《奴隶制时代》，人民出版社1973年版，第3~4页。

② 不少论者事实上是把"曲诺"作为"授产奴隶"处理的，虽然他们多没有明确道破这一点；胡钟达先生今年撰有《从"阿加"看授产奴隶的典型并论授产奴隶在农业生产上普遍使用的原因》（刊《武汉大学学报》1980年第1期）一文，通过对"阿加"的分析，明确提出并系统论证了"授产奴隶"这一概念。

说："单身奴隶与有家庭、有微薄的不巩固的个人经济的奴隶是奴隶阶级的两个部分"，① "古典奴隶与授产奴隶是奴隶等级或阶级的两个等第"。②

说古代中国的以至世界其他许多地方的农业生产工作者大都是些有家室、有自己经济的人，这自然不错，这是尊重历史事实的表现，但问题在于：这样的人（有家室，有自己的经济）还能不能叫做"奴隶"？"授产奴隶"的提法科学不科学？

根据胡钟达先生的描述，所谓"授产奴隶"大体是这样的：

他们在形式上占有主人"授与"他们的一定的生产资料，可以经营相对独立的经济；他们对主人只提供一定的劳役，他们的劳动生产物只有一部分须缴纳给主人；他们同主人分居分食，生活方面最起码的需要，完全由自己来解决；他们一般由主子婚配，组织家庭；他们的妻子儿女，也完全由自己来赡养。③

笔者基本上同意这样的描述，它是大体上符合事实的。但把这样的人仍然叫做奴隶，我却不敢苟同。因为，那样一来，马克思主义经典作家有关奴隶的质的规定性的一系列论述，诸如"奴隶被看做物件"，④ "奴隶直接被剥夺了生产工具"，⑤ "奴隶要用别人的生产条件来劳动，并且不是独立的"，⑥⑦ "在奴隶劳动下，……他的全部劳动都表现为无酬劳动"，等等，便得整个推翻。当然，不是说经典作家的话在任何时候都违背不得，问题是，如果我们在有没有家室、有没有自己的工具和自己的经济这些要害之点上对奴隶的定义加以修正，一味放宽奴隶的标准，松动奴隶的条件，那就必不可免地会模糊、混淆以至取消"奴隶"同"农奴"以及其他封建依附农民间的界限，把"农奴"等归并、消融到"奴隶"中去。郭沫若碰到的就是这个问题。正是由于他把有家室、有自己的经济的人们仍然叫做奴隶，模糊了那个界限，所以他就老是觉得奴隶同农奴之间的区别"不很显著"，甚至"看不出有多么大的区别"。

有人可能会反驳说：授产奴隶之所以是奴隶，是因为他们没有完全的、充分的财产权，他们的一切归根到底还是主人的。我们想反问一句：农奴有完全的、充分的财产权吗？同样没有的。谁都知道，在中世纪的欧洲，"封建主对农奴"，"可拷打买卖"，"农奴本人和农奴所耕种的份地，仍被看做领主的财产"。⑧ 可见，财产权不充分、不完全，并不足以构成划定奴隶的依据。

---

① 康德琯：《解放前凉山彝族社会的性质问题》，载于《凉山彝族奴隶制研究》1977 年第 1 期。

②③ 胡钟达：《从"阿加"看授产奴隶的典型并论授产奴隶在农业生产上普遍使用的原因》，载于《武汉大学学报》1980 年第 1、2 期。

④ 恩格斯：《共产主义原理》，《马克思恩格斯选集》第 1 卷，人民出版社 1972 年版，第 213 页。

⑤ 马克思：《〈政治经济学批判〉导言》，《马克思恩格斯选集》第 2 卷，人民出版社 1972 年版，第 101 页。

⑥ 马克思：《资本论》第 1 卷，人民出版社 1975 年版，第 891 页。

⑦ 同上，第 590～591 页。

⑧ 齐思和：《世界中世纪史讲义》，高等教育出版社 1957 年版，第 49 页。

应该说，严格意义上的奴隶是没有自己的经济，没有财产的。反过来说，有自己的经济、财产的人就不应叫做奴隶。人们把罗马帝国后期拥有"彼库里"的"奴隶"仍然叫做奴隶，是出于习惯，因为这些人原来是奴隶；不过，习惯往往是反科学的，严格地说，奴隶一旦拥有"彼库里"后，他们的阶级地位就起了变化，他们就不复是奴隶了。"授产奴隶"、"授产奴隶制"、"授产奴隶制社会"一类的说法，于理难通。

五、关于不发达的奴隶制社会

在早，以 B. B. 斯特鲁威院士为代表的苏联史学家多把包括中国在内的古代东方各国的早期阶级社会认作"原始奴隶制社会"① 或"早期的奴隶制社会"②。后来，A. И. 久梅涅夫院士又倡新说，说是"在古代东方奴隶占有制社会和古典奴隶占有制社会的历史上，我们看到的不是奴隶占有制发展的两个循序渐进的阶段（如在苏联历史科学中盛行的观点所证定的那样），而是两个类型彼此相异的奴隶占有制社会。"③ 两种说法，虽然一个以"发展中的两阶段"为说，一个以"彼此相异的两种类型"持论，但都认为古代东方的奴隶制比起古典世界的奴隶制来，到底是不够发达的（不发达的"阶段"或不发达的"类型"）。

怎么个"不发达"呢？学者们说：

在古代东方各国，奴隶之外，公社成员仍然是直接生产者……④

古代东方奴隶的数目比较小；奴隶以外还有许多自由的农村公社成员。古代东方的奴隶制度还不曾遍及于全部的生产，但这种情况却能在古代希腊和罗马的社会中见到。⑤

古代东方，……社会基本生产者是公社成员，不是奴隶。⑥

古代东方各国，由于奴隶制并不充分发展，农民在农业生产中就始终在数量上占居绝大优势。这也是到处可以看到的历史事实。⑦

（在古代东方）奴隶制度虽然起过有限的作用，但从未成为生产的统治形

---

① B. B. 斯特威鲁：《〈古代世界史选读〉序言》（日知先生译成中文时曾另加标题作：《论古代东方与古典世界》），华东师范大学函授部编印《世界史论文选辑》第 1 集，1956 年印本，第 140 页。

② B. H. 狄雅耶夫、H. M. 尼科尔斯基：《古代世界史》，高等教育出版社 1954 年版，第 60 页。

③ 《近东和古典社会》（续），载于《史学译丛》1958 年第 4 期。

④ B. B. 斯特威鲁：《〈古代世界史选读〉序言》（日知先生译成中文时曾另加标题作：《论古代东方与古典世界》），华东师范大学函授部编印《世界史论文选辑》第 1 集，1956 年印本，第 143 页。

⑤ 阿甫基耶夫：《〈古代东方史〉引论》，生活·读书·新知三联书店 1956 年版，第 9 页。

⑥ 束世澂：《中国古代史的特点》，载于《历史教学问题》1958 年第 12 期。

⑦ 日知：《中国古代史分期问题的关键何在？》，载于《历史研究》1957 年第 8 期。

式，……在古典世界的各民族中，奴隶制度占有统治地位，……①

（在古代东方）生产与其说建筑在应用奴隶劳动上面，不如说建筑在应用农村公社自由成员的劳动上面。②

这些看法都是对的，我完全赞同。但令人费解的是所有这些学者在表述了上述符合历史实际的正确看法的同时，竟又众口一辞地认定包括中国在内的古代东方为奴隶社会，虽然给它加了个"不发达的"限制词。

诚然，世界上许多事物都可以从发展阶段或发展类型上区分为"发达的"与"不发达的"，但这须有个前提，即事物质的规定性的具备。也就是说，只有在某事物成其为某事物的前提之下，才谈得到进一步从发展阶段或发展类型上把它细分为"发达的"与"不发达的"。而我们所面临的那个古代东方社会，奴隶为数既少，奴隶劳动也从来不曾成为生产的支配形式，这样的社会，压根儿就不成其为奴隶社会，还哪里谈得上什么"发达"、"不发达"的问题！

斯特鲁威院士在承认"公社成员仍然是"古代东方各国的"直接生产者"（见前）的同时，又武断地认为："自然，在东方，奴隶制剥削是主导的、进步的。因此我们并有权把先行于古典世界而存在于古代亚洲和古代埃及的早期阶级社会称为原始奴隶制社会。"③ 在中国，亦有人据此大讲什么看一个社会是不是奴隶社会不应该着眼于奴隶"量"的多寡，而应着眼于"质"，着眼于奴隶制的先进性、主导性。我们认为，这样的说法是不能成立的。试问，离开了一定的"量"，哪来的"质"？离开了一定的量的优势，这"主导"二字又从何说起？一个社会，如果只有为数不多的奴隶，如果它的生产不是建筑在奴隶劳动之上，我们有什么理由一定要把它叫做奴隶社会？难道不管奴隶的数量如何，也不管奴隶劳动是否已成为所在社会的支配的劳动形式，只要有奴隶存在，一个社会就可以叫做奴隶社会吗？那样的话，岂不是几乎整个的阶级社会、甚至一部分原始社会都可以叫做奴隶社会了吗？因为，众所周知的事实是：早在原始社会末期就有奴隶，到了资本主义时代，也还有奴隶！还有所谓一个社会的性质取决于这个社会中的先进的东西的说法，也不值一驳。这里，我们姑不论"奴隶制"在当时是否为唯一先进的生产形式这个问题，我们只想说：社会的性质并不总是由这个社会中的先进的经济成分决定的，先进的东西并不等于主导的、占支配地位的东西。这应该是一个常识问题。否则，资本主义社会岂不是可以从资本主义萌芽那天算

---

① 库左甫科夫：《论奴隶制发展中产生差别的诸条件和古典世界中奴隶制的最高发展》，载于《史学译丛》1954 年第 3 期。

② 苏联《历史问题》1953 年第 4 期社论，转引自徐喜辰《商殷奴隶制特征的探讨》，载于《东北师范大学科学集刊》1956 年第 1 期。

③ 《〈古代世界史选读〉序言》（日知先生译成中文时曾另加标题作：《论古代东方与古典世界》），华东师范大学函授部编印《世界史论文选辑》第 1 集，1956 年印本，第 140 页。

起、社会主义的新中国也可以从边区第一家社会主义性质的企业产生之日算起了吗？

所以，我们万不能一找到几个奴隶，就说"看，我发现了奴隶社会"，纵使你给它加上"早期的"、"原始的"、"不发达的"一类的限制词也不行。

看来，学者们为建立中国式的奴隶社会所作的种种努力、尝试，都不那么理想。郭沫若一派的学者，能坚持从社会生产主要担当者的身份去看问题，这固然是好的，但他们为了"成全"理论而不惜"牺牲"史料的做法，又终难使人心服。于是，人们不免要问：中国的奴隶社会到底在哪里？

中国古代史分期问题在沉寂了一段很长时间之后，近年来又颇为热闹了一番。但是，进展如何？前景又怎样？话就不太好说。这里，我再次吁请大家认真考虑一下：中国历史上到底有没有一个奴隶社会阶段？因为，这是"分期"的大前提，否则，岂不是在那里放空炮、白费力气。

1981 年 7 月草就，1982 年 10 月再改

（原载《中国古代史论丛》总第八辑，福建人民出版社 1983 年版）

中国古史分期三家说平议^①

　　考当代中国史学界之研究旨趣，半个多世纪以来，恐怕还没有任何一个问题能像中国古史分期问题——即所谓的中国奴隶社会与封建社会的分期断限问题那样持久地吸引着那么多人的关注，并为之聚讼纷争达六十余年之久。中国古史分期研究的现状，亦不妨三字以蔽之，曰：长、慢、大。"长"，争论时间达六十余年，迄无定论，不可谓不长；"慢"，讨论反反复复，阵营几经变幻，却不见突破性进展；"大"，即研究者彼此分歧很大，且一点也看不到接近之趋势。20世纪50年代，大体上形成了西周封建说、战国封建说、魏晋封建说三说鼎足之局面。到20世纪70年代末，三说外加上尔后相继出现的春秋说、秦统一说、西汉说、东汉说、东晋说等，分期主张已一变而为八派之众，意见不是趋于一致，而是更加分散，异词纷呈，派说林立。难怪有学者痛言："分期问题迄未解决，反映我国历史科学的发展是何等缓慢！"^②症结何在呢？坦率地说，中国古史分期讨论之长、慢、大，只是问题的表面现象，其实质，乃是中国古史分期的讨论从一开始便走进了死胡同。事情非常清楚，中国古史分期讨论的是一个大前提没有明确、大前提本不存在的问题！先认定中国有个奴隶社会发展阶段，再以此为据去进行什么奴隶社会同封建社会之间的分期断限讨论，是十分荒谬的，其结局，正如人们所看到的：是不会有什么结果的，是永远也讨论不出什么结果来的！

　　无可否认，中国古史分期讨论中持说诸家在一些具体历史问题的研究上还是卓有成效的，但由于大前提错了，所以，各家在立论持说上都不可避免地会遇到无法克服的困难。前已言之，进入20世纪70年代，古史分期讨论中派别愈演愈繁，已达八家之众，然细析之，后出各派无论在理论上，还是基本史实的凭依上，并无多少自立之余地，实不过20世纪50年代三派之派生物，是以，本文拟仅就中国古史分期讨论中颇具代表性的西周封建说、战国封建说、魏晋封建说三家观点作所评析，以证其立论持说之不可取。三家说若不成立，则其余各派自亦无立足之地矣。

---

　　①　此文系与李学功合撰。
　　②　金景芳：《中国古代史分期商榷（上）》，载于《历史研究》1979年第2期。

一、西周封建说平议

主张以西周作为中国封建社会开端的史学家有范文澜、翦伯赞、杨向奎、徐中舒、王玉哲先生等。

西周派对自周以下社会性质的认识，比较符合中国历史的实际，在一些具体问题上，亦每能言中。但西周派对商代社会性质的分析、界定，却是不能令人信服的、站不住脚的。其所以站不住脚，是因为它有违于如下基本史实：即迄今没有任何证据可资说明，商周之际的社会生产力、生产关系乃至上层建筑等方面出现了根本性的深刻变革。具体说来：

（一）商周二代生产力水平、物质文化特征的相近性大于相异性

这里，不妨首先从在生产力诸因素中最具有代表性的生产工具的状况着手考察。范老一方面承认"生产的变更和发展始终从生产力的变更和发展上，首先是从生产工具的变更和发展上开始"，另一方面却又说，"但是，把它公式化来应用，就难免失去原理（马克思主义原理——引者）的精神"。① 至于为什么强调了生产工具的作用，便会失去原理的精神，则未作进一步之论述。如所周知，在对商周生产力发展水平的估计上，史学界多数人还是着眼于当时的生产工具的考察的（西周派亦不例外），这是符合唯物史观关于生产工具是社会经济发展水平的客观尺度这一原理的。范老等之所以刻意淡化这个问题，乃是因为他们也十分清楚：商周两代的生产工具状况、生产力水平，是基本一致的，一定要说周代的生产力水平已较商代有了多大的变化，是无论如何也难以令人信服的。

西周派无法否认以下事实：即"西周至东周初的农业生产工具及其所反映的生产力，比商代并没有多少进步。""在许多西周遗址中，经常发现的农业工具，仍然都是石、骨、蚌器"，"和商代一样耒耜主要是木制的"，即使出土有少量青铜镈和青铜锸，其形制也"与殷墟出土的一样。"② 事情本已十分清楚，但西周派却囿于"奴隶社会乃人类历史发展必经阶段"的成说，硬是要在中国古史上制造出一个奴隶社会来。于是，为满足上述理论需要，本属发展水平相当、社会情况相近的商周便被人为地界定成不同性质的社会。

无可否认，在手工业方面，灭商前的周人已达相当之水平。近年来的考古发掘证实："周族在克商以前已经有了青铜工业。"③ 在先周青铜器中不仅有商式铜器，商周混合式铜器，而且还有了数量不多的周式铜器，这说明，"先周文化已

① 范文澜：《中国通史简编》修订本第一编，人民出版社 1964 年版，第 46 页。
② 北大历史系考古教研室商周组：《商周考古》，文物出版社 1979 年版，第 167 页。
③ 北大历史系考古教研室商周组：《商周考古》，文物出版社 1979 年版，第 145 页。

是高度发展的青铜器文化"。① 旧谓"周族之使用青铜器还在消灭了殷纣的王朝，继承了殷族的文化之后"② 已不成立。再从文化方面来看，1977～1979年周原考古队在陕西岐山凤雏村宫室（宗庙）基址西厢二号房第十一、第三十一号窖穴中，出土甲骨一万七千多片。这一大批甲骨中，已清理出有字甲骨二百八十多片，总字数为九百多字。据初步研究，学者们多倾向于认为，这批甲骨并非一时之物，最早的卜辞，可上溯至武王克商前的文王时代。它分卜祭祀、卜告及卜年、卜出入、卜田猎、卜征伐、人名官名地名、月相及记时、杂卜等类，足见内容之广泛。过去，叶国庆、孙作云诸先生就认为"商周历法不同"，"克殷之前，周人已有他的历法"，③ 岐山凤雏村甲骨文的发现，给叶、孙二氏的推断提供了新的有力证据。正如徐锡台先生所论："周原甲骨文中出'既吉'，'既魄'，'既死'，说明在周文王时就已用月相补充殷的干支纪日方法"。④ 但所有这些，充其量只能说明灭商前的周人在物质生产和精神生产方面大体处于接近、顶多是相当于商的水平，而不是更高。灭商后，周在相当长一个历史时期内亦不见在物质生产和精神生产方面有大的发展。准此，则西周派执意要在商周间作一质的分野，便显得十分苍白了。

史实既于己不利，于是，西周派便只好在理论上巧释其说了："至于生产工具制作的变化，在奴隶制向封建制的转化上、并不一定是决定性的"，对此，"不必过于拘泥"。⑤ 这实在令人大惑不解！试问，若是我们一旦到了对于决定人们改造自然、征服自然的广度和深度，且作为社会生产力重要指示器的生产工具的状况已不必过于拘泥、深究的地步，那么，作为唯物史观信奉者的我们，还有什么可拘泥、可深究的呢？

（二）商周二代生产关系的一致性大于差异性

上面，我们从生产力的发展水平上论证了商周两代的相近性。下面，再考察一下商周两代的生产关系状况。

范老等既不愿拘泥于生产工具，自然是注重对生产关系、剥削方式的直接考察了。范老说："推究封建制的发生，首先应从剥削方式的变更上"着眼。⑥ 这样也好，也无疑是对的，因为，这方面的考察对于社会性质的认定来说更具直接

---

① 许倬云：《西周史》，联经出版事业公司1980年版，第37页。
② 李亚农：《中国的奴隶制与封建制》，《欣然斋史论集》，上海人民出版社1962年版，第31页。
③ 叶国庆：《克殷以前周是氏族社会吗？》，《争鸣》1957年5月号；孙作云：《从诗经中所见的灭商以前的周代社会》，《诗经与周代社会研究》，中华书局1966年版，第56页。
④ 徐锡台：《探讨周原甲骨文中有关周初的历法问题》，《古文字研究》第一辑，中华书局1979年版，第204页。
⑤ 范文澜：《中国通史简编》修订本第一编，人民出版社1964年版，第45、47页。
⑥ 范文澜：《中国通史简编》修订本第一编，人民出版社1964年版，第47页。

性，更具决定意义。

先看剥削方式。《孟子》讲"殷人七十而助"，"虽周亦助"。参以其他史籍，有迹象表明，西周在厉宣之世前，一直是沿用夏代后期已经推行、商代继续行之的"助"法的。根据是：第一，周人在灭商之前以至灭商后的一段时期内，经济、文化发展水准并未高出于商，且每有不及之处，他们既无另创新制的物质条件，也缺乏一下子废止旧制的力量。第二，孟子讲"虽周亦助"，"野九一而助"，并对这种行之于"野"的助法作了具体描述："方里而井，井九百亩……"可见，周之"野"曾行用助法。第三，观西周昭王时器《令鼎》："王大藉农于琪田"；共王时器《载簋》："令汝作司土（徒），官司藉田"①。《孟子》有云："助者藉也。"知"国中"也是行助法的。所不同者，是"国中"的公田（藉田）较为集中，②不像"野"那样，公田、私田夹杂错落在一起。至于助法的废止，大约是畿内在前，封国在后。西周行"彻"法，时间当是起"自厉王之流，藉田礼废，宣王即位，不复古也"之时。③一如徐中舒先生所论，到厉宣之世始"废除了公田的徭役劳动而征收实物地税（彻法）。④凡此足证商周之际剥削方式前后相继，浑然同体，并无变更之迹可寻。部分西周封建论者亦认为，商代的公社成员所受的剥削实在是一种"事实上的农奴制"。⑤

再看劳动者的身份。西周派一方面把商代农业生产的主要担当者——民、众人目为奴隶，一方面却又将同商代的民、众人并无质的区别的西周社会的主要生产者——庶人、民、众人释作农奴或相当于农奴身份，这是很难自圆其说的。范老讲：《诗经》中有关庶人、民的材料完全符合经典作家所指示的关于封建社会农奴的特征，像《周颂·臣工》中"命我众人，庤乃钱镈"即是。其实，甲骨卜辞中"王大令众人曰叶田，其受年"之"众人"与《周颂》里成王"命我众人，庤乃钱镈，奄观铚艾"之"众人"又何尝有什么两样！至于根据"奉畜汝众"四字就认定众的身份与牲畜相同，这种畜民乃"是从商已久的老奴隶"⑥之类更属凿空，对此，当今学者多有驳难，并倾向于认为众人的身份乃是商之族

---

① 两器分期断代依据唐兰《西周青铜器铭文分代史徵》，中华书局1986年版。

② 徐中舒云：藉田以千亩为单位，比私田一百亩大，故《诗》有《大田》之称，甫也是大的意思。大田往往是集中十个千亩在一处，故《诗》又有"十千"之称。参见《试论周代田制及其社会性质》，《中国的奴隶制与封建制分期问题论文选集》，生活·读书·新知三联书店1956版。

③ 引自《国语·周语（上）》韦昭注。

④ 徐中舒：《西周史论述（上）》，载于《四川大学学报》1979年第3期。

⑤ 时希哲：《从泛论古代史中的几个理论问题阐明西周的社会性质》，载于《文史哲》1956年第8期。

⑥ 范文澜：《中国通史简编》修订本第一编，人民出版社1964年版，第114页。

众。① 西周派对商周社会主要生产者身份的截然不同的认定是难以成立的，难怪《中国史分期讨论五十年》的作者会提出质疑说："倘若说西周的庶人和众人是农奴，那么商代的众人又是什么呢？"② 看来，只要西周派坚持把商代说成是奴隶社会，对上述质疑，是不好作答的。事情本来很简单，商周本是一个整体，同属一个文化单元，是不可分割的。西周派硬把它们分割开来，这就在论战中把自己置于十分被动的地位，战国派及其他各派正是抓住它的这个弱点，指摘驳难，使其节节败退的。

说到商周一体，自然会引发出另一个问题来，即一体于奴隶社会呢，还是一体于封建社会？结论应该是后者。关于对自周以下中国古代社会的封建制性质之认识，我们同西周派没有多大分歧（当然，分歧还是有的，如我们不同意西周派所谓西周封建制是领主农奴制型封建制的说法），问题在于商代。西周派连同其他各派几乎众口一词地认定商代为奴隶社会。实则不然。只要我们不囿于"奴隶社会乃人类历史发展必经阶段"的成说，不带偏见，是无法仅仅靠着甲骨文中几个带有奴仆意味的字，靠着人殉、人祭，构建起商代奴隶社会说的。相反，人们倒是有充分根据说，商代的众、众人是带有封建依附关系的半自由人，他们所受的剥削也是封建性的"助"法剥削。关于这一层，限于篇幅，无法在本文中展开，读者若有兴趣，可参看本文作者之一张广志所写《商代奴隶社会说质疑》、《"贡助彻"研究中的几个问题》二文。（收《奴隶社会并非人类历史发展必经阶段研究》，青海人民出版社 1988 年版）

（三）商周之际没有迹象表明发生了一场深刻的社会变革

商周之际若是发生了一场深刻的社会变革，必然有某一重大变故作为标识，必然有斑斑史迹可寻。西周派似乎也明白这一层，于是，在谈到周人封建制产生的具体途径时，他们便求助于周对商的征服，并以此比附日耳曼人对西罗马帝国的征服。③

这里姑不论日耳曼人征服西罗马与周灭商具有多大程度的可比性，就事论事，单纯用"征服"来说明一种新制度的形成，便是不成立的。事实上，军事征服本身并不能产生某种新型的社会制度，一切取决于被征服民族的生产力发展水平。正如马克思、恩格斯所论述的那样："蛮人占领了罗马帝国，这一事实通常

---

① 赵锡元：《再论"众人"社会身份》，载于《吉林大学社会科学学报》1982 年第 4 期；朱凤瀚：《殷墟卜辞中的"众"的身份问题》，载于《南开学报》1981 年第 2 期；彭邦炯：《商代"众人"的历史考察》，载于《天府新论》1990 年第 3 期。

② 林甘泉、田人隆、李祖德：《中国古史分期讨论五十年》，上海人民出版社 1982 年版，第 295 页。

③ 王玉哲：《有关西周社会性质的几个问题》，载于《历史研究》1957 年第 5 期；杨向奎：《中国历史分期问题》，载于《文史哲》1953 年第 1 期。

被用来说明从古代世界向封建主义的过渡。但是在蛮人的占领下，一切都取决于被征服民族此时是否已经像现代民族那样发展了工业生产力，或者它的生产力主要还只是以它的联合和现存的共同体形式为基础。"① 那么，商代社会内部是否已具备了上述条件呢？商代奴隶制的危机又表现在什么地方呢？

王玉哲先生认为，当时商代的低级奴隶制已成为社会发展的障碍，阶级矛盾的尖锐化迫使奴隶主不能继续停留在奴隶制的剥削方式上，只好走农奴制的道路。② 童书业先生也认为，殷代后期进入了青铜器的全盛阶段，生产力的发展使原始奴隶制的生产关系不能完全适应，因而有产生封建制关系的可能。③ 可是，商代后期生产力水平究竟高到什么程度，所谓的奴隶制的生产关系又是如何阻碍着生产力的发展并最终被打破的，又有谁能说得清，一切都不过是推论罢了。我们是研究历史的，而历史是一门实学。我们不能用一两句主观的言辞，使古代社会的一种生产方式解体，并过渡到另外一种生产方式。迄今为止，在所能考见的文献材料和考古材料中，并无任何迹象足以表明周克殷是一场旨在解决奴隶制生产关系与新的生产力矛盾的社会革命。而且，根据一般社会发展规律，社会制度的变革，必然伴随着相当程度、相当规模的阶级冲突，这种阶级冲突正是生产关系和生产力矛盾发展的重要表现。遗憾的是，在商周之际，无论在周族内部或商族内部，都看不到这种阶级冲突。

一般说，西周派还是比较尊重历史事实的，他们对自周以下中国古代社会性质的认识，也基本符合中国古代社会的实际，只是由于恪守"奴隶社会乃人类历史发展必经阶段"的成说，硬要在周以前的商代安排个奴隶社会发展阶段来，才使得自己在事实与理论面前，进退失据，陷入窘境。实际上，西周派观点再朝前走半步，坚持把自己对周代社会性质的认识方法、原则忠实地运用到对商代社会性质的认识上去，就会把所谓的奴隶社会发展阶段逐出中国历史，就会是中国无奴隶社会说。自然，这需要足够的勇气、魄力。

二、战国封建说平议

主张春秋战国之交是封建社会开端的史学家有郭沫若、杨宽、田昌五先生等。众所周知，春秋战国之交是古代中国变动异常剧烈的时期。战国派紧紧抓住这个历史巨变分期断限，立论持说，自不免使自己的理论、观点平增几分力度，平添几分说服力，确乎明智。但战国派对春秋战国之交社会变革性质的分析、认

---

① 《马克思恩格斯全集》第 3 卷，第 82 页。
② 王玉哲《有关西周社会性质的几个问题》，载于《历史研究》1957 年第 5 期。
③ 童书业：《从"生产关系适合生产力"的规律说到西周春秋的宗法封建制度》，载于《文史哲》1957 年第 1 期。

定，却是令人难以同意的。因为，变革是变革，它有许多种，不一定就是奴隶制向封建制的变革。所以，当战国派凭借春秋战国之际发生巨变这个立论优势去论证本不存在的中国由奴隶社会向封建社会转变时，便不免在理论上、史实上碰到诸多不可克服的困难，露出种种破绽。我们认为，以郭老为代表的战国封建说，至少在如下三个问题上，难圆其说。

（一）土地私有制的确立是否意味着封建制的确立

在谈到奴隶制如何向封建制转化这一问题时，郭沫若认为：初税亩是"一项在社会史上极其重要的记录"，"公室为挽救自己的式微，便……把传统的公田制打破"，"正式地承认了土地的私有"，"对于私田一律课税。这样便是社会制度的改革"。① 田昌五先生说得似更明确些："中国古代奴隶制转变为封建制的基本原因，就在于井田制为基础的奴隶主贵族土地国有制让位于小农经济为基础的封建土地所有制。"② 一句话，似乎土地私有制的确立，就意味着封建制度的确立。

这是有违于基本的历史史实的，也是没多少道理可讲。实际上，土地私有制的确立，既不意味着奴隶制的崩溃，也不是封建社会开端的必备条件，自然也无从标志着社会由奴隶制向封建制的转变。那种把土地私有制的出现与封建制度的确立必然地联系在一起的观点是站不住脚的。

如所周知，土地私有制的确立是一个漫长的历史过程，它孕育产生于原始社会末期，进入阶级社会，渐次发展，至于土地私有制的法律观念则更为晚出。在原始社会末期以至阶级社会早期的相当长一个历史时期内，人类社会经历了若干世纪的农村公社阶段，即公有制、私有制并存的一个两重性结构阶段。当时，"虽然耕地仍归公社所有，但定期在农业公社各个社员之间进行重分，因此，每一个农民用自己的力量来耕种分配给他的田地，并且把生产得来的产品留为己有。"③ 如此，村社既存在土地公有，又有产品的私有，"农业公社天生的二重性，使得它只可能是下面两种情况之一：或者是私有原则在公社中战胜集体原则，或者是后者战胜前者（公有原则战胜私有原则—引者）。一切都取决于它所处的历史环境。"④ 不言而喻，马克思在此实际上指出了村社发展的两种前途，即：其一，当村社中"私有原则"战胜"集体原则"时，村社便会失去存在的依据，走向解体。这种结局，正是阶级社会生成中的"古典道路"，即奴隶社会的道路；其二，由于"历史环境"的不同，村社发展的结局也会出现另一种情况，即"后者战胜前者"，公有原则暂时地、实际上是在相当长的历史时期内战

---

① 郭沫若：《十批判书·古代研究的自我批评》，人民出版社 1954 年版，第 41 页。
② 田昌五：《中国奴隶制向封建制过渡的问题》，载于《社会科学战线》1979 年第 1 期。
③ 《马克思恩格斯全集》第 19 卷，第 434 页。
④ 同上，第 450 ~ 451 页。

胜私有原则。在这种情况下，村社不但不会迅速消亡，反而会长期存在下去，并构成为早期阶级社会存在的基础。在这样的社会里，私有关系的发展会受到极大的阻碍，发展缓慢。这种结局，是阶级社会生成中的另一种更为广泛的结局，即封建主义的结局、道路。出现这种结局的地方，正是由于村社的顽强存在，才一方面有力地抑制了私有制、奴隶制的发展，而在另一方面，却又为封建剥削方式提供了现成的、便捷的形式。可以毫不夸大地说：村社，乃是了解、把握古代中国、乃致整个除古典世界以外的更为广大地区的社会究竟属何种性质症结之所在。

所以，从世界历史发展的大视角看，土地私有制的发展、确立，不惟不是早期封建社会赖以生成的温床，相反它倒是奴隶制社会赖以建立的基础。对此，恩格斯有谓："随着贸易的扩大，随着货币和货币高利贷，土地所有权和抵押制的产生，财富便迅速地积聚和集中到一个人数很少的阶级手中，……随着这种按照财富把自由人分成各个阶级的划分，奴隶的人数特别是在希腊便大大增加起来，奴隶的强制性劳动成了整个社会的上层建筑所赖以建立的基础。"[1] "至于说到村社，那么只要它的各个成员间的财产差别不大，它就可能存在。这种差别一变大，它的某些成员一成为其他较富有的成员的债务奴隶，它就不能再存在下去了。"[2] 马克思则进一步明确指出："土地公社所有制随着社会的进步，……让位给私有制，……是以欧洲的经验为根据的。至于譬如说东印度……那里的土地公社所有制是由于英国的野蛮行为才消灭的"。[3] 战国派把土私有制的确立目为奴隶制的终结和封建制的生成点，未免离谱太远。

说到这里，人们也就不难理解为什么精明如郭沫若竟会拒绝承认古代中国存在着村社这一人所共知的事实原因之所在了。对此，连战国派后劲田昌五先生亦曾不无惋惜地说道：农村公社"这个问题是不能回避的。郭沫若不谈这个问题，自然就留下了理论的漏洞。"[4] 但在郭沫若本人，似乎更明白个中得失，他曾毫不掩饰地说："如果太强调了'公社'，认为中国奴隶社会的生产者都是'公社成员'，那中国就会没有奴隶社会"。[5] 反过来说，既坚持中国有奴隶社会，就得抹煞村社。不过问题并没有就此解决，村社固可抹煞，春秋前的土地公有制或国有制却抹煞不得。下面，我们就来考察一下郭沫若是如何解决这个矛盾，巧为之说的。

---

① 《马克思恩格斯选集》第4卷，人民出版社1972年版，第163~164页。
② 《马克思恩格斯书信选集》，第515页。
③ 《马克思恩格斯全集》第19卷，第448页。
④ 《古代社会形态析论》，学林出版社1986年版，第286页。
⑤ 郭沫若：《关于中国古史研究中的两个问题》，《奴隶制时代》，人民出版社1973年版，第231－232页。

（二）存在于商周的井田制是否奴隶主贵族的土地国有制，其下的主要生产工作者"众"、"庶人"是否奴隶

井田制作为中国古代田制史上的一大悬案，历来争讼不已。当今学者多倾向于承认它的存在，但对其内容、性质的认识上，仍多分歧。早先，郭沫若在《中国古代社会研究》一书中是否认井田制的存在的，认为，所谓"方里而井，井九百亩，……"的办法要付诸实际是不可能的，周代自始至终并无所谓井田制的实施。后来，郭沫若虽承认了井田制的存在，但却另作一番解释。他在《奴隶制时代》一文中说："井田制的用意是怎样呢？这并不是如像孟子所说的八家共井，……那完全是孟子的乌托邦式的理想化。那些方田不是给予老百姓，而是给予诸侯和百官的。"① 郭沫若进而解释道："井田只是公家的俸田，这是土地国有制的骨干。公家把土地划成方块授予臣工，同时更分予些'说话的土具'为他们耕种。臣工们有了这样的便宜，便尽量榨取奴隶们的剩余劳动以开辟方田外的荒地。畿外的诸侯在采取这种步骤上是有更多的自由的。公家所授的方田一律都是公田，在方田外所垦辟出的土地便是所谓私田。公田有一定的规格，私田自可以因任地形而自由摆布。公田是不能买卖的，私田却真正是私有财产。公田是要给公家上一定的赋税的，私田在初却完全无税。"② 田昌五先生则进一步推演说："井田制只是一种田亩制度，并不是什么土地所有制。"③

诚然，战国时代的孟子对于"井田制"这种业已消失了的古代土地制度的描述不免失之于理想化、图式化，诸如一井八家、九百亩之类的规整成数等；但古代确曾存在过这种土地制度应是没有问题的。正如不少学者所指出的，孟子井田论中的"公田"、"私田"划分，同农村公社的土地区分为"共有地"和村社成员的"份地"这一人所共知的事实是相吻合的，"井田制"实在就是农村公社的土地所有制。郭老先是对井田制持否定态度，后虽承认，却又完全抛开孟子等别作新解，其实质，仍在于回避对村社的承认，因为，一旦承认了井田制乃是村社的田制，商周奴隶社会说便会失去存在的前提。而为了证成商周之为奴隶社会，便不惜指斥孟子为"乌托邦"，把井田制率意解释为什么"奴隶主贵族土地国有制"。但是，话尽可由人们去说，历史的真实却是任何人也改变不了的。

至于说到井田制下的劳动者，郭沫若等更是基于自己学说的需求，毫不含糊地把他们一概打成了奴隶。在郭老看来，那时遍布各地的所谓"邑，很像是劳动集中营。里胥、邻长就跟哼哈二将一样，坐在居邑门口，监视着'民'之出

----

① 郭沫若：《奴隶制时代》，人民出版社 1973 年版，第 29 页。
② 郭沫若：《奴隶制时代》，人民出版社 1973 年版，第 31 ~ 32 页。
③ 田昌五：《古代社会形态析论》，学林出版社 1986 年版，第 159 页。

入。"① "殷周两代的农夫，即所谓'众人'或'庶人'，事实上只是一些耕种奴隶。"② 且看，这是何等一个吓人的、纯之又纯的奴隶社会情景啊！一如日知先生所论："在郭老的体系里，……是没有自由农民的，殷周时代的一切农业生产者都被奴隶化了；……根据郭先生的体系，在这些占有黄河流域乃至长江流域广大农业地区的殷周国度里，在许许多多世纪中，一个自由农民也看不见了。"③ 事情如果真像郭老所说的那样，那么，古代中国倒真可以一跃而为连希腊罗马也望尘莫及的"超级奴隶社会"了。遗憾的是，这样的社会是无论怎样也无法在历史上找到的。别再发诗人的浪漫了，还是让我们回到对历史事实的严肃考察中去。前已言之，在井田制下，剥削方式采用所谓"助"法。孟子云"助者，藉也。"赵歧注《孟子·公孙丑上》亦谓："助者，井田什一，助佐公家治公田，不横赋税若履亩之类。"足见，"助"即助耕公田。对此，范老析说至明："助法，显然已经是力役地租。"④ 果要言不烦，一语中的。

如所周知，在奴隶制下，奴隶主占有生产资料，奴隶一无所有；生产资料的所有权和经营权统一于奴隶主手中，奴隶主直接干预着生产过程，奴隶作为生产条件之一和牛马一样完全为奴隶主支配，他们没有任何权力和人身自由，他们是物而不是人；劳动所获，亦一并为奴隶主占有。一句话，奴隶制下的奴隶是没有任何独立人格和自己的经济可言的。而在使用"助"法，使用"力役地租"剥削方式的情况下，劳动者则拥有自己简陋的工具、室居；生产过程也大都独立进行（"公田"上的劳动除外）；劳动所得除按规定向主人交纳一部分外，尚可保有一部分供自己支配、享用。在这种场合，劳动者已有了相对独立的人格和自己的经济。这样的劳动者，自然不应算作奴隶，而只能把他们归属到封建制剥削下的劳动者的行列中去。郭沫若等目村社田制"井田制"为"奴隶主贵族土地国有制"，目村社成员——殷周社会主要生产担当者为奴隶的做法，是不符合中国历史实际的，缺乏说服力的。

（三）商鞅变法是否封建制取代奴隶制的重要标志

战国时期，各国先后进行了变法改革，秦商鞅变法则是这一时期各国变法运动的代表，是其高潮和总结。对商鞅变法，战国派坚持认为，它是一场使社会发生质变的革命，是封建制取代奴隶制的重要标志。郭沫若说："秦孝公用商鞅实

---

① 郭沫若：《关于中国古史研究中的两个问题》，《奴隶制时代》，人民出版社 1973 年版，第 233 页。
② 郭沫若：《奴隶制时代》，人民出版社 1973 年版，第 30 页。
③ 《中国古代史分期问题的关键何在？》，载于《历史研究》1957 年第 8 期。
④ 范文澜：《中国通史简编》修订本第一编，人民出版社 1964 年版，第 117 页。

行变法后，秦国的社会就起了根本的变化。"废井田，开阡陌，"确立了封建社会"①，"商君时的秦国社会是由奴隶制转入封建制的过渡阶段，……土地制的变革，表示得非常明瞭。"② 战国派抓住战国变法运动中的"主角"商鞅变法，大谈变革固然不错，但执意要把一个在一定程度上进一步促进了奴隶制发展的商鞅变法说成是敲响了奴隶制的丧钟，说成封建制取代奴隶制的重要标志，则令人难以信服。

关于商鞅变法的内容，据《史记·商君列传》，略有如下诸端：

（1）明尊卑爵秩等级，各以差次名田宅，臣妾衣服以家次。

（2）僇立本业，耕织致粟帛多者复其身。

（3）事末利及怠而贫者，举以为收孥。

（4）令民父子兄弟同室内息者为禁。

（5）民有二男以上不分异者，倍其赋。

（6）为田开阡陌封疆而赋税平。

先说第一条材料。法令明文规定，人们可以按照爵位等级占有不同数量的奴隶（臣妾）。即是说，变法令不仅没有强令废止奴隶制，反而维护了奴隶制度。

次看第二、三条材料。第二条是奖励努力于耕织本业的。第三条则是处罚"事末利及怠而贫者"的，如何处罚？"举以为收孥"，即罚做奴婢。这些被罚作奴婢的所谓"怠而贫者"，实乃破产的村社成员。足见，商鞅变法，不仅没有释放原有的奴隶，还在不断制造新的奴隶呢！

再看第四、五、六条材料。这是利用经济和行政、立法手段，强制父子兄弟分家，以增加生产，增殖人口；从法律上确认村社共同体、村社土地所有制——井田制的崩坏，推行新的国家授田制，并在实际上推动土地私有化进程。分家后，各家生产积极性提高，有利于培植刚刚脱离村社羁绊的个体家庭的经济实力，从而增加政府的赋税收入。

综观变法条文，实在看不出其间有一丝一毫的废除奴隶制的信息。诚如《中国古史分期讨论五十年》一书的作者所言："从各国变法的具体措施来看，是看不出有直接打击奴隶制关系的作用的。"③

综上分析，我们认为，春秋战国之际当然是发生了一场深刻的社会变革的，但这场变革的性质，绝不是如战国封建论者所说的那样，是一次由奴隶社会转向封建社会的变革，而是封建社会内部由建立在村社基础上的村社封建制到建立在土地私有制基础上的地主租佃制的变革。

---

① 郭沫若：《关于中国古史研究中的两个问题》，《奴隶制时代》，人民出版社 1973 年版，第 240 ~ 241 页。

② 郭沫若：《十批判书·前期法家的批判》，人民出版社 1954 年版，第 285 页。

③ 林甘泉、田人隆、李祖德：《中国古史分期讨论五十年》，上海人民出版社 1982 年版，第 351 页。

三、魏晋封建说平议

主张中国奴隶制和封建制的交替应在魏晋时期的史学家有尚钺、王仲荦、日知先生等。

平心而论，三派中唯魏晋派对奴隶制在中国历史上运动轨迹、状况的描述，较有见地。如认为三代时由于农村公社的存在、私有制的幼稚和商品货币关系的不发达等，奴隶的数量微乎其微；战国以降，随着村社的瓦解、私有土地的确立和商品货币关系的比较活跃等，奴隶的数量才比较地多了起来，奴隶制经济才在整个社会经济中有了一定地位。这些，无疑都是合乎中国历史的实际的，也是合乎社会发展规律的。如果说，中国历史上一定得有个奴隶社会的话，我们会毫不迟疑地站在魏晋派一边。因为，中国历史上奴隶数量最多的时候，的确不在三代，而是在秦汉；从三代到秦汉，奴隶制经历的的确是一个由小到大、由微到著的向上发展过程，而不是它的渐趋衰亡、残存。不过，这只是问题的一个方面，问题的另一个方面是，在我们看来，即使在秦汉，奴隶仍然不过是社会总人口的极少数，不是社会生产的主要承担者，奴隶制剥削方式也远不是当时占主导地位的剥削方式。秦汉社会中的奴隶，多来自小农破产沦落为奴者。但农民沦为奴婢的毕竟是少数，其在农民总数中所占的比重并不大。因为，小农破产后，并非沦落为奴一途，多数还是变为流民、佃户。且小农是封建国家赖以存在的基础，封建国家只能容忍奴隶作为一种补充的、辅助的剥削方式存在，而不会听任它动摇自己的根基。所以，每当小农破产、流民问题严重时，封建国家便会采取多种措施招抚流亡，颁布赦免奴婢的法令，制定"略人法"禁止掠卖奴婢，以维护小农，维系自己的生命线。统观有汉一代，应当说，小农还是始终保持着较为稳定的多数的。认定秦汉社会性质，必须把握这一基本史实。因此，说到底，中国历史上奴隶数量最多的秦汉时代也压根不是奴隶社会，何况其他！

部分魏晋封建论者虽也承认秦汉奴隶数量还不够很多，但却又以奴隶制经济是占主导地位的经济成分，而占主导地位的东西又不一定占据量的优势为由，把秦汉定为奴隶社会。如日知先生便认为，不应从"量"而应从"质"来理解"主导"，数量只是一种参考，"就是到了奴隶制的发达阶段，也不应当过分强调奴隶的数量。"[1] 因为，在日知先生看来，如果过分地强调了奴隶的数量，就有否定奴隶社会的危险，"中国就会没有奴隶社会"。[2] 这是不能成立的。因为，没有量，就没有质，离开了一定的量的优势，"主导"二字就成了不可捉摸的东西。

---

① 日知：《我们在研究古代史中所存在的一些问题》，载于《历史研究》1956 年第 12 期。

② 日知：《汉代奴隶社会应如何理解》，载于《光明日报》1957 年 5 月 23 日。

一个社会，如果只有为数不多的奴隶，如果它的生产不是建立在奴隶劳动基础之上的，我们又有什么理由一定要把它叫做奴隶社会呢？难道不管奴隶的数量如何，也不管奴隶劳动是否已构成所在社会的支配的劳动形式，只要有奴隶存在，一个社会就可以叫做奴隶社会吗？那样的话，岂不是整个阶级社会、甚至一部分原始社会（它的末期）都可以叫做奴隶社会了吗？虽然，我们不好说奴隶非得占人口的百分之五十以上这个社会才算是奴隶社会，但总得有一个起码的一定的量的优势吧。秦汉虽有不少奴隶，但同封建制下的农民相比，毕竟处于绝对少数；奴隶制经济所创造的社会财富，毕竟少得可怜；剥削者集团，虽也吸吮奴隶的血汗，但又毕竟主要是靠封建农民所提供的剩余劳动生存的。这样的社会，又怎么能够是奴隶社会呢？

四、中国古史分期讨论的困惑与出路

综上所述，中国古史分期讨论中的三大派虽在一些具体历史问题的研究上取得一定成效，但由于大前提错了，所以，他们为构建中国奴隶社会所作的种种努力、尝试，终难成功。一般地说，以郭沫若为代表的战国派，其得在于：能比较严格地按照马克思主义关于奴隶和奴隶制社会的见解立论，在诸如什么样身份的人才算是奴隶、什么样性质的社会才称得起奴隶社会这样一些理论问题上，说得通、站得住脚。其失在于：以古典世界为楷模，大做中国史的改铸工作，把中国古代广大并非奴隶的劳动者普遍加以奴隶化，借以满足其在中国构筑希腊罗马的奴隶社会、甚至比希腊罗马还要希腊罗马的"超级奴隶社会"的需求。不用说，这种为"成全"理论而不惜"牺牲"史实的做法，终难成说，终难使人心服。西周派、魏晋派的多数学者，意识到在古代中国是很难找到大批的希腊罗马式的严格意义上的生产奴隶的，古代中国社会到底同希腊罗马很不一样，但却囿于"奴隶社会乃人类历史发展必经阶段"的成说，硬是要在中国另行制造出各种名目的奴隶、另行制造出诸如"家长奴隶制社会"、"种族奴隶制社会"、"普遍奴隶制社会"、"授产奴隶制社会"、"不发达奴隶制社会"等一个个有别于古典世界的中国牌号的奴隶社会来（有时，本不属此类型的郭沫若，也会使用此类方法，厕身到这类学者的行列中去）。这类学者，比较尊重中国历史的实际，在具体问题上每能言中，这都是好的，但他们给所谓"中国式的奴隶社会"所添加的种种名目、牌号，却很难在理论上站得住脚。对此，作为本文作者之一的张广志已另为文论之，此不作赘。①

---

① 张广志：《"中国奴隶社会"研究中的几种常见提法驳议》，收《奴隶社会并非人类历史发展必经阶段研究》，青海人民出版社 1988 年版。

中国古史分期问题争来论去，各派分歧不仅没有消除、接近，还有进一步扩大的趋势。即以国内现有的八派来说，从西周到东晋，上下一千三百余年，每一种可能的分期法都被人们不加遗忘地用上了。开句不恭的玩笑，可怜的中国古史分期，简直成了一列运行于商周、两晋间的慢车，站站停、站站站。同一个社会变革，可以任人上下搬动，且搬动的幅度一下子就是几百年、甚至上千年之久。这种状况，再联系到人们对中国古史分期讨论的日渐淡漠，日渐失去热情，难道还不足以引起人们对这场争论的价值及其可行性的深刻反思吗？

中国古史分期讨论早已无可避免地走入了学者们自己设定的怪圈之中，走进了死胡同。原因何在？有人说，是史料问题。诚然，在史料的发掘、鉴别、诠释、运用等方面，是存在不少问题，还有诸多工作要做；但首要的、具有决定意义的还是理论问题。在理论问题上，又可分为两个方面：一是现存理论的理解、运用问题；二是某些现存理论本身的检讨论问题。两相比较，我们认为关键又在后者。

多少年来，人们苦心于中国的奴隶社会与封建社会分期问题的研究、讨论。但拿现今我们所依以为据的某些理论来观察古代中国社会，却是圆凿方枘，鉏铻难入。于是，一些聪明人只好牵强附会，削中国古史之"足"，去适欧洲古典社会之"履"，以致闹出种种笑话，无端耗费了一大批史学工作者的宝贵心血。至此，事情本身理应使人们很自然地提出如下的疑问，即：中国历史上到底有没有一个奴隶社会发展阶段？因为，这是分期的前提，否则，那一篇篇、一本本的分期文章、专著，岂不成题外之争，成了"子虚赋"！遗憾的是，长期以来，我们的史学工作者已习惯于按"必经说"的模式去思考问题，在实在找不到奴隶社会影子的地方，也会以诸如"特殊"、"例外"、"外来影响"等等去搪塞、弥缝，很少（对相当一部分人来说，则是不敢）怀疑起奴隶社会本身的世界普遍意义来。

毋庸置疑，奴隶制作为一种生产关系，一种剥削方式，确曾在各民族的历史上长期存在过，但它仅仅在狭小的地中海一带（希腊、罗马）获得过充分的发展，上升为占主导地位的剥削方式，从而使该地区的社会构成为奴隶社会，而在世界其他更为广大的地区，则远不是这样。问题在于，为什么希腊、罗马这一局部地区的社会现象会被推演、膨胀为"世界模式"？事实上，答案早就摆在那里，它不是别的，而是"西欧中心论"在作怪！是的，通观西欧社会史，不难看出，它确曾经历了古典文化期（希腊、罗马时期）、古典文化中衰期（黑暗的中世纪）和古典文化复兴期（近代资本主义阶段）这样三个大起大落、段落分明的历史阶段。西欧学者这样去认识自己祖先的历史，本来是正确的，无可非议的。只是到了后来，当先进的西欧人走遍世界并把这种对于自己祖先历史的认识强加给整个世界时，谬误才发生了。更为不幸的是，再往后，这种东西竟又被某些所谓的马克思主义者贴上了马克思主义的标签！

事实上，在奴隶社会是否人类历史发展必经阶段这个问题上，马克思主义的创始人马克思、恩格斯并没有给我们留下明确的、确定不移的指示，他们在不同地方，有着不同的、甚至互相冲突的提法，也就是说，他们在这个问题上并没有把话谈死。长期以来，学界在这个问题上也是多所争论的。只是到了后来，当苏联学者斯特鲁威院士等的古代东方奴隶社会说及奴隶社会乃人类历史发展普遍必经阶段说逐步取得优势，特别是当1938年斯大林根据斯特鲁威等的研究"成果"在《辩证唯物主义与历史唯物主义》一文中提出了著名的"五种生产方式说"后，这个问题才"盖棺论定"，争论始暂时平息下来。但这种状况并没有维持多久，到了20世纪50年代，争论再次在某些国家爆发。由于众所周知的原因，中国史学界虽然在这个问题上沉默了一些时候，但随着"四人帮"的被粉碎，学术春天的到来，一些人也已开始重新提及这个问题。这是一件大好事，中国古史分期讨论之走出死胡同，乃至中国史研究的新希望，皆系于斯！

说到中国古史的研究，特别是马克思主义的中国古代史的研究，谁都不会忘记已故郭沫若先生、范文澜先生、吕振羽先生、翦伯赞先生、侯外庐先生等的把马克思主义的唯物史观运用于中国古史研究的开创之功及其在诸多研究领域做出的卓著贡献！但也毋庸讳言，五老在引进马克思主义唯物史观的同时，也为我们引进了"奴隶社会乃人类历史发展必经阶段"的学说，把"奴隶社会"强加给中国历史，并据此构建了中国古代史、特别是上古史的体系、框架。这个体系、框架，一直到今天还在牢牢地支配着中国史学，把一部好端端的中国古代史弄得面目全非。一切困扰着中国古史研究，特别是中国古史分期研究的总根子正在这里。我们当然是尊重五老的，但对五老传留给我们、迄今影响至深的"中国奴隶社会说"又非加一番认真的审视、检讨不可。是到了认真解决一下这个问题的时候了！不如此，小而言之，则中国古史分期的讨论还会在那个死胡同里不死不活地延续下去，永无解决之日；大而言之，则中国古史真实面貌的恢复势亦永无可待之期。

最后，请允许我们用如下两句话来结束我们的文章：历史学是一门实实在在的学问，研究历史，务在求实；历史是不能歪曲、强加的，嘲弄历史，难免历史的嘲弄！

（原载《青海师范大学学报》1998年第1期）

中国古史分期讨论七十年

20 世纪 80 年代初，林甘泉等于所著的《中国古代史分期讨论五十年》（上海人民出版社 1982 年版）一书《前言》中说过："中国奴隶社会和封建社会的分期，亦即我们通常所说的中国古代史分期，是国内外史学界都很重视的一个问题。从 1927 年大革命失败以后的中国社会史论战算起，这个问题的讨论已经有五十多年的历史了。在这半个多世纪中，我国学术界还没有任何一个问题像古代史分期问题那样持久地吸引过那么多人的关注和研究。"自那以后，又是二十多年过去了，这话仍未失效。虽说，在经历了粉碎"四人帮"后的一段新的激烈论争后，近年来对这个问题的讨论渐趋沉寂，但问题既未解决，规避和沉寂只能是暂时的。笔者坚信，讨论还将继续下去，并会在适当时机再度成为中国古代史研究中的热点。因为，回避从来都不是解决问题的办法。

本文拟通过对这场讨论七十年来所走道路、所留履痕的回忆、审视、反思，从中悟出点道理来，并望能对关心这一问题的读者有所帮助。

一、七十年讨论历程的简单回顾

中国古史分期讨论自 20 世纪 20 年代末爆发以来，大体经历了土地革命战争时期的中国社会史论战（1927～1937）、抗日战争和解放战争时期的古史分期讨论（1937～1949）、新中国成立至"文化大革命"爆发前的古史分期讨论（1949～1966）和改革开放新时期的古史分期讨论四个阶段。兹分别简介如下。

（一）土地革命战争时期的中国社会史论战

大革命失败后，正在苏联开展的"亚细亚生产方式"讨论，迅速向急需对处在革命低潮期的中国现状和历史取得新认识的中国理论界波及，于是，在中国也出现了"亚细亚生产方式"的讨论及与此密切相关的中国社会史论战。

当时的所谓"社会史论战"，主要是围绕着中国历史上存在不存在一个奴隶社会发展阶段进行的。

当时主张中国"有奴隶社会发展阶段"说的学者有早期马克思主义史学家郭

沫若、吕振羽、翦伯赞、邓云特（邓拓）等，还有托派人物王宜昌、新生命派领袖陶希圣（陶原主"中国无奴隶社会"说，后又改变了观点），代表人物为郭沫若。

这派学者除从传世文献和甲骨、金文中摭拾有关奴隶的材料外，主要还是根据所谓社会发展一般规律进行推论的结果。在他们看来，既然希腊、罗马有奴隶社会，中国古代的某个阶段也必定存在过一个奴隶社会发展阶段，因为，"中国人不是神，也不是猴子，中国人所组成的社会不应该有甚么不同。"①

否定中国有奴隶社会发展阶段的学者有新生命派的陶希圣、梅思平，托派人物李季、陈邦国，以及早年的周谷城、陈独秀、陈伯达等。

这派学者认为，"奴隶制度固然要有奴隶的存在，但有奴隶的存在，不限定就形成奴隶制度（社会）"。他们指摘郭沫若"根据不是中国社会发展的实在情形，而是一种先入的成见，即马克思的公式"，"不管实际情形怎样，总要用'削足适履'的办法，把它套在马氏的公式里面"。② 有的更进而认为："卡恩两人（马克思、恩格斯）从来未曾主张过任何社会的发展，非经过奴隶制度的阶段不可……在许多地方，封建国家是由氏族社会来的。"③ "在中国的各时代中，奴隶是从来有的，但不曾在生产上占过支配地位……奴隶社会这个阶段不但在中国找不出，就在欧洲也不是各国都要经历这个阶段，德国英国就没有经历过这阶段。所以我们不必机械地在中国去寻找奴隶社会这个阶段。"④

这一阶段论战的突出特点是：政治色彩浓烈，个别论著外，不少论战作品学术含量不是很高，表明论战的参加者们大都是在理论和材料准备不足的情况下仓促上阵的。不久，煞是热闹的论战之渐趋沉寂、收场，也并不是学理上的是非已被明辨的结果，而是在作为论战发源地的苏联那里，斯大林与托洛茨基的那场政治斗争已以斯大林的最终胜出而见分晓之使然。

（二）抗日战争和解放战争时期的古史分期讨论

这一阶段，由于国内外时局的变化，托派和新生命派人物或是凋零，或是退出论战，而传统史学家又大都对这一问题不感兴趣，故争论已由中国奴隶社会的有无之争一变而为在承认中国有奴隶社会发展阶段前提下，少数几位马克思主义史学家之间就如何确认中国历史上的奴隶社会时段，亦即中国的奴隶社会与封建

---

① 郭沫若：《中国古代社会研究·自序》，人民出版社 1964 年版。

② 李季：《对于中国社会史论战的贡献与批判》，《读书杂志》1932 年第 2 卷第 2、3 期合刊《中国社会史的论战》第 2 辑。

③ 丁迪豪文，转引自何干之《中国社会史问题论战》，《何干之文集》，中国人民大学出版社 1989 年版，第 209 页。

④ 王礼锡：《中国社会形态发展史中之谜的时代》，《读书杂志》1932 年第 2 卷第 7、8 合刊《中国社会史的论战》第 3 辑。

社会之间如何分期、断限的争论了。

郭沫若在《中国古代社会研究》一书中认为：中国古代"在西周以前就是所谓'亚细亚的'原始社会，西周是与希腊罗马的奴隶制时代相当，东周以后，特别是秦以后，才真正地进入了封建时代。"①。到了 20 世纪 40 年代，郭沫若对自己的观点作了修正，说自己"从前把殷代视为氏族社会的末期未免估计得太低，现在我已经证明殷代已有大规模的奴隶生产存在了。"②"殷代确已使用大规模的奴隶耕种，是毫无问题的。"③ 众所周知，郭沫若对奴隶社会上限、下限的看法虽屡有改变、调整，却一直坚守着西周奴隶社会说，唯持论上前后又略有不同。在前，郭沫若否定井田制的存在，认为"周代自始至终并无所谓井田制的实施"。④ 及 1944 年写《古代研究的自我批判》时，郭沫若又承认"井田制是断然存在过的"，但在对井田制内涵的解释上，却抛开传统文献别作新解，认为周代实行井田制的用意有二，"一是作为榨取奴隶劳动力的工作单位，另一是作为赏赐奴隶管理者的报酬单位"，故井田"一律都为公家所有，也就是一律都应该称为公田的"；至于"私田"，那不过是奴隶主尽量榨取奴隶的剩余劳动于井田官地之外新开辟出来的属于奴隶主"自己所私有的"土地，并非孟子所谓"井九百亩，其中为公田，八家皆私百亩"的农民之私田。⑤ 井田制既是奴隶主的土地国有制，井田上的劳动者众人、庶人都是奴隶，西周当然也就只能是奴隶社会了。关于中国由奴隶社会向封建社会的转变，郭沫若在《中国古代社会研究》一书中把它定在西周与东周之交，到了 40 年代写《古代研究的自我批判》一文时，则转而主张春秋战国以来才是奴隶社会向封建社会转变的重要时期，且这场转变一直到"秦始皇并吞六国，乃至陈、吴、刘、项的奴隶大暴动的成功为止，才到达了它的终结。"⑥

吕振羽、翦伯赞、范文澜亦认为殷商为奴隶社会，但主张自西周始中国已进入封建社会。这派学者认为，"井田"的传说，暗示出封建庄园制的内容，西周的庶人，是农奴，而不是"种族奴隶"。

不同意殷商为奴隶社会的学者也有，如侯外庐、尹达仍坚持殷商为氏族社会末期的看法；胡厚宣则主张"殷代虽有奴隶，但不能因此即谓殷代为'奴隶社会'。因殷代之奴隶，多供贵族祭祀殉葬之牺牲，其他小规模被支配之劳动，容或有之，至于社会生产之主要阶层，则绝非奴隶"。胡氏还认为："封建制度起于

① 人民出版社 1964 年版，第 133 页。

② 《郭沫若全集》文学编第 19 卷，人民出版社 1992 年版，第 153 页。

③ 《郭沫若全集》历史编第 2 卷，人民出版社 1982 年版，第 19 页。

④ 《中国古代社会研究》，人民出版社 1964 年版，第 234 页。

⑤ 《十批判书·古代研究的自我批判》，《郭沫若全集》历史编第 2 卷，人民出版社 1982 年版，第 25、34、45 页。

⑥ 《十批判书·古代研究的自我批判》，《郭沫若全集》历史编第 2 卷，人民出版社 1982 年版，第 52 页。

何时，以真实文献之不足，难得而征之。然由卜辞观之，至少在殷高宗武丁之世，已有封国之事实。"①

总的看来，这一阶段介入讨论的学者虽然不多，但我国老一代马克思主义史学家如郭沫若、范文澜、吕振羽、翦伯赞、侯外庐等皆披挂上阵，其古史分期的基本观点亦大抵于此时成型。

（三）新中国成立至"文化大革命"爆发前的古史分期讨论

新中国成立后，在广大师生、干部普遍学习历史唯物论和社会发展史的氛围下，古史分期几乎成了每一个史学工作者乃至一般干部都十分关心的问题，故古史分期的讨论亦以前所未有的规模、力度在全国范围内展开。讨论中，共形成了以范文澜为代表的西周封建说，以李亚农、唐兰为代表的春秋封建说，以郭沫若为代表的战国封建说（新中国成立初期，郭沫若的分期见解经几度飘移、微调后，至1952年写《奴隶制时代》一文时始最终定格于战国封建说），以黄子通、夏甄陶、金景芳为代表的秦统一封建说，以侯外庐为代表的西汉封建说，以周谷城为代表的东汉封建说，以尚钺、王仲荦为代表的魏晋封建说等，真是异说纷呈、蔚为大观。关于各家所说，由于时代相去不远，材料也比较好找，限于篇幅，这里就不再一一介绍了。

这一阶段的讨论，是在中国有奴隶社会发展阶段的大前提下进行的，"奴隶社会乃人类历史发展必经阶段"的说法已成为不容怀疑、讨论的禁区，1957年的鸣放中雷海宗、李鸿哲二人试图冲破这个禁区，结果碰得头破血流——以被打成右派告终。

（四）改革开放新时期的古史分期讨论

"文化大革命"十年，林彪、"四人帮"打着毛泽东的旗号，把郭沫若的分期说定为一尊。粉碎"四人帮"后，"战国封建"说一家独尊的局面被打破，古史分期讨论再度活跃起来。不过，总的说来，新时期古史分期的讨论实不过新中国成立后至"文革"前十七年那场讨论的延续、延伸，在理论上和方法上，并无大的进展、突破，因此，在经历了一段短暂的繁荣、热闹后，便渐渐沉寂下来。

这种情况，再加上改革开放新时期的宽松学术环境，促使一部分学者决心从根子上重新认识、检讨中国古史分期问题，即中国历史上到底存在不存在一个奴隶社会发展阶段？如果它根本就不存在，还在那里争论中国的奴隶社会与封建社会间的分期、断限问题，岂不荒唐！

① 《殷非奴隶社会论》、《殷代封建制度考》，《甲骨学商史论丛初集》，成都齐鲁大学国学研究所，1944年。

新时期主张中国无奴隶社会发展阶段说的学者有黄现璠、张广志、胡钟达、沈长云、晁福林等。这些学者认为："奴隶制和奴隶社会是两个不同的概念，人们在使用中常常将它们混淆，这是错误的"；"奴隶制作为一种生产关系，一种剥削方式，曾经在各民族的历史上长期存在过，但它仅仅在极个别地区（地中海一带）获得过充分的发展，上升为占主导地位的剥削方式，从而使这个地区的社会构成为奴隶社会，而在世界其他更为广大的地区，则不是这样"；"因此，奴隶社会并非人类历史发展的必经阶段，事实上，不经过奴隶社会，见之于广大地区，是通例，经过奴隶社会，见诸极个别地区，是变例，以变例为通例，是以偏概全，是十足的西欧中心论。"① 在这些学者看来，在中国，继原始社会之后到来的早期阶级社会，或是"村社封建制"社会②，或可称之为"氏族封建制社会"。③

新时期"中国无奴隶社会说"被重新提出后，自然也遭到了来自坚守"五种生产方式说"学者如胡庆钧等的批评。不过，这种批评已不再是过去那种打棍子、扣帽子式的粗暴批判了，而是学术讨论，这无疑是改革开放之所赐。

二、反思几个问题

中国古史分期讨论七十年，不妨三字以蔽之，曰：长、慢、大。"长"，争论达七十余年，不可谓不长；"慢"，讨论反反复复，阵营几经变幻，却不见突破性进展；"大"，即研究者彼此分歧大，且一点也看不到接近之趋势。开始时，还只有西周封建说、战国封建说、魏晋封建说等两三家说法，后来更逐渐演变为西周封建说、春秋封建说、战国封建说、秦统一封建说、西汉封建说、东汉封建说、魏晋封建说、东晋封建说等七八种说法。这样，从西周到东晋，在长达一千三百余年的漫长时间里，几乎任何一个自然形成的历史交接口上，都有人占领，并据之编织起自己的古史分期说来。

看来，中国古史分期问题是真的遇到了问题。笔者认为，要解决这个问题，必须认真反思、重新认识如下几个问题。

（一）应该从源头和根子上重新认识中国历史上到底有没有一个奴隶社会发展阶段问题

马克思主义的创始人固然有"奴隶制……很快就在一切已经发展得超过旧的

---

① 张广志：《奴隶社会并非人类历史发展必经阶段研究》，青海人民出版社 1988 年版，第 1 页。
② 张广志、李学功：《三代社会形态》，陕西师范大学出版社 2001 年版，第 64 页。
③ 晁福林：《夏商西周的社会变迁》，北京师范大学出版社 1996 年版，第 229 页。

公社的民族中成了占统治地位的生产形式"① 一类的提法，但他们同样说过"奴隶制、农奴制……是建立在公社制度以及这种制度条件下的劳动上的那种所有制的必然的和合乎因果关系的结果"②，"现代家族在胚胎时期就不仅含有 Servitus（奴隶制），而且也含有农奴制"。③ 看来，他们在奴隶社会是否人类历史发展必经阶段这个问题上并没有把话说死，在不同地方有着不同说法。到了列宁那里，才比较肯定地说："世界各国所有一切人类社会数千年来的发展，是这样向我们表明这种发展的一般规律性、常规和次序的：起初是无阶级的社会……然后是以奴隶制为基础的社会，即奴隶占有制社会。"④ 及至 1938 年，斯大林根据斯特鲁威等主流派苏联历史学家的看法在《辩证唯物主义与历史唯物主义》一文中提出著名的"五种生产方式"说之后，奴隶社会是否人类历史发展必经阶段的问题才最终以肯定的形式被铁板钉钉——不仅是学术结论，更是不允许再怀疑、讨论的政治信条。在斯大林和苏联学者的影响、引领、左右下，我国老一代马克思主义史学家及新中国成立后的整个史学界在公开场合，自然也不再会有不同的声音。

为了证明中国历史上有个奴隶社会发展阶段，我们的史学工作者大抵是沿着如下两个方向做文章的：第一，强调奴隶社会乃人类历史发展普遍必经阶段，中国这样一个幅员辽阔、人口众多、历史悠久的大国，自然不能例外；第二，努力在中国历史上找奴隶，找奴隶社会。找奴隶并不难，因为，从原始社会末期，一直到新中国成立前，奴隶（奴婢）无时不有，但要找出足够多的奴隶，从而证明中国历史的某个阶段确实是建立在奴隶劳动基础上的却谈何容易。怎么办呢？一些比较尊重中国历史实际的学者大都承认，"古代东方各国，由于奴隶制并不充分发展，农民在农业生产中就始终在数量上占据绝大优势"⑤，"在古代东方……社会基本生产者是公社成员，不是奴隶"⑥，但最终还要做出结论说："奴隶不是社会生产的主要负担者，但可以肯定它是奴隶社会，这是一个原则性的问题"⑦，"周代的社会经济情况，根据斯大林指示来看，除了周代缺少了正常的奴隶生产者之外，也还是完全符合于奴隶社会的标准的。"⑧ 大家知道，一个社会，只有拥有相当数量的奴隶，是建立在奴隶劳动基础之上的时候，才成其为奴隶社会。如果以为只要有奴隶存在的社会就是奴隶社会，那么，中国自原始社会解体之日，下迄新中国成立前夕，岂不都成了奴隶社会。看来，这部分学者靠降低奴隶

---

① 恩格斯：《反杜林论》，《马克思恩格斯选集》第 3 卷，人民出版社 1972 年版，第 220 页。
② 马克思：《资本主义生产以前各形态》，人民出版社 1956 年版，第 34 页。
③ 马克思：《摩尔根〈古代社会〉一书摘要》，人民出版社 1965 年版，第 38 页。
④ 《论国家》，《列宁选集》第 4 卷，人民出版社 1972 年版，第 45 页。
⑤ 日知：《中国古代史分期问题的关键何在？》，载于《历史研究》1957 年第 8 期。
⑥ 束世澂：《中国古代史的特点》，载于《历史教学问题》1958 年第 12 期。
⑦ 杨向奎：《中国历史分期问题》，载于《文史哲》1953 年第 1 期。
⑧ 吴大琨：《关于殷周土地所有制的问题》，载于《历史研究》1956 年第 4 期。

社会需有相当数量的奴隶这一基本标准来凑成中国奴隶社会的办法，于理难通。另一部分学者，如郭沫若等，深知没有足够数量的奴隶是构建不了中国的奴隶社会的，于是，便开始了把中国古代"众人"、"庶人"等基本生产工作者普遍予以奴隶化的过程。如谓："周人对待这些种族奴隶是比较自由的……让他们耕种着原有的土地而征取地租，征取力役"，"有时狡猾的奴隶主还可以把一小片土地给予耕奴，并让他们成家立业。"① 众所周知，奴隶是既无自己的经济，又无自己独立人格的"会说话的工具"，而郭沫若等却硬要把古代"比较自由的"，"耕种着原有的土地而征取地租，征取力役"，可"成家立业"的"众人"、"庶人"说成奴隶，这样做固然可以十分便当地在中国建立起比希腊罗马还要希腊罗马的超级奴隶社会来，无奈这种靠着放宽、松动奴隶的定义、标准把中国古代广大并非奴隶的生产工作者普遍予以奴隶化的办法，不唯于理难通，亦有违于起码的历史真实。

先设定中国有个奴隶社会发展阶段，再以此为前提去进行中国奴隶社会与封建社会间的分期、断限研究，不能不使中国古史分期讨论中的各学派纷纷陷入十分窘迫的境地而难以自拔。

以范文澜为代表的西周封建说，对西周以降中国古代社会性质的认识虽比较符合中国历史的实际，但他们无法从理论上——从生产方式的矛盾运动上说清殷、周间在生产资料的所有制形式、剥削方式以及劳动者身份等方面究竟有什么质的不同。

以郭沫若为代表的战国封建说，据春秋战国之际发生的那场深刻社会变革立论持说，是其高明之处，但他们仍无法说清为什么由井田制土地公有向土地私有制的演变和作为税制改革的"初税亩"的施行必然意味着由奴隶社会到封建社会的转变。还有，商鞅变法明明是促进土地私有和自由买卖，加剧贫富分化，从而进一步促进奴隶制向前发展的，可在这派学者那里，却一变而为打击、废除奴隶制的改革了。这些，都是战国派无法自圆其说的。

魏晋派对中国奴隶制从商周至秦汉一直是处于向上发展而不是逐渐萎缩、中国奴隶数量最多的时候不是在商周而是在秦汉的论述，无疑是比较符合中国历史实际的，可他们似乎忽略了，即使在奴隶数量最多的秦汉时期，奴隶仍然只不过是社会总人口的少数，不是社会生产的主要承担者。

中国古史分期讨论历经七十余年而不得其解，甚至也看不到短期内有任何解决迹象和希望的窘迫状况，使人们不能不怀疑这场讨论本身是否错了，是否它本身就是一场失去前提、本不该进行的无谓之争？是到了认真反思这个问题本身是否成立的时候了，否则，我们就只能在一个失去正确前提、永远解决不了、没有

① 郭沫若：《奴隶制时代》，人民出版社 1973 年版，第 27~28、3 页。

任何前途可言的怪圈中继续兜圈子！

现在，学者们大都对这一问题抱着一种厌倦、冷漠的态度，这是不应该的。因为，问题总是回避不了的，特别是像中国历史上到底有没有一个奴隶社会发展阶段这样一个大问题。这个问题不解决，经济史、政治史、思想史的诸多问题都无法从根子上理清。

（二）关于"禁区"

从历史上看，借助权力粗暴干涉学术自由、在学术上设置"禁区"的事古今中外皆有。如在西方，就有教会对布鲁诺、伽利略的残酷迫害。在中国古代，有秦始皇的焚书坑儒、汉武帝的"罢黜百家，独尊儒术"（秦皇、汉武的举措虽意在打击政治上的反对派，却也严重地殃及了学术）以及清代的文字狱，等等。在我们共和国的历史上，也有过对马寅初、孙冶方、顾准、雷海宗、尚钺的错误批判、迫害，更不用说"文化大革命"十年的无法无天了。上述情况，基本可分为两类：一类是剥削阶级为了维护自己的统治而有意钳人之口，设置禁区；一类是认识上的局限，以错误的是非标准去判断是非，以致在"革命"的口号、名义下伤害了不该伤害的人。如对雷海宗、尚钺的批判，无非是因为他们或者不承认中国历史上有个奴隶社会，或者在古史分期看法上有同陶希圣和王宜昌相似处。这是十分荒谬的。当年新生命派和托派认为中国历史上不存在奴隶社会，并不是从学术研究出发的，而是醉翁之意不在酒，别有所图，即为了反对马克思主义在中国的传播。时过境迁多年后，仍以当年的政治斗争背景为由不准人从学术上重新接触、探讨这个问题，岂不荒唐？何况，王宜昌和后来的陶希圣还是主张中国有奴隶社会的呢，我们难道也能以奴隶社会的有无划线，把他们拉入"革命"和"同志"的营垒中来？

（三）关于领袖人物的学术见解

党和国家领导人，是领导党和国家的。他们有关党和国家大政方针的谈话、指示、论著等，基本上不代表个人，而是领导集体意志的体现，自然是应该服从、遵守、贯彻执行的。再则，领袖人物的基本思想、理论及其观察、解决问题的方法等，对学术研究也会起一定的指导、借鉴作用，这都是毋庸置疑的。但是，对他们有关学术问题的具体意见，则只能以学术上的一家之言待之。不能当成"最高指示"。"文化大革命"十年中，"四人帮"祭起毛泽东有关古史分期的看法这块"翻天印"，压制不同意见，大搞法西斯文化专制主义，从而从根子上窒息、取消了古史分期讨论。这笔账，固然应主要算在"四人帮"头上，但从另一个方面来说，学者们也是有一定责任的。我们每一个人是不是应该好好反思一下：一个时期以来，在"造神运动"的浓烈气氛下，我们自己身上是不是也多了几分盲从，少了几分陈寅恪所说的"独立之精神，自由之思想"，少了几分顾准式的对真理的大胆、执著追求。

（四）关于"史"、"论"关系

虽然谁都会说"论"源自"史"，"论"从"史"出。即"史"是第一性的，"论"是第二性的。但实际运用起来却远不是那么回事。在讨论中，大家都习惯于从经典著作中去寻找根据，这自然不能说有什么不对。因为，唯物史观毕竟是科学，是历史研究中至今仍无可替代的正确思想指导。但那种只字片语、寻章摘句式的引用，实在没什么必要。谁都知道，马克思、恩格斯是人，不是神，是人就有人的认识的局限、历史的局限。马克思、恩格斯主要从英、法、德等国的资产阶级历史学家那里继承史学遗产，对欧洲、特别是西欧的历史情况比较熟悉，对亚、非等洲的情况就不太熟悉；再说，马克思、恩格斯的思想，包括对历史规律的认识，也是在发展的，前后并不完全一致。我们一些自称马克思门徒的不肖子孙们，几乎把马克思主义理论宝库当成了要啥有啥的百宝囊，啥病都治的万应灵丹，做无休止的索取，并胡乱套用，以至于不时出现用马克思去打马克思的尴尬局面。如此教条主义、实用主义地对待马克思、恩格斯，实际是对他们的不尊重。多年来，我们的历史研究，特别是古史分期研究，就存在着不尊重中国历史实际，照搬照套经典作家个别结论和西欧历史模式的毛病。一些名气甚大的历史学家，根本不是从中国史的实际出发去做学问，而是先在胸中有了个奴隶社会的既定之见，然后再到史籍里、古墓中去寻找奴隶，甚至制造奴隶，一旦有点蛛丝马迹，便拼命渲染、放大，而对那些对自己观点不利的材料，则视若无睹，尽力回避。这种让材料为观点服务、强使材料屈从观点的做法，用者照用，观者也多习以为常、见怪不怪了。如此状况、心态，是十分可怕的。

（五）认真贯彻"双百"方针

关于"双百"方针的作用、意义，相关论述很多，这里无需重复。下面，只想再强调两点：第一，领导者和领导机关要有远见，要有雅量，容得下不同意见。众所周知，科学研究贵在创新，而创新就意味着对现存东西的补充、修正，乃至否定。如果囿于成见或盲从多数，弄不好就会把一些创新之说、真知灼见当成异端邪说、毒草。如我们过去对马寅初、孙冶方、顾准等，就是这样做的。结果呢，不但伤害了自己人，也使共和国蒙受损失。这种血的教训，值得永远记取。所以，遇有不同意见，特别是事关重大学术问题或比较敏感、棘手问题上的不同意见，切莫以眼前社会反响、舆论走向或个人好恶轻下结论。要坚持"科学无禁区，禁区无科学"的理念，只要它不犯法，不危害社会，就要容许它存在，要坚信实践会检验一切，时间会证明一切的。第二，作为学者，要有学者的人格、良心。要敢于追求、维护真理，不屈从权势、权威为违心、悖理之论。"文化大革命"中，在险恶的政治环境下，一些人为了生存骂骂自己，揭揭师友，事出无奈，似不必深责；但对少数出卖良心、卖身投靠、为虎作伥的所谓学者，人们则有理由唾弃之，将他们永远钉在历史的耻辱柱上。现在，条件好多了，但为追求真理一时不被社会和周围人理解、承认，甚至还会因此而影响到职务、职称的提升、评定的事仍然还会有。这就要求我们的学者一定要有为真理、为事业而献身的科学精神。如果连这点都受不了，还谈什么真理、学问。作为治史者，尤应有个纵观历史长河，胸怀国家、社会，不忘历史使命的恢宏气度，不必过分计较一己的、眼前的是非得失。实际上，新时期已为广大史学工作者创造了一个较好的"争鸣"环境，剩下来便是我们自己敢不敢"鸣"、善不善"鸣"的问题了。

以上，对七十余年来的中国古史分期讨论做了简单回顾，并在回顾的基础上对若干问题做了初步反思，希冀能对关心此项问题的读者有所帮助。限于篇幅，许多问题不可能谈透，有兴趣的读者可进一步参阅拙著《中国古史分期讨论的回顾与反思》一书。①

（原载《文史知识》2005 年第 10、12 期）

---

① 陕西师范大学出版社 2003 年版。

"贡助彻" 研究中的几个问题

《孟子·滕文公上》记文公及其臣毕战"问为国"、"问井地"于孟子，孟子次第作了一通半是儒家政治理想，半是三代历史陈迹的回答。孟子的回答，有两段比较重要。一段是：

夏后氏五十而贡，殷人七十而助，周人百亩而彻，其实皆什一也。彻者，彻也。助者，籍也。龙子曰："治地莫善于助，莫不善于贡。贡者校数岁之中以为常。乐岁，粒米狼戾，多取之而不为虐，则寡取之；凶年，粪其田而不足，则必取盈焉。"……《诗》云："雨我公田，遂及我私"，惟助为有公田，由此观之，虽周亦助也。

一段是：

请野九一而助，国中什一使自赋……方里而井，井九百亩，其中为公田。八家皆私百亩，同养公田。公事毕，然后敢治私事。所以别野人也。

两千多年来，围绕着孟子的话，先儒近贤解说极多，见仁见智，莫衷一是。本文不打算全面涉及孟子的上述答话，只谈贡、助、彻；即谈贡、助、彻，亦不准备作面面俱到之论述，只想就其中几个争论较多的问题谈点意见。

一、贡、助、彻之为制到底是一个、两个，还是三个？

贡、助、彻究竟是什么？《孟子》及先秦史籍皆语焉不详。这既给后世说经者带来了困难，也给经师们提供了诸说并存竞起的方便。

赵岐注《孟子》："民耕五十亩，贡上五亩；耕七十亩者，以七亩助公家；耕百亩者，彻取十亩以为赋。虽异名而多少同，故曰皆什一也。彻，犹人彻取物也。藉者，借也，犹人相借力助之也"。赵氏注虽于助、彻究系何物仍无所说明，但他在同注中既把"夏后氏"、"殷人"、"周人"作为"夏"、"商"、"周"三代处理，其视贡、助、彻为三物的意思还是非常明白的。

同赵岐同时代的汉代著名经师郑玄，则不同于赵岐，其注《论语·颜渊》"盍彻乎"之"彻"云："周法什一而税谓之彻。彻，通也，为天下之通法。"其注《周礼·考工记·匠人》"九夫为井"则云："周制，畿内用夏之贡法，税夫无公田；……邦国用殷之莇法，制公田不税夫。贡者，自制其所受田，贡其税谷；莇者，借民之力以治公田，又使收敛焉……彻者，通其率以什一为正。"这里，我们姑不论郑氏两注中的含混不清和自相抵牾之处，我们关心的只是他在《匠人》注中所提出的新说，即：三代税法实际只有夏助、殷贡两种，周人通贡助而用之是谓彻；彻者，兼通也，并非什么独立的税法。宋儒杨时说："彻者，彻也，盖兼贡助而通用也，故孟子曰：'请野九一为助，国中什一使自赋'。方里而井，井九百亩，八家皆私百亩，其中为公田，所谓九一而助；国中什一使自赋，则用贡法矣，此周人所以为彻也"。（张栻：《南轩孟子说》卷3引）清儒毛奇龄说："周制彻法但通贡助，大抵乡遂用税（毛氏自己说：'贡即是税'——引着）法，都鄙用助法，总是什一"（《四书賸言》），"名彻者，以其通贡助而言也"。（《论语稽求篇》）今人金景芳先生亦主此说，并予以新的论证，其《井田制的发生与发展》一文有谓："彻是兼用助贡两种办法，于国中用贡，于野用助。孟子所说的'野九一而助，国中什一使自赋'，实际就是周的彻法。"并说："《孟子》说：'彻者，彻也。'……上一彻字没有问题是指周的彻法，下一彻字则可能指的是车辙的辙。……车有两轮，辙有双轨，与彻之兼用贡助适相类，因假以为名"。①

另有一些人，虽也主张三代税法只有两种，但其说法却又同上引郑玄等的"兼贡助为彻"说不同。

胡承珙《毛诗后笺》二十一《大田》条有云："惟助为有公田者，对贡法言之，若彻法制公田正与助同，故孟子即引《大田》之诗以证虽周亦助。"钱塘《溉亭述古录·三代田制解》亦谓："康成所谓公田不税夫，故其名曰莇与彻；夏则税夫无公田，而名为贡。"有的说得更为直截了当："虽周亦助，犹言虽彻亦助，周之彻法，即是殷之助法，但改名为彻耳。"（崔述：《王政三大典考·三代经界通考》引）这是一种"以彻为助"、"合彻助为一体"的说法。

钱穆《周官著作年代考》称：彻法"并不是一种特殊的税制，并不是在贡助两法之外有一种彻法"，"彻法是一个本来没有而不可信的说法"。② 岑仲勉先生则主张"彻就是什一"，"简单地说，'彻'是'贡'法征收的比率，并不是税制的名称"。③ 这是"以彻附贡"或径直取消彻的说法。

大约从清代起，又有少数学者提出"贡助彻为一"说。钟怀《蔮匡考古录》卷四《彻田为粮》条有云："（孟子）谓'虽周亦助'，可知助彻乃通名也。夏后氏五十而贡，其实亦是什一。……公田之制自夏已然，……贡即助，即彻，皆不离乎什一而税。"金鹏《求古录礼说·周彻法名义解》云："助贡皆从八家同井

---

① 《历史研究》1965 年第 4 期。

② 《燕京学报》1932 年第 11 期。

③ 《西周社会制度问题》，新知识出版社 1956 年版，第 66 页。

起义，借其力以助耕公田是谓之助，通八家之力以共治公田是谓之彻"，"谓之贡者，取以下共上之义，……即公田所纳亦谓之贡。"他们一反孟子"惟助为有公田"之说，主张贡、助、彻皆制公田，并无区别，唯"立名取义不同"。（金鹏：《求古录礼说·周彻法名义解》引汪瑟庵语）罢了。

上引诸家在贡、助、彻问题上的聚讼纷争，在我看来，孟子本人是有责任的，纷争的根子是他自己植下的。孟子说："惟助为有公田"。惟"助"为有，则"贡"、"彻"皆无至明；但同为无公田的贡、彻之间又该怎么个区别法，孟子就讲得不太清楚了。正是这个地方的不太清楚，才产生了后代学者混淆贡、彻的种种说法。这是其一。其二，孟子刚刚讲过"殷人七十而助，周人百亩而彻"，"惟助为有公田"，但紧接着又说"虽周亦助也"。既然助法属殷，又惟独助才有公田，何以一转口又成了行用彻法的周人也有公田，"虽周亦助"了呢？这是孟子谈话中第二个不太清楚的地方。正是这第二个不太清楚，才又使后人混淆助、彻之间的界限成为可能。既然可以分别混淆贡、彻或助、彻之间的界限，自然也可同时能混淆三者的界限；贡、助、彻说解的"为二"说（三个称谓两种税法）、"为一"说（三名一实），正是从这里产生出来的。

三者当中，"彻"是个关键。因为，它既可借助"惟助为有公田"这句话通向贡，又可凭依"虽周亦助"这句话走向助。因此，要划清贡、助、彻三者间的界限，必须从分析彻法入手；彻的含义搞清楚了，其他问题就好说多了。

"彻"字，古籍屡见，用法亦多（阮元《经籍纂诂》搜求甚备，可资参考），但真正用作税法的却不过上引《孟子》及《论语·颜渊》有若答哀公"盍彻乎"二例而已。对此税制之"彻"之得名及其含义，约有如下三类六种说法：

第一类，训彻为"取"。前引赵岐注《孟子》"彻，犹人彻取物也"，"耕百亩者，彻取十亩以为赋"，即此。

第二类，训彻为"通"。不过，在"通"什么问题上，各家具体所指又不同。约略计之，有四说：

一曰"通天下"、"通万世"。郑玄注《论语·颜渊》云："彻，通也，为天下之通法"。（何晏《集解》引）陆康则谓："十一而税，周谓之彻。彻者，通也，言其法度可通万世而行也"。（《后汉书·郭杜孔张廉王苏羊贾陆列传》）

二曰"通贡助"。前引郑玄《考工记·匠人》注及杨时、毛奇龄、金景芳先生说，皆此。

三曰"通力"。张载说："百亩而彻，是透彻之彻。一井而田九百亩，公田百亩，八家皆私百亩。尽一井九百亩之田，合八家通彻而耕，则功力均，且相驱率无一家得惰者。及已收获，则计亩衰分，以衰分之数，先取什之一归之公上，其余，八家共分之，此之谓彻"。（郑樵：《六经奥论》卷6《贡助彻法》引）朱熹《论语集注》："彻，通也，均也。周制一夫受田百亩，而与同沟共井之人通力合作，计亩均收，大率民得其九，公取其一，故谓之彻。"（朱子释彻，每自相龃龉，此其一说）崔述《王政三大典考·三代经界通考》云："彻也者，民共耕此沟间之田，待粟既熟，而后以一奉君，而分其九者也，……通其田而耕之，通其粟而析之之谓彻。"是皆以通作均分释彻。

四曰"通公私"、"通丰凶"。潘维城《论语古注集笺》十二："周礼虽有井授，不闻公田。……稼人职曰：'巡野观稼，以年之上下出敛法'。所谓敛法，盖即彻法矣。贡校数岁之中以为常，此则通丰凶计之；助分公私，此则通君民计之也。"姚文田《求是斋自订稿》云："彻无常额，惟视年之凶丰，此其与贡异处。助法正是八家合作而上收其公田之入，无烦更出敛法。然其弊必有如何休所云不尽力于公田者，故周直以公田分授八夫，至敛时则巡野观稼，合百一十亩通计之而取其什一，……民自无公私缓急之异。此其与助异处。……谓之彻者，直是通盘核算犹彻上彻下之谓"。（焦循：《孟子正义》引）

第三类，以为"彻就是什一"，"是'贡'法征收的比率，并不是税制的名称"。岑仲勉先生就是这样认为的。

引上三类六种说法。我自以为唯潘维城、姚文田二氏的"通公私"、"通丰凶"说略得孟子本旨，且与我们今日已知之社会经济制度的演进程序多少有些暗合，其余诸说都不正确。

先说赵岐的释彻为"取"。《说文》"彻"字古文作"徹"，甲骨文作𦥯、𢼳、𣃚诸形，省彳，从丑、从鬲，说者谓为盖食毕而彻去之谊，应是可信。赵氏释为"取"，虽然抓住了"彻"的本义，但于税制之"彻"仍无所说明。因为，"贡、助亦何非取于民，而彻乃独专此名乎！"（孙诒让：《籀庼述林》卷1《彻考法》）

岑仲勉先生认为"彻"只是"贡"法"征收的比率，并不是税制的名称"，郑玄、杨时、毛奇龄、金景芳先生等认为"兼贡助谓之彻"，胡承琪、钱塘等则"以彻为助"，具体说法虽不尽相同，但他们有一个共同点，就是都不承认彻法是一种有别于贡、助的独立税制。孟子讲："夏后氏五十而贡，殷人七十而助，周人百亩而彻"，审其辞气，显然是以"周人"与"夏后氏"、"殷人"对举，以"百亩"与"五十"、"七十"对举，以"彻"与"贡"、"助"对举；若提不出有力的反证，是不应该轻易否定彻法的独立地位的。岑先生说："彻就是什一"，"是'贡'法征收的比率"。人们不免会问：贡法采取什一之率时，叫做彻，有专称，那么，当它采取九一、什一一或者别的什么比率时，又该叫什么呢？还有没有什么别的专称呢？这些，都是不好解释的！郑玄等的"兼贡助为彻"之说，虽"足以弥缝《遂人》、《匠人》之异，又以傅合《孟子》，可谓善于持论"，但"既别法为彻，当自有制度，假仍用贡、助，何取空立彻名？"（潘维城：《论语古注集笺》十二）孙诒让亦谓：彻法既"与夏贡、殷助三法并举，是必周损益

二代特为此制,与贡、助不同,故得专是名。"(《籀庼述林》卷1《彻法考》)
郑玄注《论语·颜渊》曰:"周法什一而税谓之彻。彻,通也,为天下之通法。"
及注《考工记·匠人》则又曰:"周制,畿内用夏之贡法,……邦国用殷之莇
法,……彻者通其率以什一为正。"前注似说彻是一种独立的税制,税率什一,
后注则谓彻乃夏商旧制的兼用,什一之率也不是具体的,它只存在于两种税率的
平均值中;前注以一法遍行天下为说,后注则又以二法并存持论。可见,首倡
"兼贡助为彻"说的郑玄,本无一定之见,后儒依傍其说复增益之,岂不谬哉!
金景芳先生以"辙"释"彻",从文字学上说,是可以的,但谓"彻"之立名取
义即在它的兼用贡助与车之有"两轮"、辙之有"双轨"适相类,则觉不妥。因
为,世间有"两"成"双"之物又何止一个车辙!郑樵说:彻,"呼为车辙之辙
则无义"。(《六经奥论》卷6《贡助彻法》)足见,提起辙,并不一定使人联想
到二;孟子给彻下定义,绝不会那么迂回曲折的。胡承琪、钱塘等"以助为彻",
混彻助为一体的说法,是以助彻皆"制公田"为理论根据的;这虽根源于孟子谈
话中的一个"不太清楚"的地方,却是曲解了孟子。诚然,孟子一方面说过
"殷助"、"周彻"、"惟助为有公田",另一方面又说过"虽周亦助"这种略嫌含
混的话,但是孟子却从来不曾说"彻"法亦制公田,"虽彻亦助"!有人也许要
问:既然"周人百亩而彻",既然"虽周亦助",那么,说"彻"即"助"又有
何不可呢?笔者认为,是不能做这样简单推理的。因为,"惟助为有公田",既曰
"惟",则带有确定的排他性,则"彻无公田甚明"!(崔述《王政三大典考·三
代经界通考》)"使彻而有公亩",则孟子"不当云惟助为有公田矣"!(万斯大:
《周官辨非》)既然"惟助为有公田"而彻无,则"助彻之法迥然不同"(崔述:
《王政三大典考·三代经界通考》),当毋待证而后明矣!至于孟子的"周人百亩
而彻"、"虽周亦助"这两句似相矛盾而又令人困惑的话,若能细审其文义,当
亦不难理解。因为,"周人百亩而彻"固然说的是周人行用彻法,但这并不等于
说周人自始至终都"惟彻是用",也就是说,这句话并不带有排他性;既不带有
排他性,那么,说行用彻法的周人在早先也曾实行过助法又有什么不可理解的
呢?,孟子的言辞虽有些含混,但他绝没有"彻即助"、"虽彻亦助"的意思确是
可以肯定的,否则,"若彻果即助,则孟子当云彻犹助也,不当分而异其说也"
(崔述:《王政三大典考·三代经界通考》)。

张载、朱熹、崔述等的"耕则通力而作,收则计亩而分"(朱熹《孟子集
注》)说,只能是原始社会的情况,以之论阶级社会中的税法,明显地与社会进
展程度不符;且周之彻尚需"通力而作",则前此之商助、夏贡自亦不能不"通
力而作",若此,则三代税法之异便无从说起了。

至于郑(玄)、陆(康)二氏的通"通天下"、"通万世"说,于"彻"之
为制毫无说明,实在算不得一种认真的说法,在此不必具论。

剩下的只有潘、姚二氏的"通公私"、"通丰凶"说了。笔者认为，唯有他们才从大体上说对了。首先，二氏皆谓彻法不制公田，这与孟子"惟助为有公田"的说法是相吻合的。其次，孟子说"彻者，彻也，助者，藉也"；以藉释助，其意甚明，以彻释彻，后人就大不得其要领了。看来，后一个彻字是应该释为"通"的，但"通"什么呢？"通天下"？"通万世"？"通力"？如前所述，所有这些"通"实际上全讲"不通"；潘、姚二氏以"通公私"为解，这才一下子掘发到孟子的底蕴，真正"通"了。

何谓"助"？"助者，藉也"，即所谓"籍田以力"（《国语·鲁语下》），"制公田不税夫"（《考工记·匠人》郑注）。虽然，这个"助"在孟子、龙子他们看起来是顶好不过的了，但随着时间的推移，"其弊必有如何休所云不尽力于公田者，故周直以公田分授八夫，至敛时则巡野观稼，合百一十亩通计之而取其什一"，若此，则"民自无公私缓急之异，此其与助异处"（姚文田：《求是斋自订稿》）。"助分公私"（潘维城：《论语古注集笺》），哪块田是公，哪块田是私，哪些粮食是公田里长出来的，属于公的，哪些粮食是私田里长出来的，供己食用，全都分得一清二楚；及行彻法，公田既已"分授八夫"（姚氏语），则生产物之分割也就只好"通君民计之"（姚氏语），不必再问（实际上也不可能）这些粮食是从哪块土地上长出来的了。因此，"彻者，彻也"，"彻也"者，通也，通者，通公私（彻通公田私田的界限）之谓也；事情就是这样明白，这样直截了当，根本用不着在那里兜圈圈，巧为之说。至于贡、彻之间的界限，孟子也有些搞不清楚，原因就在于他已分辨不清"夏后氏之贡"与后来托名夏贡的"新贡法"之间的分别。潘、姚二氏以"常额"的有无去区分贡、彻，实际上也只是划分开了彻与新贡法的界限，对于彻与夏后氏之贡间的区别并没有触及。这是二氏立说中的不足之处，在当时的历史条件下，恐也难免。

以上，笔者对诸说之长短得失作了一番辨析，并在辨析中夹杂着表述了自己的观点，下面再稍做赘言，以明浅见。

先说"贡"。由于材料的限制，贡的具体内容已无从考知。《说文》："贡，献功也"。"献功"者何？《国语·鲁语下》谓："社而赋事，蒸而献功，男女效绩，愆则有辟，古之制也。"韦注"社，春分祭社也。事，农桑之属也。冬季曰蒸，蒸而献五谷布帛之属也。"可见，贡的本意原是年终农事既毕，人们以辛勤劳动之所获奉献神明，以酬往昔、祈来岁，所献之物既是大伙劳动所得，典礼后，自然仍归大伙享有，原不含剥削意味的。后来，随着个体劳动、私有制和人剥削人的现象出现，氏族成员在奉献神明名义下所献之物，渐为氏族首领窃掠，贡的形式、名称虽仍继续保留，但其内容却已由献于"神"一变而为献于"人"、变成"从下献上"（《尚书·禹贡序》孔疏）的专称了。不过，夏禹前后的夏后氏大约尚处在由原始社会向阶级社会转变的过程中，土地虽已定期分配给各个家庭使用，但土地的共有性仍很强，以致那些由氏族首领蜕变而来的剥削者集团也还只限于在"贡"（献功）的名义下向各个家族责取一定的贡纳，尚未明确圈定"公田"以实行赤裸裸的榨取。孟子说"夏后氏五十而贡"，贡无公田，正是上述情况的一个粗略反映。这里，须附带说明一下，夏贡与周彻虽皆无"公田"，情况却并不相同，前者是公有制传统仍相当顽固的历史条件下的产物，是还不存在"公田"、"私田"明显划分的，是先于"助"而存在的东西；后者则是私有制进一步发展的结果，是"公田"、"私田"界限有而后复归于消失的问题，是继"助"之后而到来的东西。人们往往忽略掉这些区别，以致把夏贡、周彻混为一体，这是不应该的。

还有一个各种各样的"贡"的区分问题，也须在这里强调一下。大体上说，历史上的"贡"约有四种：第一种是上面刚刚论述过的"夏后氏五十而贡"之"贡"，这是一种原始的榨取形式，地税（租）尚未从中分化出来。第二种是"天子班贡，轻重以列"（《左传》昭公十三年）和"尔贡包茅不入，王祭不共，无以缩酒"（《左传》僖公四年）之"贡"，这是政治隶属关系的经济表现，是统治阶级内部对剩余价值的再分配。第三种是"我朱孔阳，为公子裳"、"取彼狐狸，为公子裘"（《诗·豳风·七月》）所体现的"贡"，这是助、彻法实行后统治阶级于正额地税之外对劳动者的额外勒索。第四种是龙子所指斥的"贡者校数之中以为常"的"贡"，这是一种有常额的实物租，本质上同"彻"是一回事，都是"税亩"制，只不过"贡"有"常额"，"彻""通凶丰"罢了。这种"贡"，是"助"法废止后与"彻"一起出现的，很可能比"彻"还要晚一些，是战国时代的东西。宋儒夏僎曰："战国诸侯重敛衰刻，立定法以取民，不能因丰凶而损益，且托贡法以文过，故孟子有激而云。是孟子所谓不善者，特救战国之失耳，禹法实不然也"。（《尚书详解》卷6）清儒胡渭亦曰："龙子所谓莫不善者，乃战国诸侯之贡法，非夏后氏之贡法也"。（《禹贡锥指》，《皇清经解》卷29）可是，时至今日，有些学者依循郑玄等的说法，目战国之贡为夏贡，这都是不从发展上看问题的结果。

其次谈"助"。孟子说："助者，藉也"，"惟助为有公田"。赵岐注《孟子·公孙丑上》"耕而助者不税"云："助者，井田什一，助佐公家治公田，不横税赋若履亩之类"。郑玄注《礼记·王制》"古者公田藉而不税"云："藉之言借也，借民力治公田，美恶取于此，不税民之所自治也。"其注《考工记·匠人》亦谓："莇法，制公田不税夫。"总之，这个问题在旧儒中已比较明白，在此不必多说。

复次说"彻"。关于"彻"，前此已多所论述，概而言之：彻是助法废止后的实物征收，同和它一起或晚出现的"贡"（此指新贡法，下同）一样，都是"税亩"制。"税亩"是总称，统摄"贡"、"彻"于其内；"贡"、"彻"是分称，其区别在于征收的方法有所不同（常额的有无）。

综上分析，我们认为：贡、助、彻是三种税制，彼此间个性鲜明，不容混淆，"为一说"、"为二说"全是站不住脚的。

二、讨论两个具体问题

（一）贡、助、彻之别是时代的，还是地域的？

贡、租、彻是三种不同的税制，已如上节所述，下面再来讨论下贡、助、彻的区别是时代的还是地域的？

旧儒多认为它们分别属于夏、商、周三个不同的时代，直到今天，这种看法仍被一部分学者所沿用。另外一部分学者则认为，贡、助、彻并不是三个时代的三种不同税制，而只不过是有周一代在周人和夏、商族遗裔中分别实行的三种不同剥削方式罢了。前者以"时代之别"为说，后者以"地域"之异持论，究竟哪个对呢？笔者认为，两说虽各有得失，但从总的方面来看，还是以前说为长，虽其言未必尽当。

把贡、助、彻归结为地域的差异，归结为周人同夏、商族遗裔的区别，势必导致如下结论，即：夏人从夏代开始中经商代一直到周始终行用"贡"法，殷人从商至周始终行用"助"法，周人则一开始进入文明舞台便行用"彻"法。似乎，每一种说法只固定地属于某个族似的。这显然是不够妥当的。诚然，在周代，当先进的彻法在某些地区出现后，在另外一些地区，旧的助法、甚至贡法仍然有一定程度的残留（自然，又绝不会是所有的夏人都停留在贡的阶段，所有的殷人都停留在助的阶段），这当然是事实，这正是历史发展不平衡的一种表现；但是，我们又绝不能把这种不平衡性单纯归结为地域的或族类的不同，而应该看到，在历史发展中，所有一切地域的或族类的差异，归根结底仍然只能由时代的差异来说明。比如，在 20 世纪 80 年代的今天，我们中国已经进入社会主义初级阶段，美国则处在资本主义阶段，而非洲的某些国家，则尚停留在封建主义阶段，上述国家分属三洲，种族各异，这固然是事实，但我们难道能够因此而做出结论说"社会主义、资本主义与封建主义的区别是地域的或种族的区别"吗？显然是不能的！因为，谁都知道，它们之间的区别本质上是时代的区别，他们分别处于人类历史发展中的三个不同阶段上。在历史上，从来不存在某一制度只固定的属于某一地域或某一族的现象，贡、助、彻当然亦不例外，它们绝不是地域或族之特产，而是历史的范畴。

传统的说法视贡、助、彻为时代的产物，这是它长于"地域差异说"的地方，但这种说法也有明显的缺点。根据这种说法，夏代是唯贡是用，全不知贡外尚有它物的，商之于助、周之于彻，也都如此，即是说，贡、助、彻三制是分别同夏、商、周三代两相对应的。这就不免有些简单化、绝对化，同样有违于历史的真实。

笔者浅见，贡、助、彻在历史上的更迭代出情况，大抵是循着下述路子进行的。贡，大约存在于传说中的唐虞之世以至夏代前期，以后，随着国家的正式形成（太康失国所表现出来的夷夏之争，应即国家出现的序幕，产前的阵痛，少康复国，可视为国家形成的标志），统治阶级的贪欲和维护国家机器正常运转的实际所需都与日俱增，这样，原来的那种带有氏族社会浓厚遗风的纳贡制已显得不敷所需和没有保障了，于是，固定地圈划村社一部分土地为"公田"，借民力以耕之的"助"法便运用而生了。《夏小正》有"初服于公田"的说法，《左传》哀公元年谓夏少康避难有虞时，"有田一成，有众一旅"，杜注："方十里为成"；《考工记·匠人》："九夫为井"，井方一里，"方十里为成"，一成就是百井了。这些，虽说不上是夏代历史的真实记录，但也总不至于全属凭空编造，其中必有夏代历史的某些影子。从这个认识出发，再参以经典作家关于古代东方普遍存在着村社制度，劳役地租下的"公田"乃是村社共有地的蜕变形式的论述（见后），说夏代（特别是它的后期）已有"公田"、"私田"的划分，已有所谓"井田"制度，已行用"助"法，当不至于完全没有根据。"助"法出现后，当然不可能一下子排挤掉"贡"法，只是由于年代相去已远，材料不足，我们已无从得知其消长的具体情况了。

殷商在夏的基础上继续行用助法，似已不应再有什么争论。孟子说："殷人七十而助"，"惟助为有公田"，并言助法的具体情况（以周助言之）是："方里而井，井九百亩，其中为公田，八家皆私百亩，同养公田；公事毕，然后敢治私事"。其中，除所谓私田在外、公田在内，"八私包一公"的耕地区划和"七十"、"百亩"的齐整亩积明显地带有孟子的理想主义的成分和图案化的色彩外，应该是可信的。孟子又自己解释说："助者，藉也"。甲骨文有"耤"字，作 𦔮、𦔮诸形；金文作 𦔮，形体仍略同于甲骨文，唯已添加声符"昔"。徐中舒先生有谓："甲骨、铜器中之耤字，就象人侧立推耒，举足刺地之形。故耤之本意，应释为蹈，为履"，"后来耤字为借义所夺"。又说"凡且声字，多与耤相同"，故"耤"又得转声为"助"。[①] 所以，"助者，藉也"（孟子语），"藉之言借也，借民力治公田，……不税民之所自治也"（《礼记·王制》郑玄注）。而古人又一致地把助同商联系起来，因此，说商代行用助法，似已不成问题。

夏代后期已行助法，商代继续用之，那么，周呢？旧儒多认为周用彻，而且一开始就用彻的，这显然不是事实。有迹象表明，西周在厉宣之世前，一直是沿

---

① 《耒耜考》，《国立中央研究院历史语言研究所集刊》第2本第1分。

用旧有的助法的。根据是：第一，周人在灭商前以至灭商后的一段时间内，经济、文化发展水准皆不及商，他们既无另创新制的物质条件，也缺乏一下子废止旧制的力量。第二，孟子说"虽周亦助"，"野九一而助"，并对这种行之于"野"的助法作了具体描述："方里而井，井九百亩，……"足见，周之"野"是曾经行用助法的。第三，西周金文《令鼎》："王大耤农田与諆田"，《蔹簋》："令汝作司土（徒），官司藉田"。徐中舒先生说："藉田以千亩为单位，比私田一百亩大，故《诗》有《大田》《甫田》之称，甫也是大的意思。大田往往是集中十个千亩在一起，故诗又有'十千'之称"。[①] 这是"国中"的制度，虽也是助法，但公田（藉田）比较集中，不像"野"那样公田、私田夹杂错落在一起。总之，西周在厉宣之世前，不论畿内还是封国，也不论"国"还是"野"，都还是行用助法的。助法的废止，大约是畿内在前，封国在后。《国语·周语上》："宣王即位，不籍千亩"。韦注："籍，借也，借民力以为之。天子田籍千亩，诸侯百亩。自厉王之流，籍田礼废，宣王即位，不复古也。"自然，这远不止是"籍田礼废"的问题，而是"废除了公田的徭役劳动而征收实物地租（彻法）"。[②] 各封国由"助"到"彻"，即由"籍田以力"到"履亩而税"的转变，则晚于周室，如鲁在宣公十五年（前594年）才"初税亩"，秦则到简公七年（前408年）才"初租禾"，已是春秋甚至战国时代的事情了。由"助"而"彻"，从"国"和"野"的角度说，又大约是"国"在前，"野"在后。孟子说："请野九一而助，国中什一使自赋"，即希望"野"仍沿用旧制，行助法，"国中"则可"使自赋"，用彻法（赋本军需品的征发，后来，随着田制、军制的改革，特别是随着军赋的派入田亩，以田计征，赋税逐渐趋于混同，战国时代的孟子，对此已不能分辨，他此处所言之赋，实指田税，"使自赋"即行彻法）。孟子的这个方案，当是历史上某个时期新旧交替、新旧制度两存的一个写照。自然，"野"也不能永远停留在助的阶段，它也要变，而且，也真的变了。孟子言八家为井，中有公田，《考工记·匠人》则谓"九夫为井"，不再提公田事；八家变成九夫，公田从有变无，助法也就自然让位给彻法了。

贡、助、彻在历史上的更迭代出情况，大体就是如此。孟子言夏贡、殷助、周彻，只是个粗略的、很不准确的表述，但孟子彼时彼地是以政治改革家的身份持论的，他不是在研究历史，故那样说本也无可厚非；我们今天研究历史，自应细察。

这里，想再就李剑农先生对贡、助、彻时代顺序的另外一种排列办法做一简单讨论。李先生于所著《贡助彻——先秦田税制度演进之推测》一文中说："依

---

① 《试论周代田制及其社会性质》，载于《四川大学学报》1955年第2期。
② 《先秦史讲座·西周史论述（上）》，载于《四川大学学报》1979年第3期。

经济关系进化之程序推断，古代取民之制，最初当为通力合作计亩均收之'彻'；其次乃为按户分田，借民力以同耕公田之'助'，最后乃为计亩取税之'贡'。"又说："进至某一时期，夏民族之取税关系，已由'彻'历'助'而至于'贡'，殷民族则尚在用'助'之中程，周民族则尚留于'彻'之出发点"。① "助"的居中地位虽然未动，"贡"、"彻"之间却转了个过。笔者认为，这种说法虽力图从"经济关系进化之程序"上观察问题，新人耳目，但其结论却是不能成立的。第一，李先生以"贡"为"税亩"制，把他排在最后，这显然是只承认托名夏贡的后起之"贡"，不承认原有之"夏贡"。而据我们上文分析，这两种"贡"都是客观存在的，且原先意义上的"贡"应该就是"夏贡"；没有充分的反证，是不应该轻易否定"夏后氏"之"贡"的存在的。第二，李先生以"通力合作计亩均收"释"彻"，系沿用宋儒朱熹等人说法；而在我们看来，集体劳动、平均分配只能是原始社会的事情，以之语阶级社会中的税制，本不妥当。第三，李先生说："某一时期"，当着落后的周人尚处在"通力合作计亩均收"的"出发点"上时，先进的夏人早已"由'彻'历'助'而至于'贡'"了。事实上，这样的"时期"在先秦史上根本找不到。夏族的文明，虽发祥得较早，但它并没有，也不可能一直领先下去；后进的商、周族，倒是每能后来居上的。

（二）关于"五十"、"七十"、"百亩"与"什一"

孟子说："夏后氏五十而贡，殷人七十而助，周人百亩而彻，其实皆什一也。"一口气讲了四个数字。这究竟是历史的真实记录呢，还是孟子的虚构？下面，我们就来讨论这个问题。

先说"五十"、"七十"、"百亩"。

顾炎武《日知录》卷七《其实皆什一也》条："三代取民之异在乎贡、助、彻，而不在乎五十、七十、百亩，其五十、七十、百亩，特丈尺之不同，而田未尝易也。"钱塘《溉亭述古录·三代田制解》："三代田制曷以异？曰：无异也。无异则孟子何以言五十亩、七十亩与百亩？曰：名异而实不异。……其名何以异？曰：以度法之各异也。"万斯大《周官辨非》："三代授田异者，尺步广狭不同，故数有多寡，非七十有加于五十，百亩有加于七十也。"这是说：三代一夫所耕虽有五十、七十与百亩之别，那是因为亩制有大小，实际面积却是一样的。金景芳先生认为："为什么夏后氏五十，因为那时一个人的劳动，充其量只能耕种此数"，"殷人七十，同样是这个道理"，"所以，五十、七十、百亩的不同，恰是三代生产力水平不同的反应"。② 曹汉奇先生亦谓："五十亩、七十亩、百亩

---

① 李剑农：《中国古代经济史稿》（上）《先秦两汉部分》第十章后《附彻助贡》，武汉大学出版社2011年版，第158～159页。

② 《中国奴隶社会的几个问题》，中华书局1962年版，第17页。

大致是夏商周三代的实际情况"。① 这则是说，三代一夫所耕又的确有多寡的不同。

顾炎武等人的说法，明显悖于情理，在此不必多论。金景芳先生等，能从社会生产力的发展水准着眼，指出夏商周三代一夫所耕代有所加，无疑是对的；但他们又都倾向于认为孟子所说的五十、七十、百亩乃夏、商、周三代的实际情况，这却是笔者所不敢赞同的。事实上，不要说夏代，就是商代，恐怕也还没有后世的顷亩制度，甲骨文不见"亩"字不是没有道理的。西周金文中出现有"畮"（亩）字，如《兮甲盘》之"淮夷旧我員畮人"，《师寰簋》之"淮夷繇我員畮臣"。对此二器皿中之"畮"字，学者虽有不同解释（郭沫若先生《两周金文辞大系考释》谓：繇假为旧，……畮当读为贿，員即贝布之布之本字。故"員畮人"者，"犹言赋贡之臣也"。杨树达先生《积微居金文说·兮甲盘跋》谓："員即帛字"，"畮者，说文以为田畮字，或作亩，与此文意不合。以义求之，该当读为贸。……'淮夷旧我員畮人'，谓淮夷本为以帛与周相贸易之人也"），但释为顷亩之"亩"则不通，却是无可置疑的。《贤簋》有"畮贤百畮"例。郭沫若先生说："（下）畮古亩字，……上畮字是动词，盖假为贿，犹锡也、予也"②，可从信。但此器的断代，也还有些问题。即依郭先生的说法，断为"周初"，但据此孤证（文献上的亩字，在早也多用为"垄亩"之亩，和作为土地面积计算单位的"亩"字无涉），充其量只能证明西周即有亩制，也不会是常见的、普遍的现象。因为，其他铜铭中提到土田时仍只是以"田"为单位，如"一田"、"五田"、"十田"、"五十田"等。笔者以为，亩制大约出现于春秋时代（最早不会早过西周末），它是随着彻法（税亩制）的行用，特别是随着土地私有制的发展，土地买卖现象的发生而出现的。因此，只有当上述情况出现时，对于土地面积的比较精确的计算、测定才有实际的必要。从这个认识出发，似乎可以说："百亩而彻"当大致近于事实（自然又未必会东南西北远近各地全都如此整齐划一），"五十而贡"和"七十而助"则不过是孟子的虚拟、推想罢了。至于孟子何以会选用"五十"、"七十"这样两个数目字，也实在无多少道理可讲，很可能，那不过是孟子的用数习惯，孟子的口头禅，一如"五十者可以衣帛"，"七十者可以食肉"（《孟子·梁惠王上》），"五十镒而受"，"七十镒而受"（《孟子·公孙丑下》），"子男五十里"，"伯七十里"（《孟子·万章下》）之类。

对于孟子的"皆什一也"，后人多以贡、助、彻率皆什一为说，这是不正确的。贡法征收之率怎样，史全无凭，不便妄说。助法既以圈定"公田"为制，其具体做法想必应以各地的具体情况（耕地之广狭、肥瘠以及地形等）为转移，其

---

① 《关于"作爰田"问题》，载于《哈尔滨师范学院学报》1963 年第 2 期。

② 《两周金文辞大系考释》。

中或许会有一个大体上的控制指标作为凭依，但若以为不管在什么条件下各个地区的"公田"都必须严格地是耕地总面积的十分之一，则实属万不可能之事。且孟子本人也明明只说"九一而助"，"耕者九一"（《孟子·梁惠王下》），从未说过"助"为"什一"的话；后儒巧为计算，甚至提出公田百官，八家各摊十亩，余二十亩以为庐舍的说法来，以凑什一之率，只能是其说愈巧，其真愈失，比孟子的理想化、图案化的说法距事实更远了。至于说作为实物征收的"彻"为什一之率，则大体可信，当时人及后人也多是这么认为的。细审孟子的语气，他既曰"皆"，正是以"彻为什一"这个时人尽知的事实为前提朝前推论的；而既曰"其实"，又适足以说明"形式上"或"严格意义上"并不都是什一，是故"其实"也者，"大体"之谓也，孟子的"其实皆什一也"，不过是说："彻固为什一，贡、助亦大体什一也"。

总之，这几个数字大都是不可信的，是孟子为构筑自己的理想图案虚拟出来的；我们今天研究这段历史时，且莫把孟子口中的数字看得过于认真了。

三、贡、助、彻的性质

关于贡、助、彻的性质问题，一些学者避免作正面回答，有的，则又含混其辞地将之视为奴隶制的剥削，这是讲不通的。实际上，贡、助、彻根本不是奴隶制的剥削，而是封建性的东西。范文澜先生说得好：

贡、助、彻是表现封建生产关系的地租名称。所谓贡，就是自由民耕种土地，统治者依据耕地上若干年的收获量，定出一个平均数，从平均数中抽出十分之一的贡物。遇到凶年，耕种者便有饿死或沦为奴隶的危险。夏朝的贡法，可以说是封建生产关系的最原始形态。所谓助，就是自由民的耕地，所有权被统治者占有了，因此必须替统治者耕种所谓公田（孟子说"惟助为有公田"），公田上的收获物全部归统治者所有。商代的助法，显然已经是力役地租。周国和周朝也行助法，大抵自共和以后，王畿内助法改为彻法，即实物地租代替了力役地租。贡、助、彻的逐步变化，说明封建生产关系的逐步发展，……①

除了个别提法（如以龙子所言后起之贡为夏贡、商代始出现助法等）外，对于范文澜先生的上述论断，我是完全赞同的。事情非常明白：在奴隶制下，奴隶们一无所有，连他们自己都不过是主人的财产，他们的劳动，是在主人的直接干预、监督下进行的，劳动所获，自然也全部属于主人，一句话，奴隶制下的奴隶是没有独立的人格和独立的经济可言的；而在使用贡、助、彻的情况下，劳动者则有自己简陋的工具、房舍，生产过程也大都是独立进行的（"公田"上的劳动

---

① 《中国通史》第1册，人民出版社1978年版，第52页。

除外），劳动所得，除按规定向主人交纳一部分外，剩下的则可由自己支配、享用，一句话，在这里，劳动者是有着自己相对独立的人格和相对独立的经济的。这明显是和奴隶制完全不同的另外一回事，我们有什么理由一定要把它说成是奴隶制的！

人们不愿意承认贡、助、彻的封建制剥削性质，多半还是基于下面一层思想障碍，即：按照通常的说法，封建制只应是奴隶制瓦解时期的产物，它怎么好紧接着原始公社制度出现呢？这个顾忌是完全不必要的！因为，上述那个所谓"通常说法"，既不符合历史事实，也根本不是马克思主义的创始人马克思、恩格斯的看法。马克思明确指出：

现代家族在胚胎时期就不仅含有 Servitus（奴隶制），而且也含有农奴制，因为它从最初起就和土地的赋税有关。它含有后来在社会和国家中广泛发展起来的一切对抗性的缩影。[①]

又说：

在多瑙河各公园，徭役劳动是同实物地租和其他农奴制义务结合在一起的，但徭役劳动是交纳给统治阶级的最主要的贡赋。凡是存在这种情形的地方，徭役劳动很少是由农奴制产生的，相反，农奴制倒多半是由徭役劳动产生的。罗马尼亚各州的情形就是这样。那里原来的生产方式是建立在公社所有制的基础上的，但这种公社所有制不同于斯拉夫的形式，也完全不同于印度的形式。一部分土地是自由的私田，由公社成员各自耕种，另一部分土地是公田，由公社成员共同耕种。这种共同劳动的产品，一部分作为储备金用于防灾备荒和应付其他意外情况，一部分作为国家储备用于战争和宗教方面的开支以及其他的公用开支。久而久之，军队的和宗教方面的头面人物侵占了公社的地产，从而也就侵占了花在公田上的劳动。自由农民在公田上的劳动就变成了为公田掠夺者而进行的徭役劳动。于是，农奴制关系随之发展起来。……[②]

恩格斯同样说过：

毫无疑问，农奴制和依附关系并不是某种特有的中世纪封建形式，在征服者迫使当地居民为其耕种土地的地方，我们到处，或者说几乎到处都可以看得到，例如在特萨利亚很早就有了。[③]

这些，都明确告诉我们，当原始公有制瓦解时，不仅有奴隶制存在，而且有封建制存在；奴隶制和封建制，就其在人类历史上的出现说，是同其古老的。一个继原始社会之后出现的阶级社会，它的性质是什么，不在于这个社会只有单一的奴隶制结构或单一的封建制结构（这是不可能的），而在于哪种剥削方式在这

---

① 《摩尔根〈古代社会〉一书摘要》，人民出版社 1956 年版，第 38 页。
② 《资本论》第 1 卷，人民出版社 1975 年版，第 265 页。
③ 《恩格斯致马克思》，《马克思恩格斯全集》第 36 卷，第 131 页。

个社会中占据主导地位。自然，这又是一个比较复杂的问题，关此，笔者已另为论文论之，兹从略。

总之，贡、助、彻是一种封建性的榨取形式，它是在村社制度普遍存在，"国家既作为土地所有者，同时又作为主权者而同直接生产者相对立"的历史条件下出现的，是"地租和赋税"的合一。[①] 说贡、助、彻是奴隶制的榨取形式，是毫无道理的。因为，在奴隶制下，奴隶的"全部劳动都表现为无酬劳动"[②]，对于他们，是无任何租税制度可言的。

（原载东北师范大学历史系编《中国古代经济史论丛》，
黑龙江人民出版社 1983 年版）

---

① 《资本论》第 3 卷，人民出版社 1975 年，第 891 页。
② 《资本论》第 1 卷，人民出版社 1975 年，第 591 页。

商代奴隶社会说质疑

我国老一辈有影响的历史学家，如郭老（沫若）、范老（文澜）、翦老（伯赞）、吕老（振羽）等，他们虽对自周以下社会性质的认识多所分歧，但却一致地认殷商为奴隶社会。影响所至，治史者多从其说，青年学子更以为那是自然、当然之事。郭老说得很肯定："我们可以断言，殷代确实是奴隶制社会"，"殷代是典型的奴隶社会已经没有问题了"，"在今天看来，殷、周是奴隶社会的说法，就我所已曾接触过的资料看来，的确是铁案难移"，"毫无可以怀疑的余地"。[①]事情果真如此吗？我看未必！

本文即打算针对商代奴隶社会论的主要论据对流行的"商代奴隶社会说"提出质疑，并在此基础上顺带提出自己对商代社会性质不成熟的看法。错误之处，请大家批评指正。

一、关于甲骨文中的奴仆字

为了证明商代是奴隶社会，学者们曾不烦披沙拣金之劳，从卜辞中寻找出不少被认为带有奴仆意味的字来。其中，经常为人们所称引的，即有僮、奴、仆、奚、𠬝、执、妾、婢、臣、㹜等达十种之多。这些字，无疑都代表着具有某种身份的人，但要进一步把他们说成奴隶，却有种种的困难。这当中，又可以分为几种情况。

一种情况是卜辞中根本没有或者是认错了的字，如一直到今天仍被某些教科书不时称引的"僮"字，就不见于卜辞，亦不见于殷金，人们称引它，纯粹出于疏忽。甲骨文有"𤕰"字，郭老在《中国古代社会研究》一书中曾经从罗振玉释"奴"。风气既开，一时在学者中辗转袭用，流传颇广。但这是一个明显认错了的字。"𤕰"，实为妭，当是嫛省，读为嘉。对此，郭老自己已在《古代铭刻汇考续编·骨臼刻辞之一考察》、《殷契粹编考释》（第1223片）、《十批判书·古

① 《奴隶制时代》、《中国古代史的分期问题》、《蜥蜴的残梦》，见《奴隶制时代》，人民出版社1973年版，第18、1、82、80页。

代研究的自我批判》等著作中作了很好的议论、驳正，在此不必多说。又，卜辞有"𦮼"字（后下 20·10），郭老亦从罗振玉释"仆"，并谓该字"象人形，头上负辛，辛者，天也，黥也。黥形不能表示，故以施黥之刑具以表示之。辛即古之剞劂……人形，头上有黥，臀下有尾，手中所奉者为粪除之物（箕中盛尘垢形），可知仆即古人所用以司箕帚之贱役。"① 我觉得，这样的解释，是很难成立的。第一，该字在卜辞中仅此一见，且所在片残缺过甚，仅余"𦮼卜"二字。据此，说"卜辞此字……当是人名"② 足矣，释为奴仆之"仆"则嫌根据不足。第二，该字既在"卜"上，"当是人名"，也可能是指人的某些职业、身份。但不管怎么说，该字所代表的无疑是某种较高的身份，而绝不会是奴仆之属。因为，"卜祀为当时大典，……段非奴隶所能主持。"③ 第三，郭老对该字形体结构的解释，亦觉牵合。因为，郭老固然可以把它解释为"头上有黥，臀下有尾，手中所奉为粪除之物（箕中所盛尘垢形）"，别人又何尝不可以把它解释作"戴着美丽的高冠，装扮成动物的形状（指"臀下有尾"——引者），手中扮着容器，上面盛着米（卜辞用谷物为祭者多见），跳着舞以酬神的形象"④ 呢？特别是考虑到"𦮼卜"二字上下联属的文辞结构，人们不是有更多的理由相信这后一种说法比之郭老的说法来更近乎清理些吗？要之，"𦮼"这个字，我们至今不识，应阙疑；但它不是奴仆之"仆"，却是可以肯定的。

另一种情况是混战俘与奴隶为一谈，硬把战俘认作奴隶。如卜辞中习见的"𠬻"、"执"、"奚"等字，明明都是些战俘（"𠬻"、"执"为一般战俘的通称；"奚"则指奚族战俘，有时亦用作奚族、奚地、奚人），他们在卜辞中的唯一用场就是被当做人牲送上祭坛处死（关于"我奚不征"，说见后），丝毫不见他们被役使（不管是用于生产，还是用于加内仆役）的影子。可是，人们仍然轻易地、不加任何分析地把它们视作奴隶。须知，战俘固然可以变成奴隶，但它不一定、并不总是要变成奴隶，战俘毕竟不是奴隶。这应该是一个常识问题。

还有一种情况，有些字，如妾、婢、臣等，在后世无疑用指奴隶，但在当时是否如此，尚得不到材料的说明，还不太好说。如"妾"字，在卜辞中就有两种截然不同的用法：①其用实同于妻、母、奭⑤，乃配偶之义。卜辞对于先公的配

① 《中国古代社会研究》，人民出版社 1964 年版，第 213～214 页。同样的意思，又曾再见于《卜辞通纂考释》第 800 片考释、《甲骨文研究·释支干（辛字下）》。

② 《卜辞通纂考释》第 800 片考释。

③ 杨绍萱：《论对于殷代史料的研究态度》，载于《新建设》1951 年第 3 卷第 5 期。

④ 赵锡元：《关于殷代的"奴隶"》，载于《史学集刊》1957 年第 2 期。赵氏对殷代社会性质的认识虽与笔者相去甚远，但该文对一向被认作"奴仆"诸字的议论驳正却至为精当，笔者本小节所论多从其说。

⑤ 字从于省吾先生说释"奭"，见所著《甲骨文字释林·释奭》，中华书局 1978 年版，第 45～47 页。

偶即或称妻、或称母、或称爽、或称妾，列诸祀典，毫无轻贱之意。[1] ②用指女俘，乃殷人祭祀时所用人牲的一种。论者每谓妾是奴隶，是“床上奴隶”，从道理上推，或有可能，但在卜辞中却了无根据。为什么同一个“妾”字会有那样截然不同的用法呢？正确的解释只能是：妾在当时还不是奴隶，否则，便不会名先公之偶曰妾了，它也不是先妣的专称，若是，它也断不至落在女俘身上。事实上，“在殷代妾只不过是一般女人的泛称，没有高低贵贱的身份之别，如王亥妾，……就是王亥的女人，主壬妾便是主壬的女人，引申之，就成了配偶或妻子。至于当做人牲的妾，也不过是说俘来的女人而已，……正如甲骨文的‘女’字，即可作为配偶，又可作为母亲之母，同时也可作为女俘或人牲一样。”[2] “[illegible]”字，卜辞仅数见，于省吾先生释“𡠧”，谓为“婢”之初文[3]。但据于老所称引的两条卜辞（宁沪 1·231、京津 5080），“婢”亦仅用为人牲，是否奴婢之婢，仍不得而知。“臣”的情况要复杂些。卜辞中臣字的用法大体有三：①指臣僚。卜辞中之“小臣”、“小藉臣”、“小众人臣”等皆此。他们或主管农耕，或参与祀典，或随王从征，其身份自然不是奴隶。②指战俘。卜辞有“臣得”、“不其得”（合 109），“臣𡘋”（乙 2039）、“𡘋多臣往羌”（粹 1169）等辞。“臣得”、“不其得”和“臣𡘋”，当指臣的逃亡和重新拿获；“𡘋多臣往羌”，赵锡元先生的解释是：“这里的‘往羌’之‘羌’，显然是动词，……应借为‘戕’，……‘𡘋多臣往羌’是说对‘多臣’施以桎梏去杀掉。”[4] “臣”为什么要逃亡？他何以会被用作人牲，比较合理的解释应该是：他们是战俘。③指臣服于商的外族人众。卜辞“乎多臣伐𢀛方”数见（前 4·31·3 等），据此知“多臣”亦任征伐事。郭老以为这是“用奴隶”“为士兵”“从事战争”的有力例证[5]，恐于理难通。第一，卜辞中尚无“臣”是奴隶的有力证据，因此，臣任征伐便是“奴隶当兵”的说法便失去了推理的前提和依据。第二，以奴隶为兵，历史上极为罕见，绝非定制（见后说）。然则“乎多臣伐𢀛方”中之“多臣”究系何种身份的人呢？我以为那当时臣服于商的外族人众。卜辞于“乎多臣伐”外，尚有“令多马羌御”（续 5·25·9）、“我奚不征”（前 6·19·1）一类的词例。“多臣”当泛指臣服于商的各族人众，“马羌”、“奚”则特指各该族人众。他们既已臣服于商，自不免受商的驱使，遇有战事，须出兵勤王。在历史上，宗主国和盟主调遣征用他帮之师

① 唐兰：《天壤阁甲骨文存考释》，北平辅仁大学 1939 年影印本，第 39 页；胡厚宣：《殷非奴隶社会论》，《甲骨文商史论丛》初集，河北教育出版社 2002 年版。

② 赵锡元：《关于殷代的“奴隶”》，载于《史学集刊》1957 年第 2 期。

③ 《释奴、婢》，载于《考古》1962 年第 9 期；《甲骨文字释林·释𡠧》，中华书局 1979 年版，第 212～215 页。

④ 赵锡元：《关于殷代的“奴隶”》，载于《史学集刊》1957 年第 2 期。

⑤ 《中国古代社会研究》，人民出版社 1964 年版，第 214 页；《甲骨文字研究·释臣宰》。

的实例屡见，如武王之于庸、蜀、羌、髳、微、卢、彭、濮，春秋时各霸主之于从属他的与国皆是。且莫一看到支使外族人出征，便以为那是用奴隶当兵打仗。《说文》："臣，牵也，事君也，象屈服之形"，是臣有"屈服"义。臣僚之于君主、战俘之于俘获者、被征服族之于征服者皆须"屈服"之，故皆可曰"臣"；而所有这些地方的"臣"，又全都同后世文献中用指奴隶的臣妾之"臣"无涉。

最后，还有一个"𡨄"字，郭老释"宰"①，其他学者则释"寇"、释"浴"、释"隶"、释"仆"不一，恐皆非是。它"究竟相当于现代的什么字，还很难确定。"② 卜辞涉及此字时多言"执"、"追"、"见"（献）、"用"，即俘获此"𡨄"，献纳于王，用作人牲，且一次杀戮之巨有高达五百名者（京津1255）。视此则"𡨄"当为一方国名，并因以名来自该方国的俘虏。又，卜辞屡言"乎多𡨄伐𡉈方"（续3·2·2等）。知此"𡨄"亦可任征战事。说者每以为这也是"奴隶当兵"之证，实则当如前所论，它不过是说臣服于商的"𡨄"人亦须于有事时像"多臣"、"马羌"、"奚"那样执干戈为王效命疆场罢了。

综上所述可知，商代奴隶社会论者据以立论的那些奴仆字，基本都不可靠。有些字，是明显认错了的；有些，则同奴隶着不上边际；当然，也有那么几个字，如臣、妾、婢等，在后世是指奴隶，但当时是否如此，尚难一口说定，因为在卜辞中还找不到相应的根据。退一步说，即使这些人（臣、妾、婢等）在当时已是奴隶，其于商代奴隶社会说又能有多大的帮助呢？因为，他们充其量不过是些不事生产的家内仆役，而"严格按照马克思的意见来说，只有家内奴隶的社会，是不成其为奴隶社会的。"③

二、关于人殉、人祭

郭老在论及殷代的人殉、人祭时写道："殷代祭祀还大量的以人为牺牲，有时竟用到一千人以上。殷王或者高等贵族的坟墓，也有不少生殉和杀殉，一座陵墓的殉葬者往往多至四百人。这样的现象，不是奴隶社会是不能想象的。"④ 在其他文章中，郭老也曾一再地强调："这些惊人事迹的发现足以证明殷代是有大量的奴隶的"，"这样大规模的用人遗迹，自然是奴隶制的铁证。"⑤ 郭老的基本出发点是：殷代的人殉和人牲大都是奴隶（影响所及，在书刊上，在考古发掘报告上，竟有把"殉葬坑"、"祭祀坑"直名之为"奴隶殉葬坑"、"奴隶祭祀坑"

---

① 《甲骨文字研究·释臣宰》。
② 姚孝遂：《商代的俘虏》，《古文字研究》第一辑，中华书局1979年版，第359页。
③ 郭沫若：《关于中国古史研究中的两个问题》，《文史论集》，人民出版社1961年版，第117页。
④ 《中国古代史的分期问题》，《奴隶制时代》，人民出版社1973年版，第1～2页。
⑤ 《奴隶制时代》、《蜥蜴的残梦》，见《奴隶制时代》，人民出版社1973年版，第18、78页。

者），有那么多的人殉、人牲，足见殷代奴隶之多；奴隶既多，殷之为奴隶社会也就显得十分顺理成章了。

殷代的人殉、人祭，见诸卜辞，见诸考古发掘，数量大，分布广，手段残忍，的确令人触目惊心。卜辞中的人祭，据胡厚宣先生统计，有关人祭的甲骨共1350片，卜辞1992条，至少残杀14197人[1]；考古发掘中的商代人殉、人祭情况，据胡厚宣先生1974年的粗略统计，为数约近4000人[2]。1974年以后，又不断有新材料出土，仅1976年4～6月在武官村北地发掘191座（其中的10座1956年清理过）商代的祭祀坑时即得人祭骨架1178具[3]。总之，商代的人殉、人祭，是常见的，大量的，对此没有人能够否认；问题在于我们能不能把这些受害者笼统地、不加分析地一律视为或大部分视为奴隶呢？我以为那是不能够的。

先说"人祭"。所谓"人祭"，即以人为牲杀之以祭神灵祖先。它是产生于原始社会末期的一种极为野蛮的风俗、制度。马克思在《摩尔根〈古代社会〉一书摘要》中指出"关于俘虏的处理经过了和野蛮期的三个阶段相适应的三个连贯阶段：野蛮的第一个时期，俘虏被处以火刑；第二个时期——作为贡献神灵的牺牲；第三个时期——转变为奴隶。"[4] 这说明：第一，用人为祭牲尚早于奴隶制，它同奴隶制没有什么必然联系，且相抵牾；第二，人牲的身份是战俘，不是奴隶。有些学者一遇见人祭材料便不免自然而然地联想起奴隶制来，这实在是一种错觉、误解。

卜辞中有关人祭的材料多不胜举，人们每以为那些被杀者便是奴隶。但是，我们如果不是凭想象，而是据事实说话的话，是不论怎么样也不会作出那样的结论来的。因为，我们完全无法证明这些被杀者在被处死前曾经取得过奴隶身份——被什么人在奴隶制下役使过；相反，卜辞中倒是有迹象表明这些人只不过是俘虏，他们往往是直接被从俘地解来京师，送上祭坛。即是说，在他们还没有可能、还来不及转化为奴隶的时候便被胜利者作为人牲"用"掉了。卜辞有"今来羌率用"（乙7812）、"丙午卜，即贞，又氏羌，昱丁未其用"（京津3429），说的便是解送来的羌俘在当天或在第二天被当做人牲"用"掉。说人牲是俘虏，人们又不免有几分担心："这俘虏是临时去拉来的呢？还是平时养蓄在那儿呢？临时去拉来那么多俘虏来殉葬（应说'用作祭牲'，'殉葬'是不用俘虏的——引者，说详后），道理说不通。平时养蓄在那儿的，谁生产来养他们？"[5] 这样的担心实在有点多余。卜辞表

---

[1] 《中国奴隶社会的人殉和人祭》（下篇），载于《文物》1974年第8期。

[2] 《中国奴隶社会的人殉和人祭》（上篇），载于《文物》1974年第7期。

[3] 安阳亦工亦农文物考古短训班、中国科学院考古研究所安阳发掘队：《安阳殷墟奴隶祭祀坑的发掘》，载于《考古》1977年第1期。

[4] 人民出版社1965年版，第151页。原标点似有误，已擅改。

[5] 郭沫若：《申述一下关于殷代殉人的问题》，《奴隶制时代》，人民出版社1973年版，第95页。

明，殷人对外战争频仍，俘获亦多，在一般的情况下，对祖宗当不愁无俘可献，即使一时短缺了，又何尝不可为猎取人牲而专门去向邻近的弱小部族动武呢？卜辞中，"某获羌"，"某不其获羌"的辞例习见，为什么在出发前就那样关心能不能抓到羌人呢？比较合适的解释应该是：殷人对羌作战的"主要目的，似乎并不是掠夺其他财产，而是俘虏供祭祀用的人牲。"[①] 为捕获供祭祀用的人牲而发动战争，或者反过来说对外战争的主要目的即在猎取人牲，在世界其他民族的历史上也是有例可援的。如古墨西哥的阿兹台克人，"他们既不交换俘虏，也不释放俘虏"，而是将之"献予他们所崇拜的主要神灵作为牺牲"，因此，"捕捉供牺牲的俘虏"，也就成了发动对外战争的"公开目的"之一了。[②] 俘虏不断地取得又不断地消耗掉，不存在平时在那里长期"养蓄"的问题；自然，以闲牢把他们同牛羊"一道关起来，以备他日举行祭祀时挑选牺牲之用"[③] 的情况是有的，这笔开支殷王室也还出得起，更何况主事者还不一定要管这些人的饭呢，因为，这样的"待用"期总不会很长，"在他们还未及饿死以前，早就被'用'掉了。"[④]

殷人以战俘为人牲，亦可从考古发掘中得到说明。这方面的材料，大家比较熟悉，兹不作赘。这里，我只是想提请大家注意以下各点：（1）在殷墟王陵东区三大墓（HPKM1400、武官村大墓和传出司母戊鼎大墓）间的祭祀场内，中华人民共和国成立前后曾做过多次发掘，所获甚丰。1976 年 4～6 月的发掘，即得 191 坑（内含 1959 年清理过的 10 坑）、人架 1178 具。[⑤] 发掘中，中国科学院考古研究所体质人类学组曾对其中的 100 个坑、715～718 具人架进行过性别、年龄鉴定，结果是：有 341～344 人未确定性别，在余下的能够确定性别的 374 人中，男性为 339 个，女性只占 35 个；从年龄上讲，不满十四岁的未成年儿童仅占 19 个，其余皆为成年或接近成年的个体。[⑥] 安阳后冈南坡的一处杀殉坑（应为"祭祀坑"）于 1959～1960 年分两次进行过清理。坑分上下两层，上层 25 个个体，据鉴定，除一名未能肯定性别外，"全属青年男性"；下层 29 个个体，人架保存较差，未做正式鉴定，但据初步观察，除 5 具儿童外，其余皆在十四、五岁以上，且"能辨别出性别的亦均属男性。"[⑦] 新中国成立前历次发掘所得商代祭祀

---

① 童恩正：《谈甲骨文字并略论殷代的人祭制度》，载于《四川大学学报》1980 年第 3 期。

② 摩尔根：《古代社会》，商务印书馆 1971 年新 1 版，第 2 册，第 330 页小注及正文。

③ 原为日本学者白川静说，此则据胡厚宣：《中国奴隶社会的人殉和人祭》（下篇），载于《文物》1974 年第 8 期。

④ 姚孝遂：《"人牲"和"人殉"》，载于《史学月刊》1960 年 9 月。

⑤ 安阳亦工亦农文物考古短训班、中国科学院考古研究所安阳发掘队：《安阳殷墟奴隶祭祀坑的发掘》，载于《考古》1977 年第 1 期。

⑥ 中国科学院考古研究所体质人类学组：《安阳殷墟祭祀坑人骨的性别年龄鉴定》，载于《考古》1977 年第 3 期。

⑦ 中国科学院考古研究所安阳发掘队：《1958～1959 年殷墟发掘简报》，载于《考古》1961 年第 2 期。

坑中的人骨，情况至今不明，但据某些研究者对出自西北冈人头祭祀坑中 370 具成人头骨的观测研究，其中的 84%（杨希枚意见）或全部（韩康信、潘其风意见）都是男性。[①]（2）1973 年在小屯南地发现的 H33 祭祀坑，坑内一成年男性的髁骨上尚留有一铜镞。[②]（3）1976 年 4～6 月发掘的那批祭祀坑，分为 22 组，每组代表一次祭祀活动的遗迹，据发掘者观测，属于第 16 组的 M26、32、33 三个坑（该组其他坑被盗或无人骨）的人骨，"较其他各坑骨骼粗壮，个体亦高大，似具有不同的种族特征。"[③] 前述新中国成立前得自西北冈人头祭祀坑的那批人头骨，据某些研究者的意见，也明显地存在着体质差异颇大的诸形态类型。这种差异，说明"殷人同四邻的方国部落征战时，虏获了不同方向来的异族战俘。"[④] 上述种种——男性青壮年居绝对多数、带着箭镞伤以及族的差异等，有力地说明了这些牺牲者全是战俘。特别是男性青壮年居绝对多数一项，对破"人牲是奴隶"的传统说法尤为有力。因为，没有哪个奴隶主会偏偏挑出正当年的奴隶去杀掉的！

后世文献上的一些零星材料，亦有助于说明这个问题。《左传》上的几则记载——僖公十九年，"夏，宋公使邾文公用鄫子于次睢之社"；昭公十年，"秋，七月，平子伐莒，取郠，献俘，始用人于亳社"；十一年，"冬，十一月，楚子灭蔡，用隐太子于冈山。"也都是以战俘、甚至战败国的上层人物为祭祀中的牺牲的，全然不见奴隶的影子。

有人说："所有的'人牲'都是抓获的俘虏。"[⑤] 征诸史实（卜辞的、考古发掘的、文献的），信哉斯言！人们为什么要以战俘作为人牲呢？这既有历史的原因，也有现实的原因。原来，在历史上，在原始社会，人们就有吃战俘的习俗，后来，随着社会的进步，食料的增多，观念的改变，活着的人们便不再食人了，但却把捉来的战俘作为盛馔献给死去的祖先或其他神灵食用，积习成俗，"人祭"者于是乎兴。从另一方面讲，"人祭"的存在又有其现实的原因。质言之，它乃是所在社会的经济结构不适用于（容纳不了）奴隶劳动的产物。否则，人们是不会如此慷慨地拿那么多劳动力去换取对祖宗的"孝心"的。

其次谈"人殉"。如果说"人祭"是把人当做"物"、作为"食品"献给祖先神灵以供食用，那么，"人殉"则是把人作为"人"奉于死者，以供伴侍，以备驱使，以充护卫。二者目的、性质不同，被用者的身份自亦不同。前者是供

---

① 韩康信、潘其风：《殷代人种问题考察》，载于《历史研究》1980 年第 2 期。

② 中国科学院考古研究所安阳工作队：《1973 年安阳小屯南地发掘简报》，载于《考古》1975 年第 1 期。又参见安阳亦工亦农文物考古短训班、中国科学院考古研究所安阳发掘队：《安阳殷墟奴隶祭祀坑的发掘》，载于《考古》1977 年第 1 期。

③ 安阳亦工亦农文物考古短训班、中国科学院考古研究所安阳发掘队：《安阳殷墟奴隶祭祀坑的发掘》，载于《考古》1977 年第 1 期。

④ 韩康信、潘其风：《殷代人种问题考察》，载于《历史研究》1980 年第 2 期。

⑤ 姚孝遂：《"人牲"和"人殉"》，载于《史学月刊》1960 年 9 月。

"食"的，而吃敌人是个古老的传统，故得用"俘"；后者则是供"用"的，既为"用"，则必"避仇敌"、"使亲近"，故殉须"故旧"。一般来说，殉者与被殉者的关系应是二者生前关系的继续。因此，说"人祭"全用战俘而"人殉"则全不用战俘，大约不会错。

接下来须进一步弄清"人殉"用不用奴隶的问题。我们的看法是：殉人中可能有奴隶，但绝不会很多。

为便于说明问题，我们且从解剖两个典型的墓葬入手。

先看新中国成立前发掘的著名的 HPKM1001 大墓①。该墓殉人的类别及分布情况大体是：

（1）在墓底九个长方形小坑（坑中央一，墓室四角各一，椁室四角与墓室四角之间各一）中，各殉 1 人，共 9 人，皆壮年男子，各执一戈、伴一犬。此类殉者当是墓主人的武装侍从，用御地下鬼祟。（2）椁外侧一人（原可能较多，遭盗扰），其职守当为椁外巡逻之类。（3）椁顶周围四阶殉十一人，可分两类：第一类 6 人，有棺木，且随葬有绿松石碎片及铜器碎片等，内有 1 人随葬铜戈；第二类 5 人，无葬坑，亦无棺木，和木器、抬架等混在一起。前者当系墓主人的亲属、臣僚或近侍，后者大约是搬运礼器和管理仪仗的人。（4）墓道夯土中共发现人骨 75 个个体，其中有 2 人，有墓坑，并随葬成套铜礼器，当属殉人；另外 73 个个体，身首异处，分若干层埋在不同深度的夯土中，此当系"人牲"而非"人殉"（殉人既是供役使的，当囫囵地奉献死者，"杀殉"的提法，殊为不妥）。（5）在大墓东侧，有 31 坑，计人坑二十二，马坑 7，内容不明者二，共约得人骨 68 个个体，马 18 匹以上。人坑中，每坑埋 1 至 7 人不等。最大的人坑，墓室达 4.3 平方米，有腰坑，棺椁具备，随葬成套铜礼器，且在二层台上殉有 2 人，即是说，殉葬着还有其殉葬者。据发现者推测，此 68 人当系大墓墓主人生前田猎游乐的随从，那个有殉葬人的小墓，其墓主人大概是个领班。以上（1）至（4）为与墓主人同穴者，共 96 人，（5）为与墓主人异穴者，共 68 人，两项合计共得 164 人（亦有人将墓道夯土中的人头骨与无头肢骨分别计数，则得 225 人）。过去，人们习惯于把他们笼统地整个称之为殉人，称之为奴隶，这是不正确的。第一，这些人并不全是殉者，至少墓道夯土中那 73 个身首异处者，便不是殉人，而是人牲。第二，即下余 91 名殉者，（异穴 68 人中，尚难确定哪些为殉、哪些为祭，姑且作为人殉来处理），亦不得轻易以奴隶视之。如墓底持戈武士，椁侧巡逻者，显系死者生前最可靠的近身警卫、亲兵，不会是奴隶；椁顶四阶有棺木且随葬有绿松石及铜器碎片的 6 人，当属死者的亲属、臣僚或近侍之

---

① 以下所述主要参见北京大学历史系考古教研室商周组编著：《商周考古》，文物出版社 1979 年版，第 107~109 页。

类，也不是奴隶；墓道中随葬成套铜礼器的 2 人，大墓东侧那名棺椁具备、随葬成套铜礼器、且拥有 2 名殉葬者的所谓"领班"，亦当是各有职司的臣僚，自然也不是什么奴隶。剩下来还有两部分人：一是椁顶四阶无葬坑、无棺木，同木器、抬架等混杂在一起的 5 具人架；一是大墓东侧人坑中除"领班"外的其他殉者。在这两部分人中，是可能有诸如厮役、粗作之类的家内奴隶存在的。因为，从道理上讲，死者在冥间除需要亲属、臣僚、武士们的伴侍、理事、宿卫外，亦需一部分贱役以备地下粪除之类。

再看 1950 年春发掘的武官村大墓①。该墓殉人类别及分布情况是：（1）墓底腰坑内殉 1 人，持铜戈。（2）东西两阶共殉 41 人（按部位或尚多于此数）。东阶 17 人，西阶 24 人，皆得保首领。有的且有墓穴、棺木，随葬成套铜礼器及玉器、骨器、乐器、绿松石等。个别的，甚至还拥有自己的殉葬人。这 41 名殉者中的绝大部分，无疑当是墓主人的亲属、近侍或臣僚。（3）南北两墓道内共殉 3 人。北墓道 2 人，对面而蹲，一持铜戈，一持铜铃，附近尚有犬架 4、马架 16，其职守或警卫门户，或养犬马，或备驾乘。南墓道 1 人，怀玉镞 1，同墓道内亦有马架 12，其职司亦当为门卫之类。（4）椁室以上填土中，发现有人头骨 34 个。此显系人牲，不得视为殉者。总计该墓除墓主人外共得人架 79 具，扣除填土中的 34 名人牲，下余 45 名为殉人。其中的墓底 1 人和两阶 39 人（两名疑为殉葬人的殉葬人——即东阶编号为 E12 和西阶编号为 W3 者——除外），显系武士、亲属、近侍、臣僚之类，不会是奴隶；两名殉葬人的殉葬人，从其夹棺而葬、或俯或侧、一无随葬器物的情况看，有可能是奴仆一类的人物；墓道 3 人的身份，尚难判定。

殉葬者并不一定就是奴隶，殉葬者身份的复杂性和多样性，亦可从后世有关文献记载中得到说明。下面且举几个例子。

1. "秦伯任好（秦穆公——引者）卒，以子车氏之三子奄息、仲行、鍼虎为殉，皆秦之良也。国人哀之，为之赋《黄鸟》。"（《左传》文公六年）

2. "（楚灵）王缢于芋尹申亥氏，申亥以其二女殉而葬之。"（《左传》昭公十三年）

3. "（晋景公）如厕，陷而卒。小臣有晨梦负公以登天。及日中，负晋侯出诸厕。遂以为殉。"（《左传》成公十年）

4. "九月，葬始皇骊山。……二世曰：'先帝后宫非有子者，出焉不宜。'皆令从死，死者甚众。"（《史记·秦始皇本纪》）

5. "太祖崩，后称制，摄军国事。及葬，欲以身殉，亲戚百官力谏，因断右

---

① 以下所述主要参见郭宝钧：《一九五〇年春殷墟发掘报告》，《中国考古学报》第 5 册；北京大学历史系考古研究室商周组编著：《商周考古》，文物出版社 1979 年版，第 109～111 页。

腕纳于枢。"（《辽史》卷七十一《太祖淳钦皇后述律氏传》）

6. "（周宪王有燉）薨，无子。……妃巩氏、夫人施氏、欧氏、陈氏、张氏、韩氏、李氏皆殉死。"（《明史》卷一一六《周宪王有燉传》）

7. "（单于死），近幸臣妾从死者，多至数十百人。"（《汉书·匈奴传》）

8. "（吐蕃）其臣与君自为友，号曰共命人，其数不过五人。君死之日，共命人皆日夜纵酒。葬日，于脚下刺血，出尽及死，便以殉葬。又有亲信人，用刀当脑缝锯；亦有将四尺木，大如指，刺两肋下，死者十有四、五，亦葬殉。"（《唐会要》卷九十七《吐蕃》）

9. "秦宣太后爱魏丑夫。太后病，将死，出令曰：'为我葬，必以魏子为殉！'"（《战国策·秦策二》）

10. "（叔孙）俊既卒，太宗命其妻桓氏曰：'夫生既共荣，没宜同穴，能殉葬者可任意。'桓氏乃缢而死，遂合葬焉。"（《魏书》卷二十九《叔孙建传》）

11. "魏武子有嬖妾，无子。武子疾，命（其子）颗曰：'必嫁是〔妾〕'；疾病则曰：'必以为殉'。"（《左传》宣公十五年）

12. "陈乾昔寝疾，属其兄弟而命其子尊已，曰：'如我死，则必大为我棺，使吾二婢子夹我。'"（《礼记·檀弓下》）

13. "北齐时，有仕人姓梁，甚豪富。将死，谓其妻子曰，'吾平生所爱奴马，使用日久，称人意。吾死，可以为殉。'"（《太平广记》卷三八二《梁甲》）

14. "墨者钜子孟胜……死，弟子死之者百八十。"（《吕氏春秋·离俗览第七·上德》）

15. "（田横死），既葬，二客穿其冢旁孔，皆自到，下从之"。（《史记》卷九十四《田儋列传》）

观上列诸例可知，殉死的情况至为复杂。从殉者对墓主人的关系看，可分殉主（包括臣殉君、奴殉主）、殉夫、殉师友等几种类型；就殉者的身份言，可函括后妃、妻妾、近幸、臣僚、弟子、友人、奴婢各色人等。虽然，在阶级社会，在男性占统治地位的情况下，除殉道、殉师友还多少带有几分"道义"的、"平等"的色彩外，余多为以女殉男、以下殉上，其不平等的、压迫的性质是十分明显的，但即使这样，殉者中仍多为自由人，有的身份还相当高。因为，照那时的要求说，除开一部分宠婢、嬖妾、忠仆外，一般的奴隶尚无缘得到这份"恩宠"呢！

综括以上所述，我们似可作出如下结论：所有人的"人牲"，全都不是奴隶；"人殉"中虽有奴隶，但为数不多，且系家内奴隶。用"人殉"、"人牲"的存在去证明商代是奴隶社会，是缺乏起码说服力的。

三、关于"羌"和"众"

"羌"和"众"（卜辞中有时言"众"，有时言"众人"，有人认为"众"与

"众人"有别，我们认为无别，本文为行文方便，一律称"众"），是商代奴隶社会论者手中的王牌。他们说："羌"和"众"是奴隶，用于生产，而且还用于作为社会经济主要部门的农业生产；商代有那么多的生产奴隶，难道还不是奴隶社会？我们说，这样去论证问题（着眼于社会生产主要承担者的身份），路子是对的，无奈，上述两种人并不是奴隶！

先说"羌"。羌是商的西邻，经常与商冲突，他们的人，经常地、成批地被商王朝掠去作为"人牲"杀掉。据胡厚宣先生统计，卜辞中"羌"作为人牲被杀掉的多达7750人，占卜辞人牲总数（14197人）的一半以上①。卜辞中提到羌的地方，几乎都同这种征伐、屠杀有关。固然，卜辞中也有如下几条：

"辛卯卜，𠧆贞，乎多羌逐𠤳，获。"（续4·29·2）

"□多羌获鹿。"（前4·48·1）

"□多羌□鹿。"（库198）

"贞，王令多羌坚田。"（粹1222）

勉强可同"羌奴用于生产"附会得上（其他皆不着边际，连附会的可能性都没有），但充其量不过是附会得上而已，其中的问题和破绽是显而易见的。第1至3条，不过是说众多的羌人在从事田猎活动，有时，还在商干等权势人物的指令传呼下进行。就事论事，我们所能够说的，大约就是这些。若要推想，也可以。你既可以把它推想为殷人使用被俘之羌人从事田猎，别人也可以把它设想为商王传呼被征召来的长于涉猎的羌人勇健（当羌人臣服于商时，他们是可能承担这样的义务的）去田猎或乾脆就是商王田猎于羌地时（"金"182有"王其田羌"之辞）令当地羌人从猎呢？而且，相比之下，这后两种设想不是较之前者更合乎情理些吗？因为，让那些被俘虏的、随时都有被送往祭坛杀掉的羌人俘虏驾车乘马、带着刀矛弓矢去打猎，无异于纵虎归山，有去无回。第4条对商代奴隶社会论者显得特别宝贵。人们每以为那是把羌人作为奴隶用于农业生产的记录。其实远不是那么回事。虽然，辞中之"坚田"，根据多数学者的意见，可释为与农田作业有关之"农事"，但读该条卜辞为"贞，王令多羌坚田"则系明显的误读。对此，李学勤先生早在五十年代已为文驳正其说②，但时至今日，仍有人一仍其旧，还是照老样子去读。该片左上部残损，"坚"上一字，虽残，但从其下部构型是否歧旁（岔分）上仍可判定该字当是"𦫵"（絑），而不是"𦍋""𦍌"（羌）；"絑"之上，尚有缺文，所以，该辞实应读作："……贞，王令多……絑坚田。""絑"在此用为地名，是"坚田"的所在，至于"坚田"者为谁，由于文辞残损，已难以推知了。

---

① 《中国奴隶社会的人殉和人祭》（下篇），载于《文物》1974年第8期。

② 《殷代地理简论》，科学出版社1959年版，第80页。

综上所述，谓商代已用被俘之羌人从事田猎甚至农事一类的生产活动，实难成立。

再说"众"。关于"众"的材料，经常为人们称引的，有以下一些辞例：

1. "王大令众人曰：'叶田'，其受年，十一月。"（前 7 · 30 · 2、续 2 · 28 · 5、粹 866）

2. "戊寅卜，宁贞，王往，氏众黍于冏。"（前 5 · 20 · 2）。

3. "贞，重小臣令众黍，一月。"（前 4 · 30 · 2）

4. "丁未卜，争贞，勿令萃氏众伐吕囗（方）。"（粹 1082）

5. "贞，王勿令萃氏众伐吕方。"（后上 16 · 10）。

6. "己卯贞，令卯以众伐龙，戋。"（库 1001）。

7. "甲辰贞，萃以众卯伐旨方，受又（佑）"。（粹 1124）

8. "戍卫，不雉众，戍亡戋。"（佚 5）

9. "囗丑卜，五族戍，弗雉王囗（众）。"（邺三下 39 · 10）

10. "贞，我其丧众人。"（佚 487）

11. "壬戌卜，不丧众。其丧众。"（甲 381）

12. "己亥卜，贞，鬥不丧众。"（存 1 · 1013）

13. "贞，王途众人。"（前 6 · 25 · 2）

14. "贞，王勿往途众人。"（续 3 · 37 · 1）

正是从上述辞例中，甚至从"众"字的形体结构中，商代奴隶社会说的持有者们发现了"众"的奴隶身份，发现了商代的奴隶制。他们说："众"是奴隶可从"众"字的构形上看得出来；卜辞中"众"之参加生产，分明是奴隶制下的强制劳动、集体劳动；"众"从事征伐，则是奴隶当兵；至于"丧众"、"途众"，那更是奴隶逃亡和奴隶主镇压奴隶暴动的生动记录。如果真是这样，"众"的奴隶身份自毋庸置疑。无奈这些论据全都似是而非，距事实那样遥远。

下面，试对他们的论据逐一加以分析。

（一）关于"众"字的构形

郭老有言："众字，据我所了解的，在甲骨文中是作日下三人形。殷末周初称从事耕种的农夫为'众'或'众人'，正像农民在日下苦役之形，谁能说没有'奴隶的痕迹'？"[1] 立论尚觉公允、审慎。郭老主编的《中国史稿》则谓："卜辞里面的'众'字作日下三人形，形象地说明他们是在田野里赤身露体从事耕作的奴隶。"[2] 这就有点放任自己的想象了。及至李亚农先生那里，更进而说：

---

① 《蜥蜴的残梦》，《奴隶制时代》，人民出版社 1973 年版，第 82 页。

② 见该书第一册，人民出版社 1976 年版，第 174 页。

众字，甲骨文作𭺢，从日从三人。……众字所表现的意象，我们可以从《水浒传》中引用一首诗来加以说明。白日鼠白胜在黄泥岗上唱道：

"赤日炎炎似火烧，

野田禾稻半枯焦。

农夫心内如汤煮，

公子王孙把扇摇。"

假使我们把这首诗中的反抗、仇恨统治阶级的情绪及时代性抽调，则剩余下来的冷静的客观事实，即众字之所由产生的情况，殷代的贵族知识分子坐在阴凉的高堂大厦之中创造文字的时候，尚自嫌热，手中挥扇不停，他想：要用什么字形才能表现那从事集体农耕的奴隶呢？此时首先浮现在他脑海中的，就是那些在如火烧一般的炎炎赤日下面从事农耕的受煎熬的人群。他自然而然地就创造成功一个从日从三人的众字。①

如此立论持说，说得不客气点，已近乎一任想象、游谈无根了。"众"字，就算它是"日下三人形"吧（关于"众"的构形，学者中间尚有不同说法，此不具论），说它是"农夫"、"农民"也就够了；谓为奴隶，单就字形讲，实在没有任何根据。因为，上自我们祖先发明农耕之日，下及今天，只要农业生产尚未实现室内化、工厂化，农业生产工作者又何时不是在日头下劳动？凭什么说在日头下劳动的人一定就是奴隶？至于"𭺢"字下部所从之"𠂉"，亦不过是人的侧视形（这有甲骨文独体之"人"亦作"𠂉"可证），并无着衣、露体之别，真不知我们的某些学者从哪里看出唯独这"众"字中的三个人是不穿衣服的？

看来，据字形给"众"定阶级成分的办法，是很不稳妥的。

（二）关于"强制"劳动和"集体"劳动

李亚农先生据"王大令众人曰劦田"等辞例说："要殷王亲自下命令进行的大规模的集体农耕必然是奴隶劳动，而参加这种集体劳动的众或众人则必然是奴隶。因为自由农民是不会参加集体劳动的。而参加集体劳动的也就不成其为自由农民"。② 诚然，一般地讲，劳动的强制性和集体性可视为奴隶劳动的两个突出特征，但是，这又绝不等于说所有带强制性、集体性的劳动都毫无例外地属于奴隶劳动。比如，周代籍田上的劳动以及后世许许多多徭役工程中的劳动，事实上都带有一定程度的强制性和集体性，我们总不好把它们都看作奴隶劳动吧！更何况"王大令"、"王往"、"小臣令"之类（辞例前三条），也远不是奴隶主的口吻、奴隶制式的强制，而不过是君上对臣下的通常号令罢了，何能一口咬定"殷

---

① 《殷代社会生活》，上海人民出版社 1955 年版，第 64 页。

② 《殷代社会生活》，上海人民出版社 1955 年版，第 69 页。

王亲自下命令进行的大规模的集体农耕必然是奴隶劳动"? 我们倒是觉得，唯其须"殷王亲自下命令来进行"，反倒足以说明那根本不是奴隶劳动（说见后），否则，奴隶干活一类的日常小事，交给管家、工头们也就够了，何劳商王在那里郑重其事地去"大令"、"亲往"呢！

（三）关于奴隶当兵

郭沫若说："在卜辞中众或众人又屡用以从事战争。这是当然的情形。凡是奴隶社会的生产者，在战时也就是战士，这是公例"。① 从辞例4至9看，说"在卜辞中众或众人又屡用以从事战争"自然不错，但若进一步说"众"即奴隶，甚至把奴隶当兵说成是"当然的情形"，是"公例"，这就有违于事实了。首先，从论证方法上说，郭老的"奴隶当兵"说只是推论的结果。因为，他是靠着先从生产上证明众是奴隶才顺带着推出当兵的众也是奴隶，并进而作出"奴隶当兵"的结论来的。但正如我们上文所论——把农业生产者的"众"目为奴隶并无任何像样根据，这样，郭老的推论便失去了前提。其次，把奴隶当兵说成是"当然的情形"，是"公例"，提法本身就有违于事实。诚然，以少量的奴隶在后方充任警察、狱卒或军队中的杂役、苦力的情况，在古典世界曾经有过。在军情特别紧急时，临时把奴隶编入军队应急的情况也是有的，如罗马皇帝奥古斯都、尼禄、奥里略等都曾经这样做过。但这都是非常特殊、例外的情况，且往往要以恢复奴隶的自由为交换条件。在中国，一直到春秋前期尚严守"国人"从军、"野人"（被征服的他族人，然非奴隶）不当兵的古制，更不用说奴隶从军了。总之，不管是古代东方，还是古代西方，从来都是自由公民当兵，这才是"公例"、"通例"；奴隶当兵，虽亦有之，但那决非定制，而是特殊的"例外"、"变例"。

（四）关于"丧众"

如辞例10至12所揭，卜辞又有"丧众"、"丧众人"之辞。学者每谓"丧众即'众'之逃亡……凡自由的'小人'是没有理由逃亡的，故所谓'丧众'当指奴隶的逃亡"。② 其实，所谓"丧众"，当如赵锡元先生说论，乃指"丧师"，"包括被俘与死亡两种涵义"。③ 这可以从卜辞凡言"丧众"多和战争有关看得出来，亦可从商王其他形式的卜问——"戍卫，不雉④众，戍亡戋"（佚5），"受

---

① 《古代研究的自我批判》，《十批判书》，科学出版社1956年新1版，第17页。
② 陈梦家：《殷墟卜辞综述》，科学出版社1956年版，第626页。
③ 《试论殷代的主要生产者"众"和"众人"的社会身分》，载于《东北人民大学人文科学学报》1956年第4期。
④ 雉，于省吾先生说："应读夷，训为伤亡"，当是。见所著《甲骨文释林·释雉》，中华书局1979年版，第62~63页。

不雉王众，其雉众"（佚922）——体味得出。退一步来说，即使"丧"在此有"逃亡"义，"丧众"即"众之逃亡"，亦无法证明"众"就是奴隶。因为，奴隶固可逃亡，自由的"小人"为避兵徭之苦又何尝不会逃亡？在我国长期的封建社会中，并非奴隶的"流民"问题不一直是个使统治阶级头痛的大问题吗？

（五）关于"途众"

辞例13、14有"王途众人"、"王勿往途众人"之辞。人们说这是商王亲自出马镇压奴隶暴动。理由呢？据说有二：（1）《集韵》："途，止也"。引申之，有"镇压"之义；（2）卜辞又有"途虎方"（合8），"'途虎方'当与'征虎方'或'伐虎方'同义。由此可知'途'碻为一种敌对的关系。所以，可知'王往途众人'即是众暴动而殷王亲往镇压之。"① 我们认为：（1）说"途"有"镇压"之义，"碻为一种敌对关系"，并无多少根据，只是一种揣测；（2）把"途"解释为"镇压"虽于"途众"、"途虎方"勉强可通，但一遇到诸如"贞，叀吴令途子妻"（絜16）、"贞勿乎弊途子姤来；贞乎弊途子姤来"（前6·26·5）一类的辞例，便扞格难通了。因为，子妻、子姤皆武丁时显赫人物，胡厚宣先生并曾考证出他们就是武丁的儿子②，在一般的情况下，他们当不会被什么人镇压吧？（3）即使"途"确有"镇压"义，"途众"即镇压众的暴动，也说明不了"众"就是奴隶，因为，暴动并非奴隶特有的行为，奴隶固可暴动，非奴隶身分的其他被压迫、被剥削者又何尝不会暴动？

看来，商代奴隶社会论者用甲骨文材料来证明甲骨文中的"众"是奴隶的多方面的尝试，都是不成功的。诚如郭老自己所说："这'众'和'众人'究竟是怎样身分的人呢？单从卜辞中看不出来"③。怎么办呢？得"读《商书·盘庚中篇》"，"须得参考周代的材料"。④

下面，我们就抛开卜辞，随郭沫若去考察考察别的材料。

关于《商书·盘庚中篇》，郭沫若说：

那是盘庚将要迁于殷的时候向民众的告诫，里面说着"奉畜汝众"，"汝共作我畜民"，可见这些人的身分是和牲畜一样的。这些人假使听话，那就可以好好活下去；即使不听话，那就要"劓殄灭之，无遗育，无俾易种于兹新邑"（杀尽斩绝，绝子绝孙，不使坏种流传）。这就是所谓"当牲畜来屠杀"了。⑤

把"奉畜汝众"、"汝共作我畜民"中的"畜"字解作"牲畜"之"畜"，明显

---

① 王承祒：《试论殷代的直接生产者——释羌释众》，载于《文史哲》1954年第6期。

② 《殷代婚姻家庭宗法生育制度考》，《甲骨学商史论丛》初集，河北教育出版社2000年版。

③ 《奴隶制时代》，人民出版社1973年版，第22页。

④ 同上，第23、22页。

⑤ 同③，第23页。

地不当，它既同盘庚整个讲话的基调不合拍，又会使具体的句子变得莫名其妙——比如，"予岂汝威，用奉畜汝众"句，如依郭说训"畜"为"牲畜"，则全句便成了"我怎能用威势去对待你们，我要把你们当成牲畜！"前四个字活生生一派菩萨心肠，后五个字则全然一付屠夫面孔，这哪里还成其为话句！看来，还得依照旧注和近今大多数学者的意见，把"奉畜汝众"之"畜"解作"畜养"或"养育"，把"汝共作我畜民"之"畜"解作"好"，方能文从字顺，读通句子，读通全篇。至于"劓殄灭之，无遗育，无俾易种于兹新邑"云云，亦不过是专制君主对臣下训话时的惯用语，并不足以说明听众全都可以被"当作牲畜来屠杀"，全部是奴隶。

《诗·周颂·臣工》有"命我众人，庤乃钱镈，奄观铚艾"的诗句。句中的"众人"又是什么身份呢？郭沫若在自己的著作中不止一次地引证过这句诗，目的自然在于为他的"众"是奴隶的说法提供佐证。不过，到头来郭沫若还是觉得"从这里也看不出（众的）身分"①，所以，我们这里就不再讨论它了。

说甲骨文中的"众"是奴隶。但甲骨文本身证明不了它，《盘庚中篇》帮不上忙，周初的诗也解决不了什么问题，怎么办呢？"可幸有一个有名的曶鼎"！在郭沫若看来，有此鼎在，"众"是奴隶的说法便万无一失了。郭老所引以为据的是该鼎铭文的第三段，为省读者翻检之劳，兹据郭老的节录照抄如次：

昔馑岁，匡眔厥臣廿夫寇曶禾十秭，以匡季告东宫。东宫迺曰："求乃人，乃（如）弗得，汝匡罚大。"匡乃稽首于曶，用五田，用众一夫曰益，用臣曰疐、曰朏、曰奠，曰："用兹四夫稽首"……

在引证了这段铭文之后，郭沫若写道："'稽首'在这儿是赔罪的意思。匡季抢劫了曶的十秭禾，甘愿用五个田，一个所谓'众'，三个所谓'臣'的人来赔偿。'臣'向来是奴隶的称谓，在此与'臣'同其身分的'众'可见也是奴隶了。"② 能不能据此确认"众"的奴隶身份呢？我看问题并不那么简单。第一，东宫的第一次判决很明确："求乃人！乃弗得，汝匡罚大！"即责令匡季交出寇禾"人犯"，否则，必将加重责罚。于是，这才有匡季"用兹四夫"——交出四名"人犯"的行为跟着发生。紧接着"用兹四夫"（郭老"用兹四夫稽首"连读，不当，"稽首"二字应属下读）后，还有一句话，是匡季向曶告饶的，这句话，有几字缺损，郭老读为"曰：'余无攸具寇正□□不□□余'"③，谓"泐字过多，意难尽晓，大率谓所寇无多，不必苛责也"。④ 孙常叙先生则读为"稽首，曰：'余无迺具寇足〔禾〕，不〔审〕鞭余！'"意为接着又叩头说："我实在无法把

---

① 《奴隶制时代》，人民出版社1973年版，第22页。

② 《奴隶制时代》，人民出版社1973年版，第22～23页。

③ 见《奴隶制时代》一书所附曶鼎铭释文，《两周金文辞大系图录考释》略同。

④ 《两周金文辞大系图录考释》。

那些抢禾'人犯'全部抓到，把所抢禾谷全数凑足。如果我的话欺诈非实，可以动鞭刑打我！"[1] 笔者认为，孙先生以"如数交出全部寇禾人犯"（大意，非孙先生原话）释"具寇"，至确，因为，唯有这样解释，才能同上文的东宫裁决、匡季只交得出四名"人犯"一事相呼应。要之，事情当如祝中熹先生所论："东宫的两次裁决，一次严令追寻罪犯，一次定了重额实物赔偿，都不牵扯用人作赔偿品的问题。那唯一的一名众，是作为罪犯交出去的，而不是作为财产赔偿交出去的。"[2] 第二，退一步讲，即使这一名"众"是作为赔偿品交出去的，但照斯大林的著名定义和欧洲中世纪的实际情况，农奴亦可被买卖、转让，我们有什么理由一见到被买卖或被转让的人就一定要说他是奴隶呢？

看来，人们曾寄以厚望的曶鼎也证明不了"众"是奴隶。

四、余　论

以上，我们从三个方面——甲骨文中的奴仆字、人殉人祭、羌与众——对商代奴隶社会说的论据逐一进行了分析，虽然，分析是十分粗略的，但已足以揭示：长期为人们信奉不疑的商代奴隶社会说，原不过是沙滩上的大厦！

那末，商代是什么社会呢？

部分学者认为，商代是原始社会末期，或由原始社会到阶级社会的过渡。两种提法，意思还是一个，即都认为商代尚未正式进入阶级社会。笔者认为，如果说夏代是否已经入阶级社会，鉴于材料的不足，尚不太好说的话，那末，到了商代，我国确已进入阶级社会则是毫无疑问的了。因为，不管从生产的进步、分工的发展看，还是从阶级的划分、国家机器的日趋完备看，抑或从科学、文化、艺术等所达到的水准看，都说明我国历史发展到商代确已走完了原始社会的漫长历程，跨过了阶级社会的门槛。

商代已进入阶级社会，却又不会是奴隶社会，它到底是什么性质的社会呢？笔者认为，它是封建社会。

说到这里，有些人不免惊诧，有的还可能感到愤慨。是啊，这太不适合他们已经养成了的思维习惯了。对此，我只能说：在科学的问题上，我们最好先别动感情，而只应问：第一，这在理论上讲得通吗？第二，事实上是那么回事吗？

（一）从理论上看

人们之所以不能容忍有关商代封建社会的任何见解，是因为他们囿于奴隶社

---

[1] 《曶鼎铭文浅释》，载于《吉林师大学报》1977 年第 4 期。

[2] 《对中国古代社会性质的一点浅见》，载于《青海师范学院学报》1980 年第 3 期。

会乃人类历史发展必经阶段、最早的阶级社会必然是奴隶社会的成说。这一成说以"马克思主义有关社会的结构的基本原理之一"① 的面孔左右我国历史学科数十年之久。可实际上，它不并不是马克思的或马克思主义的，而只不过是以斯特鲁威为代表的一部分苏联历史学家的一家之言。

谓予不信，请看马克思主义创始人马克思、恩格斯的教导。

在考察农村社会解体的原因时，马克思写道：

但是，同样明显，就是这种二重性也可能渐渐成为公社解体的萌芽。除了外来的各种破坏性影响，公社内部就有使自己毁灭的因素。土地私有制已经通过房屋及农作园地的私有渗入公社内部，这就可能变为从那里准备对公有土地进攻的堡垒。这是已经发生的事情。但是最重要的还是私人占有的源泉——小土地劳动。它是牲畜、货币、有时甚至奴隶或农奴等动产积累的基础。②

这里，马克思在论及对公社制度起着破坏作用的动产集中现象时，不仅列举了牲畜、货币、奴隶，而且还提到了"农奴"。可见，在马克思看来，当原始社会瓦解时，就不仅有奴隶制因素存在，也还有农奴制因素的出现。同样的意思，马克思在其他著作中还一再地表述过，如谓：

奴隶制和农奴制只是这种建立在部落制度上的财产的继续发展。③

又：

奴隶制、农奴制……这是建立在公社制度以及在这种制度条件下的劳动上的那种所有制的必然的和合乎因果关系的结构。④

再：

现代家族在胚胎时期就不仅含有Servitus（奴隶制），而且也含有农奴制，因为它从最初就和土地的赋役有关。它含有后来在社会和国家中广泛发展起来的一切对抗给性的缩影。⑤

马克思主义的另一个创始人恩格斯在他 1882 年 12 月 12 日写给马克思的一封信上，也有过如下的话：

毫无疑问，农奴制和依附关系并不是某种特有的中世纪封建形式，在征服者迫使当地居民为其耕种土地的地方，我们到处，或者说几乎到处都可以看到，——例如在特萨利亚很早就有了。⑥

这些，都明确告诉我们：奴隶制并非原始社会瓦解时唯一能够有的剥削制度，

---

① B. B. 斯特鲁威：《〈古代世界史选读〉序言》（日知先生译成中文时另题为：《论古代东方与古典世界》），华东师范大学函授部编印《世界史论文选辑》1956 年铅印本，第 139 页。

② 《给维·伊·查苏利奇的复信草稿——三篇》，《马克思恩格斯全集》第 19 卷，第 450 页。

③ 《资本主义生产以前各种形态》，人民出版社 1956 年版，第 29 页。

④ 同上，第 34 页。

⑤ 《摩尔根〈古代社会〉一书摘要》，人民出版社 1965 年版，第 38 页。

⑥ 《恩格斯致马克思》，《马克思恩格斯全集》第 35 卷，第 131 页。

奴隶社会也绝不是人类历史由原始社会进入阶级社会时的唯一必由之路。事实上，作为一种生产关系、一种剥削方法的奴隶制，虽曾在各民族的历史上长期存在过，但它仅仅在极个别地区（地中海一带）获得过充分的发展，上升为占主导地位的剥削方式，从而使这个地区的社会构成为奴隶社会；而在世界其他更为广大的地区，则远不是这样。对于世界绝大多数民族的历史来说，继原始社会之后到来的并不是什么奴隶社会，而是封建社会。总之，不经过奴隶社会，见之于广大地区，是通例，经过奴隶社会，见诸极个别地区，是变例；以变例为通例，是以偏概全，是十足的"西欧中心论"。鉴于本文的性质，这个问题就谈到这里，笔者另有《论奴隶制的历史地位》一文①，对此议论颇详，读者如有兴趣，不妨找来一阅。

（二）从史实看

恩格斯说："农业是整个古代世界的决定性的生产部门"。② 中国自古以农立国，农业在整个经济中所处的重要地位显得尤为突出。因此，商代的社会性如何，可以说在很大程度上取决于它的农业生产是在什么样的生产关系下进行的，取决于它的农业生产工作者是什么样身份的人。

作为商代农业生产担当者和国家武装力量基本成员的"众"不是奴隶，我们在上文已反复议论过了，现在要问"众"的身份到底是什么？

甲骨文有"五族戍，弗雈王□（众）"（邺三下 39·10）、"五族其雈王众"（同上 28·2）之辞。又有"米众"（铁 72·3）、"不米众"（拾 4·16）的辞例。"米当读为籹。籹，据《尔雅》及《说文》，都当成爱抚的意思"。③ 这说明，商代的"众"尚保留这"族"的形式，平时聚族而居、而耕，战时按族出征；他们颇受商王的重视，被称为"王众"，不时受到"抚慰"。

在历次商代墓葬的发掘中，经常有各种小型墓葬的发掘。这类墓，分布范围广大，数量也最多。其共同特点是：一般皆有葬具（棺木）、有铜器（少数）、陶器（普遍）等随葬品，特别值得注意的是，在各种随葬品中，兵器和生产工具占有一定的数量。下面，且举一处比较典型的墓葬群为例以资说明。1969 年 5 月至 1977 年 5 月，中国科学院考古研究所安阳工作队于殷墟西区的白家坟、梅园庄、北辛庄、孝民屯之间地对九百三十九座殷代墓葬进行了大规模的发掘。从《发掘报告》④ 得知：（1）这批墓葬"分片集中，可分八个墓区。墓区之间有明

① 《四川大学学报》1980 年第 2、3 期。

② 《家庭、私有制和国家的起源》，《马克思恩格斯选集》第 4 卷，第 145 页。

③ 赵锡元：《试论殷代的主要生产者"众"和"众人"的社会身分》，载于《东北人民大学学报》1956 年第 4 期。

④ 中国社会科学院考古研究所安阳工作队：《1969～1977 年殷墟西区墓葬发掘报告》，载于《考古学报》1979 年第 1 期。

显界限，墓向、葬式和陶器组合，都存在一定差别（这种差别与墓葬年代早晚无关），它反映各个墓区在生活习俗与埋葬习俗方面的差异。"据此，再参以铜器上的族徽，发掘者推断说："具有一个特定范围的墓地，保持着特定的生活习惯和埋葬习俗的各个墓区的死者，生前应属不同集团的成员，这个不同集团的组成形式可暂称为'族'。这八个不同墓区就是八个不同'族'的墓地。"（2）九百三十九座墓中，有葬具的七百一十座，另有二百二十九座水浸被扰或未发现棺木痕迹；确知有随葬品的八百座，确知无随葬品的八十七座，另有五十二座因被盗、被扰乱或在水下情况不明；随葬有戈、矛、刀、镞等铜（铅）兵器的一百六十座（《发掘报告》于另一处则言一百六十六座，不知何者为是），人骨鉴定说明，凡出兵器者人架皆为男性；随葬生产工具（农具和手工具）的七十六座。关于生产工具少见的问题，我们同意《发掘报告》撰写者的意见——"较少用生产工具随葬是阶级社会中墓葬的特点，这是与体力劳动逐渐成为被鄙视的事相联系的"，并不足以说明这批墓葬中的死者生前大都不事生产。（3）这批墓葬的墓主人除极少数当为中小贵族（这可从墓葬形制、葬具、随葬物、殉人等方面看出）外，其余皆当为"生前有一定的生活资料，有族的联系，有一定的政治地位"，既要"从事生产"，又要充当"战士"的劳动者。他们，应当就是甲骨文中的"众"。

这些居人口中的绝对多数、保持着族的联系、以耕战为务的"众"，当然不是奴隶，也不像欧洲中古世纪史上的农奴，亦非春秋战国后的佃农或小自耕农可比（因为，众所周知，在商代还不存在自由的土地私有制）。排除掉上述种种可能性之后，剩下来唯一比较合适的解释只能是某些学者所早已指出的："众"是农村公社成员！这里需补充一句：是仍然保留着族的联系的农村公社成员。

人们往往把"血缘关系的氏族组织"和"地缘关系的村社组织"看得那么不相容，以为随着村社的出现，族的血缘联系便告终结。事实上，这是不可能的。我国一直到近代，张家村、李家庄一类聚族而居的现象仍有残留，即其证。自然，进入阶级社会后，族的组织形式已不是原始社会氏族组织的简单延续，而是作为历史的残迹、作为附着在村社这新内容上的旧躯壳存在着。这时，社会的基本细胞已不是氏族公社，而是农村公社了，虽说在后者身上仍保留相当浓厚的族的血缘色彩。

说商代存在着农村公社、"众"便是农村公社的成员，人们还可接受；若进而说村社体现着一种封建性的生产关系，村社成员所受的剥削是一种封建性剥削，便没有几个人赞同了，虽说，这本是事实。

关于村社成员，马克思是有过"在亚细亚的形态下……单独个人从来不能成为财产的的所有者，而只不过是一个占有者，所以事实上他本人即是财产，即是公社的统一体人格化的那个人的奴隶"以及"存在着普遍奴隶的东方"[①] 一类的话，不少人正是抓住马克思的这些话，把古代东方目为奴隶社会、把广大村社成员视为奴隶的。这完全是一种误解！马克思的那些话，如果我没有理解错的话，那不过是一种比喻而已，正如我们有时会说资本主义制度下的工人是奴隶一样。因为，按照常理，从来不会有以一个人（公社的统一体人格化的那个人——专制君主）为一方、一个阶级，而以下余的全体社会成员为一方、为一个阶级的社会；谁也不会有那么大的魔力，一下子就把全体村社成员"普遍"化为奴隶！

还是关于村社，马克思倒是说过如下一段既不为某些人所重视、也不为他们所引用的话：

在多瑙河各公园，徭役劳动是同实物地租和其他农奴义务结合在一起的，但徭役劳动是交纳给统治阶级的最主要的贡赋。凡是存在这种情形的地方，徭役劳动很少是由农奴制产生的，相反，农奴制倒多半是由徭役劳动产生的。罗马尼亚各州的情形就是这样。那里原来的生产方式是建立在公社所有制的基础上的，但这种公社所有制不同于斯拉夫的形式，也完全不同于印度的形式。一部分土地是自由的私田，由公社成员各自耕种，另一部分土地是公田，由公社成员共同耕种。这种共同劳动的产品，一部分作为储备金用于防灾备荒和应付其他意外情况，一部分作为国家储备用于战争和宗教方面的开支以及其他的公用开支。久而久之，军队的和宗教的头面人物侵占了公社的地产，从而也就侵占了花在公田上的劳动。自由农民在公田上的劳动变成了为公田掠夺者而进行的徭役劳动。于是农奴制关系随着发展起来，……[②]

在另外一个地方，马克思还说过：

如果不是私有土地的所有者，而像在亚洲那样，国家既作为土地所有者，同时又作为主权者而同直接生产者相对立，那末，地租和赋税就会合为一体，或者不如说，不会再有什么同这个地租形式不同的赋税。在这种情况下，依附关系在政治方面和经济方面，除了所有臣民对这个国家都有的臣属关系以外，不需要更严酷的形式。在这里，国家就是最高的地主。在这里，主权就是在全国范围内集中的土地所有权。[③]

这些都明确告诉我们：在村社存在的条件下，在不存在土地私有的条件下，同样会有封建制剥削关系产生，村社成员为公田掠夺者所进行的劳动，便是封建性的徭役劳动。历史事实一再表明：正是由于村社的存在，才一方面抑制了奴隶制的发展（奴隶制的发展需要依赖私有制、工商业等的较高程度的发展，而村社的存在，恰恰不利于这些因素的成长），而在另一方面，却又给封建剥削方式提

---

① 《资本主义生产以前各种形态》，人民出版社 1956 年版，第 30、33 页。
② 《资本论》第 1 卷，人民出版社 1975 年版，第 265 页。
③ 《资本论》第 3 卷，人民出版社 1975 年版，第 891 页。

供了现成的、便当的形式。① 过去，人们只承认领主制（农奴制）和地主制是封建制，现在，似乎应该承认封建制还有它的第三种形式——姑暂名之为"村社封建制"。在各民族由原始社会步入阶级社会之初，大都经历过这个阶段的。

关于商代的村社组织和村社成员被奴役、被剥削的情况，卜辞中没有可供利用的直接材料，须借助文献。笔者认为，孟子所说的"井田""助法"，基本可信，它大体上反映了商周的田制及其剥削方式。《孟子·滕文公上》载孟子曰：

> 夏后氏五十而贡，殷人七十而助，周人百亩而彻，其实皆什一也。彻者，彻也。助者，藉也。……《诗》云："雨我公田，遂及我私"，惟助为有公田，由此观之，虽周亦助也。

又：

> 请野九一而助，国中什一使自赋……方里而井，井九百亩，其中为公田。八家皆私百亩，同养公田。公事毕，然后敢治私事。所以别野人也。

孟子上述两段话牵扯的问题很多，这里，我们只是讨论"井田"，只讨论"助"法。

虽然，一井八家九百亩的成数不会是事实，那是政治家的孟子把历史理想化、图式化了。但其中的公田、私田的划分，却是同农村公社的土地区分为"共有地"和村社成员的"份地"这一人所共知的事实相吻合的。孟子的"井田"制，应该就是农村公社的土地制度。若是提不出像样的反证来，是不应该轻率地把孟子的说法目为"乌托邦"或率意予以什么别的解释的。

在井田制下，剥削方式采用所谓"助"法。何谓"助"？孟子自己的解释是："助者，藉也。"赵岐注云："藉者，借也，犹人相借力助之也。"其注《孟子·公孙丑上》"藉者助而不税"亦谓："助者，井田什一，助佐公家治公田，不横税赋若履亩之类。"郑玄注《礼记·王制》"古者公田藉而不税"云："古者，谓殷时"，"藉之言借也，借民力治公田，美恶取于此，不税民之所自治也。"其注《考工记·匠人》亦谓："殷之莇法，制公田不税夫"，"借民之力以治公田"。孟子及汉儒的话说得十分明白："助者，藉也"，"藉之言借也"；借什么呢？借"民力"；借"民力"干什么呢？"助佐公家治公田"。至此，事情已非常清楚："商朝的助法，显然已经是力役地租。"② 这也并不费解，因为，在奴隶制下，奴隶们一无所有，他们的劳动，是在主人的直接干预、监督下进行的，劳动所获，自然也全部属于主人，一句话，奴隶制下的奴隶是没有任何独立的人格和独立的经济可言的；而在使用"助"法的情况下，劳动者则有自己简陋的工具、房舍，生产过程，也大都独立进行（"公田"上的劳动除外），劳动所获，

---

① 参考拙作：《论奴隶制的历史地位》，载于《四川大学学报》1980 年第 2、3 期。
② 范文澜：《中国通史》第 1 册，人民出版社 1978 年版，第 52 页。

除按规定向主人交纳一部分外，剩下的则可由自己支配、享用，一句话，在这里，劳动者已经有了自己相对独立的人格和相对独立的经济了。这样的劳动者，自然不是奴隶，而只能把他们归属到封建制下的劳动者的行列中去。

上述情况，即"公田"、"私田"夹杂错落在一起的井田助法，不论在商代，还是在西周前期，都是普遍实行着的。这是当时的一种基本的土地使用制度和剩余劳动的榨取制度。除此而外，那时似乎还有另外一种形式的"公田"——王室"大田"的存在。这种"大田"在周代又称"籍田"，在商代则当是卜辞中"王大令众人曰叶田"和"小臣令众黍"的所在。这种公田，面积既大，使用的劳动人手亦多。这些劳动人手，正如不少研究者所正确指出的那样，不是奴隶，而是村社成员。殷王每以"不定期的征发调用的方式强制农村公社的自由民集体地来耕种'王田'"①，卜辞中所谓"呼籍"实即"动员公社农民耕种公田"，"殷墟遗址中已发现上千的石镰等集中在一个坑里的情形，这或者农民在公田里所用的农具也是由公家发给的"②。这种形式的"公田"榨取，究其实质，仍同井田助法一样，依旧是"助"，是封建性剥削。

从以上所述可知，由于材料的限制，我们用以证明的商代是封建社会的依据是十分可怜的，因此，当我们提出和论证自己的这一看法时，心中总有一种不扎实、有所憾的感觉；不过，在下面这一点上，我们又感到几分安慰，即在现有材料的基础上，把商说成封建社会总比把它目为奴隶社会要合理得多！

这是一个历史的旧案，也是郁积在笔者心中多年的一个老问题，现在把它和盘托出，是想引起对这个问题的重新讨论，是想得到大家的批评、指正。文中对郭沫若等几位已故长者有所诘难，意在明辨是非，言辞中或有不敬，实非初衷。这些，读者诸君自能明察，无需烦言。

（原载《人文杂志》1982年增刊《先秦史论文集》）

---

① 朱本源：《论殷代生产资料的所有制形式》，载于《历史研究》1956年第6期。
② 斯维至：《关于殷周土地所有制的问题》，载于《历史研究》1956年第4期。

关于早周社会的性质问题

通常把灭商前的周族兴起史称之为早周史或先周史。关于早周社会的性质问题，对于其前半段，大家在认识上没有什么分歧，即一致地认为周人在弃以后的相当长一段时间内处于原始社会阶段。至于其后半段，大家在看法上就大不相同了：一些同志认为，周人一直到武王克商前始终未能超出原始社阶段，即是说，早周的历史是原始社会一以贯之的历史；另一些同志则认为，周人从公刘居豳或太王迁岐始，已脱离原始社会阶段，进入奴隶制时期，这是把早周的历史断为原始社会与奴隶社会两大阶段；还有一部分同志认为，周人在灭商前已依次历经原始社会、奴隶社会和封建社会三个发展阶段，这则进而将早周的历史一裁为三了。笔者认为，上述诸说皆有不妥。下面，逐一予以讨论，并顺带提出自己的不成熟看法。错误之处，欢迎批评指正。

一

主张周人一直到武王克商前始终未能越出原始社会阶段的史学家有吕振羽、李亚农先生等。他们说："在周人建国（指灭商后的建国——引者）的前夜，其自身还处在氏族制即原始公社制末期的状态下"，"专门以战争为事的酋长，如王季和文王，……还不曾完全从农业劳动中脱离了出来。"[①] 考诸古文献和近年来地下发掘资料，我们认为，吕氏等的上述看法是站不住脚的。其所以站不住脚，是因为它有违于下列基本史实。

（一）灭商前的周人已达较高经济、文化水准

人们往往过低估计了周人在灭商前已达到的经济、文化发展水准，有的，还甚至把那时的周人目为既不知青铜器为何物、又没有文字的"野蛮"的一群。这是很不公允的。事实上，周人在灭商前不论在经济上，还是在文化上，都已达到

① 吕振羽：《殷周时代的中国社会》，生活·读书·新知三联书店1962年版，第138、131页；李亚农《中国的奴隶制与封建制》所主略同。（见《欣然斋史论集》，上海人民出版社1962年版，第16~27页。）

相当之水准。

首先，他们有起步甚早、素称发达的农业。特别是移居周原后，周人的农业更有了长足的进步。周人之所以能迅速崛起于西方并终于一举摧毁商王朝，没有农业的一定程度的发展，没有一个富足的大后方，是不可想象的。

其次，在手工业方面，周人在灭商前已达相当水平。早在五十年代，孙作云先生就曾提出"天亡毁（按即吴式芬、孙诒让、郭沫若诸氏所名《大丰毁》者—引者）为武王灭商以前的铜器"，并进而推断说："周人在铜器制作方面，有极其悠久的传统；其时代之早，或不下于商人。"① 近年来之考古发掘，证明了孙氏推断的正确，证明"周族在克商以前已经有了青铜工业"，② 旧谓"周族之使用青铜器，还在消灭了殷纣的王朝、继承了殷族的文化之后"③，已不成立。1976 年以来，周原考古队在陕西岐山凤雏村发掘出一处周人宫室（宗庙）建筑基址。据所出甲骨文关于商周关系的记载以及北京大学历史系考古专业实验室对基址中出土的木柱炭屑所作碳 14 放射鉴定，发掘者和部分研究者所作"这组建筑群的始建年代，有可能在武王灭商以前"，"凤雏建筑群始建于商末"④ 的推断，是可信的。该基址规模宏大（达 1469 平方米）、营造技术不俗（"建筑水平略与殷晚期建筑相当"⑤），并在我国房建史上首次使用了屋瓦。周人在建筑业上所取得的成就，不是孤立的，它是灭商前周人在手工业乃至整个生产事业方面所达高度的一个缩影。

再从文化方面看。1977～1979 年，周原考古队在陕西岐山凤雏村宫室（宗庙）基址西厢二号房第十一、三十一号窖穴中，掘得甲骨一万七千余片，其中有字卜甲二百九十余片，字数九百余。经初步研究，学者们多倾向于认为：这批甲骨，并非一时之物，最早的卜辞，可上溯至武王克商前的文王时代。⑥ 这说明，周人在克商前已在殷人的影响下掌握了文字。过去，叶国庆先生就曾正确地指出："商周的历法，也有所不同。商人以十日为一旬，三旬为一月。周人则用四分制，把一月划分为'初吉'、'既生霸'、'既望'、'既死霸'四个阶段。四分制的历法，见于周初的铭文，是周人所特有的。……不能说周人在克殷之后，立

---

① 《说天亡毁为武王灭商以前的铜器》，《诗经与周代社会研究》，中华书局 1966 年版，第 57 页。

② 北京大学历史系考古教研室商周组编著：《商周考古》，文物出版社 1979 年版，第 145 页。

③ 李亚农：《中国的奴隶制与封建制》，《欣然斋史论集》，上海人民出版社 1962 年版，第 31 页。

④ 陕西周原考古队：《陕西岐山凤雏村西周建筑基址发掘简报》，载于《文物》1979 年第 10 期；王恩田：《岐山凤雏村西周建筑群基址的有关问题》，载于《文物》1981 年第 1 期。

⑤ 杨鸿勋：《西周岐邑建筑遗址初步考察》，载于《文物》1981 年第 3 期。

⑥ 参见陕西周原考古队：《陕西岐山凤雏村发现周初甲骨文》，载于《文物》1979 年第 10 期；李学勤：《西周甲骨的几点研究》，载于《文物》1981 年第 9 期；徐中舒：《周原甲骨初论》、陈全方：《陕西岐山凤雏村西周甲骨文概念》，收《四川大学学报》丛刊第 10 辑《古文字研究论文集》，1982 年。

即发明历法，……得承认克殷之前周人已有他的历法"。① 孙作云先生亦认为："商周历法不同"，周人"在灭商以前，已有自己的历法。"② 岐山凤雏村甲骨文的发现，给叶、孙二氏的推断提供了新的有力证据，正如徐锡台先生所论："周原甲骨文中出'既吉'，'既魄'，'既死'，说明在周文王时就已用月相补充殷的干支纪日方法"，"周文化不是简单地承袭殷文化，而是吸取其先进部分，在自己原有文化基础上发展成后来的西周文化。"③ 可见，灭商前的周人在包括文字、历法等在内的精神文化方面，亦不见得怎么后进；他们在这些方面，也是本已有之的，并非灭商后才从殷人那里现成地拿来，一切搬用殷人。

一定的经济、文化发展水准，是周人赖以越出原始社会的先决条件和重要标志之一。

（二）周人在灭商前已有明显的阶级分划和粗具规模的国家机器

上面，我们从经济、文化的发展水准上论证了周人在灭商前已可能步入阶级社会。但可能并不等于事实。下引诸端，才是些直接证据，证明周人在灭商前确已建立起自己的阶级社会来。

1. 从《诗经》及其他古文献有关篇章看，至少自太王迁岐始，周人内部原有的自由平等的社会生活已不复存在。人们已基于社会地位的不同划分为不同的集团：以太王、王季、文王为首的少部分人，是国家和社会生活的管理者，是剥削者、统治者。这个集团，集国家官员、宗族长和财产所有者于一身，是由氏族长蜕变而来的剥削者阶级；而大部分的周人，即所谓"小民"（《书·无逸》）、"下民"（《诗·大雅·皇矣》）、"庶民"（《诗·大雅·灵台》）之类，则构成为另一个集团。这些人，平时须力于农稼、输谷养活在位者（即《孟子·梁惠王下》所谓"耕者九一"，说见后）；战时须披坚执锐、为在位者效命疆场；还要不时外出服役，供在位者驱使，如"作庙"、"立社"（《诗·大雅·緜》）、"经始灵台"（《诗·大雅·灵台》）之类。无疑，这些人也已由自由的氏族成员一变而为被压迫、被剥削的人众了。

2. 《史记·周本纪》称：太王迁岐后，"营筑城郭室屋"。《诗·大雅·緜》更具体描述道："乃召司空，乃召司徒，俾立室家。其绳则直，缩版以载，作庙翼翼。……迺立皋门，皋门有伉。迺立应门，应门将将。迺立冢土，戎丑攸行。"这里，诗人所讴歌和统治者所关心的自然不是一般平民的简陋室居，而是城郭、宫室、宗庙、大社（冢土）等大的营造。前述 1976 年发现于陕西岐山凤雏村的

---

① 《克殷以前周是氏族社会吗?》，载于《争鸣》1957 年 5 月。

② 《从诗经中所见的灭商以前的周社会》，《诗经与周代社会研究》，中华书局 1966 年版，第 56 页。

③ 《探讨周原甲骨文中有关周初的立法问题》，《古文字研究》第 1 辑，中华书局 1979 年版，第 204、205 页。

那组宫室建筑基址，据研究，即为周人宗庙基址，且其始建年代可上溯至武王灭商前的早周之世，足见文献记载不诬。有的研究者还认为，"建于周太王时"的"早周都城岐邑"，且已具相当规模，它大体"以今岐山县京当公社贺家大队为中心，西至岐阳堡，东至樊村、齐村，北至岐山山麓，南至康家、庄李村"，"东西宽约三公里，南北长约五公里，总面积十五平方公里。"① 宫室、宗庙和新的设防城市的出现，意味着旧时代的结束和新时代的肇始，正如恩格斯所说："在新的设防城市的周围屹立着高峻的墙壁并非无故：它们的壕沟深陷为氏族制度的墓穴，而它们的城楼已经耸入文明时代了。"②

3.《史记·周本纪》谓：太王迁岐后，"乃贬戎狄之俗"，"作五官有司"。《集解》引《礼记》曰："天子之五官曰司徒、司马、司空、司士、司寇，典司五众。"前引《诗·大雅·緜》亦有"乃召司空，乃召司徒，俾立室家"句。官名虽未必尽如是，但那时的周人已经设官分职，有了自己的一套官僚机构却是肯定的。《诗》云："仪式邢文王之典（"典"字《左传》昭公六年引作"德"——引者），日靖四方"（《周颂·我将》）、"仪刑文王，万邦作孚"。（《大雅·文王》）好像文王生就一副仁爱心肠，治理国家、安定百姓、协和万邦只是一味地讲求德化，一点也不仰仗暴力似的。其实不然。作为阶级社会的"王"，文王是不会、也不可能那样干的，否则，他的统治就一天也维持不下去。事实上，他并没有摒弃暴力，《左传》昭公七年"周文王之法曰有亡荒阅"即其证。足见，至迟到文王时代，周人也已制定出自己的法律，以取代昔日的习惯、传统。《诗·大雅·公刘》有"其军三单"句。关于"三单"的解释，诸家说解颇多歧异，但大都以为那是指军队，指"三军"。说公刘迁豳的路上和居豳后皆有一定的武装护卫（有"弓矢斯张，干戈戚扬，爰方启行"句可证）是可以的，若进而以为那时便有了像样的武装部队（"三军"），则恐非是。因为，周人那时对外战事不多，对内镇压亦不见得怎么急迫，养活一支像样的武装部队似乎还没有那个必要。进入太王、王季、文王之世，情况就大不一样了。这时，随着阶级对立的出现，对内镇压已被提到日程上来，对外战事也日趋频繁，愈演愈烈。史称王季当国时，"脩古公遗道，笃于行义，诸侯顺之"（《史记·周本纪》）。"诸侯顺之"，即屈服邻近诸小国部落，这自然不是单靠"笃于行义"所能奏效的，而应当是一个以武力为后盾、充满血腥味的征服过程。据《竹书纪年》，王季曾伐"西落鬼

---

① 陈全方：《早周都城岐邑初探》，载于《文物》1979 年第 10 期。陈氏《周原遗址考古新发现》（刊《西北大学学报》1976 年第 3、4 期合刊）一文亦谓："古公亶父迁居岐山之阳以后，'营筑城郭室居'，建都立国，都城名京，立国曰周，……据我们初步调查，当时周人的都城所在地，即在今岐山县的京当公社、扶风县的黄堆、法门公社境内，南北长约八华里，东西宽约六华里。"所述略同，一并录此以备参考。

② 《家庭、私有制和国家的起源》，《马克思恩格斯选集》第 4 卷，人民出版社 1972 年版，第 160 页。

戎"、"燕京之戎"、"余无之戎"、"始呼之戎"和"翳徒之戎"（《后汉书·西羌传》注引），除伐燕京之戎一役失败外，其余都取得了胜利。《史记·殷本纪》称："武乙猎于河渭之间，暴雷，武乙震死。"丁山先生曾敏锐地指出："武乙之死于河渭似乎不是田猎，可能是去征伐周王季，兵败被杀，殷商史官乃讳言'暴雷震死'而已。"①《竹书》云："太丁四年，……周王季命为殷牧师。"（此据《后汉书·西羌传》注引，《文选·典引》注引则作"武乙即位，周王季命为殷牧师"，与此不同）《竹书》复云："文丁（太丁）杀季历。"（《晋书·束晳传》引，《史通·疑古》、《杂说上》引并同）这表明，商代末年，臣属于商的周人已迅速强大起来，不再甘心于自己的屈从地位，开始向商人舞刀弄枪了。文王继立后，更连年对外用兵，先后打败、攻灭犬戎、密须、黎、邗、崇等方国部落，"三分天下有其二"（《论语·泰伯》），灭商之势已成。史称文王伐崇时已是"林衝莩莩"，甲兵强盛，及至武王伐纣，更已能一次出动"戎车三百乘、虎贲三千人、甲士四万五千人"（《史记·周本纪》）。凡此，皆说明周人在灭商前已有一支装备精良、人数可观的军队了。而"武装部队、监狱及其他强迫他人意志服从暴力的手段"，一如列宁所说，正是"构成国家实质的东西。"②

4.《诗·大雅·公刘》有"彻田为粮"句。说者每以为此诗中之"彻"当指税制，甚至把它同《孟子·滕文公上》所言"周人百亩而彻"之"彻"混同为一。这恐怕有些牵合。不过，周人至迟到文王时已有了相当正规的税制则属事实，这有《孟子·梁惠王下》"昔者文王之治岐也，耕者九一"可证。赋税历来是国家机器赖以存在的重要经济支柱，它的产生，自然也就成了阶级和国家出现的一个重要标识。

（三）太王、王季、文王确已是阶级社会的"王"

灭商前的周人既已组成为国家，则太王、王季、文王等是氏族社会的"酋长"还是阶级社会中的"王"的问题，本已解决，无须再议，但鉴于某些学者一直执拗文王等是"酋长"的说法，这里只好再来集中讨论一下这个问题。

太王、王季之以"王"名，虽出之于身后追尊，但诚如《史记·周本纪》所言，那也并非没有道理，而是因为周室"王瑞自太王兴"；复准诸上节所述，周人自太王迁岐始既已立国，则太王、王季事实上也已是阶级社会的王，他们之被追尊为王，可谓当之无愧。关于文王生前是否已受命称王的问题，历来有不同的看法，这里且不去管它，我们要说的只是：不管文王在形式上受命称王与否，都丝毫无改于它事实上已为王的本质。很难设想，一个迅速崛起于西方的泱泱大

① 《商周史料考证》，龙门联合书局 1960 年版，第 153 页。
② 《论国家》，《列宁选集》第 4 卷，人民出版社 1972 年版，第 45 页。

国君长，一个"三分天下有其二"的远近诸侯共主，还不是阶级社会的王，还会是氏族酋长？

自然，持反对意见的学者也自有他们的论据。此类论据，经常为人们称道的实不外如下两条：一条是《书·无逸》中的"文王卑服，即康功田功"，一条是《楚辞·天问》中的"伯昌号衰，秉鞭作牧"。据此，人们作出结论说：文王既须"亲自去种田风谷，放牧牲畜，可见周文王还是没有脱离生产的一个氏族酋长。"①

笔者认为，那样去训释史料和那样去推论是很成问题的。

关于"文王卑服，即康功田功"一语的训释，历来颇多歧异。伪孔传以为，那是说"文王节俭，卑其衣服，以就其安人之功，以就田功，以知稼穑之艰难"。孔颖达疏沿此不改。孙星衍《尚书今古文注疏》谓："服，事也。安，康也。言……文王就卑贱之事，安居之功，田作之功"。章太炎《古文尚书拾遗》："康，释宫云五达谓之康，……康功者，谓平易道路之事。田功者，谓服田力穑之事。前者职在司空，后者职在农官。文王皆亲涖之，故曰卑服。"杨筠如《尚书覈诂》："卑，马本作俾。俞樾谓俾者，比之假字。……文王比服者，服事也。言文王比叙其事也。……康，疑当读为荒，古康荒可通，……盖谓山泽荒地耳。"曾运乾《尚书正读》："康与垦声相近。康功，即垦闢也"，"亦披荆斩棘以启山林之事。"李亚农《中国的奴隶制与封建制》："康与糠通"，"文王卑服，即康功田功"，即文王"恶衣恶食，亲自去种田风谷。"谭戒甫《先周族与周族的迁徙及其社会发展》（刊《文史》第6辑）："卑是革的省写。《说文》：'革，雨衣，一曰衰衣'。'衰，草雨衣，秦谓之革'。按衰即蓑衣，秦是周的故地，所以都叫革。革服，犹今天言披蓑衣。即，当训为就，在此犹言参加。康当假为垦，双声通用。所以康功是垦土，田功是耕田。……文王是曾经披蓑衣，去参加开垦和耕种。"（同样的意思又曾见于中华书局1978年版谭氏《屈赋新编》下《外论》《天问第一》注）上引诸家虽在"卑"、"康"等字的训释上多所不同，但彼此间还是有个共同点，即多认为文王确是卑微的（"卑其衣服"或身就"卑贱之事"）、躬亲农事或其他劳作的。除上述说解之外，唯赵光贤先生别创新义，谓"《无逸》中的'卑服'即《墨子》诸书中的'宾服'，都是服从、顺从的意思"，"'康功'之'康'应读作'赓'，即赓续、继续之意"，"'我周大王、王季克自抑畏'是说周大王、王季能自谦抑敬畏，'文王卑服即康功田功'，文王顺从或遵守着这种作风，继续管理农事"。② 虽然，正确裁断诸说之短长，远非笔者识力所能及，但联系上下文义（文王所作所为的最终落脚点在于"咸和万民"），联系到文王的身份（为伯、为王），联系到周人在灭商前夕所

---

① 李亚农：《中国的奴隶制与封建制》，《欣然斋史论集》，上海人民出版社1962年版，第21页。
② 赵光贤：《周代社会辨析》，人民出版社1980年版，第217～218页。

达到的社会发展水准，我以为还是赵氏的说解更合乎情理些，退一步说，即使这里的"文王卑服，即康功田功"确是指文王亲自参加某种劳动，也断难由此得出"可见周文王还是没有脱离生产的一个氏族酋长"的结论来。因为，偶尔地、礼仪式地厕身一下某种劳作同"不脱离生产"绝不是一回事。否则，灭商后的周室诸王们在籍田上的躬耕岂不也都成了不脱离生产劳动！

至于"伯昌号衰，秉鞭作牧"一语的训释，本不存在什么问题，历来注家，上自王逸、洪兴祖、朱熹，下迄清代及近今学者如王夫之、闻一多等，莫不以"秉，执也；鞭以喻政"为说，认为那不过是说"纣号令既衰，文王执鞭持政"（王逸《章句》）或"文王……号令于殷室衰微之际"（朱熹《集注》）。郭沫若、谭戒甫先生等一反旧注，读"号"为"荷"，以"衰"为"蓑"，说"号衰"即"荷蓑"，也就是"文王这位酋长，他披着蓑衣，拿着鞭子看牛羊"。① 如此说解，不惟于训诂上极觉牵合，特别是考虑到文王的王者身份，考虑到周人在灭商前已经达到的社会发展水准，尤觉于理难通。对此，多数人读了《天问》此语的上下文后自能明察，无需赘言。

总之，谓周人直至灭商前还处在原始社会阶段的说法，实难成立。

二

灭商前的周人既已进入阶级社会，那么，跟下来要问他们所进入的是一个什么样的阶级社会？绝大多数学者的回答是：奴隶社会！

根据呢？往哪里去找奴隶呢？说来可怜，几十年天气，人们翻遍古书，也就找到那么几条材料，且十分靠不住。

材料之一是《诗·大雅·绵》"迺立冢土，戎醜攸行"中"戎醜"二字。据某些学者研究，诗中的"戎醜"，可能即周人拥有的"最初之奴隶"，"由战争得来的奴隶"。② 关于"迺立冢土，戎醜攸行"一语解释，自毛《传》训为"冢，大。戎，大。醜，众也。冢土，大社也。起大事，动大众，必先有事乎社而后出谓之宜"之后，孔颖达《疏》、朱熹《集注》下至清儒及晚近学者多从其说，沿而未改，其中虽间或有以"戎狄族乃遁去"、"建立土台在昆夷来犯的路上"等辞为说者③，但那总还有所凭依，可备一说，远非解为"奴隶"那样一无凭借、

---

① 郭沫若：《屈原赋今译》，作家出版社 1953 年版，第 77～78 页。谭戒甫先生说见中华书局 1978 年版《屈赋新编》下《外论》《天问第一》注及《先周族与周族的迁徙及其社会发展》一文（刊《文史》第 6 辑）。

② 翦伯赞：《中国史纲》第 1 卷，生活书店 1946 年版，第 262 页；吕振羽：《殷周时代的中国社会》，生活·读书·新知三联书店 1962 年版，第 129 页。

③ 孙作云：《从诗经中所见的灭商以前的周社会》，《诗经与周代社会研究》，中华书局 1966 年版，第 33 页；高亨：《诗经今注》，上海古籍出版社 1980 年版，第 380 页注 [38]。

全任想象可比。好在持此说的吕、翦二老本不甚坚主其说（这可从二老"似是"、"假如……可以解释为"一类的用词中看得出来），且又一致地认为当时（太王时）的周人尚不处在奴隶社会发展阶段，我们就不去议论它了。

材料之二是《诗·豳风·七月》中农夫的所谓奴隶身份。

《七月》是一首著名的农事诗。它颇为详尽地描述了农夫们一年到头的生产、生活，描述了农夫们的悲怨和苦痛，描述了劳动者同剥削者的关系，为我们勾画出一幅当时社会生活的广阔图景。研究古代史的学者，尽管观点不同，但都曾从不同的角度重视它、研究它，是十分自然的。特别是西周、早周奴隶社会说的持有者们，更是对它抓住不放，认为它是论证西周、早周奴隶社会的有力根据。

但能不能靠《七月》中的农夫认定早周社会的奴隶制性质呢？我以为问题远没有某些人所想象的那样简单。

首先，在《七月》一诗的时代和地域的确认上也还有些问题。《诗序》："《七月》，陈王业也。周公遭变，故陈后稷先公风化之所由，致王业之艰难也。"把一首生动描述下层社会疾苦的诗目为周初统治者追述先公旧事以戒后人的诗作，恐非事实。近人多认为它是西周初年劳动者的怨歌，反映的是西周时代的事。亦有人认为，诗虽作于西周，追述的却是旧事，故亦可作为认识居豳时周人社会生活面貌的依据。郭沫若说：《七月》"不是王室的诗，并也不是周人的诗。诗的时代当在春秋末年或以后。""假使真是采自豳地，当得是秦人统治下的诗。"[1] 徐中舒师则进而指出："《豳风》乃是春秋时期鲁国的诗"。[2] 总之，这首诗的时代、地域都还有些问题，能不能用、或在多大程度上能用它来认识居豳时的周人社会生活，须十分慎重。

其次，退一步来说，即使这首诗所反映的是居豳时的周人社会生活情状，那也帮不了早周奴隶社会说的忙，因为，诗中的农夫远不是什么奴隶。

诚然，从诗中的描述看，农夫们的劳动是够繁重的、生活够悲惨的、所受剥削够残酷的，对此，没有人能够否定。但是，受到惨重剥削、过着痛苦生活的人并不一定就是奴隶，关键要看这些劳动者是在怎样的剥削方式下受到榨取的。诗中的农夫既然明明有自己的妻子儿女（"同我妇子"、"嗟我妇子"）、自己的室居（"入此室处"）、自己的经济（蚕桑、狩猎等家庭副业和衣食自理）和一定的社会地位（"朋酒斯飨，曰杀羔羊。跻彼公堂，称彼兕觥，万寿无疆！"——年终农事完时，尚可同统治者一起欢庆一番，饱餐一顿），又怎么好硬把他们说成是奴隶呢！

有的学者抓住"九月授衣"和"采荼薪樗，食我农夫"两诗句大做文章，

---

① 《由周代农事诗论到周代社会》，《青铜时代》，科学出版社1957年版，第91~92页。

② 徐中舒、常正光：《论〈豳风〉应为鲁诗》，载于《历史教学》1980年第4期。

说这是"公家给农夫衣服"、"饭菜柴火"①,"假如这是农奴,便不需要主人来'食'他,因为农奴是有独立的家庭经济的,这个农夫既然有主人来'食'他,而且虐待到了用苦菜、臭椿来'食'他的程度,显然这是奴隶而不是农奴。"②

"九月授衣"一句,旧注含糊其辞,颇为费解。孙作云先生说:"就'授衣'二字来说,在这里也并未明言说谁授给谁,很难肯定说:这'授衣'者一定是奴隶主。也许,这'授'者,是家长授给家里人的。也许这'授衣'只是换衣服的意思。""况且诗中明说:为公子裳,为公子裘,看情况,'公'或'公子'的衣服,还是农夫供给的;因此,不能由'九月授衣'一句,判断农夫是奴隶。"③ 徐中舒师认为:这"衣"不仅不是授给奴隶的,甚至也不是授给一般农夫的,而是"授给士的阶层","因为衣是贵者所服,奴隶只能是'衣褐带索'。……授衣如果是给奴隶,那是太奢侈了,古代是没有这样事的",因为士"要宿卫公室,所以国君岁时都要颁给他们的衣裘。《七月》诗'九月授衣',就是指此而言。"④ "授衣"中的授、受双方究竟何指,尚可作进一步研究,但有一点可以肯定,即"受"衣者的农夫绝非奴隶身份。因为从全诗来看,农夫们明明是有自己的经济、衣食自理的,无须、也不可能有什么人给他们配发衣服。

"采荼薪樗,食我农夫"句,并不是说"我"(主人)用苦菜来"喂养""我的"农夫,而是农夫们的自我嗟叹,农夫们的"自食",亦即"苦菜为粮樗作薪,就靠这养活我们庄稼人"的意思。唯有这样解释,才能跟诗中的"同我妇子,馌彼南亩"、"言私其豵"等句通合;否则,一会儿是老婆孩子送饭,甚至有小猪吃,一会儿又是靠东家的苦菜喂养,岂不情理自乱,还成其为什么诗篇!

材料之三是《左传》昭公七年有谓:"周文王之法曰:'有亡,荒阅。'所以得天下也。"人们发挥说:"为了巩固并发展奴隶制度,加强奴隶主贵族对奴隶的全面统治,文王制订了一条保护奴隶主阶级利益的法律:'有亡荒阅'。这就是,对逃亡奴隶要进行大搜索,任何人不得擅自收留藏匿。这条法律确认了奴隶主贵族对奴隶的所有权,博得了奴隶主贵族的普遍拥护,据说这是后来周朝得天下的重要原因之一。"⑤

"有亡荒阅",单就字面讲,就是对逃亡者要进行大搜捕,并未透露出逃亡者的身份是怎样的。当然,人们无故是不会逃亡的,凡逃亡,大抵不外畏避罪罚(罪犯)、争得自由(奴婢)诸端,虽然不能武断地说文王的"有亡荒阅"一法的打击对象不包括奴隶在内,但有迹象表明,他的主要打击锋芒还是指向罪犯、

---

① 范文澜:《中国通史简编》修订本第一编,人民出版社1964年版,第126页。

② 李亚农:《中国的奴隶制与封建制》,《欣然斋史论集》,上海人民出版社1962年版,第24页。

③ 《读〈七月〉》,《诗经与周代社会研究》,中华书局1966年版,第200~201页。

④ 徐中舒、常正光:《论〈豳风〉应为鲁诗》,载于《历史教学》1980年第4期。

⑤ 郭沫若主编:《中国史稿》第1册,人民出版社1976年版,第218~219页。

特别是指向统治阶级中的高层人物——叛臣的。这有下列事实可资佐证。

众所周知，文王的这条法令，意在争取与国，是针对商王纣"惟四方之多罪逋逃，是崇是长，是信是使，是以为大夫卿士"（《尚书·牧誓》）——即针对其招降纳叛行径而发的。十分明显，这些深受纣王礼遇、信任，身居"大夫卿士"高位的逃亡者，绝不会是终身勤苦、毫无治国经验可言的普通奴隶大众，而只能是统治阶级圈子中的人物——他邦之叛臣。不然的话，如果商纣王真的只是一味收容逃亡奴隶，并委之以国政，他岂不成了奴隶利益的代表者，成了奴隶国王？这自然是天大的笑话！

《左传》昭公七年"周文王之法曰……"一语，出自楚芊尹无宇之口。这句话的前后，无宇还有一大通议论，或有助于我们理解逃亡者的身份，特抄录于后：

（楚灵王）即位，为章华之宫，纳亡人以实之。无宇之阍入焉。无宇执之，有司弗与，曰："执人于王宫，其罪大矣。"执而谒诸王。王将饮酒，无宇辞曰："……天有十日，人有十等，下所以事上，上所以共神也。故王臣公，公臣大夫，大夫臣士，士臣皂，皂臣舆，舆臣隶，隶臣僚，僚臣仆，仆臣台。马有圉，牛有牧，以待百事。今有司曰：'女胡执人于王宫？'将焉执之？周文王之法曰：'有亡，荒阅，'所以得天下也。吾先君文王作仆区之法，曰：'盗所隐器，与盗同罪，'所以封汝也。若从有司，是无所执逃臣也。逃而舍之，是无陪台也。王事无乃阙乎？……若以二文之法取之，盗有所在矣。"王曰："取而臣以往。盗有宠，未可得也。"遂赦之。

从无宇的这段议论可知：第一，事情是由楚王的章华宫管事匿纳无宇的看门人（阍）引起的，无宇援引周、楚两文王之法以证"纳亡"、"隐器"之不法，官司打到楚王那里，终成胜诉。第二，无宇援引周文王之法，意在证明收留亡命老早就是犯禁的，至于亡命者究竟是何种样人的问题，他并未细察，也根本无从去深究的。第三，无宇之阍固是门隶之属，这并不等于章华宫收纳的其他亡民亦必为隶人，更不能以此证明"有亡荒阅"中之亡命者尽是奴隶。如果一定要说无宇既然引证了周文王之法，那就说明文王之法不仅在原则上、而且也具体地适用于他所面临的实际问题（门隶逃亡），那也充其量只能证明"亡"者的家内仆役身份，其于早周奴隶社会论所必需的生产奴隶（须知，无生产奴隶存在的社会是不成其为奴隶社会的）的论定并无补益。

以上，我们逐一分析了早周奴隶社会论者的三条论据。透过这些分析，已不难看出某些学者关于《诗·大雅·緜》中的"戎醜"和《诗·豳风·七月》中的"农夫"是奴隶的说法是不能成立的；把"有亡荒阅"目为搜捕逃亡奴隶，也不过是个猜测、联想，并无充分根据。

看来，时至今日，人们依然拿不出证明早周是奴隶社会的像样材料来。没有奴隶，自然不成其为奴隶社会；退一步说，即使能找到几条有关早周存在奴隶的材料（从道理上讲，这是完全有可能的，因为自原始社会末期起就有奴隶存在了），也不好骤下早周是奴隶社会的结论。因为，有奴隶存在的社会和奴隶社会是完全不同的两码子事；只有当一个社会拥有众多的生产奴隶，建立在奴隶劳动的基础之上时，这个社会才成其为奴隶社会。

三

早周（其后半段）既不是原始社会，又不是奴隶社会，他到底是什么社会呢？我以为，它是封建社会——原始的村社封建制社会。

已故著名历史学家范文澜先生说过：太王迁岐后，"在戎狄威胁下，古公为缓和内部矛盾，采用商原有的助耕制，藉以抵抗戎狄，这也是很自然的。这样，新的生产关系即封建的生产关系在周国里成为主要的生产关系了。"① 孙作云先生则认为"周人在文王之世"始"进入封建社会"，并提出四点理由：第一，"在西周人的诗歌、铜器铭文中，皆说西周人所通行的制度，皆肇自文王"，而"西周已经进入封建社会"。第二，"周文王时，已行公田私田制度，即已行'力役地租'的剥削法"。第三，"孟子说，文王时代已经实行'仕者世禄'。'仕者世禄'就是被分封的大小领主，世袭土地与爵位。这正是封建社会的特点。"第四，"古书多说文王行仁政，行裕民政策。这种'仁政'，就是比商代奴隶制的剥削稍微减轻了一点的剥削方法，即是封建的剥削方法。"②

范老谓周人自太王迁岐始已进入封建社会，论据虽略显不足，但正如孙作云先生所说，"根据当时具体情况，亦极可能。"③ 至于文王时代的封建制，我很赞赏孙作云先生文章中所列举的论据，认为那多是毋庸置疑的事实。④ 特别是其中的第二条，对于说明早周的封建制社会性质，尤为有力。兹再就孙文言所未尽处，作如下补充。

《孟子·梁惠王下》："昔者文王之治岐也，耕者九一，仕者世禄。"赵岐注云："言往者文王为西伯时，始行王政，使岐民修井田，八家耕八百亩，其百亩者，以为公田及庐井，故曰九一也。"关于这种"耕者九一"的井田制，孟子自己亦曾做过解释："方里而井，井九百亩，其中为公田。八家皆私百亩，同养公

---

① 《中国通史简编》修订本第 1 编，人民出版社 1964 年版，第 127 页。

② 《从诗经中所见的灭商以前的周社会》，《诗经与周代社会研究》，中华书局 1966 年版，第 48～54 页。

③ 《从诗经中所见的灭商以前的周社会》，《诗经与周代社会研究》，中华书局 1966 年版，第 43 页注②。

④ 这里须说明一下，笔者不同意孙先生的第四条论据。因为照笔者来看，商、周社会并无质的差异，商代亦是封建社会。详说拙作《商代奴隶社会说质疑》，刊《人文杂志》1982 年增刊《先秦史论文集》。

田；公事毕，然后敢治私事。"（《孟子·滕文公上》）诚然，战国时代的孟子对于"井田制"这种业已消失了的古代土地制度的描述未免太理想化、图式化了些（表现为不切实际的规整划一、百亩成数等），但古代确曾存在过这种土地制度却是毫无问题的，至于文王时代是否已行此种田制，如无其他反证，亦应相信孟子言出有据。正如不少学者指出，孟子井田论中的"公田"、"私田"应即通常所谓的农村公社的"共有地"和村社成员的"份地"；"井田制"实在就是农村公社的土地制度。

在井田制下，剥削方式采用所谓"助"法。①。何谓"助"？孟子自己的解释是："助者，藉也"。赵岐注云："藉者，借也，犹人相借力助之也。"其注《孟子·公孙丑上》"耕者助而不税"亦谓："助者，并田什一，助佐公家治公田，不横税赋若履亩之类。"可见，"助"即助耕公田；所谓"助"法，"显然已经是力役地租"。②

众所周知，在奴隶制下，奴隶们一无所有。他们的劳动，是在主人的直接干预、监督下进行的。劳动所获，亦一并属于主人。一句话，奴隶制下的奴隶是没有任何独立人格和自己的经济可言的；而在使用"助"法、使用"力役地租"剥削方式的情况下，劳动者则拥有自己简陋的工具、室居。生产过程，也大都独立进行（"公田"上的劳动除外）。劳动所获，除剥削者攫取者外，尚可保有一部分供自己支配、享用。一句话，在这种场合，劳动者已有了相对独立的人格和自己的经济。这样的劳动者，自然不是奴隶，而只能把他们归属到封建制下的劳动者的行列中去；这样的剥削方式，自然不是奴隶制的，也自然只能把他归属到封建剥削方式的范畴中去。这种建立在农村公社基础上的封建制，既不同于欧洲中世纪的领主制，亦非战国秦汉以来的地主制可比，可暂名之为"村社封建制"。各民族在由原始社会步入阶级社会之初，大都经历过"村社封建制"这个阶段的。

人们之所以会在找不到奴隶存在的充分证据的情况下轻下早周是奴隶社会的结论，范文澜、孙作云先生等之所以又会在早周的封建社会之前例行公事似的给

---

① 《孟子·滕文公上》："殷人七十而助"，似专以助法属殷；然同文又谓："《诗》云：'雨我公田，遂及我私'，惟助为有公田，由此观之，虽周亦助也。"则又以助法殷、周两属之。而据笔者初步考察，井田助法实起于夏代后期，商代继之，直到西周的厉、宣之世后才渐趋瓦解。关于这个问题，笔者另有《"贡助彻"研究中的几个问题》一文（收入东北师范大学历史系中国古代史教研室编《中国古代经济史论丛》，黑龙江人民出版社1983年版）专门论及，这里不作赘述。

② 范文澜：《中国通史简编》修订本第1编，人民出版社1964年版，第117页。

安排个奴隶制发展阶段①，在很大程度上是受了"奴隶社会乃人类历史发展必经阶段"这一传统看法的束缚、影响。如果说，"必经说"经各民族历史的认真检验已被证实确是普遍真理的话，那样去推论、套用，倒也无可厚非，问题是曾长期被人们奉为不可移易的真理的"必经说"，看来却并不那么靠得住。事实上，奴隶社会不仅不是人类历史由原始社会转入阶级社会时唯一必由之路，而且也远不是条普遍道路。对于世界绝大多数民族的历史来说，继原始社会之后到来的并不是什么奴隶社会，而是封建社会；极个别地区（地中海沿岸）奴隶制社会的出现，不过是历史发展中的变例罢了。关于这一层，笔者前已为文论之②，兹不作赘。

最后，想借此机会再次强调一下：再也不能继续用"必经说"改铸我们的古代史了，应坚持一切从史实出发、论从史出的原则；早周所经历的由原始社会到封建社会的转变（虽说这个转变的具体过程我们至今所知甚少），一点也不值得大惊小怪，而应视作社会发展规律的正常体现，完全用不着在早周的原始社会与封建社会之间人为地给添加进一段奴隶制的蛇足。

（原载拙著《奴隶社会并非人类历史发展必经阶段研究》，
青海人民出版社 1988 年版）

---

① 范老一则说："东方斯拉夫人在原始公社瓦解后，直接产生封建制度，中间没有经过奴隶制阶段，周国情形是颇有相似之处的"；一则说：周人居豳时，"周社会正经历着很不发展的奴隶制阶段。"（《中国通史简编》修订本第 1 编，人民出版社 1964 年版，第 117、127 页）孙作云先生亦谓：居豳时，周国"大概……也是奴隶制国家。"（《从诗经中所见的灭商以前的周社会》，《诗经与周代社会研究》，中华书局 1966 年版，第 31 页）

② 拙作：《论奴隶制的历史低位》，载于《四川大学学报》1980 年第 2、3 期；《商代奴隶社会说质疑》，《人文杂志》1982 年增刊《先秦史论文集》；《"中国奴隶社会"研究中的几种常见提法驳议》，《中国古代史论丛》第 8 辑，福建人民出版社 1983 年版。

匈奴与奴隶制

——"从少数民族史看初始阶级社会的非奴隶制性质"专题研究之一

关于匈奴的族源问题，学者间聚讼纷纭，迄未解决。但它是蒙古草原一支古老的游牧族，则属无疑。

一般认为，远古至公元前三世纪末，匈奴族尚处在原始社会阶段。公元一世纪中叶，南北匈奴分立，北匈奴一部西迁，余部入于鲜卑；南匈奴归汉后，社会生活多受汉族社会浸淫，固有面貌日失，逐步走上与中原汉族相融合的道路。这样，盛极一时的匈奴政权也就归于灭亡了。这些，都不会有多大问题。问题出在中间一段，出在公元前三世纪末至公元一世纪中叶这二百数十年间。以下所要讨论的，也正是这一阶段匈奴国家的社会性质问题。

《史记·匈奴列传》称："自淳维以至头曼千有余岁，时大时小，别散分离，尚矣，其世传不可得而次云。然至冒顿而匈奴最强大，尽服从北夷，而南与中国为敌国，其世传国官号乃可得而记云。"可见，公元前209年冒顿杀其父头曼自立为单于事，乃匈奴史上一个转折点。在这以前，不惟匈奴族"时大时小，别散分离"，"世传不可得而次云"，整个大漠南北亦是部族众多，"各分散居谿谷，自有君长"，莫能相一。（《史记·匈奴列传》，以下引文凡不注明出处者，皆出此）冒顿代立后，外事武动，先后"大破灭东胡王"，"西击走月氏，南并楼烦、白羊河南王，悉复收秦所使蒙恬所夺匈奴地"，"北服浑庾、屈射、丁零、鬲昆、薪犁之国"，复"夷灭月氏"，"定楼兰、乌孙、呼揭及其旁二十六国"，在东极辽水，西逾葱岭，北抵贝加尔湖，南界长城的广大区域内，造成"诸引弓之民，并为一家"，"皆以为匈奴"的空前局面；内则厘定官制，单于以下，"置左右贤王，左右谷蠡王，左右大将，左右大都尉，左右大当户，左右骨都侯"，"自如左右贤王以下至当户"，"凡二十四长"，"诸大臣皆世官"，"诸二十四长亦各自置千长、百长、什长、裨小王、相、封、都尉、当户、且渠之属"，国家机器粗具规模。这些，充分表明匈奴族自前三世纪末起，确已走完了氏族公社的漫长阶段，步入阶级社会。对于这一历史性转折，人们有目共睹，没有太多的意见分歧；问题在于：这个继原始社会之后到来的阶级社会，究竟是一个什么样的阶级社会呢？

我国已故著名民族史专家马长寿先生认为："匈奴国家的历史，以奴隶制始，以奴隶制终"，"匈奴时代的社会性质是一不折不扣的奴隶所有者的社会"，"亚洲草原上最典型的一个奴隶所有者的社会。"① 由于这是一篇最早试图用马列主义新史学观点科学地研究匈奴社会性质的论著，故治匈奴史者及一般教科书多沿其说，至今影响甚大。可事实上，马长寿先生所作出的结论却是不正确的。

马长寿先生把匈奴的奴隶制区分为"家族奴隶制"和"部落奴隶制"两种类型。下面分别予以讨论。

先说"家族奴隶制"。

马长寿先生说：

匈奴的奴隶主社会最初是以家长式的家族奴隶为基础的。贵族奴隶主的家族有大量的奴隶，平民战士的家族也有大量的奴隶。这些奴隶主要是由战争中的俘虏变成的，以后始有犯罪的奴隶和债奴。

那么，这类奴隶一共有多少呢？马长寿先生根据种种资料推定：

汉奴口二十万，西域胡、丁零和西羌奴口四十万，其余如乌桓、鲜卑、楼烦、白羊的奴口假定为十万，共计匈奴奴口有七十万的样子。

马长寿先生紧接着说：

这七十万口奴隶，数目不算太大，但是跟匈奴人口总数来比较，已经是超过他们所有的壮丁战士的数目了。匈奴极盛时代，控弦的战士约三十万。他们出兵的单位是以家族为标准的，即贾谊《新书》所谓"五口而出介卒一人"。设以此来推测，匈奴极盛时代的人口共有一百五十万，……若此种推测不误，则匈奴的奴隶人口是超过匈奴战士数目一倍以上，而占其全部人口的百分之五十。②

据此，马长寿先生进一步推断说：

此占匈奴人口之半的奴隶执行着匈奴生产部门中的主要劳动，是毫无问题的。匈奴的青年和壮丁本来都能从事生产的，但是其中的绝大部分都作了"控弦之士"的骑兵。关于此点，《史记·匈奴传》记载得明白，说："士能弯弓，尽为甲骑。"换言之，即射猎和战争便是他们的专门职业。因为如此，所以主要的

---

① 《论匈奴部落国家的奴隶制》，载于《历史研究》1954 年第 5 期。

② 同上。又，内蒙古自治区蒙古语言文学历史研究所历史研究室主编《匈奴史论文选集》（1977 年 5 月内部铅印本）所收马长寿先生此文 1962 年底修订稿则作："汉族奴口二十万，西域胡、丁零和西羌奴口二十五万，其余如乌桓、鲜卑、楼烦、白羊的奴口假定为十万，共计匈奴奴口有五十多万的样子。……匈奴的奴隶人口是超过匈奴战士数目将及一倍，而占其全部人口的三分之一。"再，生活·读书·新知三联书店 1962 年 7 月版马长寿先生《北狄与匈奴》一书 27 页则又作："当冒顿、老上单于时，匈奴所掠汉人奴隶至少有十多万；西域胡、丁零和西羌奴隶人口之在匈奴者，估计约二十五万；其余乌桓、鲜卑、楼烦、白羊等奴隶在匈奴者亦不下二十万，共计全国奴隶人口约五十五万余。此五十五万的奴口超过匈奴骑士的数目二十五万，将及全国人口的三分之一以上。"所言互有出入，一并录此以供参考。

生产劳动不能不转嫁于奴隶的身上。畜牧是由丁零人、西域胡人、羌人及乌桓等族人担任的。……西域胡自古以善于经商闻名。一部分西域贾奴则代奴隶主贩运商品。汉族奴隶，一如后世草原统治阶级役使汉人的办法，以凿井、农耕及经营手工业为主要职业。①

说当时的匈奴社会已有了对奴隶的役使和奴隶主要来源于战争中的外族俘虏自然不错——这有《史记·匈奴列传》"其送死，……近幸臣妾从死者，多至数千百人"（《汉书·匈奴传》作"数十百人"，师古曰："或数十人，或百人。"），"其攻战，……得人以为奴婢"可证，若进而以为那时已有为数众多、占人口比例甚大、且承担着社会主要劳动的生产奴隶，则嫌根据不足，上引马长寿先生所论在许多地方都是经不起推敲的。

其一，《史记·匈奴列传》虽有"其攻战，斩首虏赐一卮酒，而所得卤获因以予之，得人以为奴婢。故其战，人人自为趣利"一说，但战争自古以来就是一种有组织的集体行动，战后或战争间歇间的四出抢劫固然可分出个属张属李来，战场上成批俘获的敌人就很难具体分出谁个属谁了；胜利后的论功行赏，自然也是官大得多，官小得少，轮到一般士卒头上又能有几何呢？准此，虽不能说匈奴一般平民战士的家里一个奴隶也没有，但也绝不至像马长寿先生所说的那样："平民战士的家族也有大量的奴隶"。

其二，马长寿先生推定的"七十万"（一言五十余万）② 奴隶，由三部分组成。乌桓、鲜卑、楼烦、白羊奴口十万（一言二十万）纯属假定，自不必论；即汉族奴口二十万（一言十多万），西域胡、丁零和西羌奴口四十万（一言二十五万），虽似有所凭依，若细审之，其中的破绽仍然是十分明显的。汉族奴口数，是马长寿先生根据公元前 209 年至公元前 104 年百余年间匈奴族历次虏获汉人数字所作的一个粗略估计。这里，且不说"二十万"、"十多万"之类的估计是否靠得住（马长寿先生所列历次虏获中，一部分有大体数字可考，合计约可得四、五万人，余皆全不言数字，故很难估计究竟有多少人），也不说是否可用俘虏数代指奴隶数（在笔者看来，那是不能够的。因为，"得人以为奴婢"的事情固然是有的，但杀俘、收养或在非奴隶制的其他形式下予以役使的事，就未必没有；俘虏并不一定、并不总是要百分之百地转化为奴隶的），我们所要指出的只是：这"二十万"或"十多万"只不过是匈奴百余年间历次虏获汉人口数的总累计，万不能以之作为匈奴社会所拥有的汉族奴隶的恒常数字（因为，很难设想，那些公元前三世纪末的战俘会一直活到百年后的公元前二世纪末，以备人们凑足"二十万"、"十多万"奴隶数字）；在一般情况下，这后一个数字要比前者小得多。

---

① 《论匈奴部落国家的奴隶制》，载于《历史研究》1954 年第 5 期。

② 括号中的"一言 xx 万"系马长寿先生 1962 年改定的数字，出处参见前页注②。

西域胡、丁零和西羌奴口四十万（一言二十五万），是马长寿先生根据三国时魏人鱼豢《魏略·西戎传》① 里的一段话作出的。这段话是：

> 赀虏，本匈奴也。匈奴名奴婢为"赀"。始建武时，匈奴衰，分去。其奴婢亡匿在金城、武威、酒泉北黑水、西河东西，畜牧逐水草，抄盗凉州。部落稍多，有数万，不与东部鲜卑同也。其种非一，有大胡，有丁令，或颇有羌杂处，由本亡奴婢故也。

马长寿先生据此谓："由上述文献，知匈奴奴隶之逃往甘肃走廊的，……合计有数万落。所谓'落'，有大有小，……就以每落五家、每家五口计之，数万落的奴隶，合计又有三、四十万人。"② 能不能由《魏略·西戎传》里的这段话作出马长寿先生那样的结论来呢？我以为是不能够的。因为，通上下文义观之，"落稍多，有数万"，显系三国或汉魏间事，这已离建武年间二百年上下，怎么好把二百年后经过繁衍远为发展了的人口数字充作始逃离时的人数呢？看来，马长寿先生对匈奴家族奴隶数字的估算是偏高了许多的。

另一方面，马长寿先生对匈奴总人口为一百五十万的估计，又不免过于偏低。我是同意马长寿先生等所依循的战士与总人口间约为一与五之比这个人口推算原则的，所不同的是我不认为"三十万"乃匈奴兵员最高额，并据此推断匈奴人口总数。事实上，"控弦之士三十万"并不是"匈奴极盛时代"（马长寿先生语）战士数，而是冒顿新立、"汉兵与项羽相距，中国罢于兵革"时事。时隔不久，到公元前 200 年白登之围时，冒顿已进而能在一次大的战役中出动"精兵四十万骑"（此据《史记·匈奴列传》，《汉书·匈奴传》作三十余万骑）了。即此"四十万骑"，亦不会是当时匈奴全部兵力。很难设想，冒顿会在远离匈奴腹地的白登倾注他的全部兵力，难道他就不怕后院起火——上层内争、奴婢逃散和属地叛离！且这时离冒顿立为单于时才刚刚九年，匈奴国势兵力皆未及顶颠状态，"四十万精骑"更不会是"匈奴极盛时代"兵员总数。要之，匈奴鼎盛时期的兵力当远不止四十万；若这一推断不误，则匈奴极盛时之人口亦应远远超过二百万。

综上所述，我们认为马长寿先生对匈奴社会中奴隶口数的推定是大大偏高了的，而对匈奴总人口的估算则又过于偏低，高低之间，百分比自然就大得惊人了。

而实际上，匈奴社会中的奴隶数量绝不会很大的，每次战争所获，多则万

---

① 见《三国志·魏书·乌丸鲜卑东夷传》裴松之注引。

② 《论匈奴部落国家的奴隶制》，载于《历史研究》1954 年第 5 期。又，生活·读书·新知三联书店 1962 年 7 月版马长寿先生《北狄与匈奴》一书 39 页及此事时则作："此所谓'落'，当然不是部落，乃指帐落而言。设使每一帐落以五口人计算，每一万落当有人口五万人。设使此'数万落'以五万落计算，则北匈奴逃往甘肃走廊等地的人口为二十五万人。"

计，少则以千百数。即使这些战俘全都转化成为奴隶，撒向整个社会后也绝不至怎么显眼。虏来一批，不久便消耗掉了（在非人的劳动、生活条件下，奴隶得终其天年者自不会很多；而有限范围内的种的繁衍，在一般情况下，亦不足以补偿死亡数），于是再虏来一批，再消耗掉。就这样，不断地消耗，不断地补充，恒常的稳定数字充其量不过数万人而已！这是讲战俘。战俘奴隶外，根据马长寿先生的意见，还应该有一部分债奴和罪奴。马长寿先生的看法大体是对的。不过，须强调指出的是这两类奴隶在当时的匈奴社会并不习见，数量相当有限。《后汉书·乌桓传》云："乌桓自为冒顿所破，众遂孤弱，常臣伏匈奴，岁输牛马羊皮，过时不具，辄没其妻子。"谓匈奴有债务奴隶者，每据此立论，然而，这种将拖欠租赋者的妻子没入官为奴的办法，历代多有，与其说它是债奴，毋宁说它是罪奴倒更合适些。《史记·匈奴列传》又有"其法，拔刃尺者死，坐盗者没入其家"一说，这固然是匈奴社会已有罪奴（包括本族人）的明证，但莫忘了，就在这句话的稍后，还有一句话："狱久者不过十日，一国之囚不过数人"。犯罪者既少，其家属被没入为奴者又能多到哪里去呢？

其三，关于家族奴隶的用场。前引马长寿先生"此占匈奴人口之半的奴隶执行着匈奴生产部门中的主要劳动，是毫无问题的。匈奴的青年和壮丁……射猎和战争便是他们的专门职业。因为如此，所以主要的生产劳动不能不转嫁于奴隶的身上。畜牧是由丁零……等族人担任的。……一部分西域贾奴则代奴隶主贩运商品。汉族奴隶，……，以凿井、农耕及经营手工业为主要职业"一大段话，包含如下两层意思：第一，奴隶数量既多，当然不能让他们不事生产，况且匈奴自己的丁壮几乎全都脱离了生产，专门以"射猎和战争"为业，也迫切需要外族奴隶填补他们在各个生产部门中留下的空缺。第二，汉人长于农耕和手工技艺，丁零等族善牧，西域胡善贾，匈奴人将他们虏获后，自然也是用其所长，使各操本业。这样，就势必造成一个牧、农、工、商各个经济领域普遍使用奴隶劳动的局面。

这些推论，貌似有理，其实大有问题。因为：第一，如前所述，匈奴社会中的奴隶数量并不多，靠这些人是无法承担"匈奴生产部门中的主要劳动"的，任何社会的经济生活都不可能靠少数人的劳动支撑。第二，"士能弯弓，尽为甲骑"，颇有"全民皆兵"的味道。唯其如此，才使得匈奴的丁壮不可能全都脱离生产劳动，仅以"射猎和战争"为"专门职业"。事实上，每一名"甲骑"都既是战士，又是生产工作者，他们"宽则随畜，因射猎禽兽为生业，急则人习战攻以侵伐"（《史记·匈奴列传》）。又史称："昭帝时，匈奴复使四千骑田车师。宣帝即位，遣五将将兵击匈奴，车师田者惊去"。（《汉书·西域传下》）足见，"甲骑"们不但作战、畜牧，也还从事农垦呢。这也并不奇怪，因为，在早期阶级社会中，兵农合一，兵牧合一，本来就是通例。第三，所谓长于农耕及手工技艺的汉人必为农业奴隶及手工业奴隶，它族之善于牧、贾者又必为牧奴、贾奴云云，亦多想当然之辞，于史并无根据。说者每好援引上引《魏略·西戎传》中的那段话，说是"那些逃亡的'赀虏'，在逃亡后仍旧过着'畜牧逐水草'的游牧生活，那么他们原在匈奴为牧奴可知。"[①] 为什么奴婢逃亡后所从事的职业一定得是当年做奴婢时干过的呢？实在令人费解。《汉书·匈奴传上》载："于是卫律为单于谋'穿井筑城，治楼以藏谷，与秦人守之。汉兵至，无奈我何。'即穿井数百，伐材数千。"说者又每据此谓这是把汉人用在凿井灌溉、筑城、治楼藏谷方面，其为"耕奴"无疑。[②] 此论同样缺乏坚实根据。文中所谓的"秦人"，据颜师古注，乃秦时避乱亡入匈奴之中原人，且匈奴人既让他们参与守备，必甚依重信赖之，其身份不是奴隶倒是毋庸置疑的了。至于或据匈奴地区出土的铸器多取汉式以推断治器者必为"汉族工奴"[③]，亦觉牵合难通。因为，汉式器物并不一定出自汉人之手；汉人工匠之在匈奴者亦未必尽是奴隶。

通观以上所述不难看出，人们至今也拿不出有关匈奴奴隶广泛用于各个生产部门的像样材料来；如果不是凭想象办事，而是坚持从史实出发，我们倒是有理由说：匈奴的奴隶大都是家内仆役，他们大都集中在官府和贵人府第，供贵人驱遣，为贵人的生活服务——这可从史籍"得人以为奴婢"、"近幸臣妾从死"一类的记述中看得出来。

下面谈"部落奴隶制"。

马长寿先生认为，除家族奴隶制外，匈奴人又曾在广大征服区对被征服族施行所谓"部落奴隶制"。马长寿先生写道：

这种部落奴隶和家族奴隶显然是不同的。家族奴隶没有自己的氏族，也没有自己的部落，是以飘然一身或一小家族群寄居于奴隶主的篱下以进行生产的。部落奴隶则否。他们有家族和氏族，主要的还有自己的部落。原来部落的酋长，在绝对服从和参加劳动的条件之下，仍被匈奴统治阶级允许为部落奴隶的头目。被征服的田野和作坊便是这些奴隶们的生产场所。……

家族奴隶主要是属于奴隶主所私有的。部落奴隶则不属于任何奴隶主个人所私有，而为奴隶国家的中央政府，或者地方政府所公有。所以部落奴隶是国家奴隶，或官的奴隶。……

……

部落奴隶对于国家政府的主要任务，是经营各地的畜牧业、农业、手工业等等，每年以最高的剥削量贡献其土产物及制造品于管理奴隶的官，然后再由他们转送给地方和中央政府。除实物租赋外，政府随时还征调部落奴隶去战争，或执

---

①③　林干：《匈奴史》，内蒙古人民出版社 1977 年版，第 22 页。

②　参见马长寿：《论匈奴部落国家的奴隶制》，载于《历史研究》1954 年第 5 期。又见林干《匈奴史》，第 22 页。

行其它统治阶级所需要作的工作。

接着，马长寿先生且以乌桓和西域诸国为例，对这种剥削形态作了具体分析，明确指出在这种剥削形态下，匈奴人并不拆散被征服族的部落组织，"也没有改变他的旧的生产方式，只派官兵镇压，对……人民进行一种过分的奴役和剥削。"①

以上，便是马长寿先生为我们勾画的"部落奴隶制"的一个大概轮廓。

如前所述，匈奴极盛时虽曾凭借强力在东极辽水，西逾葱岭，北抵贝加尔湖，南界长城的广大地区内，造成"诸引弓之民，并为一家"，"皆以为匈奴"的空前局面，但这个勉强凑起来的军事、行政集合体，远不是稳定、巩固的。其中有的部落，固然同匈奴的关系较为密切，但更多的却是时紧时松，若即若离，在匈奴与汉王朝间叛服无定、宗属无常。对广大草原居民的严密控制尚且实现不了，还哪里谈得到把他们置于奴隶地位。

再从史实看。《后汉书·乌桓传》称："乌桓自为冒顿所破，众遂孤弱，常臣伏匈奴，岁输牛马羊皮，过时不具，辄没其妻子。"《汉书·西域传上》载："西域诸国……皆役属匈奴。匈奴西边日逐王置僮仆都尉，使领西域，常居焉耆、危须、尉黎间，赋税诸国，取富给焉。"政治上保有一定程度的隶属关系，经济上须按期贡纳一定的实物租赋，如此而已，并不见一丝毫的奴隶制信息！马长寿先生自己也明明承认：这些被征服族不但仍留居原地，保有原来的部落组织，而且还继续保有它原来的"旧的生产方式"；对于征服者，亦不过每年须以"最高的剥削量贡献其土产物及制造品"一类的"实物租赋"罢了。这样的被征服者，不消说是仍保有相对独立的人格和自己的经济的。这样的被征服者，又怎么能够是奴隶！

总括以上所述，匈奴虽有"家族奴隶"，但为数不多，不是匈奴社会生产的主要担当者；"部落奴隶"一说，则根本不能成立。因此，公元前三世纪末以来的匈奴社会绝不是什么奴隶社会。

那么，当时的匈奴社会究竟是一种什么性质的社会呢？

50 年代后期，欧阳熙先生曾提出过匈奴族"没有经过奴隶制社会便向封建制过渡了"，匈奴社会是"半家长制半封建制的社会"的看法来。他认为：那时的匈奴已行"封建分封制"。《史记·匈奴列传》所谓诸王将等"各有分地"的"分地"，"就是封地，即领地"。"左右贤王、左右谷蠡王最为大国"，就是最大的"封建领主"。左右贤王以下诸二十四长等，亦皆为"大大小小之封建王国"。诸二十四长及各自所置千长、百长、什长等间所形成的"层层隶属"关系及"各有封地"，乃"封建社会所特有的现象"。再就当时的剥削形态看，也是"开

---

① 《论匈奴部落国家的奴隶制》，载于《历史研究》1954 年第 5 期。

始实行赋税制的农奴式的剥削了"。《史记·匈奴列传》所记中行说"教单于左右疏记，以计课其人众畜物"，即按照人口课税（课其畜物），"这是不同于一般奴隶制的剥削"，而是"封建生产关系的剥削形态"。对于广大被征服族，也"不是把他们变为奴隶，而是采取贡赋剥削，实行农奴制的奴役"。总之，那时的匈奴无疑已进入封建社会，但鉴于这个社会"不仅渗杂着奴隶制的关系"，而且还保存着"原始社会的许多残余"，所以它又"不是一个纯粹的封建制"，而是一个"半家长制半封建制的社会"，亦即苏联学者所说的"宗法封建关系"。①

欧阳先生的上述看法，我基本上是赞同的。唯把对本族臣民的赋税剥削和对被征服族的贡赋剥削目为"农奴制"或"农奴式"的，则似嫌不妥。事实上，封建制并不一定非采取农奴制的形式不可。从世界范围看，农奴制并不通行。对臣民的"赋税"剥削和对外族人的"贡赋"剥削无疑是属于封建制范畴的东西，但它却远不是农奴制的。至于可否把这种由原始社会直接脱胎而来的早期封建社会名之为"半家长制半封建制的社会"，也还有商讨的余地。既然历史上本不存在"纯粹"的社会，窃以为大可不必因其不"纯"而冠以"半"字。否则，"半"字号的社会也就太多了。且"半封建"一类的提法，颇容易给人以这个社会大约只在百分之五十左右的程度上具备封建社会质的规定性的印象。也许，把它叫做"部落封建制社会"——以别于农业民族的"村社封建制社会"——似乎更合适些。

（原载《青海师范学院学报》1982年第4期）

① 《匈奴社会的发展》，载于《华东师大学报》1958年第4期。

鲜卑拓跋部与奴隶制

——"从少数民族史看初始阶级社会的非奴隶制性质"专题研究之二

拓跋部为鲜卑族一支，原居今黑龙江省嫩江流域大兴安岭一带。宣帝拓跋推寅为部落联盟酋长时，始离弃原住地，"南迁大泽"[1]（《魏书·序纪》）。至拓跋诘汾，又"南移"，历"九难八阻"，辗转至于匈奴故地。诘汾子即始祖神元皇帝拓跋力微。力微时，并灭拓跋氏原所依附之没鹿回部，有"控弦上马二十余万"，"诸部大人，悉皆款服"，"远近肃然，莫不震慑"（《魏书·序纪》）；又南向扩地至盛乐、鄂尔多斯一线，逼临塞下，为晋边患。[2] 拓跋氏之由微而显盖由此始。不过，总的说来，那时的拓跋氏大抵仍未脱出"礼俗纯朴，刑禁疏简"，"以言语约束，刻契记事，无图圄考讯之法"（《魏书·刑罚志》）的原始社会阶段。至力微孙拓跋猗卢统治时（猗卢于公元 308 年"统摄三部，以为一统"，310 年受晋封为代公，315 年进封代王，次年与长子六脩争，败死），情况才有了新的变化。史称猗卢首改拓跋氏"国俗宽简，民未知禁"旧制，"明刑峻法"（《魏书·序纪》），草创法律，开始从原始社会到阶级社会的过渡。公元 338 年什翼犍立为代王后，以汉族士人燕凤、许谦等为谋士，用年号，"置百官"（《魏书·序纪》），又制反逆、杀人、奸、盗之法及以财物赎罪的条例（《魏书·刑罚志》），使原来略嫌简约的法律进一步完善起来。应该说，至此拓跋氏已大抵具备国家规模，完成了由原始社会到阶级社会的转变。[3] 拓跋珪复立代国后（公元 386 年复国，初名代，旋改魏），经拓跋珪、拓跋嗣、拓跋焘祖孙三代的惨淡经营，终于把北魏由一个微不足道的塞外小邦变成北部中国的统一王朝。拓跋氏复国后、特别是它入主中原后的时期，是拓跋氏日趋汉化的时期，也是拓跋氏原始

---

① "这个大泽，可能是今天内蒙古呼伦贝尔盟的呼伦湖。"王仲荦：《魏晋南北朝史》下册，上海人民出版社 1980 年版，第 508 页。

② 《晋书·卫瓘传》："于时幽、并，东有务桓，西有力微，并为边害。"

③ 关于拓跋部立国、进入阶级社会的时间断限，有始自力微、始自猗卢、始自什翼犍、始自拓跋珪等种种不同说法。由于材料限制，此事确指颇难，比较起来，窃以为还是以开始于猗卢、基本完成于什翼犍时代为妥。

的部落封建制日趋为中原汉族地区的先进封建制取代的时期。这一历史过程，大体以孝文帝改革为标志宣告完成。自那以后，拓跋氏便基本消融在中原的汉族社会中了。

拓跋部的兴起、建国及其汉化——汉族式封建化的过程，大体就是这样。

在拓跋部建国前后的历史研究中，有两个问题需弄清楚：第一，拓跋部历史上到底有没有一个奴隶社会阶段？第二，如果没有，它之由原始社会直接跃入封建社会是否主要受了汉族社会的外在影响？

先谈第一个问题。

有些研究者认为，拓跋氏还是经历过奴隶社会发展阶段的。如郭老主编的《中国史稿》就认为：

（拓跋珪复立代国后）随着北魏军事力量的增长和征服地区的扩大，拓跋族的社会经济结构也发生了深刻的变化。它由一个处在奴隶社会初期的游牧部落，转向定居的农业生活，并且迅速走上了封建化的道路。[1]

前此，吕振羽先生已主此说，并有颇为详尽的论述：

（拓跋族当）什翼犍时，私有财产已开始确立，并普遍使用家族奴隶；但氏族民主制还没被推翻，仍由四部大人（酋长）共同处理事务。到拓跋珪时，由于战胜慕容垂，攻占中山（河北定县）、邺（河南临漳）等地，掠得大量财物，俘获大量人口，使私有财产、奴隶劳动、农业生产的比重急剧提高，代替了氏族财产、家族劳动和畜牧业的支配地位。因此，便由拓跋珪作皇帝来代替氏族民主制，完成奴隶制度的变革。

拓跋奴主贵族自此又不断扩大军事掠夺，占领广大土地，掳回大量人口，去扩大奴隶劳动的农业和畜牧业生产；但他所攻占的华北地区，却是有高度的专制主义封建制生产组织的地区，散布于其上的人口，是有高度封建制生产技术修养的人口。为他服务的大地主奴才，不只仍按照其原来的办法剥削农民，而又教导这群奴主贵族也按照他们的办法进行剥削。因此，这群新统治者，在攻占汉族居住的地区时，一面也俘获人口作奴隶，一面又照原来的办法，去征收封建赋税和徭役。……所以在孝文帝（元宏）太和年代（公元 477～499 年）以前，不只表现其国内奴隶制和封建制形态的交错，而且构成了不可调和的矛盾。……从文成帝（拓跋濬）开始，北魏政府的施政方针，也步步向着封建方面推进；中经献文帝（拓跋弘），到孝文帝（元宏）时，封建制形态的支配地位，事实上已经确立，因此，便有孝文帝的改制，把一切制度法令，都适应这种封建制形态来重新制定。[2]

---

[1]　郭沫若主编：《中国史稿》第 3 册，人民出版社 1979 年版，第 129 页。

[2]　《简明中国通史》，人民出版社 1955 年版，第 230～232 页。

《史稿》的作者既谓拓跋氏自什翼犍始已"逐渐具备""国家机构的规模"①，开始进入阶级社会，则其所谓的"奴隶社会初期"似至少应包括什翼犍时期和拓跋珪当国的一部分时期。②而在吕振羽先生那里，这个奴隶制阶段则要来得长些。因为吕氏明言拓跋珪"完成奴隶制度的变革"，中经奴隶制和封建制两种形态的长期"交错"，直到"孝文帝（元宏）时，封建制形态的支配地位"，才"事实上""确立"起来。即使抛开已开始"步步向着封建方面推进"的文成帝（拓跋濬）及其后继者的时代不计，这个奴隶制阶段也已统括了拓跋珪、拓跋嗣、拓跋焘三代的六、七十年时间。

下面，我们就来考察一下什翼犍至拓跋焘时的代国和北魏社会（文成帝始，奴隶制既已不够"典型"，故不再重点考察），看它到底是不是奴隶制性质的。

众所周知，什翼犍当国期间，是曾发动过几次规模较大并以胜利告终的对外战争，虏获不少牲畜、人口。如：

二十六年冬十月，帝讨高车，大破之，获万口，马牛羊百万头。

二十七年……冬十一月，讨没歌部，破之，获牛马羊数百万头。

三十年冬十月，帝征卫辰。……卫辰与宗族西走，收其部落而还，俘获生口及马牛羊数十万头。（见《魏书·序纪》）

但是，第一，这些战俘是否全都成了拓跋氏的奴隶，尚难一口说定；第二，退一步说，即使这一、二万名俘虏③全都成了奴隶，亦尚不及拓跋总人口的百分之一④，其于当时的整个社会生活又能有多大分量呢？

应该说，那时是有奴隶的，但为数绝不会很多。奴隶数量既少，自然不能成为所在社会生产劳动的主要担当者；这样的社会，也自然不成其为奴隶社会。

拓跋珪、拓跋嗣、拓跋焘当国期间（公元386～452年），随着一系列对外征服战争的顺利展开，奴隶数量在急剧增加。这可从史书有关俘人和赏赐奴婢的频繁记载中看得出来。关于俘人，史有：

太祖拓跋珪登国三年（公元388年），"讨解如部，大破之，获男女杂畜十数万。"

五年（公元390年），"袭高车袁纥部，大破之，虏获生口、马牛羊二十余万。"

---

① 郭沫若主编：《中国史稿》第3册，人民出版社1979年版，第127页。

② 由于《史稿》未明确交待开始于拓跋珪时代的封建化过程基本完成于何时、"初期奴隶社会"为封建社会取代于何时，这里只好对所谓"初期奴隶社会"的存在时间作出极为保守的估计。

③ 讨高车获万口，讨没歌部未言获人，讨卫辰虽获人而不言数，想亦不至很多，再加上其他小量零星俘虏，把什翼犍时代的俘虏数估算为一、二万人，当不至离谱太远。

④ 据《魏书·序纪》，力微子禄官时，拓跋已拥有"控弦骑士四十余万"，及至什翼犍父郁律统部，更已是"控弦上马将有百万"了。四十万、百万之说自不免有夸大失实处，后者还很可能包括仆从小邦的兵力在内，但不管怎么说，什翼犍时拓跋部的总人口已在二、三百万以上当不会有什么问题，故而有一、二万的奴隶尚不及总人口的百分之一之说。

八年（公元 393 年），"帝南征薛干部帅太悉佛于三城，……屠其城，获太悉佛子珍宝，徙其民而还"。①

十年（公元 395 年），破慕容宝于参合陂，擒王公世子下及"文武将吏数千人"。

皇始二年（公元 397 年）二月，破慕容宝于巨鹿栢肆坞，"擒其将军高长等四千余人"；四月，破慕容普邻，"斩首五千，生虏七百人"，旋"宥而遣之"。

天兴二年（公元 399 年），"破高车杂种三十余部，获七万余口，马三十余万匹，牛羊百四十余万"，又"破其遗逸七部，获二万余口，马五万余匹，牛羊二十余万头，高车二十余万乘，并服玩诸物。"

五年（公元 402 年），破姚平，"俘其余众三万余人。"

天赐元年（公元 404 年），"擒姚兴宁北将军、泰平太守衡谭，获三千余口。"（以上并见《魏书·太祖纪》）

太宗拓跋嗣永兴五年（公元 413 年）七月，"奚斤等破越勤倍泥部落于跋那山西，获马五万匹，牛二十万头，徙二万余家于大宁，计口受田。"（《魏书·太宗纪》）

泰常八年（公元 423 年），破南朝刘宋"邵陵县，……尽杀其男丁，驱略妇女一万二千口。"（《宋书·索虏传》）

世祖拓跋焘始光三年（公元 426 年），破赫连昌，"徙万余家而还"。

始光四年（公元 427 年），破赫连昌，"虏昌群弟及其诸母、姊妹、妻妾、宫人万数"，"擒昌尚书王买、薛超等及司马德宗将毛脩之、秦雍人士数千人，获马三十余万匹，牛羊数千万。"

神嘉四年（公元 431 年），"冠军将军安颉献义隆俘万余人，甲兵三万。"太延五年（公元 439 年），"镇北将军封沓讨乐都，掠数千家而还。"

太平真君二年（公元 441 年），"镇南将军奚眷平酒泉，获……男女四千口。"（以上并见《魏书·世祖纪》）

以上仅就《魏书》珪、嗣、焘三帝纪及《宋书·索虏传》拈取数例，具体俘人数，已难确考。乌廷玉先生有个粗略估算，谓"拓跋珪在位的二十三年中间，进行了三十三次大战，掠夺生口不下二十万人"，"拓跋焘统治的二十八年之中，掠夺生口七万四千余人"②，大体上是可信的。关于奴婢、隶户的赏赐，亦屡见于《魏书》：

《王建传》：建"从征伐诸国，破二十余部，以功赐奴婢数十口、杂畜数千。从征卫辰，破之，赐僮隶五千户。"（志按：此"千"字当是"十"之讹，《册府元龟》卷三八一《将帅部·褒异七》"千"即作"十"）

---

① 这里的徙民带有处置战俘的性质，不同于和平时期的正常徙民，故亦列举之。

② 《论拓跋魏国家的产生及其封建化的过程》，载于《史学集刊》1956 年第 1 期。

《安同传》："太祖班赐功臣，同以使功居多，赐以妻妾及隶户三十，马二匹，羊五十口。"

《宿石传》："宿石，朔方人也，赫连屈子弟文陈之曾孙也。天兴二年，文陈父子归阙，太祖嘉之，以宗室女妻焉，赐奴婢数十口，拜为上将军。……父沓干，世祖时……从驾讨和龙，以功赐奴婢十七户。"

《长孙肥传》："南平中原，西摧羌寇，肥功居多，赏赐奴婢数百口，畜物以千计。"

《张济传》："频从车驾北伐，济谋功居多，赏赐奴婢百口，马牛数百，羊二十余口。"

《李先传》：太祖"赏先奴婢三口，马牛羊五十头"；太宗即位，"赐隶户二十二"。

《王洛儿传》：太宗赐洛儿"僮隶五十户"。

《外戚姚黄眉传》："太宗厚礼待之，……赐隶户二百。"

《奚斤传》：世祖时，"凉州平，以战功赐僮隶七十户。"

《司马楚之传》：世祖时，"从征凉州，以功赐隶户一百。"

《李顺传》："世祖善之，……赐奴婢十五户，帛千匹。"

《卢鲁元传》："每有平殄，辄以功赏赐僮隶，前后数百人，布帛以万计。"

《豆代田传》：从世祖平赫连昌，"以战功赐奴婢十五口，黄金百斤，银百斤。……从讨和龙，战功居多，迁殿中尚书，赐奴婢六十口。"

《广平王连传》：嗣子浑，甚得世祖悦，"常引侍左右，赐马百匹，僮仆数十人。"

乍看起来，这个时期（拓跋珪、拓跋嗣、拓跋焘在位的四世纪末至五世纪中）的北魏社会似乎是俘虏源源而来，奴隶处处皆是。其实呢？远不是那么回事！因为，三几十万——也许更多一些的战俘，并不是短期内集中俘获的，而是半个多世纪历次较大战役中虏获人数的一个总计。这是其一。其二，战俘遇虏后，"宥而遣之"者有之（见前引拓跋珪皇始二年四月破慕容普邻事），擢而用之者有之（《魏书·太祖纪》：登国十年十一月，"于俘虏之中擢其才识者……与参谋议，宪章故实"），徙作"新民"者有之（见前引拓跋嗣永兴五年七月奚斤破越勤倍泥部落于跋那山西事），罚充"营户"者有之（《魏书·世祖纪》：太平真君五年六月，"北部民杀立义将军、衡阳公莫孤，率五千余落北走。追击于漠南，杀其渠帅，余徙居冀、相、定三州为营户"）；即用作赏赐的部分，也只有"奴婢"一项算得上严格意义上的奴隶，"隶户"（"僮隶"）一类的依附户，他们虽也供作赏赐，虽也"子孙相袭，不能迁徙改业，而且一般都不能与庶民通婚，不得读书、作官"①，但"又都自立门户（志按：这可从'隶户'的赐与大都以'户'为单位得到证明），有独立的但却是很薄弱的家庭经济"②，自非奴隶可比。六十七年时光（珪、嗣、焘三帝在位年数），三几十万俘虏，且不曾全数充作奴隶（以俘为奴外，因罪籍没为奴和抑良为奴的事固然也有，但为数不会很多），均摊开来，北魏的奴隶又能多到哪里去呢？特别是拿它同北部中国数以千万计的总人口③作比较，就越发显得无足轻重了！

奴婢主要赐予宗室、贵戚、功臣、近幸这些达官贵人之家，为主人的主活服务。他们从事生产的固然也有（《魏书·邢峦传》引俗彦"耕则问田奴，绢则问织婢"，《食货志》"奴任耕、婢任绩者，八口当未娶者四"可证），但毕竟不多，更多的还是家内仆役。因为，"富贵人家中的奴婢，一般地说起来，是不多的，因此，这些奴婢须要留在家中侍候主人，很少有可能出去参加农业主产。"④ 退而言之，即使这些奴婢全都投身社会生产，其在幅员辽阔，有数以千万计人口的北魏社会又能占多大比重呢？

北魏社会的经济成分和阶级结构比较复杂。下面试分别略加讨论。

拓跋部原为塞北游牧部落，即道武帝入主中原后，畜牧经济仍在整个社会经济中占有一定比重。北魏的畜牧劳动者可分为如下几种类型：（1）拓跋本部牧民。他们虽对国家承担有一定义务（《魏书·太宗纪》泰常六年三月："制六部民，羊满百口，输戎马一匹。"输戎马外，自然还有其他力役、实物负担），身份上却是自由的，是自食其力的劳动者。（2）附属部落牧民。这类牧民的社会地位虽较拓跋本部牧民为低，且须在贡纳、从征的形式下向北魏王朝提供劳动产品、人力，但他们既保有自己的放牧地，保有原来的部落组织，其身份基本上还是自由的。（3）国有牧场牧人。据唐长孺先生研究，早在"拓跋珪以前即有'公有的牲畜与牧地'"。这里所谓的"公有"，实即"王有"。"随着军事掠夺与强占，国有牧地与牲畜在拓跋焘平夏国（公元431年）之后大规模地发展起来了。""在国有牧场上牧放国有畜群的牧人"，"出于各种部落"，"他们至少有一部分还

---

① 关于"不得作官"，唐长孺先生另有看法："隶户、杂户容许做官已无问题，只是不准做清官，然而从太和以降连这一点限制也并未能认真执行。"见唐长孺：《拓跋国家的建立及其封建化》，《魏晋南北朝史论丛》，生活·读书·新知三联书店1955年版，第240页。

② 翦伯赞主编：《中国史纲要》第2册，人民出版社1965年版、1979年重印本，第51页。关于"隶户"之不同于"奴婢"，唐长孺先生有很好的论析，说见唐长孺：《拓跋国家的建立及其封建化》，《魏晋南北朝史论丛》，生活·读书·新知三联书店1955年版，第227~243页。

③ 孝明帝神龟年间（公元518~520年），北魏治下约有户五百多万、人口三千多万。但这只是北魏政府所能控制的人户，由于大地主隐匿户口，实际户口数当尚不止此。五世纪上半期北魏户口无考，但人口总以千万计却是不会错的。

④ 李亚农：《周族的氏族制与拓跋族的前封建制》，《欣然斋史论集》，上海人民出版社1962年版，第353页。

保留部落聚居形式"，他们"都是被征服的部落中集体的俘虏。他们被俘虏之后，集体地被迁徙安置，并集体地作为官府牧人。"官牧中的这种"牧户"或"牧子"，"有一部分劳动时间由他自己支配，至少就全家来说是有自己的私人经济存在的"，"他们应是半自由的牧奴，其地位相当于农奴"，而"决不是奴隶"。[①]（4）私家畜群牧人。北魏权贵之家，通过受赏、收贿、掠夺等手段，每拥有大群牲畜。由于材料限制，这类畜群的具体经营情况虽难以得知，但其中必有一部分是由这类人家中的现成人手——奴婢、隶户照料的。也就是说，在私家牧业中，既使用一部分奴隶劳动，也使用非奴隶劳动。总之，北魏的畜牧业领域虽有一定数量的奴隶劳动存在，但"大量普遍的畜牧劳动者"却"决不是奴隶"。[②]

拓拔氏虽原不谙农耕，但他们所建立的北魏王朝却包举了北中国广大的农耕区，故农业仍旧是北魏的第一生业。北魏的农业主产工作者亦可区分为下列不同类型：（1）原西晋治下广大自耕小农。道武帝入主中原后，仍沿袭旧制，以田租户调方式剥削他们。这些人虽在阶级、民族的双重压迫下苦不堪言，但就阶级地位讲，却没有变。关于这个问题，王仲荦师有详尽论述[③]，此不作赘。（2）佃客。这也是中原地区原有的，拓跋氏入主后，继续留存下来。（3）强制迁徙的"新民"。早在猗卢时，即有大规模徙民之举（《魏书·序纪》："帝乃徙十万家以充"刘琨所割陉北五县地）。登国三年（公元 398 年）春，拓跋珪亦曾"徙山东六州民吏及徒何，高丽杂夷三十六万，百工伎巧十万余口，以充京师。……诏给内徙新民耕牛，计口受田。"这种徙民举动，拓拔珪以后还进行过许多次，这里不再一一列举。这些"新民"虽是被征服者，是被强制迁徙的，而且从《魏书·世祖纪》太延元年二月"诏长安及平凉民徙在京师，其孤老不能自存者，听还乡里"（作为一种恩典）可以看出，徙民们在一般情况下也是不能擅自离开迁徙地的，但他们既是举家迁徙、计口受田（有自己的经济），则其非奴隶的身份又自是毋庸辩而后明的。（4）屯户。屯田乃汉魏旧制，历代多有，北魏亦曾行之。屯户受政府租课剥削，身份虽较一般农民为低，但却不是奴隶。（5）官私隶户。官家和私家所属隶户或亦部分用于农业生产，但如前所述，隶户并非奴隶。（6）奴婢。据前引《魏书·邢峦传》"耕则问田奴"、《食货志》"奴任耕"可知，奴婢当有用于农业生产者，但此种情况并不普遍，为数不会很多。

北魏前期，为保障战乱时期的军需民用及统治者的奢侈享受，曾对手工业者严加管理控制（孝文帝元宏时始宽弛下来）。政府控制下的各种"伎作户"，按

---

① 唐长孺：《拓跋国家的建立及其封建化》，《魏晋南北朝史论丛》，生活·读书·新知三联书店 1955 年版，第 210、215、216、220 页。

② 同上，第 220 页。

③ 见所著《魏晋南北朝史》下册，上海人民出版社 1980 年版，第 515 页正文、第 519~520 页附注（4）。

规定不得擅自迁业改行，不得私收门徒，不准读书，甚至不能与庶民通婚，其身份显然比一般编户齐民为低，然据《魏书·阉官仇洛齐传》：

> 魏初禁网疏阔，民户隐匿漏脱者多。东州既平，绫罗户民乐蒉因是请采漏户，供为纶绵。自后逃户占为细茧罗縠者非一。于是杂营户帅遍于天下，不属守宰，发赋轻易，民多私附，户口错乱，不可检括。洛齐奏议罢之，一属郡县。

既言"发赋轻易"、"民多私附"，一些逃亡农民为避赋役甚至还乐于自占为"伎作"，则其并非奴隶实属显而易见，毋需多言。奴婢中当然有从事手工业生产者，如前引"绢则问织婢"、"婢任绩"之类，但他们的劳动在北魏整个手工业生产中只占极其次要的地位。

总括以上所述，拓跋氏立国前后，即拥有一定数量的奴隶；四世纪末至五世纪中，奴隶的绝对数量更有了明显的增长，并曾部分地用于农、工、牧诸项生产事业。这些，都是无可否认的事实。但是，在北魏历史的任何阶段，奴隶都不曾成为社会生产的主要承担者，奴隶制都不曾成为占主导地位的剥削方式，从而使某个阶段的北魏构成为奴隶社会，却也史实昭著，同样无可否认的。不要以为一个社会只要有一定数量的奴隶，并能找到几条奴隶用于生产的记录，这个社会便是奴隶社会了，而不必过问其总体的量的优势及其他条件。那样的话，与北魏约略同时的南方刘宋王朝，怕也得断作奴隶社会。因为，那里也曾捉到不少俘虏（《宋书·夷蛮传》记刘宋王朝对蛮人的攻掠说："于是命将出师，恣行诛讨，自江汉以北，庐江以南，搜山荡谷，穷兵馨武，系颈囚俘，盖以数百万计"），也有数量相当可观的奴隶（《宋书·沈庆之传》："家素富厚，产业累万金，奴僮千计。"《晋书·刁协传》载东晋末年之刁逵，更"有田万顷，奴婢数千"），并也有把奴隶用于生产的记录（《宋书·沈庆之传》："庆之曰：'治国譬如治家，耕当问奴，织当访婢。陛下今欲伐国，而与白面书生辈谋之，事何由济？'上大笑"）。

下面再来讨论第二个问题。

多数学者承认拓跋族没有经历过奴隶社会阶段，它是由原始社会直接进入封建社会的，但却又一致地强调这种情况之所以会发生，乃是受了中原地区汉族先进社会制度的外在影响。他们说：

> 什翼犍统治拓跋部，……进一步摧毁氏族制的残余，确立了阶级国家。在汉人的影响下，拓跋部开始向封建社会飞跃。[1]

> 力微取得大酋长世袭权，开始形成了雏形的国家。这样的国家，奴隶制度应是它的发展道路，可是，它所接触到的却是封建制度的汉族社会。……

> …………

---

① 翦伯赞主编：《中国史纲要》第2册，人民出版社1965年版、1979年重印本，第42页。

……（拓跋魏）有向奴隶制度发展的趋势，这对一个暴发的落后社会说来，走奴隶制度的道路，是很自然的。可是，它受到汉族封建制度社会的影响，不可能顺利地发展起来。①

类似的说法，还有不少，这里不再列举。总之，在这些同志看来，在正常的情况下，继原始社会之后到来的"自然""应是"奴隶社会；拓跋人的北魏只是在汉族封建社会的影响下才得以跳过这个本应经过的社会发展阶段的。

应该怎样看待这个问题呢？

诚然，对广大中原地区来说，那里原有的封建经济结构在北魏时期"是原封不动地保留了下来，并没有因拓跋氏进入中原所带来的一些落后因素的掺入而逆转"②，拓跋氏在这里，已不是什么受影响不受影响的问题，而是一仍其旧，全盘照搬。对这些尽人皆知的事实，似已不应再有什么争论。但问题在于：北魏的封建制是否全都来自汉人？外来品外，在拓跋氏内部，是否也有它自己土生土长的东西？换言之，在拓跋氏原始公社的基地上，是否也孕育、产生过它自己的封建制？

要回答上述问题，像样的材料是太少了，但也不是全无蛛丝马迹可寻。《魏书·庾业延传》载：

其父及兄和辰，世典畜牧。稍转中部大人。昭成（什翼犍——引者）崩，氏寇内侮。事难之间，收敛畜产，富拟国君。……和辰分别公私旧畜，颇不会旨，太祖由是恨之。

魏初名将奚斤，据说也是"世典马牧"（《魏书·奚斤传》）。庾和辰既能利用职权于变乱之际化公为私，大捞一把，足见早在什翼犍、甚至更早一些的时候，拓跋氏已有了"公有"——实即"王有"的牲畜与牧地；典牧一类的官，很可能便是主领这些国有牧场的。③ 而这类牧场上的劳动者，如前所述，在拓跋珪以后乃是由带封建依附性的"牧户"充任的；什翼犍或更早些的时候是否如此，虽于史无征，然以常理推之，亦极可能。若此推论不诬，则"牧户"一类的封建关系并非受赐于汉人，而是拓跋氏自己老早就有的东西。

被征服"四方诸部"对拓跋氏的"岁时朝贡"（《魏书·官氏志》），这种古已有之的封建贡赋关系，匈奴人用过，后世少数族用过，汉人也用过，是有主属关系的民族间极自然之事，并非从汉人那里学来的。

随着私有制、阶级和国家的出现，对拓跋本部普通牧民的剥削也开始了。《魏书·太宗纪》泰常六年三月"制六部民，羊满百口输戎马一匹"一类的封建

---

① 范文澜：《中国通史简编》修订本第二编，人民出版社 1964 年版，第 454、457 页。
② 王仲荦：《魏晋南北朝史》下册，上海人民出版社 1980 年版，第 515 页。
③ 此从唐长孺先生说。见唐氏著《拓跋国家的建立及其封建化》，《魏晋南北朝史论丛》，生活·读书·新知三联书店 1955 年版，第 196、210 页。

形态的赋税剥削，当然不始自太宗（拓跋嗣），而是早已有之的。因为，向臣民课税这种事，任何一个民族到了一定阶段都会无师自通地发明出来，完全无需仰赖他人指点的。

拓跋珪"离散诸部，分土定居"（《魏书·外戚贺讷传》、《北史·外戚贺讷传》）后，拓跋部民相当一部分转入农耕，为国家编户。北魏政府对他们的租调剥削，当然是从汉人哪里学来的，对此，没有人会去争论；但在这些人的身上，我们却注意到另外一个问题。《魏书·世祖纪》：

初，恭宗监国（恭宗，名晃，世祖拓跋焘皇太子，未及位而薨，高祖即位，追尊为景穆皇帝，庙号恭宗；世祖尝"西征凉州，诏恭宗监国"——志按），……其制有司课畿内之民，使无牛家以人牛力相贸，垦殖锄耨。其有牛家与无牛家一人种田二十二亩，偿以私锄功七亩，如是为差。至于小、老无牛家种田七亩，小、老者偿以锄功二亩。皆以五口下贫家为率。各列家别口数，所劝种顷亩，明立薄目。所种者于地首标题姓名，以辨播殖之功。

从这段记载可以看出如下两点：第一，畿内的这些拓跋人虽已离散部落、分土定居、计口授田了，但由于土地国有制的箝制等等，内部的分化尚不很严重，一些旧习俗还很浓厚，这可从有司对农垦的劝课督导以及"人牛力相贸"一类的互助形式（纵使已变了质）中看得出来。第二，贫富分化虽尚不严重，租佃式的封建剥削亦不曾出现，但"渊源于公社中互助的义务"的"人牛力相贸"毕竟已是剥削行为，是富人利用"牛"这个生产资料去占有无牛户的"无偿劳动"，这"实质上已经接近徭役地租"，[①] 属封建制剥削形态无疑。

总之，北魏的封建制既有从汉人那里承袭、引进的部分（继续在中原汉人居住区行用租调制、佃客制，并把租调制引入拓跋本部等），也有拓跋族自己在原始公社的基础上土生土长的部分（贡纳、赋税、"人牛力相贸"等），汉族社会的先进影响只不过促成了拓跋氏从原始的、部落封建制向汉族先进的更高阶段的封建制过渡，而不是单单从外面向拓跋族注入封建制。

（原载《青海师范学院学报》1983 年第 1 期）

---

① 唐长孺：《拓跋国家的建立及其封建化》，《魏晋南北朝史论丛》，生活·读书·新知三联书店 1955 年版，第 225～226 页。

突厥与奴隶制

——"从少数民族史看初始阶级社会的非奴隶制性质"专题研究之三

古代突厥乃丁零语族（战国秦汉曰丁零，魏晋南北朝曰敕勒、高车，隋唐曰铁勒，名号不同，族类则一）之一支①，原居叶尼塞河上游，以狼为图腾，姓阿史那氏。后迁高昌北山（今新疆吐鲁番盆地西北之博格达山），种族繁育，人口渐多。公元五世纪中，遭柔然汗国侵掠，移居金山（阿尔泰山）之阳，臣于柔然，为柔然"铁工"（《周书·突厥传》）。五世纪末以降，随着柔然势力的衰落，突厥人逐渐摆脱柔然的控制，迅速强大起来，并终于在公元552年倾覆柔然汗国，建立起自己的国家来。突厥汗国的建立者为伊利可汗阿史那土门。土门于立国后的第二年死去，子科罗继立。不久，科罗死，弟燕都俟斤立，是为木杆可汗。史称木杆"勇而多智"（《隋书·突厥传》），善于用兵，他首先击灭柔然残部，"又西破嚈（嚈）哒，东走契丹，北并契骨，威服塞外诸国，其地东自辽海以西，西至西海万里，南自沙漠以北，北至北海五六千里，皆属焉"（《周书·突厥传》），在东起辽河下游、辽东湾，西至里海（一谓咸海），南自戈壁沙漠，北抵贝加尔湖的空前广大区域内，建立起突厥贵族的统治来。但这个靠军事征服勉强凑集起来的军事政治结合体远不是巩固的。立国不久，突厥汗国便出现了分裂征兆。公元583年，更正式裂为东西二部。公元630、659年，东、西突厥先后为唐所灭。公元682年，突厥贵族阿史那骨咄禄据黑沙城叛唐，重建突厥政权，汗国（即所谓"后突厥"）复兴。公元745年，回纥怀仁可汗骨力裴罗攻杀突厥白眉可汗，"尽有突厥故地"（《资治通鉴》卷215，玄宗天宝四载正月条）。至此，在我国北疆、蒙古、中亚一带活跃了近二百年、对中外历史都产生过重大影响的突厥政权遂告灭亡。

公元552年阿史那土门破柔然、立国称汗一举，标志着突厥完成了由原始社会到阶级社会的转变。对此，史学界的认识基本上是一致的。但是对自此而始的

---

① 关于突厥的族源，史籍所载不一，近世学者持论亦多所不同。这里采取的是马长寿先生的说法。见马长寿著《突厥人和突厥汗国》，上海人民出版社1957年版，第1~5页；《论突厥人和突厥汗国的社会变革》（上），载于《历史研究》1958年第3期。

突厥社会究竟是什么性质的阶级社会的认识上，则存在着明显的分歧。流行的几部通史、大学教材和一般有关突厥史论著中，多认为立国以来直至灭亡的突厥社会始终是奴隶社会。上述观点，近年来在《中国古代北方各族简史》一书的有关章节①和林干先生的文章《突厥社会制度初探》② 中得到了比较系统的发挥。这种看法，在当今史学界占据优势。马长寿先生的看法则颇不相同，他认为：东、西突厥的情况并不一样，"西方的突厥牧民在六世纪后叶并不曾经过奴隶制阶段，从原始公社直接就飞跃到封建主义的社会"，因此，"西突厥汗国自然属于封建主义性质的国家"；而在东突厥，随着汗国的建立而到来的则是"以突厥贵族为奴隶主的奴隶社会"，只是到了突厥汗国复兴以后，特别是进入公元第八世纪，情况才有了改变，才由奴隶社会转入封建社会。③

林干先生、马长寿先生的看法虽有不同，但也有共同之点，即一致认为突厥史上有过奴隶制社会存在（虽又有时间、空间上的全部、局部之别），突厥人一般也是经历过奴隶社会发展阶段的。

我认为，这并不是事实。

鉴于马长寿先生已对西突厥和后突厥汗国（公元 682 年复兴后的突厥汗国）的封建制社会性质作过论证，也鉴于人们用以证明突厥奴隶社会的材料多出自东突厥，所以本文只着重考察东突厥的社会性质。在考察中，为使问题集中，我们又主要围绕林干先生、马长寿先生的几个有代表性的论据、提法来谈。

一、关于对柔然奴隶社会的"因袭"

马长寿先生说：

突厥人在被柔然汗国奴役的时期，他们是极端反对奴隶制度的，所以在六世纪初很自然地就形成了锻工革命。但自突厥贵族攫取了政权以后，他们意识不到奴隶制是一种落后的制度，终于自发地掠夺奴隶，实行传统的奴隶法，使草原牧民社会不能很快的进步。④

林干先生也有类似看法，且表述得更加明白：

由于突厥原先是柔然奴隶主政权的种族奴隶，故在突厥民族贵族出现及其后成为统治阶级的过程中，受到柔然的奴隶制的影响，以致因袭着柔然的奴隶制。

---

① 见该书第三章第一节，内蒙古自治区蒙古语言文学历史研究所历史研究室、内蒙古大学蒙古史研究室编著，内蒙古人民出版社 1979 年第 2 版修订本。

② 刊《社会科学战线》1981 年第 3 期。

③ 见马长寿：《论突厥人和突厥汗国的社会变革》（上、下），载于《历史研究》1958 年第 3、4 期；参见马长寿：《突厥人和突厥汗国》一书，上海人民出版社 1957 年版，《突厥人和突厥汗国的社会制度》章。

④ 《突厥人和突厥汗国》，上海人民出版社 1957 年版，第 86 页。

于是奴隶和奴隶主阶级及奴隶制度，在突厥社会中逐渐形成了。①

即是说：突厥人的奴隶社会乃是一笔历史的遗产，是对柔然奴隶社会的"因袭"。

能不能那样去论证问题呢？我认为，单就方法论讲，那是无可非议的。因为，同一个地区先后出现的民族政权间不可能一刀断开，彼此间总会有某种形式、某种程度的赓续、承继关系。特别是在生产力发展水准没有明显变化的情况下，这种因袭关系就表现得尤为突出。问题在于推论的前提是否正确？如果说，柔然社会确实是奴隶制的，突厥人也确曾在那样的社会里充当过奴隶，林干先生、马长寿先生的结论自然是成立的；问题是柔然的奴隶社会和突厥人的奴隶身份都很靠不住，是我们的历史学家在缺乏起码根据的情况下按照所谓的社会发展"规律"硬性认定的。事实上，如果不是从某种既定的程式出发，不是凭想象办事，是无论如何也得不出柔然是奴隶社会的结论来的。因为，谁也证明不了柔然社会生产的主要担当者是奴隶、奴隶制的剥削方式已在柔然的社会经济构成中取得支配地位。据《周书·突厥传》，立国前的突厥是曾"臣于茹茹（柔然），居金山之阳，为茹茹铁工"。公元546年，当土门破铁勒五万余落，恃其强盛，向柔然求婚时，柔然主阿那瓌亦曾使人骂辱之曰："尔是我锻奴，何敢发是言也？"就是根据这样两条材料，人们就轻易地把突厥人定成柔然人的奴隶了。而实际上，"臣于茹茹"、"为茹茹铁工"云云，只不过是说突厥族为柔然屈服，须臣事柔然，并须按规定向柔然贡纳铁制品罢了。这种情况，一如后来黠戛斯之向突厥汗国贡纳"迦沙"铁（《新唐书·回鹘传》下附《黠戛斯传》），历史上所在多有，同奴隶制剥削形态一点不着边际。阿那瓌以"锻奴"呼土门，本"辱骂"之语，史有明文，是不能据此坐实土门及其属下的所谓奴隶身份的。

总之，柔然奴隶社会和立国前突厥人的奴隶身份一类的流行说法，实不过想当然之辞。靠它们去影响、庇荫、传递突厥的奴隶社会，自不免要落空。

二、关于突厥奴隶社会的直接证据

为了证明突厥的奴隶制社会性质，林干先生、马长寿先生等又颇为重视直接证据的蒐求。下列材料，曾被林干先生、马长寿先生及持有类似观点的同志反复征引过：

1. 唐高祖武德三年（公元620年），"太宗在藩，受诏讨刘武周，师次太原，处罗遣其弟步利设率两千骑与官军会。六月，处罗至并州，总管李仲文出迎劳之，留三日，城中美妇人多为所掠，仲文不能制。"（《旧唐书·突厥传》上、《通典》卷一九七《突厥》上、《新唐书·突厥传》上略同，唯《旧唐书》、《通

---

① 《突厥社会制度初探》，载于《社会科学战线》1981年第3期。

典》"城中美妇人多为所掠"句在《新唐书》则作"多掠城中妇人女子去"。)

2. 同年九月，"突厥莫贺咄设寇凉州，总管杨恭仁击之，为所败，掠男女数千人而去。"（《资治通鉴》卷一八八唐高祖武德三年九月条）

3. 武德五年（公元 622 年），"颉利攻围并州，又分兵入汾、潞等州，掠男女五千余口。"（《旧唐书·突厥传》上）

4. 武则天万岁通天元年（公元 696 年），契丹首领李尽忠、孙万荣反，突厥默啜可汗以"还河西降户"为条件请击契丹，则天诏许，"默啜遂攻讨契丹，部众大溃，尽获其家口，默啜自此兵众渐盛。"（《旧唐书·突厥传》上。《通典》卷一九八《突厥》中略同。《新唐书·突厥传》上作："默啜乃引兵击契丹，……尽得孙万荣妻子辎重。"《资治通鉴》卷二〇五则天后万岁通天元年十月条作："突厥默啜乘间袭松漠，虏尽忠、万荣妻子而去。"）

5. 武则天圣历元年（公元 698 年），"默啜尽抄掠赵、定等州男女八九万人，从五回道而去，所过残杀，不可胜纪。"（《旧唐书·突厥传》上。《通典》卷一九八《突厥》中作："默啜尽杀所掠赵、定等州男女八九万人，从五回道而去，所过残杀，不可胜纪。"《新唐书·突厥传》上作："默啜闻之，取赵、定所掠男女八九万悉阬之，出五回道去，所过人畜、金币、子女尽剽有之。"《资治通鉴》卷二〇六则天后圣历元年九月条作："癸未，突厥默啜尽杀所掠赵、定等州男女万余人，自五回道去，所过，杀掠不可胜纪。"抄掠口数，阬杀与否，诸书所记多有不同。）

6. 玄宗开元九年（公元 721 年）秋（《资治通鉴》卷二一二系此事于开元八年十一月），苾伽（毗伽）可汗重臣暾欲谷击拔悉密于北庭，尽擒拔悉密之众，"虏其男女而还"。（《旧唐书·突厥传》上，《通典》卷一九八《突厥》中略同）

7. 苾伽可汗又尝往征党项，尽取其"童孺及家室"、"马匹及财产"而还。（突厥文《苾伽可汗碑》，汉译文见岑仲勉编《突厥集史》下册，中华书局 1958 年版，第 914 页）

8. 木杆可汗时，以助破吐谷浑功，赐西魏大将史宁"奴婢一百口、马五百匹、羊一万口。"（《周书·史宁传》）

9. 贞观四年（公元 630 年），东突厥亡，太宗乃诏："隋乱，华民多没于虏，遣使者以金帛赎男女八万口，还为平民。"（《新唐书·突厥传》上）《新唐书·太宗本纪》作：贞观五年（公元 631 年）"五月乙丑，以金帛购隋人没于突厥者，以还其家。"《旧唐书·太宗本纪》下作：贞观五年四月，"以金帛购中国人因隋乱没突厥者男女八万人，尽还其家属。"《资治通鉴》卷一九三贞观五年五月条作："隋末，中国人多没于突厥。及突厥降，上遣使以金帛赎之。五月乙丑，有司奏，凡得男女八万口。"①

10. 贞观初，太宗遣李靖经略突厥，以张公谨为副，公谨因言突厥可取之状曰："……华人入北，其类实多，比闻自相啸聚，保据山险，师出塞垣，自然有应。"（《旧唐书·张公谨传》）

11. "初，大业之乱，中国人多投于突厥。及颉利败，或有奔高昌者。"（《旧唐书·高昌传》）

12. 玄宗开元十三年（公元 725 年），苾伽可汗谓唐使袁振曰："吐蕃狗种，唐国与之为婚；奚及契丹，旧是突厥之奴，亦尚唐家公主；突厥前后请结和亲，独不蒙许，何也？"（《旧唐书·突厥传》上，《通典》卷一九八《突厥》中、《资治通鉴》卷二一二玄宗开元十三年四月条并同。唯"奚及契丹，旧是突厥之奴"句，在《新唐书·突厥传》下则作："奚、契丹，我奴而役也"。）

13. "依吾祖宗之法度，曾亡国家、失可汗者，当为奴为婢，当为违反突厥法度之民。"（突厥文《阙特勤碑》及《苾伽可汗碑》俱载，汉译文据马长寿《突厥人和突厥汗国》，上海人民出版社 1959 年版，第 94 页。）

经常为人们称引的、有代表性的材料，大约就是如上的十三条。突厥奴隶社会论者，基本上就是凭借这些材料构筑起自己的论说的。

下面，我们就来分析一下这些材料，看看靠着它们证明得了还是证明不了突厥的奴隶制社会性质。

第 1～7 条，说的是突厥人在对外战争中曾虏获不少的汉人及其他各族人口。人们称引这些材料，无非是想说："突厥的奴隶，其主要来源是从汉族及其他各族俘掠所得"；② 俘掠多，奴隶亦必多。说奴隶主要来源于外族俘虏，奴隶与俘虏间在数量上成正比关系，一般地讲，这是对的，但须注意：第一，俘虏固可转化为奴隶，但它又并不总是、并不全都充作奴隶，俘虏毕竟不就等于奴隶。关于这个问题，我在其他文章中已不止一次地谈到过，这里不再重复。第二，突厥俘获他族人数，虽不能算少，但也绝谈不上很多。历次战争所获，有人数可计者多仅以千数。只有公元 698 年那次（第 5 条），多达八九万人，可照马长寿先生的说法，那已是突厥汗国进入、或接近进入封建社会时期的事了，且这八九万人还很可能一个也未带回，抓到不久便悉数阬杀了（除《旧唐书》言掠去外，成书较早的《通典》及晚后一些的《新唐书》、《资治通鉴》等皆言"尽杀"、"悉阬

---

① 按：太宗诏赎华民为贞观四年抑五年事《新唐书·突厥传》所记不明。华民八万还归，据《通鉴》及两唐书《太宗纪》，在贞观五年四月或五月。以理推之，"诏赎"和"赎还"当有一个过程，似不应为一年事；"赎还"既在五年夏，则"诏赎"当为四年东突厥亡后不久事。至于诏中所言"男女八万口"，当系后之修史者据"赎还"数妄增的。此虽小事，但鉴于今之治史者引用这条材料时每相龃龉，书此以供考史者参考。

② 林干：《突厥社会制度初探》，载于《社会科学战线》1981 年第 3 期。

之")。总之，说突厥人曾把一部分俘虏作为奴隶加以役使、突厥汗国存在着一定数量的奴隶是可以的，若进而以为俘虏即奴隶、有奴隶即为奴隶社会，便不免失之于偏颇了。那样的话，唐王朝怕也得算作奴隶社会。因为，唐李靖在一次战役中就曾俘获过突厥"男女十余万"（《资治通鉴》卷一九三太宗贞观四年二月条）；唐全国的奴婢数，少说也有数十万之众。①

　　第8~9条，可证突厥社会确有一定数量的奴隶存在。对此，当不会有什么争论。但仅仅停留在这一点，又是很不够的。因为，它对于说明突厥的奴隶社会性质不会有多大帮助。突厥的奴隶究竟在总人口中占有多大的比例，它是否具有一定的量的优势，是否成为社会生产的主要担当者，这才是问题的关键。木杆可汗一次赠史宁奴婢百口，说起来也够显眼的了，但若拿它同北魏时期的赏赐奴婢相比，同直到明清时历代封建王公大臣所拥有的奴婢数相比，又绝不至怎么冒尖。史宁的一百名奴婢能说明什么问题呢？什么也说明不了！东突厥亡后，唐王朝从突厥人那里赎回来的八万名男女是些什么人呢？应该说，既曰"赎"、曰"购"，其身份肯定是不完全自由的，其中必有相当一部分是奴隶（奴隶固然没有身份自由，但没有充分身份自由的人并不一定就是奴隶。八万名男女中，除开奴隶，也许还有"隶户"一类的人亦未可知，是以有奴隶只是八万人中的一部分一说）。就算这八万人中的绝大部分、甚至全部都是奴隶吧，它不但在偌大的突厥汗国中没多大分量，就是在突厥统治下的汉人中也不一定占居什么优势。史称：

"隋末乱离，中国人归之（突厥）者无数，遂大强盛。"（《隋书·突厥传》）

"及隋末乱离，中国人归之者甚众，又更强盛。"（《通典》卷一九七《突厥》上）

"始毕可汗咄吉者，启民可汗子也。隋大业中嗣位，值天下大乱，中国人奔之者众。"（《旧唐书·突厥传》上）

"隋大业之乱，始毕可汗咄吉嗣立，华人多往依之。"（《新唐书·突厥传》上）

"华人入北，其类实多，比闻自相啸聚，保据山险，师出塞垣，自然有应。"（《旧唐书·张公谨传》，《新唐书》略同，作："华人在北者甚众，比闻屯聚，保

---

① 《资治通鉴》卷二四八武宗会昌五年（公元845年）八月条下有："壬午，诏陈释教之弊，宣告中外。凡天下所毁寺四千六百余区，归俗僧尼二十六万五百人，大秦穆护、祆僧二千余人，毁招提、兰若四万余区，收良田数千万顷，奴婢十五万人。"武宗排佛，从寺院即收得奴婢十五万人。不少达官显贵的家里，也拥有成百上千的奴婢（《新唐书·郭子仪传》谓郭"家人三千"，郭之至亲实只"八子七婿"、"诸孙数十"，其余应有相当一大个部分是供其驱使的奴婢；同书《张镒传》言"子仪家僮数百"，可资参证）。玄宗天宝十四年（公元755年），政府掌握的全国总户数为八百九十一万四千七百零九，而据杜佑估计，当时的实际户数至少有一千三、四百万（见《通典》卷七《历代盛衰户口》及《丁中》），其中富贵人家总得有几十万户，每户以有奴婢一人计，全国即有奴数十万。有鉴于此，故而有"唐全国的奴婢数，少说也有数十万之众"的估计。

据山险，王师之出，当有应者。"）

"初，大业之乱，中国人多投于突厥。"（《旧唐书·高昌传》，《新唐书》略同，作："初，大业末，华民多奔突厥。"）

"隋乱，华民多没于虏。"（《新唐书·突厥传》上）

"隋末，中国人多没于突厥。"（《资治通鉴》卷一九三太宗贞观五年五月条）

贞观三年（公元 629 年），"户部奏：中国人自塞外归及四夷前后降附者，男女一百二十余万口。"（《资治通鉴》卷一九三太宗贞观三年。《旧唐书·太宗本纪》上作："是岁（贞观三年），户部奏言：中国人自塞外来归及突厥前后内附、开四夷为州县者，男女一百二十余万口。"《新唐书·太宗本纪》作："是岁，中国人归自塞外及开四夷为州县者百二十余万人。"）

材料表明：隋末中原动乱之际，曾有大批汉人流入突厥。既曰"归之"、"奔之"、"往依之"当然是"自愿"的，而不是虏掠去的。这些人进入突厥后，多数也不应是奴隶。因为，如果是去做奴隶，恐怕就没有几个人愿意去了。当然，部分难民由于生计无着自卖或被掠卖为奴的情况也是有的。这类人，再加上历次战争中的汉民俘虏，大约就是贞观五年唐王朝以金帛从突厥人手中赎回来的八万男女。而据贞观三年户部奏，"中国人自塞外归及四夷前后降附者，男女一百二十余万口"，姑以汉、夷各半计之（实际上，当时东突厥尚未灭亡，唐王朝亦未进入鼎盛时期，突厥及四夷降附者为数不会很多，此一百二十万人中，更多的当是归自塞外的隋末外流难民），截至贞观三年，自塞外来归的汉民即可达六十万众。由于这时东突厥尚未灭亡，仍滞留突厥未归的汉人自然还有很多（有上引《旧唐书·高昌传》"初，大业之乱，中国人多投于突厥。及颉利败，或有奔高昌者"可证）。这些，充分说明了唐初突厥汗国境内有为数甚多的汉人，而沦为奴隶者仅是其中的不大一部分。

第 10～11 条，被视为"沦为突厥奴隶的汉人""用起义逃亡的形式，与突厥奴隶主贵族展开反奴役的阶级斗争"的记录，[①] 这是没有根据的。事实上，"自相啸聚，保据山险"或亡入高昌云云，只不过表明了突厥占领区的汉人曾用聚保或逃亡的方式以反抗异族统治，并无任何迹象表明这些人原来的身份一定是奴隶。

根据第 12 条"奚及契丹，旧是突厥之奴"一语，人们推断说："除契丹外，奚族人亦曾沦为突厥统治者的奴隶"[②]，"奚和契丹甚至全部成了突厥的种族奴隶"[③]，"突厥的统治阶级对各族各国实行了奴隶所有者的奴役政策。"[④] 这些推

①② 林干：《突厥社会制度初探》，载于《社会科学战线》1981 年第 3 期。

③ 内蒙古自治区蒙古语言文学历史研究所历史研究室、内蒙古大学蒙古史研究室编：《中国古代北方各族简史》，内蒙古人民出版社 1979 年 2 版修订本，第 125 页。

④ 马长寿：《论突厥人和突厥汗国的社会变革》（下），《历史研究》1958 年第 4 期。

断，同样缺乏坚实根据。第一，"奚及契丹，旧是突厥之奴"的"奴"字，看来并不是当作"奴隶"之"奴"用的，而是指的"臣民"、"臣下"、"臣属"。如该句在《新唐书·突厥传》下即作"奚、契丹，我奴而役也"。另据《隋书·突厥传》，文帝时曾遣大臣虞庆则至突厥，庆则要沙钵略可汗向隋称臣，"沙钵略谓其属曰：'何名为臣？'报曰：'隋国称臣，犹此称奴耳。'沙钵略曰：'得作大隋天子奴，虞仆射之力也。'赠庆则马千匹，并以从妹妻之。"大约正是考虑到了突厥人的这种用语习惯，所以胡三省才在《资治通鉴》卷二一二玄宗开元十三年四月"奚、契丹，本突厥奴也"句下注曰："夷言奴，犹华言臣也"。足见，突厥人言"奴"往往就是指"臣"。呼臣下属僚为"奴"，回纥人亦有此习惯。肃宗乾元元年（公元758年）汉中王瑀奉使回纥，回纥毗伽阙可汗谓瑀曰："王是天可汗何亲？"瑀曰："是唐天子堂弟。"又问："于王上立者为谁？"瑀曰："中使雷卢俊。"可汗又报曰："中使是奴，何得向郎君上立？"（《旧唐书·回纥传》，《新唐书·回鹘传》上略同）。第二，从史实看，突厥人也事实上没有把被征服族整个地降为奴隶。史载：

隋时，契丹臣于突厥，"沙钵略可汗遣吐屯潘垤统之"。（《隋书·契丹传》）后臣于唐。及后突厥兴，复臣突厥，受突厥人"课税"剥削。（《唐丞相曲江张文献公集》卷五《敕契丹都督涅礼书》）

"室韦，分为五部，……突厥常以三吐屯总领之。"（《隋书·契丹传》）

颉利可汗时，以其侄什钵苾为突利可汗，"牙直幽州之北，管奚、霫等数十部，征税无度，诸部多怨之。"（《通典》卷一九七《突厥》上）

"铁勒并无君长，分属东西两突厥，……自突厥有国，东西征讨，皆资其用，以制北荒。……大业元年，突厥处罗可汗击铁勒诸部．厚税敛其物。"（《隋书·铁勒传》）

"初，大业中，西突厥处罗可汗始强大，铁勒诸部皆臣之，而处罗征税无度，薛延陀等诸部皆怨，处罗大怒，诛其酋帅百余人，铁勒相率而叛。"（《旧唐书·铁勒传》）

"阿史那社尔，突厥处罗可汗之次子。年十一，以智勇闻，拜拓设，建牙碛北，与颉利子欲谷设分统铁勒、回纥、仆骨、同罗诸部。……治众十年，无课敛。或劝厚赋以自奉，答曰：'部落丰余，于我足矣。'故首领咸爱之。"（《新唐书·阿史那社尔传》）

黠戛斯，"有金、铁、锡，每雨，俗必得铁，号伽沙，为兵绝犀利，常以输突厥。"（《新唐书·回鹘传》下附《黠戛斯传》）

"统叶护可汗，勇而有谋，善攻战。遂北并铁勒，西据波斯，南接罽宾，悉归之，控弦数十万，霸有西域，据旧乌孙之地。……其西域诸国王悉授以颉利发，并遣吐屯一人监统之，督其征赋。"（《旧唐书·突厥传》下，《新唐书·突厥传》下略同，作："遂霸西域诸国，悉授以颉利发，而命一吐屯监统，以督赋入。"）

西域有石国，"其俗善战，曾贰于突厥，射匮可汗兴兵灭之，令特勤甸职摄其国事。"（《隋书·石国传》）

从上引材料可以看出，突厥对被征服族，一般并不改变其原有的社会组织、经济结构和居住地（战场上的俘虏及反叛者当有被掠走为奴的，但那毕竟是少数），只是派员（一般是吐屯）对各族或"统领之"（铁勒、回纥、契丹、室韦、奚、霫等），或"监统之"（西域诸国），或"摄其国事"（石国），并在经济上"督其征赋"，而不是彻底剥夺被征服者的自由，施以奴隶制的剥削。马长寿先生曾正确指出："依据上述监国征赋之事实，约可推定西域各国对突厥的关系，是一种封建关系，而并非奴隶对奴隶主的关系。"① 遗憾的是，马长寿先生却没有彻底贯彻自己的观点，他只是把这种"封建关系"局限在西突厥；而从上引材料看，此种"封建关系"绝非西突厥所独具，东突厥的情况并没有什么两样。

第13条，是说本族人因触犯"突厥法度"亦可被黜降为奴，这是事实，没有人能够否认。这里须强调指出的是：此种情况，历代皆有，它同一个社会是不是奴隶社会并无直接关系。靠本族的几个罪奴，是无论如何也建立不起奴隶社会来的。

三、关于突厥的"奴隶法"及其废除

马长寿先生说：八世纪前的突厥，由于"实行着祖宗传下来的奴隶法"，所以是奴隶社会；复兴后，特别是到了八世纪，随着"奴隶法的取消"，才进入封建社会。② 什么是"奴隶法"呢？根据马长寿先生的说法，那不外是有关"对国内外各族人民在何种条件下就把平民黜降为奴隶"的一套办法、规定。③ 如果这类办法、规定（变外族战俘为奴和变本族罪犯为奴）就是所谓"奴隶法"的话，那么，我要说：这样的"奴隶法"同"奴隶社会"并无关系。因为，上起原始社会末期，下迄近世，各地区、各民族的历史上几乎都有类似的办法、规定。

马长寿先生说上述"奴隶法"只存在于复兴前的突厥社会，到七世纪末突厥复兴之祖骨咄禄进行复国运动时便开始被废除了。根据是：

突厥之上天与突厥之后土及圣水，为不使突厥人民灭亡，而使之复兴，于是起立吾父颉跌利施可汗及吾母伊利苾伽可敦，使之达于天顶而保佑之。吾父可汗偕十七人出走，当其闻有声言：在村落者集于山，在山上者降平地，于是集众至七十人。上天予以助力，吾父可汗之骑士英勇如狼，其敌人则怯懦如羊。吾父东

① 《突厥人和突厥汗国》，上海人民出版社1957年版，第99页。
②③ 见马长寿：《论突厥人和突厥汗国的社会变革》（上、下），《历史研究》1958年第3、4期；参见马长寿：《突厥人和突厥汗国》一书，上海人民出版社1957年版，《突厥人和突厥汗国的社会制度》章。

西奔走，招集散亡，总聚七百人。此七百人，为曾亡国家、失可汗之民，依吾祖宗之法度，曾亡国家、失可汗者，当为奴为婢，当为违反突厥法度之民。但吾父组织之，鼓舞之，以之为"突利"及"达头"之民，与以叶护及设。（突厥文《厥特勤碑》及《苾伽可汗碑》俱载，汉译据上海人民出版社 1957 年版马长寿《突厥人和突厥汗国》一书第 94 页。）

即据马长寿先生的译法①，这也明明只是说骨咄禄在非常情况下（"偕十七人出走"叛唐，势薄力单），为拼凑复国武装，对七百名原保卫国家、可汗不力，散亡各地的突厥旧众的"宽宥"，丝毫也看不出他骨咄禄已就此废除了"祖宗法度"。看来，马长寿先生以所谓"奴隶法"的存在及其废除把复兴前后的突厥汗国断为奴隶社会和封建社会两大阶段，是没有根据的，不成立的。

以上，我们逐一分析了突厥奴隶社会论的各种论据。透过这些分析不难看出，突厥奴隶社会论者所赖以立论的材料，全是似是而非、经不起认真推敲的。

那么，突厥汗国的社会性质到底是怎样的呢？二十多年前，侯尚智先生曾提出过"六世纪中叶脱离柔然而独立的突厥族，并未经过奴隶制阶段，而是在氏族社会废墟上，建立起初期封建社会"的看法来。② 这是对的，符合历史实际的，虽然我并不同意侯尚智先生关于突厥人何以会从原始社会直接进入封建社会所作的种种解释。

《周书·突厥传》载：突厥"虽移徙无常，而各有地分"。这是早期突厥社会（立国初）已有"封建土地所有制"的"反映"（侯尚智先生语）。以后，随着征服区的不断扩大，可汗陆续将掠得的牧场层层下分给自己的宗亲、功臣和他族首领。突厥的官爵，开始是十等，以后增至二十八等，有叶护、设、颉利发、吐屯、俟斤等。这些人，既是汗国官吏，又是大大小小的各级领主。他们得到一地，又会在亲信和宗人中进行再分封，"从而形成封建主之间的从属关系和等级制度"。（侯氏语）

"突厥社会生产的主要担当者并不是一无所有的奴隶，而是有一定私有财产的牧民。"（侯氏语）这同样是毋庸置疑的事实。首先，从本族牧民看，他们虽

---

① 关于"此七百人，为曾亡国家、失可汗之民，依吾祖宗之法度，曾亡国家、失可汗者，当为奴为婢，当为违反突厥法度之民。但吾父组织之，鼓舞之"一段话的汉译，诸家所见多有不同。韩儒林先生的译文是"既得七百人，依吾祖先之法，组织曾亡国家失可汗为奴为婢丧突厥法制之民族，并从而鼓舞之。"（《突厥文阙特勤碑译注》，刊《国立北平研究院院务汇报》第六卷第六期；《突厥文苾伽可汗碑译释》，刊《禹贡》第六卷第六期，所译略同）岑仲勉先生则译作："既集得七百人后，彼遵照吾先人法制而整顿此民众，即已失其国及其可汗之民众，已降为奴隶婢妾之民众，突厥法制已被破坏之民众，且鼓励之。"（见《突厥集史》下册，中华书局 1958 年版，第 881、912 页）由于笔者不谙此道，不敢轻议诸家译文之长短是非，谨一并录此以供读者参考。

② 《试论突厥汗国封建社会的形成——兼与马长寿先生商榷》，载于《兰州大学学报》1959 年第 1 期。以下所引侯氏语凡不注明出处者，皆出此。

在统治者频繁的"征发兵马，课税杂畜"（《周书·突厥传》）的重压下，"内无食外无衣"，十分"贫弱"、"困穷"，并因此而经常同统治者相"水火"（突厥文《阙特勤碑》及《苾伽可汗碑》，汉译文见岑仲勉编《突厥集史》下册，中华书局1958年版，第883、879、880、913、909、911页），展开斗争，但他们既受汗国"征发兵马，课税杂畜"式的剥削，当然是拥有自己的微薄经济的，其身份显然不是奴隶。对被征服族，如前所述，突厥人一般并不改变其原有的社会组织、经济结构和居住地，只是派员监统，责取赋税贡物。这种"监国征税"制，连马长寿先生也承认，"是一种封建关系，而并非奴隶对奴隶主的关系。"① 这种制度下的牧民，自然也不是奴隶身份。

"游牧封建社会的基本特征是封建牧主对牧场的封建所有制和对牧民的不完全占有；而牧民则对牲畜等财产保持私有，并通过牧场依附于牧主，构成封建依附关系；实行封建剥削，形成封建主和牧民两个对立的阶级。"（侯尚智先生语）六至八世纪的突厥社会，正是这样的。

（原载《青海师范学院学报》1983年第2期）

---

① 《突厥人和突厥汗国》，上海人民出版社1957年版，第99页。

回纥与奴隶制

——"从少数民族史看初始阶级社会的非奴隶制性质"专题研究之四

回纥亦铁勒一支，今维吾尔族祖先。北魏时称袁纥，入隋称韦纥，大业中称回纥，唐德宗贞元四年（公元788年）[1] "又请易回纥曰回鹘"。(《新唐书·回鹘传上》)

回纥人原游牧于娑陵水（色楞格河）、嗢昆水（鄂尔浑河）流域，过着"无君长，居无恒所，随水草流移"(《旧唐书·迴纥传》)的氏族社会生活。在相当长一个时期内，回纥人先后受匈奴、鲜卑、柔然等的奴役控制。及突厥兴，又臣于突厥。公元630年东突厥亡后，漠北以回纥与薛延陀为最强。公元646年，回纥酋帅吐迷度配合唐军大破薛延陀多弥可汗，"遂并其部曲，奄有其地"，"南过贺兰山，临黄河"(《旧唐书·迴纥传》)，成为唐王朝北境唯一强部。次年（公元647年），唐以回纥部为瀚海都督府，拜吐迷度为怀化大将军兼瀚海都督。但吐迷度对内则自号可汗，兼采突厥和唐制，广置官吏，建立起半独立的回纥汗国来。后突厥汗国时，回纥复为突厥所破，一部分徙居甘、凉间，受唐朝保护，大部役属于后突厥。公元745年，吐迷度六世孙骨力裴罗击杀突厥白眉可汗，并乘胜四向斥地，"东极室韦，西金山，南控大漠，尽得古匈奴地"(《新唐书·回鹘传上》)，雄踞漠北，盛极一时。回纥盛时，虽亦曾骚扰过中原，同唐王朝有过冲突、磨擦，但总的说来，那个时候的北部边境基本上是相安无事的，回纥与唐之间，长期维持着"一种历史上罕见的和好关系。"[2] 八世纪末起，回纥在各族反抗斗争和统治阶级的内争中逐渐衰落。公元840年，在内争中失势的回纥将军句录莫贺引黠戛斯十万骑入侵，破可汗城。杀厖馺可汗，汗国亡。回纥亡国后，部众四散逃亡，其中入居新疆的部分，即逐渐发展成今天的维吾尔人。

一般认为公元七世纪四十年代"吐迷度称汗以前，回纥社会还没有形成阶级，还停留在原始社会阶段上"，"吐迷度建立汗国"，始标志着回纥人"从原始

---

① 关于回纥自请改称回鹘的年代，诸书所记不一，这里采取的是《新唐书·回鹘传》和《资治通鉴》的说法。

② 范文澜：《中国通史简编》修订本第三编第二册，人民出版社1965年版，第503页。

社会进入阶级社会".① 根据现有材料，这个看法大约是可以接受的。问题是吐迷度所建立的汗国究竟是一个什么性质的国家和社会呢？在这个问题上，人们的看法便颇不相同了。翦伯赞主编的《中国史纲要》认为："回鹘政权是一个奴隶主贵族的政权".② 这是说，它自始至终是奴隶制性质的。亦有人认为，回纥汗国的前半段是奴隶制的，但从公元八世纪或八世纪末开始已转入封建社会。③ 范文澜的看法是：当回纥人随着汗国的建立进入阶级社会时，"由于内部缺乏发展奴隶制度的条件，来自唐朝封建社会的影响又特别强大，因而封建制度在回纥社会里发展起来"；在回纥社会里，奴隶虽有，"但不成为基本阶级，因为奴隶劳动没有大量地使用在汗国主要经济部门的畜牧业上。"④

我是赞成范文澜关于回纥人没有经历过奴隶社会发展阶段的看法的，虽然我并不同意范老把造成这种状况的原因过多地归结为唐朝封建社会外在影响的作法——在我看来，真正的原因只有一个，那就是回纥人的内部经济条件本不适宜于发展奴隶制度。

目回纥为奴隶社会，说者并未提出任何像样的根据，而多是些揣测、推论之辞。史载：

"贞观初，菩萨与薛延陀侵突厥北边，突厥颉利可汗遣子欲谷设率十万骑讨之，菩萨领骑五千与战，破之马鬣山，因逐北至于天山，又进击，大破之，俘其部众，回纥由是大振。"（《旧唐书·迴纥传》，《新唐书·回鹘传上》、《资治通鉴》卷一九二太宗贞观六年并载，所记略同）

"回纥酋帅吐迷度与诸部大破薛延陀多弥可汗，遂并其部曲，奄有其地。"（《旧唐书·迴纥传》。《新唐书·回鹘传上》则作："攻薛延陀，残之，并有其地，……其下麋骇鸟散，不知所之。"《资治通鉴》卷一九八太宗贞观二十年八月条亦谓："部落鸟散，不知所之。"）

"契丹旧为回纥牧羊，鞑靼旧为回纥牧牛，回纥徙甘州，契丹、鞑靼遂各争长攻战。"（王明清辑：《挥尘前录》卷四《王廷德历叙使高昌行程所见》）

"肃宗至德二载九月"癸卯，大军入西京。初，上欲速得京师，与回纥约曰：'克城之日，土地、士庶归唐，金帛、子女皆归回纥。'至是，叶护欲如约。广平王俶拜于叶护马前曰：'今始得西京，若遽俘掠，则东京之人皆为贼固守，不可复取矣，愿至东京乃如约。'"十月"壬戌，广平王俶入东京。回纥意犹未厌，俶患之。父老请率罗锦万匹以赂回纥，回纥乃止。"（《资治通鉴》卷二二〇肃宗

① 范文澜：《中国通史简编》修订本第三编第二册，人民出版社1965年版，第516页。
② 翦伯赞主编：《中国史纲要》第二册，人民出版社1979年版，第188页。
③ 分见朱绍侯主编：《中国古代史》中册，福建人民出版社1980年版，第244页；何应忠：《试论公元七~十世纪回纥社会发展》，载于《东北师范大学学生科学论文集》1957年第1号。
④ 范文澜：《中国通史简编》修订本第三编第二册，人民出版社1965年版，第516、517页。

二载九、十月条。《新唐书·回鹘传上》作："土地、人众归我，玉帛、子女予回纥。"）

"初收西京，回纥欲入城劫掠，广平王固止之。及收东京，回纥遂入府库收财帛，于市井村坊剽掠三日而止，财物不可胜计，广平王又赍之以锦罽宝贝，叶护大喜。"（《旧唐书·迴纥传》。《新唐书·回鹘传上》作："回纥大掠东都三日，奸人导之，府库穷殚，广平王欲止不可，而耆老以缯锦万匹赂回纥，止不剽。"）

"大历六年正月，回纥于鸿胪寺擅出坊市，掠人子女，所在官夺返，殴怒，以三百骑犯金光门、朱雀门。是日，皇城诸门尽闭，上使中使刘清潭宣慰，乃止。"（《旧唐书·迴纥传》。《新唐书·回鹘传上》作："回纥之留京师者，曹辈掠女子于市，引骑犯含光门，皇城皆阖，诏刘清潭慰止。"）

"始回纥至中国，常参以九姓胡，往往留京师，至千人，居赀殖产甚厚。会酋长突董、翳蜜施、大小梅录等还国，装橐系道，留振武三月，供拟珍丰，费不赀。军使张光晟阴伺之，皆盛女子以橐，光晟使驿吏刺以长锥，然后知之。……光晟因勒兵尽杀回纥群胡，收橐它、马数干，缯锦十万，……部送女子还长安。"（《新唐书·回鹘传上》）

薛延陀有法曰："失应接罪至于死，没其家口，以赏战人"。（《旧唐书·北狄·铁勒传》。《新唐书·回鹘传下》作："负者死，没其家以偿战士"。）

回纥奴隶社会论者据以立论的材料，大约就是这些。但这些材料，全经不起认真推敲。

第1~3条，被视为回纥通过战争手段获取大量外族俘虏，并用之于畜牧生产之证。乍看起来，似乎很有些道理；细察之，则全然不足凭信。正如我在过去几篇文章中已不止一次论述过的——俘虏固可变为奴隶，但它又并不一定、并不总是要转化为奴隶，俘虏毕竟不就等于奴隶；人们经常在找不到直接证据的情况下，径行在奴隶与俘虏间画等号、把俘虏普遍奴隶化，这是非常要不得的。至于契丹、鞑靼曾为回纥牧放牛羊云云，实不过是说契丹、鞑靼曾被回纥征服，须臣事回纥并定期向后者贡纳牛羊畜物罢了，这同突厥曾为柔然"铁工"、"锻奴"、"奚及契丹，旧是突厥之奴"一样，反映的只是被征服族对征服族的臣属、贡纳关系，怎么也看不出契丹、鞑靼已沦入奴隶的境地。

第4~7条，又每被认作回纥人还曾从唐王朝那里掠得奴隶之证。这同样是靠不住的。所谓"克城之日""金帛、子女皆归回纥"之类，看来只是唐统治者在危难之际的轻诺，复两京后并未完全如约——从现有材料看，至少是"子女"（年轻妇女）这一项基本未照原所许诺的办。且克城之后纵兵劫掠财物、糟蹋妇女本旧时带兵者借以鼓舞士卒斗志的一种惯常伎俩，历代多有，同奴隶制生产方式并无多大关系。安史之乱平定后，回纥以有功于唐，在都城长安等地横行不法，甚至发展到"弛入县狱，劫囚而出"，"白昼刺人于东市"，"擅出坊市，掠人子女"（《旧唐书·迴纥传》。"掠人子女"在《新唐书·回鹘传上》则作"掠女子于市"）的地步。这些，也只能说明回纥人的恃功强横，骄恣不法，很难附会得上是回纥奴隶主在那里掠夺奴隶。公元780年，回纥酋突董等率众离长安归国时是曾带走一批长安妇女。她们是不是奴隶呢？恐也难说。第一，这些妇女既是突董等煞费苦心暗藏偷运出来的，足见来路不明，不是通过正当途径买来或从唐王朝那里受赐来的，很有可能是诱骗或强掠来的良家妇女。第二，这些人入回纥后会被派作什么用场，也是十分清楚的。因为，役使于生产领域，女性远逊色于男子，这一点回纥人不会不懂，既是清一色的女性，足见多属妻妾之属，其中，用充女婢仆妇者自然也是有的，但这样的人毕竟不同于生产奴隶，毕竟对说明回纥奴隶社会无多大帮助。

第8条，是对作战不力、违犯军令者的处罚，本质同于通常的罪犯籍没为奴。但第一，这是薛延陀的制度，而非回纥的。回纥与薛延陀虽同出铁勒，风俗制度多同，但总不好径行将之目为回纥制度——如有的研究者所作的那样。第二，罪犯奴隶在任何一个民族中总是人口中的极少数，靠他们是建立不起奴隶社会来的。第三，罪犯罚充奴隶之事，长期存在于封建社会之中，并非奴隶社会之固有特征。

回纥社会经济结构的非奴隶制性质，可从它对本族人及广大被征服族所采取的生产物榨取形式看得出来。

史料表明，占回纥本部（所谓"内九族"）人众绝大多数的普通牧民，是些使用着公有牧地、拥有自己牲畜的小私有者。这些人，须向统治者交纳赋税（牛羊畜物），提供兵徭之役，是回纥本部主要的生产阶级和国家武装力量的基本成员。统治者所加于他们头上的剥削，自然不是什么奴隶制的，而在本质上同中原封建王朝加在国家编户小农身上的剥削没有什么两样。

对汗国所属各被征服族（所谓"外九部"及其他），回纥统治者也没有实行奴隶式的奴役。史称：

"初，奚、契丹羁属回鹘，各有监使，岁督其贡赋，且诇唐事。张仲武遣牙将石公绪统二部，尽杀回鹘监使等八百余人。仲武破那颉啜得室韦酋长妻子。室韦以金帛羊马赎之，仲武不受，曰：'但杀监使，则归之。'"（《资治通鉴》卷二四六武宗会昌二年九月条。关于此事，《李卫公会昌一品集》卷二、卷十四，两唐书张仲武传，并有记载，内容略同）

"初，安西、北庭自天宝末失关、陇，朝贡道隔。……贞元二年，元忠等所遣假道回鹘，乃得至长安。……自是，道虽通，而虏求索无涘。沙陀别部六千帐，与北庭相依，亦厌虏衰索，至三葛禄、白眼突厥素臣回鹘者尤怨苦，皆密附吐蕃，故吐蕃因沙陀共寇北庭，颉干伽斯与战，不胜，北庭陷。"（《新唐书·回鹘传上》）

"会昌二年，回鹘破，契丹酋屈戍始复内附，拜云麾将军、守右武卫将军。于是，幽州节度使张仲武为易回鹘所与旧印，赐唐新印，曰'奉国契丹之印'。"（《新唐书·北狄·契丹传》）

观以上记载可知：第一，奚、契丹、室韦、沙陀别部、葛禄、白眼突厥等虽臣于回纥，并须纳以贡赋，但他们仍得以保有自己族的组织，有自己的首领，有自己的生产、生活资料，其身份自非奴隶可比。第二，回纥统治者对所属诸部亦仅满足于派驻"监使"，监察政事，督责贡赋，并没有（事实上也无力）作进一步的剥夺、控制。这种软弱松弛的隶属关系，可从回纥派驻各地的监使所拥有的属僚士卒人数相当有限（如派驻奚、契丹两地的监使及其属僚士卒一总不过八百之众）看得出来，亦可从契丹等被征服族经常在回纥与唐帝国间朝秦暮楚、宗属无定看得出来。在这种松弛的隶属关系之下，自然是无从确立奴隶制的秩序的。一句话，回纥对被征服族，也没有施行奴隶制的榨取。

有的同志明明知道"当时回纥部族的主要生产阶级不是奴隶"，知道那些"以自己的劳动"经营畜牧业的"普通的公社成员——牲畜的小私有主"们，才是"回纥部族生产的基础"，但到头来还是以"奴隶制的剥削是发展的，进步的"等不成其为理由的理由，硬把回纥社会视作"奴隶制社会"。[①]"奴隶社会乃人类历史发展必经阶段"的成说在我国史学研究中影响之深，于此可见一斑。

（原载《青海师范学院学报》1983 年第 3 期）

---

① 何应忠：《试论公元七～十世纪回纥社会发展》，载于《东北师范大学学生科学论文集》1957年第 1 号。

吐蕃与奴隶制

——"从少数民族史看初始阶级社会的非奴隶制性质"专题研究之五

　　吐蕃是藏族的祖先，其源主要出自古代羌人。羌人原居青海一带，后来，羌人中的发羌、唐旄、牦牛等部，陆续进入西藏地区，同当地土著居民（西藏至迟到距今四、五千年前已有远古居民活动，已得到地下考古发掘的确凿证明）融合，繁衍发展成吐蕃族。

　　南北朝时，西藏高原有多股势力，吐蕃部仅其中之一。隋唐之际，吐蕃赞普南木日伦赞（论赞索）及其子弃宗弄赞（松赞干布）始剪灭苏毗、羊同等其他势力，统一西藏高原，都逻些（拉萨），建立起统一的吐蕃政权来。完成统一后，松赞干布又积极着手厘定官制，颁布成文法典，并令人参照于阗等国文字创制吐蕃文。这些，都标志着吐蕃至此已正式进入国家时期。[①]

　　吐蕃崛起于西方后，首先于公元663年攻灭唐的西方属国吐谷浑，扩地至今青海广大地区。接着，又从公元670年起，用了一百多年的时间，同唐王朝展开争夺西域的斗争，并终于在8世纪末把西域置于自己的控制之下。与之同时，吐蕃又大力向东南和东方扩展势力，下剑南，降南诏，据河（西）陇（右），并曾于公元763年一度攻入唐的都城长安，国势之盛，诚"汉魏诸戎所无也"。（《新唐书·吐蕃传上》）八世纪末，在阶级矛盾、民族矛盾和统治阶级内部矛盾的交相作用下，吐蕃开始由盛转衰。公元842年（或谓应作846年），达磨赞普死，无子，两派贵族各立赞普，内争愈演愈烈。在这种情况下，河陇地区的唐人遂利用吐蕃统治衰败之机，相继起义，使这些地区重新回到唐王朝的控制之下。在吐

---

　　① 吐蕃早期的历史，限于材料，我们至今所知甚少。范文澜先生谓："弃聂弃时，社会内部开始分出尊卑两类人，由于阶级逐渐在形成，有立君长的需要，因此弃聂弃以后，子孙世袭赞普称号，……神话传说中往往含有史实，弃聂弃从上天下降到人间，实际就是从无阶级社会转到有阶级萌芽的社会。""吐蕃部落自弃聂弃赞普时开始，逐渐形成为国家"。（《中国通史简编》修订本第三编第二册，人民出版社1965年版，第447~448页）按弃聂弃乃吐蕃远祖，弃聂弃至松赞干布凡三十二传，吐蕃之逐渐形成为国家是否可远溯至弃聂弃时，就现有材料而论，恐怕还不好说。很有可能，弃聂弃时代只是吐蕃由母系氏族社会转入父系氏族社会的起点。又经过若干个世代，才逐渐向阶级社会过渡。松赞干布的统一事业，可视为这个过渡的基本完成，视为吐蕃正式进入国家时期。

蕃内部，亦先后爆发了嗢末（浑末）部的反抗斗争和延续九载、波及吐蕃本部全境的平民大起义以及接着到来的长期分裂割据局面。这样，盛极一时的吐蕃王朝在经历了二百多年的统治后，遂告灭亡。

关于吐蕃王朝的社会性质问题，在一些有影响的论著中多以为它是奴隶制的。① 在我看来，这是不成立的。下面，试对吐蕃奴隶社会论者据以立论的材料逐一加以分析。

一、关于吐蕃早期（松赞干布父、祖两代）的"奴隶"材料

据《敦煌本吐蕃历史文书》，当松赞干布之祖达布聂色（《新唐书》作"讵素若"）据雅隆河流域时，在今拉萨河流域一带尚有森波杰达甲吾和森波杰墀邦松两股地方势力的存在。达甲吾暴虐其民，不得人心。其臣念·几松那保劝谏不听，反遭罢逐，怒而投森波杰墀邦松，并将达甲吾击杀。这样，"达甲吾之辖土四部'叶若布'，三部'垄牙'均为森波杰墀邦松所收聚，为酬劳勋业，将布瓦堡寨析出一部，连同三部'垄牙'之下部划归念·几松管辖，为其奴户也。"（据王尧等译注《敦煌本吐蕃历史文书》（汉文译文），民族出版社 1980 年版，第 1 页）。

据此，人们说：这是古藏文史料中"奴隶"一词的最早出现，足证早在那时的西藏社会，已有了把被征服地区的人民作为奴隶赏赐给功臣的制度。②

同书又载，在划归念·几松管辖的"奴户"中有娘氏者，因不满念·几松的凌辱和森波杰墀邦松的断处不公，遂暗结对森波杰墀邦松统治不满的韦、农、蔡邦三氏共为内应，引吐蕃兵攻灭森波杰墀邦松。为酬娘、韦、农、蔡邦四氏之功，松赞干布之父南木日伦赞（《新唐书》作"论赞索"）乃亲自分赐勋臣：

赏赐娘·曾古者为念·几松之堡寨布瓦及其奴隶一千五百户。

赏赐韦·义策者为线氏撒格之土地及墨竹地方奴隶一千五百户。

赏赐农·准保者为其长兄农氏奴隶一千五百户。

赏赐蔡邦·纳森者为温地方孟氏堡寨、奴隶三百户。

（王尧等译注：《敦煌本吐蕃历史文书》（汉文译文），民族出版社 1980 年版，第 132 页）

---

① 见王静如：《关于吐蕃国家时期的社会性质问题》，《中国民族问题研究集刊》第五辑；吕振羽：《简明中国通史》，人民出版社 1955 年版，第 325~326 页；翦伯赞主编：《中国史纲要》第二册，人民出版社 1979 年印本，第 189~191 页、218~219 页；韩国磐：《隋唐五代史纲要》（修订本），人民出版社 1977 年版，第 227~230 页、365~369 页；朱绍侯主编：《中国古代史》中册，福建人民出版社 1980 年版，第 246~249 页；王辅仁、索文清编著：《藏族史要》，四川民族出版社 1980 年版第二、四、六部分。

② 见王静如：《关于吐蕃国家时期的社会性质问题》，《中国民族问题研究集刊》第五辑；王辅仁、索文清编著：《藏族史要》，四川民族出版社 1980 年版，第 9 页。

据此，人们又推断说："只一次赐予奴隶就有四千八百家，可见被征服者作为奴隶，已经成为当时社会流行的事情，而且数目是相当大的。"①

这些名为"奴隶"的人众是否就是历史科学中严格意义上的奴隶呢？我以为问题远不像字面上所表现的那样简单。其一，念·几松以及娘、韦、农、蔡邦诸氏皆以弑主纳国奇功受新主子奖赏，所赏者也多是故国的土地、人民。按照常理，这些人之所以能一举攻灭昏暴不得人心的旧主子，别种诸多因素外，人心的向背、特别是本族国人大众的支持应该是一个重要因素。刚刚靠着国人的支持成就了大功，一转脸又要把他们成批地降为奴隶，生活中恐怕不会有这样的事情。其二，这些用充赏赐的人口既毫无例外地皆以"户"计，说明他们不是战场上的俘虏，而是一般和平居民；既以"户"计，又表明他们是有家室、有自己经济的人们，其身份当非奴隶可比。其三，这种大规模的土地、人口赏赐，一如周代的授民授疆土一样（上举赏某某以某地人户若干，实即周公以殷民六族授伯禽、殷民七族授康叔、怀外九宗授唐叔的翻版），只不过是统治者内部财产和行政管理权的一种分割形式，如上举森波杰墀邦松赏念·几松以"奴户"即明言"划归念·几松管辖"，它并不一定导致奴隶制度。要之，这几个地方所谓的"奴户"、"奴隶"只是一般性贱称，并非严格意义上的奴隶，很可能只是在"领民"、"属民"一类的含义上使用的。古书上的"奴"字用法颇复杂，它涵括着种种不同身份的人。下文我们将会谈到，吐蕃人口中的所谓"奴隶"，有不少就根本不是什么奴隶。"奴"字在某个地方到底指什么，须作具体分析，且莫在"奴"字与历史科学中的"奴隶"概念间轻易画等号。其四，又据《敦煌本吐蕃历史文书》，当松赞干布之父南木日伦赞时，有"琼保·邦色者，割藏蕃小王马尔门之首级以藏蕃两万户来献"，南木日伦赞以琼保·邦色忠顺可靠，遂将"藏蕃二万户悉数赏赐予之。"后，"达保地方，有已入编氓之民户谋叛"，南木日伦赞为嘉奖平叛之功，"乃将'赛孔日乌垓'之民众与牧户悉数赐予"参哥米钦。（王尧等译注：《敦煌本吐蕃历史文书》（汉文译文），民族出版社1980年版，第132～133页）此二例赐予中仅言民户若干，不言"奴户"、"奴隶"，是琼保·邦色、参哥米钦功劳太小，连得到一户奴隶的资格都没有吗？显然不是。合乎情理的解释只能是：这些场合下的"奴户"、"奴隶"、"民众"、"牧户"等在含义上当无多大区别，都只是在"领民"、"属民"或"编氓之民"的意义上使用的；可供赏赐的人，并不就是奴隶。其五，"赏赐农·准保者为其长兄农氏奴隶一千五百户"，此尤足以说明通过赏赐所进行的只是行政管理权的转移而非奴隶所有权的易手。因为兄弟间的财产授受承继是根本用不着国家插手的。其六，当时的吐蕃及邻近诸邦正处在国家正式形成的前夜（或已经正式形成），社会上无疑是有一

---

① 见王静如：《关于吐蕃国家时期的社会性质问题》，《中国民族问题研究集刊》第五辑。

部分奴隶存在的，如娘氏即为念·几松的家内奴隶。但这样的人多被用于家内仆役，奴役形式亦不怎么严酷，这有娘氏于受辱后可至森波杰墀邦松驾前申诉且表示"念氏之奴隶我实不愿为也"（王尧等译注：《敦煌本吐蕃历史文书》（汉文译文），民族出版社 1980 年版，第 128 页）可证。靠着这种不甚严酷的家内奴役形式，是无论如何也建立不起奴隶社会来的。

二、关于被俘唐人和占领区唐人的身份

吐蕃盛时，同唐王朝间发生过多次战争，虏获不少唐人。史载：

代宗永泰元年（公元 765 年）九月，"丁巳，吐蕃大掠男女数万而去，所过焚庐舍，蹂禾稼殆尽。"（《资治通鉴》卷二二三代宗永泰元年九月条）

代宗大历十年（公元 775 年）九月，"壬子，吐蕃寇临径。癸丑，寇陇州及普润，大掠人畜而去；百官往往遣家属出城窜匿。"（《资治通鉴》卷二二五代宗大历十年九月条）

德宗贞元二年（公元 786 年）八月，"丙戌，吐蕃尚结赞大举寇泾、陇、邠、宁，掠人畜，芟禾稼，西鄙骚然，州县各城守。"（《资治通鉴》卷二三二德宗贞元二年八月条）

德宗贞元三年（公元 787 年）八月，"贼遣羌、浑之众，衣汉戎服，伪称邢君牙之众，奄至吴山及宝鸡北界，焚烧庐舍，驱掠人畜，……百姓丁壮者驱之以归，羸老者咸杀之，或断首凿目，弃之而去。"九月，"吐蕃大掠汧阳、吴山、华亭等界人庶男女万余口，悉送至安化峡西，将分隶羌、浑，乃曰：'从尔辈东向哭辞乡国。'众遂大哭。其时一恸而绝者数百人，投崖谷死伤者千余人。"同月，"吐蕃攻陷华亭，……焚庐舍，毁城壁，虏士众十三四，收丁壮弃老而去。北攻连云堡，又陷。……吐蕃驱掠连云堡之众及邠、泾编户逃窜山谷者，并牛畜万计，悉其众送至弹筝峡。"（《旧唐书·吐蕃传下》）

德宗贞元四年（公元 788 年）五月，"吐蕃三万余骑犯塞，分入泾、邠、宁、庆、麟等州，焚彭原县廨舍，所至烧庐舍，人畜没者约二、三万，计凡二旬方退。"（《旧唐书·吐蕃传下》）

德宗贞元八年（公元 792 年）六月，"吐蕃千余骑寇泾州，掠田军千余人而去。"（《资治通鉴》卷二三四德宗贞元八年六月条）

遇俘唐人外，在吐蕃所占原属唐王朝的广大地区，自然还有更多的唐人。《沈下贤文集》卷十《贤良方正能直言极谏对策二》云："自轮海已东，神鸟、敦煌、张掖、酒泉，东至于金城、会宁，东南至于上邽、清水，凡五十郡、六镇、十五军，皆唐人子孙，生为戎奴婢，田牧种作，或丛居城落之间，或散处野泽之中。及霜露既降，以为岁时，必东望啼嘘，其感故国之思如此。"上书同卷

《西边患对》云：吐蕃"始下凉城时，围兵厚百里，伺其城既窘，乃令能通唐言者告曰：'吾所欲城耳，城中人无少长即能东，吾亦谨兵，无令有伤去者。'城中争喝曰：'能解围即东。'其后取他城尽如凉城之事。"《旧唐书·李晟传》亦谓："河、陇之陷也，岂吐蕃力取之，皆因将帅贪暴，种落携贰，人不能耕稼，辗转东徙，自弃之耳！"看来，河、陇地区失陷前汉人曾大量东徙。但即使这样，吐蕃陷河、陇后仍"得河、陇之士约五十万人。"（《资治通鉴》卷二二六德宗建中元年三月上命悉归吐蕃俘条下《考异》引沈既济《建中实录》）其他陷区的唐人，想来亦有相当一个数目。

人们习惯于认为："这些被俘唐人和占据地区的唐人"，都已沦为吐蕃人的奴婢，"不仅他们自身是奴婢，他们所生下的子孙也是吐蕃的奴婢"。[①]

这是讲不通的。

关于吐蕃占区广大唐人的情况，汉文史籍中虽不乏陷区"唐人子孙，生为戎奴婢"（前引《沈下贤文集》），吐蕃"得河、陇之士约五十万人，以为非族类也，无贤愚，莫敢任者，悉以为婢仆"（前引通鉴《考异》引沈既济《建中实录》）一类的记载，但略加品味便会发现那不过是汉族文人的敌忾、夸饰之辞，事实并非如此。第一，从常理上讲，吐蕃以西陲小邦君临唐地已经够不容易的了，若要进一步把这里的唐人置于奴隶境地（彻底剥夺其财产、人格），实力所不逮。第二，从史实看也远不是那么回事。《册府元龟》卷九八〇《外臣部·通好》云："沙州陷蕃后，有张氏世为州将。"《重修肃州新志》引《沙州千佛洞唐李氏再修功德碑》云："虽云流陷居戎，而不坠弓裘，暂冠蕃朝，犹次将军之列。"（此处碑文文句，方志所引不一，这里转自王忠《新唐书吐蕃传笺证》，科学出版社1958年版，第88页）《敦煌石室真迹录》丙卷《大蕃故敦煌郡莫高窟阴处士公修功德记》云："蕃朝改受得前沙州道门亲表部落大使，承基振豫，代及全安，六亲当五秉之饶，一家蠲十一之税，复旧来之井赋，乐已忘亡，利新益之园池，光流竞岁。"穆宗长庆二年（公元822年），唐遣会盟官员刘元鼎等去吐蕃，《新唐书·吐蕃传下》记其沿途所见云："元鼎逾成纪、武川，抵河广武粱，故时城郭未隳。兰州地皆粇稻，桃李榆柳岑蔚。户皆唐人，见使者麾盖，夹道观。"材料表明，吐蕃陷区的汉族地主阶级仍在政治上、经济上享有特权，仍不失其为地主阶级；兰州一带，仍然是林木禾稼繁茂，一派生机，原有的封建经济未遭怎样破坏；陷区一般民户，仍多聚居在原有的村落，耕织为生（从"户皆唐人"可知），丝毫不见有吐蕃"奴主"将他们重新编制、严密监督、强迫劳动的迹象。当然，做亡国奴的日子并不好过。《新唐书·吐蕃传下》记沙州降吐蕃后，"州人皆胡服臣房，每岁时祭父祖，衣中国之服，号恸而藏之。"《元氏长庆

---

① 见王静如：《关于吐蕃国家时期的社会性质问题》附录一之4，《中国民族问题研究集刊》第五辑。

集》卷二四《缚戎人》"眼穿东日望尧云，肠断正朝梳汉发"句自注云："延州镇李如暹，蓬子将军之子也。尝没西蕃，及归自云：蕃法唯正岁一日许唐人没蕃者服衣冠，如暹当此日，由是悲不自胜，遂与蕃妻密定归计。"《白氏长庆集》卷三《缚戎人》云："一落蕃中四十载，遣著皮裘系毛带，唯许正朝服汉仪，敛衣整巾潜泪垂，誓心密定归乡计，不使蕃中妻子知，暗思幸有残筋力，更恐年衰归不得。"《张司业诗集》卷七《陇头行》亦有句："去年中国养子孙，今著毡裘学胡语。"吐蕃统治者对被俘和占区唐人强制推行民族同化政策并施以种种欺凌、盘剥的事是少不了的，若进而谓吐蕃得唐人"无贤愚，莫敢任者，悉以为婢仆"，则显非事实。

俘虏的情况要复杂些，但亦绝不是全部降为奴隶。据现有材料，唐人为吐蕃虏获后，有下列种种去路：第一，放还。代宗大历十四年（公元779年）八月（时德宗已立，未改元），"命太常少卿韦伦持节使吐蕃，统蕃俘五百人归之。"德宗建中三年（公元782年）四月，吐蕃"放先没蕃将士僧尼等八百人归还，报归番俘也。"（《旧唐书·吐蕃传下》）说明唐、蕃间亦偶有交换放还战俘之事。第二，擢其才识，委以为官。赵璘《因话录》卷四有云："元和十五年，淮南裨将谭可则因防边为吐蕃所掠。……先是，每得华人，其无所能者，便充所在役使，辄黥其面；粗有文艺者，则涅其臂，以候赞普之命。得华人补为吏者，则呼为舍人。……凡在蕃六年，……视其臂一字尚存，译云：'天子家臣'。"臂上刺字，自然是一种屈辱；但"舍人"毕竟是一种官号，充其任者又自非奴隶可比。第三，用为兵。《旧唐书·吐蕃传下》云：德宗贞元四年（公元788年）五月，"吐蕃三万余骑犯塞，……先是，吐蕃入寇恒以秋冬，及春则多遇疾疫而退。是来也方盛署而无患，盖华人陷者，厚其资产，质其妻子，为戎虏所将而侵轶焉。"（《新唐书·吐蕃传下》、《资治通鉴》卷二三三德宗贞元四年五月条并载，所记略同）论者每以为这是"奴隶从军"，那是讲不通的。诚然，这些人被驱往战场并且是去进犯故国，无疑是被迫的；但他们既有妻室，且有一份并不算薄的资产，则其绝非奴隶又是毋待论而后明的。四，予以非奴隶制的役使。材料表明，吐蕃掠人时每有收丁壮、弃老弱（事见前）之举。说明他们要的是劳动力，是要拿回去供役使的。但役使可有种种不同形式，并不一定都是奴隶制的——一如人们通常所认为的那样。穆宗长庆二年（公元822年），刘元鼎奉使吐蕃，"至龙支城，耋老千人拜且泣，问天子安否？言：'顷从军没于此，今子孙未忍忘唐服，朝廷尚念之乎？兵何日来？'言已皆呜咽。密问之，丰州人也。"（《新唐书·吐蕃传上》）这些年已老迈、子孙在堂、且公然能在吐蕃使臣论讷罗亦在龙支城（刘元鼎赴吐蕃有论讷罗同行）的情况下上千人集体拜见唐朝大员的人，显然不会是奴隶身份。《旧唐书·崔宁传》载：吐蕃攻蜀，赞普诫其众曰："吾要蜀川为东府，凡伎巧之工皆送逻娑，平岁赋一缣而已。"为满足战争和奢侈生活所需，边疆落后民族的上层统治者对所得汉族工匠向来严加控制，限制其迁徙、改业等的自由（如北魏统治者之于"伎作户"），吐蕃统治者自然亦不例外；但这些拥有自己经济、平常年岁只须纳一匹帛赋税的手工业者，又绝非一无所有的奴隶可比。有材料表明，吐蕃治下，某些名为"奴隶"的人，实际上并不是严格意义上的奴隶。英人托马斯整理之《新疆发现之吐蕃文书》载："在当妥关、弃札、穹恭和桑恭三人分派奴隶，举凡他们的人名、家庭、职业及如何纳税等分别予以登记。"（汉译文据王忠《新唐书吐蕃传笺证》，科学出版社 1958 年版，第 115 页）《敦煌本吐蕃历史文书》亦有"狗年"（公元 746 年）"收集已摊派之一切奴户之赋税"（王尧等译注：《敦煌本吐蕃历史文书》（汉文译文），民族出版社 1980 年版，第 118 页）的记载。衣食自营、仅须向主人或国家纳税的人当然不是奴隶。范文澜先生说这类人"不是纯粹奴隶而是农奴性质的贱民"，[①] 可能更近乎事实些。虽不能确知这类纳税"奴隶"属何种族，但吐蕃既行此法，它也自然会施用到唐人俘虏头上的。观上所述可知，吐蕃对于虏掠来的唐人中的相当一个部分，并不是在奴隶制下予以役使的。第四，降为奴隶。前引赵璘《因话录》卷四有吐蕃"每得华人，其无所能者，便充所在役使，辄黥其面"的记载。《敦煌本吐蕃历史文书》亦言及松赞干布之妹出嫁时曾以"奴仆"陪嫁（该书民族出版社 1980 年版，第 145 页）。这说明，吐蕃社会中无疑是有一定数量奴隶存在的。他们大都来自包括唐俘在内的外族俘虏。《文苑英华》卷六一四苏颋《谏銮驾亲征表（第二表）》云："吐蕃之入也，惟趣羊马，不至杀掠，于人但剥体取衣。"又前引《沈下贤集》卷十《西边患对》亦谓："闻其始下涼城时，围兵厚百里，伺其城既窘，乃令能通唐言者告曰：'吾所欲城耳，城中人无少长即能东，吾亦谨兵，无令有伤去者。'城中争咠曰：'能解围即东。'其后取他城尽如涼城之事。"据此，则吐蕃侵唐似主要着眼于财物的掠取，本不甚注重人手的虏获的。所虏唐人既不算太多，且遇虏者亦未必尽降为奴隶，所以，吐蕃社会中所拥有的唐人奴隶数也就绝不至为数很多。在长期的阶级社会中，在一定限度内以战败者为奴的事总是有的，它同所在社会是不是奴隶社会并无多大关系，如和吐蕃同时代的唐王朝，亦每有掠外族人为奴之事，[②] 可谁都知道，唐王朝并没有因此而构成为奴隶社会，为什么拥有外族奴隶（不问其多少）的吐蕃就一定得是奴隶社会呢？

---

① 《中国通史简编》修订本第三编第二册，人民出版社 1965 年版，第 472 页。

② 《旧唐书·吐蕃传下》："蜀帅上所获戎俘，有司请准旧事颁为徒隶，上曰：'要约著矣，言庸二乎！'乃各给缣二匹、衣一袭而归之。"事虽未果，但从有司的奏请看，传统的"以俘为奴"（自然不是全部）制度在唐朝还是继续奉行的。《资治通鉴》卷二一〇睿宗景云元年（公元 710 年）载："姚州群蛮，先附吐蕃，摄监察御史李知古请发兵击之；既降，又请筑城，列置州县，重税之。黄门侍郎徐坚以为不可，不从。知古发剑南兵筑城，因欲诛其豪帅，掠子女为奴婢。群蛮怨怒，蛮酋傍名引吐蕃攻知古，杀之，以其尸祭天。"类似的记载，还有一些，兹不一一列举。

三、关于臣服于吐蕃的其他少数族的地位

为吐蕃征服诸族须在政治上臣事吐蕃并在经济上受其剥削，这是毫无疑问的，但却没有任何材料足以证明这些人已沦为吐蕃的种族奴隶。《吕叔和文集》卷二《蕃中答退浑词序》云："退浑部落尽在，而为吐蕃所鞭挞"。其实，被征服后得以保持其"部落"者，是一种普遍现象，非吐谷浑（退浑）一族如此。种落的保存，说明原有的社会结构基本未遭破坏；对这类人，任何征服者都是无法将之置于奴隶的境地的。《新唐书·回鹘传上》中有一段话，作：

初，安西、北庭自天宝末失关、陇，朝贡道隔。……贞元二年，元忠等所遣假道回鹘乃得至长安。……自是，道虽通，而房求索无浃。沙陀别部六千帐，与北庭相依，亦厌房衰索，至三葛禄、白眼突厥索臣回鹘者尤怨苦，皆密附吐蕃，吐蕃因沙陀共寇北庭，颉干伽斯与战，不胜，北庭陷。

北庭诸部对回纥人的贡献勒索尚且不能忍受，又怎么能够主动地转而投向"吐蕃奴隶主"的怀抱？那是不可想象的。这也恰好从另外一个侧面佐证了吐蕃人没有对归附诸族实行奴隶制的剥削。关于吐蕃统治者如何对待被征服族的问题，《敦煌本吐蕃历史文书》为我们保留了一些虽略嫌零散但却极为重要的材料。兹略举数例如下：

"墀松赞赞普之世，灭'李聂秀'，将一切象雄部落均收于治下，列为编氓。"（王尧等译注：《敦煌本吐蕃历史文书》（汉文译文），民族出版社 1980 年版，第 101 页）

"蛇年"（公元 669 年），"吐谷浑诸部前来致礼，征其入贡赋税。"（上书，第 103 页）

"猴年"（公元 696 年），"大论钦陵于吐谷浑之西古井之倭高儿征吐谷浑大料集。"（上书，第 107 页）

"虎年"（公元 702 年），"征孙波茹大料集。"（上书，第 109 页）

"鼠年"（公元 724 年），"征羊同国大料集。"（上书，第 114 页）

"狗年"（公元 734 年），"征集吐谷浑之青壮兵丁。"（上书，第 116 页）

"蛇年"（公元 741 年），"征克若木之大料集。"（上书，第 117 页）

墀都松（器弩悉弄）赞普当国时，"权位高于往昔诸王，突厥等天下别部均一一降归治下，征其贡赋。""后，赞普又推行政令及于南诏，使白蛮来贡赋税，收黑蛮归于治下。"（上书，第 141 页）

墀松德赞（乞立赞）赞普时，"白兰·野扎列息领兵北征，于'木宗'地方击退来犯之敌，农谷以下各部收归天命之王治下，抚为编氓。""韦·赞热咄陆等，引军攻小城以上各部，连克一十八城，守城官员均收归编氓，国威远震，陇

山山脉以上各部，均入于掌握矣！设置五道节度使，新置一管辖区域广宽之安抚大使。""此赞普陛下，深沉果断，政基巩固，由此德威远播，天下之别部国王均纳贡赋，小邦收抚为编氓。""此王之时，没庐·墀苏菇木夏领兵北征，收服于阗归于治下，抚为编氓并征其贡赋。"（上书，第 144 页）

"编氓"，即"庶民"、"黎民"、"国家编户"。"大料集"，王尧先生等的解释是："大料集，吐蕃奴隶制政权建设中的一项重要措施，检阅军事实力，征集兵马，征集粮单，征集后备兵丁，并划定负担范围。"（上书第 208 页）实即兵员和军资的征发。从上引材料可以看出，诸族为吐蕃屈服后，或称臣纳贡（远处大国），或归于治下，列为编氓，承受吐蕃人的赋税以及兵徭之役的剥削（近处小邦）；成批地、整族整族地降为奴隶的事一个也没有。

四、关于"人殉"、"人祭"

吐蕃有"人殉"、"人祭"制度，史有明文。关于"人殉"，史有：

"其赞普死，以人殉葬，衣服珍玩及尝所乘马弓剑之类，皆悉埋之。"（《旧唐书·吐蕃传上》）

以人殉葬，还不仅限于"赞普"，大臣贵人亦往往用之：

"器弩悉弄既长，欲自得国，渐不平"，乃发兵讨久专国政之权相钦陵，"未战，钦陵兵溃，乃自杀，左右殉而死者百余人。"（《新唐书·吐蕃传上》。《旧唐书·吐蕃传上》作："其亲信左右同日自杀者百余人。"）

穆宗长庆二年（公元 822 年）唐会盟使刘元鼎赴吐蕃时，曾于逻些南百里处见一贵人墓地。元鼎曾略为述其情状云：

"山多柏，坡皆丘墓，旁作屋，赪涂之，绘白虎，皆虏贵人有战功者。生衣其皮，死以旌勇。殉死者瘗其旁。"（《新唐书·吐蕃传下》）

一提到殉葬，人们往往很自然地联想起奴隶和奴隶社会来。这是没有根据的。为钦陵殉死的百多人，是他生前的"亲信左右"，且是"自杀"的，全然不见奴隶的影子。关于赞普死以人为殉的情况，史籍亦有具体记载：

"其君与臣自为友，号曰共命人。其数不过五人。君死之日，共命人皆日夜纵酒。葬日，于脚下针，血尽乃死，便以殉葬。又有亲信人，用刀当脑缝锯，亦有将四尺木，大如指，刺两肋下，死者十有四五，亦殉葬焉。"（《通典》卷一九〇《边防》六《吐蕃》）

同样是近臣亲信为殉，不用奴隶。

关于"人祭"，亦见诸史籍：

"赞普与其臣岁一小盟，用羊、犬、猴为牲；三岁一大盟，夜肴诸坛，用人、马、牛、间（驴或一种似驴之兽）为牲。凡牲必折足裂肠陈于前，使巫告神曰：

'渝盟者有如牲。'"（《新唐书·吐蕃传上》。大盟用"人"，《通典》卷一九〇
《边防》六、《文献通考》卷三三四《四裔》十一"吐蕃"条下所记并同，唯
《旧唐书·吐蕃传上》作"犬、马、牛、驴"，不言用"人"。）

此处用为祭牲之"人"究系何种身份，由于史文未作交待，不便妄测；而从
历史上其他诸多材料看，此种场合下之用人，大抵以所俘之敌或所掠外族人为
之，很少有使用奴隶的。关于人殉、人祭中基本不用或全然不用奴隶以及为什么
不能用人殉、人祭的存在去论证所在社会的奴隶制性质这个问题，我已在一篇文
章中作过论述①，此不具论。总之，吐蕃社会中虽存有人殉、人祭现象，但它同
吐蕃是不是奴隶社会并无直接关系。

五、关于"奴隶起义"

为了证明吐蕃是奴隶社会，人们还曾从有关史籍中挖掘出奴隶大起义的材料
来，并认为正是这种起义"全面瓦解"了吐蕃的"奴隶制社会"。② 这样的材料，
一共是两条，一是发生在公元 869～877 年的全藏大起义，二是 9 世纪 40 年代论
恐热乱以来甘、青地区"嗢末"（"浑末"）部的活动。前者，是一场交织着溃兵
滋扰、上层内争和人民反抗的全国性骚乱③，本质上是一场以农、牧民为主体的
"平民起义"（"འབངས་ཀྱི་ལོ"音译"邦金洛"，直译"人民（下臣、仆人）叛
上"，可译"平民起义"、"百姓起义"或"黎民起义"）。其中虽不免有部分奴
隶参加（历史上的不少次农民起义都有一定数量的奴隶参加，这是正常的，没什
么好奇怪的），但那不是主流。有些研究者径行把这次斗争称作"奴隶平民大起
义"④，不适当地夸大了奴隶成分的作用，显然是不合适的。"嗢末"人原来的
社会身份及其反吐蕃活动的性质问题比较复杂些。关于它，史书仅有如下简略
记载：

"浑末，亦曰嗢末，吐蕃奴部也。虏法，出师必发豪室，皆以奴从，平居散
处耕牧。及恐热乱，无所归，共相啸合数千人，以嗢末自号，居甘、肃、瓜、
沙、河、渭、岷、廓、叠、宕间，其近蕃牙者最勇，而马尤良云。"（《新唐书·
吐蕃传下》）

《资治通鉴》卷二五〇懿宗咸通三年（公元 862 年）末条：

"是岁，嗢末始入贡。嗢末者，吐蕃之奴号也。吐蕃每发兵，其富室多以

① 参见拙作：《商代奴隶社会说质疑》一文的第二部分，载于《人文杂志》1982 年 5 月增刊《先秦
史论文集》。
② 王辅仁、索文清编著：《藏族史要》，四川民族出版社 1980 年版，第 41 页。
③ 参见王忠：《新唐书吐蕃传笺证》，科学出版社 1958 年版，第 157 页提法。
④ 王辅仁、索文清编著：《藏族史要》，四川民族出版社 1980 年版，第 40 页。

奴从，往往一家至十数人，由是吐蕃之众多。及论恐热作乱，奴多无主，遂相纠合为部落，散在甘、肃、瓜、沙、河、渭、岷、廓、叠、宕间，吐蕃微弱者反依附之。"

"嗢末"人利用达磨赞普死后吐蕃上层内争不已、大相论恐热与鄯州节度使尚婢婢在河湟一带互相攻伐、彼此削弱的动乱时机背蕃降唐一事已足以说明他们在吐蕃治下的无权的、被奴役的地位，但这些人究竟是不是奴隶还难以一口说定。从一个方面来说，他们有可能原是富家豪室的家内奴隶，主人从军，他们也随侍左右，以充护卫，以备驱遣。但也有另外一种可能，即不是奴隶的可能。我之所以有这样的怀疑是基于如下诸端：其一，从前引《新疆发现之吐蕃文书》"在当妥关，弃札、穿恭和桑恭三人分派奴隶，举凡他们的人名、家庭、职业及如何纳税等分别予以登记"看，吐蕃人是把仅须向主人"纳税"的人也叫"奴隶"的；而实际上，这样的人根本不能算是"奴隶"，把他们视为"农奴性质的贱民"（前引范文澜先生语），似乎更合适些。其二，《敦煌本吐蕃历史文书》有"狗年"（公元746年）"收集已摊派之一切奴户之赋税"（王尧等译注：《敦煌本吐蕃历史文书》（汉文译文），民族出版社1980年版，第118页）的记载。这些须向国家交纳"赋税"的人很可能属国有农奴一类，吐蕃人居然也把他们叫做"奴户"，这就再一次证明了吐蕃人口中的"奴隶"往往并不是真正的奴隶。其三，《敦煌本吐蕃历史文书》又有"虎年"（公元654年）"区分'桂''庸'，为大料集而始作户口清查"（王尧等译注：《敦煌本吐蕃历史文书》（汉文译文），民族出版社1980年版，第101~102页）的记载。"桂""庸"乃古藏文之音译，过去学者多从法人巴考等释为"未驯和已驯的人"，王尧先生等则认为"桂"指"武士阶级，参加军旅之战斗人员"，"庸""为奴隶，随军的后勤人员，专门从事生产的奴隶"（上引王尧等译注《敦煌本吐蕃历史文书》第167页）。准此，则"奴隶"随军充当夫役实吐蕃定制；"嗢末"也者，很可能就是这些"庸"们。而据上述一、二两项，吐蕃人所言之"奴隶"往往不是真正的奴隶，把这种种因素联系起来考虑，事情便很可能是这样的，即："嗢末"或"庸"之类，并不是什么奴隶，而是"农奴"或近乎农奴身份的其他封建依附人户。这些人平时须向国家（国有农奴）或领主（私家农奴）交纳租税，提供劳役，战时则须作为夫役（一如西夏军队中的"负担"，"负担者，随军杂役也"，并非奴隶，事见《宋史·夏国传下》）编入军队，或以私家农奴的身份伴随主人左右，为主人提供护卫、仆役以至耕、牧（吐蕃军队长期驻防河湟一带，故且战且垦，带有一定"军屯"性质）一类的服务。要之，"嗢末"是不是奴隶，尚难判定；退一步说，即使是奴隶，凭着这数千人之众，亦难以证明吐蕃为奴隶社会，更谈不上靠他们去动摇吐蕃的奴隶制社会了。

综前所述，吐蕃社会中虽有奴隶，但为数不多，且多属家内仆役，于社会生产关系不大①。另有一部分所谓"奴户"，是从事生产的，但这些人既有自己的家室、经济，受的是"赋税"剥削，则事实上远非奴隶，而是农奴或近乎农奴一类的劳动者。这样的人，数量也不会很多。在吐蕃社会中，数量最多、充当社会生产主要承担者角色的是广大的普通农、牧民。关于他们的社会地位和生活状况，《敦煌本吐蕃历史文书》中有如下的记述：

南木日伦赞时，"赞普君臣民庶大酺饮宴"。（王尧等译注：《敦煌本吐蕃历史文书》（汉文译文），民族出版社 1980 年版，第 133 页）

灭森波杰墀邦松后，"岩波地方之民庶以及韦·义策等人乃上赞普尊号。云：'政比天高，盎（权势）比山坚，可号南木日伦赞（天山赞普）。'"（上书，第 132 页）

"牛年"（公元 653 年），"定牛腿税"，"征收农田贡赋。"（上书，第 101 页）

"狗年"（公元 686 年），"定裹·蒙恰德田地之贡赋。"（上书，第 105 ~ 106 页）

"猪年"（公元 687 年），"定大藏之地亩税赋。"（上书，第 106 页）

"龙年"（公元 692 年），"收'苏毗部'（孙波）之关卡税。"（上书，第 107 页）

"猴年"（公元 696 年），"调集青壮兵丁多人。"（上书，第 108 页）

"猴年"（公元 708 年），"对'平民'征集黄金赋税颇多。"（上书，第 110 页）

"羊年"（公元 719 年），"征集三茹王田之土地赋税、草料赋税。"（上书，第 112 页）

"猴年"（公元 720 年），"征集大藏之王田全部土地贡赋。"（上书，第 113 页）

"虎年"（公元 726 年），"征宫廷直属户税赋。"（上书，第 114 页）

"猪年"（公元 735 年），"征抽丁壮。"（上书，第 116 页）

"猴年"（公元 744 年），"进行征兵点兵大料集。"（上书，第 117 页）

"狗年"（公元 746 年），"依赞普诏令：将东岱（千户所）列乌套那地方之差役负担者另行拨出。大论以下各官员均申誓言，严切诏告，减轻庶民黔首之赋税。"（上书，第 117 页）

松赞干布之世，"黔首民庶高下尊卑不逾不越。轻徭薄赋，安居乐业。"（上书，第 150 页）

从上述零星记载中可以看出：这些农、牧民们，有一定的政治权利和社会地位，他们是小私有主，是社会的主要生产工作者，受以赞普为代表的各级领主包括土地税、牧业税、草料税、关卡税以及兵役、差役等在内的多种剥削。这类剥

---

① 段成式：《酉阳杂俎续集》卷七《金刚经鸠异》云：代宗"永泰初，丰州烽子暮出，为党项缚入西蕃易马。蕃将令穴肩骨，贯以皮索，以马数百蹄配之。经半岁，马息一倍，蕃将赏以羊革数百。"据此，吐蕃似亦有牧奴。不过，由于牧业生产场所的流动性、分散性，在这种经济形式中是不可能大量使用奴隶劳动的；丰州烽子的遭遇，当是个别现象，并不具有普遍意义；且既言"马息一倍"、"赏以羊革数百"，则其是不是严格意义上的奴隶也还是个问题。

削，无疑是封建性的，是封建国家对一般编户——广大农、牧业劳动者的封建性剥削。

关于吐蕃社会经济结构和阶级关系的具体情况，我们虽至今所知甚少，但从以上的初步分析看，这个政权对广大劳动人民（不管是本族的还是被征服族的）所实行的榨取形式主要地并不是奴隶制的，而是封建性的。奴隶制的奴役形式虽然也有，却远不是社会经济生活中的主流。据此，我们似乎有理由说：吐蕃一进入阶级社会便是封建性的；在吐蕃的历史上，从不曾有过奴隶社会发展阶段。

（原载《青海师范学院学报》1983 年第 4 期）

南诏与奴隶制

—— "从少数民族史看初始阶级社会的非奴隶
制性质"专题研究之六

云南远离中原，境内山水阻隔，民族成分复杂，经济文化发展长期处于落后状态，延至唐初，迄未出现强大而统一的区域性政权。

公元 7 世纪中叶以后，以洱海为中心的地区出现了六诏分立的局面。从"各据山川，不相役属"（《通典》卷一八七《边防》三《松外诸蛮》）的分散状态到六个粗具国家雏形的较大政治集团的出现，是魏晋以来这个地区社会经济文化有了一定程度发展的结果。8 世纪 30 年代，六诏之一的南诏（蒙舍诏）在唐王朝的支持下次第并灭诸诏，建立起统一的南诏政权。①

南诏王室蒙姓，系出乌蛮，但大臣如清平官、大军将、城镇节度使、六曹长等，则大都由白蛮大姓充当，人民亦多为白蛮。南诏初统一时，范围尚局限于滇西洱海一带。尔后，即不断四向略地，陆续将云南及其邻近广大地区的乌、白蛮以及汉、傣、苗、僚各族人等置于治下。当其最盛时，势力所反，"东距爨（滇东的东、西爨地区），东南属交趾（今越南北部），西摩伽陀（在今印度境），西北与吐蕃接，南女王（今泰国北部之南奔），西南骠（在今缅甸曼德勒地区），北抵益州（以大渡河为界），东北际黔巫（今贵州遵义一带）"（《新唐书·南诏传上》），国势之盛，在我国南疆少数族政权史上，实属空前，亦为后来继起之大理国所不及。

在对外关系上，南诏在立国后的近百年时间内，交替依附于更为强大的唐与吐蕃，进入 9 世纪 30 年代，始摆脱屈从地位，开始其相对独立发展时期。但随

---

① 关于蒙舍诏之并灭五诏，《南诏野史》指为开元十八年（公元 730 年）事，《资治通鉴》则系此事于开元二十六年（公元 738 年）。后世治南诏史者多从《通鉴》说。然据已故著名民族史学者马长寿先生考证，诸诏之灭，"以蒙巂诏为最早，在开元初年或开元以前就被南诏灭亡了。……最后被吞并者为浪穹诏，时间在贞元十年。……前后有八十年以上"。（《南诏国内的部族组成和奴隶制度》，上海人民出版社 1961 年版，第 61 页）不过，即依马长寿先生的考证，浪穹诏之最后被灭虽在贞元十年（公元 794 年），但那已是徙地（北徙剑川）易名（改称剑浪）后之事；事实上，开元二十五年（公元 737 年）蒙舍诏之粉碎"三浪"（遵睒诏、施浪诏、浪穹诏）的联合进攻，据有其地，已标志着其并灭五诏（前此已灭蒙巂诏、越析诏）、合六诏为一过程的实现已完成，故统一的南诏政权的建立仍得视为 8 世纪 30 年代末之事。

着一系列对外战争的胜利和统治区的不断扩大，武人权臣也愈益得势，这便为内乱种下了祸根。公元902年，权臣郑买嗣弑幼主并起兵杀蒙氏亲族八百人，南诏灭。自8世纪30年代末皮逻阁统一六诏起，至公元902年郑买嗣弑主篡立，南诏国的历史首尾凡一百六十余年。

对南诏社会性质的认识，学者间虽有分歧，但"南诏奴隶社会论"却始终占居优势，长期支配着南诏史的研究。笔者认为，南诏亦同历史上其他民族的早期阶级社会一样，其中虽有奴隶存在，但绝不是什么奴隶社会。

下面，试剖析"南诏奴隶社会论"的几条主要论据，以证其论之不能成立。

一、关于俘虏问题

南诏奴隶社会论者在论证南诏的奴隶制社会性质时，同样在很大程度上倚重对外战争中的俘虏。有的论著在估算南诏的奴隶数量时，甚至迳行以俘虏数为奴隶数，把俘虏等同于奴隶。这是没有根据的。下面，我们就来看看史书关于这方面的情况究竟是如何记述的：

玄宗天宝九年（公元750年），南诏主阁罗凤发兵攻云南太守张虔陀，"杀之，取姚州及小夷州凡三十二。"明年，剑南节度使鲜于仲通"自将出戎、巂州，分二道进次典州、靖州，阁罗凤遣使者谢罪，愿还所虏。"（《新唐书·南诏传上》）。

天宝十年（公元751年）"夏，四月，壬午，剑南节度使鲜于仲通讨南诏蛮，大败于泸南。……进军至西洱河，与阁罗凤战，军大败，士卒死者六万人，仲通仅以身免。"（《资治通鉴》卷二一六玄宗天宝十载四月条）

天宝十二年（公元753年），唐"再置姚府，以将军贾瓘为都督"，阁罗凤合吐蕃兵来攻，"信宿未逾，破如拉朽，贾瓘面缚，士卒全驱。"（《南诏德化碑》）

天宝十三年（公元754年）六月，"侍御史、剑南留后李宓将兵七万击南诏。阁罗凤诱之深入，至大（一作"太"）和城，闭壁不战。宓粮尽，士卒瘴疫及饥死什七八，乃引还，蛮追击之，宓被擒，全军皆没。杨国忠隐其败，更以捷闻，益发中国兵讨之，前后死者凡二十万人。"（《资治通鉴》卷二一七玄宗天宝十三载八月条。按：李宓所将之兵，《新唐书·南诏传上》作"十万"。又，李宓战败后《通鉴》谓其被擒，《南诏德化碑》则言"沉江"而死。皆未知孰是。）

肃宗至德元年（公元756年），南诏乘唐安史乱起，合吐蕃兵共寇巂州，夺大片唐土，"越巂固拒被夷，会同请降无害。子女工帛，百里塞途，牛羊积储，一月馆谷。"次年，唐"复置越巂，以杨廷琎为都督，兼固台登"，南诏复合吐蕃

来犯，"越嶲再扫，台登涤除，都督见擒，兵士尽掳。"（《南诏德化碑》）

文宗大（一作"太"）和三年冬十一、十二月（当公元829年底至830年初），嵯巅"悉众掩邛、戎、嶲三州，陷之。入成都，止西郭十日，慰赉居人，市不扰肆。将还，乃掠子女、工技数万引而南，人惧自杀者不胜计。救兵逐，嵯巅身自殿，至大渡河，谓华人曰：'此吾南境（按：据《通鉴》卷二四四及《旧唐书·杜元颖传》当作"此南吾境"），尔去国当哭。'众号恸，赴水死者十三。南诏自是工文织，与中国埒。"（《新唐书·南诏传下》）

懿宗咸通二年（公元861年）秋七月，"南诏攻邕州，陷之"，"二十余日，蛮去"，"城邑居人什不存一。"（《资治通鉴》卷二五〇懿宗咸通二年七月条）

咸通元年、四年（公元860、863年）"南诏两陷交趾，所杀虏且十五万人。"（《资治通鉴》卷二五〇懿宗咸通四年正月条）

以上是南诏在对唐王朝的几次规模较大战争中的虏获情况，下面再看对其他诸族（国）的虏获：

"蛮贼太和六年劫掠骠国，虏其众三千余人，隶配柘东，令之自给。"（《蛮书》卷十。按：下引《蛮书》，文字、卷次悉依中华书局1962年版向达先生《蛮书校注》，惟句读标点略有不同）

"弥诺国、弥臣国，皆边海国也。……太和九年，（南诏）曾破其国，劫金银，掳其族三、二千人，配丽水淘金。"（《蛮书》卷十）

这些，便是南诏在历次较大规模对外战争中的虏获情况。这些记述，能说明什么呢？若不带奴隶制的先入之见，不加帮衬解释的话，我们只不过从中再一次看到了古往今来历史上一种屡见不鲜的现象——不同政权间的战争及战争中对人和物的掠夺；而所有这些，又同一个社会是不是奴隶社会并无多大关系。无可否认，南诏是从对外战争中虏获了一定数量的人，但没有任何证据足以证明这些人全都成了南诏的奴隶。《旧唐书·南诏蛮传》载：

有郑回者，本相州人，天宝中举明经，授嶲州西泸县令。嶲州陷，为所虏。阁罗凤以回有儒学，更名曰蛮利，甚爱重之，命教凤迦异。及异牟寻立，又命教其子寻梦凑，……回得箠挞，故牟寻以下皆严惮之。蛮谓相为清平官，凡置六人。牟寻以回为清平官，事皆咨之，秉政用事。余清平官五人，事回卑谨，或有过，回辄挞之。

俘虏而得拜高官，自然不是普遍现象，为数不会很多，然据杨慎《滇载记》称，南诏之封五岳四渎及设官分职，"皆中国降人为之经画"，则受宠信、为其所用者又似并非绝无仅有，南诏主身边很可能置有相当一部分汉族士人官僚，以备顾问，为之经画。

另有一部分俘虏，经交涉后放还或以财物赎还。如前述大和三年之役遇虏的众多唐人中，就有数千人于大和五年由西川节度使李德裕经手索回。《通鉴》记此次所俘情况云：

文宗太和（一作"大和"）五年（公元831年）五月"丙辰，西川节度使李德裕奏遣使诣南诏索所掠百姓，得四千人而还。"（《资治通鉴》卷二四四文宗太和五年五月条）

关于此事，诸书多有反映，唯所记人数略有出入。[①] 后来，唐廷还曾为索还大和三年为南诏所虏之前嶲州録事参军陈元举及其家口事敕书南诏清平官段琮傍等（见《文苑英华》卷四七〇封敕《与南诏清平官书》）。

以上是官方经由外交途径索还者。另据《新唐书·吴保安传》："蛮之俘华人，必厚责财，乃肯赎。"知唐人遇虏后亦有用财物赎还者。

有相当一部分俘虏在南诏治下或务农（作"佃人"），或作工（"淘金"等），受剥削自不待言，但从种种迹象看，这些人也还不尽是奴隶身份（说见后），如从骠国劫掠来的三千人，隶配柘东后，"令之自给"，这显然不是奴隶身份。

沦为南诏人奴隶的俘虏，自然也有。《新唐书·吴保安传》载：

吴保安，字永固，魏州人。气挺特不俗。睿宗时，姚、嶲蛮叛，拜李蒙为姚州都督。宰相郭元振以弟之子仲翔托蒙，蒙表为判官。时保安罢义安尉，未得调，以仲翔里人也，不介而见曰："愿因子得事李将军可乎？"仲翔虽无雅故，哀其穷，力荐之。蒙表掌书记。保安后往，蒙已深入，与蛮战没，仲翔被执。蛮之俘华人，必厚责财，乃肯赎。闻仲翔贵胄也，求千缣。会元振物故，保安留姚州，营赎仲翔，苦无赀。乃力居货，十年得缣七百。妻子客遂州，间关求保安所在，困姚州不能进。都督杨安居知状，异其故，资以行，求保安得之。引与语曰："子弃家急朋友之患至是乎！吾请贳官赀助子之乏。"保安大喜，即委缣于蛮，得仲翔以归。始，仲翔为蛮所奴，三逃三获，乃转鬻远酋，酋严遇之，昼役夜囚，没凡十五年乃还。

《太平广记》卷一六六《气义》一《吴保安》更详记郭仲翔在蛮洞为奴之痛苦遭遇云：

初，仲翔之没也，赐蛮首为奴。其主爱之，饮食与其主等。经岁，仲翔思北，因逃归。追而得之，转卖于南洞。洞主严恶，得仲翔，苦役之，鞭笞甚至。仲翔弃而走，又被逐得，更卖南洞中，其洞号菩萨蛮。仲翔居中经岁，困厄复走，蛮又追而得之，复卖他洞。洞主得仲翔，怒曰："奴好走，难禁止耶。"乃取两板，各长数尺，令仲翔立于板，以钉自足背钉之，钉达于木。每役使，常带二木行，夜则纳地槛中，亲自锁闭。仲翔二足经数年疮方愈。木锁地槛如此七年，

---

① 此言"四千"，《通鉴考异》引李德裕《西南备边录》则言"男女五千三百六十四人"，《李卫公会昌一品集》卷十二《第二状奉宣令更商量奏来者》作"三千三百人"，《旧唐书·李德裕传》作"四千余人"，《新唐书·李德裕传》作"四千人"。

仲翔初不堪其忧。保安之使人往赎也，初得仲翔之首主，展转为取之，故仲翔得归焉。

郭仲翔已沦落为奴，这是千真万确的事实，没有人能够否认。问题是：这样的人究竟有多少？是不是所有的、至少是大多数的战俘都已转化为奴隶？这些奴隶是主要用之于家内杂役呢，还是用之于社会生产？这才是问题的症结之所在。否则，任何讨论都会变得没有意义。因为，在家内仆役形式下役使一定数量的战俘，早在原始社会末期就有，在长期的封建社会中也一直存在，它同一个社会是不是奴隶社会实在没有多大干系。而据现有的材料，我们是无法作出南诏已把大多数战俘降为奴隶的结论来的，也难以把郭仲翔式的人物断为生产奴隶——相反，倒是有迹象表明这类人原不过是南诏富贵之家的家内仆役（开始时，"其主爱之，饮食与其主等"，自不会是生产奴隶，当为近身爱仆之类；后来，钉足于木板，"常带二木行"，自然也无法去耕作、放牧，显系粗作厮役之属）。

总之，俘虏的情况是复杂的，须作具体分析；靠着战争和战俘的存在是建立不起奴隶社会来的。唐王朝在对南诏的战争中，亦多有俘获；唐朝官吏李知古亦曾在姚州蛮人中"掠子女为奴婢"（《资治通鉴》卷二一〇睿宗景云元年）；安史之乱中，史思明部"每破一城，城中衣服、财贿、妇人皆为所掠。男子，壮者使之负担，羸、病、老、幼皆以刀槊戏杀之。"（《资治通鉴》卷二一九肃宗至德元载十月条）这种种行为，同南诏对唐以及其他族的虏掠并没有什么两样，我们难道能够据此说唐王朝也是奴隶社会吗？

二、关于"徙民"的身份

南诏曾对占区唐人和一些被征服族，强制推行移徙政策，史载：

"弄栋城在故姚州川中，……悉无汉人。姚州百姓陷蛮者，皆被移隶远处。"（《蛮书》卷六）

"西爨，白蛮也。东爨，乌蛮也。……阁罗凤遣昆川城使杨牟利以兵威胁西爨，徙二十余万户于永昌城。……乌蛮种类稍稍复振，后徙居西爨故地。"（《蛮书》卷四）

"弄栋蛮，……本姚州弄栋县部落。……贞元十年，南诏异牟寻领兵攻破吐蕃城邑，收获弄栋城，迁于永昌之地。"（《蛮书》卷四）

"裳人，本汉人也，部落在铁桥北，……初袭汉服，后稍参诸戎风俗，……贞元十年，南诏异牟寻领兵攻破吐蕃铁桥节度城，获裳人数千户，悉移于云南东北诸川。"（《蛮书》卷四）

"长裈蛮，本乌蛮之后，部落在剑川，属浪诏。……南诏既破剑浪，遂迁其部落，与施、顺诸蛮居，养给之。"（《蛮书》卷四）

"河蛮，本西洱河人，……及南诏蒙归义攻拔大厚城，河蛮遂并迁北，皆羁制于浪诏。贞元十年，浪诏破败，复徙于玄南东北柘东以居。"（《蛮书》卷四）

"磨蛮，亦乌蛮种类也。铁桥上下及大婆、小婆、三探览、昆池等川，皆其所居之地也。……南诏既袭破铁桥及昆池等诸城，凡虏获万户，尽分隶昆川左右，及西爨故地。"（《蛮书》卷四）

"施蛮，本乌蛮种族也。铁桥西北大施赕、小施赕、剑寻赕皆其所居之地。……贞元十年南诏攻城邑，虏其王寻罗并宗族置于蒙舍城，养给之。顺蛮，本乌蛮种类，……在剑寻赕西北四百里，男女风俗，与施蛮略同。其部落主吐蕃亦封王。贞元十年，南蛮异牟寻虏其王傍弥潜宗族，置于云南白岩，养给之。其施蛮部落百姓，则散隶东北诸川。"（《蛮书》卷四）

"柘东城，广德二年凤伽异所置也。其地汉旧昆川。故谓昆池。……贞元十年，南诏破西戎，迁施、顺、磨些诸种数万户以实其地。又从永昌以望苴子、望外喻等千余户分隶城傍，以静道路。"（《蛮书》卷六）

人们说："这样大规模的迁徙移民，只有在奴隶制掠夺经济的情况下才易进行"[1]，"南诏这种大规模的种族迁移是为其奴隶制服务的"，"南诏政权用武力迫使各族人民离开世代耕种的土地，使之处于完全丧失生产资料而降为生产奴隶的地位"。[2]

我认为，这都是讲不通的。首先，"大规模的迁徙移民"，同社会制度并无直接联系，更非奴隶制所特有。如秦时，就曾徙五十万人南戍五岭，徙三万户至北河、榆中一带屯垦。汉武帝时，曾募民十万口徙于朔方，迁关东贫民七十二万余口实陇西、北地、西河、上郡之地；公元前121年，匈奴浑邪王率部归汉后，西汉政府亦曾徙其众于西北边塞之外，因其故俗为五属国。北魏立国前及立国后，都曾有过大规模徙民之举（参见前拙文《鲜卑拓跋部与奴隶制——"从少数民族史看初始阶级社会的非奴隶制性质"专题研究之二》）。明代：曾徙苏、松、嘉、湖、杭民之无田者四千余户往耕临濠，徙江南民十四万于凤阳，迁山西泽、潞民于河北。清初，统治者为了切断沿海人民和郑成功的联系，曾颁布"迁海令"，强迫苏、浙、闽、粤等省的沿海居民进行三次大内迁。历代徙民，出于经济的、政治的、军事的种种原因不一，被徙者有罪犯、奴仆、平民、他族归附者各色人等，但所有这些活动全不是奴隶制下的产物，即秦时谪戍五岭的五十万罪徒，至南越后亦不会是奴隶身份。到了社会主义的今天，有计划的移民活动也还存在，虽说它无论在目的抑或手段上都已同历史上的移民活动有着质的区别。其次，这些人虽是被征服者，是在南诏人的强制下移徙的，但并无任何证据足以证

---

① 杨毓才：《略论白族共同体的形成和南诏大理国的社会性质》，《云南白族的起源和形成论文集》，云南人民出版社1957年版，第30页。

② 《云南各族古代史略》编写组：《云南各族古代史略》，云南人民出版社1977年版，第83、89页。

明他们已"完全丧失生产资料",成为一无所有的"生产奴隶"。相反,倒是有材料表明他们被移徙后大都还保存着自己的族的组织形式(这可从不少族大都是集体地被徙往某地看出来),有自己的家室(徙民数量凡言及单位者皆以户计)和自己的经济(《蛮书》卷七言猪、羊、猫、狗、骡、驴、鹅、鸭等家畜家禽,"家悉有之","移徙户"自亦应在此等人家之列)。又据《蛮书》卷四,河蛮被徙后须为南诏进攻交趾的战争提供兵力。南诏制度,"每有征发,……其兵仗人各自赍,更无官给","每蛮各携粮米一斗五升,各携鱼脯,此外无供军粮料者"(《蛮书》卷九)。没有自己的经济,是连当兵的资格都没有的;河蛮能自备兵仗粮饷从征,说明他们是有自己的经济的。这样的人,自然不是奴隶。

南诏统治者对被征服族实行移徙,配隶各地,远不是"为其奴隶制服务的",而是着眼于统治秩序的巩固(使诸被征服族离开原居住地,把施、顺蛮的王族同其广大部众分离开来,使望苴子、望外喻与施、顺、磨些诸种共居柘东且使前者协助维持秩序以收"以夷制夷"之功等诸种措施,全在削弱诸族力量,消弭反抗,维护统治)和经济的开发(徙长于农耕的西爨白蛮至永昌以开发滇西,迁东爨乌蛮及施、顺、磨些、长裈诸落后族至滇池一带农业发达地区使就农耕,客观上有利于南诏社会经济的发展自不待言,南诏统治者在当时亦不见得就意识不到这点——《南诏德化碑》所谓"易贫成富,徙有之无"便是一个很好的说明)。事情本来就是这样简单、自然;我们的研究者却总想从中寻觅出奴隶制来,自不免要劳而无功了。

三、关于"佃人"的身份

农业是南诏的主要生产事业,而"佃人"又是南诏的主要农业生产工作者之一,因此,他们的身份地位如何对于南诏社会性质的确认有着极为重要的意义。多年来,关于南诏社会性质的争论,在很大程度上也是围绕着对"佃人"身份的认识展开的。《蛮书》卷七载:

蛮治山田,殊为精好。悉被城镇蛮将差蛮官遍令坚守催促。如监守蛮乞酒饭者,察之,杖下捶死。每一佃人,佃疆畛连延或三十里。浇田皆用源泉,水旱无损。收刈已毕,蛮官据佃人家口数目,支给禾稻,其余悉输官。

你看,劳动是在监守的监督、催促下进行的,劳动产品的分配又是采取着"以奴隶家口的最少消费量为标准,给以最少的禾稻使他们维持生命不至于饿死"的原则,"不是奴隶社会经济形态最逼真的反映"[1]又是什么?乍看起来,此说及诸多类似的说法颇有几分道理,然细察之下,其不能成立处仍然是十分明显

---

[1] 马长寿:《南诏国内的部族组成和奴隶制度》,上海人民出版社1961年版,第113页。

的。首先，按照马克思的说法，一定程度的"监督劳动"并非奴隶制所独具，"凡是建立在作为直接生产者的劳动者和生产资料所有者之间的对立上的生产方式中，都必然会产生这种监督劳动。"① 当然，随着生产方式或具体场合的不同，这种监督劳动所表现的范围及严酷程度也会有所不问。而在南诏"佃人"制下，产品的分配既是首先用来满足"佃人"及其家口的最低生活所需，多余的才输官，"佃人"的生产积极性自然不会很高。在这种情况下，"监督劳功"就不仅是必要的而且还会以比较严酷的形式表现出来也就没有什么可奇怪的了。其次，决定一种剥削方式是不是奴隶制的，不在于剥削比例或绝对剥削量的大小（如果一定要从这个角度看问题，那么，剥削最惨重的还是资本主义，而不是是奴隶制），关键要看在某剥削方式之下劳动者的劳动产品是否可以区分为交给主人的部分和留给自己的部分，劳动者有没有支配属于自己的那份生活资料的权利，以及有没有与上述二项密切相关的自己的经济等。用这个标准去衡量南诏的"佃人"实不难看出：第一，他们的劳动产品确是明显地区分为"输官"的部分（为"主人"的部分）和留给自己的部分的，并非全部为生产资料的所有者攫取。第二，留下的主要供作口粮（口粮外，按道理，籽种、饲料也得留下）的禾稻，自然是由"佃人"自由支配；而奴隶制下的奴隶，是连自由支配自己生活资料的权利都没有的。第三，《蛮书》卷七云：佃人"耕田用三尺犁，格长丈余，两牛相去七八尺，一佃人前牵牛，一佃人持按犁辕，一佃人秉耒。"所用耕牛虽未明言属官、属私，然衡之以常理，恐怕应该还是佃人自己的。又上书同卷称："云南及西爨故地并只生沙牛，……天宝中一家便有数十头。通海已南多野水牛，或一千二千为群。弥诺江已西出犛牛。开南已南养处②，大于水牛，一家数头养之，代牛耕也。"所言养牛之家，似亦应包括"佃人"在内。据此，再联系到"佃人"留有"家口"，且能在监守的敲诈勒索下备办"酒饭"，其有自己的经济（耕牛、农具等生产资料和衣物、房舍、口粮等生活资料）似已无疑。一些研究者津津乐道于"收刈已毕，蛮官据佃人家口数目，支给禾稻，其余悉输官"这句话，着意渲染此一剥削方式的惨重。但这些同志忘了，在通常租佃制下，佃户们按照五成左右的租率向地主纳租后便所余无几，以至于连口粮也保证不了的情况也是常常有的。两相比较，到底哪种佃耕制下的剥削率和绝对剥削量更重些，还很不好说呢——虽说，剥削率和剥削量本身并不说明剥削方式的性质！

关于"佃人"的来源，我们同意某些研究者所说的这些人主要"是被南诏

---

① 《资本论》第3卷，人民出版社1975年版，第431页。

② 马长寿先生谓：此"处"字当为"象"之讹。说见马长寿先生著《南诏国内的部族组成和奴隶制度》，上海人民出版社1961年版，第107页脚注［2］。今按：《蛮书》同卷象条言："象"开南已南多有之，或捉得，人家多养之，以代耕田也。据此，"处"为"象"之讹实属无疑。

征服并实行大规模种族部落迁徙而被'配隶'的各族人民"[1] 的说法。正因为他们是被征服者，故社会地位要比南诏本部一般平民为低。也正因为他们原多是些不谙农耕的落后族，故须官府派员催促、监督，否则，"输官"部分势将得不到保障，甚至落空。如前所述，这些人又大都是携家带口整族集体被移徙的，到达目的地后，官府理应度量地势、田亩，并参以人口多寡，选定居住地，规划耕作区。这种耕作区，很可能便是《蛮书》中讹为"佃人"的所谓"佃区"。[2]

四、关于手工业者的身份

南诏手工业者的状况，限于材料，我们至今所知甚少。有零星材料可资凭依的，仅限于纺织、淘金、煮盐及工程修造等数项。关于纺织，《蛮书》卷七有谓：

蛮地无桑，悉养柘蚕绕树。村邑人家柘林多者数顷，耸干数丈。二月初蚕已生，三月中茧出。抽丝法稍异中土。精者为纺丝绫，亦织为锦及绢，其纺丝入朱紫以为上服。锦文颇有密致奇采。蛮及家口，悉不许为衣服。其绢极麤，原细入色，制如衾被，庶贱男女，许以披之。亦有刺绣。柘王并清平官礼衣，悉服锦绣，皆上缀波罗皮（原注：南蛮呼大虫为波罗密）。俗不解织绫罗。自大和三年蛮贼寇西川，虏掠巧儿及女工非少，如今悉解织绫罗也。

据此，人们说：

这段记载是和前引"官给分田"一段相连的。在官田庄之内有官农田，也有官柘圃，还有官绫罗作坊。如果不是官柘圃，多至数顷的柘林是不会有的。从事养蚕纺织工作的为奴隶和他的家属，即所谓"蛮及家口"。柘树、柘蚕、纺丝、织绫，都是"柘及家口"作的，但却不许他们自作衣服，只有以粗绢制成的衾被式帔毡，始"庶贱男女许以披之"。这种纺织品的分配方法和"据佃人家口支给禾稻，其余悉输官"是一致的。这便是奴婢衣服的分配形式。……南蛮的纺织技工约分二类：一类即所谓"蛮及家口"的土著奴婢；又一类就是太和三年从西川掠夺而来的汉族"巧儿女工"。[3]

马长寿先生此论，有如下诸点须要澄清。其一，这段记载和"勃弄川……东西二十余里，南北百余里。清平官以下，官给分田悉在。南诏亲属亦住此城傍"一段，一在《蛮书》卷七，一在卷五，并非前后"相连的"。本段所描述的，也

---

[1] 《云南各族古代史略》编写组：《云南各族古代史略》，云南人民出版社 1977 年版，第 88 页。

[2] 方国瑜先生认为：《蛮书》卷七"每一佃人佃疆畛连延或三十里"句中之"每一佃人"当是"每一佃区"之误。这是正确的。因为那时犁耕尚须二牛三人配合进行，一个佃人的耕作范围又怎么能够达到三十里之遥呢！方氏说转见杨毓才：《略论白族共同体的形成和南诏大理国的社会性质》，《云南白族的起源和形成论文集》，云南人民出版社 1957 年版，第 31 页；尤中：《"南诏社会性质"质疑》，《学术研究》（云南）1962 年第 5 期。

[3] 马长寿：《南诏国内的部族组成和奴隶制度》，上海人民出版社 1961 年版，第 115 页。

是广大农村带有普遍性的现象，并非"官田庄"内"官柘圃"、"官绫罗作坊"的情景。诚然，拥有数顷柘林的自非一般农户，但《蛮书》明言"村邑人家，柘林多者数顷"，有多就有少，这是正常现象；并没说户户如此，更没有说一个村落只有一、二大户如此，其余人家株柘皆无，只好去给拥有大片柘林的人家去做纺织奴婢。马长寿先生的"官柘圃"、"官绫罗作坊"云云，不免把古代云南农村中的阶级分野和手工业生产状况人为地简单化和近代化了许多。其二，蛮地无桑（按《南诏德化碑》有"家饶五亩之桑"句，是又以南诏为有桑，两相龃龉，亦不知何者为是，兹姑依《蛮书》），柘蚕织物量少质劣，不敷国需民用。在这种情况下，统治者对织物品类之用场有所规定、限制，精美者上交，粗劣者庶贱服之，并没有什么可奇怪的。且在等级森严的旧时代，服饰器用方面的种种规定、限制本来就严。此种现象，非独中原地区有，南诏亦然。据《蛮书》所载，当时的南诏，不仅对王及下属官员在服饰的质地、颜色、纹饰等方面都有严格规定，即小至头囊的有无、用绫，腰带的规格式样以及食器餐具等亦都有定制，不得僭用（详细情况见《蛮书》卷八）。尤有甚者，"览睑城内郎井盐洁白味美，惟南诏一家所食，取足外辄移灶缄闭其井"（《蛮书》卷七）。明白了这些，我们又有什么理由单单凭着穿不上精美的丝织品就把众多的"蛮及家口"们认定为纺织奴婢呢？

总括起来说，上引那段记载所反映的应该是广大农村中既耕且织的一般性情景，而不是奴隶作坊的写照。无可否认，南诏的大户人家中肯定会有一定数量的织婢的蓄养。在政府的官作坊中，也会有一定数量的奴隶织工存在。但是，当这些人的生产活动尚不在南诏的整个纺织业中占据主导地位的时候，它就始终对说明南诏的奴隶制社会性质没有意义。因为，一定数量的奴隶身份的织者存在于富贵之家和官作坊中，在封建社会并不罕见。

再看淘金业的情况。《蛮书》卷七云：

生金，出金山及长傍诸山、藤充北金宝山。土人取法，……有得片块，大者重一勺，小者三两五两，价贵于麸金数倍。然以蛮法严峻，纳官十分之七、八，其余许归私。如不输官，许递相告。……长傍川界三石山并出金，部落百姓悉纳金，无别税役征徭。

麸金出丽水，盛沙淘汰取之。沙（或谓当作"河"）睑法，男女犯罪，多送丽水淘金。

又《蛮书》卷十：

弥诺国、弥臣国，皆边海国也。……太和九年，（南诏）曾破其国，劫金银，掳其族三二千人，配丽水淘金。

根据上述记载，南诏的淘金业约可区分为三种类型：产金地部落土人淘金、罪犯淘金和外族俘虏淘金。部落土人淘金，采取分成制，其身份自然不会是奴隶。罪犯发往丽水淘金，属苦役性质，身份近乎奴隶；但也可能是另外一种情况，即如李家瑞先生所论："《蛮书》又说：'河赕法，男女犯罪，多送丽水淘金'，这文字是和记部落淘金连文，地望也是在一处，那'罪人'淘金的待遇，也可能是和那里的部落百姓一样。"[①] 俘虏配丽水淘金，有可能是以奴隶身份出现的，但也并不一定，因为，役使大批奴隶须有一套严密的管理办法和用以镇压的武装力量，而在丽水这样的地方，由于边远、荒凉、多瘴，诸城镇官往往"越在他处，不亲视事"（《蛮书》卷六），像样的统治秩序尚且建立不起来，又如何去管理这众多的、集中起来的淘金奴隶呢？很有可能，这批人也是在比较缓和的役使关系下从事淘金活动的。

看来，我们至今仍无充分根据说南诏的淘金者全部或基本上都是奴隶；说南诏"在采矿方面也广泛使用奴隶劳动"[②]，实难成立。

南诏对盐业生产的控制不像中原王朝那样严，盐民的生产活动要相对自由些。据《蛮书》卷七：

其盐出处甚多，煎煮则少。安宁城中皆石盐井，深八十尺。城外又有四井，劝百姓自煎。……

昆明城有大盐池，……今盐池属南诏，蛮官煮之，如汉法也。……

龙佉河水中有盐井两所。剑寻东南有傍弥潜井、沙追井，西北有若耶井、讳溺井。剑川有细诺邓井。丽水城有罗苴井。长傍诸山皆有盐井。当土诸蛮自食，无榷税。

知南诏之盐业生产分官煮、私煮两种。官煮中的劳动人手是些什么人，史全无证，不便妄测。私煮业中，从无榷税看，似亦不像有猗顿式的人物在那里把持操纵，而当是民间小规模的自煮自用。在这样的场合，自亦容纳不了多少奴隶劳动。

所谓工程修造领域中的奴隶劳动使用，就更加缥缈了。有的书上这样写道：

南诏使用奴隶劳动力，先后修筑了工程浩大的苍山高河水利灌溉系统、昆明的金汁河、银汁河水利工程以及许多重要的城池。为了满足南诏奴隶主穷奢极欲的需要，建造了规模宏丽的南诏宫殿和庄园，有"方五里、高百丈"的五华楼和留传至今的大理三塔、一塔和昆明的东、西寺塔等。其中839年（开成元年）修建的崇圣寺（即三塔寺），基方七里，房屋890间，……共用铜45550斤。这些雄伟富丽的建筑是用千千万万奴隶的血汗凝成的。[③]

似乎南诏一切大的工程修造全是由奴隶来完成的。根据呢？像样的一个没有！这里，我们不打算再去讨论它。

---

① 《试论南诏的社会性质》，载于《学术研究》（云南）1962 年第 3 期。

② 《云南各族古代史略》编写组：《云南各族古代史略》，云南人民出版社 1977 年版，第 89 页。

③ 《云南各族古代史略》编写组：《云南各族古代史略》，云南人民出版社 1977 年版，第 89～90 页。

南诏曾从四川等地虏获不少汉族工匠，这是事实。但这些人到南诏后究竟是怎样生产、生活的，史书却没有给我们留下具体的记载。人们往往习惯于把他们一古脑儿地认作奴隶，这是缺乏分析的，是一种不动脑筋的传统之见。应该说，他们当中沦为奴隶的自然也有，但处于北魏"伎作户"地位或吐蕃式的纳税匠人（"平岁赋一缣"）地位的，恐怕也有相当一个数量。工匠遇虏后必定成为工奴的看法，远不是事实。

综上所述，南诏手工业劳动者中虽也有奴隶身份的人存在，但迄今仍找不到任何材料可以说明奴隶的劳动已经成了南诏手工业生产中居于支配地位的劳动形式。

五、关于被征服部落民的身份

南诏境部族众多，它们大都为南诏征服而归附于南诏。这些族，社会发展水准一般较低，有的，如裸形蛮等，尚处在"无君长"、"无农田"、"无衣服"，"入山林采拾虫鱼菜螺蚬等归啖食之"（《蛮书》卷四）的原始社会阶段。南诏征服这些地区后，虽亦派兵驻守，设官治理，但总的说来，控制并不怎么严（如前引丽水地区一些城镇官往往"越在他处，不亲视事"之类），各族原有的族的组织和经济结构亦未遭怎样破坏（移徙后被直接置于南诏治下的部分除外）。从《蛮书》等有关记载看，诸族归附南诏后，除了向南诏贡纳财物（如前引长傍川产金部落的"纳金"）外，主要的还是为后者提供兵源。据《蛮书》卷四，仅从南诏参加咸通三、四年安南之役的就有河蛮、扑子蛮、寻传蛮、裸形蛮、望苴子蛮、茫蛮、桃花人等；它如黑齿、金齿、银齿、绣脚、绣面、穿鼻、长鬃、栋峰诸蛮，遇有战事，南诏亦曾"召之"，"点之"。贡纳、从征和提供一定的徭役（《蛮书》卷七在谈到诸产金部落时，特别点出这些族是"悉纳金，无别税役征徭"。审其辞气，似暗指它族并非全都如此）外，大约并无其他更多盘剥、使役。而纳贡、从征之类，本主从国族间政治、经济关系之常规，南诏对吐蕃亦曾履行过此等义务[1]；有的研究者居然根据这些就把各被征服落后族说成"整个部落都成了南诏的集体奴隶"[2]，"仍然保留在原部落中的集体奴隶"[3]，实在令人难以理解。

---

[1] 《新唐书·南诏传上》："吐蕃责赋重数，悉夺其险立营候，岁索兵助防，异牟寻稍苦之。""吐蕃与回鹘战，杀伤甚，乃调南诏万人。"《旧唐书·南诏蛮传》载郑回说异牟寻曰："昔南诏尝款附中国，中国尚礼义，以惠养为务，无所求取。今弃蕃归唐，无远戍之劳、重税之困，利莫大焉。"皆言及南诏对吐蕃承担有贡纳、从征之义务。

[2] 《云南各族古代史略》编写组：《云南各族古代史略》，云南人民出版社1977年版，第90页。

[3] 尤中：《"南诏社会性质"质疑》，载于《学术研究》（云南）1962年第5期。

六、关于"奴隶"的数量

《唐会要》卷九九《南诏蛮》条：元和"十三年四月，剑南西川节度使奏：南诏请贡献助军牛羊奴婢等。上发诏褒之，不令进献。"《蛮书》卷八记有"贵家仆女"。前引郭仲翔事，也是个明显的例证。所有这些，都说明南诏确是有奴隶存在的。对此，自毋庸置疑、争论。问题在于：这类人究竟有多少？是不是社会生产的主要承担者？这才是问题的本质、关键。

《云南各族古代史略》（以下简称《史略》）写道：

南诏先后用武力大规模迁徙、"配隶"的人数达一百万以上，通过战争在四川、广西等地掳掠的人数在二十万以上。奴隶买卖是补充奴隶的另一个来源，当时南诏周围地区奴隶市场很活跃，连唐王朝的边疆官吏都成了奴隶贩子。"配隶"罪犯也是南诏奴隶主政权补充奴隶的手段之一。因之，南诏奴隶人数当有 150 万～200 万人。而南诏的自由民人数，根据"通计南诏兵数三万"的记载（此指自由民兵数而言、南诏还从被征服民族中征调奴隶兵），以每户五人出一兵计算，共约十五万人。奴隶"十倍于自由民的人数"。"奴隶的强制性劳动成了整个社会的上层建筑所赖以存在的基础。"（恩格斯：《家庭、私有制和国家的起源》，《马克思恩格斯选集》第 4 卷，第 164 页）①

如果这些数字靠得住，南诏真可说是比希腊、罗马有过之而无不及的典型奴隶社会了。遗憾的是，这些数字（主要是奴隶数字）并不可靠。第一，如前所述，战俘并未全部沦为奴隶，徙民则根本不是奴隶，《史略》一书的作者却把这两项人口全部奴隶化了。第二，十五万自由民是个恒常数字，近二百万的"奴隶"则是百余年间一批批累计起来的。把这样两项数字加以比较，没有任何意义，说明不了任何问题。第三，南诏"奴隶市场很活跃"云云，亦不免夸大失实。诚然，郭仲翔在南诏曾被一卖再卖，数易其主；郭被赎后，亦曾"使人于蛮洞中市女口十人"赠姚州都督杨安居（《太平广记》卷一六六《气义》一《吴保安》）；巂州刺史喻士珍也有过"阴掠两林东蛮口缚卖之，以易蛮金"（《新唐书·南诏传下》）的不法行为。这些，充其量只能说明南诏有奴隶，并且可买卖之，若进而谓那里的"奴隶市场"如何活跃，则觉根据不足。因为，尚有相反材料表明那时的南诏人重的是物，而不是人。《资治通鉴》卷二五二懿宗咸通十一年（公元 870 年）二月条下载：

边吏遇之无状，东蛮怨唐深，自附于南诏，每从南诏入寇，为之尽力，得唐人，皆虐杀之。

---

① 《云南各族古代史略》编写组：《云南各族古代史略》，云南人民出版社 1977 年版，第 90 页。

如果南诏确有"很活跃"的奴隶市场，俘虏转手间就会变为大把大把的金钱的话，东蛮的杀俘虏行为就会变得难以理解了。又前引《太平广记》卷一六六《吴保安》篇亦有言："蛮夷利汉财物，其没落者，皆通音耗，令其家赎之，人三十匹。"如此看来，南诏入寇主要还是着眼于财物掠夺，本不甚看重人的；即掠得人，亦颇类绑票性质，目的仍然在于索取赎金，在于物。对掠人为奴尚不怎么感兴趣，又怎么会出现"很活跃"的奴隶市场呢！第四，从种种迹象上看，南诏刑罚并不怎么严酷，罪人数量不会很多；犯罪后罚不罚作奴隶，也还是个问题。靠他们实在不能给南诏的总奴隶人口数增加多少分量。

根据以上几个方面的分析，我们觉得：《史略》对南诏奴隶人口数的估计是大大偏高了的，不切实际。

七、关于"奴隶起义"

大约是为了说明南诏的阶级斗争并给从"奴隶制的"南诏、大长和、大天兴、大义宁国向封建制的大理国的转变寻找动力吧，《史略》一书中还给南诏史和大义宁史安排了两次"奴隶起义"：一次是大中十年（公元856年）爆发的所谓"五华楼"奴隶大起义，另一次是公元937年爆发的所谓以段思平为首的广大奴隶、农奴和部落百姓的联合大起义[①]。

关于前者，《史略》附引的《蒙化府志》述其本事云："宣宗大中十年，晟丰佑建五华楼于国中，以会西南十六国蛮夷之长。时有五百土工在国为祟，赞陀屈多尊者收入皮囊中，埋于蒙舍之甸尾。"《史略》作者说："剥去神话外衣，则所谓'土工'只能是建筑业奴隶。因为自由民是没有劳役的。"[②] 如果南诏的自由民真的全不服劳役的话，这些"土工"当然只能是奴隶身份。问题是，所谓南诏的自由民"不繇役"的说法，并不成立。按此说源出《新唐书·南诏传上》，原话是："然专于农，无贵贱皆耕，不繇役，人岁输米二斗。"不少研究者在引用这条材料时大都正确指出："无贵贱皆耕"一说违实，因为这在阶级社会是不可能的。可大家在否定了"无贵贱皆耕"的同时却多默认了"不繇役"这一点，这就不公平了。中国历代的平民都是要服劳役的，何以南诏偏偏例外？段思平起兵时，曾以"减税粮"、"宽繇役"（说见后）相号召，说明大义宁国的"繇役"负担相当沉重。大义宁时已成为突出社会问题的人民"繇役"负担，在三十五年前的南诏竟会压根儿不存在，衡之常理，实无可能！然则"无贵贱皆耕，不繇役"一语到底是怎么一回事？我以为，它可能是下面两种情况之一：一，是已经

---

① 《云南各族古代史略》编写组：《云南各族古代史略》，云南人民出版社1977年版，第91、94页。
② 《云南各族古代史略》编写组：《云南各族古代史略》，云南人民出版社1977年版，第481页末作者所加按语。

逝去了的南诏前阶级社会的历史陈迹，《新唐书》的作者粗心把它拉到阶级社会里边来了。二，《新唐书·南诏传》取材多本樊绰《蛮书》。正如不少研究者已经指出的，《新唐书·南诏传》“然专于农，无贵贱皆耕，不繇役”句，很可能便是脱胎自《蛮书》卷九“南俗务田农菜圃，战斗不分文武，无杂色役”句，惟已大失其本旨矣！若此推测不误，则“不繇役”实当指“无杂色役”；“无杂色役”也者，又很可能指的是不从事奴婢式的贱役，或言其征发不多，常规力役外，别无诸杂色摊派，绝不是一无徭役负担。明白了这些，我们就不再会把“五百土工”视作什么“建筑业奴隶”。这“五百土工”，实在就是一般民伕，即平民之服徭役者。他们的死难，当是由于不堪虐待、起而反抗——一如春秋时代城鄫“役人”暴动、陈国筑城“役人”暴动那样——后惨遭镇压的。

段思平起兵事，古今著述多以上层内争、国秉易姓目之，这是正确的。段氏出身白蛮贵族，六世祖段忠国阁罗凤时任清平官，在《南诏德化碑》上名列众官之首，权位重极一时，段氏本人亦曾任通海节度使，确为统治阶级中有势力的家族之一。有的记载上说他曾“甘贫度日”、“牧于山中”（出《白古通记》及《南诏野史》，转引自《云南各族古代史略》，第484~485页），讲的当是他发迹前的景况，并可能有所夸饰，以成王者昔日身处厄运时之美谈，绝不能根据这些就把段思平的出身说成是“牧奴”或“平民”。段思平夺权斗争中所依靠的基本力量也是一般平民百姓和滇东三十七部乌蛮部落，而不是奴隶。据蒋彬《南诏源流纪要》，思平将举兵，曾激励其部众云：“尔等协力，我得国必报之；减尔税粮半，宽尔徭役三载。”（转引自《云南各族古代史略》，第484页）“减税”、“宽徭”对什么人有吸引力呢？当然是一般平民百姓，特别是农民大众，因为奴隶并不存在这类问题。反过来说，如果段思平的部下主要是由奴隶组成的，按照常理，他一定会以“免尔奴婢身”相号召，而大可不必在那里无的放矢地高唱什么“减税”、“宽徭”之类的高调。《史略》把段思平的起兵夺权活动称之为“以段思平为首的广大奴隶、农奴和部落百姓的联合大起义”，并说正是这次大起义，才“推翻了云南的最后一个奴隶制政权——‘大义宁国’，建立了号称‘大理国’的封建农奴制政权”①，证之以史，实难成立。

八、关于南诏生产关系的主流

这个问题，在前第六部分“关于奴隶的数量”题下已经触及，这里再集中论述一下。

范文澜先生说：

① 《云南各族古代史略》编写组：《云南各族古代史略》，云南人民出版社1977年版，第94页。

南诏向外攻掠，经常掳获大批人口回国，国内奴隶买卖盛行，有理由说南诏是封建制奴隶制并存、奴隶制占较大比重的国家。①

马长寿先生亦谓：

在南诏时期，云南地区有两种或两种以上土地所有制和生产关系同时存在，不仅是可能的，而且是确实的。但问题在于：哪种所有制和生产关系是主要的，占主导地位的，这种所有制和生产关系便是主流。……

总括一句话，就是南诏国家的社会制度，主要是奴隶所有制，它是南诏国内各种生产关系的主流。②

他们承认南诏并非单一的奴隶制经济结构并力图从主导的生产关系去观察南诏的社会性质，无疑是对的，但范文澜先生、马长寿先生却又一致地把奴隶制关系目为南诏生产关系的主流并由此作出南诏是奴隶制社会的结论来，这就有违于历史事实了。

如前所述，南诏当然是有奴隶存在的（这一点也不奇怪，与南诏同时的唐王朝亦行蓄奴制，如《蛮书》的作者樊绰即有奴婢十多口，事见《蛮书》卷十），但迄今尚无任何证据足以说明奴隶已占南诏人口的多数，已成为南诏社会生产的主要担当者。而不具备上述条件，奴隶制关系的"主流"的或"主导"的地位是无从谈起的。相反，倒是有材料表明，南诏的农业、手工业、畜牧业等部门的生产活动基本上都不是由奴隶承担的。如在农业生产领域，主要的生产工作者，一为"授田制"下的受田、纳税自由农民（即《蛮书》卷九所谓"上官授与四十双，汉二顷也；上户三十双，汉一顷五十亩；中户、下户各有差降"中的上、中、下户。据《新唐书·南诏传上》，他们每人每年须向国家"输米二斗"，作为租税），一为"佃人"。关于前者，连主张南诏是奴隶社会的一些学者也不得不承认这种剥削关系所具有的封建制性质③，此不具论。关于"佃人"，一般多以奴隶目之，而据我上文分析，其身份实为"国家佃农"。手工业者的情况不太清楚，从上文的初步分析看，他们的地位当基本同于中原历代封建王朝统治下手工业者的地位，而在某些方面（如煮盐无榷税等）甚至比后者所受控制、盘剥还要来得轻些。畜牧业主要是由被征服落后部落民经营的。他们与南诏之间结成的臣属贡纳关系，基本上同中原封建王朝与周边各族间所存在的类似关系没有什么两样，应该也是一种带有封建制色彩的关系。

---

① 《中国通史简编》修订本第三编第二册，人民出版社1965年版，第549页。

② 马长寿：《南诏国内的部族组成和奴隶制度》，上海人民出版社1961年版，第113~114页。

③ 马长寿先生说："在授田制度下南诏把国有的土地分给一般比较自由农民（或者农奴），这里也体现一种新的土地关系，即封建的土地关系。"见马长寿先生著《南诏国内的部族组成和奴隶制度》，上海人民出版社1961年版，第110~111页。王忠先生亦谓："南诏社会尚处于奴隶制阶段。然授田制度实采取唐朝之均田制度，因授田之后即有赋税，……则是南诏政权与自由民之关系已为封建国家与农民之关系矣。"说见王氏著《新唐书南诏传笺证》，中华书局1963年版，第19页。

　　综上所述，在南诏社会经济结构中居于主导地位的并不是奴隶制的生产关系，而是封建生产关系；南诏的社会性质，也并不是奴隶制的，而是封建性的。

　　早在二十多年以前，杨坤先生就曾提出：

　　南诏的社会性质，在我看来，很可能是由原始社会末期的军事民主主义而直接形成的，它是还带有原始社会成分的早期封建社会，并不是奴隶社会。……南诏的主要生产是农业，农业社会的基本机构则是农村公社……。大凡农村公社存在的地方全是没有发达的奴隶制的。而农村公社的演变，也是容易演变为领主或地主与佃农的关系，而不容易演变为奴隶主与奴隶的关系。①

　　上述正确看法，长期以来一直未能受到足够重视和引起应有反响。虽然，关于南诏封建制经济结构的诸多方面，我们知道的还不多，不少问题还有待于进一步研究，但南诏是封建社会这个大前提却是不会错的。

（原载《青海师范学院学报》1984 年第 1 期）

---

　　① 《试论云南白族的形成和发展过程》，《云南白族的起源和形成论文集》，云南人民出版社 1957 年版，第 7 页。

契丹与奴隶制

——"从少数民族史看初始阶级社会的非奴隶制性质"专题研究之七

契丹为鲜卑一支，远古历史无可稽考。当公元 4 世纪时，渔猎放牧于潢水（今西拉木伦河）、土河（今老哈河）流域一带，诸部间尚无共同领袖和统一组织。隋末唐初，各部开始结成暂时的不巩固的联盟，并已产生共同的最高酋长——"君"。唐贞观间，契丹君长率部附唐，太宗颁赐鼓纛，并即其地建松漠都督府，以契丹酋为都督，赐姓李氏。武后时，契丹势浸盛，曾掀起大规模的反唐战争。不过总的说来，此时分踞契丹南北的唐王朝和突厥皆其强大，契丹一时间尚难有大的施展，只好往来依违于唐、突厥两大政权间。8 世纪中叶后，唐经安史之乱，势渐衰，突厥亦亡于回纥，此后之契丹，又受制于回纥近百年之久。9 世纪 40 年代后，回纥亡，唐益衰，契丹始进入一个前所未有的顺利发展时期，并在社会生产不断发展的基础上开始了由原始社会到阶级社会的转变。10 世纪初，耶律阿保机的取代遥辇氏、建号称帝一举，正式标志着契丹原始社会的终结和国家时期的到来。立国后的辽①，当其盛时，"总京五，府六，州、军、城百五十有六，县二百有九，部族五十有二，属国六十。东至于海，西至金山（今阿尔泰山），暨于流沙，北至胪朐河（今蒙古国之克鲁伦河，实不止此），南至白沟（今河北雄县北之白沟河），幅员万里"（《辽史·地理志一》。下引《辽史》但注篇名），为我国北方一强大军事、政治势力。11 世纪后半期道宗洪基当国以来，在阶级矛盾、民族矛盾和统治集团内部矛盾的交相作用下，辽的国势急剧衰落。进入公元第 12 世纪后，女真人又迅速崛起于北方。公元 1125 年，辽天祚帝为金兵所掳，辽灭。辽自公元 916 年阿保机建国至天祚帝遇掳国亡，凡二百零九年，大体同五代、北宋相始终。辽亡前夕，宗室耶律大石曾率余部西走，在今新疆西部及中亚一带建立起西辽政权，后为成吉思汗所灭。不过，那已是另外一桩事了，不在本文议论之列。

---

① 辽政权初号契丹，后改称辽，又复改为契丹、为辽。本文依故例，以"辽"称其国，"契丹"名其族。

关于辽的社会性质，史学界迄无定论。约而言之，其说有三：第一，认为阿保机政权是在氏族部落制的废墟上建立的奴隶制国家，在景宗到圣宗时期，辽朝才逐步完成了由奴隶制到封建制的转变①。第二，认为契丹是以奴隶占有制为基础的各部落联合，就全国范围看，契丹并没有形成全国统一的经济基础，它的社会形态是复杂的，不是同一的。这里，既有氏族制，也有奴隶制，又有封建制。总的趋势是朝封建制转变，但当这种转变还没有最终完成（国内主要部分向封建制的过渡接近完成，有的则刚在起步走）的时候，这一军事政治的联合体便瓦解了。总括看来，辽朝属于一种过渡阶段的社会②。第三，认为契丹未经过奴隶制阶段，由原始社会直接过渡到封建社会③。

单就结论而言（即抛开造成这一结论的原因），我是同意第三种看法的，并认为第一种看法，即把景宗、圣宗前的辽目为奴隶社会的看法，是不正确的；第二种看法，即虽把辽视为多种经济成分并存的社会，但到头来还是把奴隶占有制认作其存在基础看法，也是不正确的。

下面，从几个方面——主要是围绕着不同地区、不同身份的人们加以讨论。鉴于不少论者已承认圣宗后的辽代封建社会，故我们又把讨论的重点主要放在对圣宗前辽代社会的分析上。

一、“俘虏”与“奴隶”

仍须先破“俘虏”即“奴隶”的流行观念。

辽建国前夕及立国之初，曾进行过一系列胜利的对外战争，俘获大批他族人口。如：

公元 901 年（唐天复元年），“痕德堇可汗立，以太祖为本部夷离堇，专征讨，连破室韦、于厥及奚帅辖剌哥，俘获甚众。”（《太祖纪上》）

公元 902 年，阿保机“以兵四十万伐河东代北，攻下九郡，获生口九万五千，驼、马、牛、羊不可胜纪。”（《太祖纪上》）

公元 903 年，“伐女直，下之，获其户三百”，复“引军略至蓟北，俘获以还。”（《太祖纪上》）

公元 905 年，击唐卢龙节度使刘仁恭，“拔数州，尽徙其民以归。”（《太祖

---

① 蔡美彪等：《中国通史》第六册，人民出版社 1979 年版，第 28、63 ~ 66 页。持类似看法的（初建国时为奴隶制，后来才转化为封建制）还有一些同志，虽然他们在辽朝由奴隶制向封建制转变时机的把握上又有着这样那样的不同，兹不一一列举。

② 陈述：《契丹社会经济史稿》，生活·读书·新知三联书店 1963 年版，第 15 ~ 16、28、44、189 页。

③ 张正明：《契丹史略》第四章，中华书局 1979 年版；杨志玖：《十世纪契丹社会发展的一个轮廓》，载于《南开大学学报》1956 年第 1 期；张博泉：《略谈对契丹社会性质的看法》，载于《史学月刊》1959 年第 9 期；罗继祖：《辽代经济状况及其赋税制度简述》，载于《历史教学》1962 年第 10 期。

纪上》)

公元 912 年春，阿保机"亲征幽州，东西旌旗相望，亘数百里。所经郡县，望风皆下，俘获甚众，振旅而还。秋，亲征背阴国（按《太祖纪上》作'术不姑'），俘获数万计。"（《兵卫志上》）

神册元年（公元 916 年）秋七月，"亲征突厥、吐浑、党项、小蕃、沙陀诸部，皆平之，俘其酋长及其户万五千六百"，"十一月，攻蔚、新、武、妫、儒五州，斩首万四千七百余级"，"俘获不可胜纪。"（《太祖纪上》、《兵卫志上》）

神册四年（公元 919 年），"亲征于骨里国（按《太祖纪上》作'乌古部'，《属国表》作'乌骨里国'），俘获一万四千二百口。"（《兵卫志上》）

神册五年（公元 920 年），"征党项，俘获二千六百口；攻天德军，拔十有二栅，徙其民。"（《兵卫志上》）

神册六年（公元 921 年），"分兵略檀、顺、安远、三河、良乡、望都、潞、满城、遂城等十余城，俘其民徙内地。"（《太祖纪下》）

天赞三年（公元 924 年），"西征党项等国，俘获不可胜纪。"（《兵卫志上》）

太宗会同七年（公元 944 年），伐晋，"徙所俘户于内地。"（《太宗纪下》）

大同元年（公元 947 年），三月，太宗耶律德光将破汴后所得后晋之"诸司僚吏、嫔御、宦寺、方技、百工、图籍、历象、石经、铜人、明堂刻漏、太常乐谱、诸宫县、卤薄、法物及铠仗，悉送上京。"（《太宗纪下》）

太祖、太宗两朝，是辽国疆土的底定时期，战事频仍，得人自多。正是根据这样一些材料，人们说："契丹不断对外战争，俘略到大批牲畜和奴隶"，"阿保机通过战争所掠获的大批人口，包括汉族和渤海等人口，都变成了契丹贵族的奴隶。"[1] 这实质上是混俘虏与奴隶为一谈，是不能成立的，史载：

"初，契丹主得贝州、博州，皆抚慰其人，或拜官赐服章。"（《资治通鉴》卷二八四后晋齐王开运元年二月条）

"康默记，本名照。少为蓟州衙校，太祖侵蓟州得之，爱其材，隶麾下。一切蕃、汉相涉事，属默记折衷之，悉合上意。"（《康默记传》）

"韩知古，蓟州玉田人，善谋有识量"，太祖平蓟时遇虏，太祖"贤之，命参谋议。……久之，信任益笃，总知汉儿司事，兼主诸国礼仪。时仪法疏阔，知古援据故典，参酌国俗，与汉仪杂就之，使国人易知而行。"（《韩知古传》）

公元 913 年，阿保机合室韦、吐浑兵共破刺葛叛军，"尽获其党辎重、生口"，旋又将"所获生口尽纵归本土"。（《太祖纪上》）

太宗会同三年（公元 949 年）九月，"边将奏破吐谷浑，擒其长；诏止诛其

---

[1] 蔡美彪等：《中国通史》第六册，人民出版社 1979 年版，第 19 页；内蒙古自治区蒙古语言文学历史研究所历史研究室、内蒙古大学蒙古史研究室编：《中国古代北方各族简史》，内蒙古人民出版社 1979 年版，第 173 页。

首恶及其丁壮，余并释之。"（《太宗纪下》）

太宗天显九年（公元 934 年）十一月，"洼只城降，括所俘丁壮籍于军。"（《太宗纪上》）

当然，被俘后能够得到信任、重用或"纵归本土"的，毕竟是少数，"籍于军"者亦不至很多，他们中的绝大多数都被辽统治者驱回契丹内地，予以奴役、盘剥，这是毋庸置疑的事实；但种种迹象表明，这些人中的绝大多数又绝不是在奴隶制的形式下被奴役、盘剥的。

据史，在辽朝治下，不论是汉人、渤海人，还是北方游牧渔猎诸族的广大劳动者（被俘的和被征服的），基本上都没有沦为契丹人的奴隶。关于这一层，将在下文分别予以讨论，现仅择取部分材料，以证被俘者在大多数情况下都没有沦为奴隶：

"是时，刘守光暴虐，幽、涿之人多亡入契丹。阿保机乘间入塞，攻陷城邑，俘其人民，依唐州县置城以居之。……阿保机率汉人耕种，为治城郭邑屋廛市如幽州制度，汉人安之，不复思归。阿保机知众可用，……尽杀诸部大人，遂立，不复代。"（《新五代史·四夷附录第一》）

"梁灭，阿保机帅兵直抵涿州，时幽州安次、潞、三河、渔阳、怀柔、密云等县，皆为所陷，俘其民而归，置州县以居之，不改中国州县之名。"（《辽史拾遗》卷一引《阴山杂录》）

"（韩）延徽始教契丹建牙开府，筑城郭，立市里，以处汉人，使各有配偶，垦艺荒田。由是汉人各安生业，逃亡者益少。"（《资治通鉴》卷二六九后梁均王贞明二年）

"定霸县，本扶余府强师县民，太祖下扶余，迁其人于京西，与汉人杂处，分地耕种。"（《地理志一》）

"保和县，本渤海国富利县民，太祖破龙州，尽徙富利县人散居京南。"（《地理志一》）

上京"南城谓之汉城，南当横街，各有楼对峙，下列井肆"；东京"外城谓之汉城，分南北市，中为看楼，晨集南市，夕集北市。"（《地理志》一、二）

"上京，所谓西楼也。西楼有邑屋市肆，交易无钱而用布。有绫锦诸工作、宦者、翰林、伎术、教坊、角抵、秀才、僧、尼、道士等，皆中国人，而并、汾、幽、蓟之人尤多。"（《新五代史·四夷附录第二》引胡峤《陷虏记》）

"东平县，本汉襄平县地，产铁，拨户三百采炼，随征赋输（《食货志下》作'随赋供纳'）"；"长乐县，本辽城县名，太祖伐渤海，迁其民，建县居之。户四千，内一千户纳铁。"（《地理志》二、一）

既然是蕃汉各族"散居"、"杂处"，士、农、工、商诸色人等"各安生业"、"不复思归"，种田的"分地耕种"，采冶者"随赋供纳"，其身份当然不会是

"奴隶"。把俘虏一概或大部分化为奴隶的说法，有悖于历史的真实。

二、"斡鲁朵户"与"头下户"

这是两种颇为特殊的人户。他们的存在，曾被某些研究者目为支撑辽代奴隶社会的有力支柱。实则不然！

先谈斡鲁朵户。

"斡鲁朵，宫也。"（《国语解》）太祖阿保机创置，诸帝沿之，成为定制。《营卫志上》："辽国之法：天子践位置宫卫，分州县，析部族，设官府，籍户口，备兵马。崩则扈从后妃宫帐，以奉陵寝。有调发，则丁壮从戎事，老弱居守。"余靖《武溪集·契丹官仪》亦谓："自阿保机而下，每主嗣立，即立宫置使，领臣寮。每岁所献生口，及打虏外国所得之物，尽隶宫使。每宫皆有户口钱帛，以供虏之私费，犹中国之有内藏也。"《礼志一》所言亦略同，作："皇帝即位，凡征伐叛国俘掠人民，或臣下进献人口，或犯罪没官户，皇帝亲览闲田，建州县以居之，设官治其事。"有辽一代，九帝凡置九斡鲁朵，外加应天后、承天后、孝文皇太弟三斡鲁朵，以及大丞相晋国王耶律隆运"拟诸宫例"所建之"文忠王府"，凡十二宫一府，总有"州三十八，县十，提辖司四十一，石烈二十三，瓦里七十四，抹里九十八，得里二，闸撒十九。为正户八万，蕃汉转户十二万三千，共二十万三千户"，"人丁四十万八千，骑军十万一千。"（《营卫志上》。按：《营卫志》所记户、丁数小误，十二宫一府总户数当为二十万五千，人丁当为四十一万。见冯家升《辽史初校》及中华书局点校本《辽史·营卫志上》卷末所出校勘记〔一〕、〔五〕）这是一个个有自己的军队、人户和州县地盘的自成体系的军事、政治、经济单位，名副其实的"皇室领地"。据有的研究者推定：辽代诸斡鲁朵所拥有的州县和人户，"约占全国州县的百分之二十左右，人户的百分之二十五以上"①，其在辽代社会生活中的地位、作用自不容忽视。

人们一提到斡鲁朵户，便不免联想起俘虏、联想起奴隶来。这是不正确的。实际上，斡鲁朵户有种种不同的来源，有着不同的用场，其身份、地位亦各不相同。

关于他们的来源，从一些有关的零散记载看，略有如下诸端：一曰"俘户"。如太祖算斡鲁朵，即"以心腹之卫置，益以渤海俘、锦州户"，太宗国阿辇斡鲁朵，"以太祖平渤海俘户，东京、怀州提辖司及云州怀仁县、泽州滦河县等户置"，世宗耶鲁盛斡鲁朵，"以文献皇帝卫从及太祖俘户，及云州提辖司，并高、宜等州户置"（《营卫志上》）。辽前期诸斡鲁朵的建置情况，大都类此。二曰

---

① 费国庆：《辽代斡鲁朵探索》，载于《历史教学》1979 年第 3 期。

"降附户"。《营卫志下》："奚有三营：曰撒里葛，曰窈爪，曰褥盌爪。太祖伐奚，乞降，愿为著帐子弟，籍于宫分。"《景宗纪上》保宁三年十一月，"胪朐河于越延尼里等率户四百五十来附，乞隶宫籍。诏留其户，分隶敦睦、积庆、永兴三宫，优赐遣之。"三曰"以罪籍没人户"。《营卫志上》："遥辇痕德堇可汗以蒲古只等三族害于越释鲁，籍没家属入瓦里。"《萧塔剌葛传》："太祖时，坐叔祖台晒谋杀于越释鲁，没入弘义宫。"《萧得里特传》："坐怨望，以老免死，阖门籍兴圣宫。"四曰"契丹本户"。《兵卫志下》："契丹本户，多隶宫帐、部族。"又前已言及，辽十二宫一府有"正户"（契丹户）八万，相当于他族斡鲁朵户的三分之二，为数颇为可观。他们当是历代皇帝用"析部族"的手段从国家那里离析、挖取来的。五曰"自愿投附的贵族人户"。《取律欲稳传》："太祖始置宫分以自卫，欲稳率门客首附宫籍。帝益嘉其忠，诏以台押（欲稳祖）配享庙廷。"《萧胡笃传》："其先撒葛只，太祖时愿隶宫分，遂为太和宫分人。"《耶律敌鲁传》："其先本五院之族，始置宫分，隶焉。"

来源不同，其在斡鲁朵中的作用、地位亦不相同。"自愿投附"的贵族分子，深得皇帝倚重、信任，实际是皇帝的得力爪牙，自然不是奴隶。契丹本户，虽隶宫籍，地位并无多大变化。他们"主要充护卫禁军"，"不脱离生产"，"事实上是军户"，其地位往往"显得是高过一般平民的。"[1]北方渔猎游牧诸族的俘降人户（包括投附、乞降、被虏），隶宫籍后大都仍保持着原来的族的组织形式。如圣宗三十四部中的撒里葛等奚三营，于太祖伐奚时"乞降，愿为著帐子弟，籍于宫分"，圣宗时"各置为部"，奥衍女直以下系河西十四部，"皆俘获诸国之民，初隶诸宫，户口蕃息置部。"（《营卫志下》）表明他们的族的组织形式不管在置部前还是置部后，一直没有被拆散。《营卫志中·部族上》引旧《志》曰："奚六部以下，多因俘降而置。胜兵甲者即著军籍，分隶诸路详稳、统军、招讨司。番居内地者，岁时田牧平莽间。边防糺户，生生之资，仰给畜牧，绩毛饮湩，以为衣食。各安旧风，狃习劳事，不见纷华异物而迁。"说的虽是置部后的情况，置部前隶宫籍时当亦大体如此。既谓"各安旧风"，表明他们原有的社会组织、生活习惯基本上仍被保留了下来，其非奴隶身份可知。编置于州县的斡鲁朵户，主要是汉户、渤海户等农业居民和少量手工业者。史载：

"定霸县，本扶余府强师县民，太祖下扶余，迁其人于京西，与汉人杂处，分地耕种。统和八年，以诸宫提辖司人户置。隶长宁宫。户二千。"（《地理志一》）

"保和县，本渤海国富利县民，太祖破龙州，尽徙富利县人散居京南。统和八年，以诸宫提辖司人户置。隶彰愍宫。户四千。"（《地理志一》）

"潞县，本幽州潞县民，天赞元年，太祖破蓟州，掠潞县民，布于京东，与

---

① 陈述：《契丹社会经济史稿》，生活·读书·新知三联书店1963年版，第56、65页。

渤海人杂处。隶崇德宫。户三千。"（《地理志一》）

其他州县的情况，基本类此，不必——列举。总之，这些外族人大都是被契丹征服者用强制手段集体移徙的。到得迁徙地后，置为州县，设官治理，有的，还继续使用原来州县名称。这些俘户州县，有的隶宫籍，有的属政府，也有先属政府后来才转隶宫籍的，以及与之相反的转换隶属关系的情况。隶属关系的不同及相互转换，似乎仅仅反映了皇室与政府间对土地和人户的争夺、分割，劳动者的身份，地位并没有在这种转换中发生质的改变——质言之，并不存在政府治下的州县人户才是平民、自由人，斡鲁朵州县户则是奴隶那样一种情况，一如某些研究者所表述的！据史：

统和十二年（公元994年）春正月戊午，"蠲宜州赋调"。（《圣宗纪四》）

咸雍八年（公元1072年）十一月庚戌，"免祖州税"，丁卯，"赐延昌宫贫户钱"。（《道宗纪三》）

宜州、祖州分别是世宗耶鲁盟斡鲁朵、太祖算斡鲁朵的属州。既然在特殊情况下可蠲免租税赋调，可见在斡鲁朵州县里同样是行用租赋式的封建剥削的；既言赈济贫乏，说明宫户们又是有自己的经济的。由此不难看出，皇室对斡鲁朵州县户的剥削与辽政权对五京道个体农户的剥削在本质上并没有什么两样。在斡鲁朵户中，还有部分手工业劳动者。他们也大都是汉人和渤海人。这些手工业者，一部分（主要是一些有特殊技艺的人）集中在皇室作坊，如辽太宗大同元年（公元947年）所收后晋之"方技、百工"（《太宗纪下》），当属此（至少有一部分）。这些人具有某种奴隶身份（不自由），但又不同于一般奴隶（待遇较优），同中原王朝的宫廷手工业者地位相当。另一部分手工业者，则散居各地，属州县人户。如：

"沿灵河有灵、锦、显、霸四州，地生桑麻贝锦。州民无田租，但供蚕织，名曰太后丝蚕户。"（路振：《乘招录》）

统和元年（公元983年）十二月，"以显州岁贡绫锦分赐左右。"（《圣宗纪一》）

四州中，除灵州外，余皆为斡鲁朵属州。既谓"无田租，但供蚕织"，可见在这里"蚕织"是同"田租"处于同等地位的，前者实际上是作为后者的替代物出现的。织户外，又有矿冶户：

"长乐县，本辽城县名，太祖伐渤海，迁其民，建县居之。户四千，内一千户纳铁。"（《地理志一》）

"东平县，本汉襄平县地，产铁，拨户三百采炼，随征赋输。"（《地理志二》）

既是"纳铁"、"随征赋输"，可见也是封建式剥削，同奴隶制没多少干系。另，长乐、东平二县皆太祖时置，后来才分隶延庆、彰愍二宫（即兴宗窝笃盌斡鲁朵、景宗监母斡鲁朵）。隶属关系虽然变了，剥削方式却前后如一。这再一次证明：斡鲁朵州县户同五京道州县户在受剥削这一点上，并无质的差异。

最后还剩下一个所谓"以罪籍没人户"。先看看有关这方面的材料：

"著帐户：本诸斡鲁朵析出，及诸罪没入者。凡承应小底、司藏、鹰坊、汤药、尚饮、盥漱、尚膳、尚衣、裁造等役，及宫中、亲王祇从、伶官之属，皆充之。"（《营卫志上》）

"著帐：凡世官之家及诸色人，因事籍没者为著帐户，官有著帐郎君。"（《国语解》）

"奚有三营：曰撒里葛，曰窈爪，曰耨盌爪。太祖伐奚，乞降，愿为著帐子弟，籍于宫分。"（《营卫志下》）

"遥辇痕德堇可汗以蒲古只等三族害于越室鲁，家属没入瓦里。应天皇太后知国政，析出之，以为著帐郎君、娘子，每加矜恤。世宗悉免之。其后内族、外戚及世官之家犯罪者，皆没入瓦里。"（《百官志一》）

"瓦里：官府名，宫帐、部族皆没之。凡宗室、外戚、大臣犯罪者，家属没入于此。"（《国语解》）

"籍没之法，始自太祖为挞马狘沙里时，奉痕德堇可汗命，按于越释鲁遇害事，以其首恶家属没入瓦里。及淳钦皇后时析出，以为著帐郎君，至世宗诏免之。其后内外戚属及世官之家，犯反逆等罪，复没入焉，余人则没为著帐户；其没入宫分、分赐臣下者亦有之。"（《刑法志上》）

几处记载，小有出入，似以《刑法志》所载较为详密。"瓦里"人户皆为以罪籍没，恐怕没有问题；著帐户虽亦多为以罪没入，但亦有"诸斡鲁朵析出"及"乞降愿为著帐子弟"者。"瓦里"所收，似仅限于宗室、外戚及世官之家一类的上层人物，并可能一般不执贱役，著帐户的来源则较杂，身份也低些（仅上及世官之家），并得执贱役，充宫廷奴隶。不过，须说明的是：宫廷奴隶毕竟不同于一般生产奴隶，他们的有无、多寡，对于说明一个社会的社会性质基本不起作用，而且，类似的情况历代中原封建王朝也是有的，非辽代所独具。

综上所述，那种把斡鲁朵视为奴隶制下的组织形式的看法，是不能成立的。

下面谈"头下户"。

"斡鲁朵"制与"头下"制，虽一属皇室，一属头下主，但就其发生、性质及作用看，则无大别，它们都是部落社会的分散性在阶级社会的某种体现，都是封建制范畴的东西，在契丹由原始社会转向封建社会的进程中发挥着积极作用。先列举几则有关的材料：

"又以征伐俘户建州襟要之地，多因旧居名之；加以私奴置投下州。"（《地理志一》）

"宗室、外戚、大臣之家筑城赐额，谓之'头下州军'，唯节度使朝廷命之，后往往皆归王府。不能州者谓之军，不能县者谓之城，不能城者谓之堡。"（《百官志四》）

"各部大臣从上征伐，俘掠人户，自置郛郭，为头下军州。凡市井之赋，各归头下，惟酒税赴纳上京，此分头下军州赋为二等也。"（《食货志上》）

"头下军州，皆诸王、外戚、大臣及诸部从征俘掠，或置生口，各团集建州县以居之。横帐诸王、国舅、公主所创立州城，自余不得建城郭。朝廷赐州县额。其节度使朝廷命之，刺史以下皆以本主部曲充焉。官位九品之下及井邑商贾之家，征税各归头下；唯酒税课纳上京盐铁司。"（《地理志一》）

"初，辽人掠中原人及得奚、渤海诸国生口，分赐贵近或有功者，大至一、二州，少亦数百，皆为奴婢，输租为官，且纳课给其主，谓之二税户。"（《中州集》卷二《李承旨晏》）

从上述记载看，所谓"头下军州"（"头下"一作"投下"，"军州"或作"州军"）乃契丹贵族在对外掠夺过程中，用俘获人户创立的一个个城寨（亦有个别头下州是由"部下牧人"建立的，如国舅萧克忠所置之横州，见《地理志一》），由朝廷给予州县之名，并委派节度使，表示认可。辽代的头下军州，《辽史·地理志》列举了十六个，共有户三万四千二百（最大者万户，最小者仅二百户，平均每个头下州仅有户二千一百稍过；居民中有少数牧民，绝大多数为汉族和渤海农民）；《契丹国志》记载的头下州为二十三个，其中与《辽史·地理志》所记相同者大约只有六个，另，《地理志》失载的有两个，置而后废的又有九个。这样，综合《辽史》和《契丹国志》的有关材料。辽代当可得四十个左右的头下军州。[①] 自然，这些军州并不是同时存在的，上面的估计只是不同时期累积起来的数字。一般地说，辽代头下军州所拥有的土地、人户并不是很多，其在社会政治、经济生活中的地位、作用远不能同斡鲁朵相比拟。

头下军州的特点在于它部分地属于国家，部分地属于头下主。在设官方面，"节度使朝廷命之，刺史以下皆以本主部曲充焉"；在剥削物的分配上，也是"市井之赋，各归头下，惟酒税赴纳上京"，"输租为官，且纳课给其主"。处处体现出它的两重性。正是这种两重性，决定了头下户对国家和头下主的双重依附关系，决定了头下户承受双重剥削的"二税户"的独特地位。俘虏归掠取者个人所有，盛行于原始社会晚期。进入国家时期后，此风渐消，唯少数权贵尚保有此项特权。然国家既已出现，此旧时代残留下来的特权便不能不受到国家政权的一定程度的干预、制约。正是这种特定的历史条件决定了头下军州的二重性。

某些颇有影响的著作写道："辽朝境内，分布着大小奴隶主所占有的大大小小的'投下'城堡，以奴役'团集'的俘掠奴隶"[②]，"这些所谓州、县，实际

---

① 参见张正明：《契丹史略》，中华书局1979年版，第115～116页的提法。

② 蔡美彪等：《中国通史》第六册，人民出版社1979年版，第46页。

是为了防止奴隶逃亡，强迫奴隶使之为契丹贵族从事生产或服其他劳役的场所而已。"①

这是没多少根据的！

诚然，辽代的头下户对头下主有较强的人身依附关系，被牢固地束缚在土地上，类乎农奴，但这些人毕竟有自己的家室、经济，受的是封建式租赋剥削，怎么好把他们认作奴隶呢？还有个别学者，明明认识到头下户从事的是"小生产分散经营"，"仍过自己的家庭生活"，但到头来还得把这些人称之为"奴隶"②，这就尤其使人觉得于理难通了。

头下制是辽代兴起的一种颇为特殊的制度，撇开形式上的细枝末节单就其实质言之，它实际是一种封建采邑和领地制，是从父系家长制跃进到初期封建制过程中的产物。③

三、"渤海区"、"燕云区"的情况

渤海立国于 7 世纪末（唐武后时），为靺鞨等族所建，盛时"有五京、十五府、六十二州，为辽东盛国。"（《地理志二》）公元 926 年，阿保机平渤海，即其地建东丹国，册皇太子倍为人皇王以主之。公元 920 年，人皇王泛海入后唐后，东丹国建置渐废。

渤海入辽前，已进入封建社会。入辽后，主要是统治权的易手，其他情况并无大的改变。渤海上层人物，除王族被"卫送"皇都西，"筑城以居之"（《太祖纪下》），又"徙其名帐千余户于燕"（洪皓：《松漠纪闻》）外，余多留居故地，且有被重用者，如新的东丹国就曾以"渤海老相为右大相，渤海司徒大素贤为左次相"。（《太祖纪下》）渤海贵族及一般地主阶级的经济利益，也受辽政权的优待、庇护。如上述徙居于燕的"名帐千余户"，就受到"给以田畴，捐其赋入，往来贾易关市皆不征"（《松漠纪闻》）的优待；天显三年（公元 928 年）徙东丹民实东平时，亦曾"诏困乏不能迁者，许上国富民给赡而隶属之"（《太宗纪上》），即允许富人乘机用传统封建方式役属贫民。政府对一般平民的剥削，基本仍是封建租赋一类，而在某些方面还表现得比较宽弛。史载：

"先是，辽东新附地不榷酤，而盐曲之禁亦弛，（《圣宗纪》作：'初，东辽之地，自神册来附，未有榷酤盐曲之法，关市之征亦甚宽弛。'）冯延休、韩绍勋相继商利，欲与燕地平山例加绳约，其民病之，遂起大延琳之乱。连年诏复其

① 内蒙古自治区蒙古语言文学历史研究所历史研究室、内蒙古大学蒙古史研究室编：《中国古代北方各族简史》，内蒙古人民出版社 1979 年版，第 173 页。

② 陈述：《契丹社会经济史稿》，生活・读书・新知三联书店 1963 年版，第 19、20 页。

③ 采费国庆先生提法，见费氏著：《辽代的头下州军》，载于《曲阜师范学院学报》1963 年第 1 期。

租，民始安靖。"（《食货志上》）

兴宗重熙十五年（公元 1046 年），"渤海部以契丹户例通括军马"。（《兴宗纪二》）

总之，渤海地区入辽后，那里原有的封建秩序依然被保留了下来。

燕云地区是 10 世纪 30 年代经石敬瑭之手割让于辽的。这里民众物阜，农业发达，是辽政权税入的主要来源地。这里又是具有封建传统的地区，早已存在着发达的封建生产方式。鉴于学者中已没有人对这个地区入辽后原有封建秩序的继续保留持不同意见，这里不再具体讨论。

四、对北方内属部族和"属国"的剥削

契丹人在对外扩张中，又曾征服、打败过北方众多部族。这些族多营渔猎放牧，社会状况落后。它们中，又可视与辽政权隶属关系性质的不同，大体区分为"内属部"和"属国"两大类。一般说来，前者居辽境，系辽籍，对国家承担赋役义务，后者则仅对辽保持附庸关系，承担贡赋。内属部族人户，沦为奴隶的固然也有，但为数不多，他们中的绝大多数（不论隶宫籍，归头下，还是属政府），仍保有自己的部族组织形式，有自己的家室、经济，以并非奴隶的身份承担各项赋役（奴隶则无任何赋役可言）。"属国"贡赋，多为各地方物，如"屋惹国、阿里眉国、破骨鲁国"等，"每年皆贡大马、蛤珠、青鼠皮、貂鼠皮、胶、鱼皮、蜜蜡等物"（《契丹国志》卷二二），"越里笃、剖阿里、奥里米、蒲奴里、铁骊等五部岁贡貂皮六万五千，马三百"（《圣宗纪七》）；阻卜"岁贡马千七百，驼四百四十，貂鼠皮万，青鼠皮二万五千"（《圣宗纪七》）。当然，也有一些附庸关系比较松弛的"属国"，未必岁有常贡，贡物亦无一定限额。又据《兵卫志下》，"辽属国可纪者五十有九，朝贡无常。有事则遣使征兵，或下诏专征；不从者讨之。助军众寡，各从其便，无常额"，知"属国"对辽朝又有出兵从征之义务。不过，辽朝加在"属国"头上的所有这些义务，同样远不是奴隶制性质的。

五、关于辽朝的奴隶

辽朝自然也是有奴隶存在的。他们来自战俘、罪犯，或良人卖身。这些人主要分布在宫帐、官署以及富贵之家，为主人的生活服务；在政府或斡鲁朵所有的某些大的作坊、矿冶中，可能使用部分奴隶劳动，如"取诸宫及横帐大族奴隶置曷尤石烈，'曷尤'，铁也，以冶于海滨柳湿沙、三黜古斯、手山"（《营卫志下》）之类，但为数不多。《辽史》中个别言及奴隶的地方数字甚大，但这些地方所谓的奴隶往往并不是真正的奴隶。如景宗睿智皇后赐给长女燕国大长公主观

音女（下嫁北府宰相萧继先）的所谓"奴婢万口"（《公主表》），便不可能全是奴隶，而当是各种身份的从嫁户，即"媵臣户"；《地理志一》所收几个由公主建立的头下州，即全以所赐"媵臣户"置，可资佐证。诚如有的学者所说："旧史所谓'奴婢'，其含义比奴隶广得多，是把宫户和部曲也包括在内的，所谓'奴隶'和'家奴'也未必全是真正的奴隶，往往被用来称述宫户或部曲。"①

辽朝拥有一定数量的奴隶，这不足为怪。早在立国前，契丹人那里不就有奴隶存在了吗？后梁将领杜廷隐等不也曾趁战乱之机，悉驱深、冀"二州丁壮为奴婢，老弱者坑之"（《资治通鉴》卷二六七后梁太祖乾化元年正月条）吗？这都本不足怪，奇怪的倒是我们的某些学者一见到奴隶，便情不自禁地联想起奴隶社会来！

有的著作还着意列举了穆宗朝发生的一系列滥杀事件，说是这"反映着契丹奴隶和奴隶主之间的阶级斗争正在日益激烈地展开"，并认为正是"小哥等奴隶起义""沉重地打击了辽朝奴隶主贵族的统治，推动了契丹历史由奴隶制向封建制的过渡"。② 为弄清事情真相，兹不惮辞费，悉将《穆宗纪》中有关材料摘引于后：

应历十年（公元960年）八月，穆宗（下皆指穆宗，不再一一点出）"以镇茵石狻猊击杀近侍古哥。"

十三年正月，"杀兽人海里"；三月，"杀鹿人弥里吉，枭其首以示掌鹿者"；"六月癸未，近侍伤獐，杖杀之。甲申，杀獐人霞马"；十二月，"杀麀人曷主"。

十四年二月，"支解鹿人没答、海里等七人于野，封土识其地"；"十一月壬午，日南至，宴饮达旦。自是昼寝夜饮。杀近侍小六于禁中。"

十五年"三月癸酉，近侍东儿进匕筋不时，手刃刺之。……癸巳，虞人沙剌迭侦鹅失期，加炮烙、铁梳之刑而死"，"十二月甲辰，以近侍喜哥私归，杀其妻。丁未，杀近侍随鲁。"

"十六年春正月丁卯朔，被酒，不受贺。甲申，微行市中，赐酒家银绢。乙酉，杀近侍白海及家仆衫福、押剌葛、枢密使门吏老古、挞马失鲁。""六月丙申，以白海死非其罪，赐其家银绢"；"九月庚子，以重九宴饮，夜以继日，至壬子乃罢。己未，杀狼人裹里。"

十七年四月，"杀鹰人敌鲁"；五月，"杀鹿人札葛"；六月，"支解雉人寿哥、念古，杀鹿人四十四人"，十月，"杀酒人粹你"；"十一月辛卯，杀近侍延寿。壬辰，杀豕人阿不札、曷鲁、尤里者、涅里括。……壬寅，杀鹿人唐果、直哥、撒剌"；"十二月辛未，手杀饔人海里，复脔之。"

---

① 张正明：《契丹史略》，中华书局1979年版，第123页。
② 蔡美彪等：《中国通史》第六册，人民出版社1979年版，第57~59页。

十八年三月，"杀鹘人胡特兽、近侍化葛及监囚海里，仍剖海里之尸"，四月，"杀麀人抄里只"，五月，"杀鹿人颇德、膈哥、陶瑰、札不哥、苏古涅、雏保、弥古特、敌答等"；六月，"杀麀人屯奴"；十二月，"杀酒人搭烈葛"。

"十九年春正月己卯朔，宴宫中，不受贺。己丑，立春，被酒，命殿前都点检夷腊葛代行击土牛礼。甲午，与群臣为叶格戏。戊戌，醉中骤加左右官。乙巳，诏太尉化哥曰：'朕醉中处事有乖，无得曲从。酒解，可覆奏。'自立春饮至月终，不听政。"二月"癸亥，杀前导末及益剌，剖其尸，弃之。……己巳，如怀州，猎获熊，欢饮方醉，驰还行宫。是夜，近侍小哥、盥人花哥、庖人辛古等六人反，帝遇弑，年三十九。"

以上残杀事件凡二十余起，被杀者几近百人。这些被害者，几乎全是穆宗身边的近侍及膳饮游猎等方面的诸色使役人。如果一定要把他们称作奴隶的话，那也不过是些不事生产的高等宫廷仆役。而且，他们的被杀，只能归结为穆宗的"荒耽于酒，畋猎无厌"，"赏罚无章"，"嗜杀不已"（《穆宗纪下》），怎么也看不出是："契丹奴隶和奴隶主之间的阶级斗争正在日益激烈地展开"的表现。近侍小哥等六个人的"弑帝"一举，无疑是几个"高等奴隶"对这位暴君的一次激烈反抗行动（也可以说是对这位嗜杀狂的一次报复）；但把它拔高为"奴隶起义"，并让它去推动"契丹历史"由奴隶制向封建制的过渡，则未免言过其实了些吧。

通过以上几个方面的分析不难看出，奴隶制在辽代的任何时期，在辽境的任何地区，都不曾成为占主导地位的剥削方式，辽代奴隶社会论殆难成说。

（原载《青海师范学院学报》1984 年第 2 期）

党项与奴隶制

——"从少数民族史看初始阶级社会的非奴隶制性质"专题研究之八

党项乃羌人一支，晚起，"魏、晋后微甚"（《新唐书·党项传》），南北朝末始初露头角于历史舞台。初居河曲（古析支地，今青海省东南境黄河曲流处），后稍大其地，"东距松州（治今四川松潘），西叶护（西突厥地），南春桑、迷桑等羌（今青海果洛藏族自治州境），北吐谷浑（据有今青海北部、甘肃南部一带），处山谷崎岖，大抵三千里"（《新唐书·党项传》），而其腹心地区，当仍不外以河曲为中心的青、甘、川三省交界处远近一带。其时，党项势仍孤弱，只好往来依违于隋、吐谷浑、吐蕃、唐几个政权间。7世纪后半期，吐蕃勃兴。为避吐蕃压迫，党项各部乃在唐政府安排下大部徙居今甘肃、宁夏边境和陕西北部一带。其中，入居夏州（今陕西横山）的部分，被称为平夏部。唐末，平夏部首领拓跋思恭以出兵助唐镇压黄巢起义功，被唐王朝任为定难军节度使，爵夏国公，赐姓李氏。这样，割据性的党项夏州政权便开始了。五代时，李氏对统治中原的梁、唐、晋、汉、周名义上保持着"臣属"关系，后者亦大都承认李氏对这一地区的统治。这种相安状态，一直维持到北宋初年。10世纪末继迁叛宋后，党项李氏政权渐趋强大。它在与宋、辽（契丹）两大政权周旋角逐于东的同时，尤积极于西向发展势力，并终于在11世纪30年代击败回鹘、吐蕃两股势力，完成对河西走廊的控制，疆域急剧扩大。公元1038年，党项主元昊正式称帝，国号大夏（宋人称西夏），建都兴庆府（宁夏银川市）。至此，与辽、宋鼎足而三的西夏王国宣告成立，并很快在与辽、宋两大政权的斗争中立定了脚跟（虽说此后夏对辽、宋仍不时保持着某种程度的臣属关系）。12世纪20年代，辽与北宋相继为从北方南下的金国所灭。面临强敌，西夏虽亦对金奉表称臣，但在另一方面却又趁着辽与北宋新亡、北方混乱空虚之机取得大片原辽、宋土地，进一步扩大了自己的疆域。这样，夏、辽、北宋的分立并存格局遂一变而为夏、金、南宋的鼎立对峙局面。13世纪初，蒙古汗国迅速崛起于北方。在新的局面下，西夏时而附金抗蒙，时而附蒙攻金，国势日衰，并终于在公元1227年先于金国为蒙古所亡。

对西夏社会性质的认识，学者间是有分歧的。有的研究者认为：元昊建国前，党项族尚停留在氏族公社阶段，夏国的建立，始标志着党项人转入奴隶制时期；及至到了崇宗（公元1086～1139年在位）、仁宗（公元1139～1193年在位）时代，才逐步完成了由奴隶制到封建制的转变①。另一些研究者则认为：党项羌从青海高原内徙后不很久，便实现了由原始社会到奴隶社会的转变；而元昊的建国称帝，则标志着党项人由奴隶制转变为领主封建制；崇宗乾顺以后，才是地主封建制。② 亦有人认为：党项族是"由氏族制阶段直接向封建制阶段转化的"，李元昊立国后的西夏，"论其性质自是以封建所有制形式为基础的一个国家"，"一个落后的宗法封建制的国家。"③

我大体同意这最后一种提法，而不赞成第一、第二两种意见。

崇宗、仁宗后的夏国社会性质，大家在认识上比较一致（一致认作封建社会），这里不去说它。崇宗、仁宗以前，情况比较复杂。为讨论方便计，以下拟再以元昊建国为界把它分为两个阶段来说。

一、元昊建国前的党项社会性质

一般认为，党项族的阶级社会当以元昊的称帝建国为起始点，前此，党项人尚滞留在氏族公社阶段。近年来，吴天墀先生在所著《西夏史稿》一书中却对此提出了不同看法。吴先生说：

党项羌族从青海高原开始迁徙，不很长的时间，他们就从原始社会进入奴隶社会，而到了唐末、五代，由于生产力又继续有所提高，奴隶制的生产关系在党项内部变得不再适应生产力发展的需要了。

以党项羌为首的西夏社会，从家长奴隶制向早期封建制即领主封建制过渡，前进的步伐是特别快速的，大约只经历了半个多世纪，即继迁（西夏建国后被尊称为夏太祖）领导党项部落反抗宋朝开始（公元983年）到他的孙儿元昊（夏景宗）公开称大夏皇帝（公元1038年）的这段时间，可以作为是西夏奴隶制社会迅速走向封建化完成的阶段。

元昊在公元1038年公开宣布建立大夏王国，这一重大历史事件可以作为西夏封建制正式形成的标志。④

① 蔡美彪等：《中国通史》第六册，人民出版社1979年版，书前《说明》及第四章。

② 吴天墀：《西夏史稿》，四川人民出版社1980年版，第四章"西夏的社会性质"。

③ 金宝祥：《西夏的建国和封建化》，载于《甘肃师范大学学报》副刊《历史教学与研究》1959年第5期。与金氏持类似看法的尚有陈炳应、李范文先生等，分见所著《略论西夏的社会性质及其演变》（载于《兰州大学学报》1980年第2期）、《试论西夏社会性质——与蔡美彪同志商榷》（载于《宁夏大学学报》1981年第3期）。

④ 吴天墀：《西夏史稿》四川人民出版社1980年版，第151、154页。

即是说：党项人于内迁后的不很久，便实现了由原始社会到奴隶社会的转变。党项史上的这个"奴隶制阶段"，且一直延续到 11 世纪 30 年代末元昊称帝建国之时才正式宣告了结，历时颇长。

我认为，把内迁后不很久直至元昊建国前的党项社会目为奴隶制性质的，于史并无多少根据。

内迁后的颇长一段时间，党项族不论在社会生产抑或社会组织结构方面都还相当落后。公元 881 年拓跋思恭任唐定难军节度使，割据性的夏州政权开始后，情况虽有所改变，但大的改观依然看不出来——因为，直到 10 世纪 80 年代，身为夏州政权主的李继捧仍自认对党项诸部没有建立起真正的统治秩序来[1]；在生产领域，党项人也依旧是"逐水草牧畜，无定居"（《宋史·李重贵传》），同过去没有什么两样。公元 982 年继迁抗宋自立后，党项诸部间的联盟关系始在频繁的对外、对内斗争中不断得到加强，加快了从前阶级社会到阶级社会转变的步伐。这一转变过程，一如多数学者所公认的，是以公元 1038 年元昊的称帝立国为标志而宣告完成的。吴先生自己也承认，元昊建国前的党项采取的是"旧的部落统治形式"，尚未"建立起有国家形式的强大暴力机关"[2] 来。一面承认它尚未进入国家时期，一面又把它称做奴隶社会，恐于理难通。

为了论证元昊建国前的党项社会是奴隶制性质的，吴先生列举了两点理由：第一，那时的党项社会中已拥有"正式地有着奴隶身分的奴隶"。第二，在这个社会里，"人数众多并成为社会生产主要负担者的是广大公社成员"，这些人虽"在形式上保有自由身份"，"号称自由民"，但"从其实际地位和处境说，和奴隶是相差不远的"，"在事实上成为族落首领的奴隶"，亦即马克思所说的"普遍奴隶"。[3]

关于建国前的党项社会已拥有一定数量的"正式地有着奴隶身份的奴隶"一事，大约没有人会去争论，因为，那是情理中事。但是，有奴隶存在的社会并不一定就是奴隶社会。吴先生明明承认"存在于公社里的奴隶，人数不多，主要是从事家庭内的日常劳动，一般成为'简单的助手'；社会生产的主要担负者仍然是家族公社的广大成员"[4]，可到头来还是要把这样的一个社会视为奴隶社会，这就让人甚觉费解了。

至于把公社成员视为"奴隶"，那就越发说不过去了。尽管这些人的自由身份显得那样地不充分，那样地无保障，但这种自由身份又毕竟不是纯"形式上"

---

① 《宋史·夏国传上》："太宗常宴群臣苑中，谓继捧曰：'汝在夏州用何道以制诸部？'对曰：'羌人鸷悍，但羁縻而已，非能制也。'"

② 吴天墀：《西夏史稿》，四川人民出版社 1980 年版，第 153 页。

③ 同上，第 148、149、147、150 页。

④ 同上，第 147 页。

的，毫无实际内容可言的；相反，他们一般还是有自己的"家庭"，"有定期分
配的小块土地，有少量的私有财物，是与奴隶完全不同的，甚至有的还有自己的
奴隶。"① 对这样的人，我们又怎么好把他们同奴隶混为一谈呢？马克思的"普
遍奴隶"一说，实在只不过是一种政治含义上的比况用语，万不能据此坐实公社
成员的奴隶身份的。关于这个问题，我已在另外几篇有关奴隶制问题的文章中多
所提及，这里不再作赘。

总之，元昊建国前的党项历史上，实不存在一个奴隶制发展阶段。

二、元昊建国至崇、仁二宗间的西夏社会性质

视元昊建国后的西夏为奴隶社会的为蔡美彪先生等。鉴于蔡先生等又有"西
夏在崇宗到仁宗时期，逐步完成了从奴隶制到封建制的转化"② 一说，对自崇、
仁以来西夏社会性质的认识已同大家没有什么不同，故以下我们只着重考察景宗
元昊、毅宗谅祚、惠宗秉常三主当国的近半个世纪（公元 1038～1086 年）的西
夏社会，看看它究竟是不是奴隶制性质的。

在论及崇宗以来西夏之由奴隶制加速向封建制转化时，作为原因之一，蔡美
彪先生等曾经提到：

夏崇宗统治时期，依附辽、宋，基本上停止了对宋朝边地的大规模掳掠。金
朝建立后，夏国依附金朝求自保，更无力对金作战。奴隶制的发展，是以不断开
展对外掳掠以补充奴隶的来源为条件的。夏国处在强大的金朝的威胁下，基本上
失掉了对外掳掠的条件。夏国断绝了自外界补充奴隶的来源，不能不由奴隶制加
速地向封建制转化。③

这里有两个问题须弄清楚：第一，奴隶制的存在固然须仰仗对外掳掠以不断
补充奴隶来源，但绝不能反过来说：对外掳掠必然以奴隶制为自己的目的、结
果。第二，崇宗乾顺嗣立（公元 1086 年）以来，特别是他亲政（公元 1099 年）
后，由于采取弛兵役，重文学，依辽和宋等大政方针，加之稍后出现的夏、宋、
辽、金间力量对比格局的新变化，夏国国势开始走上下坡路——这些，自然都是
事实，但是，这又绝不意味着崇宗后的西夏已就此停止了对外掳掠；崇宗前，西
夏国势虽处上行阶段，勉强可同辽、宋鼎足而三，但除开元昊当国时曾一度摆出
咄咄逼人的气势外，更多的还是屈居小老三的地位，对辽、宋并无优势可言，对
外战争中捞到便宜的时候并不算多。我们不应当实用主义地为了论证崇宗以来的
封建制而回避西夏后期仍有对外掳掠行为的事实，而为了把崇宗以前的西夏说成

---

① 吴天墀：《西夏史稿》，四川人民出版社 1980 年版，第 147 页。
② 蔡美彪等：《中国通史》第六册，人民出版社 1979 年版，卷首《说明》。
③ 蔡美彪等：《中国通史》第六册，人民出版社 1979 年版，第 183 页。

奴隶社会却又把这种掳掠的规模、作用过分予以夸大。

下面，是元昊、谅祚、秉常在位期间西夏打赢了的几次规模较大的对外战争：

宋仁宗康定元年（夏景宗元昊天授礼法延祚三年，公元1040年），"夏人攻金明寨，执都监李士彬父子。……围延州，设伏三川口，执刘平、石元孙、傅倡、刘发、石逊等。"（《宋史·夏国传上》）

宋仁宗庆历元年（夏天授礼法延祚四年，公元1041年），夏攻宋，双方大战于好水川，宋师败绩，大将任福力战死，宋"将校士卒死者万三百人，关右震动，……仁宗为之旰食。"（《宋史·夏国传上》。《宋史·仁宗纪三》、《任福传》及《续资治通鉴长编》卷一三一则并作将士死者六千余人。司马光《涑水记闻》卷一二谓："指挥使忠佐死者十五人，军员二百七十一人，士卒六千七百余人，亡马一千三百匹，杀虏民五千九百余口，熟户一千四百余口。"）

宋庆历二年（夏天授礼法延祚五年，公元1042年），夏兵复大举侵宋，战于定川寨，宋将葛怀敏等战死，宋军九千四百余人遇俘，夏军乘胜驱入，直抵渭州，大焚掠而去。（《宋史·葛怀敏传》、《续资治通鉴长编》卷一三七、《宋史·夏国传上》）

宋庆历四年（夏天授礼法延祚七年，契丹兴宗重熙十三年，公元1044年），契丹兴宗以十数万众三路犯夏，为元昊所败。（《宋史·夏国传上》）

宋英宗治平元年（夏毅宗拱化二年，公元1064年）秋，"夏人出兵秦凤、泾原，抄熟户，扰边塞弓箭手，杀掠人畜以万计。"（《宋史·夏国传上》）

宋神宗熙宁三年（夏惠宗天赐礼盛国庆元年，公元1070年）八月，夏兵"大举入环庆，攻大顺城、柔远寨、荔原堡、淮安镇、东谷西谷二寨、业乐镇，兵多者号二十万，少者不下一二万，屯榆林，距庆州四十里，游骑至城下，九日乃退。钤辖郭庆、高敏、魏庆宗、秦勃等死之。"（《宋史·夏国传下》）

宋神宗元丰四年（夏惠宗大安七年，公元1081年），宋以夏内乱可乘，发数十万众五路犯夏，先胜，兵抵灵州，旋因夏人坚壁清野，冬寒乏食，终大败而归，损失惨重。（据《宋史·夏国传下》、《续资治通鉴长编》卷三一二～三一九及《宋会要辑稿·兵》八之二二～二七）

宋元丰五年（夏大安八年，公元1082年），夏兵号三十万犯永乐城，陷之。是役也，宋方"死者将校数百人，士卒、役夫二十余万。"（《宋史·夏国传下》。《西夏纪事本末》卷二五则作："或言缘是役而死者亦十余万人"。《宋会要辑稿·兵》八之二八则又仅作："永乐城陷，徐禧、李稷、李舜举并汉、蕃官二百三十人，兵万二千三百余人皆没。"所记出入颇大，亦未知何者为是。）

比较重要的，大抵就是这些。公元1040～1042年元昊败宋的三大战役（三川口战役、好水川战役、定川寨战役），胜是胜了，但规模并不很大，所俘自亦不会很多。公元1044年败契丹之役，元昊基本上采取的是以战求和、适可而止的方针，事后并将所俘契丹将领遣还，得人当亦不会很多。毅宗时虽曾攻掠吐蕃部落，犯扰宋朝边地，却从未取得大的战绩。惠宗在位期间，由于后族、皇室争权，夏的国势总的说来并不强盛，但却有 1081 年、1082 年的两次胜仗引人瞩目。关于宋王朝在这两次战役中的损失，《宋史·夏国传下》的说法是"灵州、永乐之役，官军、熟羌、义保死者六十万人"，虽不免夸大①，但宋方在这两次战役中遭到惨重失败则是事实。西夏在这两场最后皆以胜利告终的战役中肯定有不少俘获，但也付出了沉重代价，所得远不足偿其所失。

仗打赢了，人口和财物等的掳获自然都是少不了的，这本是古已有之的现象，是阶级社会中的常例，并非西夏一家如此，更远非元昊、谅祚、秉常在位的半个世纪为然。如果就是靠这（对外战争的胜利，俘虏的取得）去建立元昊、谅祚、秉常时代的西夏奴隶社会，那么，下列事实又该如何解释呢？据史：

宋哲宗绍圣三年（夏崇宗天佑民安六年，公元 1096 年），梁太后和崇宗乾顺亲率夏兵五十万，犯宋鄜延路，"纵骑四掠，"陷金明寨，宋金明"守兵二千八百人惟五人得脱，城中粮五万石、草千万束皆尽，将官皇城使张俞死之。"（《宋史·夏国传下》）

宋徽宗崇宁四年（夏崇宗贞观四年，公元 1105 年），夏兵"入镇戎，略数万口，执知鄯州高永年而去，又攻湟州，自是兵连者三年。"（《宋史·夏国传下》）

宋徽宗宣和元年（夏崇宗雍宁五年，公元 1119 年），夏宋战于统安城，宋将刘法阵亡，"死者十万"。（《宋史·夏国传下》）

金世宗大定元年（宋高宗绍兴三十一年，夏仁宗天盛十三年，公元 1161 年），"世宗即位，夏人复以城寨来归，……边吏奏，夏人已归城寨，而所侵掠人口财畜尚未还，请索之。大定四年二月甲申，夏遣其武功大夫纽卧文忠等贺万春节，入见，附状奏告，略曰：'众军破荡之时，幸而免者十无一二，继以冻馁死之，其存几何。兼夏国与宋交兵，人畜之被俘僇亦多，连岁勤动，士卒暴露，势皆朘削。又坐为宋人牵制，使忠诚之节无繇自达，中外咸知，愿止约理索，听纳

---

① 两役共死六十万，如前所引，《宋史·夏国传下》对永乐之役宋方死亡人数的估计是"二十余万"，则上一年五路攻夏中宋方的死亡人数便是三十余万了。如正文所述，《宋史·夏国传下》所载宋方在永乐之役中的死亡人数是几种材料中最高的，已恐不足凭信，至五路攻夏中死者竟至三十余万众之估计，犹觉夸大失实。因为，据《宋史·夏国传下》，公元 1081 年五路攻夏时宋方总兵力亦不过三四十万之众（李宪部熙秦七军及吐蕃兵三万、王中正部六万、高遵裕部八万七千、刘昌祚部五万、种谔部九万三千），接战中，王中正、高遵裕、种谔三部损失惨重（王部死亡二万；高部灵州溃退时，仅余残兵一万三千，归途又遭夏兵追击，续有伤亡；种谔部败归塞内时亦仅余三万人），刘昌祚部损失情况不甚明（据《宋史·刘昌祚传》，刘亦参加过灵州战役，且在高遵裕部溃退时为其殿、掩护高部溃逃，及"至渭州，粮尽，士争入，无复行伍"，想来损失也不会小），李宪部则未曾深入，基本上是全师而还，据此，总的损失（死亡、被俘、逃散）充其量亦不过二十余万，怎么单单死亡一项就会有三十余万之众呢！看来，《宋史·夏国传下》关于宋方在 1081 年、1082 年的两次战役中凡死亡士卒六十万的估计，是偏高了许多的。

臣言，不胜下国之幸。'其后屡以为请，诏许之。"（《金史·西夏传》）

金世宗大定十八年（宋孝宗淳熙五年，夏仁宗乾祐九年，公元1178年）"九月，西夏遣将蒲鲁合野来攻麟州，……城陷，夏人掳金帛子女数万，毁城而去。"（宇文懋昭：《大金国志》卷一七）

宋光宗绍熙元年（夏仁宗乾佑二十一年，金章宗明昌元年，公元1190年），"夏兵侵金岚、石等州，掠人畜而还；次年，又攻金鄜、坊二州，至保安州，大掠而归。"（戴锡章：《西夏纪》卷二五）

金宣宗元光二年（夏神宗光定十三年，宋宁宗嘉定十六年，公元1223年），金"陇安军节度使完颜阿邻日与将士宴饮，不治军事，夏人乘之，掠民五千余口，牛羊杂畜数万而去。"（《金史·西夏传》）

宋神宗熙宁三年（夏惠宗天赐礼盛国庆元年，公元1070年），宋知庆州李复圭"出兵邛州堡，夜入栏浪、和市，掠老幼数百；又袭金汤，而夏人已去，惟杀其老幼一二百人。"（《宋史·夏国传下》）

宋哲宗元符二年（夏崇宗永安元年，公元1099年），"环州种朴徼赤羊川，获赏啰讹乞家属百五十口，孳畜五千。夏人千余骑来追，战却之，擒监军讹勃啰及首领泪丁讹遇。"（《宋史·夏国传下》）

材料表明，崇宗乾顺后的西夏并未停止对外掳掠，一直到距它亡国只有四年的1223年，它不是还从金人那里一下子就掠得"民五千余口，牛羊杂畜数万"吗？堂堂大宋，不也掳掠过西夏的"老幼"、"孳畜"吗？谁要是据此把乾顺后的西夏和赵宋王朝也定为奴隶社会，十有八九会招来学界的一片嗤嗤声，可同样的论证方法运用到了崇宗前的西夏头上，我们的不少研究者却觉得心安理得、顺理成章，这恐怕说不过去吧！

俘虏是不是必定转化成为奴隶，这也值得研究。史载：

夏军"若获人马，射之，号曰'杀鬼招魂'，或射草缚人。"（《辽史·西夏传》。《宋史·夏国传下》略同，作："捉人马射之，号曰'杀鬼招魂'，或缚草人埋于地，众射而还。"）

契丹兴宗重熙十年（夏景宗天授礼法延祚四年，宋仁宗庆历元年，公元1041年），"夏国献所俘宋将及生口。"（《辽史·西夏传》。按西夏献宋俘于辽事，前此和在这以后都有，此不一一列举。）

宋哲宗元祐四年（夏崇宗天仪治平四年，公元1089年），西夏"稍归永乐所获人"（按指1082年永乐之役所俘宋人），作为交换条件，宋则"以葭芦、米脂、浮图、安疆四寨与之"。（《宋史·夏国传下》。按西夏归还宋俘事，亦不仅此一次。）

宋英宗治平二年（夏毅宗拱化三年，公元1065年），毅宗谅祚以汉官授所俘汉人苏立。（转见蔡美彪等著《中国通史》第六册，人民出版社1979年版，第

168 页。)

夏制，"得汉人勇者为前军，号'撞令郎'。若脆怯无他伎者，迁河外耕作，或以守肃州。"（《宋史·夏国传下》）

这说明，西夏人对于战俘，杀之者有之，作为政治的或外交的礼物奉献他邦者有之，放还（多附有条件，带有交换、资赎性质）者有之，擢以为官者有之（自然是少数），充作战士者有之，剩下来的，当根据其技艺的有无，或做工匠，或留在贵人的府署宅第以供驱遣，或到边远地区农作、戍守。充当战士的，一般不会是奴隶；从事农、工生产的，亦无任何像样材料足以表明他们的奴隶身份；只有奴婢们的身份比较明确——是奴隶，但这类人的历史要比西夏人的阶级社会还来得古老，如早在唐时，党项人中的一些财势之家就已经有了奴婢的蓄养了①，它同一个社会是否为奴隶制社会并无关系。

总之，靠着战俘和奴婢的存在是证明不了一个社会是奴隶社会的。关于西夏的社会结构，蔡美彪先生等人是这样看的：

西夏建国后，在它的统治区内，存在着不同的民族和不同的社会制度。党项奴隶主奴役着俘掠的各族奴隶，汉族地主阶级仍然保持着封建的剥削方法。在这样不同的经济关系的基础上，夏国建立起所谓"蕃官"与"汉官"两套并行的政治制度，同时也存在着"蕃礼"与"汉礼"两种不同的文化。

夏国自建立时起，在它的统治区内即存在着奴隶制和封建制两种不同的社会制度。……随着历史的推移，封建制在斗争中逐渐得到发展，而自夏崇宗到夏仁宗时，更进而在夏国占据了统治的地位。②

看到了西夏社会中多种经济成分的存在，自然是对的，但认为奴隶制在崇宗前的西夏社会中占据统治地位并从而决定着这个时期的西夏为奴隶社会则不是事实。

众所周知，党项人虽是西夏的统治民族，但在人数上并不占优势。在西夏，居人口多数的是汉、吐蕃、回鹘等族。这些族，早在西夏立国前即已处于封建社会阶段。对此，史学界恐怕已不会再有什么争论。现在要问，当他们被党项人征服、成了西夏的属民后，他们旧有的经济结构被改变了没有呢？从种种迹象看，并没有改变。这一点，蔡美彪先生等似乎也是承认的。如蔡先生他们在谈到西夏统治区汉人的情况时，就曾明确指出：那里的"汉族地主阶级仍然保持着封建的剥削方法。"占西夏人口多数的汉人、吐蕃、回鹘等原有的封建生产关系既然没有被党项统治者移转到奴隶制的轨道上来，这"西夏奴隶社会"一说岂不要塌了大半边天？

---

① 《太平寰宇记》卷一八四《党项羌》下唐宪宗元和十五年（公元820年）七月，"盐州送到劫乌白池盐贼女子拓跋三娘并婢二人"云云，即其证。

② 蔡美彪等：《中国通史》第六册，人民出版社1979年版，第164~165、182页。

再看党项本族劳动人民的地位、状况。史称：

（夏民）人人能斗击，无复兵民之别，有事则举国皆来。（《续资治通鉴长编》卷二一七引宋臣滕甫语）

贼界（按指西夏）……种落散居，衣食自给，忽尔点集，并攻一路，故犬羊之众动号十余万人。（《范文正公政府奏议》卷下《奏陕西河北攻守等策》）

（西夏）建官置兵，不用禄食，每举众犯边，一毫之物，皆出其下，风集云散，未尝聚养。（《范文正公集》卷五《上攻守二策状》）

西夏每有大举，动经累月，盖人人自备其费。（《续资治通鉴长编》卷四六六载吕大忠语）

这些"无复兵民之别"，平时是生产工作者，"衣食自给"，战时是战士，且须自备装备粮饷的广大党项劳动人民，自然也不是什么奴隶，而是比之汉人、吐蕃、回鹘等外族人社会地位更高一层的自由小民。

剩下来的便是那些战俘了。对于这部分人的奴隶身份，在不少研究者看来，似乎已是自然而然、毋庸置疑之事。可正如我们在上文已经分析的——战俘并没有全都转化成为奴隶，有一定数量奴隶存在的社会也并不就是奴隶社会。恕我直言：当我们尚不能证明奴隶已在西夏总人口中占有相当比例、西夏的农业、牧业、手工业等社会生产事业主要是由奴隶承担的时候，所谓奴隶制在西夏社会经济结构中的统治地位及与之相应的西夏奴隶社会论之类，就始终只能是一种无稽之谈。

蔡先生等以崇宗为界把西夏断为奴隶社会和封建社会两大段落，可根据现有材料，我们怎么也看不出崇宗前后的西夏在生产资料的占有以及剩余劳动的榨取方式方面到底有什么质的不同。接触过西夏史的人都不难觉察得到，崇宗确实是西夏史上一个不大不小的里程碑。在他那个时代，西夏确实有点不同往昔的样子。但崇宗所实行的那些变革，大都属于"汉化"方面的，是政治设施、思想文化、礼俗方面的事，有点类乎北魏孝文帝的改革，同生产关系的变革实在没有什么干系。所谓"蕃官"、"蕃礼"，无非是从党项部落组织那里蜕变而来的一套政治制度及与之相应的文化、礼俗，它代表着西夏社会中落后的一面，是原始社会的残迹，而不是什么建立在奴隶制经济关系基础上的奴隶制的政治、文化。元昊建国以来，"汉礼"、"蕃礼"之争几经反复，总的趋势则是"汉礼"在斗争中曲折地、艰难地前进着。崇宗乾顺也正是因为在这场斗争中表现得比较开明、大胆，"汉化"的步子迈得更大些才得以在史册上占有一个突出位置的。

即单就上层建筑方面论，西夏的那套仿宋式的封建政治制度也并不是夏崇宗乾顺时才冒出来的新制，而是早已有之的。还在继迁时，便已"潜设中官，全异羌夷之体，曲延儒士，渐行中国之风"（《续资治通鉴长编》卷五十咸平四年十二月条）了，及元昊立国，更是"称中国位号，仿中国官属，任中国贤才，读中国书籍，用中国车服，行中国法令"（《续资治通鉴长编》一五〇庆历四年六月条），封建上层建筑的基本格局大体已定。乾顺的所作所为，只是对元昊所奠基的那套体制的发展、完善，而不是一次革命性的否定（两个阶级、两种社会制度间的递嬗、变革）。

所以，崇宗前后的西夏社会并没有什么本质的区别，都是封建制性质的。如果说二者间总还有点什么区别的话，这区别只不过在于崇宗前的西夏还带着浓重的原始社会的痕迹，而从崇宗开始这种痕迹已消失得不再那么显眼罢了。

三、党项人的封建制是从哪里来的？

西夏治下汉人、吐蕃、回鹘等族居住区的封建关系早已有之，西夏袭用未改，这里不再说它。现在须弄清楚的是党项人的封建制是从哪里来的？一谈到这类问题，不少同志往往会十分自然地抱着如下见解：是汉族封建社会的先进影响才使包括党项人在内的某些落后族得以跳过本该经过的奴隶社会阶段而从原始社会直接进入封进社会的。

这是不正确的。

虽然，由于材料的限制，我们已无法弄清党项人早期封建关系产生的具体过程，但也不是毫无蛛丝马迹可寻，有的学者也还作过这方面的探索。如吴天墀先生在谈到元昊建国前党项人的社会结构时就曾写道：

在党项奴隶制社会里，农村公社一直被牢固地保存着，在生产资料中居于统治地位的土地，如前所说，一般都保存了归公社集体所有的形式，是把农牧业生产约束在公社内部而以家族或家庭为单位所进行的小生产。这对封建制的形成来说，是最好不过的自然基础，有了这种方便的条件，封建制便从生产力低下的乡村开步向前走，在土地属于农村公社的基础上，通过采邑制和保护关系的进一步发展而形成。①

前面曾经提到，我是不同意吴天墀先生的党项人在元昊建国前便已进入阶级社会（奴隶社会）的看法的，但对吴天墀先生"农村公社"乃"封建制"形成的"最好不过的自然基础"一说，则毫无保留地赞同。在我看来，"农村公社"实在是解决早期阶级社会性质问题的一个关键：世界绝大多数民族正是凭着它才抑制了奴隶制的发展，而在另一方面却给封建制的形成提供了"最好不过的自然基础"和现成的便当形式；在古典世界，由于私有制和商品经济的比较发展，农村公社基本上被瓦解掉，于是这才有奴隶制的充分发展，才有奴隶社会。关于这个问题，我已在过去写的几篇文章中不止一次地提到过，这里不再多说。

---

① 吴天墀：《西夏史稿》，四川人民出版社1980年版，第152～153页。

　　二十多年前，金宝祥先生在党项人封建制的形成问题上亦曾发表过颇有见地的见解。金宝祥先生说：

　　对于一个游牧部落来说，由于畜牧业的发达，无可避免地会引起私有制的出现，会引起对外贸易和对外掠夺的发生，在对外掠夺中，党项的部落大姓，须要强化军事组织；而广大的氏族牧民，为了避免外来的侵略，也不得不依附于那些占有军事优势的部落大姓，受其庇护，并在部落大姓所占有的牧地上进行畜收，和部落大姓建立封建隶属、封建依附的关系。这种关系自李继迁到李元昊之间，随着对外战争的频繁，军事组织的扩大，也必然在逐渐强化和普遍……因此，在李元昊建国以前，构成党项社会生产的主要关系的，是在行将崩溃的氏族公社的躯壳之内所孕育的封建依附关系。……李元昊以后，封建制的生产关系，不论在畜牧业或农业的领域内，还在不断形成；因此，李元昊以后所建立的西夏，论其性质是以封建所有制形式为基础的一个国家。……

　　但是党项社会自李元昊以后，虽然进入封建制国家，而带有氏族血缘色彩的部落军事组织却并未因此而消失；……由于封建所有制和残余的氏族公社所有制的同时并存，所以党项国家的性质实是一个落后的宗法封建制的国家。[①]

　　单就事情本身而论，我完全同意金宝祥先生的上述看法。但字里行间，金宝祥先生又似乎是把"草原部落之由氏族制阶段直接向封建制阶段转化"[②] 附加了某些条件的，是作为变例处理的。对此，我却不敢苟同。在笔者看来，从"行将崩溃的氏族公社的躯壳之内""孕育"出"封建依附关系"，"由氏族制阶段直接向封建制阶段转化"，实在是个普遍的、合乎规律的发展过程，完全无须仰仗外力搞什么本不存在的"跳越"——"跳越"所谓奴隶制发展阶段。人们之所以惯于用"跳越"论去解释某些国家和民族的历史，只有一个原因，那便是"奴隶社会乃人类历史发展必经阶段"的成说在许多人的头脑中扎下的根子太深了。史实表明，党项人的封建制是从它自己那个"行将崩溃的氏族公社的躯壳之内"合乎规律地"孕育"出来的，而不是从别处移植来的。汉民族先进社会制度的外在影响，只不过加速了党项人由原始社会到封建社会的转变过程，而不是打乱历史的正常进程。

　　总括起来说：在党项人的历史上当然是能够找到奴隶的，但这种剥削制度始终未能构成为西夏社会的基础。在党项历史上，我们看到的是从原始社会到封建社会的正常转变，其间并未横插一个奴隶社会阶段。

（原载《青海师范学院学报》1984 年第 3 期）

---

　　①②　《西夏的建国和封建化》，载于《甘肃师范大学学报》副刊《历史教学与研究》1959 年第 5 期。

女真与奴隶制

——"从少数民族史看初始阶级社会的非奴隶制性质"专题研究之九

女真世居"白山黑水"间（《金史·世纪》），其源颇古远，先秦之"肃慎"，两汉之"挹娄"，南北朝之"勿吉"，隋唐之"靺鞨"，都是这个族在不同历史时期的不同名号。

靺鞨分部本多，唐初，唯粟末靺鞨、黑水靺鞨见诸史册，其余诸部则湮没无闻。五代时，粟末靺鞨所建立之渤海国为契丹所灭，黑水靺鞨亦附属于契丹，"其在南者籍契丹，号熟女直；其在北者不在契丹籍，号生女直"（《金史·世纪》）。也就是说，只是到了 10 世纪前期黑水靺鞨为契丹人所役属时，这个族才以"女真"之名（后避辽兴宗宗真讳，改称"女直"）见称于世。

太祖函普以降，女真族虽已进入父系氏族公社阶段，但在 11 世纪前，基本上还未脱出"无室庐"，"随水草以居"，"迁徙不常"的状况（《金史·世纪》），其经济生活和社会组织的发展水准仍然是不高的。大致从景祖乌古乃（公元1021~1074年）起，以完颜部为中心的女真部落联盟才逐渐巩固、强大起来，"诸部君臣之分始定"（《金史》卷六八《传赞》），"有官属，纪纲渐立"（《金史·世纪》），加快了从原始社会向阶级社会过渡的步伐，而公元 1115 年的阿骨打称帝建国，则是这一转变正式完成的标志。

金立国后不久，先后灭掉辽与北宋，臣服西夏，很快在北部中国广大范围内确立起自己的统治来。尔后，即大致以大散关、淮河为界，与南宋南北对峙百余年之久。13 世纪初，蒙古崛起于北方。公元 1234 年，在蒙古和南宋的联合打击下，金亡。自太祖立国，至哀帝败亡，金凡历九帝、一百二十年。

关于立国前后女真族乃至整个金的社会性质，史学界尚无一致看法。尚钺先生等认为：

约至公元 10~11 世纪间，生女真社会已进入由氏族制向奴隶制的过渡阶段……
……

金自建国后，与契丹族及汉族的接触更加频繁，其社会也随之向封建制度飞跃发展。①

翦伯赞先生等认为：

在金国建立之初，女真族的社会，已向着奴隶制发展，那时的金政权是一个奴隶主政权；到它覆灭了辽国，特别是覆灭了北宋之后，它吞并了辽的旧境，也侵占了黄河以北的大片土地，在这些地区，受到了高度发展的封建主义的政治、经济和文化的影响，这时它便转化为一个封建政权了。②

朱绍侯先生等认为：

为了镇压奴隶的反抗和抵御辽的欺凌，到完颜阿骨打（乌古乃的孙子）时，便建立了奴隶制的国家。

……

女真族的封建化，大约从金太宗时开始，在世宗、章宗之际完成。③

《中国史稿》第五册编写者认为：

金收国元年（公元 1115 年），阿骨打称帝建元。正式建立奴隶制的金王朝。

……

……公元 1153 年，海陵王把都城迁到燕京，把统治重心移到封建政治、经济、文化高度发展的汉族地区，就是金王朝完成向封建制政权转变的标志。④

蔡美彪先生等认为：

1115 年夏历正月元旦，阿骨打即皇帝位，建立起奴隶主的国家，……

金朝在海陵王到世宗时期，逐步完成了从奴隶制到封建制的转化。⑤

吕振羽先生等认为：

至哈利巴时（北宋神宗时期），"生女真"便开始其奴隶制度的社会变革，到完颜阿骨打时便完成了这种变革事业。公元 1115 年（徽宗政和五年）阿骨打即帝位（太祖，公元 1115～1122 年），改号金，女真奴主政府便正式出现了。

……

……女真本身，除其原居地区外，亦不断向封建制转化。到章宗时，这种转化已基本完成了。⑥

张博泉先生认为：

从女真族的经济发展来看，……它在百余年中，前后经历了几个社会形态。阿骨打完成了由氏族制向奴隶制的变革，从金熙宗到章宗又完成了由奴隶制向封

① 尚钺主编：《中国历史纲要》，人民出版社 1954 年版，第 214～215 页。

② 翦伯赞主编：《中国史纲要》，人民出版社 1979 年版，第 59 页。

③ 朱绍侯主编：《中国古代史》中册，福建人民出版社 1982 年版，第 380、408 页。

④ 《中国史稿》第五册，人民出版社 1983 年版，第 216、250 页。

⑤ 蔡美彪等：《中国通史》第六册，人民出版社 1979 年版，第 241 页及书前《第六册说明》。

⑥ 吕振羽：《简明中国通史》，人民出版社 1955 年版，第 385、388 页。

建制的变革。①

上引诸家虽在女真族或金代在什么时候完成了由奴隶社会到封建社会的转变的认识上存在着颇大分歧，但却一致地认为在女真族或金的历史上还是存在着一个奴隶制发展阶段的；唯华山先生等认为：在女真族的历史上，并不存在奴隶制发展阶段，它是直接从原始公社制过渡到封建制度的。笔者认为，华山先生的结论是正确的，虽然我并不同意华山先生对出现这种状况的原因所作的分析——在华山先生看来，这样的情况之所以会出现，主要是受到外部条件的影响。②

鉴于绝大多数研究者都以公元 1115 年阿骨打的称帝建国作为女真族或金进入奴隶社会的标志，而从熙宗或海陵王起，这个社会又已开始朝着封建制转变，故我们拟把讨论的重点主要放在被多数学者目为奴隶制典型阶段的太祖、太宗两朝上，看看金初的这头二十年（1115 ~ 1135 年太祖和太宗在位期间），到底是不是所谓的"奴隶制社会"；并连带着谈谈，熙宗至章宗四朝的一系列改革或变革，到底是不是意味着"由奴隶制向封建制的转变"。

一、关于金初的社会性质

金代或曰金王朝的社会性质同女真族的社会性质，虽有某种联系，但却不是一回事。有的研究者注意到了这一点，有的则未予以应有的注意（如蔡美彪先生等就一方面说"金朝在海陵王到世宗时期，逐步完成了从奴隶制到封建制的转化"，另一方面又说"金世宗继承海陵王的事业，在他统治下的近三十年间，女真族基本上完成了向封建制的过渡"③），特在这里再强调一下。

下面，先讨论金代初期的社会性质问题。

众所周知，金政权是一个幅员比较辽阔的王朝，在其境内，包含着不同的民族和不同的经济成分。这里，既有尚处在原始社会后期的北方诸臣服落后族，又有新步入阶级社会的女真族，也有原辽和北宋治下封建经济初步发展和比较发达的契丹族、汉族等。这样一个多经济结构的王朝，它的社会性质是什么，自然须由其中占主导地位的生产关系来决定。而在金的统治下，被组织在封建生产关系下的汉人、契丹人、渤海人等，又无可争议地构成为金政权居民的绝大多数。因此，金王朝从一开始就是一个封建王朝，实属显而易见；有些研究者也明明认识到，"金太宗时，金朝的统治领域，东到混同江下游吉里迷、兀的改等族的居住地，直抵海边。北到蒲与路以北三千多里火鲁火疃谋克地，沿泰州附近界壕而西，出天山，与西夏毗邻。南部与南宋以淮河为界。在这个广阔的领域里，存在

---

① 张博泉：《金代经济史略》，辽宁人民出版社 1981 年版，第 14 页。

② 《略论女真族氏族制度的解体和国家的形成》，见《宋史论集》，齐鲁书社 1982 年版。

③ 蔡美彪等：《中国通史》第六册，人民出版社 1979 年版，书前《第六册说明》及第 284 页。

着三种不同的情况：第一种情况是原来辽朝统治下的东北部区域，自上京路、辽东（东京）路、咸平路，东到大海，北到北方边地，是金朝建国前后占领的地区。这里包括女真各部落的住地，也还有原在辽朝统治下的大批契丹、奚、渤海以及五国部、吉里迷、兀的改等各族人民。契丹、渤海等族早已进入封建制时期，但还有一些民族仍然处在比女真族更为落后的氏族部落制时代。第二种情况是自辽上京临潢府以南，直到河北、山西，即五代时辽朝占领的燕云十六州地区。这里的居民主要是汉族，长期以来，处在封建制统治之下。第三种情况是原来北宋统治下的淮河以北，包括陕西的汉族地区，封建制度比辽朝统治区更为发展"[1]，明明知道上述地区的封建关系（须知这些地区，封建经济在金的整个经济生活中有着举足轻重的地位）入金后仍"基本上延续了下来"[2] 可到头来还是要以所谓在"金朝内地"，在女真人那里，"基本上是推行奴隶制度"[3] 为由（姑且不论这个理由本身是否成立），把海陵王或世宗前的金朝目为奴隶制的时代，"奴隶主的国家"[4]，实令人难以索解！

二、关于金初女真族的社会性质

如开头所介绍的，在某些颇有影响的著作中，是把女真族实现由奴隶制向封建制的过渡放在世宗或章宗之朝的，也就是说，在这之前的女真族，尚处在奴隶制阶段，其社会性质是奴隶制的。

没有谁否认，女真人作为金王朝的统治族，在他们手里是握有一定数量的奴隶的。这不奇怪，但也不说明任何问题。问题的全部症结在于：第一，奴隶在女真人那里具不具有一定的量的优势，特别是在生产领域具不具有一定的量的优势？第二，一个统治族的社会性质，能否单单靠着它手下所直接役使的那部分奴隶来说明？不认真思索并回答这些问题，而仅仅凭着几条有关奴隶的材料去渲染女真人的所谓奴隶社会，终难令人信服。

首先是奴隶的数量和用途问题。

一接触这类问题，我们的研究者免不了又会把犯罪籍没、贫困卖身，战争掳掠等种种制造奴隶的途径、手段罗列一番，有意无意间给读者造成一种奴隶大量涌现、满处皆是的感觉。这是不真实的。

不错，女真人拥有奴隶，其来源也不外上举几个方面。但是，主要是由本族、本国人构成的罪奴，对任何一个社会来说都不可能很多，金朝自亦不能例外。贫困卖身、以身抵债之类，牵涉的主要也是本族、本国人，历代统治者为维

---

① 蔡美彪等：《中国通史》第六册，人民出版社 1979 年版，第 257 页。
②③ 同上，第 266 页。
④ 同上，书前《第六册说明》。

护国基计，多对之取抑制政策，金朝从一开始就是这样做的，故产生奴隶的这个渠道亦不致怎样泛滥。战争中的掳获，历来是提供奴隶的重要途径，故关于这个问题想多说几句。

史籍中不乏女真人俘降、逼迁他族人的材料，如：

太祖收国元年（公元 1115 年）正月丙子，"上自将攻黄龙府，进临益州。州人走保黄龙，取其余民以归。"（《金史·太祖纪》）

天辅六年（公元 1122 年），"既定山西诸州，以上京为内地，则移其民实之。又命耶律佛顶以兵护送诸降人于浑河路，以皇弟昂监之，命从便以居。"（《金史·食货一》）

天辅七年（公元 1123 年），"取燕京路，二月，尽徙六州氏族富强工技之民于内地。"（《金史·食货一》）

天辅七年四月，"命习古乃、婆卢火监护长胜军，及燕京豪族工匠，由松亭关徙之内地。"（《金史·太祖纪》。又，《金史·张觉传》：金"以燕京与宋而迁其人，独以空城与之"；《宋史·徽宗纪》："夏四月癸巳，金人遣杨璞以誓书及燕京、涿、易、檀、顺、景、蓟州来归。庚子，童贯、蔡攸入燕，时燕之职官、富民、金帛、子女先为金人尽掠而去。"）

太宗天会元年（公元 1123 年）十一月，"徙迁、润、来、隰四州之民于沈州。"（《金史·太宗纪》）

宋钦宗靖康元年（金太宗天会四年，公元 1126 年）十二月，"金人索京城骡马，御马而下七十四，悉与之。又索少女一千五百人，充后宫祇应，宫嫔不肯出宫，赴池水死者甚众。"（《宋史纪事本末》卷五十七《二帝北狩》）

靖康二年（金太宗天会五年，公元 1127 年）四月，"金人以帝及皇后、皇太子北归。凡法驾、卤簿，皇后以下车辂、卤簿，冠服、礼器、法物，大乐、教坊乐器，祭器、八宝、九鼎、圭璧，浑天仪、铜人、刻漏，古器、景灵宫供器，太清楼秘阁三馆书、天下州府图及官吏、内人、内侍、技艺、工匠、娼优，府库畜积，为之一空。"（《宋史·钦宗纪》。又，《宋史纪事本末》卷五十八《二帝北狩》："金人以二帝及太妃、太子、宗戚三千人北去"）。

太宗天会六年（公元 1128 年）二月，金"迁洛阳、襄阳、颍昌、汝、郑、均、房、唐、邓、陈、蔡之民于河北。"（《金史·太宗纪》）

类似的材料待尚有不少，这里不再一一列举。接下来需要弄清，这些被俘或被强制迁徙的人都受到了怎样的对待？这才是事情的关键。不用说，是有相当一部人变成了奴隶，据史：

天会时，掠致宋国男妇不下二十万，能执工艺自食其力者，颇足自存，富戚子弟降为奴隶。（《靖康稗史七种·呻吟语》）

自靖康之后，陷于金虏者，帝王子孙，官门仕族之家，尽没为奴婢，使供作务。每人一月支稗子五斗，令自舂为米，得一斗八升，用为饔粮。岁支麻五把，令绩为裘。此外更无一钱一帛之入。男子不能绩者，则终岁裸体。虏或哀之，则使执爨，虽时负火得暖气，然才出外取柴归，再坐火边，皮肉即脱落，不日辄死。惟喜有手艺如医人、绣工之类。寻常只团坐地上，以败席或芦藉衬之。遇客至开筵，引能乐者使奏技。酒阑客散，各复其初，依旧环坐刺绣。任其生死，视如草芥。（《容斋三笔》卷三《北狄俘虏之苦》）

语虽夸饰，所言之事还是有的。金主每"以俘获赐将士"（《金史·太祖纪》），女真权势之家的众多奴婢，不少就是通过这条渠道提供的。又据《呻吟语》，金人还曾"驱所掠宋人至夏国易马，以十易一。又卖高丽、蒙古为奴，人二金。"这都是以俘虏为奴隶的具体事例。但是，也绝不至如同某些研究者所说，金初统治者破得一城、夺得一地后，便动不动就把"城中人民全部掳去作奴隶"，"总是把""掳掠的人民赶回女真族的住地作奴隶。"[①] 史载：

太祖收国二年（公元1116年）正月戊子，诏曰："自破辽兵，四方来降者众，宜加优恤，自今契丹、奚、汉、渤海、系辽籍女直、室韦、达鲁古、兀惹、铁骊诸部官民，已降或为军所俘获，逃遁而还者，勿以为罪，其酋长仍官之，且使从宜居处。"（《金史·太祖纪》）

天辅二年（公元1118年）七月，诏达鲁古部勃堇辞列："凡降附新民，善为存抚。来者各令从便安居，给以官粮，毋辄动扰。"（《金史·太祖纪食》）

天辅六年（公元1122年）十一月，"诏谕燕京官民，王师所至，降者赦其罪，官皆仍旧。"（《金史·太祖纪》）

天辅七年（公元1123年）正月甲申，诏曰："诸州部族归附日浅，民心未宁，今农事将兴，可遣分谕典兵之官，无纵军士动扰人民，以废农业。"（《金史·太祖纪》）

天辅七年二月壬辰，诏谙版勃极烈曰："郡县今皆抚定，有逃散未降者，已释其罪，更宜招谕之。前后起迁户民，去乡未久，岂无怀土之心？可令所在有司，深加存恤，毋辄有骚动。衣食不足者，官赈贷之。"乙巳，诏都统果曰："新附之民有材能者，可录用之。"（《金史·太祖纪》）

天辅七年，"以猛安详稳留住所领归附之民还东京，命有司常抚慰，且贷一岁之粮，其亲属被虏者皆令聚居。"（《金史·食货一》）

太宗天会元年（公元1123年）九月，"发春州粟，赈降人之徙于上京者。"（《金史·太宗纪》）

天会元年，"以旧徙润、隰等四州之民于沈州之境，以新迁之户艰苦不能自存，诏曰：'比闻民乏食至鬻子者，听以丁力等者赎之。'……又命以官粟赎上京路新迁置宁江州户口贫而卖身者，六百余人。"（《金史·食货一》）

---

① 蔡美彪等：《中国通史》第六册，人民出版社1979年版，第248、249页。

天会二年（公元1124年）四月，"赈上京路、西北路降者及新徙岭东之人。"（《金史·太宗纪》）

天会二年闰三月，"乌虎里、迪烈底两部来降。"三年二月，"以厖葛城地分授所徙乌虎里、迪烈底二部及契丹民。"（《金史·太宗纪》）

天会五年（公元1127年）六月庚申，诏曰："诸军敢利于俘掠辄肆荡毁者，底于罚。"（《金史·太宗纪》）

阿骨打袭位为都勃极烈之第二年（公元1114年）十一月，以兵三千七百与辽兵十万战于出河店，"辽兵溃，逐至斡论泺，杀获首虏及车马甲兵珍玩不可胜计"，因得辽俘之补充，女真兵"至是始满万云。"（《金史·太祖纪》）

太祖时，为扩充武力，女真兵外，复"内收辽、汉之降卒，外籍部族之健士"。（《金史·兵志》）

"傅慎微，字几先。……宋末登进士，累官河东路经制使。宗翰已克汴京，使娄室定陕西，慎微率众迎战，兵败被获，送至元帅府，元帅宗翰爱其才学，弗杀，羁置归化州，希尹收置门下。宗弼复取河南地，起为陕西经略使，寻权同州节度使事。……累迁太常卿，除定武军节度使。"（《金史·傅慎微传》）

太宗天会间，"军兴，民有为将士所掠而逃归者，承吉使吏遍谕，俾其自实，凡数千人，具白元帅府，许自赎为良，或贫无赀者以公厨代输。"（《金史·范承吉传》）

可以说，降附者（不论是留居原地还是被集体移徙）颇得金人"优恤"（怀柔），基本上都未沦为奴隶，而这些人实构成被征服者的绝大多数；战争中的俘虏，数量就相对小得多了，而且也不可能全部转化为奴隶，因为，如上所述，以俘为兵、为官，赎放，或予以非奴隶式的役使，都是有的。一看到战俘，就联想起奴隶，一看到奴隶，就联想起奴隶社会，常常要把事情弄坏。

女真人手中的奴隶到底有多少？下面是几条有关的材料：

世宗大定二十三年（公元1183年）"七月，奏猛安谋克户口、垦地、牛具之数。猛安二百二，谋克千八百七十八，户六十一万五千六百二十四，口六百一十五万八千六百三十六，内正口四百八十一万二千六百六十九，奴婢口一百三十四万五千九百六十七。垦田一百六十九万三百八十顷有奇，牛具三十八万四千七百七十一。在都宗室将军司，户一百七十，口二万八千七百九十，内正口九百八十二，奴婢口二万七千八百八。垦田三千六百八十三顷七十五亩，牛具三百四。迭剌、唐古二部五紏，户五千五百八十五，口十三万七千五百四十四，内正口十万九千四百六十三，奴碑口一万八千八十一。垦田万六千二十四顷一十七亩，牛具五千六十六。"（《金史·食货一户口》。按：此处开头之"七月"，迭剌、唐古项之"正口十万九千四百六十三"、"垦田万六千二十四顷一十七亩"，在《金史·食货二·牛具税》则分别作"八月"、"正口十一万九千四百六十三"、"垦田四万六千二十四顷一十七亩"。）

太祖天辅六年（公元1122年），黄龙府叛。石士门以平叛功，受赐"奴婢五百人"。（《金史·石士门传》）

"初，突合速以次室受封，次室子因得袭其猛安。及分财异居，次室子取奴婢千二百口，正室子得八百口。"（《金史·突合速传》）

世宗大定二十年（公元1180年）四月，上曰："设如一谋克内，有奴婢二三百口者，有奴婢一二人者，科差与同，岂得平均。正隆兴兵时，朕之奴婢万数，孳畜数千，而不差一人一马，岂可谓平。"（《金史·食货一》）

后三条零散材料，表明在女真个别上层人物手中握有为数甚多的奴婢。第一条材料，由于提供了几个方面的基本数据，价值要大得多。这条材料，反映的虽是世宗时的情况，由于时间相去未远，故仍可作为我们分析金初社会状况之参考。从这条材料所提供的几项有关数字可以看出：第一，猛安谋克项下，平均每户有奴婢二个稍过，平均正口四人多拥有一名奴婢；迭剌、唐古二部五乣项下，平均每户有奴婢三个多，平均正口六人多拥有一名奴婢。奴婢数量既少，当然无法从生产领域排挤掉自由人的劳动，从而使自己成为社会生产的主要担当者。因为，在当时的生产力水平下，一名奴婢所能提供的剩余生产物是养活不了将近四个或六个以上的自由人的。第二，在都宗室将军司项下，平均每户有奴婢一百六十三多人，平均每个正口拥有二十八个多奴婢。在这一小撮超级权贵们的家里，奴婢数虽大大超过了自由人的数字，但不应忘记：第一，这样的家庭不仅在整个金国、就是在女真人中也是极少数，不具有普遍意义，说明不了什么问题。第二，这些权贵之家，人手虽多，垦田数相对来说却少得多了（猛安谋克户平均每口有垦田二十七亩多，而这些宗室权贵之家每口才平均拥有垦田十二亩多），这一方面说明了这些宗室权贵主要并不靠土地上的收入为生，另一方面也说明：他们所拥有的众多奴婢，也主要不用于农业生产（狭小的生产场所容纳不下她们），而多是些家内仆役。前揭石士门、突合速辈奴婢以千百数，世宗在海陵王正隆间（时为曹国公）更有"奴婢万数"，其中相当一个部分或绝大多数亦当是这类家内奴婢。靖康间金兵破宋，"二酋左右姬侍各数百，皆秀曼光丽，紫幨青袍，金束带为饰。他将亦不下百人。"（《靖康要录》卷一六）靖康二年正月二十九日，金人一次即强索"教坊内侍等四十五人，露台妓女千人，蔡京、童贯、王黼、梁师成等家歌舞及宫女数百人"（《靖康朝野金言》），并可作女真上层拥有众多家内奴婢的佐证。

总之，即在女真人那里，除少数高等权贵之家外，奴婢数仍大大少于自由民的人数，她们扮演不了社会生产主要担当者的角色，排斥不了自由人的劳动，从而无法使自己所在的那个女真社会构成为奴隶社会。

其次，有必要进一步从理论上弄清：一个统治族的社会性质，能否单单靠着它的上层所直接役使那部分奴隶来说明？我以为，那是不能够的！因为，一个统治族的社会性质，只能同整个社会联系起来作统一的考察，而不应割裂开来孤立地去看，事实上，一个统治族不能有一个有别于它所在的那个社会的社会性质——说得更明白些，历史上绝不会出现一个社会整个来说是封建主义的，而它的统治族却处在奴隶制时代这样一种怪现象。诚然，女真上层人物手里是拥有数量颇为可观的奴婢的，但从种种迹象看，这些人主要并不是靠奴隶养活的，而是靠掠夺，靠薪俸——归根结底是靠封建租税收入过活的，莫说是那一丁点儿奴隶，就是再增加几倍，也丝毫无改于女真族上层分子的封建统治者的形象。清代，满人贵族蓄奴之风甚盛，这是尽人皆知的，我们总不好说整个清朝是封建制性质的，可作为统治族的满族却处在奴隶制时代吧，为什么同一个道理一用到金朝和女真族的头上就成另外一个样子了呢？

三、关于熙、海、世、章四朝改革的性质

女真以一北方落后族君临中原先进地区后，其自身以及它所控制的金政权，自不免要发生从经济、政治到思想文化等诸多方面的适应性、前进性之变化。这种变化，太祖、太宗两朝即有，章宗以后也还在继续进行，只不过在熙、海、世、章四朝，特别是世宗朝表现得更为突出些罢了。

如何看待这些变化、改革呢？一般多认为那意味着金朝或女真族发生了由奴隶制到封建制的变革。我不同意这种看法。下面试就经常为人们提及的"释放奴婢"、"放免二税户"以及所谓"女真族由使用奴隶转向封建租佃制"等几个方面（官制和文化习俗方面的变化，不直接说明社会性质，姑从略）逐一加以分析。

（一）关于"释放奴婢"

熙宗以来，特别是世宗、章宗朝，曾不止一次下诏放免奴婢。如：

熙宗皇统四年（公元 1144 年）十月，诏"陕西、蒲、解、汝、蔡等处因岁饥、流民典雇为奴婢者，官给绢赎为良，放还其乡。"（《金史·熙宗纪》）

世宗大定二年（公元 1162 年）二月壬戌，诏曰："应诸人若能于契丹贼中自拔归者，更不问元初首从及被威胁之由，奴婢、良人罪无轻重并行放免，……内外官员郎君群牧直撒百姓人家驱奴、宫籍监人等，并放为良，亦从所愿处收系，与免三年差役。"（《金史·移剌窝斡传》）

大定二年八月丁丑，"免齐国妃、韩王亨、枢密忽土、留守瞾等家亲属在宫籍者。"（《金史·世宗纪上》）

大定三年（公元 1163 年）十一月，诏"中都、平州及饥荒地并经契丹剽掠，有质卖妻子者，官为收赎。"（《金史·世宗纪上》）

大定四年（公元 1164 年）九月己丑，上谓宰臣曰："北京、懿州、临潢等

路尝经契丹冠掠，平、蓟二州近复蝗旱，百姓艰食，父母兄弟不能相保，多冒鬻为奴，朕甚闵之。可速遣使阅实其数，出内库物赎之。"（《金史·世宗纪上》）

大定十一年（公元 1171 年）八月庚戌，诏曰："应因窝斡被掠女直及诸色人未经刷放者，官为赎放。隐匿者，以违制论。"（《金史·世宗纪上》）

大定十七年（公元 1177 年）正月壬戌，诏宰臣："海陵时，大臣无辜被戮家属籍没有，并释为良。"（《金史·世宗纪中》）

大定二十九年（公元 1189 年）二月（时章宗已立，未改元），诏"宫籍监户旧系睿宗及大行皇帝、皇考之奴脾者，悉放为良。"（《金史·章宗纪一》）

章宗明昌二年（公元 1191 年）二月戊戌，"更定奴诱良人法"。（《金史·章宗纪一》）

泰和四年（公元 1204 年）十二月辛丑，"敕陕西、河南饥民所鬻男女，官为赎之。"（《金史·章宗纪四》）

不少研究者就是凭借这些材料去论证熙宗到章宗时期所谓由奴隶制到封建制的转变的。实际上，远不是那么回事！因为，上述政策并不是熙、海、世、章四朝的发明创造，而是早已有之的，据史：

"金国旧俗，轻罪笞以柳葽，杀人及盗劫者，击其脑杀之，没其家赀，以十之四入官，其六偿主，并以家人为奴婢，其亲属欲以马牛杂物赎者，从之。"（《金史·刑志》）

太祖袭位为都勃极烈二年（公元 1114 年）九月，攻辽，誓曰："汝等同心尽力，有功者，奴婢部曲为良，庶人官之，先有官者叙进，轻重视功。"（《金史·太祖纪》）

太祖天辅二年（公元 1118 年）六月甲寅，"诏有司禁民凌虐典雇良人，及倍取赎直者。"（《金史·太祖纪》）

天辅七年（公元 1123 年）二月癸巳，诏曰："自今显、咸、东京等路往来，听从其便。其间被虏及鬻身者，并许自赎为良。"（《金史·太祖纪》）

太宗天会元年（公元 1123 年）十一月己卯，"诏女直人，先有附于辽，今复虏获者，悉从其所欲居而复之。其奴婢部曲，昔虽逃背，今能复归者，并听为民。"（《金史·太宗纪》）

天会二年（公元 1124 年）四月乙亥，"诏赎上京路新迁宁江州户口卖身者六百余人。"（《金史·太宗纪》。按：此条在《食货一》则系于天会元年下。）

天会三年（公元 1125 年）七月，"禁内外官、宗室毋私役百姓"；"诏权势之家毋买贫民为奴。其胁买者，一人偿十五人。诈买者，一人偿二人。皆杖一百。"（《金史·太宗纪》）

天会八年（公元 1130 年）正月庚申，诏曰："避役之民，以微直鬻身权贵之家者，悉出还本贯。"（《金史·太宗纪》）

天会八年五月戊申，诏曰："河北、河东签军，其家属流寓河南被俘掠为奴婢者，官为赎之，俾复其业。"（《金史·太宗纪》）

这些材料表明：放免奴婢一事，早在金初、甚至金立国前就已有了。如果一定要把熙、海、世、章诸帝视为奴婢解放者或奴隶社会的否定者的话，又该把太祖、太宗甚至立国前的女真部落联盟长们叫做什么呢？再则，熙、海、世、章四朝的放免奴婢，同样是局部的、有条件的；奴婢远没有因此而被禁绝，她们依然继续存在着——这有世宗以来金人仍在那里俘人为奴并大肆赏赐奴婢可证：

世宗大定二年（公元1162年）八月，"左监军高忠建破奚于栲栳山，及招降旁近奚六营，有不降者，攻破之，尽杀其男子，以其妇女童孺分给诸军"。（《金史·世宗纪上》）

章宗泰和六年（公元1206年）十二月，"完颜匡进所掠女子百人"。（《金史·章宗纪四》）

章宗明昌元年（公元1190年），谕旨有司曰："丰、郓、瀛、沂四王府各赐奴婢七百人。"（《金史·霍王从彝传》）

既然金初就有放免奴婢的政策，被认为解放奴婢最力的世宗、章宗二帝在放免一部分奴婢的同时，又在那里制造新的奴婢，大批赏赐奴婢，又怎么可以单单抓住熙、海、世、章四朝的几则放免奴婢的材料去论证所谓女真族或金代由奴隶社会制向封建社会的转变呢？

大凡落后族新步入阶级社会时，大都要经过一段比较疯狂的掠夺奴隶的时期。这是因为奴隶制虽在一般情况下难以构成阶级社会中占主导地位的剥削方式从而使所在社会成其为奴隶社会，但作为阶级社会、特别是早期阶级社会中的补充剥削方式，它又是不可或缺的。到了一定程度，社会机体对奴隶的容纳就会达到某种饱和状态。超过这个限度，就要危及社会机体。这时，往往就会有某些稍具远见的统治者出来，用放免奴婢之类的政策去加以调节，以求把奴婢的数量限制在社会机体所能容忍的范围。汉代的刘邦、王莽、刘秀老早就这么做过，其他封建王朝的统治者们，特别是那些于大乱、大饥时代之后力图重建稳定社会秩序的统治者们，也都在不同程度上这么做过，金代统治者的放免奴婢政策，实不过这种历史故技在当时历史条件下的重演，丝毫没有什么好奇怪的。不少研究者，习惯于凭着金初一些有关奴婢的材料（在这种场合，他们往往回避有关放免奴婢的材料）把金初诸帝说成奴隶主头子，把金初社会说成奴隶社会；凭着几条有关放免奴婢的材料（在这样的场合，他们又往往回避有关奴婢依然存在的材料）把熙、海、世、章诸帝打扮成奴隶解放者，把此后的金代社会打扮成封建社会。这样一种为满足既定理论需求而不惜牺牲历史真实的做法，是十分要不得的。

（二）关于"放免二税户"

这被视为金代由奴隶社会转变为封建社会的又一重要内容、标志。下面，先看看几条有关的材料：

世宗大定二年（公元1162年），"诏免二税户为民。初，辽人佞佛尤甚，多以良民赐诸寺，分其税一半输官，一半输寺，故谓之二税户。辽亡，僧多匿其实，抑为贱，有援左证以告者，有司各执以闻，上素知其事，故特免之。"（《金史·食货一》）

"初，锦州龙宫寺，辽主拨赐户民俾输税于寺，岁久皆以为奴，有欲诉者害之岛中，晏乃具奏：'在律，僧不杀生，况人命乎。辽以良民为二税户，此不道之甚也，今幸遇圣朝，乞尽释为良。'世宗纳其言，于是获免者六百余人。"（《金史·季晏传》）

"章宗初即政，议罢僧道奴婢。太尉克宁奏曰：'此盖成俗日久，若遽更之，于人情不安。陛下如恶其数多，宜严立格法，以防滥度，则自少矣。'襄曰：'出家之人安用仆隶？乞不问从初如何所得，悉放为良。若寺观物力元系奴婢之数推定者，并合除免。'诏从襄言。由是二税户多为良者。"（《金史》卷九十四《内族襄传》）

章宗大定二十九年（公元1189年）十一月，"上封事者言，乞放二税户为良。……遂遣大兴府治中乌古孙仲和、侍御史范楫分括北京路及中都路二税户，凡无凭验，其主自言之者及因通检而知之者，其税半输官、半输主，而有凭验者悉放为良。"（《金史·食货一》）

章宗明昌元年（公元1190年）六月，"奏北京等路所免二税户，凡一千七百余户，万三千九百余口，此后为良为驱，皆从已断为定。"（《金史·食货一》）

材料表明，相当一部分原辽代寺院二税户，入金后，已随着政权的更迭，中断了对国家的封建义务，一变而为"与僧共居，供役而不输租"（元好问：《中州集》卷二《李晏传》）的寺院奴婢了。世宗、章宗朝，金政权为切身利益计（与寺院争夺租税、劳力），动手干预并基本解决了这个问题，从而使相当一部分寺院奴婢得放为良或恢复到原寺院二税户的地位，不过，这毕竟只是一个相当局部的问题，不要说对于金全境，即单就原辽地区来说，寺院奴婢也没有以自己的存在改变这个地区的封建制社会性质（这一点，似已为大家公认）；既然如此，又怎么好以这些人户的存在与否去论定金代的奴隶制或封建制社会性质呢？

（三）关于"女真族由使用奴隶转向封建租佃制"

女真族进入中原汉族先进地区后，固有的生产、生活方式日变，特别是到了世宗、章宗朝，这种变化更以前所未有的深度、广度展开着，租佃制的行用及与之相应的女真贵族的日趋地主化，即其重要内容之一。关于这一点，当不会有什么争论。问题仅在于：此前的女真族是如何组织自己的社会生产的？是采用的奴隶制，还是其他？

有的研究者认定：当"金世宗时由奴隶制向封建租佃制转变之前，奴隶在女真族社会生产上是主要担当者"，特别是在农业生产领域，奴婢更"显示出重要的作用"，"确是农业的主要生产者。"①持此类观点的同志据以立论的根据略有如下几条：

太宗天会九年（公元1131年）四月己卯，诏"新徙戍边户，匮于衣食，有典质其亲属奴婢者，官为赎之。户计其口而有二三者，以官奴婢益之，使户为四口。又乏耕牛者，给以官牛，别委官劝督田作。"（《金史·太宗纪》）

世宗大定二十年（公元1180年），"以上京路女直人户，规避物力，自卖其奴婢，致耕田者少，遂以贫乏，诏定制禁之。"（《金史·食货一》）

大定二十一年（公元1181年）正月，上谓宰臣曰："山东、大名等路猛安谋克户之民，往往骄纵，不亲稼穑，不令家人农作，尽令汉人佃莳，取租而已。富家尽服纨绮，酒食游宴，贫者争慕效之，欲望家给人足，难矣。近已禁卖奴婢，约其吉凶之礼，更当委官阅实户数，计口授地，必令自耕，力不赡者方许佃于人。仍禁其农时饮酒。"六月，上又曰："近遣使阅视秋稼，闻猛安谋克人惟酒是务，往往以田租人，而预借三二年租课者。或种而不耘，听其荒芜者。自今皆令阅实各户人力，可耨几顷亩，必使自耕耘之，其力果不及者方许租赁。如惰农饮酒，劝农谋克及本管猛安谋克并都管，各以等第科罪。收获数多者则亦以等第迁赏。"（《金史·食货二》）

大定二十二年（公元1182年），"以附都猛安户不自种，悉租于民，有一家百口垅无一苗者，上曰：'劝农官，何劝谕为也，其令治罪。'……以不种者杖六十，谋克四十，受租百姓无罪。"（《金史·食货二》）

章宗明昌元年（公元1190年）三月，勅"当军人所受田，止令自种，力不足者方许人承佃，……"（《金史·食货二》）

人们援引这些材料，无非想证明：金初统治者"唯恐女真奴隶主劳动力不足，乃由政府补充其奴隶"②，足见奴隶制曾得到强有力之推行；证明"在未实行封建租佃制前，奴婢是当时农业生产的主要担当者。"③乍看起来，这样的分析颇有几分道理，但却经不起认真推敲。第一条所言，并不是为"奴隶主""补充奴隶"，而是救济贫乏。且这种口不足四的人户本不太多，在女真社会中没有普

①③　张博泉：《金代奴婢问题的研究》，载于《史学月刊》1965年第9号。

②　张博泉：《金代经济史略》，辽宁人民出版社1981年版，第101页。

遍意义；更何况，这样的小户人家即使得到了一、二名奴婢，也难就此脱离生产，坐享清福，做起奴隶主来。后面几条材料，只是说到了世宗、章宗朝，女真族"且耕且战"、"兵食交足"（《金史·食货二》）的旧制古风已加速崩解，猛安谋克户民"往往骄纵"，"不亲稼穑"，而"以田租人"，并未明确言及在这之前女真人是怎样经营土地的。当然，有的同志会说：从第二条材料看，既然是由于"自卖其奴婢"，才导致了"耕田者少"的结果，女真人曾把一部分奴婢用于农业生产还会有什么疑问！是的，如果仅仅是说"女真人曾把一部分奴婢用于农业生产"，当然不会、也不应该再有什么疑问，因为，那是无可否认的事实；问题是，我们的研究者并不以此为足，他们还要进而凭借这几条单薄材料作出"奴婢是当时农业生产的主要担当者"的结论来，这就有了问题。事实是，占女真人口多数的一般平民，并没有因女真族上升为统治族而一下子都成了削剥者、统治者，他们过的依然是古老的自耕自食的经济生活。金初，女真上层主要靠什么为生呢？从种种迹象看，他们主要靠掠夺，靠国家政权供养（这可以从上面介绍过的直到世宗时女真权贵们手中并无多少土地得到说明）。因此，至少就现有材料讲，是难以得出金初女真人的社会生活是建立在奴隶劳动基础之上的结论来的。世宗以来租佃制之逐渐侵入女真人的社会经济生活，只不过表明了女真人内部原始残迹的进一步消失和汉式封建化进程的大体完成，丝毫不意味着女真族发生了由奴隶制到封建制的转变。

事实上，金代熙、海、世、章四朝发生的诸多方面的变化、变革，也同辽景宗到圣宗、夏崇宗到仁宗时期发生的变化、变革一样，无一不是围绕着消除原始的残余影响、加快汉族式封建化步伐这个主题进行的，根本谈不上什么从奴隶制到封建制的过渡。

（原载《青海师范大学学报》1985 年第 1 期）

蒙古与奴隶制

——"从少数民族史看初始阶级社会的非奴隶制性质"专题研究之十

蒙古族所出，有匈奴说、突厥说、东胡说种种，迄今仍不甚了了。一般认为，蒙古部于唐代始见诸汉文史籍。那时，蒙古人的祖先"蒙兀室韦"作为东胡系室韦诸部中的一员，活动于望建河（额尔古纳河）流域，过着"滨散山谷，逐水草而处"，"不税敛"、"无君长"、"不相臣制"的原始社会生活（《新唐书·室韦传》）。后来，渐次西移，最后抵达绿连河（克鲁伦河）、斡难河（鄂嫩河）、土兀剌河（土拉河）三河发源地之不儿罕山（肯特山）一带。① 从此，不儿罕山地区便成了蒙古部活动的中心。

那时的蒙古草原，民族成分相当复杂，在蒙古部的周邻，还居住着其他一些部落，如克烈部、蔑儿乞部、乃蛮部、塔塔儿部、汪古部、斡亦剌部等。其中，以拥有营帐七万的塔塔儿部最强大，故"塔塔儿"或"鞑靼"一名便长期成为草原诸部的通称。在相当长一个时期内，上述诸部基本处于"各有君长，不受一共主约束"（《元史译文证补》卷一上《太祖本纪译证上》）的状态，彼此间的联盟关系相当松弛；对外则先后受制于唐、辽、金诸朝。这种状况，一直持续到公元13世纪初成吉思汗统一草原诸部时才得到彻底改观。可以毫不夸大地说：公元1206年铁木真被拥戴为全蒙古的"汗"一举，不仅是分散的草原诸部融合为"蒙古"这个民族共同体的标志，也是该族由前国家时期转入国家时期的重要标

① 关于蒙古部西移三河之源一事，或认为发生在孛儿帖赤那（《元朝秘史》译言"苍狼"）时代，或认为发生在朵奔巴延（朵奔蔑儿干）时代，或认为发生在海都时代；在绝对年代上，则又有公元7世纪左右、8世纪中叶、9世纪、11世纪后期、12世纪初等种种不同估计。上下悬殊达四五百年之久，亦未审何者为是。诸说分见《元朝秘史》第一节，《四部丛刊》本（下引《秘史》皆据此本，不再一一注出）；洪钧：《元史译文证补》卷一上《太祖本纪译证上》；姚家积：《蒙古人是何时到达三河之源的——兼论蒙古人母权制氏族社会的发展》，《元史论丛》第一辑；高文德：《蒙古奴隶制研究》，内蒙古人民出版社1980年版，《引言》第3页；《多桑蒙古史》上册，冯承钧译，中华书局1962年版，第32页（下引多桑书皆据此本，以下只注册别、页码，不再一一注明译者、版次）；蔡美彪等：《中国通史》第七册，人民出版社1983年版，第3页；朱绍侯主编：《中国古代史》下册，福建人民出版社1982年版，第1页；《中国史稿》第5册，人民出版社1983年版，第400页。

志，在蒙古史上鲜明地断开了两个时代。

当蒙古族以崭新的姿态进入历史舞台的时候，我国其他地区却正处在分裂状态，这正好给蒙古族的大发展提供了极好的机会。经过六七十年的大规模军事行动，蒙古贵族先后攻灭、合并了西辽、西夏、金、吐蕃、大理等政权，并终于在公元 1279 年灭掉南宋，统一全国。与此同时，蒙古铁骑又曾三次大规模西向征讨，威震亚欧，给世界历史以巨大影响。公元 1368 年，在农民起义的打击下，元亡。

以上，是元朝及元王朝建立前蒙古族历史发展的一个大概轮廓。

鉴于本文论述范围自有侧重，从地域上讲，我们不准备把钦察汗国、伊利汗国等的历史揽入，因为它们虽在名义上是元朝的藩属，但实际上很快就走上了独立发展的道路，不构成中国史的有机组成部分；从时间上讲，我们也不打算讨论统一后元的历史，因为，对它的封建制社会性质的认识在学者间已无不同意见（过去，曾有元朝在蒙古族的统治下倒退到奴隶社会一说，今已不再被人提起）。以下所要讨论的，主要局限在统一的元王朝建立前蒙古族（国）的社会性质这样一个问题上。

众所周知，在上述问题上，史学界远未取得一致意见。下面，仍拟先将各种有代表性的看法列举于后，以便我们的讨论更有针对性。内蒙古自治区蒙古语文历史研究所《蒙古族简史》编写组的看法是：

在七世纪以前，蒙古部已经跨出了原始社会的门槛。

……

蒙古社会由奴隶制过渡到封建制的斗争，在成吉思汗之前已经开始了，但是到了成吉思汗时代才完成的。①

邱树森先生认为：

（当成吉思汗十世祖孛端察儿时），蒙古部已经进入了奴隶制社会。

……

……这种转变，表明了蒙古国正由奴隶制急遽向封建制过渡，到忽必烈登上大汗位后，这种过渡最后完成了。②

高文德先生认为：

至成吉思汗十世祖孛端察儿时代（约 10 世纪前半叶），随着生产的迅速发展，奴隶使用范围的扩大，奴隶和奴隶主阶级的形成，奴隶制政权机构的建立，蒙古社会形成为奴隶占有制社会。……

……元朝建立后，在汉族具有悠久历史的封建制度的影响下，广泛采用"汉法"，使蒙古族的政治、经济、文化发生了急剧变化，过渡到封建制。③

---

① 《蒙古族简史》，内蒙古人民出版社 1977 年版，第 5、13 页。
② 《元朝史话》，中国青年出版社 1980 年版，第 6、45 页。
③ 《蒙古奴隶制研究》、内蒙古人民出版社 1980 年版，《引言》第 6 页。

蔡美彪先生等认为：

（公元 1206 年）蒙古国家的出现，结束了草原长期以来的部落纷争，蒙古社会由此进入阶级社会，确立了奴隶制。……

……

元朝封建国家的建立，从蒙古族来说，是标志着从成吉思汗所建立的奴隶制国家到封建国家转化的完成。这个转化经历了约六七十年的斗争过程。①

尚钺先生认为：

就蒙古族来说，由于征服了半个世界，接触了中国和俄罗斯等高度发展的封建经济文化，因而引起其自身社会发展的飞跃，从氏族社会末期进入了封建社会。②

余元盦先生认为：

蒙古氏族制度既已瓦解，而游牧畜牧业又不适用于大量使用奴隶劳动，因此，在辽阔的蒙古草原上，蒙古社会开始向早期封建制度过渡。……又由于受了金及畏兀儿（唐时的回纥，今维吾尔）等文明国家的影响，更加速了这一过程，到 13 世纪初，蒙古人便完成了向早期封建制度的过渡。③

周清澎先生认为：

当蒙古社会处于大氏族公社瓦解的过程时，已经"包含有农奴制的萌芽"，随着瓦解过程的加速，这一萌芽就在氏族成员的经济生活和由氏族贵族组织起来的军事联盟中不断得到了发展。封建制度取代原始公社制，已成蒙古社会发展的必然趋势。

……

……（公元 1206 年）国家的建立，结束了原始公社制度的父家长制阶段；……使蒙古社会进入了历史的新阶段——封建时期。④

布林、留金锁先生认为：

十二世纪末十三世纪初，蒙古社会生产力的发展和所处的历史环境，决定了蒙古社会由氏族制直接向封建制过渡的这一特殊性。……十二世纪末和十三世纪初的蒙古处在封建制的包围之中。……它所接触的以及接受的都是封建制度的产物。在这种影响下，蒙古氏族社会解体后直接过渡到了封建社会。⑤

上引诸说，基本可分两类，即在蒙古史上存在奴隶制发展阶段的一类（虽然这些人在奴隶社会起止时间的前后早晚上又有种种不同看法）和不存在奴隶制发展阶段的一类。

---

① 蔡美彪等：《中国通史》第七册，人民出版社 1983 年版，第 31、97 页。
② 《中国历史纲要》，人民出版社 1954 年版，第 258 页。
③ 《内蒙古历史概要》，上海人民出版社 1958 年版，第 24、25 页。
④ 《蒙古社会如何向封建制度过渡的问题》，载于《民族团结》1962 年 9 月号。
⑤ 《略评成吉思汗的前半生》，载于《蒙古族历史人物论集》，中国社会科学出版社 1981 年版，第 4 页。

应该说，后一类看法才是合乎道理的，站得住脚的，虽说，我一向不赞同某些研究者把蒙古人的非奴隶制发展道路视为外在"影响"之使然，视为"一般规律"外的所谓"特殊性"一类的提法。

以下，拟从三个方面加以讨论。

一、公元 1206 年立国前的蒙古社会是不是奴隶制的

一些研究者认为，它是奴隶制的。根据呢？略有如下诸端：一曰统一前蒙古诸部的社会生产力已有相当程度的发展，从而使奴隶的使用成为必要，这是奴隶制形成的经济基础；二曰早在成吉思汗祖先的时代，蒙古人的血缘亲属关系结成的氏族部落组织已为地域性组织所取代，已建立起奴隶制政权机构；三曰早在统一前，蒙古人中的奴隶已占相当比重，广泛使用于社会生产和家内劳动各方面，奴隶制已成为社会制度的一个本质的组成部分，成为占主导地位的生产方式。

从这几个方面下手去论证统一前蒙古社会的奴隶制性质，路子固然是对的，但所有这些，又全都是不真实的。

首先，从生产力的发展水准看。

人们为了论证统一前的蒙古社会已进入阶级社会，往往过分夸大当时蒙古人所能达到的生产力水平。这是不适宜的。事实上，在 13 世纪以前，在成吉思汗的祖先们的时代，蒙古诸部的生产力发展水准并不高。

那时，除个别地区（主要是汪古部、弘吉剌部一类的熟鞑靼地区）粗知农耕，"能种秋稼"（《建炎以来朝野杂记》乙集，卷一九）外，众多蒙古部大抵尚停留在"无耕种"，"所食惟肉酪"（《契丹国志》卷二二），"其食，肉而不粒"（《黑鞑事略》）的阶段。略早，甚至还存在"捕生麋鹿食之"，"不食烟火"（《松漠纪闻》），"遇人辄杀而生食其肉"（《新五代史·四夷附录第二》引胡峤《陷虏记》）的现象。可以说，一直到公元 12 世纪，漠北地区基本尚无农业。

除传统的畜产品加工外，统一前的蒙古地区也还有了车辆的使用，[①] 有了铁、木、骨质生产工具和生活用品的制造，有了"铁匠"、"木匠"一类的专业匠人

---

① 《元朝秘史》中虽多处提到车子，但所言数量并不很多。有的学者援引洪钧《元史译文证补》卷一上《太祖本纪译证上》所言当成吉思汗七世祖母莫奴伦（莫拏伦）时，札剌亦儿部"以车为阑，每一千车为一库伦，共有库伦七十"，以证那时"仅札剌亦儿部即有车数万辆"，以证"蒙古的造车业是极为发达的"（高文德：《蒙古奴隶制研究》，内蒙古人民出版社 1980 年版，第 24 页），恐怕有些靠不住。因为，洪钧的这则史料，当本于拉施特的《史集》，原作："那时，名为札剌亦儿的蒙古人，……它们共有七十古列延。古列延（一词）的含义如下：许多帐幕在原野上围成一个圈子驻扎下来，它们就被称为一个古列延。当时将这样环列的一千帐幕，算做一古列延。按照这种（说法），该部落（共有）七万帐幕。"（见《史集》第一卷第二分册，商务印书馆 1983 年版，第 18 页。下引《史集》皆据此本，以下但注册别、页码，不再一一注明版本）以"车"为"帐幕"，恐为洪氏误译。

（《元朝秘史》第九七、二二三节）。这些，都说明统一前蒙古地区的手工业已有了初步发展。但是，由于游牧经济的分散性、流动性以及游牧业生产过程本身的比较单纯，必不可免地要给手工业的发展（它的规模、范围、门类等）带来极大的局限性，造成了这个地区手工业发展的比较幼稚，造成包括铁和铁制品在内的许多手工业品大都仰仗于外的局面（如辽时"铁禁甚严"，蒙古人便只好"矢用骨镞"，金朝弛铁禁，蒙古人始"大作军器，而国以益强。"见《建炎以来朝野杂记》乙集，卷一九）。这种状况，一直到成吉思汗时代，才有了初步改观。《黑鞑事略》"鞑人始初草昧，百工之事无一而有。其国除孳畜外，更何所产。其人椎朴，安有所能。止用白木为鞍桥，鞦以羊皮，镫亦剡木为之。箭镞则以骨，无从得铁。后来灭回回，始有物产，始有工匠，始有器械，盖回回百工技艺极精，攻城之具尤精。后灭金虏，百工之事于是大备"云云，大抵不诬。

统一前，蒙古地区虽有交换行为的发生（内部的以及与周围其他民族间的），但基本仍未脱出偶尔的、零星的、以物易物的阶段，且商贾亦多系外来之"汉儿及回回等人"，蒙古人中尚鲜有"理会得贾贩事者"（《黑鞑事略》）。蒙古地区交换关系的初步活跃，同样是成吉思汗时代及其后的事。

作为蒙古地区社会生产主要部门的畜牧业，其发展水准亦远没有某些研究者所估定的那样高。当然，要确切指明统一前蒙古人的牲畜拥有量是不可能的，但从种种迹象看，一直到12世纪后半期，对于蒙古人来说至关重要的马的数量仍然是不大的。例如，成吉思汗的父亲也速该给成吉思汗定婚时，只不过把"一个从马"做了"定礼"（《元朝秘史》第六六节），也速该死后，当帖木真兄弟已渡过难关，家境颇有好转时（家中已有了一个供"使唤的老妇人"、一个"鞴鞍子、开门子"的男人和一个自动来投的"伴当"，见《元朝秘史》第九八、九七、九〇节），总共也不过有马九匹（《元朝秘史》第九〇节），以致当蔑儿乞人来袭全家外逃避难时，为了给帖木真"准备一个从马"，竟弄得"孛儿帖夫人无马骑了"（《元朝秘史》第九九节）。比较富足的家庭尚且如此，一般牧民的境况更可想而知。由于单一的游牧经济还不能保证人们的生活来源，蒙古人（这里指的是草原游牧民，森林狩猎民更不用说）仍不得不在相当程度上仰仗古老的狩猎业，把它作为谋取生活资料的一项重要补充手段。史称，鞑人"自春徂冬，旦旦逐猎，乃其生涯"（《蒙鞑备录》），过的是"牧且猎"的生活。（《长春真人西游记》上）"猎而得者曰兔、曰鹿、曰野豕、曰黄鼠、曰顽羊、曰黄羊、曰野马、曰河源之鱼"，"凡打猎时，常食所猎之物，则少杀羊。"（《黑鞑事略》）前述帖木真兄弟，虽有九匹马的家当，也还得"打捕土拨鼠、野鼠吃着过活"（《元朝秘史》第八九、九〇节），甚至到了成吉思汗立国前后，行军时也还常常"打围着做行粮"（《元朝秘史》第一七五节），"食羊尽则射兔、鹿、野豕为食"（《蒙鞑备录》），凡此种种，都不是单单用"娱乐性质"或"军事演习和训练的一种形式"所能解释得了的，而是生动地表明了狩猎经济在蒙古人的生活中仍具有相当意义，表明那时的蒙古人"不是单纯的游牧民，而是游牧狩猎民。"①

统一前蒙古诸部的社会生产既是如此之幼稚、低下，所以，那种认蒙古地区早在公元 10 世纪、甚至 7 世纪以前便已进入阶级社会的说法，是不论怎样也站不住脚的。

其次，从国家机构的有无看——这是确认统一前蒙古地区是否已进入阶级社会的重要标志。

为了论证统一前蒙古地区已进入国家时期，人们提出了如下两个互相联系的方面作为理由：第一，"早在成吉思汗的祖先时代"，"血缘亲属关系结成的氏族部落组织"便已为"地域性组织所取代"，"残存下来的只是氏族部落组织的外壳"②；第二，与之密切相关，便是已"在逐步改造氏族制管理机关的基础上，建立起新的统治机构，产生了新的组织和制度，形成了奴隶制政权。"③

下面，我们就来讨论一下上述两个方面的理由是否有坚实的史实作为根据。

诚然，持上述观点的同志所揭示出来的某些现象，如由于各族"混杂"所造成的氏族血缘关系纯正性的某种程度的破坏、随着贫富差别和人对人奴役现象的发生所引起的氏族成员间平等互助原则的开始丧失以及"阿寅勒"个体游牧方式开始取代"古列延"氏族集体游牧方式等，自然都是事实，据此说那个时候的蒙古人已处在氏族社会的晚期（它的瓦解期）也无疑是对的，但若进而以此去证明当时的蒙古地区已进入国家时期，那里原有的氏族制已成了"上古的遗风，残存的外壳"④，则未免言过其实了些。因为，从各种材料中，特别是从《元朝秘史》和《史集》这两部众所公认有关古代蒙古最重要的著作中，人们不难发现：统一前的蒙古社会，纵使已经有了各族"混杂"的现象，人们的包括军事行动在内的许多活动，仍然是以族为单位进行的，族的血缘联系，仍然是人与人之间最普遍、最重要、最基本的联系；纵使已开始有了贫富分化和人对人奴役现象的发生，也还没有严重到足以从根本上破坏氏族平等互助原则、把人们鲜明地划分为互相对立的剥削者集团和被剥削者集团的程度；"阿寅勒"个体游牧方式虽已出现，但它之取代旧有的"古列延"、使自己上升为占主导地位的游牧方式，则是成吉思汗帝国形成前后的事。"11~12 世纪的蒙古人，或是以阿寅勒，或是以古列延进行游牧"，"古列延经济与阿寅勒经济相结合对 11~12 世纪的蒙古人来说，似乎是最理想的方式。"⑤ 这种"结合"，这种二重性，正是原始社会晚期的一个

①　符拉基米尔佐夫：《蒙古社会制度史》，中国社会科学出版社 1980 年版，第 66 页。

②　高文德：《蒙古奴隶制研究》，内蒙古人民出版社 1980 年版，第 182 页。

③　同上，第 125 页。

④　同上，第 172 页。

⑤　符拉基米尔佐夫：《蒙古社会制度史》，中国社会科学出版社 1980 年版，第 60、61 页。

突出特征。

为了论证统一前的蒙古社会已出现国家政权，学者们列举出如下几点理由：第一，那时已产生了作为"蒙古奴隶制政权的最高代表和体现者"的"汗"，形成了"汗权"；第二，已设官分职，形成了"奴隶制政权机构"；第三，已有了"军队"和"法制"一类的暴力机关；第四，"产生了赋税"。①

所有这些，同样是经不起认真推敲的。

"汗"（或"罕"、"合罕"）号用在成吉思汗先辈的头上虽为时甚早（《史集》第一卷二分册第 6 页有谓：成吉思汗的远祖"孛儿帖赤那""生了一个在诸子中最有出息、后来登临帝位的儿子，这个儿子名叫巴塔赤合罕。"后来在名字后边缀有"汗"号的还有成吉思汗的十世祖孛端察儿、六世祖海都等），却不能由此得出结论说：远在"成吉思汗二十二世祖孛儿帖赤那时代"，"蒙古部已开始出现了'汗'和世袭的萌芽"，"到了孛端察儿时代，随着掠夺战争之加剧，对属民和奴隶统治的需要，奴隶制汗权形成"了。② 因为，巴塔赤合罕"登临帝位"一说除《史集》偶一说及外，于史并无任何根据，完全不足凭信；孛端察儿时代，蒙古部的经济和社会发展水准仍然是不高的，这可从孛端察儿的父亲朵奔蔑儿干须亲自上山"捕兽"，并向他人索要"鹿肉"（《元朝秘史》第一二～一三节）以及孛端察儿本人竟是他母亲阿阑豁阿于丧夫后"未经（与男人）婚媾"而生的（《史集》第一卷第二分册，第 10 页）这些事情上得到说明。不错，孛端察儿的父亲朵奔蔑儿干曾用一只鹿后腿换回一个穷人家的孩子"家里做使唤的了"（《元朝秘史》第一四～一六节），孛端察儿兄弟五个也曾将统格黎河边的"一丛百姓"（据《元史·太祖纪》，这"一丛百姓"有"数十家"）"掳将回来"，并由于此举，家里"头口也有，茶饭使唤的都有了。"（《元朝秘史》第三九节）据此说孛端察儿时代蒙古部的某些较为富足的家庭已有了少量家内奴隶的使用足矣，若进而说那时已适应着"对属民和奴隶统治的需要"，形成了"奴隶制汗权"，则未免言过其实了许多。因为，那时的"掠夺战争"并不见得怎样"加剧"，孛端察儿兄弟五个没必要、也不可能为了统治那名用鹿后腿换来供"使唤"的穷人家的孩子和新掳来的统格黎河边那丛百姓而去建立"奴隶制汗权"，孛端察儿本人也压根儿不是什么"汗"。大体说来，多少带有点实在意味的"汗"号只是到了成吉思汗的曾祖合不勒罕的时代才出现的（《蒙兀儿史记》卷一《世纪》："金初，乞颜惕合诸部族，一时骤盛，合不勒遂建可汗之号。"《元史译文证补》卷一上《太祖本纪译证上》亦谓："合不勒汗威望甚盛，统辖蒙兀全部，是时始有汗号。"），因为，只有到了这个时候，蒙古地区才比较明显

① 高文德：《蒙古奴隶制研究》，内蒙古人民出版社 1980 年版，第 125、138、153、161、168 页。
② 高文德：《蒙古奴隶制研究》，内蒙古人民出版社 1980 年版，第 138 页。

地出现了统一的趋势，加快了从原始社会转向阶级社会的步伐。在这以前的那些"汗"号，也同成吉思汗另外一些祖先名字后边所拖着的"蔑儿干"、"伯颜"一类的尊号一样，无疑"出于后来的追加"。①

在远离成吉思汗的时代，蒙古诸部的某些头面人物又往往带有"异密"、"那颜"一类的称号。如成吉思汗的二十二世祖孛儿帖赤那，据传就是一位"受尊敬的异密"（《史集》第一卷第二分册，第6页），成吉思汗的十一世祖母阿阑豁阿的父亲豁里剌儿台，则是"豁里秃马敦部落的官人（那颜）。"（《元朝秘史》第八节）波斯语之"异密"，蒙古语之"那颜"，在一般情况下，当然是指"官人"，但在上述特定情况下，则未必如此。老实说，孛儿帖赤那有无其人尚难判定，当然谈不上什么"官"不"官"的问题。即著名的孛端察儿的外公豁里剌儿台，看来也不像个"官"。据说，他是因为"豁里秃马敦地面貂鼠、青鼠野物被自火里禁约不得打捕的上头烦恼了"，又"听得不儿罕山野物广有"，才举家离开原住地来到不儿罕山的（《元朝秘史》第九节）。这样一个以"貂鼠、青鼠"一类的"野物"为食的狩猎家族的家族长（充其量是个氏族长），又怎么够得上"汗"下的"辅助"官员。② 至于进而把"把阿秃儿"（勇士）、"孛阔"（力士）、"薛禅"（贤者）、"必勒格"（智者）、"蔑儿干"（善射者）一类的美称也说成"实际上的文臣武将"，③ 就越发显得没道理了，在此不必具论。

从现有材料看，蒙古地区大约自合不勒罕始才有了政权机构的萌芽，成吉思汗时才粗具国家规模；到这之前去发掘蒙古人的官僚机构，是徒劳的。

人群间的武装冲突，阶级社会固然有，原始社会后期亦有。因此，孤立地去研究哪些流血事件是阶级社会中的战争，哪些是原始社会中的武装冲突，哪些武装人员是阶级社会中的军人，哪些是原始社会中的氏族成员，是毫无意义的，也是永远扯不清的。只有把它同社会结构的各个方面，特别是国家政权的有无结合起来作统一的考察，才能正确判明其性质。否则，就会一看见"兵"字，便情不自禁地联想起阶级社会中的"军队"来，就会把孛端察儿兄弟五个及其部分家庭成员拔高到一支"单独的军队"④ 的位置上去。如果可以那样看的话，希腊的"英雄时代"岂不是早就该归入阶级社会了？何况，孛端察儿前后的蒙古社会，连"英雄时代"也未达到，又怎么好到那个时候去寻找阶级社会中的"军队"呢！

法制的大致成型，同样是成吉思汗时代的事。因为，唯有到了这个时候，才

---

① 姚家积：《蒙古人是何时到达三河之源的——兼论蒙古人母权制氏族公社的发展》，《元史论丛》第一辑。

② 高文德：《蒙古奴隶制研究》，内蒙古人民出版社1980年版，第141页。

③ 同上，第144页。

④ 同上，第154页。

有了比较像样的法度，刑法、监禁措施、审理机构等始初步建立起来。当然，这些东西并不是成吉思汗时代突然冒出来的，前此，必有其一定的萌芽、酝酿过程。但萌芽状态的东西毕竟不等于已在本质上成型、确立起来的东西；更不用说，有时人们还会借助于连"萌芽"都够不上的材料呢。比如，有的研究者就曾根据一部分札剌亦儿人将杀死成吉思汗八世祖母莫挐伦及其八个儿子的另外七十名札剌亦儿人于"审问"后全部"杀死"一事（《史集》第一卷第一分册，第149页；第二分册，第19～20页）发挥说："从这一记述中可以看出，这时已初步有了审理机构和惩处措施"，"已初步有了法制。"① 用诸如此类的材料去证明早在成吉思汗以前的许久，蒙古诸部就已经有了"法制"，是没有说服力的。

多桑氏书有谓：蒙古"部落之长号那颜"，其民"每年纳牲畜若干头于那颜，对于那颜为无限之服从。那颜得随意处分其财产，且得处分其身体。"（《多桑蒙古史》上册，第31页）作者虽未明言这是哪个时代的事，然准诸常理，当属蒙古诸部统一前无疑。《元朝秘史》亦曾言及"科敛"平民事（《元朝秘史》第一七七节。又见《史集》第一卷第二分册第147页，《多桑蒙古史》上册第42页），说的也是统一前夕之事，而且就是成吉思汗本人的行事。在符拉基米尔佐夫看来，这种"科敛"发生得还要早些。他认为：这样的科敛"无疑早已存在；古代的罕和把阿秃儿就曾经取给于它。"② 当然，这里的"早"，只是相对而言，实际上是"早"不到哪里去的，"早"不出原始社会解体期这个大范围。众所周知，人对人的剥削固然是阶级社会的本质特征，但它的最早发生却可以上溯到原始社会晚期。作为剥削形式之一的"赋税"孕育在原始社会晚期，本是极正常之事，可某些研究者却着意要用"赋税"的存在（不管它是不是已经成了社会生活中普遍的、本质的、制度化了的东西）去论证阶级社会的到来，把"赋税"的孕育和阶级社会的形成同步化，这就不免有违于基本的历史事实了。恩格斯所说"捐税是以前的氏族社会完全没有的"③，只是就事情的总体、事情的本质方面而言，且莫作绝对化的理解。

综上所述，统一前的蒙古诸部，并没有进入国家时期，当然也就更谈不上建立起"奴隶制的政权机构"了。

最后，让我们来考察一下统一前蒙古社会中的奴隶状况，考察一下奴隶制是否已成了当时占主导地位的生产方式。这是确定统一前蒙古地区是否已进入奴隶社会的关键。统一前蒙古社会中当然有奴隶存在。史称：

成吉思汗十二世祖"脱罗豁勒真""有一个家奴后生名字罗勒歹速牙勒必。"（《元朝秘史》第三节）

---

① 高文德：《蒙古奴隶制研究》，内蒙古人民出版社1980年版，第162页。

② 符拉基米尔佐夫：《蒙古社会制度史》，中国社会科学出版社1980年版，第181页。

③ 《家庭、私有制和国家的起源》，《马克思恩格斯选集》第4卷，人民出版社1972年版，第167页。

十一世祖"朵奔蔑儿干"曾用一条鹿后腿把一名穷人家的孩子"换去家里做使唤的了。"（《元朝秘史》第一四~一六节）

十世祖孛端察儿也因掳得统格黎河边"一丛百姓"，变得"头口也有，茶饭使唤的都有了。"（《元朝秘史》第三九节），"牧马炊典，给使有人。"（《蒙兀儿史记》卷一《世纪》）

类似的情况，还有一些，兹不一一列举。延至成吉思汗时代，役使奴婢的现象变得更加多见起来。据史：

帖木真破蔑儿乞部时，曾将当年掳走自己妻子的三百蔑儿乞人"尽数殄灭了"，并且他们的"妻子每，可以做妻的做了妻，做奴婢的做了奴婢。"（《元朝秘史》第一一二节）

公元 1202 年，帖木真破塔塔儿，"将他男子似车辖大的尽诛了，余者各分做奴婢使用。"（《元朝秘史》第一五四节）

与帖木真同时代之克烈部人王罕，"七岁时曾被蔑儿乞掳去舂碓，十三岁时又被塔塔儿……掳去使他牧放。"（《元朝秘史》第一五二节）

所以，对统一前蒙古社会中已有奴隶一事恐怕已没有人会持异议，可这却说明不了多少问题；接下来须问：那时的奴隶具不具有一定的量的优势，他们在社会生产中居于何种地位？这才是事情的症结之所在。

乍看起来，那时的奴隶由于来源上的五花八门（有的研究者曾把它归并为七种①），似乎为数很多，实际上并不是那么回事。

所谓"陪嫁"、"赠赐"和"家生"奴隶，牵涉的只是奴隶转换主人和奴隶本身的再生产，实际是流，而不是源，这里不必讨论。"同族和近亲奴隶"，作为一个类别是可以的，但这些人之沦为奴隶，大抵仍脱不开"战败"、"犯罪"、"卖身"诸端，"同族和近亲"，并不是一个独立的"源"。因此，以下所要讨论的实只限于"自动投靠为奴"、"罪犯奴隶"、"买卖奴隶"和"战俘奴隶"诸项。

"自动投靠为奴"，就广义的"奴隶"概念（包括主人的爪牙、帮闲及各种依附人口在内）讲，有其可能，若就严格意义的奴隶言，则恐难成立。有几则材料，曾被人们用来证明"自动投靠为奴"现象的存在。一则是：札儿赤兀歹老人早在自己的儿子者勒蔑还"在襁褓内"时，就把他许给了成吉思汗做"贴己奴婢"，及长，果然送给了成吉思汗"鞴鞍子，开门子"（《元朝秘史》第九七、二一一节）；一则是：札剌亦儿人帖列格秃伯颜曾将自己的孙子模合理（木华黎）等给予了成吉思汗，"说教永远做奴婢者，若离了你门户呵，便将脚筋挑了，心肝割了"（《元朝秘史》第一三七节）；一则是："泰亦赤兀惕部丧失力量后，哲

---

① 高文德：《蒙古奴隶制研究》，内蒙古人民出版社 1980 年版，第 89~95 页。

别长时期独自在山里、树林里流浪。当他看到，这样下去没什么好处，在没有出路的情况下，他只好来到成吉思汗处表示奴隶般的顺从，向他屈服了。"（《史集》第一卷第二分册，第 118 页）关于者勒蔑的身份，用成吉思汗自己的话来讲，实在是"一同生长做伴到今，多有功劳，是我有福庆的伴当"（《元朝秘史》第二二一节）；即主张者勒蔑为奴的学者，在其同一著作的另外一个地方亦曾正确指出：这个名为成吉思汗"贴己奴婢"的者勒蔑，实乃成吉思汗的"那可儿"（"伴当"）。[①] 帖列格秃身为"伯颜"（"富翁"），亦断不至将孙子们自愿送人为奴，而从其中的两个孙子未来的职司是为成吉思汗"看守金门"（《元朝秘史》第 137 节）看，也根本不像是"奴隶"，而当是"那可儿"（"伴当"）。至于"若离了你门户呵，便将脚筋挑了，心肝割了"，"性命断了"云云，也不能理解为什么"奴隶的身家性命""毫无保障"[②]，而应"看作是一种'宣誓'或'誓约'，那可儿以这种'誓约'和首领—主人缔结关系。"[③] 至于哲别向成吉思汗"屈服"后，有没有被罚作奴隶，于史无证，不便妄测；即使被罚作奴隶，也是因为说到底他是个战败者，并非"自动投靠"。"自动投靠为奴"一说，实难成立。

"罪犯奴隶"，历代多有，统一前的蒙古社会有没有，尚难说定（人们至今提不出有关这方面的坚实材料，而且，从理论上说，当时的蒙古既无像样法制，亦不应有多少依律罚充奴隶的人）；即有，亦不说明什么问题，因为，任何一个社会中的罪犯毕竟不会很多，靠这些人是建立不起奴隶社会来的。

"买卖奴隶"，那时确已有了，如上文已经提到的那个朵奔蔑儿干就曾用一条鹿后腿换回一个穷人家的孩子"做使唤的"，但这类事在当时生产力低下、交换关系极不发达的情况下实属凤毛麟角，不具有普遍的意义。

"战俘奴隶"，历来是奴隶的一个主要来源，如前述孛端察儿曾将统格黎河边的"一丛百姓""掳将回来"，并把其中的一些人做了"茶饭使唤的"，成吉思汗破蔑儿乞部、塔塔儿部时，亦曾将部分俘虏"做了奴婢"，但这绝不意味着所有的俘虏都将变为奴隶，也绝不能用战争次数的多少和俘人数量的多少去论证奴隶的多少，因为，大量史料表明，当时的胜利者们处理俘虏的方式是多种多样的。

最突出的是大量地"杀俘"。据史，成吉思汗大败乃蛮于忽阑盏侧山时，便"尽杀其诸将族众，积尸以为京观"（《元史》卷一《太祖纪》）；破札木合纠集的泰亦赤兀惕等诸部联军后，成吉思汗曾"下令在火上架起七十个锅，在锅里将他抓住的作乱的敌人（活活）煮（死）"（《史集》第一卷第二分册，第 114 页）。《元朝秘史》第一二九节则说是札木合将自己的敌人"煮了"。但不管是哪

---

① 高文德：《蒙古奴隶制研究》，内蒙古人民出版社 1980 年版，第 95、82 页。

② 同上，第 111 页。

③ 符拉基米尔佐夫：《蒙古社会制度史》，中国社会科学出版社 1980 年版，第 143 页。

一方的人被"煮了","煮俘"一事本身却是两种记载所共同承认的；破塔塔儿时，成吉思汗亦曾下令"对塔塔儿人进行全面屠杀，在札撒规定的限度内，一个活的也不留，妇女和幼儿也要杀掉，孕妇剖腹，为的是将他们消灭干净"（《史集》第一卷第一分册，第172页）。上述事实，再加上当时的蒙古地区所流行的"俘人索赎"——"（以俘虏）换取东西"（《史集》第一卷第一分册，第186～187页）的现象，生动地说明了那时的俘虏对胜利者来说还派不上多大用场，人们所看重的是"物"，而不是"人"。而所有这些，又都是由当时社会经济结构的状况决定的——说到底，奴隶制之能否在社会生活中立定脚跟，并上升为占主导地位的剥削方式，不取决于人们的意志（不取决什么人愿不愿、想不想使用奴隶劳动），也不存在有没有相应的战争为其提供来源的问题（在阶级社会中，当不愁无仗可打；既有仗打，就少不了有俘虏好抓），关键要看一个社会的经济结构安排得适不适合使用奴隶劳动，而这样的条件，适为统一前的蒙古人所不具备。

"杀俘"而外，也还有把俘虏收为"妻妾"或"养子"的。如孛端察儿就曾得一"怀孕妇人"，"将他做了妻"。（《元朝秘史》第四〇节）据传，"成吉思汗的后妃有五百左右，她们是他从各部落取得的。若干后妃是他按照蒙古婚礼娶来的，但大部分却是他征服各国、各部落时掠虏来的"（《史集》第一卷第二分册，第85页）。《秘史》中著名的四养子——古出、阔阔出、失吉忽秃忽、孛罗兀勒，便都是成吉思汗于敌人营盘内拾得收养的。（《元朝秘史》第一一四、一一九、一三五、一三七、二一四节）有的研究者甚至认为，那时，"在战争与袭击时，在敌人屯营里所拾的婴儿，通常都收作养子"。①

此外，俘虏也还有其他一些用场，如受到重用（成吉思汗就曾宽恕了王罕的勇士合答里把阿秃儿，并说他"是丈夫，可以做伴来。"事见《元朝秘史》第一八五节），或予以非奴隶制的其他役使（前述为孛端察儿所掳统格黎河边"一丛百姓"，其中固然有部分人到孛端察儿家"做茶饭使唤的"，但其余的只同他们保持"往来"而已。因为，在通常情况下，孛端察儿兄弟几个是无力将"数十家"百姓完全置于奴隶的境地的，他们的微薄家庭经济，也容纳不下那么多的奴隶劳动；有的本子，更将"因这般，头口也有，茶饭使唤的都有了"译作"至此有马群，家资，隶民，奴婢而居焉"，明确将"隶民"与"奴婢"分言。分见《元朝秘史》第三九、四四节，《元史》卷一《太祖纪》，道润梯步：《新译简注〈蒙古秘史〉》，内蒙古人民出版社1979年版，第15页）等。总之，俘虏并不是总要变成奴隶的。

为了扩大奴隶的队伍，有的学者还曾多方把一些并非奴隶、或并不一定是奴隶的人们加以奴隶化。

---

① 符拉基米尔佐夫：《蒙古社会制度史》，中国社会科学出版社1980年版，第98页。

比如，"人数众多"、"构成了古代蒙古社会生产的基础"① 的 "斡脱古·孛斡勒"（"兀帖古·李斡勒"、"兀纳罕·孛斡勒"），就曾被一些学者目为所谓"部落奴隶"。不错，单就字面讲，"斡脱古·孛斡勒"一词在蒙文中是"古老的奴隶"的意思，拉施特也解释说："斡脱古·孛斡勒"的意思是说，他们都是成吉思汗祖先的奴隶和奴隶的后裔。（《史集》第一卷第二分册，第14页）但是，大量史实表明，这些"斡脱古·孛斡勒"们，又毕竟是拥有"自己独立的经济，从而部分地占有自己的劳动成果，而将另一部分成果作为贡物进献给宗主氏族"的，他们还保有自己的"独立的氏族和古列延，从而具有半自由的身份，而只同宗主氏族保有不十分稳定的隶属关系"，因此，不仅他们中的"上层人物不是奴隶"，即"广大直接生产者也是按血缘关系组织起来的阿寅勒牧民，不是奴隶"②；要之，"古代蒙古的兀纳罕·孛斡勒乃是属部"。③

"引者"，按符拉基米尔佐夫的解释，"可理解为领主氏族给本氏族女子当作嫁奁而送出去的人。"④ 对这类人的身份，亦须作具体分析。有的"引者"，如作为李端察儿妻子的"从嫁"、并被李端察儿"做了妾"的那个妇人（《元朝秘史》第四三节），便可能原是奴婢身份；而成吉思汗的妻亦巴合来嫁时所带"二百人"的"从嫁"（《元朝秘史》第二〇八节），则不一定全是奴婢。因为，奴隶固可用作赐赠、陪嫁，其他具有依附身份的人们又何尝不可用于赐赠、陪嫁。辽代，景宗女秦晋大长公主所建之徽州，圣宗女晋国长公主所建之成州，圣宗女燕国长公主所建之懿州，皆"以上赐媵臣户置"（《辽史·地理志一》），这些动辄以千、万户计并须分别向头下主和国家纳税的"媵臣户"，自然不会是奴隶，而性质与之大体相类的"引者"，又凭什么一定是奴隶呢？倒是有迹象表明，他们大体"处于近似兀纳罕·孛斡勒的地位"⑤。

人们之所以会那样轻易地在统一前的蒙古社会中发现一批又一批的奴隶，大约是受了拉施特的影响，因为这位波斯学者在《史集》中的确是把一个又一个的被征服部都当作"奴隶"处理了。不过，似不能过于苛求这位拉施特先生，因为，在他那样一位"熟知东方君主随心所欲地行使无限制的权力的人看来，他们的一切臣民都是'奴隶'。他对这个词的理解，是与我们截然不同的。"⑥ 事情正是这样，比如，他完全可以把作为"客列亦惕部落的一个分支的董合亦惕部"，同时又称作是"客列亦惕君主的奴隶"（《史集》第一卷第二分册，第123页）；他还借成吉思汗的口，把大臣们称为"能干的，尽心竭力的奴仆"《史集》第一卷第二分册，第360页）；若大而言之，则一切为成吉思汗征服的"突厥、蒙古

---

①② 匡裕彻：《论兀纳罕·孛斡勒的性质》，载于《民族研究》1981年第4期。

③ 符拉基米尔佐夫：《蒙古社会制度史》，中国社会科学出版社1980年版，第104页。

④⑤ 同上，第109页。

⑥ 同上，第103页。

部落及其他种族"，也无不是成吉思汗的学"奴隶"（《史集》第一卷第二分册，第 80 页）。想不到六百多年前一位波斯史家的远非正确的见解，竟会如此有力地左右今天的蒙古史研究者们。

那时的奴隶虽有用于生产领域者（如前述王罕幼时曾被人掠去"舂碓"、"牧放"之类），但有关的事例并不多，所涉及的奴隶数量亦十分有限；奴隶的更大一个部分，主要是以"家奴"的面目出现，为主人的日常生活服务。统一前蒙古奴隶制的这种家内的、原始的色彩，还可从主奴间采用某些亲属称谓看得出来，如成吉思汗就称其家供"使唤的老妇人"豁阿黑臣为"老母"，后者对成吉思汗之母亦以"母亲"相称。（《元朝秘史》第一〇三、九八节）

总体来看，统一前蒙古社会中的奴隶为数不多，远非社会生产的主要担当者；有些研究者也明明承认，"哈剌出"（平民）才是"蒙古游牧民的基本群众、游牧业的主要生产者"[1]，可最终还得把这样的社会称作奴隶社会，这就难以自圆其说了。

顺便还得说说，某些研究者是主张蒙古人早在成吉思汗以前的许久（比如说10 世纪、甚至 7 世纪），就进入了阶级社会——奴隶社会的，可他们用以证明自己论点的材料却十有七八取自成吉思汗的时代，这就文不对题了。对此，细心的读者一望便知，在此不必多说。

二、公元 1206 年立国后至统一的元王朝建立前的蒙古社会是不是奴隶制的？

对蒙古人自公元 1206 年始已进入阶级社会一事，学者间已无不同意见，故这一小节拟把讨论的范围主要集中在它究竟是一个什么样的阶级社会——是不是奴隶制性质的这样一个问题上。

有些研究者认为，它是奴隶制性质的；我的看法则不是。

问题的症结仍在于奴隶的数量、地位。

某些颇有影响的著作写道：公元 1206 年"蒙古政权的建立是蒙古社会进入奴隶制阶段的标志。在政权建立以后，蒙古的奴隶制得到了很大的发展"[2]，曾"俘掳到大量的奴隶"，"成吉思汗建立奴隶主的国家后，蒙古贵族以占有奴隶作为主要的剥削手段。"[3] 究其论据，基本仍不外战俘提供了源源不断的奴隶以及若干则似是而非的奴隶用于生产的记录之类。

无可否认，在这一阶段，随着战事的更加频繁和战争规模的进一步扩大，

---

[1] 高文德：《蒙古奴隶制研究》，内蒙古人民出版社 1980 年版，第 59~60 页。
[2] 《中国史稿》第五册，人民出版社 1983 年版，第 414 页。
[3] 蔡美彪等：《中国通史》第七册，人民出版社 1983 年版，第 175、163~164 页。

"俘生口"、"虏人民"一类的记录自然是少不了的，如：

破唐兀，"将他能厮杀的男子并驮驮等物尽杀虏了，其余百姓，纵各人所得者自要。"（《元朝秘史》第二六五节）

太宗七年（公元 1235 年）冬十月，"曲出围枣阳，拔之，遂循襄、邓，入郢，虏人民牛马数万而还。"（《元史》卷二《太宗纪》）

宪宗九年（公元 1259 年）春正月，杨大渊"请攻合州，俘男女八万余。"（《元史》卷三《宪宗纪》）

世祖至元四年（公元 1267 年）八月，"阿朮略地至襄阳，俘生口五万、马牛五千。"（《元史》卷六《世祖纪三》）

世祖至元五年（公元 1268 年）九月，刘整"钞略沿江诸郡，皆婴城避其锐，俘人民八万。"（《元史》卷一六一《刘整传》）

但不应忽视，在上一阶段就突出存在的蒙古人大量杀俘一事，这时不仅继续存在，且在一段时间内有了恶性发展，史载：

公元 1217 年，蒙古兵"击溃了蔑儿乞惕部，将他们全部歼灭，……一个也没剩下，……这个部落遂全部绝灭了。"（《史集》第一卷第二分册，第244～245 页）

成吉思汗八年（公元 1213 年），"命木华黎攻密州，屠之。"（《元史》卷一《太祖纪》）

成吉思汗十四年（公元 1219 年），木华黎"进攻绛州，拔其城，屠之。"（《元史》卷一《太祖纪》）

蒙古兵"屠许，惟工匠得免。"（《元史》卷一六三《张雄飞传》）

公元 1214 年 4 月，蒙金和议成，成吉思汗遂退兵，"既出居庸关，收所虏男女皆杀之，其数不可胜计。"（《多桑蒙古史》上册，第 72 页）

在西征中，蒙古兵的杀俘、屠城表现得尤为酷烈，如：

陷花剌子模之速里纳黑城，"将所有的人全部杀死。"（《史集》第一卷第二分册，第 275 页）

破不花剌城，"男子被杀死了三万多人，妇女和孩子被押走当了奴隶。"（《史集》第一卷第二分册，第 284 页）

破咱维城，"将找到的城民全部屠杀掉。"（《史集》第一卷第二分册，第 289 页）

破玉龙杰赤城，蒙古兵"将居民一下子全部驱到野外，从他们中间将十万名左右的工匠分出来，（押）送到东方去。青年妇女和孩子们也驱入了俘虏队，剩下的人则分配给军队屠杀。据人们确定地说，五万多蒙古兵每人分到二十四人。简单说来，（蒙古）军将所有的人杀死后，便川流不息地入城任意洗劫。剩下的房屋和街区一下子全部毁掉了。"（《史集》第一卷第二分册，第 298 页）

破萨布扎伐尔，"下令屠城，从而被埋葬的尸体共计七万。"（《世界征服者

史》上册，内蒙古人民出版社一九八〇年版，第205页）

破武耳迷，"将居民一起驱到野外，照例将他们分配给军队，全部杀死。"（《史集》第一卷第二分册，第300页）

破马鲁，"除了从百姓中挑选的四百名工匠，及掠走为奴的部分童男童女外，其余所有居民，包括妇女、儿童，统统杀掉，不管是男是女，一个不留"；事后有人清点了一下"一眼得见的尸体"，"就得到一百三十多万的数字。"（《世界征服者史》上册，第189、191页）

破范延堡，"将人畜、禽兽全部杀绝，不留一个俘虏。"（《史集》第一卷第二分册，第302页）

破哥疾宁，"将工匠、手艺人遣送到东方城市里，其余的人全都一下子被杀死了。"（《史集》第一卷第二分册，第309页）

破赞章，"在那里将比其他城市多一倍的居民，杀得一个不剩。"（《史集》第一卷第二分册，第312页）

破哈马丹，"（将居民）杀得一个不留"；破拜剌罕，"老幼尽歼"。（《史集》第一卷第二分册，第313~314页）

"1223年春，疫止。成吉思汗遂决定取道印度、土番而还蒙古。行前以俘虏甚众，命配置每帐十人或二十人，令其舂米以供兵食，七日舂毕。一夜之间，尽杀此种俘虏，军遂就途。"（《多桑蒙古史》上册，第129页；参见《世界征服者史》上册，第158页）

这种情况，至旭烈兀西征时，仍无改变，如：

破秃温，"他们把所有男人和女人赶到旷野，除年轻妇女外，十岁以上的人屠无噍类。"（《世界征服者史》下册，第730页）

公元1257年，旭烈兀"下令尽杀"业已降附、分隶各营之"亦思马因人，虽在襁褓者亦不免。"（《多桑蒙古史》下册，第71页）

公元1258年，旭烈兀陷报达，纵兵杀掠七日，"死者八十万人。其隐伏待军退后始出者，为数无几。"（《多桑蒙古史》下册，第84页）

虽然，上述记载及所谓"城破，不问老幼妍丑贫富逆顺皆诛之"《（蒙鞑备录》）一类的提法明显地有言过其实之处，但蒙古兵经常大量地屠杀俘虏一事却是不容否认的事实。自然，这种事之所以会发生又远不能归结为蒙古贵族的生性嗜杀，而是有其深刻的社会根源的。这"根源"，用蒙古贵族自己的话来讲，便是："虽得汉人，亦无所用，不若尽去之，使草木畅茂，以为牧地"（《国朝文类》卷五七《中书令耶律公神道碑》）；按学者们的说法，同样是："此辈不重视人命，仅见有立时之卤获，与其畜群之牧地而已。"（《多桑蒙古史》上册，第154页）一句话，那是因为蒙古人的社会经济不需要、也容纳不下成批的奴隶劳动。

被杀和逃散（如灭金时所得大批俘虏，"逃去者十八九"。见《国朝文类》卷五七《中书令耶律公神道碑》）者外，自然也有相当一部分俘虏被活着保留下来。蒙古贵族又是怎样对待这些人的呢？

他们中的颇大一个部分，被用于军事方面，用于军中杂役和攻城的先头掩护队——"哈沙儿"队。据《史集》所载，成吉思汗的西征军在攻占讹答剌、别纳客武、忽毡、不花剌、撒麻耳干等城镇后，都曾在俘虏和当地居民中大肆征索"哈沙儿"队（《史集》第一卷第二分册，第274、277、283、286页）。由于这些人每每被指派担负最艰巨、最危险的攻城任务，"其为敌兵所杀害者，故以此种不幸之人为多"，且"蒙古兵攻取一地之后，辄杀此种俘虏，而以邻地之俘虏代之"（《多桑蒙古史》上册，第133页注4引诺外利书），所以被"编入'哈沙儿'队的人活命的不多"（《史集》第一卷第二分册，第287页）。由于这些人所从事的是与生产无关的战争事业，且很快就在战争过程中被消耗掉了，故其人数的多少及身份如何，实对说明蒙古国的社会性质无什干系，此不具论。

俘虏和降附人口中的更大一个部分，构成为贵族的领民或国家编民。史载：

成吉思汗十五年（公元1220年），木华黎于侵金战争中下令军中："禁无剽掠，所获老稚，悉遣还田里。"（《元史》卷一一九《木华黎传》）

窝阔台六年（公元1224年）旨："不论达达、回回、契丹、女真、汉儿人等，如是军前虏到人口，在家住坐做驱口；因而在外住坐，于随处附籍，便系是皇帝民户。"（《元典章》一七、户部三《户口条画·驱良》。《国朝文类》卷五七《中书令耶律公神道碑》亦言及此事曰："甲午诏括户口，以大臣忽觇虎领之。国初方事进取，所降下者，因以与之，自一社一民，各有所主，不相统属，至是始隶州县。……时诸王大臣及诸将校所得驱口，往往寄留诸郡，几居天下之半，公因奏括户口，皆籍为编民。"）

窝阔台十二年（公元1240年），复"籍诸王大臣所俘男女为民。"（《元史》卷二《太宗纪》）

世祖至元十七年（公元1280年），"有旨命相威检覈阿里海牙、忽都贴木儿等所俘三万二千余口，并放为民。……十九年，又奏阿里海牙占降民一千八百户为奴，阿里海牙以为征讨所得，有旨：'果降民也，还之有司；若征讨所得，令御史台籍其数以闻，量赐有功者。'阿里海牙又自陈其功比伯颜，当赐养老户。"（《元史》卷一二八《相威传》。又，《元史》卷一六三《张雄飞传》亦涉此，作："先是荆湖行省阿里海牙以降民三千八百户没入为家奴，自置吏治之，岁责其租赋，有司莫敢言。雄飞言于阿里海牙，请归其民于有司，不从。雄飞入朝奏其事，诏还籍为民。"）

"遣还田里"、"还籍为民"者固然不是奴隶；即原"诸王大臣及诸将校所得"，"寄留诸郡，几居天下之半"的众多"驱口"，也不会是奴隶身份，因为，蒙古贵族绝无力一下子就把那么多的人变为奴隶，而这些所谓的"奴隶"也绝不可能凭着窝阔台、忽必烈等的一、两次干预就获得解放的；有的，原虽有"家奴"之名，但其主对他们既是"置吏治之，岁责其租赋"，其非奴隶的身份同样是毋待证而后明的。

至于部分俘虏以家内奴隶身份被安置在贵族家中供生活上的驱遣，如给男主人"擎鹰"，为女主人"整衣"之类（《元朝秘史》第二六六节），历代多有，且对说明社会性质意义不大，这里就不再为它多费笔墨了。

还有为数相当可观的一部分俘虏和降附人户被迁发漠北，置为城邑聚落，从事牧、农、手工业生产。这部分人的身份比较复杂。为便于分析先列举几条有关的史料：

公元 1213 年，木华黎统兵南伐，史秉直"乃率里中老稚数千人，诣涿州军门降。木华黎……命秉直管领降人家属，屯霸州。秉直拊循有方，远近闻而附者，十余万家。寻迁之漠北，降人道饥，秉直得所赐牛羊，悉分食之，多所全活"。（《元史》卷一四七《史天倪传》）

"谦州……居民数千家，悉蒙古、回纥人。有工匠数局，盖国初所徙汉人也。"（《元史》卷六三《地理志六》）

"国兵屠许，惟工匠得免。有田姓者，琮故吏也，自称能为弓，且诈以雄飞及李氏为家人，由是获全。遂徙朔方。"（《元史》卷一六三《张雄飞传》）

太祖"命镇海佩虎符银印，总属官金符十人、银符五十人，领所俘汉儿万人，辟斡儿泹河土地为屯田，筑城阿不罕山北，即以其名名之。……又于此城局所得燕京童男女及工匠万人居作，亦领于镇海。……后移其半不能寒者分局弘州。嗣得西域织金纹工三百人，汴京织毛褐工三百人，皆分隶弘州，设弘州人匠提举司。至镇海孙塔哈察，犹袭监州及其局云。"（《蒙兀儿史记》卷四八《镇海传》）

丘处机西行经镇海，"有汉民工匠络绎来迎，悉皆欢呼归礼，以彩幡华盖香花前导。"（《长春真人西游记》上）

鱼儿泊公主离宫之东，"有民匠杂居，稍成聚落"（《长春真人西游记》上谓至此"始有人烟聚落，多以耕钓为业"）；驴驹河畔之民，"杂以蕃汉，稍有屋室，皆以土冒之，亦颇有种艺，麻麦而已"；毕里纥都，"乃弓匠积养之地"；和林川，"居人多事耕稼，悉引水灌之，间亦有蔬圃"；忽兰赤斤，"乃奉部曲民匠种艺之所。"（张德辉《纪行》，见王恽《秋涧先生大全文集》卷一〇〇《玉堂嘉话八》）

彭大雅言：蒙古"牧者谓之兀剌赤，回回居其三，汉人居其七。"徐霆疏云："凡马多是四五百匹为群队，只两兀剌赤管，手执鸡心铁挝以当鞭棰，马望之而畏。每遇早晚，兀剌赤各领其所管之马，环立于主人帐房前，少顷，各散去。"

(《黑鞑事略》)

史秉直管领的十余万家，显然不是奴隶，而当属徙民性质，虽说这样的移徙总带有强烈的强制色彩。彭大雅、徐霆笔下的"兀剌赤"，其身份类似 14 世纪初被掠卖到漠北为人牧羊的佟锁柱一类的人物（张养活：《归田类稿》卷一一《驿卒佟锁柱传》），当为牧奴。这说明，不管是在元王朝建立前，还是建立后，漠北草原的畜牧业生产中是有一定数量的奴隶劳动使用的。不过，牧业生产所需要的劳动人手毕竟比较有限（四五百匹的马群，只需两名兀剌赤照管，而佟锁柱那样的牧童，亦足以牧羊二千余头），且那里的牧业生产主要还是由且牧且战，始终构成为蒙古族社会的支柱的广大牧民担任的，因此，牧业生产领域虽有奴隶劳动的使用，但为数不多，远未达到把自由人的劳动从这个主产领域中排挤出去的程度。农业在漠北起步甚晚，后来也一直比较落后，于这个地区的国计民生意义不很重大；这里有限的几处农耕点，固然大都是由汉族俘降人户开辟的，但不管是史秉直手下的那批徙民，还是镇海管领下的那些由俘虏构成的屯田者，还是散居鱼儿泊等处的"耕钓"者，我们至今仍找不到足以证明他们是农业奴隶的可靠材料，说他们是奴隶，不过是想当然，是从他们的俘降者的身份推导出来的。工匠受到蒙古人的特别重视，每遇屠城，他们大都能够幸免；占得一地，成批被迁括的亦是他们。属于官府的工匠，多分类置局，编为匠户。这类官工匠虽无居住、改业等方面的自由，有的生活上亦苦不堪言（如公元 1217 年冬，土拉河上的"群工"即以口粮断绝，十死七八，后经账济，并得成吉思汗恩准"弛塔拉布哈松实之禁得采食"，余者始得活命。见胡祗遹：《紫山大全集》卷一六《德兴燕京太原人匠达噜噶齐王公神道碑》），但他们大都有自己的家室（如张雄飞及庶母李氏即诈以工匠家人于蒙古兵屠许时获免；上引《蒙兀儿史记》卷四八《镇海传》所言"西域织金纹工三百人，汴京织毛褐工三百人"，在《元史》卷一二〇《镇海传》即分作"三百余户"、"三百户"），行动上亦有相当之自由（这可从上引丘处机行经镇海时，那里的汉民工匠"络绎来迎"，且"以彩幡华盖香花前导"得到说明），其境遇颇非一般奴隶可比，而当属北魏时期政府控制下的"伎作户"之类。在诸王、贵戚、勋臣名下，也聚集有各类工匠，为其制作。这类工匠的身份，有的可能是奴隶；有的则颇类官府匠局中的匠户；而另一部分匠人，采取的是"自备物料，造作生活，于各投下送纳或（折）纳钱物"的经营方式（《元典章》一七、户部三《户口条画·诸色人匠》），他们的身份，也显然不是奴隶。

总之，是有相当一部分俘降人口被送往漠北，并在那里从事牧、农、手工业生产，其中沦为奴隶的固然也有，但为数绝不至很多。俘虏汇聚的漠北地区的情况尚且如此，中原地区的封建制优势更是明摆着的（这一点，连主张成吉思汗所建立的国家是奴隶制性质的学者也大都承认）；既然如此，人们又凭什么坚持要把蒙古国视为奴隶制性质的国家和社会呢！

如果可以用几条有关奴隶的材料去证明蒙古国的奴隶制社会性质的话，那末，类似的材料同样可以在元王朝建立前夕以至这以后找到，如：

世祖中统间（公元 1260～1264 年），"都元帅塔海，抑巫山县民数百口为奴。"（《元史》卷一七〇《王利用传》）

"江南新附，诸将市功，且利俘获，往往滥及无辜，或强籍新民以为奴隶。"（《元史》卷一七〇《雷膺传》）

公元 1282 年，权臣阿合马被杀，"家口七千余人，并分徙入诸酋家为奴婢"；诸子"妻妾奴婢，亦分徙入诸酋家为奴婢"。（郑所南：《心史·大义略叙》）

"入北愈深，……处处有人市数层，等级其坐，贸易甚盛，皆江南赤子，至易十数主。……德祐乙亥（公元 1275 年）抵今八年，所房所买江南赤子转徙深入鞑靼回回极北，实莫数计。"（《心史·大义略叙》）

"江南平定之后，悉为吾民，今十有八年，尚闻营利之徒，以人为货，公然贩鬻。"（《元典章》五七、刑部一九《禁乞养过房贩卖良民》）

"延祐间（公元 1314～1320 年），朔漠大风雪，羊马驼畜尽死，人民流散，以子女鬻人为奴脾。"（《元史》卷一三六《拜住传》）

仁宗延祐四年（公元 1317 年）秋七月，帝谕省臣曰："比闻蒙古诸部困乏，往往鬻子女于民家为婢仆，其命有司赎之还各部。"（《元史》卷二六《仁宗纪三》）

元代剡之处士王琰，家资颇富厚，"生产家事，悉任奴隶。"（黄缙：《金华黄先生文集》卷三七《屏山处士王君墓志铭》）

难道能据此把元朝说成奴隶社会吗？显然是不能够的，今之治蒙古史者亦不见再有人如此主张！可用同样的方法、类似的材料去证明蒙古国的奴隶制社会性质，却可为不少学者所持取，为不少人所接受，岂非天大怪事！

三、蒙古的早期阶级社会到底是什么性质的？

早在成吉思汗立国前，蒙古地区已出现了阶级分化和人剥削人的现象。在这方面，成吉思汗的曾祖合不勒汗所属人众的组织成分就颇为典型，也很能说明问题。据《史集》所载，这个合不勒汗不但拥有自己的"部落和属民"，还有自己的"那可儿"（伴当）、"安答"（义兄弟），又有"仆役和家仆"供驱遣。（《史集》第一卷第二分册，第 42～44 页）据《元朝秘史》、《史集》等书，统一前，成吉思汗已在自己"营内"进行"科敛"（见《元朝秘史》第一七七节，《史集》第一卷第二分册，第 147 页），对部落民征收实物税。而另据《元朝秘史》第一〇〇节，那时，到"大家里剪羊毛去"一类的剥削（为氏族部落贵族提供无偿劳役或至富有之家做庸工）也已经有了。总之，当原始社会末期，当"现代家族在胎胚时期"，的确"含有后来在社会和国家中广泛发展起来的一切对抗性的缩影。"① 在上述诸剩余劳动的榨取方式中，可能存在着的"庸工"形式当然不会是主要的、普遍的。而根据上文的分析，奴隶劳动所占比重亦不会很大。主要的、普遍的剥削形式，只能是氏族部落贵族对本氏族部落成员以及从属于自己的氏族部落成员的剥削——这剥削，主要表现为实物税的征收和力役（兵役）的征发；与之相应，当时人们间的带有阶级对立色彩的人群划分也主要是氏族部落贵族与普通氏族部落成员的划分，而不是什么奴隶主与奴隶的划分。这表明，早在成吉思汗立国前，当诸种剥削方式还在萌芽状态的时候，封建性的东西就已取得了对奴隶制榨取形式的优势。

成吉思汗立国后，如上文所述，蒙古本部地区奴隶劳动的使用虽有较大的增长，但亦远未能达到从生产领域中排挤掉自由人劳动的程度，不构成为那个地区占主导地位的剥削方式；中原和江南地区，社会经济虽曾因战乱而短期凋敝，也曾像历次大的战乱那样不可避免地会把一部分劳动人民抛入奴隶的深渊，但这两个地区传统的封建制优势并未因此失去，因此，立国后的蒙古国及其后的元王朝，论其社会性质，都只能是封建制性质的。

初立国时，蒙古的封建制由于刚刚从原始社会脱胎而来，并同草原游牧经济息息相关，故不免带有浓重的草原气息，带有几分原始的分散、落后色彩。自太宗窝阔台始，诸帝不断采取措施同这种原始的分散、落后现象作斗争，以适应中原、江南地区高度发展的封建经济的需要；所谓"汉化政策"，指的就是这个，而不是什么本不存在的由奴隶制到封建制的转变。

（原载《青海师范大学学报》1985 年第 3 期）

---

① 马克思：《摩尔根〈古代社会〉一书摘要》，人民出版社 1965 年版，第 38 页。

《奴隶社会并非人类历史发展必经阶段研究》前言

这是一部专题研究论文集。所收的 15 篇文章虽各有侧重，讨论的却是一个问题，即奴隶社会是否人类历史发展必经阶段问题。对这个问题，我是作了否定的回答的。

《略论奴隶制的历史地位》一文，发表于 1980 年，写于 1962 年。其观点的孕育则还要早些，可追溯到 1957 年我进入山东大学历史系读书后不久的时候。这是一篇从世界史的角度泛论奴隶社会并非人类历史发展必经阶段的长文。众所周知，这个问题一直是个史学禁区，多年无人涉足。粉碎"四人帮"后，我是继已故黄现璠老先生之后第二个闯入这个禁区的人。文章发表后，蒙徐中舒师推荐，《四川大学学报》曾予转载，《光明日报》、《中国百科年鉴》、《中国史问题讨论及其观点》等书作过评介，一时间在学界引起较大反响。不用说，压力是有的，也听到不少难听的话，但是，我也收到不少专家学者、研究生、大学生以及一般历史爱好者的许多来信，鼓励我大胆探索下去。多年来，我之所以满怀信心地抓住这个研究课题不放，除自己的"信念"外，也是同这些同志的鼓励分不开的。

《"贡助彻"研究中的几个问题》一文，是我 1979 年在四川大学从徐中舒师进修先秦史时所写的结业论文。文章在考辨有关贡、助、彻几个具体问题的基础上，论证了贡、助、彻的封建剥削性质，从而从一个重要侧面摇撼了所谓奴隶社会在三代存在的基础。

在古代分期问题中，诸家虽对自周以下社会性质的认识多所分歧，却大都认殷商为奴隶社会。《商代奴隶社会说质疑》一文，对商代奴隶社会论的三大证据——甲骨文中的奴仆字、人殉人祭、"羌"和"众"的身份——作了分析，认为它们全都不能成立，并最后作出结论："长期为人们信奉不疑的商代社会奴隶说，原不过是沙滩上的大厦！"

《关于早周社会的性质问题》一文，不同意一些历史学家所谓灭商前的周人实现了由原始社会到奴隶社会转变的说法；认为早周的前半段是原始社会，后半段是封建社会。由原始社会到封建社会的转变是正常的，自然而然的，完全用不着在早周的原始社会与封建社会之间人为地添加进一段奴隶制的"蛇足"。

不少比较尊重中国历史实际的历史学家，清醒地意识到在古代中国是很难找到大批的、古代希腊古代罗马式的严格意义上的生产奴隶的，古代中国到底同希腊罗马很不一样，但却囿于"奴隶社会乃人类历史发展必经阶段"的成说，硬是要在中国另行制造出各种名目的奴隶、另行制造出一个个有别于古典世界的中国牌号的奴隶社会来，如"家长奴隶制社会"、"种族奴隶制社会"、"普遍奴隶制社会"、"授产奴隶制社会"、"不发达奴隶制社会"等。《"中国奴隶社会"研究中的几种常见提法驳议》一文，对上述诸说逐一作了剖析，指出其在理论上、史实上之不能成立。

第六篇至第十五篇，是一组有关民族史的文章。自"奴隶社会乃人类历史发展必经阶段"的社会发展程式在我国史学界确立起自己独尊的地位后，人们不仅在中原地区的文明史上发现了奴隶社会，而且也在尔后边远地区诸少数民族的历史上找到了一系列的奴隶社会。少数民族史上奴隶社会的"发现"，本是"必经说"指导下的产物，但它又反过来成了"必经说"所谓"正确性"的生动证明。这是一个人为的错误循环。长期以来，人们已习惯于按"必经说"的模式去思考问题，在实在找不到奴隶社会影子的地方，也会以"特殊"、"例外"、"汉族社会的先进影响"等去搪塞、弥缝，很少（对相当一部分人来说，则是不敢）怀疑其奴隶社会本身的世界普遍意义来。

这组文章，是想通过历史上一些影响较大、并已被多数专家学者认定为奴隶社会的民族政权的分析，进一步论证人类早期阶级社会的非奴隶制性质，作为我计划中的有关这个问题总体研究的一个方面。

本来还想写一篇有关凉山彝族社会性质的文章的，因种种原因，一直未能如愿。这里，简单谈谈我对这个问题的看法。多数研究者认为，新中国成立前的凉山彝族，处于奴隶社会发展阶段。这是不真实的。道理很简单：占人口总数百分之五十左右的曲诺，根本不是奴隶；占人口总数百分之三十三的阿加，也不是严格意义上的奴隶；只有占人口总数百分之十的呷西才是奴隶，而且，其中的相当一部分，还是只从事家务劳动的家庭奴隶。一个社会的主要生产者不是由奴隶担任的，凭什么一定要把这个社会叫作"奴隶社会"呢？

总结十五篇文章所述，可把我的观点简单概括为如下几点：其一，奴隶制和奴隶制社会是两个不同的概念，人们在使用中常常将它们混淆，这是错误的；其二，奴隶制作为一种生产关系，一种剥削方式，确曾在各民族的历史上长期存在过，但它仅仅在极个别地区（地中海一带）获得过充分发展，上升为占主导地位的剥削方式，从而使这个地区的社会构成为奴隶社会，而在世界其他更为广大地区，则不是这样；其三，因此，奴隶社会并非人类历史发展的必经阶段，事实上，不经过奴隶社会，见之于广大地区，是通例，经过奴隶社会，见诸极个别地区，是变例，以变例为通例，是以偏概全，是十足的"西欧中心论"；其四，一般地说，早期的阶级社会尚保有从原始社会遗留下来的村社结构或部落结构，因此，早期的封建社会通常表现为"村社封建制"（农业民族）或"部落封建制"（牧业民族），这种"村社封建制"或"部落封建制"是有别于"领主农奴制"和"地主租佃制"的封建制之又一类型；其五，明以上述诸点，中国史和世界史上一些长期纠缠的问题，似是而非的结论，才有获得解决和澄清的希望。

聚讼半个多世纪的中国古史分期问题，至今未获解决，而且也看不到解决的任何希望。原因何在呢？从根本上说，就在于我们所争论的是一个失去大前提的问题，一个本不存在的问题。先认定中国有奴隶社会，再以此为据在进行什么奴隶社会同封建社会之间的分期断限，是荒谬的，是永远讨论不出什么结果的。

无可否认，古史分期的三大派在一些具体历史问题的研究上，是有成效的，但由于大前提错了，所以，诸家在立论持说上不可避免地会露出破绽，遇到不可克服的困难。

西周派对自周以下社会性质的认识，比较符合中国历史的实际。这派学者的著作之所以能够给人以质朴无华、言出有据的感觉，道理正在这个地方。西周派的难题在于：如何从生产力到生产关系、从经济基础到上层建筑说清商周之际发生了一场深刻的社会变革？如何把商代证成奴隶社会？看来，要把这些东西说得令人信服，恐怕是不大可能的。

战国派的最大优势在于它紧紧地抓住了春秋战国间中国社会从生产力到生产关系、从经济基础到上层建筑发生了全面、深刻的变化这个事实，但他们对这个变化的性质的分析，却是最令人失望的。战国派面临着三个不可克服的难题：第一，如何把土地私有制的确立即是封建制的确立这一点从理论上说圆？第二，如何把商周的井田制证成奴隶主的土地所有制？如何把商、周的"众"、"庶"、"农夫"以及"殷民六族"、"殷民七族"、"怀姓九宗"等证成奴隶？第三，如何把在一定程度上进一步促进了奴隶制发展的商鞅变法说成是封建制取代奴隶制的标志？这些，都是战国派难以说清的问题。当然，他们是用了很大的力气力图按自己的观点说清这些问题，但却距中国史的实际那样遥远，或干脆就是歪曲。事实上，春秋战国之间的变革，只不过是由村社封建制到地主租佃制的转变。

魏晋派对奴隶制在中国历史上运动轨迹、状况的描述，颇有见地。如认为三代时由于农村公社的存在、私有制的幼稚和商品货币关系的不发达等，奴隶的数量微乎其微；战国以降，随着村社的瓦解、私有土地的确立和商品货币关系的比较活跃等，奴隶的数量才比较的多了起来，奴隶制经济才在整个社会经济中有了一定地位。这些，无疑都是合乎中国历史的实际的，也是合乎社会发展规律的。如果说，中国历史上一定得有个奴隶社会的话，我会是个魏晋封建论者。因为，中国历史上奴隶数量最多的时候，的确不在三代，而是在秦汉；从三代到秦汉，奴隶制的确是一个由小到大、由微到显的向上发展趋势，而不是它的渐趋衰亡、残存。问题是，照我看来，即使是秦汉，奴隶仍然不过是社会总人口中的极少数，而不是社会生产的主要承担着，奴隶制剥削方式也远不是当时占主导地位的剥削方式。因此，说到底，中国历史上奴隶数量最多的秦汉也压根不是奴隶社会，更勿论其他。部分魏晋封建论者虽也承认秦汉奴隶数量还不够很多，但却又以奴隶经济是占主导地位的经济成分、而占主导地位的东西又不一定占据量的优势为由，把秦汉定为奴隶社会。这是不能成立的。因为，没有量，就没有质，离开了一定的优势，"主导"二字就成了不可捉摸的东西。虽然，我们不好说奴隶非得占总人口的百分之五十以上这个社会才算是奴隶社会，但是，总得有一个起码的一定的量的优势吧。秦汉虽有不少奴隶，但同封建制下的农民相比，毕竟处于绝对少数；奴隶制经济所造成的社会财富比之封建经济所造成的社会财富，毕竟少得可怜；剥削者集团，虽也吸吮奴隶的血汗，但又毕竟主要是靠着封建农民所提供的剩余劳动生存的。这样的社会，又怎么能够是奴隶社会呢？

中国古代分期问题争来论去，各派分歧不仅没有消除、接近，还有进一步扩大的趋势，派别也是愈演愈多。前面说到三派，是大而言之，若细析之，则有西周封建说、春秋封建说、战国封建说、秦汉封建说、秦统一封建说、西汉封建说、东汉封建说、魏晋封建说、东晋封建说九种之多。这样，从西周到东晋，上下一千三百余年，每一种可能的分期法都被人们不加遗忘地用上了。开句不太恭敬的玩笑：中国古史分期，简直成了一列运行于商周、两晋间的慢车，站站停、站站站。这种状况，再联系到人们对古史分期问题日渐淡漠，日渐失去热情，难道还不足以引起我们对这场争论的价值及其可行性的深刻反思吗？

我从不认为自己的观点就是真理，也希望不同意我观点的同志能够这样。当下，最重要的，是创造一种平等地、自由地讨论问题的好的学术空气。

由于"奴隶社会并非人类历史发展必经阶段"的看法长期受到非学术的、不公正的待遇，所以，当这种看法挣扎着顽强表现自己的时候，免不了带有几分愤懑情绪。这次集结出版，本想把一些尖刻的话尽行删除的，但又考虑，那毕竟是历史条件造成的，历史的烙印还是以不抹掉为好。博雅卓识，幸勿以刻薄，逞意观我。

张广志

1986 年 10 月 26 日于青海师范大学

（见拙著《奴隶社会并非人类历史发展必经阶段研究》，

青海人民出版社 1988 年版）

《三代社会形态——中国无奴隶社会发展阶段研究》[*]序

  人们常爱说：还历史以本来面目。这话说说容易，做起来实难。须知，严格说来，历史的本来面目是无法完全恢复的。这是因为，第一，历史是个一刻不停地变动着的，不可完全重复、再现的过程，它不可能把自己的影像原封不动地通过某种载体传留后世；第二，人的认识能力的局限。今天，人类比起自己的祖先来，算是够聪明的了，但大自宇宙太空，小及原子内部，人们所知又能有多少呢？实在不怎么多，很可怜的，即使是对人类自身的历史，我们也是知之甚少。第三，成见、偏见的障蔽。人的认识能力本来就有很大的局限性，若再基于脸面、利害等，掺以个人成见、偏见，对历史的认识就不仅仅是够不够、充分不充分的问题，而是有意、无意地歪曲、篡改了。所以，人们只能要求我们的历史学家在大的规律上，大的制度、事件、人物上，去把握、认识、再现历史，而不是什么动听的"完全再现"。可惜，就连这一点，我们也远未做到。

  地球上不同地区、不同民族的历史，应该是既有其同的一面，也有其异的一面。因为大家既都是人，不是有的是人，有的是"神"或"猴子"，当然有其同；但人毕竟又有黄、白、黑等诸种之分（更不用说稍细的民族、国别之分了），有欧、亚、非、美等的地域之别（亦勿论进一步的高山、平原、海滨之分和热带、温带、寒带之别了），彼此间又会有其异的一面。这应该是个常识问题。历史事实也证明了这一点。从同的方面讲，不管你属哪个地区，哪个民族，其历史发展进程无不是沿着由采集渔猎，而畜牧农耕，而近世工商，由无私有、无剥削、无阶级的原始社会而阶级社会，而大同共产社会这样一条历史发展道路运动着的。但每个地区、每个民族在阶级社会这一段落里究竟呈现着何种历史面貌，是像西欧那样依次历经了奴隶社会、农奴制社会、资本主义社会，还是像世界更为广大的地区那样既不知奴隶社会为何物（当然，它们在各自的历史上是经历过有着不同发展程度的奴隶制的），又以多种形式经历、体验着资本主义这一课，就不是一句话、一种模式所能说清道明的了。20 世纪二三十年代，固然有人以

---

 * 此书系与李学功合著，陕西师范大学出版社 2001 年版。

"我们的国情不同"为由抵御马列主义在中国的传播，抵御中国共产党领导的中国革命运动，这自然是别有用心，不值一驳；但若一味无视国情的不同，甚至把"我们的国情不同"作为"中国人"的"一句口头禅"调侃，指斥"这种民族的偏见差不多各个民族都有"，就未免失之偏颇了。须知，不论是研究历史，还是指导现实，都离不开"国情不同"这个基本出发点，否则，还要什么国别史、区域史，有本西欧史就足够了，反正大家都一样嘛；有一种建设模式足矣，又何劳中国特色理论。

多年来，我们研究中国历史，特别是中国古代史，吃亏就吃在无视中国古史实际而一味以希腊、罗马和中世纪的欧洲为楷模大做中国史的改铸工作，生搬硬套、生吞活剥地构建起一个根本有违于中国古史实际的中国古史体系、架构来。如中国历史一如希腊、罗马那样也有个奴隶社会发展阶段的著名论断，便是这种史学思潮下的产物，是奠立了中国古史体系的几位史学大师们的精心之作。小时候，只读读社会发展史和中学历史课本之类，尚不觉上述中国古史体系有什么不好，相反，倒是觉得它说得头头是道、天衣无缝、理应如此的。及年事稍长，知识渐多，特别是比较系统地接触了中国古代史的一些原始资料后，始觉20世纪二三十年代以来由几位史学大师为我们奠立的、至今仍主宰着中国古代史的教学与研究的中国古史体系竟去中国古史实际如此之远。当此之时，我的惊愕是可想而知的。

究竟是谁错了呢？是大师们，还是我这个小人物？为此，我长期思索着、苦恼着。但我这个人，也许是秉性之使然吧，明知自己才疏学浅，势薄力单，可总也不愿盲从、屈从他人之见，哪怕你是权威也好，大师也罢。当然，你若有理，最终说服而非压服了我，我还是乐于向真理投降认输的。十多年前，我把自己有关这个问题的十多篇文字结集成《奴隶社会并非人类历史发展必经阶段研究》一书出版，是基于这种认识，今天，我和李学功共同写作这本小册子，还是基于这个认识。

我自知自己不是做学问的材料。但一向谨遵先贤有关史德的教诲，不虚妄，不曲笔，不看别人脸色做违心文章。我曾为自己立下如下治学格言："尊重前贤时哲而不迷信之，勇于探索而不故作惊人语。""不以压力轻弃己见，不以面子固执己见；坚持真理需要勇气，修正错误亦须勇气。"书此自律，并愿与方家先进、读者诸君共勉。

张广志

2000 年 5 月 4 日

（见拙著《三代社会形态——中国无奴隶社会发展阶段研究》，陕西师范大学出版社 2001 年版）

《先秦传说与区域文化研究》后记

人老了，爱怀旧，于是，便有了想把往日所撰的，近时所写的，散落在各个角落的，而又多少还有点意思的文字归拢一下的打算。可问题来了。一位朋友告诉我：校学术著作出版基金只资助专著，不资助论文集。让我变通一下，以专著形式申报。我说：这行吗？他说，怎么不行，眼下好多人就是这么干的。经他这么一点拨，再联系近年出版物实际，我终于茅塞顿开，许多事情就是这样，看起来不大可能的事，一经点破，竟原来如此，实在好办得很。就拿这件事来说吧，你只需将文章以类相从略作分类，每类给个名目，就是一章；再给全书起个与内容相关的总题目，一本专著就"改制"成功了。操作中也会碰到问题，即既以专著形式出现，其涵括范围必定有限。而有几篇东西，是特殊历史条件下的产物，实在不忍割舍，只好以附录形式附于书后，虽有些不伦不类，也只好如此。书是"改制"成功了，但心里总觉得不大对劲，总觉得有点像商人玩商品包装一样糊弄人。所以，这里有责任向读者交代清楚：我这本小书，其实是个论文集，只不过按专著形式包装一下罢了。

书中所收，上起 20 世纪 50 年代，下迄 2006 年，时间跨度颇大。所收各文，大都公开发表过，少数迄未面世。从类别看，有 15 篇（占全书内容的 3/4）与书题吻合；另有两篇属世界近现代史，两篇属哲学，一篇属读书治学心得。这次辑录，除作了文字上的个别订正外，一律一仍其旧，不作任何改动。如《孔子的阶级立场和他的政治主张》一文，写于 1962 年，在时代背景的叙述上，采用了郭沫若春秋战国之际是中国由奴隶社会向封建社会转变的观点。有些读者可能知道，这是与我一向持取的"中国无奴隶社会说"相矛盾的。但在当时，也只好如此。现在，本可按我自己的观点改回来的，但我没那样做。我一向认为，观点虽然可以修正，旧文也可以修改，但用不着为了证明自己一贯正确而随意打扮旧文；而保留旧文的原貌，往往更能反映历史的真实和作者的心路历程。

我这一生，在学术研究上虽也曾写过厚薄不一、长短不等的书和文章，但平心而论，唯有如下三方面的工作还算有点学术含量，有点自己的东西：一是持"中国无奴隶社会说"。这个观点虽不是我的发明，但我一直把它作为主要研究方向坚持四十多年不变，并写有《奴隶社会并非人类历史发展必经阶段研究》、

《三代社会形态——中国无奴隶社会发展阶段研究》、《中国古史分期讨论的回顾与反思》等书，从而被史学界视为当代"中国无奴隶社会说"的代表人物。二是对毛泽东有关"十月革命后一切殖民地、半殖民地国家发生的民族民主革命都是无产阶级社会主义世界革命的一部分"的论断提出质疑。1960年，当我还是山东大学历史系在校学生时，就曾把自己的观点写成《十月革命后民族民主革命的性质及其所属阵线问题》一文，投寄到《人文杂志》编辑部。他们本准备发表的（这有我至今仍保留的当时的退稿信为证），后来，由于非常明显的原因而作罢了。粉碎"四人帮"后，学术环境改善，我的那篇文章终于在《青海师范学院学报》1980年第3期发表出来，《新华文摘》1981年第3期作了比较详细的摘登。同时，也引起过一点点争论。我这个搞中国古代史的还曾因为这篇文章被特邀参加过一次于厦门大学举行的世界近现代史方面的学术讨论会。三是我对毛泽东《矛盾律》中有关"对立面的斗争性是绝对的，统一性是相对的"的论述有不同的看法。这个看法，同样产生于大学时代。1960年，我曾大着胆子把自己的看法写成《有关对立面的统一的一些问题》一文，通过班干部许玉琪同学转呈时任山大历史系主任的哲学家蒋捷夫审阅。过了一段时间，蒋主任仍通过许玉琪把稿子退还给我，除在上面改正了一个明显的错别字外，什么书面意见都没提。我问许玉琪，蒋主任啥看法？许说：蒋主任的意思大概是这个题目不好写，写了也不好发表。蒋主任的意思我自然是懂得的：你小子文章犯忌啊！1962～1963年，当我看到《新建设》等杂志上刊登有高鼎忠等人论述"统一性"问题的文章，我又忍不住写了《辩证法的"同一性"可不可以作两种含义上的区分和如何区分——读了高鼎忠等同志的文章之后》一文投寄《新建设》。从编辑已在后来退还给我的手写稿上标出大小标题及正文的所用字号看，他们似乎曾打算采用，但最后还是给退了回来。这两篇哲学方面的文章，现在还压在我手里，一直未能公开发表。粉碎"四人帮"后，与我观点类似的文章在一些杂志上陆续发了几篇，当时，我虽有些心动，但那时及以后相当长一段时间我的全部精力都已投入到"中国无奴隶社会"的研究上，总也无暇顾及，拖延既久，也就渐渐淡忘了。现在之所以决定把这两篇文章作为本书附录发表出来，是基于：第一，粉碎"四人帮"后，对"统一性"的不同看法虽不时被有的学者提及，但并没有形成真正的讨论，现在包括教科书在内的哲学书籍仍基本沿袭"统一性是相对的"传统看法未变，故我的那两篇文章并未因其"老"而失去时效性，仍有其理论的和现实的意义。特别是考虑到它们产生之艰难，长期被束之高阁之不幸，作为作者理应更加珍惜它们。第二，因兴趣早已转移，且精力所限，这两篇文章虽以旧貌一字未改地呈现给读者，但我认为文章的基本观点仍然成立，我至今仍在坚持。既然是这样，与其润润色重写一遍，倒不如保留原初风貌更有历史的真实感，更能反映在那个比较禁锢的时代，读书人曾经怎样小心翼翼、扭捏委婉地思索过。

第三，因手稿尚在，纸张、墨迹俱在，可资鉴定，我也无需顾及可能出现的对我进行诸如以"新酒"充"陈酿"（即以粉碎"四人帮"后的赶时髦新作充昔时旧制）之类的指责。上述三个方面的研究工作，第一个方面是我的主业，后两个方面只能算是兴之所至偶一为之的业余爱好。不过，虽说是业余爱好，我却十分珍惜它们，因为，它们都曾犯过忌，能够出生和存活下来颇不容易。

面对深邃浩瀚的知识海洋，自己虽显得那么浅薄、缥缈、稚嫩，那么无足轻重，但我毕竟曾用自己而不是别人的头脑颇为认真地思考过一些问题，并把它们写了下来。对此，我颇感欣慰，觉得自己还多多少少有点读书人的良心，多多少少尽到了一点读书人的社会责任。至于成败是非，那已远不是个人所能企盼、左右的，且留待社会和时间去评判、筛汰罢。

这本小书，多赖几位朋友劳心费神玉成，他们是：青海省社会科学院院长、青海师范大学原副校长赵宗福，和我一起指导先秦史硕士研究生的李健胜副教授，青海师范大学科技处鄢晓彬副处长，以及再次为拙著作序的我的大学同窗好友祝中熹兄。没有他们，就不可能有这样一本小书。在此，谨向诸位表示由衷谢意。

2010 年 5 月 1 日于南京

（见拙著《先秦传说与区域文化研究》，兰州大学出版社 2010 年版）

中国封建社会的由来及其早期形态

多年来，笔者一直致力于中国及世界除希腊、罗马外的广大地区全都没有经历过奴隶社会发展阶段课题的研究，先后出版有《奴隶社会并非人类历史发展必经阶段研究》（青海人民出版社 1988 年版）、《三代社会形态——中国无奴隶社会发展阶段研究》（与李学功合著，陕西师范大学出版社 2001 年版）、《中国古史分期讨论的回顾与反思》（陕西师范大学出版社 2003 年版）等著作。认为，人类历史的普遍发展规律是由原始社会到封建社会，而不是通常所谓的由原始社会到奴隶社会，再由奴隶社会发展到封建社会。由于侧重点不同，过去的研究主要集中在奴隶社会上，正面论述封建社会的文字不多。近悉"封建"与"封建社会"问题学术研讨会将于年内在苏州召开，因草此稿，供讨论，不当之处，愿与方家同好共正之。

一、中国封建社会的由来

在讲这个问题之前，须重申我对奴隶社会作为人类历史发展普遍必经阶段成说的质疑、否定。我的总体看法是："奴隶制"与"奴隶社会"是两个不同的概念，人们在使用中常常将它们混淆，这是不对的。奴隶制作为一种生产关系、一种剥削方式，曾经在世界各民族的历史上长期存在过（从原始社会末起，一直延续到近现代），但它仅仅在古希腊、古罗马等极个别地区获得过充分发展，上升为占主导地位的剥削方式，从而使这个地区一度构建为奴隶社会，而在其他地区，则不是这样。因此，经过奴隶社会，见诸极个别地区，是变例，不经过奴隶社会，见诸广大地区，是通例，以变例为通例，是以偏概全，是十足的西欧中心论。

众所周知，在西欧的历史上，是大体经历过原始社会、奴隶社会、农奴制社会以及近代资本主义社会这样几个社会形态的。西欧历史学家对自己祖先历史的这种认识，也是大体符合历史实际的。后来，当先进的西欧人挟物质文明和精神文明的双重优势从西欧走向世界的时候，他们便自觉或不自觉地把对自己祖先历史的认识膨胀为世界模式，强加给世界，强加给整个人类历史。再往后，斯大林和苏联历史学家，沿袭了这一看法，并予强化、僵化，从而形成所谓"五种生产方式"学说。

　　大家知道，封建制是建立在私有制发育不充分、工商业欠发达的农业自然经济基础之上的，而奴隶制则以私有制和工商业的比较充分的发展为存在前提。原始社会末期，私有制、剩余劳动和人对人的剥削等虽已出现，但土地公有和人们间的血缘联系等原始社会的残余仍相当强固，这种情况决定了由原始社会向封建社会过渡的道路自然而宽广，而向奴隶社会过渡则十分困难，也可以说不可能。事实上，即使在古代希腊、古代罗马，也不是由原始社会直接过渡到奴隶社会。在古代希腊英雄时代和古代罗马王政时代，占主导地位的剥削方式同样是封建制而不是奴隶制。后来，当古代希腊、古代罗马凭借特殊的地理条件等使私有制和工商业经济获得了比较充分的畸形发展之后，才在一定时期形成了世界历史上仅此一见的奴隶社会。所以，即使在古代希腊、古代罗马，也是先由原始社会到封建社会，后来，始变异旁生出一个奴隶社会来，无奈这个奴隶社会在人类早期阶级社会的客观大环境下实在难以找到自己长期存在的稳固基础，故很快就寿终正寝，并借助日耳曼蛮族入侵的契机无可避免地向封建制回归。所以，当原始社会向阶级社会过渡时，封建社会的出现，是正途、坦途，奴隶社会则不过是某些地区早期封建社会史上的一段插曲、一种变异罢了。

　　中国由原始社会向阶级社会的转变发生在什么时候？过去，有研究者把它定在盘庚迁殷之后，甚至更晚，这显然是不成立的。近年来，又有研究者以陶文等为据要把它提到距今六千多年前的大汶口文化时期，或五帝时期。这是把某些文明因素的出现等同于文明时期的到来，自然也是站不住脚的。笔者认为，在没有新的文献材料和新的考古发掘材料出现前，仍应以目前多数学者所认同的中国的国家时期从夏代开始为宜。

　　那么，接下来要问：作为中国早期阶级社会的夏、商、周三代是个什么性质的社会呢？长期以来，我国史学界在以郭沫若、范文澜、吕振羽、翦伯赞、侯外庐为代表的老一辈马克思主义历史学家的引领下，坚持中国经历过奴隶社会发展阶段的看法。他们间虽在奴隶社会存在时间的长短上存在不同看法（如西周派把奴隶社会存在的时间局限在夏、商两朝，战国派把奴隶社会的存在时间下延至春秋，魏晋派则进一步将之下延至秦汉），但却都把中国最早的一段阶级社会安排为奴隶社会。为了论证中国有奴隶社会，一部分历史学家往往以对奴隶存在的论证代替奴隶社会存在的论证，以为一个社会只要有奴隶，不管其数量多少，都足以使这个社会构成为奴隶社会。如这类学者曾明确表示："既然亚细亚的或东方的财产形态是以集体所有与公社成员的劳动力为基础，何以能说亚细亚的或东方的社会是奴隶所有制的社会呢？这就要注意到苏联史学界的结论：古代东方是奴隶制的原始阶段或低级阶段。只有不顾历史发展的原则的才坚持奴隶制'始终'是奴隶劳动为'主导'，才固执不通的要求在所有的奴隶社会中劳动者人数要奴隶多过自由民"①；"在中国历史的这一阶段内并没有存在过这么多的奴隶，奴隶不是社会生产的主要负担者，却可肯定它是奴隶社会，这是一个原则性的问题"②；"周代的社会经济情况，根据斯大林指示来看，除了周代缺少了正常的奴隶生产者，也还是完全符合于奴隶社会的标准的"。③ 这是不能成立的。因为，没有足够数量的奴隶，没有奴隶劳动作为主要支撑点，一个社会是不成其为奴隶社会的。另外一部分学者，如郭沫若等，深知一个社会没有一定数量的奴隶是难以把它说成奴隶社会的，而为了达到在中国构建奴隶社会的目的，他们只好走另一条道路，即把中国古代广大并非奴隶的劳动者普遍奴隶化。如在郭沫若眼里，殷周时期遍布各地的作为居民点的所谓"邑"，"很像是劳动集中营。里胥、邻长就跟哼哈二将一样，坐在居邑门口，监视着'民'之出入"。④ "殷周两代的农夫，即所谓'众人'或'庶人'，事实上只有一些耕种奴隶"。⑤ 虽然，郭沫若有时亦不得不勉强承认："周人对待这些种族奴隶是比较自由的"，"让他们耕种着原有的土地而征取地租，征取力役，很有点类似农奴。""有时狡猾的奴隶主还可以把一小片土地给予耕奴，并让他们成家立业"，"所以奴隶制下的耕奴和封建制下的农奴，往往看不出有多大的区别。"⑥ 奴隶和农奴本来是有着严格、明确的区别的，这个区别就在于前者既无独立的经济，又无独立的人格，而后者则有相对独立的经济和相对独立的人格，殷周的"众人"和"庶人"，既然"比较自由"，既然"耕种着原有的土地，而征取地租，征取力役"，既然可"成家立业"，有着自己相对独立的经济，人们又有什么理由硬把他们打成奴隶呢！郭沫若执意要把这些本不是奴隶的人加以奴隶化，自然会陷入难以把"奴隶制下的耕奴"同"封建制下的农奴"区分开来的窘境了。

刚步入阶级社会的夏商周三代既不是奴隶社会，那么，它们是一何种性质的社会呢？笔者认为，是封建社会。即是说，中国的封建社会，亦同世界广大地区的封建社会一样，是从原始社会的母体中孕育产生出来，而不是从奴隶社会的母体中孕育产生的——一如长期以来人们通常所认为的那样。

二、中国封建社会的早期形态

要认识早期阶级社会的封建制性质，笔者认为，马克思的如下论述应能给予

---

① 日知：《与童书业先生论亚细亚生产方法问题》，载于《文史哲》1952 年 3 月号。
② 杨向奎：《中国历史分期问题》，载于《文史哲》1953 年第 1 期。
③ 吴大琨：《论地租与中国历史分期及封建社会的长期阻滞性问题》，载于《文史哲》1953 年第 2 期。
④ 郭沫若：《奴隶制时代》，人民出版社 1973 年版，第 233 页。
⑤ 郭沫若：《奴隶制时代》，人民出版社 1973 年版，第 30 页。
⑥ 郭沫若：《奴隶制时代》，人民出版社 1973 年版，第 27～28、3～4 页。

人们应有的启迪。在《给维·伊·查苏利奇的复信草稿——三稿》中，马克思曾把农村公社的特征概括为如下三点：（1）农村公社是"最早的没有血统关系的自由人的社会联合"；（2）在农村公社中，"房屋及其附属物——园地，是农民私有的"；（3）"耕地是不准转卖的公共财产，定期在农业公社社员之间进行重分，因此，每一社员用自己的力量来耕种分给他的地，并把产品留为己有"。在此基础上，马克思进一步把农村公社的性质、历史使命界定为"以公有制为基础的社会向以私有制为基础的社会的过渡"形态。① 这里，须指出的是，马克思关于农村公社是"最早的没有血统关系的自由人的社会联合"及农村公社是"以公有制为基础的社会向以私有制为基础的社会的过渡"形态的论断，对古典世界来说，无疑是适用的，正确的，但却不甚符合中国历史的实际：第一，在中国上古史上，以井田名目出现农村公社，既是地缘组织，又是血缘组织，在这里，家族公社与农村公社是合一的，是一而二、二而一的，即血缘的家族组织为躯壳，"公"、"私"二重性的村社结构为内容的混合物。在希腊，刚一进入国家时期，血缘的纽带便基本断裂了，而在中国，它却久久地、顽固地留存着。第二，在古典世界，农村公社的确扮演着"过渡"的角色，随着国家时期的到来，它便寿终正寝了；可在中国，它不仅没有随着国家时期的到来而消失，反倒成了早期阶级社会赖以存在的坚实基础。在另外一个地方，马克思曾更为明确地指出：

在多瑙河各公国，徭役劳动是同实物地租和其他农奴制义务结合在一起的，但徭役劳动是交纳给统治阶级的最主要的贡赋。凡是存在这种情形的地方，徭役劳动很少是由农奴制产生的，相反，农奴制倒多半是由徭役劳动产生的。罗马尼亚各州的情形就是这样。那里原来的生产方式是建立在公社所有制的基础上的，但这种所有制不同于斯拉夫的形式，也完全不同于印度的形式。一部分土地是自由的私田，由公社成员各自耕种，另一部分土地是公田，由公社成员共同耕种。这种共同劳动的产品，一部分作为储备金用于防灾备荒和应付其他意外情况，一部分作为国家储备用于战争和宗教方面的开支以及其他的公用开支。久而久之，军队和宗教的头面人物侵占了公社的地产，从而也就侵占了花在公田上的劳动。自由农民在公田上的劳动变成了为公田夺者而进行徭役劳动。于是农奴制关系随着发展起来。②

总之，在马克思看来，从农村公社中产生封建农奴制，是十分便当而自然的。

同样的情形也在中国发生。在中国，农村公社具体体现为所谓"井田"制。一个时期以来，部分学者或否认井田制的存在，或抛开传统文献另作新解（如先

---

① 《马克思恩格斯全集》第19卷，第449页。
② 《资本论》第1卷，人民出版社1975年版，第265页。

是否认后又改口承认井田存在的郭沫若），这都是不能成立的。关于井田，诸书多有记载，说解得比较完备、得当的（虽有明显的理想化成分），首推《孟子》。《孟子·滕文公上》载：

死徙无出乡，乡田同井。出入相友，守望相助，疾病相扶持，则百姓亲睦。方里而井，井九百亩，其中为公田，八家皆私百亩，同养公田，公事毕，然后敢治私事。所以别野人也。

夏后氏五十而贡，殷人七十而助，周人百亩而彻，其实皆什一也。彻者，彻也。助者，藉也。……《诗》云："雨我公田，遂及我私"。惟助为有公田，由此观之，虽周亦助也。……请野九一而助，国中什一使自赋。……

周代行用井田制，诸书记载甚多，大约不会有什么问题。夏、商两代呢？因明确记载缺乏，学者间或存疑虑。清儒钱大昕《三代田制解》云："我因川浍沟洫之不能更，而知周用夏制也。我因周用夏制，而知殷周之未尝各异也。"《左传·哀公元年》记夏少康避难有虞时，虞思对少康"妻之以二姚，而邑诸纶，有田一成，有众一旅。"杜预《集解》云："方十里为成，五百人为旅。"《考工记·匠人》云："九夫为井"，井方一里，"方十里为成"，一成百井。《周礼·小司徒》郑注："一旅之众而田一成，则九牧之法，先古然矣。"此外，《夏小正》亦有"初服于公田"的说法。据此，知早在夏代已存在着井田制，井田制在夏、商、周三代是一以贯之，始终存在的。井田制虽贯穿三代，但其具体表现形态，特别是剥削榨取方式却经历着"贡"、"助"、"彻"的不同演进形态。何谓"贡"、"助"、"彻"？这事说起来颇为复杂，学者间至今仍未取得一致意见。笔者认为，所谓"贡"，大约存在于唐虞之世至夏代前期，是一种尚未明确圈定公田实行力役地租榨取条件下的原始贡纳制；所谓"助"，大约行之于夏代后期直至西周，是一种有明确"公田"、"私田"划分条件下的典型力役地租形态；所谓"彻"，是进入春秋时期后井田制渐趋瓦解，"公田"、"私田"混一条件下的实物地租形态。关于这一层，笔者另有专文论及，有兴趣的读者不妨找来一阅。①

井田制下的村社成员，既有自己相对独立的人格和相对独立的经济，受的是贡纳、力役地租、实物地租一类的剥削，其所反映的剥削方式的非奴隶制性质是显而易见的，而只能把它归入封建性剥削方式的范畴中去，一如马克思笔下多瑙河流域各公国公社成员所受的封建性剥削一样。在这个问题上，主张中国在西周前曾经历过一段奴隶社会的西周派代表人物范文澜曾有过如下一段颇为精当的论断：

贡、助、彻是表现封建生产关系的地租名称。……夏朝的贡法，可以说是封

---

① 《"贡助彻"研究中的几个问题》，《奴隶社会并非人类历史发展必经阶段研究》，青海人民出版社1988年版，第70~94页。

建生产关系的最原始形态。……商朝的助法，显然已经是力役地租。周国和周朝也行助法，大抵自共和以后，王畿内助法改为彻法，即实物地租代替了力役地租。贡、助、彻的逐步变化，说明封建生产关系的逐步发展。①

作为坚持中国存在过奴隶社会发展阶段的学者，范氏能在贡、助、彻这一带有根本性的问题上坚持如此客观、实事求是的立场，是相当难能可贵的。

村社井田制之所以排斥奴隶制，天然导向封建制，是由它的土地公有这一本质特性决定的。因为，正是土地公有的存在，有力地抑制了贫富分化、土地向少数人手中的集中和生产者与土地的分离，从而极大地阻滞了通往奴隶制的道路；而从另一方面来说，又恰恰是村社井田制的土地公有和"公田"、"私田"划分，为作为地租剥削早期典型形态的力役地租的出现提供了现成的、天然的、再便当不过的形式。所以，从原始社会脱胎出来的村社井田制，便责无旁贷地成了早期封建社会赖以存在的基础。与村社井田经济基础相适应，在政治上则形成了建立在宗法分封制基础上的"联邦"或"邦联"式的国家结构形式，这与战国秦汉以后的专制主义中央集权制也是很不相同的。

过去，一提封建制，人们便会自然联想起欧洲中世纪的农奴制和中国战国秦汉以来的地主租佃制，有的研究者还认为中国战国前的封建制类似或相当于欧洲中世纪的农奴制。笔者认为，中国战国前的封建制是建立在村社井田制基础上的，井田制下的广大劳动者，既非后世地主租佃制下的佃农，亦非欧洲中世纪的农奴，故可把这种封建制名之曰"村社封建制"。这是一种有别于"地主租佃制"和"农奴制"的封建制之另一类型。近年来，亦有研究者提出可把中国这一早期形态的封建制名之为"庶民社会"②或"氏族封建制社会"、"宗法封建制社会"③，皆可备一说。

文章写到这里，得强调一下，这样一个大题目，远不是笔者这篇短文所能说清道明的。问题的解决，恐尚需时日，尚需广大史学工作者的不懈努力。

（原载叶文宪、聂长顺主编《中国"封建"社会再认识》，
中国社会科学出版社 2009 年版）

---

① 《中国通史简编》，人民出版社 1996 年版，第 52 页。

② 祝中熹：《对中国古代社会性质的一点浅见》，载于《青海师范学院学报》1980 年第 3 期。

③ 晁福林：《夏商西周的社会变迁》，北京师范大学出版社 1996 年版，"自序"第 2 页。

黄现璠《中国历史没有奴隶社会——兼论世界古代奴及其社会形态》序

　　日前接已故黄现璠（原名甘锦英）先生哲嗣甘文杰先生电话，谓黄现璠先生《中国历史没有奴隶社会——兼论世界古代奴及其社会形态》一书将付梓，想让我作篇序。本来，按学养和过往，我都是不够资格为黄现璠先生的这部遗著作序的，但一来是考虑到甘文杰先生盛情约请，却之不恭；二来也是念及在粉碎"四人帮"后我是最早站出来呼应、声援黄现璠先生的"中国历史无奴隶社会发展阶段说"的，并曾在通信中交流过观点，相互鼓励，可谓特定历史时期、特定环境下同一战壕中的两个忘年战友，所以也就爽快地应承了下来。

　　吾生也晚，且与黄现璠先生一个远在南疆，一个僻处西陲，天各一方，始终未能晤面，但共同的信念、追求，还是把我们拉到一起来了，这或许就是人们通常所说的缘分吧。

　　早在读大学阶段，我就对奴隶社会乃人类历史发展必经阶段的成说发生怀疑。1962 年，我将自己的这个观点写成一篇长文寄呈曾在我的母校山东大学历史系任过教的杨向奎先生和仍在山大历史系任教的童书业先生，征询意见。但鉴于当时的形势，杨向奎师谓题目太大，宜仅从古史分期入手去写，童书业师则通过师母给我回信，说是近来身体不好，无力审阅，皆将稿子退还于我。之后，学术环境愈加险恶，我也只好将之束之高阁（不是一般的"束之高阁"，而是将它从青海转藏于我苏北乡下老家的妹妹家中），断了刊行问世的念头。

　　1979 年，我在四川大学历史系从著名史学家徐中舒师进修先秦史时，看到了黄现璠先生发表在《广西师范学院学报》1979 年第 2、3 期上的《我国民族历史没有奴隶社会的探讨》一文，欣喜、鼓舞之余，迅即通过大学时期的同窗好友、时在广西师院历史系任教的许凌云君的介绍，同黄现璠先生取得联系，并寄去我 1979 年 9 月提交给青海师院首届科学讨论会的《略论奴隶制的历史地位》一文的铅印稿（这是一篇从世界史的角度泛论古代希腊、古代罗马外的世界广大地区皆未经历过奴隶社会，奴隶社会并非人类历史发展必经阶段的长达五万言的长文），蒙黄老不弃，很快给我寄来相关材料，并在通过徐中舒师转我的信中谬赞我"南天一柱，敢为天下唱"，还让许凌云君转告我"要坚持必胜信念"。不久，我的那篇长文发表在时尚为内部发行的《青海师范学院学报》1980 年第 1、2 期上，又蒙徐中舒师推荐，《四川大学学报》1980 年第 2、3 期很快予以转载，一时间在学界产生较大影响。黄现璠先生、徐中舒先生两位前辈对我的鼓励、奖掖，作为晚辈，我至今难以忘怀。

黄现璠先生的学生陈吉生曾在一篇题为《试论中国历史学的无奴学派》的网文中说：

一般认为："无奴学派"五名家为黄现璠、张广志、胡钟达、沈长云、晁福林。

"无奴学派"三先驱黄现璠、张广志、黄伟城。

"无奴学派"的开拓支派"黄派"和推进支派"张派"……所谓"黄派"，即指以"无奴学派"导师黄现璠为代表而形成的一个"无奴学派"开拓性支派，成员有黄现璠和"黄门五将"黄伟城、黄增庆、张一民、韦文宣、玉时阶等教授或研究员（皆为黄现璠的学生和私淑弟子）。"张派"是指以"无奴学派"元老张广志为代表而形成的一个"无奴学派"支派，成员包括张广志和"张门双雄"莫金山、李学功教授（皆为张广志的研究生）以及青海、甘肃地区的"无奴论"名士纵瑞华、祝中熹（纵瑞华、祝中熹为张广志在山东大学历史系读书时的同班同学——引者）等人。

陈吉生先生对我的定位显然过誉了，实愧不敢当，对新时期黄老在这个领域的首倡之功的肯定则是准确的。十多年前，在拙著《中国古史分期讨论的回顾与反思》一书中，我即曾针对有学者将我的《略论奴隶制的历史地位》一文的发表视为新时期"重新争鸣中国没有奴隶社会历史阶段的开始"的提法说过："这样提，似不太准确。事实上，从时间的先后讲，带头第一个冲破这个禁区的是当时已年届 81 岁高龄的黄现璠老先生。他的文章题为《我国民族历史没有奴隶社会的探讨》，刊登在《广西师范学院学报》1979 年第 2、3 期上。随后进入这个领域的才是张广志。"（见该书第 239～240 页，陕西师范大学出版社 2003 年版）这不是谦虚与否的问题，而是事情本来如此。它关乎一个人的人格、操守。当今，一些所谓读书人，争名于朝，逐利于市，经常闹得鸡飞狗跳，不可开交，实在是很要不得的。

黄现璠先生是个认真求实、勤于思考、敢于担当的学者。他在给我的信中说："你导师徐教授，海内闻名"，"徐教授和我师陈垣先生（北师大原校长，已故）是我在史学界最佩服之人"。可惜这样的人太少了，也大都不怎么走时，而一些长于阿上跟风的所谓学者，却每能邀功希宠，大行其道。写到这里，我不禁想：如果没有那段"左"的漫长岁月，如果能给黄老更多人身的和思考的自由，这位勤奋、执着的老先生也许会给我们留下更多史学遗产。可世上没有什么"假如"、"如果"，历史是不能假设的。

所幸上天垂怜，毕竟还给黄现璠先生留下了一段虽不怎么长却弥足珍贵的可以比较自由思考的迟暮之年。于是，这才有了已发表的《我国民族历史没有奴隶社会的探讨》等文和这部即将面世的遗著。

摆在我面前这部题为《中国历史没有奴隶社会——兼论世界古代奴及其社会形态》的遗著，是沉甸甸的。说它沉甸甸，不仅指皇皇六十万言，部头大，亦指它姗姗来迟，其生也艰，更指它材料丰富，立意高远，有较高学术含量。

综观黄现璠先生这部遗著，给我留下印象较深者略有如下诸端。

一是材料丰富。一个时期以来，史学界流行的是理论套话连篇，不唯不坚持论从史出的治史准则，甚至为维护某种理论不惜无视、歪曲史料，让史料屈从理论，为理论注脚、服务。长期霸占、笼罩史坛的中国奴隶社会说等，就是这么被生搬硬套炮制出来的。黄老此书则与那些空言误人的所谓学者不同，而是坚持论从史出，靠史料说话。书中，黄老出入古今中外，中国的，外国的，文献的，考古的，民族、民俗学等的材料，多所搜求，读后给人以踏实、厚重的感觉。

二是立意高远。长期以来，主流史学家们从条条框框出发，从欧洲中心论出发，把一部中国史、乃至世界弄得面目全非。黄现璠先生此书意在正本清源，还历史以本来面目，可谓胸襟广阔，立意高远。按黄老的说法，中国古代社会发展的脉络是：尧舜时代的"族国"——夏禹时代的"氏国"——殷商时代的"城国"——周代的"王国"——秦代的"帝国"。与之相应的经济制度为"奉公制"——"上贡制"——"贡役制"——"贡赋制"——"赋税制"。虽说，黄老这一说法并非不刊之论，黄现璠先生也从来没有以一个裁决者身份来骤断历史是非，但这种探讨无疑是有益的，是能给人以启迪的，是重建古代中国信史的一个新尝试。这种尝试，亦同任何新东西一样，刚出现时虽不成熟、不完美，但总比人云亦云、老生常谈好。

三是方法得当。研究历史，从条条框框出发不行，重回乾嘉学派的老路上去恐怕也走不远，故研究历史也还存在一个方法论的问题。黄现璠先生不是克罗齐、柯林武德、汤因比，不是刘知几、章学诚，他不可能、我们也不应希冀他为我们提供成体系史学理论、方法，但他在书中尝试着广泛使用历史学、考古学、古文字学、音韵学、历史语义学、民族学、民俗学、神话学、人类学、社会学等方法，驾驭材料，解读史事，提取观点，还是甚见功力的。读者仔细品读，定会从中获取教益。

黄现璠先生的书尚未细读，说不准的地方尚祈黄现璠先生在天之灵和读者诸君宽宥。

张广志

2014 年 3 月 21 日于南京

（见黄现璠《中国历史没有奴隶社会——兼论世界古代奴及其社会形态》，广西师范大学出版社 2015 年版）

赵光贤先生对史学理论建设的关注和对"奴隶社会并非人类历史发展必经阶段说"的鼓励、支持

今年是赵光贤先生的百年诞辰，离先生辞世也已经有七个年头了。由于1957年的那场劫难和一个时期以来健康状况欠佳，赵光贤先生没有显赫的官位和耀眼的头衔，著述的数量亦不是很多，但接触过赵老和读过赵老书的人都知道，赵老是一位古道热肠、德高望重的厚厚长者，一位有着深邃洞察力和深厚功力的老一辈史学大家，道德文章素为学界所重。

作为晚辈，我曾有幸与赵老在中国先秦史学会副会长的位置上共事过一段时间，亲聆过赵老的教诲，又蒙赵老不弃，为我的一本小书作过序，多所鼓励奖掖。此二事，虽已有些年头了，但对我来说，就像刚刚发生过一样，依然历历在目，倍感亲切，并每每引以为荣，为幸。

一般都认为，赵老远承乾嘉，近复得援庵老陈垣真传，为学崇实，以考证见长。此种看法，固然不错，这有赵老的传世名著《周代社会辨析》、《古史考辨》及名文《武王克商与西周诸王年代考》等为证。但这又绝不等于说赵老不关注、涉足史学理论及史学领域事关全局性历史课题的探索、研究。事实上，在赵老的名著《周代社会辨析》中，所涉及的就不单单是人物、史事、典制等的细部研究，更涉及到"我国是怎样从奴隶社会进入封建社会的"、"周代社会性质"、"从意识形态方面考察周代社会性质"、"春秋战国之际的社会变革"等这样一些事关全局的理论性探索、研究。应该说，赵老的《周代社会辨析》，绝不是单纯的细部考据之作，而是一部大处着眼，小处入手，小、大相济，史、论结合的史学力作。

赵老对史学理论、方法和史学全局性问题的关注，还集中体现在他的《中国历史研究法》一书和《我的自述——学史贵有心得》一文中。在这方面，赵老的如下三个方面的议论，给我印象甚深：一是赵老强调，"我们相信马克思的历史唯物主义，是相信它的最基本的理论，……不是迷信马克思主义大师们对具体历史事件的论点，更不是说迷信他们的每一句话。如果迷信他们的每一个论点，甚至把每一句话都当作是真理，为自己制造不少的禁区，就不是马克思主义。"

"因此破除迷信，解放思想是我们史学工作者的当务之急。"① 强调"建设中国的历史科学"，"首先要破除教条主义，教条主义的危害是让人们迷信全世界如此众多的民族和国家，不论其地理的、历史的、民族的、文化的差异有多么大，都要按着欧洲历史的发展而发展，……不深入研究我国历史的发展规律，而不惜牵强附会，削足适履地把欧洲历史发展生拉硬套在我国历史上，这是很难令人理解的。不打破这样严重的教条主义的束缚，怎能建立真正的历史科学？"② 二是赵老对时下一些青年学者"热衷于西方的各种史学流派的理论"，"而鄙夷传统的历史方法，认为那是烦琐考证，都是过时的东西"的不良看法、倾向，提出善意、中肯的批评，语重心长地指出："搞历史主要是脚踏实地，深入钻研问题，历史问题很多，要一个一个地解决，如果好高骛远，高谈阔论，一个具体问题也解决不了，那有什么意义？"③ 三是强调治史者应加强史料的搜集、分类、鉴别、使用及史实考证等方面基本功的训练。赵老针对当今史学界一些人盲目引用史料，多多益善，只要对自己观点有利，就不分真伪及成书年代，信手拈来就用的不良学风提出批评说："学者往往贪多求博，见书就抄，于是神话、传说与历史相混淆，把后人伪造的古史系统当作经典看待，写文章彼此矛盾，时代颠倒，令读者目眩。"指出应"把神话、传说、历史分为三类，尽力把它们分开，神话当作神话来研究，传说当作未经证实的史料，只可备一说，留待有更多真实的材料加以证实之后，才看作历史。历史则是有根有据的可作真实的史实看的。"在谈到"文献和史实的考辨"时，赵老强调"要先善疑能问，继而分辨真伪，最后达到求真的目的"，强调"信必有证，疑必有据，绝不标新立异，以惊世骇俗"。赵老还指出："搞考证工作，有没有什么原则可循呢？有。从前胡适讲过：'大胆假设，小心求证'；又说求证应当'有一分证据，说一分话；有十分证据，才说十分话。'我认为这几句话，是作历史考证必须遵守的原则。""假设为什么要大胆？……一切新说的成立的过程，总是先对旧说产生怀疑，……如有这样那样的顾虑，假设就可能提不出来了。……只有大胆假设还不够，必须继之以'小心求证'。这点非常重要。近年来在先秦史方面时常见到许多离奇的新说，不能说不大胆，但只想出奇制胜，缺乏足够令人信服的证据。有一分证据竟敢说十分的话。其实他提出的证据能不能算是证据都成问题，这样新说就很难成立了。"④ 赵老上述三个方面的议论，可谓处处切中时弊，针针见血。

赵老对史学理论和史学领域带有全面性问题的关注，还体现在他对新时期我们几个持"奴隶社会并非人类历史发展必经阶段说"学者的鼓励、支持上。

中国乃至世界上绝大多数国家都没有经历过奴隶社会发展阶段，即奴隶社会

---

① 《中国历史研究法》，中国青年出版社 1988 年版，第 53～54 页。

②③ 《我的自述——学史贵有心得》，《亡尤室文存》，北京师范大学出版社 2001 年版，第 23 页。

④ 同上书，第 8～9、21、11～12 页。

并非人类历史发展必经阶段的说法，并非我们几个首倡，早在 20 世纪二三十年代的社会史论战和 1957 年反"右"前夕，就有人提过了，黄现璠、我、胡钟达、沈长云、晁福林等，只不过是新时期将这个问题旧话重提，予以新的论证，并重新引起人们对这个问题的关注罢了。当然，这事在粉碎"四人帮"之后不久的日子里被重新提及，当时还是有些突兀和带有几分风险的。记得 1980 年我的《论奴隶制的历史地位》一文经徐中舒师推荐在《四川大学学报》刊出时，徐中舒先生即曾遭到某些人"徐先生是不是老糊涂了，怎么又把托派的观点给抬出来了"的诟病。那时，我感到特别孤立无援，我多么希望史学界有重量级的人物站出来为我们说句公道话啊。1986 年，赵老的《先秦史研究的现状和展望》一文在《文史知识》1986 年第 5 期上刊出了。赵老在文中热情洋溢地写道："古史分期的说法很多，除了个别人或很少数人的提法外，主要有三派：一派是战国封建说，即把分期的界线定在春秋、战国之际，这是现今流行的说法；一派是西周封建说，即把分期的界线定在殷周之间；一派是魏晋封建说，即把分期的界线定在汉末。这三派都有一定的力量，成鼎足之势。应当指出，还有一派也不可忽视，就是中国无奴隶社会说。这派在五十年代就出现，但由于受到批判，被打下去，现在又复活了，不仅复活了，而且主张这种说法的人数好像越来越多，因此在古史分期上，这派也应占一席地位。……我们以为百家争鸣比定于一尊要好，这是可喜的现象。"1988 年，我的《奴隶社会并非人类历史发展必经阶段研究》出版。出版前，我通过孟世凯兄试探着赵老能否为拙著赐篇序，想不到赵老竟愉快地应承下来并很快寄来序文。在《序》中，赵老明确指出："讲中国历史，不根据中国史实说话，而是在不知不觉中通过马克思主义大师们的著作，把欧洲历史的发展规律硬套在中国历史的头上，我认为这就是古史分期问题几十年得不出结论的症结所在。"赵老还在《序》中称赞我说："我有一个总的印象，那就是他的努力是认真的、严谨的，可以说最少教条主义的气味，我希望今后有更多的史学工作者读了张同志的文章后，能受其启发。"① 赵老虽未必完全赞同我们的观点，但他的广阔胸怀，容人的雅量，还是令人钦佩的，也在很大程度上给了我在这个问题上继续探索下去的力量和勇气。也正是由于有了这种支持、鼓励，师出赵老门下的沈长云、晁福林君亦都曾涉足这一研究领域并作出出色成绩。友人沈长云曾深情地回忆赵老对他研究工作的支持和赵老自己的一片苦衷说："也有一些学者过去本来就不那么赞同中国古代有一个奴隶社会的说法，但迫于政治气候，只好采取一些特殊方式曲折表现自己的意思。这里面最突出的是一些'西周封建论'的学者。我的导师、著名的西周封建论者赵光贤先生对我说，他原想写

---

① 张广志：《奴隶社会并非人类历史发展必经阶段研究》赵《序》，青海人民出版社 1988 年版，第 2、3 页。

一本《商周社会辨析》，但感到商代社会不好说（即不好把它说成是何种社会形态），所以就只写了《周代社会辨析》。但他支持我的中国无奴隶社会说的观点，当我 80 年代初还在念他的研究生的时候，他就打算指导我写一篇《中国无奴隶社会论》的论文。四川大学徐中舒的研究生介绍说，徐老实际上也是采取的这种做法。他支持张广志在《四川大学学报》发表中国无奴隶社会说的文章就是证明。"① 徐中舒先生和赵老之尚史德、重操守的高风，又自非那些俯首下心、希宠恋奖的柔媚文人和"著书都为稻粱谋"的俗人所可比拟的。

赵老虽早已离开了我们，但他的道德文章却留了下来，留在永远敬重他的广大学者心间。

（原载《赵光贤先生百年诞辰纪念文集》，中国社会科学出版社 2011 年版）

---

① 见《历史研究》2000 年第 2 期《社会形态与历史规律再认识笔谈》中沈长云《认清中国古代非西方历史发展道路的特色》一文。

第二辑
中国古史传说时代研究

伏羲传说漫议

吾族历来有崇古情节，炎黄二帝外，复远溯伏羲，谓伏羲乃"三皇之首"、"百王之先"、"人根之祖"、"人文始祖"。奈其时古远，其事混杂错乱难稽，故涉此研究领域者虽代不乏人，然时至今日，仍是言人人殊，许多问题未获解决。笔者对此问题缺乏研究，以下所谈，多是些疑窦、感想，并无多少新意，写下来聊供识者作进一步深入研究时之参考。

一、关于伏羲是神还是人？

伏羲，诸书或又写作宓羲、包牺、庖牺、苞牺、炮牺、伏牺、伏戏、牺皇、皇羲不一，或又与太昊（皞）合一称"太昊帝庖牺氏"、"太皞庖牺氏"。伏羲虽比炎、黄、尧、舜等的资格更老，但见诸记载却相当晚后，一直到战国时期才陆续出现在《易·系辞》、《庄子》、《管子》、《荀子》、《尸子》、《左传》、《战国策》、《世本》、《楚辞》诸书中，除《易·系辞》的记述略有内容（言及伏羲"王天下"、"始作八卦"、"作结绳而为网罟，以佃以渔"等）外，其他多语焉不详，或仅仅提到个名字。汉代以后，记载渐多，然除晋皇甫谧《帝王世纪》、唐司马贞《补史记·三皇本纪》还多少有点"史"的味道外，余多支离破碎，且充斥荒诞不经之言，可取者无多。

总之，现有史籍所能提供给我们的既有有关伏羲的某些史的片断，又有不少荒诞不经记述，再加上新近考古发掘虽能给人在探讨伏羲时以新的启示和眩想的空间，但足以定谳的证据迄未出现的现实，故伏羲究竟是个历史上的真实人物还是个神话传说中的神的问题至今仍未在学者中取得一致认识。

这个问题，恐一时尚难解决。笔者倾向于认为，伏羲应是个历史上真实存在的人物，虽然，他在流传过程中被人为地拔高、放大、神化了。

二、关于伏羲的"人王"地位及相关人物、传承关系

伏羲被目为"皇"、"王"，是进入文明期的后人的造作，是以今况古，明显

不是历史事实。如果说连已来到文明时代大门口的黄帝还只是个较大范围内的部落联盟长的话，那么，伏羲充其量不过是位活动于某一局部地区的氏族部落首领罢了，"王天下"云云绝无可能。

传说中与伏羲同时代且有传承或亲属关系的人物有燧人氏、神农氏、女娲等。且看相关记载：

太皞庖牺氏，风姓，代燧人氏继天而王。……女娲氏亦风姓，……有神圣之德，代宓牺立。……女娲氏没，神农氏作。（唐司马贞《补史记·三皇本纪》）

古者包牺氏之王天下也。……包牺氏没，神农氏作。（《易·系辞下》）

女娲氏没，大庭氏王有天下。（《太平御览》卷七十八引《遁甲开山图》）

按《补史记·三皇本纪》的说法，人王的传承关系是：燧人氏——庖牺氏——女娲氏——神农氏。而按《易·系辞》的说法，包牺氏后是神农氏，中间并无个女娲氏。《遁甲开山图》则又谓继"女娲氏"后"王有天下"的是"大庭氏"。在传世的诸多"三皇"组合中，伏羲、神农二位一般是少不了的，另外一位，除《补史记·三皇本纪》是女娲外，他书又开列了燧人、黄帝、祝融、共工等不同的名字。所以，"三皇"之类，实出于后人的编排，不必看死了，燧人、伏羲、女娲、神农等，不大可能是同时代或相近时代的人，彼此间自然也谈不上直接的"王"位传承关系。即使伏羲、女娲二者为同时代人，其上与燧人、下与神农之间的时代距离又何止数百千年，谈何"王"位传承！

按《三皇本纪》，伏羲、女娲同为风姓，同为蛇身人首，女娲且"代宓牺立"，二者关系颇密切，似为同一氏族部落或有血亲关系的临近部落者。清梁玉绳《汉书人表考》卷二引《春秋世谱》云："华胥生男子为伏羲，女子为女娲。"唐卢仝《与马异结交诗》则谓："女娲本是伏羲妇。"唐李冗《独异志》卷下更绘影绘声地描写道："昔宇宙初开之时，只有（伏羲）女娲兄妹二人，在昆仑山，而天下未有人民。议以为夫妻，又自羞耻。兄即与其妹上昆仑山，咒曰：'天若遣我兄妹二人为夫妻，而烟悉合；若不，使烟散。'于烟即合，其妹即来就兄，乃结草为扇，以障其面。今时娶妇执扇，象其事也。"即是说，伏羲与女娲既是兄妹、又是夫妇的关系。原始乱婚在人类社会早期虽有之，但把它安在"制嫁娶，以俪皮为礼"（三国谯周《古史考》）的伏羲头上，显然是胡拉乱扯了。

至于把伏羲和太皞混为一人，乃汉代人的创制，先秦史籍中，伏羲是伏羲，太皞是太皞，原不混一的。

三、关于伏羲的时代定位

伏羲是什么时候的人，近有学者曾根据相关考古发掘材料作了比较具体的年代推定。笔者以为，在没有确切证据的条件下将考古年代与传说中人物的历史年代对号入座是危险的、欠妥的。目前，似只宜大体给出伏羲的相对模糊些的年代范围，即大体将伏羲序列在发明钻木取火的燧人氏和教民农耕的神农氏间的渔猎畜牧时代，或大体定在旧石器时代晚期至新石器时代早期。

四、关于伏羲的活动地域

伏羲是何方人士，不要说具体的出生地、死葬地无从稽考，即大体的活动地域亦难判定。

据相关资料，在今河南的巩义、沁阳、范县，山东的泗水，陕西的蓝田，甘肃的天水、秦安、甘谷，江苏的无锡、苏州等地，都有有关伏羲的遗迹；在今河南淮阳、孟津、济源、沁阳、巩义、登封、荥阳、新密、上蔡，陕西蓝田、临潼，山西洪洞，河北新乐，山东单县、邹县，兖州、泗水、滕州、微山，湖北房县等，皆有纪念伏羲的陵、台、庙、祠等建筑物。这些地方，究竟哪些与伏羲活动有关，哪些根本无涉，今已实难稽考了。

不但具体的活动地难以稽考，即在大的活动范围的判定上学者间也是有很大分歧的。众所周知，传统说法多认为伏羲的发祥地和大本营当在今陕甘的关陇地区，即后来的炎黄族和华夏族的发源地上，后来才逐渐东渐、南下向外波及；近今学者王献唐、蒙文通、孙作云等则认为伏羲属活动于海岱地区的东夷族；而闻一多、吕思勉、徐旭生、芮逸夫等则力主伏羲属南方的苗蛮族团。在这个问题上，究竟谁是谁非，限于材料，恐一时尚难判定。

五、关于伏羲的创制之功

诸书言伏羲创制之功者甚多，如：

伏牺禅于伯牛，钻木作火。（清黄奭《黄氏逸书考》辑本《河图挺佐辅》）

古者包牺氏之王天下也……作结绳而为网罟，以佃以渔。（《周易·系辞下》）

太昊庖羲氏……以龙纪官，立九相六佐，制九州。（清徐文靖《竹书纪年统笺前编》）

伏牺制以俪皮嫁娶之礼。（茆泮林辑《世本》）

古者伏羲氏之王天下也，……造书契，以代结绳之政，由是文籍生焉。（《尚书序》）

宓牺作琴，八尺二寸，四十五弦。（茆泮林辑《世本》。唐司马贞《补史记·三皇本纪》作"太皞庖牺氏……作三十五弦之瑟。"）

庖牺……丝桑为瑟，均土为埙，礼乐于是兴矣。（晋王嘉《拾遗记》）

伏牺之乐曰《立基》。（《周礼·春官·大司乐》《疏》引《孝经纬》。《文献通考》卷一百二十八引《孝经纬》作："伏羲乐名《扶来》，亦曰《立本》。"）

（伏羲）味百药而制九针。（《帝王世纪》）

包牺立周天历度。（《周髀算经》）

即伏羲是钻木取火、网罟、设官分职、文字、嫁娶之礼、乐器、乐曲、医药、针灸、历法等事涉物质文明、制度文明、精神文明诸领域物事、制度的发明创造者，是一位对我们民族历史发展做出过划时代贡献的伟大历史人物。

说到这里，有两点须提请读者注意者：第一，钻木取火、设官分职、作历法、造书契、味百药、作琴瑟诸事，多与燧人、神农、黄帝等诸圣事迹混同。之所以会发生这种情况，有可能是某种创制确实是两人或数人在不同时期、不同地域各自独立发明创造的，也有可能是同一物事前后相继的原始发明创造和改进、完善的关系，而最大的可能还是后人将发明创造的桂冠到处廉价派送或张冠李戴错置乱放的结果。第二，有些发明创造，如钻木取火，明显是人类社会早期出现的事，而另一些东西，如文字、设官分职等，则明显是文明时期即将到来时才会发生的。把这些一股脑儿地全算在伏羲头上，一些人更据此把这个祖、那个祖的头衔全往伏羲头上堆，是明显有违于历史的真实的。

古人，当然也包括今人，为文作史惯于把正面人物人为地拔高、神圣化，把反面人物贬抑，妖魔化。这种情绪化的简单做法，是很要不得的，治史者应力戒之。我这样说，完全没有贬低包括伏羲在内的诸圣贤先哲的意思，而只是为了使我们的认识更贴近历史的真实些。

伏羲文化研究是个大课题，望大家群策群力把这一研究深入开展下去，我的上述不成熟看法如能给这一研究添块砖、加片瓦，也就十分满足了。

关于黄帝的两个时间性定位问题

所谓黄帝的两个时间性定位问题，是指黄帝生活的时代距今有多远和黄帝生活的那个时代处于人类历史发展哪个阶段上这样两个问题。而在目前的资料条件下，要确切回答上述问题，显然是有相当大难度的。下面，只能尝试着谈谈自己对这两个问题的不成熟看法。

一、黄帝的时代定位

由于缺乏可靠的文字记载，黄帝生活的时代距今到底有多远，恐一时尚难理清。大约成书于南宋的《轩辕黄帝传》倒是为人们编制了如下一份相当具体的从黄帝居位一直到秦灭周间的帝位传承系统，兹表列如下：

黄帝居位	105 年
少昊居位及子孙相承	共 400 年
颛顼居位	78 年
帝喾居位	70 年
尧居位	70 年
舜摄位、正居位	共 80 年
禹居位及子孙相承	共 432 年
汤居位及子孙相承	共 623 年
周武王居位及子孙相承	共 873 年

如此算来，自黄帝居位至姬周为秦所灭，一共是 2731 年。秦灭周，在公元前 256 年（秦灭西周，赧王卒）或公元前 249 年（秦灭东周）。以此上推 2731 年，则黄帝居位当在公元前 2987 年或公元前 2980 年。黄帝居位时已是成人，若以其生年计，则刚好距今已满 5000 年之数矣。

《轩辕黄帝传》晚出，却能为人们编制出远比它早前之书具体得多的一大串数字，自然是靠不住的。但它所推定的黄帝时代与我们通常所说的黄帝距今 5000 年，中华民族有 5000 年的文明史，有相合之处。另外，据《轩辕黄帝传》所给出的年代，黄帝至禹是 803 年。《竹书纪年》言"黄帝至禹，为世三十。"（《路史·发挥三》引。见王国维《古本竹书纪年辑校》）一般认为，一世三十年左右，与 803 年颇相吻合，亦与我们今天所认定的夏王朝的建立在公元前 21 世纪或公元前 22 世纪大体吻合。所有这些，又是颇值得玩味的。

若与地下考古发掘资料相比较，人们亦不难发现，黄帝的活动地域与传说中黄帝时代人们所能达到的物质层面、精神层面与制度层面的发展水准，大体与黄河中下游的仰韶文化晚期、大汶口文化和陕西、河南、山东等地的龙山文化相当。而上述文化的年代，亦在距今约 6000～4000 年间。

多年来倾力于黄帝文化研究的刘宝才先生在《炎黄时代》一文中指出："我们从传说史料和考古资料的统一研究得出的认识是：炎黄时代的时间范围可以定为距今 6000～4000 年之间"；"依据古史世系推算，黄帝生活在距今 5000 年前后，炎黄时代始于黄帝之前约 500 多年。"[①] 李民先生亦曾提出："把黄帝时代定在距今 5300～4500 年左右更为合适，此即考古学上的仰韶文化晚期和庙底沟二期文化时代。"[②] 类似的看法，还有一些，这里不再一一列举。总体来看，多数学者倾向于接受传统看法，即中华民族有 5000 年的"文明"史，这个 5000 年之数，正是从黄帝头上算下来的。笔者认为，这一看法，既有一定的文献依据，又有考古发掘材料的印证，在无新的反证出现前，应该说还是有一定根据的，可以接受的。

二、黄帝时代的社会发展阶段

若从笼统的、比较宽泛的意义上使用"文明"一词，说中华民族有 5000 年的文明史，中国的文明史从黄帝时代算起，恐怕不会有多大问题。若把"文明史"诠释为有文字记载的、有阶级对立和国家机器存在的国家时期的历史，问题就不那么简单了。因为，它需要你明确回答中国是否已从黄帝时代起正式进入了国家时期？而在这个问题上，大家的看法是很不一致的，且很难在近期得到解决。

过去，不少学者都把中国国家时期的到来推得比较晚。如早年的郭沫若先生在名著《中国古代社会研究》一书中就曾把殷商定为原始社会，认为从西周起中国才步入国家时期。后来，又有学者认为，中国从盘庚迁殷后的商代后期才进入国家时期，前此为原始社会。再往后，绝大多数学者才趋向于把中国的国家时期从夏王朝的建立时算起。但即使这样，中国的文明史亦不过四千年左右，比之埃及、两河流域、印度都短，只能在四大文明古国中屈居第四的位置。这使部分国

① 《求学集》，陕西人民出版社 2004 年版，第 533～534、532 页。
② 《夏商周三族源流探索》，河南人民出版社 1998 版，第 3 页。

人、学者颇觉于心不甘。

这种心有不甘的情怀，随着近年来考古发掘中越来越多夏代之前古陶文、铜器、礼器、城址、厚葬大墓等的出土，表现得越发强烈起来。于是，陆续有学者提出，中国的文明史应该大大往前提。如已故老一辈著名学者唐兰先生就曾根据大汶口文化中的陶文明确提出："中国奴隶制社会的上限远在五、六千年前"，"中国有六千多年的文明史"。① 既然远在五、六千年前的炎帝、少昊都已进入文明时期，与之约略同时的黄帝自然亦已跨入文明的门槛了。

类似的看法，还有一些。总之，把中国文明时期的起始点往前推，拉长中国的文明史，已成为一种趋势，一种国人、学人的共同心愿。这种心理、心愿，是十分正常的，无可厚非的。近年来，某些外国学者指责中国的夏商周断代工程是政治干预学术，是搞所谓民族主义。这种不以学术论学术，胡乱给人家扣学术外帽子的做法，适足以说明这些人关心的并不是学术，而是有某种政治目的的。不过，这件事也从另外一个方面提醒我们：学术是科学，始终要把实事求是，一切靠事实说话放在第一位，爱国主义的情怀固可"热"我们的"心"，但要防止狭隘的爱国主义"热昏"了我们的"头脑"。因为，学术乃天下之公器，它本身是没有国界的，它一定会、也应该受到国外同行的关注、评判。只要我们自己把工作做到家了，就不愁得不到国外同行的认可。

文明探源是一项系统工程，牵扯到的问题很多，有理论层面的，有实际工作层面的，有文献学层面的，有考古学层面的，等等。即仅就理论层面言，又牵扯到文明的标准，文明诸要素发育程度的把握、认定，中国文明起源的途径，中国早期国家形态，以及诸如"酋邦"等外来理论、术语的引进、诠释、应用等许多方面。这些问题解决不好，你说你的，我讲我的，各执一端，就很难谈到一块儿去。如在文明标准的把握上，有的学者如前述唐兰先生，仅凭着大汶口文化中的陶文便把中国的文明史一下子提前到距今六千多年前，就缺乏足够说服力。因为，一般地说，文字固然是文明到来的标准之一，但它并不是唯一标准，甚至也不是最最重要的标准。历史事实已经表明，有些民族和地区，虽已有了萌芽状态的或曰原始的文字，但它的整个社会生活并未步入国家时期；而在另外一些民族和地区，虽已进入国家时期，但尚未发明使用文字，如匈奴人等。再如金属冶炼虽也是文明的标准之一，甚至还是一项十分重要的标准，但亦不能孤立地、绝对地使用。因为，正如大家所熟知的，有的民族在铁器时代进入阶级社会，有的在青铜时代进入阶级社会，而"在中美洲的古典文明中，无论是玛雅，还是特奥蒂

---

① 《中国奴隶制社会的上限远在五、六千年前——论新发现的大汶口文化与其陶器文字，批判孔丘的反动历史观》，载于《大汶口文化讨论文集》，齐鲁书社1979年版，第120～146页；《中国有六千多年的文明史——论大汶口文化是少昊文化》，载《大公报在港复刊30周年纪念文集》，1978年。转引自李学勤主编：《中国古代文明与国家形成研究》，云南人民出版社1997年版，第151页。

瓦坎，或其他文明，都看不到使用铜器和冶铜，换言之，在中美洲是不存在铜器时代的。"① 总之，要尽可能地把文明的各项标准、要素综合起来予以考察，才能得出比较可靠的结论，切忌单打一，攻其一点，不及其余。再则，即仅就某一标准、要素言，也还存在一个对各该标准、要素发育程度、状态的把握、认定问题。如同为文字，要区分是萌芽状态的文字，早期文字，还是比较成熟、已经系统化了的文字；同为城址，要区分是简陋的土围子，还是略具规模、且有宫殿基址和区域功能划分的城市，等等。切莫一看到文字、城址，就径行将之栏入文明时期。

话扯得远了点，现在，让我们回到正题上来，即黄帝时代是否已跨入文明时期？应该说，现在还不具备回答这个问题的基本条件。虽说，近年来的考古发掘已为我们提供了不少有关文明诸因素的物证，但真正有说服力的并不多，也不太明晰。大家知道，在古埃及，当公元前 4000 年代，便由农村公社结成数十个诺姆（州）。公元前 3000 年，上埃及国王米那（美尼斯）便征服了下埃及，筑孟菲斯城，建立起统一的埃及国家。根据现有资料，我们尚难以在自己的黄帝时代勾勒出如此清晰可靠的国家时期已经降临的历史画图来。而在这种事上，又是急不得的。否则，还要费那么大劲搞个文明探源工程干么？正如李学勤先生所说："必须承认，文明因素的产生不等于文明时代的出现，而且以目前已有的材料而论，这些因素的产生和发展还存在许多未解决的疑难；已有的材料也是零散的、不系统的。""正是出于这样的原因，要根据这些材料，以陈述的形式系统地阐述中国文明起源的历史，还缺乏充分的条件。过去很长时间，国内外学界认为商代是中国古代文明的源头，这种看法，至今影响仍然不小。""现在看来，中国文明很可能应上溯相当长的一段时间。最近很多学者撰文，提出中国古代文明形成于公元前第三千年，即考古学上的龙山时代，这就和《史记》始于《五帝本纪》差不多。"② 既表达了对中国文明史可能要上溯相当长一段时间的憧憬、自信，又不失学者应有的分寸、审慎。

看来，在目前条件下，我们还只能把黄帝时代定在原始社会末期，把黄帝视为部落联盟长和"人文初祖"，而不是国家时期的第一任帝王。自然，这并不排除我国又的确是从黄帝时起开始了由原始社会向阶级社会的巨大转变、过渡的。这一转变、过渡，颇为漫长、艰巨，大约是由黄帝开其端，而由禹收其功的。

（原载《黄帝与中华文化学术研讨会论文集》，西北大学出版社 2008 年版）

---

① 王震中：《中国文明起源的比较研究》，陕西人民出版社 1994 年版，第 418 页。
② 《中国古史寻证》，上海科技教育出版社 2002 年版，第 335 页。

缙云与黄帝散论

作为炎黄子孙，人们大都知道陕西省黄陵县城北有座桥山。山上建有亭，亭中石碑上赫然镌有"黄帝陵"三个大字，亭后便是作为全国重点文物保护单位的黄帝墓了。由于年代久远，黄帝是否实有其人？死后是否葬于此？实已无从详考。反正，大家都在这里遥祭中华民族的这个象征性的远古祖先就是了。但知道浙江省缙云县仙都山还有个传说中黄帝炼丹升天处——鼎湖峰，还有个作为江南人民朝圣问祖之所的"黄帝祠宇"的人就不那么多了。殊不知这里同样是个闻名的南方黄帝文化的流传中心，是我国南方黄帝文化积淀最为深厚的所在，唐宋以来，官方亦常于此举行祭祀黄帝的活动，成为我国与陕西黄帝陵遥相呼应的另一个缅怀、纪念黄帝的场所。

一、缙云与黄帝的干系

缙云，县名。武周万岁登封元年（公元696年）析括苍、永康二县部分辖区置。因境内有缙云山（唐天宝年间改称仙都山），故建县时以缙云名（清道光《缙云县志》）。而山名曰缙云者，又显然与古之"缙云氏"有关。

"缙云氏"者何？据史，略有如下三种不同记载：

一曰缙云氏即黄帝。《史记·五帝本纪》《正义》："黄帝……号曰有熊氏，又曰缙云氏，又曰帝鸿氏，亦曰帝轩氏"。

一曰黄帝时官名，并因以为族氏名。《左传》文公十八年："缙云氏有不才子。"杜注："缙云，黄帝时官名"。孔疏："昭十七年传称黄帝以云名官，故知缙云黄帝时官名。字书，缙，赤缯也。服虔云夏官为缙云氏"。《左传》昭公十七年："昔者黄帝氏以云纪，故为云师而云名"。颜师古注引应劭曰："春官为青云，夏官为缙云，秋官为白云，冬官为黑云，中官为黄云。"

一曰缙云氏为姜姓，炎帝之苗裔。《史记·五帝本纪》："缙云氏有不才子"。《集解》引贾逵曰："缙云氏，姜姓也，炎帝之苗裔，当黄帝时任缙云之官也。"

以上三种说法，不管是指黄帝本人，还是指黄帝属下为官之黄帝族的某一支，抑或指姜姓炎帝族后人之在黄帝手下为官者，反正，都同黄帝有关。后来，大约是黄帝的业绩、影响最大，"缙云"或"缙云氏"就是黄帝一说便占了上风。

那么，浙江之缙云山、缙云县又是怎样同黄帝搭上关系的呢？

不用说晋郭璞《山海经》注、晋崔豹《古今注》、宋乐史《太平寰宇记》中所保存的有关黄帝到过缙云山、于此三合神丹、并乘龙上天的传说不足凭信，即唐张守节《史记·五帝本纪》《正义》所谓"今括州缙云县，盖其（缙云氏——引者）所封也"亦不会是事实。因为，当时黄帝族的势力尚不可能及于此地。即是说，那时，不仅黄帝本人不可能到过缙云，也不可能把官封到那里。有可能把黄帝同南方的缙云山搭上边的很可能是《史记·五帝本纪》中的如下一条记载：

昔帝鸿氏有不才子，掩义隐贼，好行凶慝，天下谓之浑沌。少皞氏有不才子，毁信恶忠，崇饰恶言，天下谓之穷奇。颛顼氏有不才子，不可教训，不知话言，天下谓之梼杌。此三族世忧之。至于尧，尧未能去。缙云氏有不才子，贪于饮食，冒于货贿，天下谓之饕餮。天下恶之，比之三凶。舜宾于四门，乃流四凶族，迁于四裔，以御螭魅。

说的是舜把四凶族从中原逐到遥远的边疆去了。而据张守节《正义》：饕餮，"谓三苗也。言贪饮食，冒货贿，故谓之饕餮。《神异经》云：'西南有人焉，身多毛，头上戴豕，性很恶，好息，积财而不用，善夺人谷物。强者夺老弱者，畏群而击单，名饕餮。'言三苗性似，故号之。"则似乎是把缙云氏后人中号为"饕餮"的一支流放到大西南的三苗地区去了。这倒是有可能的。在国家形成前夕的战乱纷争中，原居于中原地区并属炎黄系的缙云氏后人中某一支，在斗争中吃了败仗，在中原无法立足，只好远走他乡，辗转移徙到大江以南去了。

初到江南时，由于这里是三苗等土著居民的天下，新来乍到、为数不多的缙云氏后人自然不会在当地产生多大影响。他们在相当长一个历史时期内似乎被历史遗忘了。魏晋以降，随着北人的大量南迁，才又重新勾起了人们对缙云氏之后这支南下先行者的深切怀念，并利用这点史影逐渐敷衍出黄帝早就到过这里，并在这里得道成仙、乘龙飞升的美丽故事。

缙云氏之后的某一支南移后都经过了哪些地方、并最终落脚于何处？由于史传无凭，现已无法弄清。说到以缙云为名的山，北方山东的济宁有一处，南方有两处，一在重庆北碚，一在浙江缙云。以缙云名山，表明后人对炎黄远祖的怀念之情，其中，也可能包含着后人对缙云氏之后的某一支南下迁移这一史影的模糊记忆。至于浙江的缙云为什么能够声名远播、并最终成为南方黄帝文化流传的中心，我想除了这里可能与缙云氏南迁的史影有某种干系外，还同这里钟天地之灵气的秀美山川有关——谁不想给自己的老祖宗安排个好去处呢！

总之，作为一种文化现象的黄帝传说，并非哪个人的向壁虚造，空穴来风，而是有一定史影作根据的。

二、民族融合和思想文化流变的生动反映

作为一种特定文化现象的缙云黄帝传说，还蕴含着另外两层深刻的含义：一是它生动反映着我国历史上民族交往、融合的丰富内容和积极趋势；二是它从一个侧面反映着我国思想文化的发展流变过程。

先说第一层，我国南北间民族交往、融合的进程大体可划分为三个阶段。第一阶段为先秦时期。经夏、商、西周时期的长期交往、接触，特别是春秋、战国时期吴越对东南、楚对江汉、秦对巴蜀的开发、经营，南北民族间的交往、融合已开始启动。第二阶段为秦汉时期。随着南方广大地区正式进入帝国版图，南北民族间交往、融合的步伐大大加快。第三阶段为魏晋以降。随着北人的大量南迁和中国经济、政治重心的逐渐南移，南北民族间的界限急剧弱化，统一的中华民族迅速形成。黄帝的事迹、传说之由北向南波及并在南方扎根，正是原作为炎黄族代表人物的黄帝已逐渐被整个中华民族所认同、被视为整个中华民族远祖的生动反映。

第二层，历史上，黄帝如果实有其人的话，那么，他不会是什么别的，而只不过是原始社会晚期活跃在中原地区一个强大部落联盟的杰出首领罢了。进入阶级社会后，他的形象被逐渐拔高、放大、神化。他先是被儒家打扮成裕民治世的圣贤、明君，后又被黄老学派尊为始祖；东汉后，随着道教的形成、传播，他又成了通晓炼丹之术、能乘龙飞升的神仙了。凡此，皆表明黄帝在人们心目中无可置换的崇高地位，也表明不同时代的人们总是按照自己的需要和思想感情去理解、加工黄帝的。对此，应从文化背景以及民族心理、感情等方面去发掘其中的文化底蕴，大可不必徒劳地企望从历史的考据中去坐实它。传说中黄帝形象、角色的嬗变，从一个侧面反映着远古至魏晋以降中国思想文化的发展、流变。

（原载《轩辕黄帝与缙云仙都》，浙江人民出版社 2001 年版）

简论缙云黄帝文化发展的四个阶段

近年来，缙云以其雄伟壮丽的自然风光和积淀甚深的黄帝文化资源，已越来越引起外界的关注，缙云黄帝文化研究也取得较大成果，渐成气候。本文拟在前人研究的基础上，对缙云黄帝文化发展的阶段性略作分析。不当之处，请大家批评指正。

笔者认为，可粗略地把缙云黄帝文化的发展区分为如下四个阶段。

一、孕育发生期——先秦、秦汉

武周万岁登封元年（696），析括苍、永康二县地置缙云县。而前此，这里已有以"缙云"为名的"缙云山"（唐天宝年间改称仙都山）和以"缙云"为名的纪念、祭祀黄帝的场所"缙云堂"。后人之所以以"缙云"名堂、名山、名县，又显然同数千年的"缙云氏"有关。

"缙云氏"者何？据史，略有如下三种不同记载、解释：一曰缙云氏即黄帝本人。如《史记·五帝本纪》《正义》即谓："黄帝……号曰有熊氏，又曰缙云氏，又曰帝鸿氏，又曰帝轩氏。"二曰黄帝时官名，并因以为族氏名。《左传》文公十八年杜注："缙云，黄帝时官名。"孔疏："缙云，黄帝时官名。字书，缙，为赤缯也。服虔云：夏官为缙云氏。"三曰缙云氏为姜姓，炎帝之苗裔，黄帝时任缙云之官。《史记·五帝本纪》《集解》引贾逵曰："缙云氏，姜姓也，炎帝之苗裔，当黄帝时任缙云之官也。"三种说法，不管是指黄帝本人，还是指黄帝属下为官之黄帝族的某一支，抑或姜姓炎帝族后人之在黄帝手下为缙云之官者，反正都同黄帝脱不开干系就是了。后来，大约是黄帝的业绩、名声最大，"缙云"或"缙云氏"即黄帝一说便占了上风。

那么，晚后许多始得名的浙地的缙云堂、缙云山、缙云县又是怎样同数千年前的黄帝搭上关系的呢？

不用说，晋郭璞《山海经注》、宋乐史《太平寰宇记》等书所记述的有关黄帝到过缙云山，于此三合神丹，并乘龙飞升的传说不足凭信，即唐张守节《史记·五帝本纪》《正义》所谓"今括州缙云县，盖其（缙云氏——引者）所封也"亦不会是事实。因为，不管是黄帝时代，还是稍后的尧、舜时代，中原地区炎黄族的势力尚不可能及于此地。有可能把数千年前的缙云同浙地的缙云搭上边的是《左传》文公十八年和《史记·五帝本纪》中关于舜曾把包括缙云氏的不才子饕餮在内的"四凶族"流放，投诸四裔的记载。有研究者认为，这个被放逐的缙云氏不才子饕餮后人中的一支后辗转南下，进入今浙江缙云境，并认为此即浙江缙云黄帝文化之源头。

上述看法是否成立，因材料所限，实难以遽断。但有一点似可肯定，即先秦时期即使黄帝或其族人并未到过浙地的缙云，但这并不妨碍黄帝的名字及其事迹早在先秦时期就已被包括缙云在内的江南人民所熟知并予以崇敬了。长期以来，人们往往对古代先民们的跨地域的人员交往和文化交流的能力估计不足。事实上，早在距今四五千年前，江浙地区的良渚文化就曾对中原文化产生过强烈影响；而中原地区的"王油坊类型"文化亦曾远播与浙地比邻的今上海松江广富林地区。进入三代，据传，大禹曾到过浙江，并死于会稽；古越国，传为禹后，而禹又是黄帝的后人。有这种历史大背景作依托，说缙云早在先秦时期即已有了黄帝文化的孕育，当不会失之太远吧。

司马迁《史记·五帝本纪》篇末有云："余尝西至空桐，北过涿鹿，东渐于海，南浮江淮矣，至长老皆各往往称黄帝、尧、舜之处。"说明，秦汉以降，随着统一国家的建立和大一统观念的强化，全国各地、各族人民对黄帝的认同感已得到空前提升，缙云自亦不能例外。

早在战国时期，《庄子·大宗师》、《黄帝内经·素问》等书中即有黄帝"登天"的记述。进入汉代，《史记·封禅书》亦言及黄帝铸鼎荆山，乘龙升天事。而荆山，学者多认为在河南阌乡（今河南灵宝境），尚与浙地的缙云无涉。但这些，又无疑都为尔后缙云黄帝文化的成型和黄帝乘龙飞升地的定位缙云准备了条件，作了铺垫。

二、成型、兴盛期——六朝至北宋英宗治平年间

此阶段，有几桩事至关重要。

第一桩事，是东晋、刘宋间著名山水诗人谢灵运有关黄帝于缙云炼丹的记述：

> 缙云山旁有孤石，屹然干云，高二百丈，三面临水。周围一百六十丈；顶有湖生莲花；有岩相近名步虚，远而望之，低于步虚，近而视之，步虚居其下。……中

岩上有峰，高数十丈，或如莲花，或如羊角。古老云"黄帝炼丹于此。"①

这段记述，虽文字不多，却把传说中的黄帝与道教的炼丹术结合起来，并明确地把黄帝的炼丹地定位在浙地的缙云山，这无疑是缙云黄帝文化从孕育、发生转向成型、兴盛的重要一步。

第二桩事是以缙云名堂、名山、名县在这个时期相继发生。这既是缙云地区黄帝文化崛起的产物，而它们一经发生又势必反过来有力促进缙云黄帝文化的新的强势发展。特别是武周时期的以缙云名县和唐玄宗的敕改"缙云山"为"仙都山"，改始建于东晋成帝年间的"缙云堂"为"黄帝祠宇"，更属最高当局的政府行为和最高统治者的意旨，影响之大，自不待言。

第三桩事是崇信道教的北宋英宗于治平二年（1065）下旨将"黄帝祠宇"改名"玉虚宫"，作道观。前此，缙云黄帝文化的总格局是黄帝传说与道教的结合，但主体还是黄帝；经此一改，"黄帝祠宇"顿成"玉虚道观"，这无疑是缙云地区黄帝文化由盛转衰的转折点。

这里，还想顺便交待一下六朝以来缙云黄帝文化兴盛的深刻社会历史根源。

众所周知，西晋灭亡后，中国北方陷入长期分裂混乱局面，政权基本落入北方诸少数族手中，而偏安江南的东晋和南朝政权，则依然是汉人或曰"正宗"炎黄子孙的天下。在这种情况下，发生了中国历史上第一波人口的由北向南的大迁徙和经济、政治中心的开始南移。汉人的大量移入和经济、政治中心的开始南移，给缙云黄帝文化的崛起、兴盛提供了适宜的气候和肥沃的土壤。

三、衰落期——北宋英宗治平年间至"文化大革命"

黄帝祠宇改为道观玉虚宫后，中经毁、建，延至明末，已基本废弃。此间，对黄帝的信仰、崇拜虽仍在缙云地区民间流行——这是任何人、任何力量都不可能把它从人们心目中连根拔除的，但已同往昔的盛况难以相提并论了。

除道教对黄帝的既利用又排拒（即使在六朝至唐缙云黄帝文化的鼎盛时期，道教给缙云仙都山和黄帝的定位也并不怎么高，如仙都山仅列道教三十六小洞天的第二十九位，黄帝本人在陶弘景的《真灵位业图》中也仅列第三神阶之左②）外，这一时期，尚有几股力量对缙云仙化型的黄帝文化的存在、发展不利：一是在意识形态领域占据上风的程朱理学，一直视仙化的黄帝文化为荒诞不经，如清

---

① 元《仙都志》引谢灵运《名山记》。转引自王达钦：《轩辕黄帝与缙云仙都（文献资料辑录）》，《轩辕黄帝与缙云仙都》，浙江人民出版社2001年版，第304页。

② 参见黄文：《黄帝与仙都关系初探》，《轩辕黄帝与缙云仙都》，浙江人民出版社2001年版，第267页；魏峰：《人神之间——简论历代对黄帝形象的建构》，载于《黄帝文化研究》，山西古籍出版社2005年版，第220页。

儒谷应泰在《仙都广志序》中即谓："乃言缙云者，必称仙都。仙都得名，肇自轩辕骑龙上升。毋论陕右浙东，道理不侔，即神仙之说亦涉于诞，儒者弗举也。"康熙二十年《缙云县志》亦谓："黄帝上升之说，似为荒唐。"① 二为明清之交以来，下至 20 世纪二三十年代，疑古之风一浪高过一浪，风气所至，不少人对历史上是否真有黄帝其人亦发生了怀疑，有的还提出了黄帝乃西亚的泊来品之类的看法。三是新中国成立以来"左"的思潮的破坏、干扰。这些，无疑都是造成这个时期缙云黄帝文化趋向衰落的重要原因。

四、复兴期——改革开放以来

所谓"复兴"，自然不是向兴盛期仙化了的黄帝文化的简单回归，而是适应改革开放新时期的时代需求，被赋予了全新的内容，即正确引导人们把黄帝作为中华民族的人文初祖予以崇敬、纪念，并借助缙云得天独厚的自然风光和积淀深厚的黄帝文化资源大力发展旅游业。

在各级领导和相关部门的重视、支持下，近年来仙都已先后被批准为省级风景名胜区、国家重点风景名胜区；1998 年，气势恢宏的"黄帝祠宇"重建竣工；相传，九九重阳节是黄帝乘龙升天的日子，如今，这一天已被定为每年一度的仙都旅游文化节，届时由地方政府主持对黄帝的公祭；学术研究方面，继 2000 年的"中国首届黄帝文化学术研讨会"和 2004 年的"国际黄帝文化学术研讨会"相继在缙云召开后，新的"中国第三届黄帝文化学术研讨会"又将在缙云举行。凡此，皆表明缙云作为中国南方黄帝文化的辐射中心与轩辕黄帝祭祀中心的影响力已逐步得到彰显，表明勤劳、智慧的缙云人民势将进一步发扬先祖黄帝的开创精神，乘改革开放的巨龙，作新的更高的飞跃、升腾。

① 所引《仙都广志序》及康熙二十年《缙云县志》文均转引自王达钦：《缙云黄帝文化概论》，载于《缙云文化研究》，浙江大学出版社 2008 年版，第 54 页。

中华人文初祖黄帝和后儒
所言黄帝谱系论析

本文拟对黄帝何以成为中华民族人文初祖和后儒所编排之黄帝谱系两个问题作所论析，不当之处，请大家批评指正。

一、黄帝之为中华民族人文初祖是历史的正确选择

（一）说家祖、族祖、国祖

在进入正题之前，需对人们在不同场合、针对不同对象所使用的"祖"的概念略作区分、界定，否则，各说各的，很难谈得拢，且易生误会。

祖，祖先也，本一表示血缘所自的称谓，后使用中渐泛化。兹略析之。

家祖，即个体小家庭或大家族之祖，乃纯血缘的。

族祖，即种族、民族之祖。由于范围扩大，血缘色彩有所淡化，特别是民族，已远不是纯血缘的了。

国祖，即一国之祖，亦即大族——如在我国通常所谓之中华民族之祖，虽仍有血缘色彩、意味在，但主要已是在政治的、文化的和民族心理、感情的层面上使用的东西了。我们今天把黄帝视为中华民族的人文初祖，就是在这个意义上使用的。此一含义上的祖，实不过是符号化之象征人物，一种文化符号。

曾有学者谓："即使黄帝真有其人，也只能是一部分汉族人和某些少数民族人的祖先。……无论如何辩解，也绝对无法证明，黄帝可能是今天中国境内56个民族的共同祖先。"[①] 一些学者强调，今天中国有56个民族，有的无论如何也不可能与炎黄二帝拉上血统关系，告诫人们要"慎言炎黄子孙"。若从纯血缘角度言，这些学者的说法自然不能算错，但这并不能、也不应成为这类学者排拒广大中华儿女和海外侨胞从文化、心理、感情的层面将黄帝视为中华民族之祖、将自己视为"炎黄子孙"、"华夏儿女"的理由。角度不同，内涵各异，似无须以

---

① 葛剑雄：《国家级公祭黄帝于法无据》，载于《南方周末》2004年4月8日。

己之见去统一、匡正他人之见。

（二）中华民族的人文初祖该定给谁

按古史传说，在黄帝之前尚有燧人氏、有巢氏、伏羲氏、女娲等。但这几位均距今过于遥远，事迹不够清晰，其活动、控制范围亦相对有限，特别是他们在制度文明和精神文明领域的创制之功尚不够多，故均不宜被视为中华民族人文初祖。

黄帝时代适值我国国家形成的前夜，文明时代的大门口，是中国物质文明、制度文明和精神文明孕育、生成的关键时刻。其时，虽尚有炎帝、蚩尤等显赫人物同在，但相形之下，还是以黄帝的功绩、影响为最大。相传，黄帝和他所在的部落或部落联盟，在农耕、蚕桑、舟车、货币、城邑、宫室、画野分州、设官分职、刑律、文字、天文历法、医药、艺术等诸多领域，皆有所发明、有所创造、有所改进。而城邑、宫室、官制、刑律，向来被视为文明孕育产生的重要因素、标志。再有，通过与炎帝、蚩尤的两场颇具规模、影响的大战，黄帝亦最终在中原地区站稳脚跟，并在相当大的范围内建立起自己的统治、控制区。所有这些，皆为行将到来的国家时期做了物质的、制度的、精神的和"版图"的准备。功绩之伟，前人和当时人中尚无出其右者。故把黄帝作为中华民族人文初祖，实历史之正确选择。

（三）黄帝被塑造为中华民族人文初祖、共祖的历史进程

黄帝从一个部落或部落联盟的首领一变而为中华民族的人文初祖、共祖，并非一蹴而就，而是经历了如下历史进程：

第一阶段，是黄帝在世及其死后相当长一段历史时期。此时之黄帝，虽亦有一定声威、影响，但说到底，他充其量不过是个自己部落或部落联盟的首领，自己族人的祖先罢了。这是因为，当时邦国林立，大家所奉行的是所谓"非我族类，其心必异"（《左传·成公四年》），"神不歆非类，民不祀非族"（《左传·僖公十二年》）。没有大范围内的统一王权，人们亦无需在更大范围内制造出一个统一的、共同的祖先来。

第二阶段，为周代。旧谓五帝三王同出黄帝一系，恐不靠谱（说详后），唯周人同黄帝关系甚为密切，似为其后。西、东周凡历时八百余年，是中国历史发展中的一个极为重要的时期。此时之中国，物质文明方面取得了长足进步；精神文化方面亦空前繁荣昌盛，在中国历史上卓有影响的儒、墨、道、法诸家，孔、孟、老、庄、荀、韩诸子，皆产生在这个时期。这是中国历史发展中的所谓"轴心时代"，是中国之所以成其为中国的民族文化基因的奠立、成型时代；在民族融合上，以炎黄族为核心逐步滚动、扩展为华夏族的历史进程已基本完成，并开

始向汉族转化、过渡；各主要国家的规模、活动范围空前扩大，并开始向统一国家过渡。正是这样一个伟大的历史时期，一个空前广阔的舞台，使逝去多年、沉寂有时的黄帝终被从历史的角落找回，受到空前宣扬、彰显、神化、放大。这其中，自然有周人怀念祖先的感情因素在，但主要还是出于民族融合、国家统一等的政治需要。

第三阶段，为秦汉至明清。这一阶段，历代统治者和为之服务的文人，基于民族和睦和国家统一的需要，无不把黄帝抬得很高。关于此点，下文还要涉及，兹从略。

第四阶段，为进入近代后的晚清和民国时期。此一时期，出于排满和抵御外强、保种图存的需要，随着汉族和大中华民族民族意识的进一步觉醒，黄帝作为中华民族人文初祖、共祖的形象更得到前所未有的彰显、强化。

第五阶段，为新中国成立后。一个时期以来，在"左"的路线和民族虚无主义的影响下，黄帝几被遗忘。改革开放以来，随着尊重历史、尊重优秀传统文化渐成风气，特别是基于民族团结、国家统一的需要，黄帝不但被重新记起，且受到前所未有的对待、尊重。这种对待、尊重，是建立在科学的、历史主义的基础之上的，同旧时帝王的一味利用和民间的神化崇拜，已有着质的不同。

（四）黄帝被塑造为中华民族人文初祖、共祖的诸因素

黄帝之作为中华民族的人文初祖、共祖，既不是他自己所能争得的，也不是随便什么人所能强加的，而是由诸多因素决定、促成的。

首先，它与黄帝本人的卓越历史功绩分不开。古代人王众多，人们何以单单选择了黄帝呢？这无疑是由黄帝在我们这个民族历史发展的关键时期做出过巨大的、无与伦比的贡献决定的。关于黄帝在诸多文明领域的创制之功，特别是他在国家孕育、生成中的巨大贡献，诸书多有论述，上文也已提及，这里不再重复。

其次，是儒家"大一统"的政治观和"以夏变夷"、"礼"分夷夏的民族观助推的结果。儒家是主张"大一统"的，这大家都已知道，用不着多说。在民族观上，儒家既主张"夷夏之辨"，坚"夷夏之防"，但又主张"以夏变夷"，"礼"分夷夏。"以夏变夷"和"礼"分夷夏的主张，无论是在理论上，还是在实践上，都对消解民族对立，推动民族交流、融合起着积极作用。而消解民族关系中的对立、紧张，打破民族壁垒，又无疑是黄帝能被更多人群接受的重要条件。

再次，也是最重要的，即前已提及的国家统一这一因素的决定性作用。众所周知，在宗法关系强固的古代中国，家国一体，统一的王权亟需一个血缘的纽带，一个共同的祖先来维系。文人们自然很懂得利用这一点，于是，在《大戴礼记》、《五帝德》、《帝系》以及《史记·五帝本纪》、《匈奴列传》等书中，颛顼、帝喾、尧、舜、禹、汤、文王等历代著名人王乃至匈奴之先，全都被编排成

了黄帝的子孙。既然大家同根共祖，没理由不安处同一屋檐下。历代最高统治者就更懂得利用这一点了。如身为汉人的明成祖朱棣即谓："华夷本一家，朕奉天命为天子，天之所覆，地之所载，皆朕赤子，岂有彼此？"（《明太宗实录》卷264）身为满人的清康熙皇帝亦谓："朕统一寰区，无分中外，凡有人民，皆吾赤子。"（王先谦：《东华录》卷33）雍正皇帝亦有言曰："我朝入主中土，君临天下，……疆土开拓广远，乃中国臣民之大幸，何得尚有华夷中外之分论哉！"（《大义觉迷录》）有清一代，更以三十六次祭祀黄陵居历朝之冠。这说明，为统一大业，不仅中原人主愿把黄帝这个祖宗与边地诸族共享，原边地族的首领一旦入主中原亦乐于接受这个祖宗了。当然，后世一些汉人政治家，出于特定政治需要，有时还会挥舞"夷夏之辨"、坚"夷夏之防"的大旗，但在更多的情况下，他们还是强调民族和睦相处的，这是主流。如朱元璋在《明军奉天讨虏北伐檄文》中曾高张"驱除胡虏，恢复中华"（《明太祖实录》卷26）的旗帜，但到明成祖朱棣头上，便已一变而为"华夷本一家，……皆朕赤子，岂有彼此"（《明太宗实录》卷264）了。孙中山亦一样，先为排满提出"驱除鞑虏，恢复中华"口号，及辛亥革命成，便改提"五族共和"了。

最后，大众的认同亦是一个重要因素。我们这个民族，历史上屡经分裂、割据，人民饱尝离乱之苦，杀戮之痛，渴望统一、安定。在这种情况下，人们把黄帝当成统一、安定的旗帜、象征也就成了顺理成章之事。当今，海内外广大华人、华侨，莫不以"炎黄子孙"、"华夏儿女"自名、自豪。十多亿人同根共祖，这在世界范围内都是独一无二的。人民大众的认同，是黄帝信仰、崇拜长盛不衰的坚实基础和力量源泉。

二、后儒所言黄帝谱系不足凭信

黄帝生活在远古时代，事迹多为传说，身世本不清楚。后来，人们发现了他的价值、作用，基于彰显、放大的需要，一些有关黄帝的动人故事乃至他的家世等纷纷被编排出来，其中编排得最具体系、至今仍被一些学者信从的便是五帝三王全出自黄帝一系所谓的黄帝谱系了。按照这个谱系，颛顼、帝喾、尧、舜四帝，夏禹、商汤、周文王三王，全是黄帝子孙。再扩而大之，即秦人、徐人、匈奴。甚至北方的戎狄、南方的苗蛮，亦无不与黄帝有血缘关系。

应该说，此类说法是无坚实历史根据的，是不成立的。以下，试从几个方面略作剖析。

（一）后儒所言黄帝谱系在较早可靠传世文献中得不到证实

《尚书·尧典》、《禹贡》中，出现过尧、舜、禹等的名字、事迹，却全然不见黄帝踪影，自然也无从论及尧、舜、禹同黄帝有没有关系了。

《诗经·商颂·玄鸟》亦仅言"天命玄鸟，降而生商"，并未提及商祖契同黄帝有何干系。

在其他经书、子书中，亦看不到后世黄帝谱系的制造者们所需要的可靠材料。

（二）黄帝子孙遍天下乃战国秦汉间人之造作

较早对黄帝事迹予以丰富的是约成书于战国时代的《国语》一书。《国语·晋语四》言黄帝为少典之子，黄帝生有二十五子，得姓者十四人、十二姓。《国语·鲁语上》谓："有虞氏禘黄帝而祖颛顼，郊尧而宗舜；夏后氏禘黄帝而祖颛顼，郊鲧而宗禹；商人禘舜而祖契，郊冥而宗汤；周人禘喾而郊稷，祖文王而宗武王。"《礼记·祭法》所记略同而稍有别，作："有虞氏禘黄帝而郊喾，祖颛顼而宗尧；夏后氏亦禘黄帝而郊鲧，祖颛顼而宗禹；殷人禘喾而郊冥，祖契而宗汤；周人禘喾而郊稷，祖文王而宗武王。"

而《庄子·胠箧》给出的则是一个由"容成氏、大庭氏、伯皇氏、中央氏、栗陆氏、骊畜氏、轩辕氏、赫胥氏、尊卢氏、祝融氏、伏羲氏、神农氏"十二人组成的古帝系统。上海博物馆藏战国楚竹书《容成氏》则列举了"〔尊〕卢氏、赫胥氏、乔结氏、仓颉氏、轩辕氏、神农氏……"等。郭店楚简《唐虞之道》则又有"六帝兴于古"的说法。习云"五帝"，《唐虞之道》却称"六帝"；而在《庄子·胠箧》、《容成氏》的古帝组合中，轩辕氏虽厕身其列，但一点也不显山露水，更谈不上与其他人的血缘关系了，这些都与上引《国语》与《礼记》的说法大不相同，显属流传于不同时代、地区的不同古帝体系。即"五帝"，诸书亦有包牺氏、神农氏、黄帝、尧、舜（《易·系辞下》），太暤、炎帝、黄帝、少暤、颛顼（《礼记·月令》），少昊（少暤）、颛顼、帝喾、尧、舜（《帝王世纪》）等的不同组合版本，很难将其中的任何一种说法定于一尊。

上引诸说虽提出了种种古帝组合模式、体系，有的如《国语》、《礼记》还确认了虞、夏、商、周与黄帝、颛顼、帝喾等的血亲关系，但具体传承世次尚付阙如。

另一战国史籍《世本》大约是最早对黄帝谱系进行具体编排的。按《世本》的编排：少典生轩辕，是为黄帝。黄帝生玄嚣，玄嚣生侨极，侨极生高辛，是为帝喾。帝喾生尧。黄帝又生昌意，昌意生高阳，是为帝颛顼。颛顼生穷蝉，五世而生瞽叟。瞽叟生重华，是为帝舜。颛顼五世而生鲧，鲧生高密，是为禹。又谓帝喾四妃之子，而皆有天下：元妃有邰氏之女，曰姜嫄，是生后稷；次妃有娀氏之女，曰简狄，是生契；次妃陈酆氏之女，曰庆都，是生帝尧；次妃娵訾氏之女，曰常仪，是生帝挚（诸本文字不同，此据雷学淇校辑本）。在《世本》如上编排中，黄帝外的另四帝颛顼、帝喾、尧、舜，三代之先夏禹、商契、周后稷的名字全都有了，而且，全都被安排为黄帝的子孙。至此，五帝三王同出黄帝的谱系编排遂大功告成。

晚后于《世本》的《大戴礼记·五帝德》、《帝系》，基本沿袭了《世本》的黄帝谱系而文字略有不同。

对《世本》的黄帝谱系基本沿袭并在内容上作了较大丰富的是太史公的《史记·五帝本纪》篇。篇中，太史公明谓："帝颛顼高阳者，黄帝之孙而昌意之子也。""帝喾高辛者，黄帝之曾孙也。""帝喾娶陈锋氏女，生放勋。娶娵訾氏女，生挚。帝喾崩，而挚代立。帝挚立，不善，而帝放勋立，是为帝尧。""虞舜者，名曰重华。重华父曰瞽叟，瞽叟父曰桥牛，桥牛父曰句望，句望父曰敬康，敬康父曰穷蝉，穷蝉父曰帝颛顼，颛顼父曰昌意：以至舜七世矣。"在接下来的《夏本纪》、《殷本纪》、《周本纪》中又补充曰："夏禹，名曰文命。禹之父曰鲧，鲧之父曰帝颛顼，颛顼之父曰昌意，昌意之父曰黄帝。禹者，黄帝之玄孙而帝颛顼之孙也。""殷契，母曰简狄，有娀氏之女，为帝喾次妃。""周后稷，名弃。其母有邰氏女，曰姜原。姜原为帝喾元妃。"

太史公承袭的《世本》、《大戴礼记·五帝德》、《帝系》所编排的黄帝谱系靠不靠谱呢？对此，恐太史公自己心里也不大踏实，有点犯嘀咕。如他在《五帝本纪》篇尾就曾写道："百家言黄帝，其文不雅驯，荐绅先生难言之。孔子所传《宰予问五帝德》及《帝系姓》，儒者或不传。"

其实，在生拉硬扯血缘关系拼命扩编黄帝子孙群的风气下，比五帝三王同出黄帝的上述谱系更不靠谱还有许多。如《山海经》之《大荒西经》、《大荒北经》中即有"黄帝之孙曰始均，始均生北狄"和"黄帝生苗龙，苗龙生融吾，融吾生弄明，弄明生白犬，白犬有牝牡，是为犬戎"的记载。《史记·匈奴列传》称："匈奴，其先祖夏后氏之苗裔也，曰淳维。"《后汉书·南蛮西南夷列传》更有言曰："昔高辛氏有犬戎之寇，帝患其侵暴，而征伐不尅，乃访募天下，有能得犬戎之将吴将军头者，购黄金千镒，邑万家，又妻以少女。时帝有畜狗，其毛五采，名曰槃瓠。下令之后，槃瓠遂衔人头造阙下，群臣怪而诊之，乃吴将军首也。帝大喜，而计槃瓠不可妻之以女，又无封爵之道，议欲有报而未知所宜。女闻之，以为帝皇下令不可违信，因请行。帝不得已，乃以女配槃瓠。槃瓠得女，负而走入南山，止石室中。所处险绝，人迹不至。……经三年，生子一十二人，六男六女。槃瓠死后，因自相夫妻。……其后滋蔓，号曰蛮夷。"这样，实已把北狄、犬戎、匈奴、苗瑶诸蛮等统统归入黄帝之后的行列中了。由于这几则记载越发不够"雅驯"，这里就不再议论它们了。

（三）后儒所言黄帝谱系何以不能成立

《世本》、《大戴礼记》及太史公所言黄帝谱系之不能成立是显而易见的。

首先，如上文所言，它是晚出的，得不到较早可靠传世文献支持。

其次，它有违于常理。古代，部落、民族众多，有些部落、民族虽然战败了，失势了，或融入到以黄帝为代表的更强势的炎黄族、华夏族和后来的汉族中去了，但他们并未灭绝，仍繁衍有后人，不会一下子全化为黄帝子孙。

复次，这种谱系既为有违于历史事实的人为编排，故不免每自相龃龉，破绽百出。《世本》、《大戴礼记》、《史记·五帝本纪》的黄帝谱系互有出入，不尽一致，如按《史记·五帝本纪》的编排，尧、舜、禹的行辈是：

尧：黄帝——玄嚣——蟜极——帝喾——尧

舜：黄帝——昌意——颛顼——穷蝉——敬康——句望——桥牛——瞽
　　叟——舜

禹：黄帝——昌意——颛顼——鲧——禹

即尧、禹同辈，同为黄帝玄孙；而舜的行辈则要晚许多，是尧、禹的玄孙辈。这样，就成了舜先从其高祖辈的尧那里继承了帝位，舜很长寿，活了百岁，死后居然又把帝位传给与尧同为舜高祖辈的禹了。准诸常理，这在现实生活中恐怕是不可能出现的。

又，秦人本出自东夷，但在《史记·秦本纪》中，他们也被编排为黄帝之后了。该本纪称："秦之先，帝颛顼之苗裔孙曰女脩。女脩织，玄鸟陨卵，女脩吞之，生子大业。大业娶少典之子，曰女华。女华生大费，与禹平水土。……舜赐姓嬴氏。"按辈分，女脩是颛顼之孙、黄帝之么孙，可他的儿子大业居然娶了作为少典之女、黄帝姐妹辈的女华为妻，即娶高出自己五辈的祖姑奶奶为妻，闹出了天大笑话。大手笔闹出此类低级笑话，看似荒谬，实亦情理中事。因为，你既硬要把本不统属的族群人为地嫁接、拼合在一起，终难免会顾此失彼，露出马脚来。类似的破绽、笑话，还有一些，这里不再一一列举。

最后，这种谱系从古至今从未得到多数学者的认同。如战国时代的孟子就说过："舜生于诸冯，迁于负夏，卒于鸣条，东夷之人也。"（《孟子·离娄下》）《庄子·至乐》谓："昆仑之虚，黄帝之所休。"《穆天子传》卷二谓："吉日辛酉，天子升于昆仑之丘，以观黄帝之宫。"西汉史籍《新语·术事》、《盐铁论·国疾》乃至《史记·六国年表》中亦不乏"文王生于东夷，大禹出于西羌"，"禹出西羌，文王生北夷"，"禹兴于西羌"等与黄帝谱系完全不同的记述。当代著名学者顾颉刚早在1923年便为文指出，要推翻伪古史，就必须"打破民族出于一元的观念"。他说："在现在公认的古史上，一统的世系已经笼罩了百代帝王，四方种族，民族一元论可谓建设得十分巩固了。但我们一读古书，商出于玄鸟，周出于姜嫄，任、宿、须句出于太皞，郯出于少皞，陈出于颛顼，六、蓼出于皋陶庭坚，楚、夔出于祝融、鬻熊（恐是一人），他们原是各有各的始祖，何尝要求统一！自春秋以来，大国攻灭小国多了，疆界日益大，民族日益并合，种族观念渐淡而一统观念渐强，于是许多民族的始祖的传说亦渐渐归到一条线上，有了先后君臣的关系，《尧典》、《五帝德》、《世本》诸书就因此出来。"① 1933年，顾氏在为《古史辨》第四册所写《序》文中复申其义云："从古书里看，在周代时原是各个民族各有其始祖，而与他族不相统属。……到了战国时，许多小国并吞的结果，成了几个极大的国；后来秦始皇又成了统一的事业。……疆域的统一虽可使用武力，而消弭民族间的恶感，使其能安居于一国之中，则武力便无所施其技。于是有几个聪明人起来，把祖先和神灵的'横的系统'改成了'纵的系统'，把甲国的祖算做了乙国的祖的父亲，又把丙国的神算做了甲国的祖的父亲。他们起来喊道，'咱们都是黄帝的子孙，分散得远了，所以情谊疏了，风俗也不同了。如今又合为一国，咱们应当化除畛域的成见！'"② 其后，著名古史专家徐旭生亦指出："我民族初入历史的时候，也同其他古代民族初入历史的时候一样，为复杂的，非单纯的。"③ 前些年，著名学者裘锡圭亦曾为文表示赞同顾颉刚的看法，说"顾氏认为我国古代各族都出自黄帝的大一统帝王世系，是战国以来各族不断融合、各国逐渐趋于统一的大形势的产物。这显然是很有道理的"。④ 学者叶林生亦谓："黄帝、颛顼、帝喾本来渊源于三个不同的部族"，"五帝……是不同部族先民分别创造的，……不能乱点鸳鸯谱，把他们捏合成一家。"⑤

综上，笔者认为，《世本》、《大戴礼记·五帝德》、《帝系》以及《史记·五帝本纪》等所建构的五帝三王同出黄帝的大一统古帝王谱系，其各个构件或渊源有自，并非向壁虚造，但将之整合、组装为一庞大谱系则是靠不住的，研究者在使用这个谱系时务必十分谨慎。

（原载刘五一主编《具茨山与中华文明》，光明日报出版社 2014 年版）

---

① 《答刘胡两先生书》，载于《古史辨》第一册，上海古籍出版社 1982 年重印本，第 99 页。
② 《古史辨》第四册，上海古籍出版社 1982 年重印本，《顾序》第 5、6 页。
③ 《中国古史的传说时代》，广西师范大学出版社 2003 年版，第 32 页。
④ 《新出土先秦文献与古史传说》，载于《中国出土古文献十讲》，复旦大学出版社 2004 年版，第 25 页。
⑤ 《古帝传说与华夏文明》，黑龙江教育出版社 1999 年版，第 76、80 页。

战国秦汉间黄帝材料发掘、
敷衍、整合之再认识

随着民族振兴和传统文化热的掀起，黄帝也逾来逾成为政治家、广大民众乃至历史文化学者们津津乐道的话题了。可由于年代久远，可靠历史文献缺失，真实的黄帝到底是个什么样的，今天已实在难以说得清楚了。

流传到今天的稍具条贯、且有一定情节的黄帝故事，大抵出自太史公的《史记·五帝本纪》一文。对此文，有人推崇备至，认为是太史公有关中国上古史的伟大建构，其所言五帝三王皆源出黄帝一系的上古帝王谱系是靠得住的；亦有学者认为，太史公所言虽有某些历史的真实影像在，但作为一统的谱系，却是很不靠谱的。

笔者倾向于后一类学者的意见，前此亦曾为文论及，今再略申其意，草成此文。

准备从两个方面来谈。

一、真实的黄帝和战国秦汉间对黄帝材料的发掘、黄帝形象的再塑造

首先应指出，黄帝不是神（至今仍有学者认为，历史上本无黄帝其人，黄帝本是某部族所信奉的神，后来才被人王化的）而是人，在历史上是实有其人的；黄帝也不是从西亚输入的泊来品，而是中国这块土地上土生土长、且对中国历史发展作出过卓越贡献的历史人物。

诸书言黄帝者甚多，这恐怕不是大家都在那里胡编乱造，而应该是历史上实有黄帝这个人的。黄帝的事迹，贡献，后世所传虽不免夸大、拔高，但在中国由野蛮转入文明的关键历史时刻，他曾在物质文明、制度文明、精神文明的诸多领域有所创制、改进、总结，并通过与炎帝、蚩尤等的几次大战，初步在中原大地的一定范围内形成了政治一统、民族融合的核心区，从而为国家时期的到来奠立了坚实的基础却也是不争的历史事实。所以，把黄帝视为中华民族的人文初祖是有历史根据的，是历史的正确选择。

但是，历史转眼就过去了，而且当时黄帝的活动范围、影响所及也就那么大，于是，他也就渐渐被人们遗忘，以至于在《尚书》、《诗经》这类较为可靠的早期历史文献里，竟丝毫不见黄帝的名字、踪影。

意大利历史学家克罗齐说过：一切历史都是当代史。这句话，曾引起一些人的批评、非议，但不容否认的是，正是当代的观念、需要左右着人们对历史的兴趣、理解和取舍、改造。战国秦汉时期，适应着大一统的政治需要，学者和政治家们焕发出空前的历史热情，不遗余力地从历史的仓库中寻觅、拾取对他们有用的东西，黄帝正是在这种历史大背景下被人们重新发掘出来，并予以改造利用的。

战国秦汉间黄帝的被发掘、改造，大体经历了如下四个层面、阶段。

（一）神话色彩较浓的零散记述

上已言及，《尚书》、《诗经》中全然不见黄帝的踪影，春秋年间的其他史籍依然如此，黄帝之重现历史舞台，是从战国年间开始的，而一开始大都是些零散的、带有浓烈神话色彩的记述。这类记述，主要见之于《山海经》、《穆天子传》、《庄子》、《韩非子》诸书。如：

峚山，其上多丹木，员叶而赤茎，黄华而赤实，其味如饴，食之不饥。丹水出焉，西流注于稷泽，其中多白玉，是有玉膏，其原沸沸汤汤，黄帝是食是飨。（《山海经·西山经》）

轩辕之国，在此穷山之际，其不寿者八百岁。（《山海经·海外西经》）

东海之渚中，有神，人面鸟身，珥两黄蛇，践两黄蛇，名曰禺䝞。黄帝生禺䝞，禺䝞生禺京，禺京处北海，禺䝞处东海，是为海神。（《山海经·大荒东经》）

东海中有流波山，入海七千里。其上有兽，状如牛，苍身而无角，一足，出入水则必有雨，其光如月日，其声如雷，其名曰夔。黄帝得之，以其皮为鼓，橛以雷兽之骨，声闻五百里，以威天下。（《山海经·大荒东经》）

有北狄之国。黄帝之孙曰始均，始均生北狄。（《山海经·大荒西经》）

大荒之中，有山名曰融父山，顺水入焉。有人名曰犬戎。黄帝生苗龙，苗龙生融吾，融吾生弄明，弄明生白犬，白犬有牝牡，是为犬戎，肉食。（《山海经·大荒北经》）

有人衣青衣，名曰黄帝女魃。蚩尤作兵伐黄帝，黄帝乃令应龙攻之冀州之野。应龙畜水，蚩尤请风伯雨师，纵大风雨。黄帝乃下天女曰魃，雨止，遂杀蚩尤。魃不得复上，所居不雨。（《山海经·大荒北经》）

天子升于昆仑之丘，以观黄帝之宫。（《穆天子传》卷二）

支离叔与滑介叔观于冥伯之丘，昆仑之虚，黄帝之所休。（《庄子·至乐》）

夫道，有情有信，无为无形，可传而不可受，可得而不可见。……黄帝得之，以登云天。（《庄子·大宗师》）

（师旷曰）昔者黄帝合鬼神于泰山之上，驾象车而六蛟龙，毕方并辖，蚩尤居前，风伯进扫，雨师洒道，虎狼在前，鬼神在后，腾蛇伏地，凤皇覆上，大合

鬼神，作为清角。（《韩非子·十过》）

这类记述，多把黄帝神化了，虽荒诞不经，却保留了早期民间神话传说的朴素质地，鲜有尔后政治家和文人们添加在黄帝身上的那种功利的政治色彩。

（二）历史层面的发掘、敷衍、重塑

战国时期，社会巨变，诸子百家竞起，各思以其道易天下，即皆欲按自己的观点改造社会，左右历史进程。在这种情况下，各家在发掘历史材料，借历史说事时，自不免有意无意地在改造、重塑历史。下面，试将相关记述移录于后：

蚩尤乃逐帝，争于涿鹿之阿，九隅无遗。赤帝大慑，乃说于黄帝，执蚩尤，杀之于中冀。（《逸周书·尝麦解》）

黄帝战于涿鹿之野，而西戎之兵不至。（《战国策·魏二》）

昔者黄帝氏以云纪，故为云师而云名。（《左传·昭公十七年》）

神农氏没，黄帝、尧、舜氏作，通其变，使民不倦，神而化之，使民宜之。……黄帝、尧、舜垂衣裳而天下治。（《周易·系辞下》）

（盗跖曰）神农之世，卧则居居，起则于于，民知其母，不知其父，与麋鹿共处，耕而食，织而衣，无有相害之心，此至德之隆也。然而黄帝不能致德，与蚩尤战于涿鹿之野，流血百里。……世之所高，莫若黄帝，黄帝尚不能全德而战涿鹿之野，流血百里。……以利惑其真而强反其情性，其行乃甚可羞也。（《庄子·盗跖》）

（老聃曰）黄帝之治天下，使民心一，民有其亲死不哭而民不非也。（《庄子·天运》）

昔者黄帝始以仁义撄人之心。（《庄子·在宥》）

黄帝曰："无思无虑始知道，无处无服始安道，无从无道始得道。"（《庄子·知北游》）

黄帝泽参，治之至也。昔者黄帝得蚩尤而明于天道，得大常而察于地利，得奢龙而辩于东方，得祝融而辩于南方，得大封而辩于西方，得后土而辩于北方。黄帝得六相而天地治，神明至。（《管子·五行》）

黄帝之治天下也，其民不引而来，不推而往，不使而成，不禁而止。故黄帝之治也，置法而不变，使民安其法者也。所谓仁义礼乐者，皆出于法，此先圣之所以一民者也。（《管子·任法》）

神农之世，男耕而食，妇织而衣，刑政不用而治，甲兵不起而王。神农既没，以强胜弱，以众暴寡，故黄帝作为君臣上下之义，父子兄弟之礼，夫妇妃匹之合，内行刀锯，外用甲兵，故时变也。由此观之，神农非高于黄帝也，然其名尊者，以适于时也。故以战去战，虽战可也；以杀去杀，虽杀可也；以刑去刑，虽重刑可也。（《商君书·画策》）

为天下及国，莫如以德，莫如行义。以德以义，不赏而民劝，不罚而邪止。此神农、黄帝之政也。（《吕氏春秋·上德》）

（老子曰）昔黄帝之治天下，……百官正而无私，上下调而无尤，法令明而不暗，辅佐公而不阿，田者让畔，道不拾遗，市不豫贾。故于此时，日月星辰不失其行，风雨时节，五谷丰昌，凤凰翔于庭，麒麟游于郊。（《文子》卷二《精诚》）

黄帝于是出其锵钺，……禺（遇）之（蚩）尤，因而禽（擒）之。（马王堆汉墓帛书《老子乙本卷前古佚书·十大（此"大"字或释为"六"）经》）

……「尊」卢氏、赫胥氏、乔结氏、仓颉氏、轩辕氏、神农氏……之有天下也，皆不授其子而授贤。（上海博物馆藏战国楚竹书《容成氏》）

这类记述，虽亦言及黄帝战蚩尤等史事，但更多的还是编造史事、人物、情节，借题发挥，用儒家、道家、法家等的观点诠释、重塑黄帝。

（三）系统整合的开始

战国秦汉间人为放大黄帝形象，扩大黄帝影响，一方面是尽量扩大黄帝的地盘，努力把他说成"天下"的共主，如前引《山海经》所谓黄帝和他的子孙们足迹已遍及昆仑之丘、东海、北海诸地，北狄、犬戎皆其后即是；另一方面，也是更为重要的方面，就是挖掘、编织黄帝和古人王们的血缘关系。他们懂得，在宗法血缘关系强固的古代中国社会，此举是有广泛社会基础，深得人心的。

人们在这方面的尝试、努力，在《山海经》中已有体现：

黄帝妻雷祖，生昌意。昌意降处若水，生韩流。韩流擢首、谨耳、人面、豕喙、麟身、渠股、豚止，取淖子曰阿女，生帝颛顼。（《山海经·海内经》）

黄帝生骆明，骆明生白马，白马是为鲧。……鲧复生禹。（《山海经·海内经》）

不过，《山海经》神话气息太重，说服力难免差些，真正从史的层面在这方面作出努力的，首推《国语》。该书说：

黄帝之子二十五人，……其得姓者十四人，为十二姓。……昔少典娶于有蟜氏，生黄帝、炎帝。黄帝以姬水成，炎帝以姜水成。成而异德，故黄帝为姬，炎帝为姜。（《国语·晋语四》）

有虞氏禘黄帝而祖颛顼，郊尧而宗舜；夏后氏禘黄帝而祖颛顼，郊鲧而宗禹；商人禘舜而祖契，郊冥而宗汤；周人禘喾而郊稷，祖文王而宗武王。（《国语·鲁语上》）

《礼记·祭法》所言略同而文字小有别，作：

有虞氏禘黄帝而郊喾，祖颛顼而宗尧；夏后氏亦禘黄帝而郊鲧，祖颛顼而宗禹；殷人禘喾而郊冥，祖契而宗汤；周人禘喾而郊稷，祖文王而宗武王。

这样，不仅黄、炎二帝成了兄弟，且把黄帝与后来的颛顼、帝喾、尧、舜、禹、汤、周文王等古人王全用血缘关系串起来了。《国语》和《礼记》的上述记载，虽文字简略，且五帝间缺乏具体的世次链环，却是五帝三王同出黄帝一系的谱系打造中极为关键的一步。

接下来对这个谱系作所调整、充实的是《世本》和《大戴礼记》。《世本》的体系是：

少典生轩辕，是为黄帝。

黄帝生玄嚣，玄嚣生侨极，侨极生高辛，是为帝喾。帝喾生尧。

黄帝生昌意，昌意生高阳，是为帝颛顼。

颛顼生穷蝉，五世而生瞽叟。瞽叟生重华，是为帝舜。

颛顼五世而生鲧。鲧生高密，是为禹。

……

帝喾卜其四妃之子，而皆有天下。元妃有邰氏之女曰姜嫄，是生后稷；次妃有娀氏之女曰简狄，是生契；次妃陈酆氏之女曰庆都，是生帝尧；次妃娵訾氏之女曰常仪，是生帝挚。（《世本》雷学淇校辑本）

《大戴礼记·帝系》的体系略同《世本》而稍有出入，作：

少典产轩辕，是为黄帝。

黄帝产玄嚣，玄嚣产蟜极，蟜极产高辛，是为帝喾。帝喾产放勋，是为帝尧。

黄帝产昌意，昌意产高阳，是为帝颛顼。

颛顼产穷蝉，穷蝉产敬康，敬康产句芒，句芒产蟜牛，蟜牛产瞽叟，瞽叟产重华，是为帝舜，及产象，敖。

颛顼产鲧，鲧产文命，是为禹。

……

帝喾卜其四妃之子，而皆有天下。上妃有邰氏之女也，曰姜原氏，产后稷；次妃有娀氏之女也，曰简狄氏，产契；次妃曰陈隆氏，产帝尧；次妃曰娵訾氏，产帝挚。

这样，黄帝外的另四帝颛顼、帝喾、尧、舜，及三代之先的夏禹、商契、周后稷的名字全都有了，而且全都被安排为黄帝的子孙。至此，五帝三王同出黄帝的谱系编排已基本成型。

（四）整合的完成

在体系上太史公基本上沿袭了《世本》，特别是《大戴礼记·帝系》的说法，而略有调整。太史公谓：

帝颛顼高阳者，黄帝之孙而昌意之子也。……

帝喾高辛者，黄帝之曾孙也。高辛父曰蟜极，蟜极父曰玄嚣，玄嚣父曰黄帝。……高辛于颛顼为族子。……

帝喾娶陈锋氏女，生放勋。娶娵訾氏女，生挚。帝喾崩，而挚代立，帝挚立，不善，而弟放勋立，是为帝尧。……

虞舜者，名曰重华。重华父曰瞽叟，瞽叟父曰桥牛，桥牛父曰句望，句望父曰敬康，敬康父曰穷蝉，穷蝉父曰帝颛顼，颛顼父曰昌意：以至舜七世矣。（《史记·五帝本纪》）

在接下来的《夏本纪》、《殷本纪》、《周本纪》中，太史公又补写道：

夏禹，名曰文命。禹之父曰鲧，鲧之父曰帝颛顼，颛顼之父曰昌意，昌意之父曰黄帝。禹者，黄帝之玄孙而帝颛顼之孙也。（《史记·夏本纪》）

殷契，母曰简狄，有娀氏之女，为帝喾次妃。（《史记·殷本纪》）

周后稷，名弃。其母有邰氏，曰姜原。姜原为帝喾元妃。（《史记·周本纪》）

虽然，从谱系本身来说，太史公并未给《世本》、《大戴礼记·帝系》添加多少新东西，但太史公却从内容上极大地丰富了《世本》和《大戴礼记·帝系》的干巴巴体系，使之具有可读性，从而能为更多的人所接受，流传久远。从这个意义上讲，说太史公是这个谱系的最终完成者似不为过。

这里，还想顺便提及一下太史公比《世本》、《大戴礼记·帝系》走得更远的地方，即他为强化、膨胀这个体系在少数民族史领域所作的新努力。他写道：

越王勾践，其先禹之苗裔，而夏后帝少康之庶子也。（《史记·越王勾践世家》）

楚之先祖出自帝颛顼高阳。高阳者，黄帝之孙，昌意之子也。（《史记·楚世家》）

蜀王，黄帝后世也。（《史记·三代世表》）

匈奴，其先祖夏后氏之苗裔也，曰淳维。（《史记·匈奴列传》）

鉴于此一问题，已逸出本题主旨，这里就不再议论它了。

二、对战国秦汉间整合之黄帝谱系的再认识

如何看待战国秦汉间所整合的五帝三王的古帝王谱系，是一个牵扯到方方面面的十分复杂的问题。从这个谱系孕育产生之日起，一直到今天，围绕着它的是非得失，一直是见仁见智，聚讼纷纭，迄无定论。

笔者认为，战国秦汉间对黄帝材料的发掘、整合，既有其得，亦有其失，一味赞扬和一笔抹杀，都是要不得的。其得表现为如下两个方面：第一，黄帝及其后相当长一个历史时期内，中国尚无成熟文字，历史上发生的事主要靠口耳相传流传下来，散亡不少，战国秦汉间人为我们发掘、整合黄帝以来的许多历史材料，并用文字记载下来，从而为后人研究上古历史留下可贵资料，此其功一。第二，战国秦汉的政治家和学者们虽是出于大统一的政治需要挖掘历史材料、打造黄帝形象的，

但从客观效果上讲，这个被人们重塑过的黄帝在当时（战国秦汉时期）和日后漫长历史时期在维护国家统一，增进民族间的交流、融合、团结方面所起到的积极作用早已远超统治者的初衷，以致时至今日，海内外华人、华侨仍在文化符号的意义上视自己为炎黄子孙、华夏儿女，并引以为豪，此其功二。其失也有两个方面：第一，为放大、拔高黄帝形象，搞了些假材料。虽说，在历史发展的关键时刻，黄帝是为我们这个民族在物质文明、制度文明、精神文明和国家孕育产生中做出过卓越贡献，但说到底，他在世时充其量亦不过是个中原地区的部落联盟首领，其足迹不可能遍及各地，有些发明创造也不可能全归到他和他所在的部落或部落联盟头上。须知，当时，在海岱地区，长江下游地区，江汉地区，巴蜀地区，乃至东北，都曾有不属于中原炎黄族团的先民们在活动，创造出并不怎么次于、而在某些方面甚至超过中原地区的灿烂古文化。把什么都往黄帝头上堆，未免过头了。第二，即下文所要着重议论的五帝三王同出黄帝的古帝王谱系的打造。

众所周知，战国秦汉间对"三"、"五"之类的数字情有独钟，曾打造出众多版本的"三皇"、"五帝"组合来。现在看来，太史公最终选定黄帝、颛顼、帝喾、尧、舜列为五帝，而舍弃伏羲、神农、太昊、少昊等，无论从我国开始步入文明的起始点看，还是从流传下来的人物传说的影响力度看，实不失为一种较恰当的选择，其所言诸人事迹，亦当有所本，并非全然向壁虚造，但用血缘把这些古帝串成一家却是不能成立的。其所以不能成立，是因为：

第一，它悖于常理。古者部族众多，阪泉、涿鹿之战，纵有杀伐，当不全将他族灭绝净尽，怎么会一下子都成了黄帝的子孙了呢？

第二，此种谱系得不到传流至今的较早可靠文献如《尚书》、《诗经》、《易经》的任何印证、支持，其为战国秦汉间人虚拟无疑。既为虚拟，自不免漏出破绽来，如按《史记·五帝本纪》所排，尧、禹同辈，同为黄帝玄孙，而舜则晚后许多，乃尧、禹的玄孙辈。如此，就成了舜先从其高祖辈的尧那里继承了帝位，这个舜又很长寿，活了上百岁，死后竟然又把帝位回传给与尧同为舜高祖辈的禹了。又据《史记·秦本纪》，"秦之先，帝颛顼之苗裔孙曰女脩。女脩织，玄鸟陨卵，女脩吞之，生子大业。大业娶少典之子，曰女华。女华生大费，与禹平水土。……舜赐姓嬴氏。"按辈分，女脩是颛顼之孙、黄帝之玄孙，可他的儿子大业居然娶了作为少典之女、黄帝姐妹辈的女华为妻，即娶高出自己五辈的祖姑奶奶为妻，闹出大笑话来。类似的破绽，还有一些，学者多已言及，兹不赘述。

第三，它从未得到众多学者的认同。《世本》、《大戴礼记·帝系》、《史记·五帝本纪》一系的古帝王谱系，在战国时代，实不过是部分学者认识、描述上古史的一种模式，一种选择，当时，尚有其他多种模式、选择，如《庄子·胠箧》的"容成氏、大庭氏、伯皇氏、中央氏、栗陆氏、骊畜氏、轩辕氏、赫胥氏、尊卢氏、祝融氏、伏羲氏、神农氏"的十二人组合，上海博物馆藏战国楚竹书《容成氏》

的"〔尊〕卢氏、赫胥氏、乔结氏、仓颉氏、轩辕氏、神农氏……"的组合，以及郭店楚简《唐虞之道》的"六帝兴于古"的提法等。在《庄子》和《容成氏》的古人王体系中，黄帝虽厕身其列，但并不凸显，更谈不上与其他人的血缘关系了。而《孟子·离娄下》的"舜……在夷之人也"，西汉史籍《新语·术事》的"文王生于东夷，大禹出于西羌"，《盐铁论·国病》的"禹出西羌，文王生北夷"等的说法，亦都表示出当时学者们对五帝三王同出黄帝谱系的并不认可。

后来，由于统治者的倡导、支持，再加上太史公本人及所著《史记》名声隆盛，《五帝本纪》所构建的古帝王体系遂逐渐被更多的人所接受，但也不是没有了不同声音，如唐代著名史学家刘知几在所著《史通·叙事》中就曾把《五帝本纪》列为"固无所取焉"的篇章中去，清儒梁玉绳于《史记志疑》中亦谓"帝王之上世不能悉详，断以姓氏尽出黄帝，未敢为信"。

然往昔学者所议大都跳不出旧史圈子，不能从更深层面揭示黄帝一元的古帝王谱系之失，进入近代，随着思想启蒙和新史学方法的引进，这种情况才有了新的改变。在这方面，著名学者顾颉刚为我们开了个好头，做出了贡献。早在1923年，他就提出，要推翻伪古史，就必须"打破民族出于一元的观念"。他说："在现在公认的古史上，一统的世系已经笼罩了百代帝王，四方种族，民族一元论可谓建设得十分巩固了。但我们一读古书，商出于玄鸟，周出于姜嫄，任、宿、须句出于太皞，郯出于少皞，陈出于颛顼，六、蓼出于皋陶庭坚，楚、夔出于祝融、鬻熊（恐是一人），他们原是各有各的始祖，何尝要求统一！自春秋以来，大国攻灭小国多了，疆界日益大，民族日益并合，种族观念渐淡而一统观念渐强，于是许多民族的始祖的传说亦渐渐归到一条线上，有了先后君臣的关系，《尧典》、《五帝德》、《世本》诸书就因此出来。"① 1933年，顾氏在为《古史辨》第四册所写《序》文中复申其义云："从古书里看，在周代时原是各个民族各有其始祖，而与他族不相统属。……到了战国时，许多小国并吞的结果，成了几个极大的国；后来秦始皇又成了统一的事业。……疆域的统一虽可使用武力，而消弭民族间的恶感，使其能安居于一国之中，则武力便无所施其技。于是有几个聪明人起来，把祖先和神灵的'横的系统'改成了'纵的系统'，把甲国的祖算做了乙国的祖的父亲，又把丙国的神算做了甲国的祖的父亲。他们起来喊道，'咱们都是黄帝的子孙，分散得远了，所以情谊疏了，风俗也不同了。如今又合为一国，咱们应当化除畛域的成见！'"② 后来，著名古史学者徐旭生亦指出："我民族初入历史的时候，也同其他古代民族初入历史的时候一样，为复杂的，非单纯的。"③ 著名史学家徐中舒等也说过："从上述世系简表分析，炎、黄本出

---

① 《答刘胡两先生书》，载于《古史辨》第一册，上海古籍出版社1982年重印本，第99页。

② 《古史辨》第四册，上海古籍出版社1982年重印本，《顾序》第5、6页。

③ 《中国古史的传说时代》，广西师范大学出版社2000年版，第32页。

一父，夏、商、周、楚均出一源。如果完全相信这些世系，从而作为编撰中国古代史的依据，无疑是不科学的，和历史实际有所牴牾。须知，司马迁首先已经肯定了'百家'所说'黄帝'的历史是不大可靠的。他作史官，有编撰历史的责任，在'书缺有间'的无可奈何的情况下，勉强拼凑了'黄帝'的历史。他的本意还不是要我们盲目地加以利用，而是提供一些较为可靠的线索，甚至包含不少矛盾的线索，等待着后人进一步地实事求是地研究。"① 著名学者赵光贤曾十分中肯地指出："《古史辨》就是读古书的人的清凉药。但是传统积习实在太重，他们迷信古人的成见太深，虽有崔述、顾先生的努力，收的效果并不大，迷信伪书伪史的人直到今天还不能清醒过来的，写文章公然引用伪书，屡见不鲜，可见顾先生的疑古工作不是作得太过头了。"② 学者叶林生亦谓："黄帝、颛顼、帝喾本来渊源于三个不同的部族"，"五帝……是不同部族先民分别创造的，……不能乱点鸳鸯谱，把他们捏合成一家。"③ 前些年，学者裘锡圭亦曾为文表示赞同顾颉刚的说法，谓："顾氏认为我国古代各族都出自黄帝的大一统帝王世系，是战国以来各族不断融合、各国逐渐趋于统一的大形势的产物。这显然是很有道理的。"④ 学者郭永秉新近亦谓："总之，《帝系》是在战国以来民族融合、国家并合的背景下，改造、整合旧有古史传说而成的文献。把这种文献体现出的战国以来的一统思想看做中国史前时期历史的实际，恐怕对上古史的研究起不到什么积极作用。"⑤ 早些年，著名华人学者张光直亦曾明谓："今天凡是有史学常识的人，都知道《帝系姓》、《晋语》、《帝系》、《五帝本纪》，与《三皇本纪》等古籍所载的中国古代史是靠不住的。"⑥

话说至此，有一点似须在这里强调一下，即以《史记·五帝本纪》为代表的古帝王谱系，亦并非满篇皆非，一无是处，拆开来看，它的许多构件并非太史公等的向壁虚造，而是渊源有自，其中保有不同时期、地区古先民们的部分真实史影，但把它们组装为一庞大谱系，则是靠不住的，今之研究者在使用这个谱系时，务必谨慎对待，认真分析、鉴别、取舍。

（原载《重庆文理学院学报》2015 年第 6 期）

---

① 徐中舒、唐嘉弘：《〈山海经〉和"黄帝"》，载于《山海经新探》，四川省社会科学院出版社 1986 年版，第 25 页。

② 《顾颉刚与〈古史辨〉》，载于《亡尤室文存》，北京师范大学出版社 2001 年版，第 515 页。

③ 《古帝传说与华夏文明》，黑龙江教育出版社 1999 年版，第 76、80 页。

④ 《新出土先秦文献与古代传说》，载于《中国出土古文献十讲》，复旦大学出版社 2004 年版，第 25 页。

⑤ 《帝系新研》，北京大学出版社 2008 年版，第 222 页。

⑥ 《商周神话之分类》，载于《中国青铜时代》，生活·读书·新知三联书店 1999 年版，第 251 页。

有关人文初祖黄帝及祭黄的几个问题

一、说家祖、族祖、国祖

祖，祖先也，本一表示血缘所自的称谓，后使用中渐泛化，兹略析之。

家祖，即家庭或家族之祖，乃纯血缘的。

族祖，即种族、民族之祖，由于范围扩大，血缘色彩有所淡化，特别是民族，已远不是纯血缘的了。

国祖，即国家之祖，亦即大族——如通常所谓之中华民族之祖，虽仍有血缘色彩、意味在，但主要已是在政治、文化和民族心理、感情层面上使用的东西了。我们今天把黄帝视为中华民族的人文初祖，就是在这个意义上使用的。

说到这里，有学者或不以为然。如有学者即谓："即使黄帝真有其人，也只能是一部分汉族人和某些少数民族人的祖先。……无论如何辩解，也绝对无法证明，黄帝可能是今天中国境内 56 个民族的共同祖先。"（葛剑雄：《国家级公祭黄帝于法无据》，载于《南方周末》2004 年 4 月 8 日）一些学者强调，今天中国有 56 个民族，有的无论如何也不可能与炎黄二帝拉上血统关系，告诫人们要"慎言炎黄子孙"。若从历史或纯血缘角度言，这些学者的说法自然不能算错，但这并不能、也不应成为这类学者排拒广大中华儿女和海外侨胞从文化、心理、感情的层面将黄帝视为中华民族之祖、将自己视为"炎黄子孙"的理由。角度不同，内涵各异，似无须以己之见去统一、匡正他人之见。

二、中华民族的人文初祖该定给谁？

按古史传说，在黄帝之前尚有燧人氏、有巢氏、伏羲氏、女娲等，但这几位均距今太远，事迹不甚清晰，其活动、控制范围亦相对有限，特别是他们在制度文明和精神文明领域的创制之功尚不够多，故均不宜视为中华民族人文初祖。

黄帝时代恰值国家形成的前夜，文明时代的大门口，是中国物质文明、制度文明和精神文明孕育、形成的关键时期。其时，虽亦有炎帝、蚩尤等显赫人物同在，但相形之下，还是以黄帝的功绩、影响为最大，故把黄帝视为中华民族人文初祖是历史的不二选择。

三、黄帝被塑造为中华民族人文初祖的历程、因素

黄帝在世时，实不过是位部落或部落联盟的首领，故其功绩虽大，但在当时和其身后的相当长一个历史时期内，天下邦国林立，大家所奉行的是"非我族类，其心必异"（《左传·成公四年》），"神不歆非类，民不祀非族"（《左传·僖公十年》），没有大范围的统一王权，自然也不会有大范围的统一祖先。进入战国秦汉时代，随着以炎黄为中心的华夏族逐步发展壮大为汉民族，特别是随着国家统一的实现，黄帝才作为统一国家的共同祖先被逐步塑造出来，进入清季和民国时期，适应排满和反帝爱国的需要，黄帝作为中华民族始祖的形象更进一步得到空前彰显、强化。

以上是从总的历史趋势和历史的大背景看，具体分析起来，黄帝之成为中华民族的共同祖先又是由诸多因素促成的。

首先，它与黄帝本人的卓越历史功绩分不开。古代人王众多，人们为什么单单选择了黄帝呢？这无疑是由黄帝对我们这个民族的历史发展做出过巨大的、无与伦比的贡献决定的。关于黄帝在诸多文明领域的创制之功，特别是他在国家孕育中的巨大贡献，诸书多有论述，此不作赘。

其次，是儒家"大一统"的政治观和"以夏变夷"、"礼"分夷夏的民族观助推的结果。儒家是主张"大一统"的，这大家都已知道，用不着多说。在民族观上，儒家既主张"夷夏之辨"，坚"夷夏之防"，但又主张"以夏变夷"，"礼"分夷夏。"以夏变夷"和"礼"分夷夏的主张，无论是在理论上，还是在实践上，都对消解民族界限，推动民族交流、融合起着积极作用。而消解民族关系中的紧张，打破民族壁垒，无疑是黄帝能被更多人群接受的重要条件。

复次，也是最重要的，即前已提及的国家统一这一因素的决定性影响。众所周知，在宗法关系强固的古代中国，家国一体，统一的王权亟需一个血缘的纽带，一个共同的祖先来维系。文人学者们自然很懂得这一点，于是，在《大戴礼记》《五帝德》、《帝系》以及《史记·五帝本纪》、《匈奴列传》等书中，颛顼、帝喾、尧、舜、禹、汤、文王等历代著名人王乃至匈奴之先，全都被编排成了黄帝的子孙。既然大家同根共祖，没理由不安处同一屋檐下。历代最高统治者就更懂得利用这一点了，如身为汉人的明成祖朱棣谓："华夷本一家，朕奉天命为天子，天之所覆，地之所载，皆朕赤子，岂有彼此？"（《明太宗实录》卷264）身为满人的清康熙皇帝谓："朕统一寰区，无分中外，凡有人民，皆吾赤子。"（王先谦：《东华录》卷33）雍正皇帝谓："我朝入主中土，君临天下，……疆土开

拓广远，乃中国臣民之大幸，何得尚有华夷中外之分论哉！"（《大义觉迷录》）有清一代，更以三十六次祭祀黄陵列历朝之冠。这说明，为统一大业，不仅中原人主愿把黄帝这个祖宗与边地诸族共享，原边地族的首领一旦入主中原亦乐于接受这个祖宗了。历史上，黄帝的中华共祖形象，在维护民族和睦团结、国家统一中起着十分重要的积极作用。

最后，大众的认同亦是一个重要因素。我们这个民族，历史上屡经分裂、割据，人民饱尝离乱之苦，残杀之痛，十分渴望统一、安定。在这种情况下，人们把黄帝当成统一、安定的旗帜、象征也就成了顺理成章之事。当今，海内外广大华人、华侨，莫不以"炎黄子孙"、"华夏儿女"自名、自豪。十多亿人同根共祖，这在世界范围内都是独一无二的。人民大众的认同，是黄帝信仰、崇拜长盛不衰的重要力量源泉。

四、关于对黄帝的肯定、颂扬和祭黄

对作为中华民族人文初祖的黄帝，我们无疑是应予充分肯定和颂扬的。肯定、颂扬的方式、途径很多，如开会、写文章、出书、搬上舞台荧屏等，而祭祀亦不失为一种选择。

《国语·鲁语上》谓："夫圣王之制祀也，法施于民则祀之，以死勤事则祀之，以劳定国则祀之，能御大灾则祀之，能扞大患则祀之。"说的是对有功于国家、人群的杰出人物，应列入祀典予以祭祀。杰出历史人物外，列为祭祀对象的还有祖先和天地神灵等。古代中国，把祭祀看得很重，有所谓"国之大事，在祀与戎"（《左传·成公十三年》）的提法。数千年来，祭祀一直是我们这个民族对祖先、神灵和有功德之人表示崇敬、怀念并用以教化后人的一种重要表达方式。

近年来，各地各种形式大大小小的祭祀活动，特别是民间祭祖和祭各类神灵之风甚劲。其中，有重教化的，有重事神致福、消灾免祸的，有重招商引资的，有的则纯属迷信活动，五花八门、林林总总，既有正面、积极的东西，亦不乏负面影响。对此，应多加引导，正确对待。须知，凡事皆有度，祭祀自亦不能例外，不一定名目越多越好，规模越大越好，花钱越多越有面子，对迷信和不健康的东西，更应抵制、制止。

至于说到在诸祭祀活动中占有突出地位的祭黄，需要研究的问题同样不少。应该说，用传统的祭祀方式纪念黄帝还是需要的，它得人心，为广大民众所接受，多年的实践已证明了这一点。但传统也不是一成不变的，即祭黄本身的礼仪法度，历代亦不尽相同，并无一定程式可循。大家不是老爱讲与时俱进吗？时值21世纪的今天，历史上传留下来的祭黄，从内容到形式，要不要有所改变？怎么改变？都是值得研究的。又据传，曾有人建议把祭黄提升到国家公祭的规格上来。窃以为，兹事体大，所涉民族的、信仰的、法律的问题颇多，需慎重对待，在吃不太准的情况下，目前还是以停留在民间的、顶多是地方政府半官方的层面为宜。

　　以上所言，既无系统，复欠深度，实在是想到哪说哪，想说啥就说啥。不当之处，敬请批评指正。

炎帝何以能与黄帝比肩并立为
中华民族的人文始祖

相传，在我国国家孕育时期的一统战争中，炎帝曾与黄帝兵戎相见，并败于黄帝手下。在数千年的君主专制社会中，在天无二日，地无二王，成则为王，败则为寇的传统积习下，失败了的炎帝之所以能与胜利的黄帝比肩并立为中华民族的人文始祖，并不是胜利者的宽厚或失败者后人力争所致，而是事出有因，是历史的一种公正选择。

那么，出现此种结局的原因究竟有哪些呢？笔者浅见，主要是如下三点。

一、炎帝族有着无与伦比的显赫历史地位

多种传说表明，炎帝族是一个有着悠久历史、功勋卓著的族群。唐司马贞补《史记·三皇本纪》曾杂采诸说述炎帝事迹云：

女娲氏没，神农氏作。炎帝神农氏，姜姓。母曰女登，有娲氏之女，为少典妃，感神龙而生炎帝。人身牛首。长于姜水，因以为姓。火德王，故曰炎帝。以火名官。斫木为耜，揉木为耒，耒耨之用，以教万人。始教耕，故号神农氏。于是作蜡祭。以赭鞭鞭草木，始尝百草，始有医药。又作五弦之瑟。教人日中为市，交易而退，各得其所。遂重八卦为六十四爻。初都陈，后居曲阜。立一百二十年崩，葬长沙。神农本起烈山，故左氏称烈山氏之子曰柱。亦曰厉山氏，礼曰厉山氏之有天下是也。神农纳奔水氏之女曰听詙为妃，生帝魁，魁生帝承，承生帝明，明生帝直，直生帝釐，釐生帝哀，哀生帝克，克生帝榆罔。凡八代五百三十年，而轩辕氏兴焉。其后有州、甫、甘、许、戏、露、齐、纪、怡、向、申、吕，皆姜姓之后，并为诸侯，或分掌四岳。当周室，甫侯、申伯为王贤相，齐、许列为诸侯，霸于中国。盖圣人德泽广大，故其祚胤繁昌久长云。

上述记载，虽有始有终，头头是道，但可靠性有多大，实在不好说。如炎帝与神农究竟是一回事还是两回事，就从古争论至今也还没有个令人信服的定案，本文姑暂从文化史的角度从为一说。再有，炎帝后五百余年才有黄帝的兴起，怎么紧接着就又有个炎、黄、蚩三祖同台大战的历史大剧上演呢？看来，作为特定

氏族部落首领尊号的炎帝、神农一类的名号，并不固定属于某一个人，而是在特定圈子里世代相袭、代代有之的，如同黄帝、蚩尤争锋的那个炎帝，就被一些研究者指认为老炎帝的八代孙榆罔。

这里，需强调指出的是，司马贞补《史记·三皇本纪》中所述炎帝的诸多创制之功，倒不是小司马氏的凭空杜撰，而是多有所本的。且看诸书的有关记载：

包牺氏没，神农氏作，斫木为耜，揉木为耒，耒耨之利，以教天下。（《易·系辞下》）

神农之时，天雨粟，神农遂耕而种之，作陶冶斤斧，为耒耜锄耨，以垦草莽，然后五谷兴助，百果藏实。（《绎史》卷4引《周书》）

神农教耕，而王天下。（《商君书·算地》）

古之人民，皆食禽兽肉。至于神农，人民众多，禽兽不足。于是神农因天之时，分地之利，制耒耜，教民农作，神而化之，使民宜之，故谓之神农也。（《白虎通·号》）

炎帝神农氏……尝味草木，宣药疗疾，救天伤之命，百姓日用而不知，著《本草》四卷。（《太平御览》卷721引《帝王世纪》）

包牺氏没，神农氏作，……日中为市，致天下之民，聚天下之货，交易而退，各得其所。（《易·系辞下》）

琴，禁也，神农氏所作。（《说文解字》。另，清人雷学淇、茆泮林等所辑多种《世本·作篇》中亦多处提到"神农作瑟"、"神农作瑟"。）

神农乐名《扶持》，亦曰《下谋》。（《孝经纬援神契》卷下）

上述记述，涉及农耕、陶冶、市易、医药、占卜、祭祀、音乐等诸多方面，如可信，或部分可信，当不难由此作出结论说：在黄帝兴起前相当长一段历史时期内，在物质文明、制度文明、精神文明的诸多领域，炎帝族曾长期站在远近先民历史进程的前列，而这种由长期历史积累所确立的崇高地位，又自然不是阪泉之败所能一下子抵消得了的。

二、炎、黄二族间存在着持久而强固的血亲关系

《国语·晋语四》载：

昔少典娶于有蟜氏，生黄帝、炎帝。黄帝以姬水成，炎帝以姜水成。成而异德，故黄帝为姬，炎帝为姜。

贾谊《新书》亦谓："黄帝者，炎帝之兄也。""炎帝者，黄帝同父母弟也。"（分见《益壤》、《制不定》。此据今本《新书》，马骕《绎史》卷5所引则作"炎帝者，黄帝同母异父兄弟也。"）说炎、黄同父母（或同母），当是后人刻意为他们套近乎，是根本不可能的。韦昭注《国语》谓："神农，三皇也，在黄帝

前，黄帝灭其子孙耳，明非神农可知也。"司马贞于补《史记·三皇本纪》自注及《五帝本纪》《索隐》中亦谓："按《国语》，炎帝、黄帝皆少典之子，其母又皆有娲（蟜）氏之女，据诸子及《古史考》，炎帝之后凡八代五百余年轩辕氏代之，岂炎帝、黄帝是昆弟而同母氏乎？""岂黄帝经五百余年而始代炎帝后为天子乎？何其年之长也！"但常言道无风不起浪，炎、黄虽非同父母的亲兄弟，其间存在着某种牢固的血亲关系倒是十分可能的。《太平御览》卷79引《帝王世纪》曰：

黄帝有熊氏，少典之子，姬姓也。母曰附宝，其先即炎帝母家有蟜氏之女，世与少典氏婚，故《国语》兼称焉。及神农氏之末，少典氏又取附宝，见大电光绕北斗枢星，照郊野，感附宝，孕二十五月，生黄帝于寿丘。

即是说，炎、黄二族本是世通婚姻的，炎帝族是黄帝族的外家。徐旭生先生在《中国古史的传说时代》一书《我国古代部族三集团考》章中有谓："少典生黄帝、炎帝，是说后面这两个氏族由少典氏族分出，不是说这两位帝是少典个人的儿子。有蟜氏大约是与少典氏族互通婚姻的一个氏族，就像后代姬姓同姜姓的情形。"[①]刘起釪先生认为："西周王朝是由姬姜两族合力建立起来的。姬姓族是周室外的王族，是建立周王朝的主体；姜姓族则是姬性族的婚姻氏族，在政治上和军事上全力协助姬姓族推翻商王朝，建立周王朝，然后又在政权的巩固上，全力协助姬族。从文献中看出，这互为婚姻的两个部族还是从母系氏族社会时期就形成了。""姬姓更早的族就是黄帝族，姜姓更早的族就是炎帝族。"姬、姜两族乃"华夏族最早的祖先"。[②]何光岳先生认为："神农氏炎帝和轩辕氏黄帝原为西羌两大部落联盟，皆源于华胥氏、伏羲氏之后的少典氏，被认为是同祖共宗的兄弟部落。""黄帝之裔后稷之母姜原，乃炎帝族有邰氏之女。周太王之妃曰太姜，生王季，王季生文王，文王元妃曰周姜，武王的元妃叫邑姜，是姜太公之女，生成王及唐叔虞，可见周建国以前，姬姓贵族和姜姓贵族世为婚姻。他们联姻目的，是因为要加强炎黄同源的关系。"总的来说，姬、姜两族是"合大于争，婚大于仇"，"炎黄内部之争不是主要的，其主要方面应是炎黄的联合、团结和通婚，促进他们到周代时，牢固融为一体，共同灭掉了强大的东夷族商朝，奠定了炎黄姜姬为首华夏族的主体，为发展成为世界人数最多的汉民族，打下了牢固的基础。"[③]

看来，炎、黄间的联姻关系并没有因为阪泉之战而中断，直到周代，这种关系仍在延续着。既然直到若干年后的周代姬、姜两族仍是那么和和美美相处着，

---

① 徐旭生：《中国古史的传说时代》，广西师范大学出版社2003年版，第46页。

② 刘起釪：《姬姜与氐羌的渊源关系》，《古史续辨》，中国社会科学出版社1991年版，第167、170、189页。

③ 何光岳：《炎黄源流史》，江西教育出版社1992年版，第907～914页。

作为后辈子孙又何尝不乐意于尽快把炎、黄之间的那段不愉快淡化掉，并在充分肯定黄帝权威、荣耀的同时也给炎帝以应有的尊荣和地位呢！

三、炎帝为维护新格局的联盟和黄帝的领导权采取合作态度

关于炎、黄、蚩之间的战争过程及结局，诸书所记不尽相同。《史记·五帝本纪》的记载是：

轩辕之时，神农氏世衰。诸侯相侵伐，暴虐百姓，而神农氏弗能征。于是轩辕乃习用干戈，以征不享，诸侯咸来宾从。而蚩尤最为暴，莫能伐。炎帝欲侵陵诸侯，诸侯咸归轩辕。轩辕乃修德振兵，治五气，蓺五种，抚万民，度四方，教熊罴貔貅貙虎，以与炎帝战于阪泉之野。三战，然后得其志。蚩尤作乱，不用帝命。于是黄帝乃征师诸侯，与蚩尤战于涿鹿之野，遂禽杀蚩尤。而诸侯咸尊轩辕为天子，代神农氏，是为黄帝。

《太平御览》卷79引《帝王世纪》略同，作：

神农氏衰，黄帝修德化民，诸侯归之。黄帝于是乃扰驯猛兽，与神农氏战于阪泉之野，三战而克之。又征诸侯，使力牧、神皇直讨蚩尤氏，擒之于涿鹿之野，使应龙杀之于凶黎之丘。凡五十五战而天下大服。

是皆言黄帝先在阪泉之役克炎帝（神农），后方于涿鹿之战中擒杀蚩尤。《逸周书·尝麦》亦谓：

昔天之初□作二后，乃设建典。命赤帝（炎帝）分正二卿，命蚩尤于宇少昊，以临四方，司□□上天末成之庆。蚩尤乃逐帝，争于涿鹿之阿，九隅无遗，赤帝大慑，乃说于黄帝，执蚩尤，杀之于中冀。

如此说来，阪泉之战中战败了的炎帝非但没有被黄帝杀掉，还同黄帝联手共同擒杀了蚩尤呢。

当然，也还有另外的说法，如贾谊《新书·益壤》即谓：

炎帝无道，黄帝伐之于涿鹿之野，血流漂杵，诛炎帝而兼其地。

何以号称仁德之君的黄帝竟能一下子变得如此凶残呢？这其中定有缘故。原来，是人们有时居然把蚩尤与炎帝给弄混了。据《路史·后纪四·蚩尤传》：

阪泉氏蚩尤，姜姓，炎帝之裔也，……好兵而喜乱，……逐帝（炎帝）而居于浊鹿（涿鹿），兴封禅，号炎帝。

由于蚩尤曾趁着炎帝势力衰落的机会，冒充老炎帝之后，赶走了当时的炎帝（一般认为即老炎帝的八世孙榆罔），自己居然在涿鹿也袭用起炎帝的名号来，后人不察，于是便有了上述黄帝在涿鹿诛杀了炎帝的错误记载来。此诚如吕思勉先生所论："蚩尤既并神农，代居元后之位，诸书因亦以炎帝称之，故或又误为神

农氏也。"①袁珂先生亦谓："由于蚩尤是冒了炎帝的名号，所以黄帝和蚩尤的这场战争，有人竟把它当作是黄帝与炎帝的战争了，其实是弄错了的。"②

事实上，阪泉之战后，原为部落联盟领袖的炎帝便承认了黄帝的领导地位，并同黄帝一起打败了蚩尤，对以黄帝为首的新联盟采取积极合作的态度，黄帝也自然容纳了他。当然，在炎帝的族人、属下中，也有不认命、不合作的。《山海经》说："应龙……杀蚩尤与夸父"，"应龙已杀蚩尤，又杀夸父"。（见《大荒东经》、《大荒北经》）这个以逐日名传后世的"夸父"究系何等样人呢？据《大荒北经》"后土生信，信生夸父"及《海内经》"炎帝之妻，赤水之子听訞生炎居，炎居生节并，节并生戏器，戏器生祝融，祝融……生共工，……共工生后土"等记载可知，这个夸父实为炎帝之苗裔。当炎帝（榆罔）已坚定地站在黄帝一边共同讨伐蚩尤的时候，身为炎帝族人的夸父却站在了蚩尤一边并被杀掉。《山海经·海外西经》又有关于形天（刑天）的记载："形天与帝争神，帝断其首，葬之常羊之山，乃以乳为目，以脐为口，操干戚以舞。"袁珂《山海经校注》云：

> 蚩尤与夸父丧亡后，乃又有刑天舞干戚，"与帝争神"。刑天者，炎帝之臣，或亦炎帝之后也。《路史·后纪三》云："炎帝乃命邢天作《扶犁》之乐，制《丰年》之咏以荐釐来，是曰《下谋》。"……刑天者，亦犹蚩尤、夸父，奋起而为炎帝复仇，以与黄帝抗争者也。……刑天所与"争神"之"帝"岂非黄帝而何？③

面对复杂的斗争局面，英明的黄帝大约也深谙德威并用之道，于是，在严厉打击、镇压敢于举兵反抗的蚩尤、夸父、刑天等的同时，给愿意归顺、合作的炎帝以应有的地位、礼遇也就显得再自然不过了。

（原载《炎黄文化》，中华书局 2005 年版）

---

① 吕思勉：《三皇五帝考》之九《少昊考》，《古史辨》第七册（中），上海古籍出版社 1982 年重印本，第 372～373 页。

② 袁珂：《中国神话传说》，中国民间文学出版社 1984 年版，第 185 页。

③ 袁珂：《山海经校注》，上海古籍出版社 1980 年版，第 216 页。

尧舜禅让之再认识

在中国，尧舜禅让虽可谓一个妇孺皆知的老故事了，但直到今天，人们仍未对它有个一致的认识，却也是个不争的事实。下面，试就此一问题谈谈自己的看法。

一、古文献所记尧舜禅让事

对历史上的尧舜禅让谈得最详尽、具体的，首推司马迁的《史记·五帝本纪》及《夏本纪》，为下文讨论方便计，兹不惮辞费，大段移录于下：

尧曰："谁可顺此事？"放齐曰："嗣子丹朱开明。"尧曰："吁！顽凶，不用。"尧又曰："谁可者？"讙兜曰："共工旁聚布功，可用。"尧曰："共工善言，其用僻，似恭漫天，不可。"尧又曰："嗟，四岳，汤汤洪水滔天，浩浩怀山襄陵，下民其忧，有能使治者？"皆曰鲧可。尧曰："鲧负命毁族，不可。"岳曰："异哉，试不可用而已。"尧于是听岳用鲧。九岁，功用不成。

尧曰："嗟！四岳：朕在位七十载，汝能庸命，践朕位？"岳应曰："鄙德忝帝位。"尧曰："悉举贵戚及疏远隐匿者。"众毕言于尧曰："有矜在民间，曰虞舜。"尧曰："然，朕闻之，其何如？"岳曰："盲者子。父顽，母嚚，弟傲，能和以孝，烝烝治，不至奸。"尧曰："吾其试哉。"于是尧妻之二女，观其德于二女。舜饬下二女于妫汭，如妇德。尧善之，乃使舜慎和五典，五典能从。乃遍入百官，百官时序。宾于四门，四门穆穆，诸侯远方宾客皆敬。尧使舜入山林川泽，暴风雷雨，舜行不迷。尧以为圣，召舜曰："女谋事至而言可绩，三年矣。女登帝位。"舜让于德不怿。正月上日，舜受终于文祖。文祖者，尧大祖也。

尧立七十年得舜，二十年而老，令舜摄行天子之政，荐之于天。尧辟位凡二十八年而崩。……尧知子丹朱之不肖，不足授天下，于是乃权授舜。授舜，则天下得其利而丹朱病；授丹朱，则天下病而丹朱得其利。尧曰"终不以天下之病而利一人"，而卒授舜以天下。尧崩，三年之丧毕，舜让避丹朱于南河之南。诸侯朝觐者不之丹朱而之舜，狱讼者不之丹朱而之舜，讴歌者不讴歌丹朱而讴歌舜。舜曰"天也"，夫而后之中国践天子位焉，是为舜帝。（《五帝本纪》）

尧崩，帝舜问四岳曰："有能成美尧之事者使居官？"皆曰："伯禹为司空，可成美尧之功。"舜曰："嗟，然！"命禹："女平水土，维是勉之。"……

帝舜荐禹于天，为嗣。十七年而帝舜崩。三年丧毕，禹辞辟舜之子商均于阳城。天下诸侯皆去商均而朝禹。禹于是遂即天子位，南面朝天下，国号曰夏后，姓姒氏。

十年，帝禹东巡狩，至于会稽而崩。以天下授益。三年之丧毕，益让帝禹之子启，而辟居箕山之阳。禹子启贤，天下属意焉。及禹崩，虽授益，益之佐禹日浅，天下未洽。故诸侯皆去益而朝启，曰"吾君帝禹之子也。"于是启遂即天子之位，是为夏后帝启。（《夏本纪》）

上述记述，并非太史公杜撰，而是基本源自《尚书·尧典》。为免重复，这里不再摘取《尚书·尧典》中的相关记述。《尚书》外，儒家《孟子》、《荀子》书中亦多处涉及此事，而以《孟子》为稍详。如：

昔者，尧荐舜于天，而天受之。……尧崩，三年之丧毕，舜避尧之子于南河之南，天下诸侯朝觐者，不之尧之子而之舜；讼狱者，不之尧之子而之舜；讴歌者，不讴歌尧之子而讴歌舜，故曰，天也。夫然后之中国，践天子位焉。

昔者，舜荐禹于天，十有七载，舜崩，三年之丧毕，禹避舜之子于阳城，天下之民从之，若尧崩之后不从尧之子而从舜也。禹荐益于天，七年，禹崩，三年之丧毕，益避禹之子于箕山之阴。朝觐讼狱者不之益而之启，曰："吾君之子也。"讴歌者不讴歌益而讴歌启，曰："吾君之子也。"丹朱之不肖，舜之子亦不肖。舜之相尧、禹之相舜也，历年多，施泽于民久。启贤，能敬承继禹之道。益之相禹也，历年少，施泽于民未久。舜、禹、益相去久远，其子之贤与不肖，皆天也，非人之所能为也。（《万章上》）

尧之于舜也，使其子九男事之，二女女焉，百官牛羊仓廪备，以养舜于畎亩之中，后举而加诸上位。故曰王公之尊贤者也。（《万章下》）

从文字上看，《孟子》亦基本本诸《尚书》而略有发挥。类似的看法，在《墨子》、《吕氏春秋》等书中亦有反映。如：

古者，舜耕历山，陶河濒，渔雷泽，尧得之服泽之阳，举以为天子。（《墨子·尚贤中》）

尧有子十人，不与其子而授舜。舜有子九人，不与其子而授禹。至公也。（《吕氏春秋·去私》）

后之儒者，大多遵从《尚书》、《孟子》、《史记》等的看法，以尧舜禅让为信史。直到今天，不少学者仍坚信：尧舜禅让在历史上确有其事，毋庸置疑。

自然，这只是事情的一个方面。事情的另外一个方面是，完全不同的看法、记述，不仅有，而且同样古老。如法家代表人物韩非就认为：

古之所谓圣君明王者，非长幼世及以次序也。以其构党与，聚巷族，逼上弑君而求其利也。……. 舜逼尧，禹逼舜，汤放桀，武王伐纣，此四王者，人臣弑其君者也，而天下誉之。察四王之情，贪得人之意也；度其行，暴乱之兵也。（《韩非子·说疑》）

类似的记述还有一些，如：

舜囚尧于平阳，取之帝位。（《广弘明集》卷十一法琳《对傅奕废佛僧事》引《汲冢竹书》）

昔尧德衰，为舜所囚也。……舜囚尧，复偃塞丹朱，使不与父相见也。（《史记·五帝本纪》《正义》引《括地志》引《竹书》）

而《山海经·海内南经》郭注及《路史·后纪》卷一〇所引《竹书》又分别有舜臣"后稷放帝朱于丹水"，"放帝丹朱于丹水"语。对丹朱之以"帝"名，郭璞的解释是："丹朱称帝者，犹汉山阳公死加献帝之谥也。"刘知几《史通·疑古》则谓："据《山海经》，谓放勋之子为帝丹朱，而列君于帝者，得非舜虽废尧，仍立尧子，俄又夺其帝者乎？……斯则尧之授舜，其事难明，谓之让国，徒虚语耳。"

类似的记述，议论，不管是主禅让说的，还是反对禅让说的，在后世都还有一些（特别是前者），但其所言，大抵不外前人所已言，此处不再列举。

二、"禅让"，还是"篡夺"？

在尧、舜、禹三者间的权力传承、转移过程中，究竟行的是"禅让"，还是"篡夺"，长期以来，争论双方基本上是各执一词，势同水火，奉行的大都是非此即彼那一套，很少有人尝试用辩证的观点去处理两种说法间的歧议和联结点。到了近现代，随着新史学方法的传入，情况渐有好转。如范文澜早年曾认为："所谓'禅让'制度，实际就是氏族社会的会议选举制度。""其为远古遗留下来的史实，大致可信。"但"尧舜禹当氏族社会末期，选举方式已不十分民主，最后决定权，握持在首领的手中，所以启攻益夺位，并不是偶然发生的现象。"[1] 再如郭沫若，他早年仅指出所谓"禅让"制实乃"氏族评议制度"，"是一种民主的组织"[2]，后来则进而认识到："这种部落联盟首领继位的办法实际上是在激烈争夺中进行的。传说中的尧、舜、禹就是这样产生的部落联盟首领。"[3] 万九河亦认为："在部落联盟大酋长推荐时，仍保存了民主推选的形式，但它已很少民主选举的内容。""舜继尧、禹继舜，他们的继承既非父死子继，亦非兄终弟及，而是臣下以强力攫取君位，在当时历史条件下，韩非称之曰篡夺，儒家则以尧舜

① 范文澜：《中国通史简编》，新知书店 1949 年版，第 11 页。
② 郭沫若：《中国古代社会研究》，人民出版社 1964 年版，第 85、84 页。
③ 郭沫若主编：《中国史稿》第一册，人民出版社 1976 年版，第 130 页。

不胜其美，因其美而美之，誉之为禅让。"① 范、郭、万诸氏都已看到，儒家的"禅让说"和法家的"篡夺说"在尧、舜、禹的权力传承、转移中，似乎是并存的，共同发挥作用的，即在"民主"（"禅让"）形式下，掩盖着"不民主的"，亦即所谓"激烈争夺"的、"强力攫取"的、"篡夺"的权力转移过程。这无疑是认识的一大深化、进化。

为什么这样说呢？这是因为，在笔者看来，唯有这样来认识，才符合当时的历史实际。

大家知道，尧、舜、禹时期，正值中国古代社会由公有到私有、由原始社会到阶级社会的剧烈转型时期。而转型期社会的一个突出特点便是新、旧交替，新、旧并存，新、旧错综复杂地交织在一起。作为氏族部落民主选举领导人制度残余的禅让制，虽已变了味（说详后），但总还残存着，并多少保留着某些原始民主色彩（如四岳的权力制衡作用、对传子制的排斥等），这是问题的一个方面；问题的另外一个方面、也是更为重要的方面是，新的对权力的暴力攫取方式也已出现，并日趋强烈地在表现自己，只不过在启承禹前尚未完全冲破旧制度的藩篱，尚半遮半掩地保留着"禅让"的外衣罢了。有些研究者以当时的所谓"帝"位对世人尚不具有特殊的吸引力、尚是个服务于社会群体的"苦差使"为由，坚主"禅让"说，力排韩非的暴力"篡夺"论，这是错认了尧、舜、禹所处时代性质的结果。事实上，尧、舜、禹时代早已不再是没有私有制、没有剩余劳动和剥削、没有阶级、没有特权、人人平等的"天下为公"的"大同"社会（详说后），而是国家时期即将到来的前夜。在这种时候，再像旧儒那样把尧、舜、禹及其所在的社会粉饰得那么谦让、善良、祥和，显然是有违于基本的历史实际的，倒是韩非等的略带血腥味的冷峻笔触，离历史的真实更近些。有些研究者有一种不必要的担心，似乎揭去了"禅让"的动人外衣，会有损于尧、舜、禹在人们心目中好不容易才建立起来的高大形象，这完全是多余的，不必要的。因为，尧、舜、禹在古代中国文明产生、国家形成和民族融合中的重要作用，从根本上说，并不取决于他们的私德如何如何，也不取决于他们的权力到底是靠"禅让"、还是靠"篡夺"取得的。我们的研究者大可不必为了维护尧、舜、禹的形象而继续在儒家于"禅让"问题上所散布的迷雾中迷茫。

综上，应该承认：在尧、舜、禹时代，在最高权力的传承、转移上，既存在所谓的"禅让"，也存在"篡夺"；前者是形式上的，逐渐削弱的，后者是实质性的，逐渐强化的；启承禹后，后者才从形式到内容上全盘取代了前者。

---

① 《怎样看尧舜禅让与篡夺的关系》，载于《天津师大学报》1987 年第 4 期。

三、禅让的时代定位

《礼记·礼运》谓：

大道之行也，天下为公。选贤与能，讲信修睦。故人不独亲其亲，不独子其子，使老有所终，壮有所有，幼有所长，矜寡孤独废疾者皆有所养。男有分，女有归。货恶其弃于地也，不必藏于己；力恶其不出身也，不必为己。是故谋闭而不兴，盗窃乱贼而不作，故外户而不闭，是谓大同。今大道既隐，天下为家。各亲其亲，各子其子，货力为己。大人世及以为礼，城郭沟池以为固，礼义以为纪。以正君臣，以笃父子，以睦兄弟，以和夫妇，以设制度，以立田里。以贤勇知，以功为己。故谋用是作，面兵由此起。禹、汤、文、武、成王、周公，由此其选也。……是谓小康。

这段议论相当精彩，把无阶级、无剥削的原始社会——"大同"之世和阶级社会——"小康"之世区分得十分清楚，把二者的本质特征抓得很准。以此标准衡量尧、舜、禹所处的时代，不难发现，它既不是典型的原始社会——"大同"之世，也不是典型的阶级社会——"小康"之世，而是介乎两者之间，处于从前者向后者的转变、过渡中。有些学者，把尧、舜、禹的时代目为典型的原始社会，把所谓"禅让"制等同于原始社会的氏族民主制，显然是不妥当的。

关于尧、舜、禹时代已不是典型的原始社会这个问题由于不属本文议论范围，这里不去谈它。下面，试仅就"禅让"制已不是典型的氏族民主制略作分析如下：第一，典型的氏族民主应该是广泛的民主，氏族部落的一切重大问题，包括选举领导人，应由"人民大会"或氏族部落"议事会"讨论决定，而在"禅让"制下，讨论的圈子已缩小到"帝"及其周围的少数大臣（如"四岳"）身上，且最终决定权已实际握在"帝"一个人手上，"四岳"等意见不过起点咨询作用罢了。第二，典型的氏族民主应该是平等的，如在易洛魁人的部落议事会上，"每个出席的人都可以随意发表意见，……最后的决定需要一致通过"。① 而据《韩非子·外储说右上》所载："尧欲传天下于舜，鲧谏曰：'不祥哉！孰以天下而传之于匹夫乎？'尧不听，举兵而诛，杀鲧于羽山之郊。共工又谏曰：'孰以天下而传之与匹夫乎？'尧不听，又举兵而诛（本或作'流'）共工于幽州之都。于是天下莫敢言无传天下于舜。"《吕氏春秋·行论》亦谓："尧以天下让舜。鲧（鲧）为诸侯，怒于尧曰：'得天之道者为帝，得地之道者为三公。今我得地之道，而不以我为三公。'以尧为失论，欲得三公。怒甚（其）猛兽，欲以

---

① 恩格斯：《家庭、私有制和国家的起源》，《马克思恩格斯选集》第四卷，人民出版社 1972 年版，第 88 页。

为乱。比兽之角，能以为城；举其尾，能以为旌。召之不来，仿佯于野以患帝。舜于是殛之于羽山，副之以吴刀。禹不敢怨，而反事之，官为司空，……以中帝心。"两书所言虽有所不同，但都反映出当时的"帝"们确已很有些后世帝王的架势，听不进、容不得不同意见了。第三，原始民主制下，应是主权在民。领导人的上下去留悉以民意为转移，而尧、舜等的"让"贤，让与不让，何时让，让与谁，基本是尧、舜自己说了算，这时的权，已基本成了他们的私产。因为，在真正民主制下，领导权只不过是人民大众临时授予领导人的，领导人自己完全无权将这个权"让"与别的什么人。"权"既可让，实表明这个权已基本是一己的私产了。上述种种，皆标志着到了尧、舜、禹时代，中国原始社会已进入了晚期，正迅速向阶级社会转变，原始民主也早已变了味，徒剩下些形式、残迹。所以，备受人们称道的"禅让"制也已远不是典型的氏族民主，而只不过是原始社会末期已无多少民主内容可言的氏族民主的残存形式罢了。

研究历史离不开历史材料，离不开前人的记述，但前人记述有真有假，有这样那样的政治倾向和感情色彩，因此使用时务必认真取舍、分析。春秋战国时期的儒者为推行自己的"贤人政治"、"德治"、"仁政"之类的政治主张，高张托古改制的大旗，利用某些历史陈迹、碎片，刻意粉饰、美化尧、舜、禹及其时代，目的本在通过对上古理想国的构建来教育、影响同时代人的，想不到今之治史者中仍有不少人把当年儒者的话当成信史，以为"禅让"果真如儒家所言那样礼让、高尚，这就不太应该了。

（原载《虞舜文化研究集》，山西古籍出版社 2006 年版）

"尧天舜日"与"尧幽囚,舜野死"浅析

南朝梁沈约《四时白纻歌》:"佩服瑶草驻容色,舜日尧年乐无极。"宋释文珦《潜山集》卷九《梅雨》诗:"尧天舜日远,怀抱若为舒。"都是歌颂尧舜的高行至德及其治下的升平景象的。可在李白的《远别离》(《全唐诗》卷一百六十二)中,却冒出了"尧幽囚,舜野死"的诗句,抒发出对尧晚年为舜所囚、舜晚年为禹所逐野死在外的不平、哀挽。两类话语,表述了大不相同的看法,感情。究竟谁说的对呢?笔者认为,二者皆有一定道理,都抓住了或曰反映了问题的一个侧面。自然,既曰一个侧面,又自不免失之片面、偏颇。

下面,试从两个方面作所论析。

一、析"尧天舜日"

尧舜是我国原始社会末期两位著名的部落联盟首领,在我国由原始社会向阶级社会,即通常所谓的由"野蛮"到"文明"的过渡、转变中,扮演过十分重要的角色,起过划时代的历史作用。其贡献主要有以下几方面。

(一)节俭勤政,息民力农

和历史上的所有明君圣主一样,尧舜也是很节俭且勤于政事的。史称:

尧乃身服节俭之行,……茅茨不剪,采橡不斫,大路不画,越席不缘,大羹不和,粢食不毇,巡狩行教,勤劳天下。(《淮南子·主术训》)

人之言君天下者,瑶台九累,而尧白屋;黻衣九种,而尧大布;宫中三市,而尧鹑居;珍馐百种,而尧粝饭菜粥;騄骥青龙,而尧素车玄驹。(《尸子·君治》)

帝尧王天下之时,金银珠玉不饰,锦绣文绮不衣,奇怪珍异不视,玩好之器不宝,淫泆之乐不听,宫垣室屋不垩,甍桷橼楹不斫,茅茨遍庭不剪,鹿裘御寒,布衣掩形,粝粱之饭,藜藿之羹。(《六韬·文韬·盈虚》)

后世文人的这些记述,明显有溢美、夸饰的一面,且当时的客观物质条件亦不容尧舜作无度之挥霍,但从总体上说,尧舜之节俭自律仍应是真实的,值得肯

定的。

可作为人主，光廉政不行，还得勤政，得在发展生产，安土息民上有所举措，下番功夫。在这方面，尧舜的表现也还是很不错的。史载：

帝尧王天下之时，……不以役作之故害民耕织之时。……故万民富乐而无饥寒之色，百姓戴其君如日月，亲其君如父母。（《六韬·文韬·盈虚》）

舜兼爱百姓，务利天下。（《尸子·君治》）

尧立，孝慈仁爱，使民如子弟。……舜作室，筑墙茨屋，辟地树谷，令民皆知去岩穴，各有家室。（《淮南子·修务训》）

尧、舜，古之明主也。……有使民不忘之道也，故其位安而民来之。（《管子·形势解第六十四》）

使民以时外，还可从修订历法和治理洪水两个方面看出尧舜对当时作为社会生产主要部门的农业的足够重视。史载，尧时曾"命羲、和，敬顺昊天，数法日月星辰，敬授民时。……岁三百六十六日，以闰月正四时"（《史记·五帝本纪》）。古者以农立国，而农事活动是一刻也离不开历术的，对历法的重视也就是对农业生产的重视。还有在众所周知的尧舜在位期间多次商讨治水大计，并任用鲧禹父子治水的故事，亦充分反映尧舜对发展农业生产、安定民生的重视。

（二）纳谏、任贤和官制、刑律的渐具雏形

史称，"尧有欲谏之鼓，舜有诽谤之木。"（《吕氏春秋·不苟论·自知》）即尧时曾设谏鼓于朝，百姓看到尧有过失可击鼓谏言，舜时曾于市井设谤木，百姓可在谤木上刻写舜的不是。《庄子·逍遥游》等史籍中记有尧曾去汾水之阳访求四位有道之士的故事。舜的身边，更集聚了禹、皋陶、契、后稷、伯夷、益等一大批贤能之士。能广开言路、从谏如流和任用贤才，是尧舜时代政治清明的重要保障。

史载，禹、皋陶等虽在尧时皆已"举用"，然"未有分职"，即尚无明确职掌分工。至舜，则明确任命禹为司空、弃为后稷、契为司徒、皋陶为士、垂为共工、益为虞、伯夷为秩宗、夔为典乐、龙为纳言等，一共敕命了"二十有二人"。（《史记·五帝本纪》）任命外，舜还建立了相应的官员考核、升降制度，即所谓"三岁一考功，三考绌陟"（《史记·五帝本纪》）。早在"摄行天子之政"时，舜还曾建立了"五岁一巡狩"制度，通过"遍告以言，明试以功，车服以庸"（《史记·五帝本纪》），加强对地方的控制。凡此，皆表明舜时已有了一套从中央到地方的初具规模且运用有效的官僚机构了。

舜时，又有所谓"象以典型，流宥五刑，鞭作官刑，扑作教刑，金作赎刑。眚灾过，赦；怙终贼，刑"（《史记·五帝本纪》）诸举，即刑律的制定。上文提到的那个皋陶，就是舜所任命的"士"——"狱官之长"。史称"皋陶作刑"，

论者亦多谓是皋陶将黄帝以来的原始刑法做了一次较为系统的修订，从而将其尊为中国刑法的创始人。

官僚机构和法律是国家机器的重要组成部分，它们在原始社会母体中的萌动，表明尧舜时历史已来到文明的大门口了。

（三）精神文化方面的诸多创制

上文曾提及尧时曾"命羲、和，敬顺昊天，数法日月星辰，敬授民时。"历法与天文密切相关，羲、和的观象授时外，舜本人亦曾"在璿玑玉衡，以齐七政。"（《史记·五帝本纪》）说明当时人们对天文历法知识的重视并已达一定水平。

《史记·乐书》称："昔者舜作五弦之琴，以歌《南风》；夔始作乐，以赏诸侯。""舜弹五弦之琴，歌《南风》之诗而天下治。"又史称，帝舜曰："夔，命汝典乐，教胄子。直而温，宽而栗，刚而无虐，简而无傲。诗言志，歌永言。声依永，律和声。八音克谐，无相夺伦，神人以和。"（《尚书·尧典》）又称："鸟兽跄跄，《箫韶》九成，凤凰来仪。"（《尚书·皋陶谟》）孔传："韶，舜乐名。"孔疏引郑玄云："成犹终也。每曲一终必变更奏。故《经》言'九成'，《传》言'九奏'，《周礼》谓之'九变'，其实一也。"《礼记·乐记》谓："韶，继也。"郑注："韶之言绍也，言舜能继绍尧之德。"看来，名传后世的《韶》乐，当是在舜的亲自过问、指导卜，由乐官夔主持创制旨在歌颂"舜能继绍尧之德"的大型乐舞作品。《韶》乐的创制，乐官的设置，以及舜所言及的那套乐理、乐论，说明当时的乐舞艺术已达相当水平。

相传，舜的同父异母妹敤首，还是位我国有名字可考的最早画家。我国老一辈著名美术史学者和画家郑午昌（1894～1952）先生于所著《中国画学全史》一书第一章第二节《画之成立》中谓敤首"似有大贡献于绘画，使绘画之事，自成为我国美术之一体，虽非始作画者，亦足当画祖之称"。[1]

（四）内争外战，开疆拓土，为早期国家的出现奠立版图框架

国家是在血与火的阵痛、洗礼中产生的，尧舜时代的内争外战不已，反映的正是这样一种情景。史载：

三苗在江淮、荆州数为乱。于是舜归而言于帝，请流共工于幽陵，以变北狄；放驩兜于崇山，以变南蛮；迁三苗于三危，以变西戎；殛鲧于羽山，以变东夷：四罪而天下咸服。（《史记·五帝本纪》）

昔高阳氏有才子八人，世得其利，谓之"八恺"。高辛氏有八才子，世谓之

---

[1] 该书于 1929 年由中华书局出版，此据上海书画出版社 1985 年版，第 7 页。

"八元"。此十六族者，世济其美，不陨其名。至于尧，尧未能举。舜举八恺，使主后土，以揆百事，莫不时序。举八元，使布五教于四方，父义，母慈，兄友，弟恭，子孝，内平外成。（《史记·五帝本纪》）

昔帝鸿氏有不才子，掩义隐贼，好行凶慝，天下谓之浑沌。少暤氏有不才子，毁信恶忠，崇饰恶言，天下谓之穷奇。颛顼氏有不才子，不可教训，不知语言，天下谓之梼杌。此三族世忧之。至于尧，尧未能去。缙云氏有不才子，贪于饮食，冒于货贿，天下谓之饕餮。天下恶之，比之三凶。舜宾于四门，乃流四凶族，迁之四裔，以御螭魅，于是四门辟，言毋凶人也。（《史记·五帝本纪》）

（舜时）龙主宾客，远人至；十二牧行而九州莫敢辟违；唯禹之功为大，披九山，通九泽，决九河，定九州，各以其职来贡，不失厥宜。方五千里，至于荒服。南抚交阯、北发，西戎、析枝、渠廋、氐、羌，北山戎、发、息慎，东长、鸟夷，四海之内咸戴帝舜之功。（《史记·五帝本纪》）

上述记载表明：第一，在尧舜时代，特别是舜主政时，通过举用"八恺"、"八元"，流共工、放灌兜、迁三苗、殛鲧，流浑沌、穷奇、梼杌、饕餮四凶族等大动作、大举措，进行政治洗牌，从而形成了以舜为中心的强势权力集团；第二，通过所谓"州"、"牧"制及前述"巡狩"制，加强对地方的控制，以收"各以其职来贡，不失厥宜"之效；第三，通过对三苗等的讨伐、打压，初步受到了"内平外成"（《正义》谓"诸夏太平，夷狄向化也。"）、"天下威服"、"四海之内咸戴帝舜之功"的效果。虽然，"方五千里，至于荒服"，南交阯、西氐羌、北息慎、东鸟夷云云，不会是事实，但尧舜集团当时已不仅拥有今豫西、晋南的中心统治区，而且还把势力不断向周边地区拓展，并收到一定成效，却也是不争的事实。凡此，都为即将登临历史舞台的夏王朝奠定了版图的基本框架。

综上，尧舜时代已从物质文明、制度文明、精神文化和疆土诸多方面为"文明"即国家时期的到来准备了条件。中华民族之所以成其为中华民族，中华民族之所以能够走到今天，尧舜之功实不可没。在这个意义上，后人用"尧天舜日"来称颂赞扬他们和他们的那个时代，并不为过。

二、析"尧幽囚，舜野死"

尧舜虽有大功于历史，但其结局却难称完美，其德、其行亦并非无可指摘。人们通常习惯于过分美化、神化成功者，丑化、妖魔化失败在者，这是一种情绪化、简单化、有违于历史真实的要不得的思维定式。上一小节，我们着重讨论了尧舜的历史功绩；下面，拟集中议论一下其不大为人所知，或曰人们所不愿知、不忍知的另一面，亦即其不怎么阳光的一面。

这个问题，涉及面颇广，限于材料，下面拟仅围绕着大家都熟知的所谓"尧舜禅让"存在与否，亦即尧、舜、禹间的权力交替到底是"禅让"，还是强力攫取——"篡夺"作所议论。

在《尚书·尧典》、《史记·五帝本纪》、《夏本纪》及儒、墨诸书里，上述权力交替是被描绘为公正、高尚、透明度极高的和平让贤，即所谓"禅让"的。鉴于此事人们多已耳熟能详，这里就不再引证相关记载了。下面，拟集中列举一下与"禅让"说相龃龉的另一类记载，目的在于促使人们从问题的另一个侧面多思考一下事情的真相。相关文献称：

古之所谓圣君明王者，非长幼世及以秩序也。以其构党与，聚巷族，逼上弒君而求其利也。……舜逼尧，禹逼舜，汤放桀，武王伐纣，此四王者，人臣弒其君者也，而天下誉之。察四王之情，贪得人之意也；度其行，暴乱之兵也。（《韩非子·说难》）

舜囚尧于平阳，取之帝位。（《广弘明集》卷十一法琳《对傅奕废佛僧事》引《汲冢竹书》）

昔尧德衰，为舜所囚也。……舜囚尧，复偃塞丹朱，使不与父相见也。（《史记·五帝本纪》《正义》引《括地志》引《竹书》）

而《山海经·海内南经》郭注及《路史·后纪》卷一〇所引《竹书》亦分别有舜臣"后稷放帝朱于丹水"，"放帝丹朱于丹水"语。对丹朱之以帝名，郭璞的解释是："丹朱称帝者，犹汉山阳公死加献帝之谥也。"刘知几《史通·疑古》则谓："据《山海经》，谓放勋之子为帝丹朱，而列君于帝者，得非舜虽废尧，仍立尧子，俄又夺其帝者乎？……斯则尧之授舜，其事难明，谓之让国，徒虚语耳。"

当代学者亦有持类似看法者，如：

尧舜禹当氏族社会末期，选举方式已不十分民主，最后决定权，握持在首领的手中。[1]

这种部落联盟首领继位的办法实际上是在激烈争夺中进行的。传说中的尧、舜、禹就是这样产生的部落联盟首领。[2]

舜继尧、禹继舜，他们的继承既非父死子继，亦非兄终弟及，而是臣下以强力攫取君位，在当时的历史条件下，韩非称之曰篡夺，儒家则以尧舜不胜其美，因其美而美之，誉之为禅让。[3]

笔者亦曾为文认为："到了尧、舜、禹时代，中国原始社会已进入了它的晚期，正迅速向阶级社会转变，原始民主也早已变了味，徒剩下些形式、残迹。所以，备受人们称道的'禅让'制也已远不是典型的氏族民主，而只不过是原始社

---

① 范文澜：《中国通史简编》，新知书店1949年版，第11页。
② 郭沫若主编：《中国史稿》第一册，人民出版社1976年版，第130页。
③ 万九河：《怎样看尧舜禅让与篡夺的关系》，载于《天津师大学报》1987年第4期。

会末期已无多少民主内容可言的氏族民主的残存形式罢了。"正是这种"民主的残存形式"，掩盖着当时"不民主的"、"强力攫取的"、"篡夺的"权力转移实质。①

尧、舜"禅让"之不能成立，不仅有《韩非子》、《竹书纪年》的记载和郭璞、刘知几等的看法为据，还可从力倡尧舜禅让说的代表性文献《尚书·尧典》、《史记·五帝本纪》、《夏本纪》等所显露出的龃龉、破绽处看出些蛛丝马迹来。如：

（1）在一般人心目中，尧、舜间应该是亲密无间、情同父子的，可据《尚书》、《史记》诸书，尧一方面接受了群臣的推荐以舜为接班人，另一方面又"以二女妻舜以观其内，使九男与处以观其外"，还"使舜入山林川泽"，经受"暴风雷雨"。（《史记·五帝本纪》）栽培、锻炼耶？监视、虐杀耶？实在不太好说。

（2）史称帝尧"其仁如天，其知如神"，帝舜更是"以孝闻"。（《史记·五帝本纪》）可这两位圣君的家人却又都被描绘得很不怎么的。比如，据说尧之所以取代了他的哥哥挚的帝位，是因为挚"不善"，而尧没有将帝位传给他的儿子丹朱，也同样因为丹朱"顽凶"，"不肖"。到了舜的家人头上，就更离谱了，竟是"父瞽叟顽，母嚚，弟象傲，皆欲杀舜"，"子商均亦不肖"（《史记·五帝本纪》）。众所周知，儒家是崇尚修（身）齐（家）治（国）平（天下）的，并把这套伦理政治哲学的源头上溯到尧舜乃至黄帝头上，何以作为大圣君的尧舜连个家都齐不好呢？这究竟是大圣人的父、母、兄、弟、子们确实都不怎么的，还是为了反衬尧舜的高大形象连他们的家人也不惜抹黑，抑或为所谓的权力"禅让"造势、铺路？是值得人们认真深思的。

（3）上文曾提及，作为"才子"的"八恺"、"八元"，"尧未能举"，作为"不才子"的混沌、穷奇、梼杌、饕餮"四凶族"的前"三凶"，尧亦"未能去"；及舜主政，始举用"八恺"、"八元"，"流四凶族，迁于四裔"（《史记·五帝本纪》）。以尧之"其仁如天，其知如神"，怎么就不懂得起用"八恺"、"八元"这些贤才，贬斥"四凶"之类的奸佞不逞之徒，非得等舜成此壮举伟业呢？是尧、舜在用人上确有水平高下之分，还是客观条件的局限、制约，抑或一朝天子一朝臣的政治洗牌？不也值得人们认真思索吗？

（4）史称，舜"年六十一代尧践帝位。践帝位三十九年，南巡狩，崩于苍梧之野。"（《史记·五帝本纪》）针对舜曾南巡且死于苍梧之野的说法，刘知几曾驳之曰：

苍梧者，……地总百越，山连五岭。人风媒划，地气歊瘴。虽使百金之子，

---

① 拙作：《尧舜禅让之再认识》，《虞舜文化研究集》，山西古籍出版社 2006 年版。

犹惮经履其途；况以万乘之君，而堪巡幸其国？且舜必以精华既竭，形神告劳，舍兹宝位，如释重负。何得以垂殁之年，更践不毛之地？（《史通·疑古》）

意谓苍梧乃苗蛮所居，地僻途艰，年已届百的舜实无力作此远行。再说，当时湘南一带尚不是舜的疆土，他无由也无权到不是自己的地盘去"巡狩"的。有学者认为，"舜、象、商均的南迁，乃被夏禹所驱逐，也是报了舜杀其父鲧之仇。"① 此说大抵得之。舜之"野死"在外，不失为尧舜禅让说的又一有力反证。

凡此，皆可证尧舜禅让说是不成立的，尧舜的品德、行事也远还没有后世儒家所塑造的那么完美、高大。

说到这里，善良的人们不禁会问：依你这样说，尧舜在世人心目中的高大形象岂不要轰然坍塌了吗？笔者认为，这种疑虑是多余的，不必要的。因为，尧舜在历史的转折关头自有其丰功伟绩在，上述行事大抵属私德方面，并不怎么有损于他们的历史功绩和高大形象，一如李世民的逼父退位，杀弟、纳弟媳之举并不妨碍他的明主地位、形象一样。

我们这个民族，由于长期生活在君主专制之下，公民意识缺乏，小民们总是把希望寄托在圣君明主身上。在他们心目中，圣君明主就是神，能力自不待说，品德、人格亦必须是完美无缺的，即所谓君师一体，伟大领袖必然是伟大导师，以致根本听不进、容不得他们所敬仰的圣君明主脸上有半点灰尘，疤痕。这与古希腊的民主政治观是大异其趣的。在古希腊（主要指以雅典为代表的民主政治），人们并不把执政者当作神顶礼膜拜，而是把他们当做有道德缺陷与权力欲望者予以舆论的、制度的监督、约束。因此，人们也就不太在乎执政者的品德，因为实在不行把他罢免了就是了。而在古代中国，小民们既无权任免执政者（当然，逼急了，小民们也会起来换皇帝、杀皇帝的，但这种机会毕竟不多），就只能企盼德能俱佳的圣君明主来代表、保护自己，这也就是为什么"好皇帝"、"清官"情结至今仍在一些人的心灵深处挥之不去的原因之所在。

明于此，我们才能比较全面、正确地评价包括尧舜在内的历史人物，尽量对历史人物做到不溢美，不掩恶，不滥捧，不苛责，努力还历史一个比较近似的面目。此处我之所以用"近似"一语，是因为在我来看，人们由于受认识的局限，再加上外力、利害、感情等诸多因素的挟持、驱动、干扰，要完全恢复历史的本来面目是根本不可能的。

---

① 何光岳：《东夷源流史》，江西教育出版社 1990 年版，第 183 页。

也谈韶乐、韶地与韶文化

关于韶乐、韶地与韶文化，已有不少学者论及。本文拟就这几个问题再谈点不成熟看法，不妥之处，请大家批评指正。

一、韶　　乐

《尚书》载：

帝（舜）曰："夔！命汝典乐，教胄子。直而温，宽而栗，刚而无虐，简而无傲。诗言志，歌永言。声依永，律和声。八音克谐，无相夺伦，神人以和。"夔曰："於！予击石拊石，百兽率舞。"（《尧典》）

夔曰："戛击鸣球、搏拊、琴、瑟，以咏。"祖考来格，虞宾在位，群后德让。下管鼗鼓，合止柷敔，笙镛以间。鸟兽跄跄，《箫韶》九成，凤凰来仪。夔曰："於！予击石拊石，百兽率舞，庶尹允谐。"（《皋陶谟》）

孔传："韶，舜乐名。"孔疏引郑玄云："成犹终也。每曲一终必变更奏，故《经》言'九成'，《传》言'九奏'，《周礼》谓之'九变'，其实一也。"《礼记·乐记》："韶，继也。"郑注：韶，"舜乐名也。韶之言绍也，言舜能继绍尧之德。"

若上述记载不诬，则《韶》乃舜时之物，乃是在舜帝的亲自过问、指导下，由乐官夔主持创制的旨在歌颂"舜能继绍尧之德"的大型乐舞作品。

进入周代，《韶》之类的注重教化作用，道德、政治色彩浓重的古代音乐作品，由于颇符合儒家"以道制欲，则乐而不乱"，"致乐以治心"（《礼记·乐记》）的礼乐观，不但没有随着时间的流逝被湮没，反而被进一步发扬光大了。《左传》襄公二十九年载：

吴公子札来聘，……请观于周乐。……见舞《韶箾》者，曰："德至矣哉，大矣！如天之无不帱也，如地之无不载也。虽甚盛德，其蔑以加于此矣，观止矣。"

孔颖达疏云："箾，即箫也。《尚书》曰'箫韶九成，凤凰来仪。'此云'韶箾'，即彼'箫韶'是也。"《论语》载：

子在齐闻《韶》，三月不知肉味。曰："不图为乐之至于斯也。"（《述而》）

子谓《韶》："尽美矣，又尽善矣。"谓《武》："尽美矣，未尽善矣。"（《八佾》）

《武》，武王乐也，以征伐取天下故谓未尽善。上二事表明，《韶》乐在当时社会生活和人们心目中地位十分崇高。自然，春秋时季札和孔子所见、所闻之《韶》，已不可能是舜时原汁原味的《韶》，而是经长于"制礼作乐"的周人加工改造过的东西了。

汉代，高祖、文帝、武帝等庙祭所奏《文始》之舞，"本舜《招》舞也，高祖六年更名曰《文始》，以示不相袭也。"（《汉书·礼乐志》）这种状况，在曹魏和南朝萧梁时仍在延续。唐宋以降，《韶》逐渐演变为宫廷"雅乐"，典礼和祭祀的功用日减，多用于表演、娱乐。明清时代，又有所谓《中和韶乐》的出现，广泛应用于朝会、宴饮、庆典和祭祀。虽然，此时的《中和韶乐》已基本上是新酒旧瓶，与历史上的《韶》乐渐行渐远，但从其仍袭用"韶乐"之名不难看出，古《韶》乐在中国音乐史乃至整个社会生活史上影响之巨。

二、韶　地

与《韶》乐之"韶"有关的地名，有如下几个，一在河南，一在湖南，一在广东。

河南渑池县（仰韶文化最早发现地的仰韶村即在此县）境有韶山，金于此置韶州，即以此山名。鉴于迄今尚未发现此处之韶山同《韶》乐有何干系，故不再列入本文议论范围。

湖南之韶山，在今湘潭、湘乡、宁乡三县交界处。《嘉庆重修一统志》卷三百五十四载："韶山，在湘潭县西八十里，接湘乡县界，山甚深远，相传舜南巡时，奏韶乐于此，因名。"同治《湘乡县志》卷二《地理志》四《山川》："韶山，在治西北四十里，……相传舜南巡时奏韶乐于此，凤为之下。"

关于舜南巡事，《史记·五帝本纪》是这样记述的：

舜……年六十一代尧践帝位。践帝位三十九年，南巡狩，崩于苍梧之野。葬于江南九疑，是为零陵。

"苍梧"，"地区名。其地当在今湖南九嶷山以南之广西贺江、桂江、郁江区域"；"九疑山"，"疑亦作嶷，一说又名苍梧山。在今湖南宁远南。"[1]

针对舜曾南巡且死于苍梧的说法，刘知几于《史通·疑古》中驳之曰：

苍梧者，于楚则川号汨罗，在汉则邑称零、桂。地总百越，山连五岭。人风蝶划，地气歇瘴。虽使百金之子，犹惮经履其途；况以万乘之君，而堪巡幸其

---

[1] 《中国历史大辞典》，《苍梧》、《九疑山》条，中国辞书出版社 2000 年版，第 1312、55 页。

国？且舜必以精华既竭，形神告劳，舍兹宝位，如释重负。何得以垂殁之年，更践不毛之地？

刘知几外，不少学者亦多以当时两湖地区乃苗蛮所居，舜的实际控制力尚未达于此，以及当时舜年已届百，亦无力作此远行等为由，怀疑舜南巡且死于苍梧之野的说法不足凭信。但此事又并非太史公的向壁虚造，在太史公前，他书已有类似记载，如：

苍梧之山（郭璞云：即九疑山也），帝舜葬于阳，帝丹朱葬于阴。（《山海经·海内南经》）

南方苍梧之丘，苍梧之渊，其中有九嶷山，舜之所葬，在长沙零陵界中。（《山海经·海内经》）

舜葬于苍梧之野，盖三妃未之从也。（《礼记·檀弓上》）

不过，《山海经》及《礼记》都只说舜葬于"苍梧之山"、"九嶷山"、"苍梧之野"，并未言及舜南行的目的、性质。看来，《山海经》、《礼记》的相关记载只能说明舜曾南行，却帮不了太史公"南巡"说的忙。

于是，《南巡》说外，又有所谓《南征》说的出现，且同样有文献为证。如：

舜……南征三苗，道死苍梧。（《淮南子·修务训》）

舜年……九十五而使禹摄政。摄五年，有苗氏叛，南征，崩于鸣条，年百岁，殡以瓦棺，葬苍梧九疑山之阳。（《太平御览》卷八十一引《帝王世纪》）

应该说，"南征"说较之"南巡"说要合理些，因为，当时湖南、广西等南方广大地区，远非舜控制力之所及，他无由也无权到不是自己的地盘去"巡狩"，"征"则说得通。但"征"还是解决不了刘知几的质疑——让一个垂垂老矣的百岁老人长途跋涉，御驾亲征，能行吗？

"巡"和"征"既皆难成说，舜之南行在历史上若确有其事的话，那么，比较合理的解释很可能是舜晚年之南行实为被已大权在握的禹所"放逐"或他自己为避祸而向遥远的南方"逃遁"。

长期以来，经后世儒、墨改造、包装的"尧舜禅让"说可谓妇孺皆知，深入人心，可历史事实却并非如此。实际上，在尧、舜、禹所处的国家形成时期，作为原始民主的"禅让"制基本上已是徒具形式，权力的更迭已主要依仗实力、暴力实现。[①]

《韩非子·说疑》有谓：

古之所谓圣君明王者，非长幼世及以次序也，以其构党与，聚巷族，逼上弑君而求其利也。……舜逼尧，禹逼舜，汤放桀，武王伐纣，此四王者，人臣弑其君者也，而天下誉之。察四王之情，贪得人之意也；度其行，暴乱之兵也。

---

① 参见拙文：《尧舜禅让之再认识》，《虞舜文化研究集》，山西古籍出版社 2006 年版。

有学者也看到了这一层，提出："舜、象、商均的南迁，乃被夏禹所驱逐，也是报了舜杀其父鲧之仇。"[①] 至于是"被逐"还是自己为避祸而"逃遁"，限材料，已无从判断，但舜的南行是被"逼"的，却很有可能是事实。

舜南行并最终死于湖南、广西交界处若在历史上实有其事的话，则其途径湘潭、湘乡、宁乡交界处的韶山也不是没有可能的。唯此事迄今仍仅限于传说，于史无征，事情端的如何，一时尚难遽断。

广东韶关古称韶州，得名于境内之韶石山。《元和郡县图志》卷三十四《韶州》载：

隋开皇九年平陈，改东衡州为韶州，取州北韶石为名。……韶石，在县（曲江县——引者）东北八十五里。两石相对，相去一里。石高七十五丈，周迴五里，有似双阙，名韶石。

顾祖禹《读史方舆纪要》卷一百二《韶州府·韶石山》载：

在府北四十里，迤逦而东，有三十六石，古名曲江冈。……相传虞舜南游登此石奏韶乐，因名。

上述两条材料，已把由曲江冈而韶石山，而韶州，而韶关的来龙去脉交待得十分清楚。

如前所述，如果说舜真的到过并且死在湖南、广西交界处的苍梧，他老人家顺带着涉足一下距此并不太远的今广东韶关地区，虽也有可能，但同样是仅限于传说，于史无征，一时尚难论定。

综上，粤、湘两地的韶石和韶山，其得名都同舜的《韶》乐有关，而关系之形式、性质，限于材料，一时尚难说得清楚。一种可能是晚年的舜确曾到过这一带；另一种可能是，舜连他的《韶》乐当时本和这些地区无涉，只是到了后来，随着秦汉大一统帝国的建立，南方的湘、粤等地正式进入帝国版图，特别是随着西晋永嘉之乱后北人大量南迁及随之而来的北方历史文化的强势南渐，才衍生出了湖南、广东地区有关舜和《韶》乐的美丽传说并用地名和相关纪念物的形式予以物化。笔者个人，更倾向于后一种认识。

今天，人们利用这类传说缅怀远古圣贤，增强民族团结和民族凝聚力，促进旅游和地方经济文化的发展，自然是可以的，值得赞扬、肯定，但却不应将这些东西混同于历史，以免以讹传讹，贻误他人。

三、韶 文 化

最后，再顺便谈谈"韶文化"的界定及使用中出现的一些问题。

---

① 何光岳：《东夷源流史》，江西教育出版社1990年版，第183页。

"韶，虞舜乐也。"这是我国第一部分析字形、说解字义、辨识音读的字典《说文解字》对"韶"字的权威性解释。后来，韶字虽又孳生出其他诸义，但鉴于"韶"字作为"舜乐"、"古乐"的指称已在人们心目中扎根、定型，故严格意义上的"韶文化"应该是指"舜乐"及以"舜乐"为代表的古乐文化。

近年来，有学者为文将"粤北韶文化"作为岭南文化中的一个"更次一级区域文化"与广府文化、潮汕文化、广东客家文化、五邑侨乡文化等并列，谓"韶文化是分布在粤北地区的、由历代行政区划和自然环境所决定的一种反映多民族民系特点的区域文化。称作'韶文化'（不称粤北文化）的原因，在于韶关、韶州、韶石得名于舜帝的舜乐，更在于隋唐以来韶乐的善美、和谐精神传诵了一千余年，形成了一种追求真善美和谐的文化传统，构成了粤北地区文化的精神内核。"韶关市及韶关学院的有关领导亦曾在讲话中将新成立的"韶文化研究院"定性为"结合地方经济文化发展的需要而成立的区域文化研究基地"，谓"韶文化包含丹霞文化、禅宗文化、客家文化等丰富的文化内涵。"这实际是把"韶"字作由头，先将"韶文化"地域化，再进而从内容上把本为乐文化的"韶文化"泛化为广义的、涵盖诸多文化内容的区域性综合文化体。

笔者浅见，此事恐需慎重斟酌。窃以为，作为区域文化，完全可以以"粤北文化"或"韶关文化"名之，不必借早已在人们心目中定型且有特定所指的"韶文化"立号。否则，很容易造成概念上的混乱。因为，你能这样做，境内也有韶山的河南渑池、湖南湘潭等又何尝不可以这样做。如果他们也把自己的区域文化叫"韶文化"岂不乱了套。有人也许会说，姑抛开"韶"乐不论，我们只在以"韶"作为"韶关"简称的意义上使用"韶文化"总可以吧。笔者认为，这同样不太妥当。因为，地名的简称应力避那些有特定含义且易产生误解的字眼，否则，同样会造成混乱。如甘肃的礼县、青海的乐都、湖南的道县、山东的德州、湖北的孝感、福建的福州、湖北的恩施、广东的惠州、河北的石家庄、山东的枣庄，若都以地名简称为由把自己的地方文化称之为"礼文化"、"乐文化"、"道文化"、"德文化"、"孝文化"、"福文化"、"恩文化"、"惠文化"、"石文化"、"枣文化"，将会是一种什么样的情景！

韶关市的领导、学者以"韶文化"指称地方文化，自然是经过一番认真思索、考虑的，其中必有道理。我的看法，只是一孔之见，不一定对，写出来仅供参考，权当姑妄言之，姑妄听之吧。

共 工 散 议

共工在上古史上知名度颇高，但诸书有关共工的记载却相当支离破碎，且每相龃龉，甚或荒诞不经。据现有材料，要全面还原共工的本来面目是不可能的，本文仅拟就相关材料，略作条理，述共工史事于一、二。

一、悠久、显赫的历史

让我们首先看一下在人们心目中较具权威性的几种史籍有关共工的记述。

《尚书·尧典》载：

帝（尧）曰："畴咨若予采？"驩兜曰："都！共工方鸠僝功。"帝曰："吁！静言庸违，象恭滔天。"

（舜）流共工于幽州，放驩兜于崇山，窜三苗于三危，殛鲧于羽山，四罪而天下咸服。

《左传》载：

昔者黄帝氏以云纪，故为云师而云名；炎帝氏以火纪，故为火师而火名；共工氏以水纪，故为水师而水名；太皞氏以龙纪，故为龙师而龙名。（昭公十七年）

共工氏有子曰句龙，为后土。（昭公二十九年）

《国语·鲁语上》载：

夫圣王之制祀也，法施于民则祀之，以死勤事则祀之，以劳定国则祀之，能御大灾则祀之，能扞大患则祀之。……昔烈山氏之有天下也，其子曰柱，能殖百谷百蔬；夏之兴也，周弃继之，故祀以为稷。共工氏之伯九有也（《礼记·祭法》作"共工氏之霸九州也"），其子曰后土，能平九土，故祀以为社。

《史记·五帝本纪》载：

尧曰："谁可顺此事？"放齐曰："嗣子丹朱开明。"尧曰："吁！顽凶，不用。"尧又曰："谁可者？"讙兜曰："共工旁聚布功，可用。"尧曰："共工善言，其用僻，似恭漫天，不可。"

（舜摄行天子之政）流共工于幽陵，以变北狄；放驩兜于崇山，以变南蛮；迁三苗于三危，以变西戎；殛鲧于羽山，以变东夷。四辠而天下咸服。

　　上述记载表明，共工乃尧舜时期一举足轻重、几可托国柄之重臣，但却得不到尧的赏识、信任，最后还遭到舜的放逐，至于他究竟有什么罪错，及其与尧舜的斗争过程，则无具体交待。不过，从后人尊其子为后土、为社一事上仍可看出后人对共工父子及其所在部落对农业生产所作出的巨大贡献还是挺认可、怀念的。

　　先秦及尔后的一些子书和其他书籍，对共工的事迹虽有所丰富，但却五花八门，令人目眩，真假难辨。兹略举其要，移录于后：

　　舜之时，共工振滔洪水，以薄空桑。（《淮南子·本经训》）

这条材料，已点明舜时共工的罪错在于"振滔洪水"。

　　西北海之外，大荒之隅，……有禹攻共工国山。（《山海经·大荒西经》。郭璞注："言攻其国，杀其臣相柳于此山。"）

　　共工之臣曰相柳氏，……禹杀相柳。（《山海经·海外北经》）

　　禹伐共工。（《战国策·秦第一》）

　　禹有功，抑下鸿，辟除民害逐共工。（《荀子·成相》）

这四条材料则又把共工与居主流地位的尧、舜集团的斗争下延至禹的头上。而更多的记载则是往前溯，如：

　　共工为水害，故颛顼诛之。（《文子·上义》）

　　共工氏作乱，帝喾使重黎诛之而不尽，帝乃以庚寅日诛重黎。（《史记·楚世家》）

　　昔者共工与颛顼争为帝，怒而触不周之山，天柱折，地维绝，天倾西北，故日月星辰移焉，地不满东南，故水潦尘埃归焉。（《淮南子·天文训》）

　　颛顼尝与共工争矣。……共工为水害，故颛顼诛之。（《淮南子·兵略训》）

　　昔共工之力，触不周山，使地东南倾，与高辛争为帝。（《淮南子·原道训》）

　　《文子·上义》、《史记·楚世家》及《淮南子》中的三条材料，皆明确点出共工的罪错一在"为水患"，一在"作乱"、"争为帝"，可共工的对立方则或谓颛顼，或谓帝喾不一，即同一本书的《淮南子》各篇也是口径不一，《天文训》、《兵略训》谓为颛顼，《原道训》谓为高辛（帝喾），情况颇混乱。

　　及六朝或隋唐间无名氏所辑《琱玉集·壮力》则将共工时代继续上溯至神农时，谓：

　　共工，神农时诸侯也，而与神农争定天下。共工大怒，以头触不周山，山崩，天柱折，地维绝，故天倾西北隅，地缺东南角。

　　唐司马贞补《史记·三皇本纪》则进一步把共工上推至神农氏前的女娲氏时代，争斗的对手则成了祝融：

　　诸侯有共工氏，任智刑以强霸而不王，以水乘（承）木，乃与祝融战。不胜而怒，乃头触不周山，崩，天柱折，地维缺。女娲乃炼五色石以补天，断鳌足以立四极，聚芦灰以止滔水，以济冀州，于是地平天成，不改旧物。女娲氏没，神农氏作。

宋罗泌《路史·太昊纪》：

太昊氏衰，共工为始作乱，振滔洪水，以祸天下，隳天纲，绝地纪，覆中冀，人不堪命。于是女皇氏役其神力，以与共工氏较，灭共工氏而迁之。然后四极正，冀州宁，地平天成，万民复生。娲氏乃立，号曰女皇氏。

而《山海经·海内经》更把作为炎帝后的共工之所出的世系编排得十分完整、具体，谓：

炎帝之妻，赤水之子听𫗦生炎居，炎居生节并，节并生戏器，戏器生祝融，祝融降处于江水，生共工，共工生术器，……共工生后土。

共工是否为炎帝后，是否为祝融的儿子，恐怕都不好说。因为，据上引材料，或谓共工早在女娲时代就出现于历史舞台了（司马贞补《史记·三皇本纪》、罗泌《路史·太昊纪》），或谓共工曾"与神农争定天下"（《珇玉集·壮力》），曾"与祝融战"（司马贞补《史记·三皇本纪》），凡此皆与《山海经·海内经》所编排的共工为炎帝六世孙、为祝融子的说法相抵触。而据现有材料，共工一族之出现于历史舞台，似比炎黄二氏都还要早出一大截呢。

下面再说说如何看待女娲时有共工，颛顼、帝喾时有共工，尧、舜、禹时亦有共工这件事。其实，这并没有什么不好理解的，因为，正如不少学者所正确指出的，"共工"二字，并不是某一个人的专名，而是该氏族部落及其首领的共名，一如"炎帝"是所在部落八代首领的共名一样。

二、"水政治"中的失败英雄

这里，须强调指出的是，女娲、神农、颛顼、帝喾时，共工与他们的争斗即使有之，也不会与"治水"、"水患"联系在一起，因为，历史上那场著名的洪水灾害发生在尧、舜、禹时代，而不是前此的颛顼、帝喾时代，更不用说什么女娲、神农时代了。后人记述中将之前置，泛化，是不正确的。

共工（此处指通常的、著名的、作为尧舜大臣的末代共工）为时人和后人津津乐道的最大罪错莫过于"振滔洪水"、"为水患"了。而所谓"振滔洪水"、"为水患"云云，又实不过是说他治水无方，错误地采用后来鲧亦同样采用的"堵"、而不是"疏"的方法去治理洪水，亦即《国语·周语下》所谓"昔共工……欲壅防百川，堕高堙庳，以害天下。"这真是"欲加之罪，何患无辞"！

南朝宋裴骃《史记·三皇本纪》（集解）引郑玄曰："共工，水官名"。既能在尧舜手下担任水官一职，说明共工在治水方面还是有丰富经验和相当成就的。可大家不要忘了，当时毕竟还处在新石器时代的原始社会末期，人们与自然界作斗争的经验、手段毕竟有限，所以，面对千年不遇的特大洪水灾害，共工这位治水专家连同他的继起者鲧也都只能面对滔滔洪水，徒呼奈何，无能为力。后来的禹之所以治水成功了，虽有他个人的努力、治水方法的改进诸因素在，但主要还是洪水期已过这个主要因素决定的。再说，传统的把共工、鲧的治水方法单纯地归结为"堵"、把禹的治水方法单纯地归结为"疏"，本身并不科学。洪水初袭，人们用筑堤围堵的方法自救是很自然的，洪水退去，人们用"疏"的方法排除积水重建家园亦情理中事，即时至今日，我们不仍旧是既疏通河道，又加固堤防，根据不同时期、地段的具体情况交相使用既"疏"又"堵"的治水方法吗？何来此"堵"彼"疏"，并据"堵"、"疏"以定成败，以论是非的道理！再退一步说，即使共工、鲧等所用的以"堵"为主的治水方法不当，那也是由当时的生产力水平、人们的认识水平决定的，尧、舜和其他人亦并未提出什么新的方法可资采用，所以，共工治水之劳而无功，既是由当时的洪灾远非人力所能抗拒决定的，也是由当时的生产力水平和人们的认识水平决定的，并不存在共工的失职、渎职问题。尧、舜等之所以借当时人们普遍关注的治水说事，一些相关记载更不惜给他加上"振滔洪水"、"为水患"的罪名（这些人怎么就不想想，洪水是随便哪一个强人所能"振滔"起来的吗？），实背后另有猫腻，有深刻的政治斗争背景。《韩非子·外储说右上》载：

> 尧欲传天下与舜，鲧谏曰："不祥哉！孰以天下而传之于匹夫乎？"尧不听，举兵而诛，杀鲧于羽山之郊。共工又谏曰："孰以天下而传之于匹夫乎？"尧不听，又举兵而诛（本或作"流"）共工于幽州之都。于是天下莫敢言无传天下于舜。

这样，一场在"禅让"外衣掩盖下的腥风血雨式的权力交接终于完成了，舜成了胜利者，千古传扬；失败者鲧、共工，自然成了恶人。

共工虽然失败了，但他和他所在的氏族部落对历史发展所作出的巨大贡献却是不容否定的。其巨大贡献主要表现为：

第一，在发展生产力方面的贡献。水与农业息息相关。史称，共工为水官，其子为土官、土神，说明共工和他所在的氏族部落在农业生产和治水方面是卓有成效并得到远近各氏族部落乃至最高当政者所一致认可的。关于这一层，学者们已多有议论，此不作赘。

第二，在早期国家孕育产生中的贡献。史籍称"共工氏之伯九有也"（《国语·鲁语上》）、"共工氏之霸九州也"（《礼记·祭法》），说明共工曾为一幅员甚广之一方霸主。蒙文通于《古史甄微》中谓："共工固世为诸侯之强，自伏羲以来，下至伯禹，常为中国患。"[1] 徐旭生亦谓："古书中多传共工氏的事迹，上

---

① 刘梦溪主编：《中国现代学术经典·廖平蒙文通卷》，河北教育出版社 1996 年版，第 375 页。

及远古，下到虞夏，可以指明共工在古代为一显著的氏族。"① 幅员广、名气大外，据《左传》昭公十七年郯子语，共工氏还曾"以水纪，故为水师而水名"，得与"以云纪"的黄帝、"以火纪"的炎帝、"以龙纪"的太皞等开始设官分职的诸古帝并举，足见在我国早期国家孕育产生过程中，在以官制为中心的制度层面的创制中，也有共工的一份功劳，即是说，在文明曙光即将闪现的时代，末代共工也已率领他的族群来到文明时代的大门口了。

综上，共工虽在与历代古皇、古帝的既联合又斗争的长期交手中始终未能占据权力舞台的中心位置，但其在农业生产、治水和早期国家孕育产生中的巨大贡献、作用却是不容忽视的。后人不应忘记这类失败的英雄。共工的旧地，学者多从徐旭生"在今辉县境内"② 说。今天，我们在共工旧地举办"共工氏与中华龚姓研讨会"，是很有意义的。

---

① 徐旭生：《中国古史的传说时代》，广西师范大学出版社 2003 年版，第 159 页。
② 徐旭生：《中国古史的传说时代》，广西师范大学出版社 2003 年版，第 55 页。

涂 山 考 源

禹的一生，与涂山颇有缘，据传，他曾娶于涂山，又曾大会诸侯于涂山。

关于娶于涂山的记述，主要有：

《尚书·皋陶谟》：禹曰：予"娶于涂山，辛壬癸甲。启呱呱而泣，予弗子，惟荒度土功"。

《楚辞·天问》："禹之力献功，降省下土四方，焉得彼嵞（涂）山女，而通之台桑？"

《吕氏春秋·季夏纪·音初》："禹行动，见涂山之女，禹未之遇而巡省南土。涂山氏之女乃令其妾候禹于涂山之阳。"（又，《吴越春秋》卷6《越王无余外传》注引《吕氏春秋》曰："禹娶涂山氏女，不以私害公，自辛至甲四日，复往治水。"《水经·淮水注》引《吕氏春秋》曰："禹娶涂山氏女，不以私害今，自辛至甲四日，复往治水。故江淮之俗，以辛壬癸甲为嫁娶日也。"《楚辞·天问》洪兴祖补注引《吕氏春秋》同《水经·淮水注》引。）

《随巢子》："夏禹娶涂山。治鸿水至轘辕山，化为熊。涂山氏见之，惭而去，至嵩山下化为石。禹曰：'归我子'。石破北方而生启。"（书久佚，有清儒辑本。）

《史记·夏本纪》："禹曰：'予（辛壬）娶涂山，[辛壬]癸甲，生启予不子，以故能成水土功。'""夏后帝启，禹之子，其母涂山氏之女也。"（中华书局点校本）

《列女传》卷1《母仪传》："启母者，涂山氏长女也，夏禹娶以为妃，既生启，……启呱呱泣，禹去而治水。"

《汉书·武帝纪》颜师古注引《淮南子》："禹治鸿水，通轘辕山，化为熊，谓涂山氏曰：'欲饷，闻鼓声乃来。'禹跳石，误中鼓。涂山氏往，见禹方作熊，惭而去，至嵩高山下化为石，方生启。禹曰：'归我子'。石破北方而启生。"

《越绝书》卷8《越绝外传记地传》："涂山者，禹所娶妻之山也。"

《吴越春秋》卷6《越王无余外传》："禹三十未娶，行到涂山，恐时之暮，失其度制，乃辞云：'吾娶也，必有应矣。'乃有白狐九尾造于禹。禹曰：'白者，吾之服也。其九尾者，王之证也。……'禹因娶涂山，谓之女娇。……禹行十月，女娇生子启。启生不见父，昼夕呱呱啼泣。"

《华阳国志》卷1《巴志》："禹娶于涂山，辛壬癸甲而去。生子启，呱呱啼，不及视，三过其门而不入室，务在救时。"

《史记·夏本纪》、《索隐》引《系本》曰："涂山氏女名女娲"；《正义》引《帝系》云："禹娶涂山氏之子，谓之女娲，是生启。"

诸如此类的记述，他书还有一些，多系辗转抄引，兹不备举。

关于会于涂山，诸书亦时有记载，如：

《左传》哀公七年子服景伯曰："禹合诸侯于涂山，执玉帛者万国。"

《淮南子·原道训》："禹知天下之叛也，乃坏城平池，散财物，焚甲兵，施之以德，海外宾伏，四夷纳职。合诸侯于涂山，执玉帛者万国。"

《帝王世纪》："禹会诸侯于涂山。"

《述异记》："昔禹会涂山，执玉帛者万国，防风氏后至，禹诛之。"

会于涂山外，又有言会于会稽、崩且葬于会稽者，如：

《史记·夏本纪》："十年，帝禹东巡狩，至于会稽而崩。""太史公曰：……或言禹会诸侯江南，计功而崩，因葬焉，命曰会稽。会稽者，会计也。"《集解》引《皇览》曰："禹冢在山阴县会稽山上。会稽山本名苗山，在县南，去县七里。《越传》曰：'禹到大越，上苗山，大会计，爵有德，封有功，因而更名苗山曰会稽。因病死，葬。'"

《吴越春秋》卷6《越王无余列传》：禹"周行天下，归还大越，登茅山，以朝四方群臣，观示中州诸侯，防风后至，斩以示众，示天下悉属禹也。乃大会计……遂更名茅山曰会稽之山。……命群臣曰：'吾百世之后，葬我会稽之山。'"徐天祐注引《十道志》谓："会稽山本名茅山，一名苗山。"

《国语·鲁语下》："仲尼曰：'丘闻之，昔禹致群神于会稽之山，防风氏后至，禹杀而戮之，其骨节专车。'"

《墨子·节葬下》："禹东教乎九夷，道死，葬会稽之山。"

《韩非子·饰邪》："禹朝诸侯之君会稽之上，防风之君后至，而禹斩之。"

《华阳国志》卷1《巴志》："禹娶于涂山，……今江州涂山是也。……会诸侯于会稽，执玉帛者万国，巴蜀往焉。"

上述记述，神人杂揉，光怪陆离，且同中有异，异中有同，使后人不得不面对三个难啃的问题：一、"涂山之会"和"会稽之会"是一回事，还是两回事？二、"娶于涂山"和"会于涂山"之"涂山"是一个地方，还是两个地方？三、涂山在哪里？

应该说，根据现有材料，要彻底解决这三个问题，几乎是不可能的。以下，谨提出个人的一些不成熟看法，甚至是揣测，供识者进一步研究时之参考。

一、"涂山之会"和"会稽之会"是一回事，还是两回事

表面看，这似乎不成其为问题，是两回事。因为，第一，从时间上看，"涂山之会"在前，"会稽之会"在后，在禹死前夕；第二，地点不同，一在涂山，一在会稽；第三，内涵不同，"涂山之会"似仅言及"会"，言及"执玉帛者万国"（《述异记》例外），"会稽之会"除"会"外，又连及"诛"（诛防风氏）和"葬"（禹葬会稽）。历来学者也多是这样看的。

但仔细推敲，问题并不那么简单。首先，从内涵看，二者每有交叉、重复。如"执玉帛者万国"一语，既出现在有关"涂山之会"的记述中（如上引《左传》哀公七年、《淮南子·原道训》、《述异记》），又出现在有关"会稽之会"的记述中（上引《华阳国志》卷1《巴志》）；"诛防风氏"一事，既可放在"会稽之会"上（上引《吴越春秋》卷6《越王无余外传》、《国语·鲁语下》、《韩非子·饰邪》），亦可放在"涂山之会"上（上引《述异记》）。二者内涵上的这种交叉、重复，不能不使人怀疑二者同出一根，是一回事。

其次，从地望和山名演变关系看。关于涂山地望，说者多谓在濠州，即今安徽蚌埠市西郊淮河东岸之涂山，亦有谓在会稽者。

《越绝书》卷8《越绝外传记地传》："涂山者，禹所取妻之山也。去县（山阴）五十里。"

《会稽志》卷9《山阴县·涂山》条："涂山，在县西北四十五里。旧经云禹会万国之所。……自《越绝》等书皆云禹娶于会稽涂山。应劭曰，在永兴北。永兴今萧山县也。……会诸侯于会稽则信而有征矣，至娶妇则好事者傅会于此，非其实也。"

《吴越春秋》卷6《越王无余外传》徐天祐注云："《会稽志》：涂山在山阴县西北四十五里。……《越绝》等书乃云，禹娶于会稽涂山。应劭曰，在永兴北。永兴今萧山县也。又与郡志所载不同。盖会稽实禹会诸侯计功之地，非所娶之国。"

以上三处记载，虽有"会诸侯"与"娶妇"的争执，有在"山阴"与在"永兴"（萧山）的不同，但都把"涂山"定在浙江的钱塘江、杭州湾附近了。

有的更干脆把会稽山指为涂山，认为涂山就是会稽山。如：

《水经·淮水注》："涂山有会稽之名。"

《说文解字》九篇下："嵞，会稽山也。"段玉裁注云："《左传》：'禹会诸侯于涂山，执玉帛者万国。'《鲁语》：'昔禹致群神于会稽之山，防风氏后至，禹杀而戮之。'二传所说正是一事。故云嵞山即会稽山。嵞、涂古今字。"

《大清一统志》卷226《绍兴府·涂山》条下云："在山阴县西北四十五里。

相传即禹会诸侯处。……考《吴越春秋》云，苗山，禹改为会稽，苗［山］即茅山，又云涂山，则涂山即会稽山矣。"

据上，有理由认为："涂山之会"与"会稽之会"很可能就是一回事，"涂山"也就是"会稽山"。本来，涂山在江北的淮水之滨的（说详后）；禹之娶于越、会于越、崩于越、葬于越的种种传闻，当是作为所谓"禹之苗裔"（《史记·越王勾践世家》）的越人的善意创制。

二、"娶于涂山"和"会于涂山"之"涂山"
是同一个地方，还是两个地方

如上文所引，《尚书·皋陶谟》、《楚辞·天问》、《吕氏春秋·季夏纪·音初》、《随巢子》、《史记·夏本纪》、《列女传》、《汉书·武帝纪》注引《淮南子》、《越绝书》、《吴越春秋》、《华阳国志》、《史记·夏本纪》、《索隐》、《正义》引《系本》、《帝系》等，皆言及"禹娶于涂山"事；《左传》哀公七年、《淮南子·原道训》、《帝王世纪》、《述异记》等，则言"禹会诸侯于涂山"事。两类记述，基本上是分别言之，而不互相兼及。惟《华阳国志》卷1《巴志》既言及"娶"，又提到"会"，作："禹娶于涂山，……今江州涂山是也。……会诸侯于会稽，执玉帛者万国，巴蜀往焉。"是谓"娶"为一地，"会"为另一地。"会"之涂山，说者大都谓在濠州，即今安徽蚌埠市西郊淮河东岸之涂山；"娶"之涂山，则多指为会稽（今浙江绍兴境）或渝州（今重庆市）。著名学者杜预亦认为，《左传》哀公七年"禹合诸侯于涂山"之"涂山"，"在寿春东北"（杜氏注），而"禹娶涂山"之"涂山"，在"江州"，"巴国也"。（司马彪《续汉书·郡国志·巴郡·江州》（后合入《后汉书》）刘昭注引）同样是将"涂山"分为"娶"与"会"两个不同所在地。

游国恩主编之《天问纂义》认为："禹娶涂山，及会诸侯，虽事有先后，要必同是一涂山，不然前后昏会之地，乃同名巧合如是乎？故徐氏（指为《吴越春秋》作注的徐天祐——引者）疑会稽非禹娶之国则可，必谓昏会之涂山为二，斯则过执之见耳。"① 游国恩先生等的禹婚、会之涂山为同一地的说法，是合乎情理的，成立的。

三、涂山在哪里

茫茫禹迹，涂山何处？这个问题，古今学者费了不少的劲，至今也没有很好

---

① 游国恩：《天问纂义》，中华书局1982年版，第183页。

解决。

唐苏鹗《苏氏演义》卷上云："《史记》云禹娶于涂山氏。今涂山有四：一者会稽；二者渝州，即巴南，旧江州是也，亦置禹庙于其间；三者濠州，亦置禹庙。郦道元《水经》云，周穆古庙，误为涂山禹庙。《左传》注云，涂山在寿春东北，即此是也。其山有鲧、禹、启三庙，又有五诸侯城；四者，《文字音义》云：峹山，古之国名，夏禹娶之，今宣州当涂县也。此峹山既为古侯国，禹娶之则宜矣。据禹之踪迹所在，会稽最多。昔禹会涂山，执玉帛者万国，防风氏后至，禹诛之。其身长三丈，其后得骨节而专车，言满一车也。《述异记》云：至今南中有防风氏，人皆长大。越俗祭防风神，奏防风古乐，……"

宋王楙《野客丛书》卷8《南岳首阳历山涂山》亦谓："涂山亦有四：一会稽，二渝州，三濠州钟离县，四宣州当涂县，皆立禹庙。《翠微考异》以宣之当涂，正禹之娶所。"

二氏胪列诸说，虽未敢轻予裁断，但也不是没有倾向性的。

事实上，四说外，尚有河南嵩县"三涂山"说和四川汶川县"涂禹山"说[1]，共约五六种说法。现分别简介于后。

（一）宣州当涂说

上引唐苏鹗《苏氏演义》，宋王楙《野客丛书》实际上是倾向于"涂山"在"宣州当涂县"的。

所谓宣州之当涂，即今安徽长江南岸（东岸）之当涂。

（二）会稽说

上引《越绝书》卷8《越绝外传记地传》、《吴越春秋》卷6《越王无余外传》徐天祐注，《会稽志》、《水经·淮水注》、《说文解字》及段氏注，皆谓涂山在山阴或永兴，甚或径指会稽山即涂山。

（三）江州（重庆）说

《华阳国志》卷1《巴志》："禹娶于涂山，……今江州涂山是也，帝禹之庙铭存焉。"

司马彪《续汉书·郡国志·巴郡·江州》（后合入《后汉书》）刘昭注："杜预曰：巴国也。有涂山。禹娶涂山。"

《水经·江水注》："江州县，故巴子之都也。……江水北岸有涂山，南有夏禹庙、涂君祠，庙铭存焉。常璩、仲雍并言禹娶于此。"（注意：这是郦道元引述

_____

① 董其祥：《涂山新考》，载于《重庆师范学院学报》1982年第1期。

的常璩、庾仲雍的看法；郦氏本人并不赞同此说，所以他于上文后紧接着就说："余按群书，咸言禹娶在寿春当涂，不于此也。"）

江州，县名，战国秦惠王置，本巴国都，治所在今重庆市。

（四）四川汶川说

《史记·六国年表》："禹兴于西羌。"《集解》引皇甫谧云："孟子称禹生于石纽，西夷人也。传曰'禹生自西羌'是也。"《正义》云："禹生于茂州汶川县，本冉駹国，皆西羌。"《夏本纪》《正义》："《帝王纪》云：……禹，名文命，字密，身九尺二寸长，本西夷人也。……杨雄《蜀王本纪》云：禹本汶山郡广柔县人也，生于石纽。"《括地志》云：茂州汶川县石纽山在县西七十三里。《华阳国志》云："今夷人共营其地，千百里不敢居牧，至今仍不敢放六畜。"按：广柔，隋改曰汶川。"

近之学者，多有从其说者，并认为石纽山就在今四川北川县禹里羌族乡。

以上是说禹生于斯。亦有谓禹娶于汶川县之涂禹山者。

李元《禹迹考》："加渴瓦寺土司署在治（汶川）西北十里，谓之涂禹山，与刳儿坪相距十里有奇，盖即涂山故国。"① 董其祥先生文中还谓："汶川县境有涂禹山，相传为禹娶涂山之处。"

（五）嵩县三涂山说

《逸周书·度邑》：武王曰："自洛汭延于伊汭，居阳无固，其有夏之居。我南望过于三涂，北望过于有岳。……"

《左传》昭公四年：司马侯曰："四岳、三涂、阳城、大室、荆山、中南，九州之险也。"十七年："晋侯使屠蒯如周，请有事于雒与三涂。"杜预《注》："三涂，山名，在陆浑南。"

《水经·伊水注》："伊水历崖口山峡也，翼岸深高，壁立若阙，崖上有坞，伊水迳其下，历峡北流，即古三涂山也。杜预《释地》曰：山在县南，阚骃《十三州志》云：山在东南，今是山在陆浑故城东南八十里许。"

闻一多《天问疏证》："崮山本即三涂，在今河南嵩县"。②

顾颉刚《古代巴蜀与中原的关系说及其批判》谓："这三涂山大约就是熊耳山的东角。禹娶涂山，从禹传说的核心看，应当在这一边才对。所以我以为涂山即是三涂山的简称。"③

钱穆《史记地名考·三涂》："《水经注》伊水出陆浑县之西南王母涧，涧北

---

① 转引自董其祥：《涂山新考》，载于《重庆师范学院学报》1982年第1期。
② 闻一多：《天问疏证》，生活·读书·新知三联书店1980年版，第46页。
③ 顾颉刚：《论巴蜀与中原的关系》，四川人民出版社1981年版，第47页。

山上有王母祠，即古三涂山也。禹娶涂山氏女传说当指此。"①

杨伯峻《春秋左传注》在引述了有关涂山地望的种种说法后认为："然皆传说，不必深究。而《水经·伊水注》谓'陆浑县之西南王母涧，涧北山上有王母祠，即古三涂山也。'《方舆纪要》亦谓'三涂山在河南嵩县西南十里。'似禹之涂山即三涂山。"②

姜亮夫《楚辞通故》一辑《地部》《盍山》条下有谓："古传说有四处，汉人旧从，与禹一生事迹不调。当即伊水附近之三涂山。后因民族迁移，而有渝州及宣州之当涂、会稽等说"。"诸家辩说，多依汉人旧说为之论证，胥未结合禹一生传说实际立言，恐不足据。渝州之说，去禹一生事迹中心地带极远，固不必论，即宣州当涂、会稽诸说，亦当为夏民南迁后转移之说。禹治水，未必南及江淮钱塘，即夏一代之舆地，亦未必拥有此等地方。凡古初图腾所奉始祖，其子孙转称后，亦随之而转移，此固常例。吾人若就禹一生活动地区审之，万无远婚江南之可能。故上传四地，皆未必可信。""汤放桀于南巢，夏人大量随之南迁，当涂、会稽有涂山，即图腾随氏族迁徙之迹也。"③

（六）濠州说

《左传》哀公七年子服景伯曰："禹合诸侯于涂山，执玉帛者万国。"杜预《注》："涂山，在寿春东北。"

梁玉绳《史记志疑》卷二谓："杜注《左传》谓涂山在寿春东北，寿春即濠州，山有鲧、禹两庙，又有禹会村，唐柳宗元《柳州集涂山铭》、宋苏轼《东坡集涂山诗》俱在濠州，确然可信，乌知夏禹真墓不在濠州之涂山耶？《水经注》三十卷据《国语》以禹会在会稽，谓杜注寿春为非，未免违戾。然则会稽之讹何由？曰《管子封禅篇》乃汉人屡窜，其称禹禅会稽本属妄谈，而世俗以封禅为帝王盛事，有封禅必有朝会，好事者遂假其说以神之，并伪造少康封无余一节事。而涂山之会不能没，禹又无二会，于是谓会稽亦有涂山之名。郦道元竟以涂山之会是周穆而非夏禹，举无足征也。"

《大清一统志》卷87《凤阳府》、《涂山》条下亦谓："在怀远县东南八里，淮水东岸，亦名当涂山。……苏轼，苏辙涂山诗皆指濠州，与杜预《左传》在寿春东弱合，则以涂山在怀远为正。"

游国恩主编《天问纂义》谓："涂山诸说不同，要以杜征南说为近是。"④ 表示基本上赞同杜预的说法。

① 钱穆：《史记地名考》，台北三民书局1984年版，第148页。
② 杨伯峻：《春秋左传注》第四册，中华书局1981年版，第1642页。
③ 姜亮夫：《楚辞通故》第一辑，齐鲁书社1985年版，第294～299页。
④ 游国恩：《天问纂义》，中华书局1982年版，第183页。

六说中，以宣州当涂说最为不能成立，应首先予以排除。正如王应麟《困学纪闻》卷6所指出的："苏鹗《演义》谓宣州当涂，误也。东晋以淮南当涂流民寓居于湖，侨立当涂县以治之，唐属宣州。汉人当涂乃今濠州钟离也。"东晋时当涂县从淮水边侨移江南，说者不察，竟也把涂山搬了家。

会稽说不能成立，本文第一部分之末已有说，上引梁玉绳《史记志疑》也有比较透彻的议论，这里不再重复。

重庆和川西说，由于二地远离夏活动的中原中心地区，谓禹"娶"或"会"于斯，恐难成立。有关禹生于斯、娶于斯、会于斯的诸多传说，当是同黄帝族（禹为黄帝后）保有密切关系的羌人春秋后从黄河中上游迁入四川后带入或新创制的。

嵩县三涂山说，从地理位置上讲，处于夏人活动的中心地区，谓禹在这里"娶妇"或"会诸侯"，情理上讲得通，且得到闻一多、顾颉刚、杨伯峻、姜亮夫诸大家的支持，颇有后来居上、力排众说之势。但人们不应忽略：为什么前此一直无人将"三涂山"与"涂山"挂钩？如果禹真的于此"娶妇"或"会诸侯"，古文献上怎么会一点反映也没有？历史上众多硕学通儒何以置"天子"脚下的"三涂山"于不顾而执意要往外地去寻找"涂山"的踪迹呢？这些，都是不好解释的。

窃以为，还是杜预说得之。理由如下：（1）从地理位置讲，今安徽蚌埠地区正当夏、夷结合部，且与中原地区无高山大河等自然屏障的阻隔，距离小不算远，禹离开都城选择此地会诸侯，既可表示对边远方国、部落的亲善，又不至鞭长莫及、失去控制。（2）从黄帝以来华夏族的经营方向看，也一直着意于东方的，夏、夷间的交往、冲突长期占据着历史舞台的中心位置。太早的如东夷族太皞、少皞与中原的交往，且不去说它。即以尧、舜、禹时代论，据《史记》、《五帝本纪》、《夏本纪》，早在尧时，"禹、皋陶、契、后稷、伯夷、夔、龙、倕、益、彭祖"，"皆举用"；禹崩，曾一度"以天下授益"，后来，益又"让帝禹之子启"。皋陶、契、益，都来自东夷，足见当时华夏、东夷两大族团关系之密切，尧、舜、禹时也颇有点夏、夷"联后政权"的味道。夏王朝正式建立后，夏、夷关系一个时期内相当紧张。太康时，夏竟至失国，政权一度被东夷族的后羿、寒浞夺去。至少康，始中兴、复国。此后，"九夷"又纷纷"来宾"、"来御"（《后汉书·东夷传》注引《竹书纪年》），关系又趋正常。商代，虽与西方、北方的氐、羌、鬼方等族时有冲突，但主要的冲突还是与东夷的冲突。史称，纣王曾对东夷大量用兵，虽获得了胜利，但国力也掏空了，周遂乘机灭商，故史有"纣克东夷而陨其身"（《左传》昭公十一年）的说法。入周，由于齐、鲁等国的建立，华夏族东进并与夷族融合的步伐大大加快了，到了春秋战国，夏、夷的融合终于完成。四方中，东方地域最小，离中原最近，也比较先进、富足，故五帝、三代以来华夏族的主要经营方向一直放在东方，也最早实现了与东方的民族融合。在上述大背景下认识禹的东向发展（娶于东方，盟诸侯于东方），就不会感到有什么可奇怪的了。（3）从有关涂山氏女的零星记载中，亦可寻觅到她是夷人、南人的蛛丝马迹。《帝王世纪》云：“禹始纳涂山氏女，曰女娲”。远古，还有个“女娲氏”，同“庖牺氏”一样，皆“风姓也”（《帝王世纪》），大约属东夷族。禹娶之“女娲”，既袭用远古“女娲氏”之名号，当不至完全无涉，很可能，作为禹妇的“女娲”就是远古“女娲氏”的后人，同属东夷族。另，《吕氏春秋·季夏纪·音初》谓：“禹行功，见涂山之女，禹未之遇而巡省南土。涂山氏之女乃令其妾候禹于涂山之阳。女乃作歌，歌曰‘候人兮猗’，实始作为南音。周公及召公取风焉，以为《周南》、《召南》。”高诱《注》：南音，“南方国风之音”，“取涂山氏女南音以为乐歌也。”此亦适足证“涂山氏女”本不是王都附近的“当地人”，而是淮河边的“南人”、“淮女”。

以上所证，不敢自必，兹冒昧提出，以就教于方家、同好。

此事虽已逝去四千余年，但禹娶于涂山、会于涂山对国家统一和民族融合所立下的不朽功勋和深远影响，将永远彪炳史册，值得后人永远怀念。

（原载《先秦传说与区域文化研究》，兰州大学出版社 2010 年版）

鲧禹治水败成的背后

鲧、禹父子皆以治水名，结果却大不相同：一个因所谓治水有过，不仅招来杀身之祸，且落千古骂名；另一个则靠着治水之功，不但后来得了天下，且名垂史册，备受后人称颂、赞扬。如此大的反差背后究竟隐藏着什么样的故事、猫腻，是颇值得人们认真玩味、深思的。

一、后人心目中习见之鲧禹

后人心目中习见之鲧、禹形象，基本上是由《尚书·尧典》、《史记·五帝本纪》、《夏本纪》塑造而成的。为便讨论，兹迻录于后：

帝曰："咨！四岳。汤汤洪水方割，荡荡怀山襄陵，浩浩滔天。下民其咨，有能俾乂？"佥曰："於！鲧哉。"帝曰："吁！咈哉！方命圮族。"岳曰："异哉！试可乃已。"帝曰："往！钦哉。"九载，绩用弗成。……流共工于幽州，放驩兜于崇山，窜三苗于三危，殛鲧于羽山。四罪而天下咸服。……（舜曰）"禹，汝平水土，惟时懋哉！"（《尚书·尧典》）

尧又曰："嗟，四岳，汤汤洪水滔天，浩浩怀山襄陵，下民其忧，有能使治者？"皆曰鲧可。尧曰："鲧负命毁族，不可。"岳曰："异哉，试不可用而已。"尧于是听岳用鲧。九岁，功用不成。……帝尧老，命舜摄行天子之政，以观天命。……四岳举鲧治鸿水，尧以为不可，岳疆请试之，试之而无功，故百姓不便。……舜归而言于帝，请流共工于幽陵，以变北狄；放驩兜于崇山，以变南蛮；迁三苗于三危，以变西戎；殛鲧于羽山，以变东夷。四辠而天下咸服。（《史记·五帝本纪》）

当帝尧之时，鸿水滔天，浩浩怀山襄陵，下民其忧。尧求能治水者，群臣四岳皆曰鲧可。尧曰："鲧为人负命毁族，不可。"四岳曰："等之未有贤于鲧者，愿帝试之。"于是尧听四岳，用鲧治水。九岁而水不息，功用不成。于是帝尧乃求人，更得舜。舜登用，摄行天子之政，巡狩。行视鲧之治水无状，乃殛鲧于羽山以死。天下皆以舜之诛为是。于是舜举鲧子禹，而使续鲧之业。……禹乃遂与益、后稷奉帝命，命诸侯百姓兴人徒以傅土，行山表木，定高山大川。禹伤先人

父鲧功之不成受诛,乃劳身焦思,居外十三年,过家门不敢入。(《史记·夏本纪》)

战国、秦汉间,类似的零星记载还有一些,如:

洪水滔天,鲧窃帝之息壤以堙洪水,不待帝命。帝令祝融杀鲧于羽郊。鲧复(腹)生禹。帝乃命禹卒布土以定九州。(《山海经·海内经》)

禹湮洪水,杀相繇,其血腥臭,不可生谷,其地多水,不可居也。禹湮之,三仞三沮,乃以为池,群帝因是以为台。(《山海经·大荒北经》)

昔者禹之湮洪水、决江河而通四夷九州也,名山三百,支川三千,小者无数。(《庄子·天下》)

中古之世,天下大水,而鲧、禹决渎.(《韩非子·五蠹》)

灵王二十二年,谷、洛斗,将毁王宫。王欲雍之,太子晋谏曰:"不可,晋闻古之长民者,不堕山,不崇薮,不防川,不窦泽。……昔共工弃此道也,虞于湛乐,淫失其身,欲雍防百川,堕高埋庳,以害天下。皇天弗福,庶民弗助,祸乱并兴,共工用灭。其在有虞,有崇伯鲧(同鲧),播其淫心,称遂共工之过,尧用殛之于羽山。其后伯禹念前之非度,厘改制量,象物天地,比类百则,仪之于民,而度之于群生,共之从孙四岳佐之。高高下下,疏川导滞,钟水丰物,封崇九山,决汨九川,陂鄣九泽,丰殖九薮,汨越九原,宅居九隩,合通四海。……皇天嘉之,祚以天下。(《国语·周语下》)

鲧鄣洪水而殛死,禹能以德修鲧之功。(《国语·鲁语上》)

(伍子胥谏吴王夫差曰)今王既变鲧、禹之功,而高高下下,以罢民于姑苏。(《国语·吴语》)

鲧鄣鸿水而殛死,禹能脩鲧之功。(《礼记·祭法》)

禹乃以息土填洪水,以为名山。(《淮南子·墬形训》)

尧遭帝喾之后乱,洪水滔天。尧使鲧治之,九年弗能治。尧七十年而得舜。舜明知人情,审于地形,知鲧不能治,数谏不去。尧殛之羽山。此之谓舜之时鲧不从令也。(《越绝书》卷三《越绝吴内传》)

帝尧之时,遭洪水滔滔……乃命四岳,乃举贤良,将任治水。自中国至于条方,莫荐人,帝靡所任。四岳乃举鲧,而荐之于尧。帝曰:"鲧负命毁族,不可。"四岳曰:"等之群臣,未有如鲧者。"尧用治水,受命九载,功不成。帝怒曰:"朕知不能也。"乃更求之,得舜。使摄行天子之政,巡狩。观鲧之治水无有形状,乃殛鲧于羽山。……禹伤父功不成,循江沂河,尽济甄淮,乃劳身焦思以行。(《吴越春秋·越王无余外传》)

上述记述,虽有一定差异,但大多是抑鲧扬禹的。以至发展到今日,连一些颇具影响的史学论著、工具书也都跟着大讲什么"鲧治水九年,应用堵塞的方法防治水患,但洪水一来,冲垮了堤坝,下游受害更加严重。因此,舜把鲧殛死,即放逐而死了。……禹花了十年左右的功夫，三过家门而不入，改用疏导的方法，治理了水患，给社会生产创造了有利的条件。……由于禹治水成功，当舜年老在联盟议事会上提出继任人选问题的时候，大家都推举禹作部落联盟的首领。"[1] "尧时洪水泛滥，（鲧）受四岳推荐治水，用筑堤堵水之法，九年不成，被舜殛死于羽山。"禹"奉舜命继鲧治理洪水，以疏导方法平水治土，发展农业，在外十三年，终于成功。因功大，继舜位，为夏朝第一代王。"[2]

二、鲧、禹治水方法有无大的不同

如上所述，在一般人乃至多数学者心目中，鲧、禹治水之败、成，主要是治水方法的不同，即鲧之败在"堵"，禹之成在"疏"上。事实上，问题远没有这么简单。如《尚书·尧典》虽谓鲧治水九载"绩用弗成"，禹"平水土，惟时懋哉"，褒贬分明，却未明言二人在治水方法上有何不同。《史记》《五帝本纪》、《夏本纪》因之，仍仅言鲧治水九岁，"功用不成"，禹"劳身焦思，居外十三年，过家门不敢入"云云，亦未明确道出二人在治水方法究竟有什么不同。

约成书于战国初年的《国语》，始明确提出鲧沿用共工"壅防百川，堕高堙庳"的治水方法，终被尧"殛之于羽山"；"其后伯禹念前之非度，厘改制量，……高高下下，疏川导滞，……皇天嘉之，祚以天下"（见前引《国语·周语下》）。由于此说能给出鲧、禹治水败、成的明确原因，后人纷纷沿用，于是积久成习，几成不刊之论了。

而据多数典籍，鲧、禹在治水方法上似乎并无什么大的不同。如作为失败者的鲧固然是"堙洪水"（《山海经·海内经》），而治水有大功的禹又何尝不是靠"湮（字或作堙、陻）洪水"（《山海经·大荒北经》、《尚书·洪范》、《汉书·沟洫志》引《夏书》）、"填洪水"（《淮南子·墬行训》）起家的呢？

以上说"堵"。至于说到"疏"，据典籍，恐也很难说是禹的专利。如上引《韩非子·五蠹》即谓："中古之世，天下大水，而鲧禹决渎。""决渎"，即排除壅塞，疏通水道，即"疏"。

《庄子·天下》谓："昔者禹之湮洪水、决江河而通四夷九州。"《汉书·沟洫志》引《夏书》亦有"禹堙洪水"，禹"随山浚川"、"九川既疏"的记载。足见，无论是鲧，还是禹，在治水方法上，无不是既"堵"且"疏"，"堵"、"疏"结合的。这也并不奇怪，因为，"堵"、"疏"历来是治水中交互为用的两种基本方法，即时至今日，也仍然是疏通河道与加固堤防结合，缺一不可，何来

---

① 郭沫若主编：《中国史稿》第一册，人民出版社 1976 年版，第 132～133 页。
② 《中国历史大辞典》、《鲧》、《禹》条，上海辞书出版社 2000 年版，第 3198、2225 页。

一个（鲧）专任"堵"，"堵"则失败，一个（禹）全仗"疏"，"疏"必成功的道理呢！

再则，从《尚书》、《史记》的有关记载看，鲧之担任治水重任，是"四岳"或"群臣四嶽"一致推荐的，并在尧有不同意见的情况下仍力荐之，道理是当时在治水上还没发现有"贤于鲧者"。这说明，鲧在当时，是这方面公认的一位专门家（尧初不同意用鲧，也不是从专业技术的层面，而是从人品或"政治"的层面着眼的）。鲧治水以悲剧收场，当是洪水灾害过于严重（即可能遇上了周期性严重洪涝灾害）、人类抗御自然灾害能力低下（当时就那水平，远非鲧、禹个人能力所能左右，也不是短短几年内就会由什么人所能一下子提高多少的）以及其他人为因素（如尧、舜的不信任、支持等）所决定的；禹之治水成功（虽被明显夸大了，但毕竟取得相当成功，恐亦是不争之事实）亦当同他个人的努力、人际关系的协调（舜的信任以及益、后稷等的配合、支持）、特别是周期性洪涝灾害的逐渐减弱乃至消退有关，似不能单纯把它归结为禹在治水方法上比其父鲧有了个什么所谓的由"堵"到"疏"的质飞跃所致（自然，这并排斥禹在鲧的基础上，对治水的某些方法、经验，有所总结、有所创新、有所前进）。

这里，需顺便指出，鲧之治水虽以悲剧收场，但这绝不意味着他在九年的治水过程中一无是处，毫无功业可言。事实上，从后世一些零散记载中，仍可看出人们对鲧的治水之功还是认可的，没有忘记的，如前述《国语·吴语》载伍子胥谏吴王夫差时所谓"鲧、禹之功"及《韩非子·五蠹》所谓"中古之世，天下大水，而鲧、禹决渎"，每每将鲧、禹并称，即是明证。尧、舜所指责的"绩用弗成"、"功用不成"、"试之而无功"、"治水无状"云云，只能理解为所谓"欲加之罪，何患无辞"，只能是借水说事，背后另有原因。

三、鲧禹治水败成背后的故事、猫匿

如前所述，鲧、禹父子都是长期治水的，且在方法上并无大的不同。退一步说，即使鲧治水方法不当，也主要是当时人们认识能力、改造自然能力普遍低下造成的，并非鲧一人之过，在一无渎职，二无蓄意破坏的情况下，单凭这一点也罪不至死！那么，究竟是什么原因使得二人得到有如天壤之别的结局、下场呢？对此，吾师童书业曾为文道破之曰：

相传禹治水之方与鲧不同，鲧堙洪水而禹主疏道，然此非原始之传说也。……读《山海经》、《天问》及《淮南子》等书，始知禹所用之治水方法与鲧相同，为"堙"为"填"。《海内经》言"鲧窃帝之息壤以堙洪水，不待帝命，帝令祝融杀鲧于羽郊。鲧复（腹）生禹，帝乃命禹卒布土，以定九州"，鲧治洪水之法为用息壤堙塞，此即所谓"布土"（"敷土"）。鲧始"布土"，禹成鲧之功，自此九州"均定"。在此处鲧之失败由于"不待帝命"，而并非"堙洪水"之法有失。①

即是说，鲧之败亡，并不是治水方法有失，而是他"不待帝命"，即"不听话"的结果。

关于鲧的"不待帝命"，史籍所载甚少，但也不是全无蛛丝马迹可寻，如：

昔者伯鲧，帝之元子，废帝之德庸，既乃刑之于羽之郊。（《墨子·尚贤中》）

昔者鲧违帝命，殛之于羽山。（《国语·晋语八》）

昔鲧违帝命，殛之于羽山。（《说苑·辨物》）

这些记述，虽不再将鲧之被诛与治水挂钩，却也未道出"违帝命"的具体原因、内容。下面两条，则具体得多：

尧欲传天下于舜，鲧谏曰："不祥哉，孰以天下而传之于匹夫乎？"尧不听，举兵而诛，杀鲧于羽山之郊。（《韩非子·外储说右上》）

尧以天下让舜。鲧为诸侯，怒于尧曰："得天之道者为帝，得地之道者为三公。今我得地之道，而不以我为三公。"以尧为失论。欲得三公，怒甚猛兽②，欲以为乱。比兽之角，能以为城；举其尾，能以为旌。召之不来，仿佯于野以患帝。舜于是殛之于羽山，副之以吴刀。禹不敢怒，而反事之，官为司空，以通水潦，颜色黎黑，步不相过，窍气不通，以中帝心。（《吕氏春秋·恃君览·行论》）

至此，事情已再明白不过。原来，以治水方法不当诛鲧，原不过一个堂而皇之的借口；决心要除掉有一定地位、势力，且对尧选定舜为接班人不服并举兵作乱的鲧，才是问题的本质。

尧、舜既诛除了心腹之患鲧又何以起用禹使之"续鲧之业"呢？这自然不是尧、舜的宽仁大度，而很可能是一种示天下以公的姿态，或是基于鲧禹家族尚保有一定实力的某种交易、妥协。精明的禹，终于通过韬光养晦、埋头苦干渡过难关，并赢得了舜的信任，当上了舜的接班人。羽翼既丰，禹乃仿"舜逼尧"故事，"逼舜"（《韩非子·说疑》），并最终取得"帝"位，开创了夏王朝。政治地位既高，一项项美德、壮举想不往自己头上堆都难。在这种情况下，禹的治水之功（包括治水方法）被无限放大，也就再自然不过了。至于鲧，虽可受夏后氏之"郊"祭（《国语·鲁语上》谓"夏后氏禘黄帝而祖颛顼，郊鲧而宗禹"），但碍着大圣人尧、舜的声威、脸面，翻案不便，于是只好委屈他老人家一下，任其继续尴尬下去了。

（原载《青海师范大学学报》2012 年第 6 期）

---

① 《春秋左传研究》，上海人民出版社 1980 年版，第 17 页。
② 王念孙《吕氏春秋校本》谓："《论衡·率性篇》作'怒其猛兽'，当从之。"学林出版社 1988 年版，陈奇猷《吕氏春秋校释》亦以王说为是。

禹家族的王权之路

一、禹界分了"大同"与"小康"

关于中国的文明期亦即国家时期从何时起算的问题，学界迄无定论。过去，一部分学者认为，自盘庚迁殷后，甚至到了西周，中国才进入阶级社会；近些年来，一些学者又根据考古发掘中的陶文、古城址等，提出应把中国的文明史上溯到大汶口文化时期，上溯到五帝时期。前一种说法，未免太低估了夏、商的社会发展水准，后说则过分夸大某些文明因素，把萌芽状态的文明因素拔高为文明时期的正式到来，故皆难成说。《礼记·礼运》明谓：

> 大道之行也，天下为公。选贤与能，讲信修睦。故人不独亲其亲，不独子其子，使老有所终，壮有所有，幼有所长，矜寡孤独废疾者皆有所养。男有分，女有归。货恶其弃于地也，不必藏于己；力恶其不出身也，不必为己。是故谋闭而不兴，盗窃乱贼而不作，故外户而不闭，是谓大同。今大道既隐，天下为家。各亲其亲，各子其子，货力为己。大人世及以为礼，城郭沟池以为固，礼义以为纪。以正君臣，以笃父子，以睦兄弟，以和夫妇，以设制度，以立田里。以贤勇知，以功为己。故谋用是作，而兵由此起。禹、汤、文、武、成王、周公，由此其选也。……是谓小康。

《礼记·礼运》篇的作者虽不懂马列，不知历史唯物主义为何物，但他关于"大同"、"小康"的从经济基础到上层建筑的系统、全面、精深的描述，还是使人一看便知"大同"是指无私有、无剥削、无阶级、无国家机器的原始社会，"小康"是指已有了私有制、剥削、阶级和国家机器的阶级社会，而禹正是界分了"大同"与"小康"之世的一个划时代的标志性人物。

所以，在无新的、足以推翻上述界分的像样材料发现以前，我们还是只能说夏代是中国进入阶级社会之始，大禹是中国历史上第一个王朝、从而也是中国历史上整个阶级社会的第一位国王。

二、鲧、禹、启共同缔造了夏王朝而以禹功为大

夏王朝的创建人是谁？传统看法认为是禹。也有人认为，禹之位来自舜的禅让，且禹在位时曾先后举皋陶、益二人，任之政，作为自己的接班人，禹死之后，也实际上是益接的班，而后，禹之子启才从益那里取得政权，启死，子太康继立，故传子制实应从启算起，启才是中国历史上第一个王朝——夏王朝的创立者。

笔者认为，在夏王朝的建立过程中，鲧和启虽都起了一定作用，但主要的作用，或者说关键的一步，还是由禹完成的。

禹家族的崛起，实自鲧始（《史记·夏本纪》"鲧之父曰颛顼，颛顼之父曰昌意，昌意之父曰黄帝。禹者，黄帝之玄孙而帝颛顼之孙也"云云，乃后世大一统观念的产物，不可靠）。据传，帝尧之时，"汤汤洪水滔天，浩浩怀山襄陵，下民其忧。"当帝尧向四岳征询谁可当治水大任时，四岳"皆曰鲧可。"尧曰："鲧负命毁族，不可。"只是由于四岳坚持已无人可用，"强请"让鲧试试，尧始勉强"听岳用鲧。"鲧治水九年，"功用不成"，没有取得治水的成功。尧不仅免了鲧的职，且根据接班人舜的建议，"殛鲧于羽山"，杀了鲧。（《史记·五帝本纪》）。

鲧何以被诛呢？《山海经·海内经》说："鲧窃帝之息壤以堙洪水，不待帝命，帝令祝融杀鲧于羽郊。鲧复（腹）生禹。帝乃命禹卒布土以定九州。"《史记·夏本纪》云："舜登用，摄行天子之政。巡狩，行视鲧之治水无状，乃殛鲧于羽山以死，天下皆以舜之诛为是。于是舜举鲧之子禹，而使续鲧之业。……禹伤先人父鲧功之不成受诛，乃劳身焦思，居外十三年，过家门不敢入。薄衣食，致孝于鬼神；卑宫室，致费于沟淢。陆行乘车，水行乘船，泥行乘橇，山行乘檋。左准绳，右规矩，载四时，以开九州，通九道，陂九泽，度九山。"无非是因为鲧治水不得法（用堙、填之法，而不是后来禹所采用的疏导之法或堙、疏并举之法），公正无私、赏罚分明的尧、舜只好处死了鲧，却启用鲧的儿子禹，"使续鲧之业"，并终获治水之成功。

事情真相如何？恐远没有上述记载所说的那样简单。

首先在当时的认识、技术条件下，谁也一下子拿不出战胜洪水的万全之策乃情理中事，鲧在治水方法上即使有失误，也罪不至死。因为，从有关记载看，鲧除了所谓治水方法上的失误外，并不存在诸如渎职一类的其他劣行。相反，倒是有迹象表明，鲧还是一个颇为勤政爱民、甚得民心的人物呢！如屈原就曾在《天问》中忿忿不平地问道："不任汩鸿，师何以尚之？"（王逸注："汩，治也。鸿，大水也。师，众也。尚，举也。言鲧（鲧）才不任治鸿水，众人何以举之乎？"）

"顺欲成功,帝何刑焉?"(王逸注:"帝,谓尧也。言鲧设能顺众人之欲而成其功,尧当何为刑戮之乎")"阻穷西征,岩何越焉?化为黄熊,巫何活焉?咸播秬黍,莆藋是营。何由并投,而鲧疾脩盈?"(王逸注:"阻,险也。穷,窘也。征,行也。越,度也。言尧放鲧羽山,西行度越岑岩之险,因堕死也。""活,生也。言鲧死后化为黄熊,入于羽渊,岂巫医所能复生活也?""咸,皆也。秬黍,黑黍也。藋,草名也。营,耕也。言禹平治水土,万民皆得耕种黑黍于藋蒲之地,尽为良田也。""疾,恶也。脩,长也。盈,满也。由,用也。言尧不恶鲧而戮杀之,则禹不得嗣兴,民何得投种五谷乎?乃知鲧恶长满天下也。")王逸注明显地颂尧、扬禹、抑鲧,多失屈子原意。还是郭沫若的看法深得屈子本旨,他对上述文字的译意是:"说伯鲧不会治水,大众又何以都在推荐他?""筑堤防也是想成大功,何故便处以极刑?""道路阻绝,被流东裔,鲧何以又越过了岑岩?巫师何能使他复活,死后又化作黄熊作怪?要大家播种黑小米,把萑苻杂草都铲锄开,何以却要把他流窜,把鲧恨得这样厉害?"他如《离骚》"鲧婞直以亡(忘)身兮,终然夭乎羽之野"(王逸注:"婞,很也。"郭沫若译曰:"鲧是太直辟不顾性命,终竟在羽山下遭受了残杀之祸"),《九章·惜诵》"行婞直而不豫兮,鲧功用而不就"(王逸注:"豫,厌也。"郭沫若译曰:"行为耿直而不肯犹夷,伯鲧治水,因而未能治好。"[①])等诗句,亦无不流露出对鲧的赞扬、惋惜、同情。

鲧同尧、舜间到底发生了什么样的事情了呢?按胜利者尧、舜的意旨写就的记载,自然是因为鲧的"堙洪水,不待帝命"(《山海经·海内经》),"治水无状"(《史记·夏本纪》),"负命毁族"(《史记·五帝本纪》。《尚书·尧典》作"方命圮族")等,总之,全是鲧之罪错。事实呢?恐并非如此。《吕氏春秋·行论》有言:"尧以天下让舜。鲧为诸侯,怒于尧曰:'得天之道者为帝,得地之道者为三公,今我得地之道,而不以我为三公。'以尧为失论。欲得三公,怒甚猛兽"(王念孙《吕氏春秋校本》谓:"《论衡·率性篇》作'怒其猛兽',当从之。"学林出版社1984年版陈奇猷《吕氏春秋校释》亦以王说为是),"欲以为乱。比兽之角,能以为城;举其尾,能以为旌。召之不来,徜徉于野以患帝。舜于是殛之于羽山,副之以吴刀。禹不敢怨,而反事之,官为司空,以通水潦,颜色黎黑,步不相过,窍气不通,以中帝心。"这恐怕才是事情的真相。事实上,以治水方法不当诛鲧,只不过是一个堂而皇之的借口;决心要除掉有一定地位、势力,且对尧选定舜做接班人不服的鲧,才是问题的本质。

尧、舜诛杀了鲧又何以起用鲧的儿子禹使之"续鲧之业"呢?看来,这并不是尧、舜等的宽仁大度,而很可能是一种示天下以公的姿态,或是基于鲧家族势

---

① 郭沫若:《屈原赋今译》,作家出版社1953年版,第64~65、100、134页。

力的某种交易、妥协。为后儒所津津乐道的"禅让"之举，在历史上是有过的，但那是原始社会典型时期限的事，到了原始社会行将崩溃、国家已处萌芽状态的尧、舜、禹时期，权力的确立、转移已处处伴随着刀光剑影，又何来"禅让"一说？即有，也早已是徒具形式、内容上已变了味的货色。《史记·五帝本纪》言："尧崩，三年之丧毕，舜让辟丹朱于南河之南。"《正义》引《括地志》云："《竹书》云昔尧德衰，为舜所囚也。……《竹书》云舜囚尧，复偃塞丹朱，使不与父相见也。"类似的故事，在舜死后又上演了一次。《史记·夏本纪》谓："帝舜崩，三年丧毕，禹辞辟舜之子商均于阳城。天下诸侯皆去商均而朝禹，禹于是遂即天子位，南面朝天下，国号曰夏后。"禹同舜子商均之间，同样经历了一场权力之争。

鲧虽一度拥有一定地位、势力，但他在同尧、舜的斗争中终归是一个失败者，故奠立夏王朝的首功他是没有份的，但如前所述，禹家族的崛起始于鲧，禹之所以能够以罪臣之子的身份得到舜的任用，也多半是托了鲧家族仍有一定实力的福。故从这个意义上说，也未尝不可把鲧视为夏王朝的缔造者之一。

禹作为鲧的儿子之所以能够在舜的手下生存下来，逐步立定脚跟并终于代舜而王天下，自有其过人之处。

首先，他深谙韬晦之术，忍辱负重，注意处理好同舜的关系，并终于取得了舜的信任，成了舜的接班人。上引《吕氏春秋·行论》"禹不敢怒，而反事之，……以中帝心"，《史记·夏本纪》"禹伤先人父鲧功之不成受诛，乃劳身焦思，居外十三年，过家门不敢入"云云，生动刻画了禹在政治手腕上远远高于他的父亲鲧。

其次，禹又是一个出色的、很能吃苦的实干家。史称，禹"卑宫室，致费于沟淢"（《史记·夏本纪》），且"沐甚雨，栉疾风"，"亲自操橐耜"地去干，以至到了"腓无胈，胫无毛"的地步。（《庄子·天下》）禹的治水之功，不仅赢得了舜的信任，也赢得了民众的拥戴，这是他日后赢得天下的重要的一着。

在代舜君临天下的前后，禹还干了三件大事：一是"别九州"，"任土作贡"（《尚书·禹贡》序），即开始按地域划分国民（自然，这并不意味着当时人们间已不存在普遍的族的血缘联系），并建立贡赋制度；二是"合诸侯于涂山，执玉帛者万国"（《左传》哀公七年），"防风氏后至，禹诛之"（《述异记》），即在相当范围内建立起得到四方认可的中央王朝，并用暴力维护它的权威；三是在大局上已为启的接班作了安排。据《史记·夏本纪》，禹虽按传统安排了益作自己的接班人，禹死之后，人们也一度"以天下授益"，但"三年之丧毕，益让帝禹之子启，而辟居箕山之阳。禹子启贤，天下属意焉。……故诸侯皆去益而朝启，曰'吾君帝禹之子也'。于是启遂即天子之位，是为夏后帝启。"为什么启能压过益呢？贤恐尚在其次，主要还是因为他是禹的儿子。而据《晋书·束晳传》、《史通·疑古》等所引《竹书纪年》，尚有"益干启位，启杀之"，"益为启所诛"的记载。看来，益与启之间还不是和平的让权，而是有流血冲突，死了人的。所以，到了禹时，中国历史确已步入国家时期，禹也是名副其实的中国历史上第一个王朝——夏王朝的缔造者，传子制的实际施行者。

至于启，不过是乐享乃父之成罢了，如果说他对传子制和夏王朝的建立还多少有些贡献的话，那就是他战胜了益，从儿子的角度实现了父死子继的传子制，又打败了不服的有扈氏（《淮南子·齐俗》高诱注："有扈，夏启之庶兄也。以尧、舜举贤，禹独与子，故伐启，启亡之。"），进一步巩固了传子制，巩固了夏王朝。从这个角度讲，启也勉强称得上夏王朝的缔造者之一，但却无法跟禹比。

总之，虽可说是鲧、禹、启共同缔造了夏王朝，但首功在禹，禹才是那场社会大转型中的代表性、标志性人物。

三、君主专制的始作俑者

夏王朝的建立，标志着中国历史正式步入国家时期。在从夏至清的长达四千年的漫长历史时期内，中国最高国家权力结构始终贯穿着两个突出特征：一是父死子继（或兄终弟及）的权力传承制度；二是集大权于帝王一身的君主专制独裁制度。在这种权力结构下，四千年来，中国人几乎不知道民选领袖为何物，不知民主制度为何物。在世界历史上，这种绵延四千年的君主专制独裁家天下的统治格局，也是十分罕见的。而这种统治格局、范式的始作俑者，正是功垂万世的大禹。虽说，三代之君主专制，在程度上，大大逊色于尔后的秦汉帝国，特别是明清帝国。

前些年，有学者挖空心思地要在中国上古史上寻觅城邦，寻觅民主制度，以证明我们的老祖宗也同古希腊、古罗马，特别是古希腊一样，也是有着民主政治的传统的。这类学者的爱国尊祖之心固然可嘉，可无奈那并不是历史事实。我们总不好不顾起码的历史事实，昧着良心去一味美化、拔高自己的老祖宗吧。

古希腊（主要指雅典城邦）的主权在民和直接民主制度，是历史的一大奇迹，是特殊历史条件（氏族制度瓦解、私有制发育充分、商品货币关系发达、市民阶层形成、领土狭小的城市国家）下的产物，其民主化程度之高及民主制度之完善，不要说是同时代的其他地域，即在后世的欧洲中世纪，也是难以企及的。而在中国，当历史步入国家时期后，族的血缘联系仍十分强固，村社共同体作为社会基本细胞长期存在并构成为早期国家赖以存在的基础，私有制不发育，工商业欠发达，个人的地位、个性在族的和村社共同体的束缚、羁绊下得不到尊重、彰显，市民阶层不存在，等等，所有这些，都决定了中国在步入国家时期伊始便同民主政治无缘，而只能采取君主专制独裁的统治范式。总之，这一切并不是禹等的个人贪欲、邪恶所致，而是历史条件的使然，完全用不着我们这些后世子孙们去为之辩解、回护。

（原载《禹城与大禹文化文集》，中国文联出版社 2007 年版）

禹诛防风氏的时间、地点、来由浅议

20世纪80年代以来，在浙江德清等地学者和有关部门的积极努力下，随着德清等地防风氏口承神话传说资料的搜集、整理、刊布，及两届"中国防风神话学术研讨会"于德清的相继召开，防风神话与防风历史的研究得到有力推动，涌现出一批研究成果，形势喜人。

本文拟就禹诛防风氏的时间、地点、来由作所议论，不当之处，请大家批评指正。

一、时　　间

为讨论方便计，先将禹诛防风氏的相关文献记载移录于后：

吴伐越，堕会稽，获骨焉，节专车。吴子使来好聘，且问之仲尼。……客执骨而问曰："敢问骨何为大？"仲尼曰："丘闻之：昔禹致群神于会稽之山，防风氏后至，禹杀而戮之，其骨节专车，此为大矣。"……客曰："防风何守也？"仲尼曰："汪芒氏之君也，守封、嵎之山者也，为漆姓。在虞、夏、商为汪芒氏，于周为长狄，今为大人。"（《国语·鲁语下》）

《史记·孔子世家》基本照录上《国语·鲁语下》所言而文字略有出入，作：

吴伐越，堕会稽，得骨节专车。吴使使问仲尼："骨何者最大？"仲尼曰："禹致群神于会稽山，防风氏后至，禹杀而戮之，其节专车，此为大矣。"……客曰："防风何守？"仲尼曰："汪罔氏之君守封、嵎之山，为釐姓。在虞、夏、商为汪罔，于周为长翟，今谓之大人。"

《国语》为传世文献中记述防风氏事迹较早且较为完备者，余则更为简略，且多神话传说色彩。如：

禹朝诸侯之君会稽之上，防风之君后至而禹斩之。（《韩非子·饰邪》）

帝禹夏后氏……八年春，会诸侯于会稽，杀防风氏。（《今本竹书纪年》）

禹三年服毕，哀民不得已，即天子之位。三载考功，五年政定。周行天下，归还打越。登茅山，以朝四方群臣，观示中州。诸侯防风后至，斩以示众，示天

下悉属禹也。(《吴越春秋》卷六《越王无余外传》)

昔禹平天下,会诸侯会稽之野,防风氏后到,杀之。夏德之盛,二龙降之。禹使范成光御之,行域外。既周而还至南海,经防风,防风氏之二臣以涂山之戮,见禹使("使",士礼居本作"便")怒而射之,迅风雷雨,二龙升去。二臣恐,以刃自贯其心而死。禹哀之,乃拔其刃疗以不死之草,是为穿胸民。(《博物志》卷二《外国·穿胸国》)

今吴越间防风庙,土木作其形,龙首牛耳,连眉一目。

昔禹会涂山,执玉帛者万国。防风氏后至,禹诛之,其长三丈,其骨头专车。今南中民有姓防风氏,即其后也,皆长大。越俗祭防风神,奏防风古乐,截竹长三尺,吹之如嗥,三人披发而舞。(《述异记》)

防风氏身长三丈,刑者不及,乃筑高塘临之,故曰刑塘。(晋贺循《会稽记》,见周树人(鲁迅)辑《会稽郡故书杂集》)

由于材料过于简略、零散,故学者对禹诛防风氏的时间、地点、来由等,认识每有分歧。

首先是防风氏何时、为谁所诛的问题。本来,这并不是个问题,因为历来文献所记皆言"禹诛防风氏",即防风氏于大禹时为禹所诛,但近年来又有学者提出,防风氏并非禹时人,自然也就不是为禹所诛了。如董楚平先生即认为:

古会稽三处,以山东为最早,辽西会稽与江南会稽皆从山东迁去。……夏王朝最早远征山东、并在山东立足的是"杼"。所谓禹会诸侯于会稽与无余封于会稽,可能是杼征东海之一事分化,……禹会诸侯于会稽,还可能是杼征东海的托古美化之辞,……杼是禹七世孙,据《竹书纪年》推算,自禹至杼一个半世纪,杼在位时间约当公元前19世纪,……所谓禹至会稽,实际上是杼至会稽。……会稽既然原在山东,那么禹杀防风氏(其实是杼杀防风氏)的地点,自然也应该在山东泰山附近。夏商之际,尤其是商灭夏后,山东部分夏裔,北迁辽西,南迁江南,古籍中遂有三个会稽。后来,山东与辽西受商周文化影响较大,江南长期与中原远隔。春秋晚期,越国兴霸,显赫一时,盛传越国王室为夏禹后裔。这些因素使山东、辽西的"会稽"湮灭不闻,唯江南的"会稽"独传于后世,禹杀防风的地点也盛传在江南会稽。①

即是说,当时的会稽还在山东泰山附近,到过那里并在那里杀了防风氏的,并不是禹,而是禹的七世孙杼。

董氏持"禹会诸侯于会稽,还可能是杼征东海的托古美化之辞"说的理由是:"一、禹、予是叠韵字,同隶鱼部,古音近同;二、据《竹书纪年》:'帝禹

---

① 《〈国语〉"防风氏"笺证》,载于《历史研究》1993年第5期。又收入董楚平:《防风氏的历史与神话》,浙江古籍出版社1996年版,第4~9页。

八年春，会诸侯于会稽，杀防风氏。'　'帝杼'也是'八年征于东海'；三、山东'会稽'地属古'东海'范围。人名、时间、地点皆合。"董氏大概也意识到这些理由毕竟还不是那么充分、坚实，故又审慎地连着用了两个"可能"的字眼——"所谓禹会诸侯于会稽与无余封于会稽，可能是杼征东海之一事分化"，"禹会诸侯于会稽还可能是杼征东海的托古美化之辞。"

笔者认为，董楚平先生的诛防风氏的并不是禹而是禹的七世孙杼的说法，虽有一定根据，可备一说，但仍难从根子上动摇禹诛防风氏的传统说法，因为，它回答不了传统说法到底错在哪里？众多传世文献有关禹诛防风氏的记载为什么全都是错的？

二、地　　点

防风氏被诛的地点及其活动地域问题就更复杂了。

如上引文献所述，防风氏被诛的地点，或言"会稽"（《国语·鲁语下》、《史记·孔子世家》、《韩非子·饰邪》、《今本竹书纪年》），或言"茅山"（《吴越春秋》），或言"涂山"（《述异记》），或"会稽"、"涂山"混言之（《博物志》）。

如按上引董楚平先生的说法，禹时江南尚无作为地名的会稽，防风氏于此地被诛自然也就无从谈起了。

笔者认为，禹时江南即有会稽，防风氏亦不大可能是在这里被诛杀的。因为，传世文献大都说禹是在"涂山"大会诸侯，并杀了后至的防风氏的，"会稽"之"会"、之"诛"，当为"涂山"之"会"、之"诛"的讹传。

《左传》哀公七年载："禹合诸侯于涂山，执玉帛者万国。"杜预注：涂山，"在寿春东北。"即今安徽蚌埠市西郊淮河东岸之涂山。后之学者大都从杜氏说。后来，有的记载则把涂山往浙江搬。如《越绝书》卷八《越绝外传记地传》即谓："涂山者，禹所取妻之山也，去县五十里。"《会稽志》卷九《山阴县·涂山》条："涂山，在县西北四十五里。旧经云禹会万国之所。……自《越绝》等书皆云禹娶于会稽涂山。应劭曰，在永兴北。永兴今萧山县也。……会诸侯则信而有征矣，至娶妇则好事者傅会于此，非其实也。"《吴越春秋》卷六《越王无余外传》徐天祐注亦云："《会稽志》：涂山在山阴县西北四十五里。……《越绝》等书乃云，禹娶于会稽涂山。应劭曰，在永兴北。永兴今萧山县也。又与郡志所载不同。盖会稽实禹会侯计功之地，非所娶之国。"以上诸书所记，虽有"会"与"娶"的争执，有在"山阴"与在"永兴"（萧山）的不同，但都已把"涂山"搬到浙江的钱塘江、杭州湾附近了。有的，更干脆把会稽山指为涂山，认为涂山就是会稽。如《水经·淮水注》："涂山有会稽之名。"《说文解字》

卷九下："崙，会稽山也。"段玉裁注云："《左传》：'禹会诸侯于涂山，执玉帛者万国。'《鲁语》：'昔禹致群神于会稽之山，防风氏后至，禹杀而戮之。'二传所说正是一事。故云崙山即会稽山。崙、涂古今字。"《大清一统志》卷二百二十六《绍兴府·涂山》条下云："在山阴县西北四十五里。相传禹会诸侯处。……考《吴越春秋》云，苗山，禹改为会稽，苗〔山〕即茅山，又云涂山，则涂山即今会稽山矣。"

据上，有理由认为："涂山之会"与"会稽之会"当是一回事，"会稽山"就是"涂山"。本来，涂山是在江北的淮水之滨的；禹之娶于越、会与越、诛防风于越、崩于越、葬于越的种种传闻，当是作为"禹之苗裔"（《史记·越王勾践世家》）的越人的善意创制。①

笔者认为，根据现有材料，还是按杜预的说法，以把防风氏的被诛之地定在今安徽省蚌埠市附近的涂山为宜。因为，当时禹的势力尚未达及今浙江地区，他不大可能跑到防风氏的家门口在人家的地盘上动刀杀人的。

关于防风氏的活动地域，学界有习见的浙江说，上文已提及的董楚平先生的山东说，欧阳习庸先生的安徽当涂说②，以及刘俊男先生的湖南浏阳横山地区说③等。

评判上述诸说之长短得失，自非笔者学养所能胜任，相比较而言，笔者还是倾向于浙江说的，即认为以今浙江德清为中心的浙北、苏南地区，当是禹时防风氏的活动地域。这样说，不仅有诸多传世文献为据，也得到了近年来在这个地区搜集、整理出的大量有关防风氏的口承神话传说的支撑。

笔者之所以着意要将防风氏的活动地和被诛地分开，既是着眼于有关文献，也是基于情理——即禹不大可能在尚拥有一定实力和群众基础的防风氏的地盘上杀掉防风氏。

三、来　由

禹诛防风，传世文献多取"后至"，"斩以示众，示天下悉属禹也"为说，近年来新搜集、整理出的口承神话传说则说："防风氏赴会途中，由于天目山'出蛟'，苕溪河'泛洪'，防风氏指挥部下打捞落水的百姓，忙得几天饭也没顾得上吃，所以才耽误了会期"，即禹诛防风乃"误杀"、"冤杀"。事后，禹也知道了事情的真相，悔恨地"淌下了眼泪"，遂"下令敕封防风氏为'灵德明王'，

① 参见拙文：《涂山考源》，《先秦传说与区域文化研究》，兰州大学出版社 2010 年版，第 18～29 页。
② 欧阳习庸：《从孔子解说防风氏大骨探讨古会稽山地望》，收钟伟今主编：《防风神话研究》，安徽文艺出版社 1996 年版，第 171～179 页。
③ 刘俊男：《九江、涂山、会稽考》，载于《云梦学刊》2002 年第 1 期。

令防风国建造'防风祠',供奉防风氏神像,让老百姓每年春、秋祭祀。"另一则传说亦谓:"夏禹王为了平息众怒,昭雪冤案,只好封防风为防风王,并立庙祭祀"。① 应当说,"斩以示众,示天下悉属禹也"当大体得之,余皆皮相之论。

大家知道,禹时正值中国由"公天下"到"家天下",即由原始社会向阶级社会过渡的关键时刻,禹为夺取并进一步扩大、强化权力,先是逼尧"禅位"(《韩非子·说疑》"舜逼尧,禹逼舜,汤放桀,武王伐纣,此四王者,人臣弑其君者也"可证),第二步,也是最为关键的一步,便是在涂山大会诸侯。涂山之会的"执玉帛者万国"和诛防风氏二事,表明此时的禹已在相当范围内建立起得到远近各方国、部落认可的中央王权,并用暴力维护它的权威。诸书咸言禹诛防风是因为他"后至",这怎么可能呢? 特别是对十分重视自己"仁德"形象的禹来说,以小过行诛更加不可能。"后至"的背后必然隐藏着防风氏对禹权威的某种怠慢、挑战。准此,禹诛防风,自然也就不是什么"误杀"、"冤杀",而是对敢于向自己的权威表示怠慢、挑战的人的必然惩处。"昭雪"云云,只不过是善良的、不大懂政坛血腥内幕的老百姓们在对防风氏被诛表示同情之余又给名声震天的禹留足面子罢了。

---

① 分见钟伟今、俞武龙采录《防风之死》、莫高搜集《防风为何封王》,载于《民间文学》1990 年第 1 期。

奚仲研究中的几个问题

奚仲及其后代在历史上可以称得上是一个十分显赫的家族。相传，当中原刚刚步入文明的门槛时，在今山东、江苏接壤的薛城、邳州一带，也出现了一个小邦"薛"，其开国之君便是善于造车的奚仲。其后，其十二世孙仲虺，曾为汤之左相，并助汤灭夏。商王太戊时，仲虺的后人臣扈，是个与伊陟同辅太戊致"殷复兴"的贤相。仲虺的后人祖己，为商代名王武丁的谋臣。商王武乙时"祖己七世孙曰成，徙国于挚，更号挚国。女大任生文王。至武王克商，复封为薛侯"（《通志·氏族略二》）。直到战国初，在历史上存在了千余年的薛始为齐所灭。今山东枣庄市薛城区、滕州市一带，仍存留有薛国故城遗址及奚村、奚公山、奚仲墓、车服祠（奚公庙）、奚仲造车处、奚仲井等，承载着后人对奚仲的无尽崇敬、思念。凡此皆可证，奚仲及其后人在古代中国生产、科技和政治等诸多领域，都是做出过巨大贡献的。这些，皆已是不争的历史事实，没人否认。问题在于，有些传说是不能全信的，应作分析，立论持说更应力求准确，把握好分寸，轻信传说率尔立论和过分夸饰的做法，都是要不得的。

以下，试对奚仲研究中的几个问题提出自己的不成熟看法，不当之处，愿与方家、同好共正之。

一、奚仲是黄帝之后吗

高诱注《吕氏春秋·君守》"奚仲作车"云："奚仲，黄帝之后，任姓也。"郑樵《通志·氏族略三》谓："任氏，姓也。……黄帝二十五子，十二人以德为姓。一为任氏，六代至奚仲，封薛。"《氏族略二》："薛氏，任姓。黄帝之孙颛帝少子阳封于任，故此为姓。十二世孙奚仲为夏车正，禹封为薛侯。"即是说，奚仲乃黄帝裔孙。

今天，一定要就"奚仲是否黄帝之后"的命题给出了"是"或"否"的答案，实在很难，因为，说"是"没充分根据，说"否"亦无像样的理由。在这种情况下，我们是否可借鉴司法中"无罪推定"的原则，你既然无充足理由认定"奚仲是黄帝的后人"，就只好考虑他不是了呢？

一个不争的历史现象是：由于黄帝名气太大，不但诸多发明创造都往他身上堆，后世的许多帝王、贤臣，甚至少数民族的首领头人，也多同他扯上了血缘关系，成了他的子孙。如据《史记·五帝本纪》，颛顼是他的孙子，帝喾是他的曾孙，而尧是帝喾的儿子，舜是颛顼的六世孙，总之，都是黄帝一系的。而据《夏本纪》，禹是鲧的儿子，颛顼的孙子，说起来，禹还是舜的本家高祖辈的人呢，真不知这个班该如何接？据《殷本纪》、《周本纪》，殷的始祖契、周的始祖弃，为同父异母兄弟，都是帝喾的儿子，亦即尧的同父异母兄弟。据《秦本记》、《赵世家》，秦、赵共祖，皆帝颛顼之苗裔孙女脩的后人，同黄帝自然也攀上了血缘关系。据《越王勾践世家》，越为禹后，同黄帝有血缘关系自不待说。据《楚世家》，楚之先祖亦出自颛顼，故楚国大诗人屈原自然也就是"帝高阳（颛顼）之苗裔"了。据《匈奴列传》，"匈奴，其先祖夏后代氏之苗裔也"，也成了黄帝的后人。发展到后来，《后汉书·南蛮西南夷列传》、《搜神记》诸书，更编造出南方某些少数民族是帝喾的一条名为磐瓠（盘瓠）的狗的后代的不经之谈来。一部中国上古史，简直成了黄帝一系的家史、家务事。

这些，明显带有战国秦汉以来人们按大一统观念重塑历史的印记，后人不察，奉为信史，致谬种流传，贻误至今。

话虽扯得远了点，但我还是觉得值。因为，明于此，或许会对我们重新审视"奚仲到底是不是黄帝之后"这样一个问题有所启发、帮助。

二、奚仲是车的发明人吗

史籍多有奚仲造车的记载，如：

奚仲作车。（《世本·作篇》、《墨子·非儒》、《荀子·解蔽》、《吕氏春秋·君守》）

造车者，奚仲也。（《文选》卷五十五《演连珠》注引《尸子》）

奚仲之为车也，方、圆、曲、直皆中规矩钩绳，故机旋相得，用之牢利，成器坚固。（《管子·形势解》）

奚仲为车。（《淮南子·修务》）

车，舆论之总名，夏后时奚仲所造。（《说文》十四上《车部》）

上举材料，如可靠且无反证，自然可证奚仲为车的发明者，至少，从中国史的范围来说是可以这样讲的。问题是不同的记载也有。如《左传》定公元年就仅说"薛之皇祖奚仲居薛，以为夏车正"，并未言及车的发明者为谁。而《山海经·海内经》则言"奚仲生吉光，吉光是始以木为车。"郭璞于《注》中只好为之弥缝说："《世本》云'奚仲作车'，此言吉光，明其父子共创作意，是以互称之。"

另,《世本·作篇》(张澍稡集补注本)谓:"胲(王亥)作服牛","相土作乘马"。宋衷注云:"胲,黄帝臣也,能驾牛。又云少昊时人,始驾牛。""相土,契孙也。四马驾车,起于相土,故曰作。"著名历史学家徐中舒师据此谓:"服牛、乘马就是使牛马拉车","商族先公已使用两轮大车。"[①] 殷先公时代约与夏相当,作为殷前期先公的相土,其年代亦当与禹和奚仲的年代相去不远。而从二里头文化三期已发现有双轮车的辙印看,说夏代后期或夏、商之际我国确已有了车的使用,自然不会有任何问题,但若要据此上溯车的更早出现时间,特别是要确定车的发明权属谁——夏初的奚仲?吉光?抑或殷先公相土、王亥(胲)?仍难以遽断。

再有,若《管子·形势解》对奚仲车结构、性能的描述可信,则越发证明不了是奚仲发明了车,因为,任何初始的东西都不可能一下子就那么精美、完善。

于是,有人又把车的发明时代往上推,推到已拥有诸多发明创制的人文初始黄帝的头上。如刘熙《释名·释车》即谓:"黄帝造车,故号轩辕氏。"《汉书·地理志》亦谓:"昔在黄帝,作舟车以济不通。"《后汉书·舆服志上》更述及车的发明、改造过程,曰:

上古圣人,见转蓬始知为轮。轮行可载,因物知生,复为之舆。舆轮相乘,流运周极,任重致远,天下获其利。后世圣人观于天,视斗周旋,魁方杓曲,以携龙、角为帝车,于是乃曲其辀,乘牛驾马,登险赴难,周览八极。……自是以来,世加其饰。至奚仲为夏车正,建其斿旐,尊卑上下,各有等级。

刘昭注引谯周《古史考》云:

黄帝作车,引重致远,其后少昊时驾牛,禹时奚仲驾马。

刘昭自己的看法则是:

服牛乘马,以利天下,其所起远矣,岂奚仲为始?《世本》之误,《史考》所说是也。

司马彪、谯周、刘昭三人的看法虽不尽相同,却一致认为车的起源甚早,奚仲只不过是个后起的改进者(车本身的改进和用马牵引等)而已。

笔者认为,把车的发明时间上推到黄帝时代,可能比较接近历史事实,虽说发明者并不一定是黄帝本人。因此,谓奚仲为车的发明者,"造车鼻祖",是讲不通的。我们这样说,丝毫无损于奚仲"车神"、"车圣"之类的尊号,因为,他毕竟在中国车的发展、改进史上,是个承上启下的关键人物。若放眼世界历史,奚仲为车的发明者、"造车鼻祖"一类的提法,就更觉不妥了。因为,根据现有材料,世界上最早的车出现在西亚与欧洲地区,如在两河流域,苏美尔人在乌鲁克文化时期(约公元前3500~公元前3100年)便有了车,这有当时四轮车的象

形文字和车轮模型为证。在德国，已发现距今约 5650～5400 年前属新石器时代的车轮辙印。在保加利亚，发现过约公元前 3000 年的车轮。在黑海北岸的乌克兰和南俄草原，发现了公元前四千年代晚期至公元两千年代早期 200 余座埋有车或陶制车模型的墓葬，当时的车，既有四轮的，也有双轮的。进入公元前 2000 年，在西亚、欧洲的许多地方，都出现了装有辐式车轮的双轮马车。而在我国，到目前为止，在河南安阳、西安老牛坡、山东滕州前掌大等遗址中发现的车的实物，全是商代晚期的。河南偃师商城和二里头文化三期车轮辙印的发现，也只能把车的出现推到商代早期或夏代后期，比起西亚、欧洲来，要晚后两千年左右。虽然，商代晚期的辐式双轮马车已颇为精美、成熟，远不是原始车所能比拟的，中国车的出现必定会比这早得多，奚仲造车或黄帝造车都是完全有可能的，因为，德国先民们早在新石器时代就造出了车，欧洲的老祖宗能做到的，为什么中国的老祖宗就一定做不到呢？无奈，这仅是推论上的可能，奚仲或黄帝造车，也仅仅是传说，尚未得到考古发掘的证实，而历史科学是重证据的。所以，到目前为止，我们只好忍着点，等有了实物证实黄帝时代或更早中国这块土地上确已造出车的时候，再去同人家一较高低，争车的发明权。现在，我们把奚仲尊为"车神"、"车圣"也就够了，若硬要把他封为"造车鼻祖"、"车的发明者"、"世界上第一辆马车的制造者"什么的，是缺乏说服力的，没什么底气的。

三、奚仲在夏王朝受过封、做过官吗

由于可靠史料的匮乏，我们对奚仲的身世所知甚少，甚至连他到底是什么地方、什么时候的人这样一些起码的问题都还搞不清楚，如有的研究者就认为奚仲可能为位于今宁夏的奚族人，并非中原人士，《淮南子·齐俗》等书也曾认为奚仲早在帝尧时就担过"工"或"工师"一类的官了。不过，笔者认为，就目前材料，仍以把奚仲认作薛地人、与禹同时为宜。

关于奚仲是否在夏王朝受过封、做过官的问题，也实在不好轻下断语。因为，要回答这个问题，必须考虑以下两个前提条件：第一，夏代有没有严格意义上的分封制？第二，夏代初年夏王朝的版图或控制范围，是否已达及今山东、江苏交界的薛、邳一线？如第一条件不具备，所谓"封于薛"、"为薛侯"一类的提法就值得考虑了，更何况《左传》定公元年亦仅言"居薛"，并未使用"封"字。再则，学者们多认为，夏初夏王朝的地盘基本上尚局限在今豫西、晋南一带，似尚未达及今山东、江苏接壤的薛、邳地区。地盘都不是你的，"封"字又从何谈起？"封国"说既难成立，"车正"的官恐亦不好坐实。因为，按常理，夏王朝既看中了奚仲的造车本领，任以"车正"的官，自然是想让奚仲留在朝廷，就近为王室监造乘坐、作战都很需要车子的，怎么好让他顶着京官的名号留在老家，一会儿居薛，一会儿迁邳地享清闲呢？

看来，奚仲"封于薛"、"为薛侯"、"为夏车正"云云，亦不那么靠得住。事情的真相很有可能是：奚仲和他的族人，本当地土著，为东方夷人的一支，因有较高的文化、特别是善于制造车辆而闻名远近，并已较早的建立起自己的国家——薛来。夏王朝建立后，夏、薛间基于某种政治需要（如新建的夏王朝需要各方国部落的支持、拥戴，薛需要夏王朝的庇护、认可等），彼此间可能建立有某种松散的主从关系，薛也可能向夏王朝进贡过车子等方物，以换取夏王朝的认可，并接受某种名号、赐予。即是说，很有可能，薛并非因受夏封而立国，而是立国后得到了夏王朝的某种认可而已。传流后世的封国说、任官说，乃至奚仲帝尧时即为官说、黄帝裔孙说等，不过是后人的攀附、溢美之词罢了。

当然，我这样说，亦无像样根据，而多是些猜想、揣测之辞。我之所以这样说，无非是想从反面给大家一些启发，寻求解决问题的另外一种途径。我一向认为，不应盲目轻信某些传说材料，对这些材料多从反面问几个为什么是有好处的。昔时胡适之先生曾有言曰："有一分证据说一分话，有九分证据不能说十分话。""文人之笔，和武人之枪，是一样厉害，不可轻用。"① 书此，愿和诸君共勉之。

---

① 转见唐德刚：《晚清七十年》大陆版自序，岳麓书社 1999 年版，第 2 页。

第三辑
三代及相关古史研究

嬴秦的族源和早期活动地域

嬴秦的族源和早期活动地域问题，《史记·秦本纪》等传世文献记载十分简略、模糊，切每相龃龉，致使学者们至今仍难以在这个问题上取得一致认识。本文拟在前贤时哲研究的基础上，就这个问题谈点不成熟看法，不妥之处，请大家批评指正。

一、嬴秦的族源

为讨论方便计，兹先将记此事较为完整、系统的《史记·秦本纪》中的有关记载移录于后：

秦之先，帝颛顼之苗裔孙曰女脩。女脩织，玄鸟陨卵，女脩吞之，生子大业。大业取少典之子，曰女华。女华生大费，与禹平水土。已成，帝锡玄圭。禹受曰："非余能成，亦大费为辅。"帝舜曰："咨尔费，赞禹功，其赐尔皂游。尔后嗣将大出。"乃妻之姚姓之玉女。大费拜受，佐舜调驯鸟兽，鸟兽多驯服，是为柏翳。舜赐姓嬴氏。

按太史公的编排，嬴秦最早的男性始祖是大业。大业无父，母曰女脩。这个女脩，乃颛顼之孙，黄帝之玄孙。不仅如此，作为嬴秦最早男性祖先的大业，又曾娶少典之女女华为妻。而据《史记·五帝本纪》，少典乃黄帝之父。若此，则女华乃黄帝之姐妹辈。总之，在太史公笔下，嬴秦的始祖亦同夏、商、周的始祖一样，无不出自黄帝一系。在他们身上，无不或直接或间接地流淌着黄帝的高贵血液。

但这样编排历史（顺便说一下，此举乃战国、秦、汉间在位者及为他们服务的士人为适应大一统政治需要而对历史的一种篡改、编排，是一种时代病，并非太史公的发明创造，如太史公笔下膨胀的黄帝一元化古帝王体系，实袭自《大戴礼记》之《五帝德》、《帝系》等）难免顾此失彼，破绽百出。如为黄帝玄孙女的女脩生的大业竟娶了黄帝的姐妹辈的女华为妻，闹了大笑话。当然，这个漏子亦可按《史记·五帝本纪》、《索隐》所说"少典者，诸侯国号，非人名也"为之圆场。但这种弥缝虽可圆通某个具体问题，却无法从根子上解决太史公把上古几乎所有帝王都安排为黄帝子孙所带来的诸多破绽。

除女脩、大业外，亦有主张嬴秦始祖应为少昊者。如《史记·秦本纪》、《索隐》即谓：

女脩，颛顼之裔女，吞鳦子而生大业。其父不著。而秦、赵以母族而祖颛顼，非生人之义也。按：《左传》郯国，少昊之后，而嬴姓盖其族也，则秦、赵宜祖少昊氏。

关于少昊，传世文献尚有如下记载：

秦襄公既侯，居西垂，自以为主少皞之神，作西畤，祠白帝。（《史记·封禅书》）

嬴，帝少皞之姓。（《说文》）

少昊邑于穷桑，都曲阜。（《后汉书·张衡列传》注引《帝王世纪》）

自然，这位嬴姓、都于东方曲阜的少昊，身后亦未能逃脱被"黄化"的结局。《史记·五帝本纪》："嫘祖为黄帝正妃，生二子，其后皆有天下：其一曰玄嚣，是为青阳。"《世本》宋衷注称："玄嚣青阳，即少昊也。"《初学记》九引《帝王世纪》曰："少昊帝名挚，字青阳，姬姓也。母曰女节。黄帝时有大星如虹，下流华渚。女节意感而生少昊，是为玄嚣。降居江水，邑于穷桑，以登帝位，都曲阜。"即宋衷、皇甫谧皆认为少昊就是黄帝的儿子玄嚣青阳，至王肃《孔子家语·五帝德》，更改《大戴礼记·五帝德》"黄帝，少典之子也"为"黄帝者，少昊之子"，作为黄帝儿子的少昊竟又一变而为黄帝的老子了。这事看似可笑，其实也没有什么好奇怪的，因为黄帝与少昊本无血亲关系，人们尽可对他们的辈份作这样或那样的安排。

准诸东夷人所固有的鸟始生神话传说和大业、大费、少昊等的活动地域，笔者认为，不管是大业，大费那支嬴姓人，还是以少昊为代表的嬴姓人，都只能是活动在今之鲁中南一带的东夷土著居民。是时，他们虽在政治上结盟、乃至依附于中原地区更为强势的炎黄族团，并可能与之有某种通婚关系，但这丝毫不妨碍他们之为东方夷人这个事实，人为地硬要把他们纳入黄帝一系是没有根据的。

说到这里，人们不禁会问：少昊、大费皆嬴姓，又分别被视为嬴秦之祖，这该作何解释？二者间又有何干系呢？

这个问题，说句老实话，由于材料所限，恐一时尚难理清。若依上引材料，少昊为黄帝之子，大业、大费父子为黄帝玄孙女脩之后，则大业、大费自然要比少昊晚后些。《初学记》九引《帝王世纪》曰："颛顼，黄帝之孙。……生十年而佐少昊，十二而冠，二十登帝位……始都穷桑，后徙商丘。"《山海经·大荒东经》："东海之外大壑，少昊之国。少昊孺帝颛顼于此。"《说文》："孺，乳子也。'"朱骏声《说文通训定声·需部》："孺"，"叚借为乳"。是孺含养育义。《国语·楚语下》载观射父之言曰："及少昊之衰也，九黎乱德，民神杂糅，不可方物……颛顼受之,乃命南正重司天以属神,命火正黎司地以属民,使复旧常,无相浸渎,是谓绝地天通。"如此说来,则稍晚后于少昊的颛顼不仅同少昊在曲阜一带共同生活过,且还在少昊的培养下成了少昊的接班人。若此,则作为颛顼孙女女脩之后的大业、大费要晚后少昊许多。二者皆嬴姓,又同处今鲁中南地区,不用说其间的关系是相当密切的了,但二者间究竟是前后一脉相承的直系关系,还是仅为同族的平行关系,抑或族群整体(少昊代表嬴姓族群整体)与支脉(大业、大费是嬴姓族群中的一支)的关系,限于材料,已难以说清,相比较而言,笔者倾向于第三种可能,即二者为整体与支脉的关系——少昊代表着今鲁中南地区嬴姓族群的整体,大业、大费一支乃其中的一个支脉。不过,在目前材料缺乏,少昊与大业、大费之间尚缺乏明确的世次链接的情况下,《史记·秦本纪》、《索隐》所谓"秦、赵宜祖少昊氏"的说法恐难成立,似仍以将后来西迁为秦的那支嬴姓夷人的先祖上溯至大业、大费头上为宜。

一个时期以来,由于有王国维、蒙文通、俞伟超等著名学者的力主,嬴秦本西方戎狄说曾在学界产生过一定影响,鉴于今之多数学者已不取此说,王玉哲《秦人的族源及迁徙路线》一文(刊《历史研究》1991年第3期)及祝中熹《早期秦史》一书(敦煌文艺出版社2004年版)之《族源篇》等对之又有很好地辨析驳正,这里就不再议论它了。

二、嬴秦的早期活动地域

接下来谈西迁前嬴秦的早期活动地域问题。

《史记·秦本纪》仅言大费被"舜赐姓嬴氏",而未明其居地。作为地名的嬴,见于桓三年《春秋》经,作"三年春正月,公会齐候于嬴。"杜注:"嬴,齐邑,今泰山嬴县。"今人杨伯峻《春秋左传注》:"嬴故城在今山东莱芜县西北,据《一统志》,俗名城子县。"是虽明其他,却未同大费赐姓事联系在一起。郑樵《通志·氏族略》则明言:"嬴氏,伯益之后,……有功,赐姓嬴。""嬴,地名也。杜预云泰山嬴县。唐并入兖州博城。博城今为奉符。以所居于嬴,故因生以姓。"在《氏族略》篇首之《氏族序》中,郑氏尝申其义云:"姓之为氏与地之为氏,其初一也,皆因所居而命,得赐者为姓,不得赐者为地。居于姚墟者赐以姚,居于嬴滨者赐以嬴。姬之得赐,居于姬水故也。姜之得赐,居于姜水故也。故曰因生以赐姓。"《路史·国名纪·少昊后嬴姓国·嬴》目:"翳(伯益、大费)能繁物而封。汉县,隶泰山。唐入博城,所谓嬴博。今兖州之莱芜。本齐邑。"《路史·后纪七》:"伯翳大费能驯鸟兽,知其语言,以服事虞、夏。始食于嬴,为嬴氏。"注云:"嬴,盈也,庶物盈美而以为封,即泰山嬴县。"皆明谓大费之所以赐姓嬴,是因其居地为嬴,古嬴地在今莱芜境。准此,再参以历史上以嬴名邑、名县、名郡、名水者，莱芜外再无第二家的史实，说嬴秦的发祥地就在今山东莱芜境内大约不会有多大问题。

说到这里，人们也许又会问：比大费更早的少昊不是早就姓嬴了吗，何劳舜帝复以嬴赐大费？这个问题也不太好回答。笔者的初步看法是：不但少昊姓嬴，老早就生活在今莱芜一带后来西迁为秦的那支夷人也本来姓嬴，舜帝赐姓一事不一定可靠，即使有此举，亦不过是舜以帝（部落联盟长）的身份对已归附的这支夷人的某种形式的认可罢了。

还有一事尚需在此交待一下。椐《史记·夏本纪》《正义》引《帝王世纪》，皋陶（大业）"生于曲阜"；《路史·后纪七》谓伯翳大费"始食于嬴，为嬴氏"，"暨功于洪，帝乃赐之皂斿、玄玉、姚女，而封之费。"注云："费乃国名。……伯益二子，大曰大廉，封鸟俗氏，小曰若木，别为费氏。"即伯益始食于嬴，后又封之费，且其次子若木即以费为氏。费，在今山东费县西北。若上述记载可信，则大业、大费、若木祖孙三代的足迹已及于莱芜、曲阜、费等地了。莱芜、曲阜、费三地相去不远，略成三角形。这一带，应该就是嬴秦的早期活动地区。看来，嬴秦这支夷人，虽源出于今莱芜这片古嬴地，但他们并没有把自己仅仅局限在泰山脚下的一偶之地，而是把活动地盘主要向南进一步拓展了。

（原载宋镇豪主编《嬴秦始源》，中国社会科学出版社 2013 年版）

徐人早期活动地域浅议

徐人若从夏初若木被封于徐算起，至公元前 512 年灭于吴，大约在历史舞台上活跃了一千五百年之久。

夷为东方大族。上起五帝，下迄夏、殷，在中国辽阔的疆域内，从南到北，从东到西，虽都有先民们在活动，共同创造着我国的远古历史，但处在舞台中心位置唱主角的，却是夷、夏两族，即东夷族团与炎黄族团。

随着周王朝的建立，特别是周公东征和鲁、齐两国在东方牢固地确立起自己的统治秩序，先是作为夷人主要根据地和大本营的山东地区的夷人率先退出历史舞台，地处今皖、苏两省北部淮河流域一带的徐人（徐戎、徐夷）、淮夷（徐夷、淮夷虽同为夷，但早先还是分开的，如《尚书·费誓》即明言"淮夷、徐戎并兴"；后来，徐人由山东退入皖、苏北部的淮河流域，由于居住地的重合，逐渐导致了两族名称的混乱、混同，且由于淮夷诸部是分散的，一直没有形成统一的强大政治力量，而徐却在西周春秋时期一直作为夷人中唯一一支强大的政治力量存在着，故在文献记载和金文中徐又常常作为皖、苏地区徐人与淮夷总代表的身份出现于历史舞台），在同周王室、齐、鲁、楚、吴等政治势力抗争了漫长的一段时期见后，亦无可挽回地沦落了。当然，此处所谓之"沦落"，仅是就徐人作为一支独立的政治力量已不复在历史舞台存在言，"徐国"遗民，不管是留在当地的，还是远走浙江等地他乡的，都已渐次融入统一的民族大家庭，为历史作出新的贡献。

徐人的历史，在春秋时期，由于有《春秋》、《左传》等的记载作凭依，其与齐、鲁、楚、吴、越、宋、郑、陈、蔡、许、邾、滕、莒、郯、顿、沈、胡、申、舒、英诸国间的冲突、交往（攻伐、会盟等）及最后为吴所灭，虽说不上详尽，还是大体可以稽考的。

西周时期徐人的情况，由于历史记载的缺失，我们所能知道的不仅十分有限，可靠性也相对差些。《尚书·费誓》有言：

鲁侯伯禽宅曲阜，徐、夷并兴，东郊不开。作《费誓》。公曰："嗟！人无哗，听命。徂兹淮夷、徐戎并兴。……鲁人三郊三遂，峙乃桢榦。……鲁人三郊三遂，峙乃刍茭，……"

此条材料说明，鲁国初立时，曾遭徐戎、淮夷的激烈反抗，鲁人几乎是倾全国之力（"三郊三遂"总动员），才勉强渡过难关，在曲阜一带站定了脚跟。这时的徐人，大约仍在曲阜附近，在曲阜东边（"东郊不开"可证）。

《礼记·檀弓下》载徐大夫容居之言曰："昔我先君驹王西讨，济于河。"这个徐驹王是什么时候的人呢？史书没有交待。或谓驹王即徐偃王[1]，亦有学者认为驹王为徐另一国君，且比偃王更早。如徐旭生即认为：

> 徐国名王在偃王以外还有一个驹王。《礼记·檀弓下篇》记徐大夫容居说："昔我先君驹王西讨，济于河"，那他的兵力曾到黄河以北。我疑惑驹王的济河或在伯禽东征前后。因为此后徐国或已南迁，离黄河太远，"越国图远"未见可能。[2]

驹王的时代虽一时无法弄清，但这条材料仍可说明徐国在西周时曾一度相当强大，并早就"僭号称王"，不买周王室的账了。

西周时徐国最著名、对后世影响最大的王，还是徐偃王。关于徐偃王，战国前史籍失载，进入战国，始见于《尸子》、《荀子》二书。然《尸子》仅言"徐偃王有筋而无骨"（《史记·秦本纪》《集解》引），"徐偃王好怪，没深水而得怪鱼，入深山而得怪兽者，多列于庭"（《山海经·南山经》、《猿翼之山》条下注引），《荀子·非相》亦仅言"徐偃王之状，目可瞻马"，不仅记载极简，且充满神话色彩，对于认识徐偃王及徐国的历史帮助不大。

至《韩非子·五蠹》，徐偃王的事迹、面貌，始逐渐清晰起来。其文曰：

> 徐偃王处汉东，地方五百里，行仁义，割地而朝者三十有六国。荆文王恐其害己也，举兵伐徐，遂灭之。

《淮南子·人间训》则言：

> 昔徐偃王好行仁义，陆地之朝者三十二国。王孙厉谓楚庄王曰："王不伐徐，必反朝徐。"王曰："偃王有道之君也，好行仁义，不可伐。"王孙厉曰："臣闻之，大之与小，强之与弱也，犹石之投卵，虎之啖豚，又何疑焉？且夫为文而不能达其德，为武而不能任其力，乱莫大焉。"楚王曰："善。"乃举兵而伐徐，遂灭之。

《史记·秦本纪》则作：

> 造父以善御幸于周缪（穆）王。……西巡狩，乐而忘归。徐偃王作乱。造父为缪王御，长驱归周，一日千里以救乱。

《赵世家》略同，作：

> 缪王使造父御，西巡狩，见西王母，乐之忘归，而徐偃王反。缪王日驰千里马，攻徐偃王，大破之。

至《后汉书·东夷传》则综合前人，言之愈详：

> 后徐夷僭号，乃率九夷以伐宗周，西至河上。穆王畏其方炽，乃分东方诸侯，命徐偃王主之。偃王处潢池东，地方五百里，行仁义，陆地而朝者三十有六

---

[1] 唐兰：《西周铜器断代中的"康宫"问题》，载于《考古学报》1962年第1期。

[2] 徐旭生：《中国古史的传说时代》（增订本），科学出版社1960年版，第173页。

国。穆王后得骥骎之乘，乃使造父御以告楚，令伐徐，一日而至。于是楚文王大举兵而灭之。偃王仁而无权，不忍斗其人，故致于败。乃北走彭城武原县东山下，百姓随之者以万数，因名其山为徐山。

但诸书所记问题和矛盾之处实多：第一，与徐偃王作战的，或言楚文王，或言楚庄王，或言周穆王，或言周穆王指使下的楚文王。这样，徐偃王究竟是什么时候的人，就很难确定下来。现在，大家多从《史记》的说法，认为徐偃王当周穆王时代。第二，徐偃王时徐国的方位，《韩非子·五蠹》谓在"汉东"；《后汉书·东夷传》谓在"潢池东"（《后汉书·东夷传》注引《水经注》曰："潢水，一名汪水，与泡水合，至沛入泗"），战败后"乃北走彭城武原县东山下"。"汉东"——汉水之东之说，恐难成立；在"潢池东"，特别是具体点明其地在彭城南边（所谓"北走彭城"），倒大体得之。

《史记·秦本纪》《集解》引《地理志》曰："临淮有徐县，云故徐国。"《正义》引《括地志》云："大徐城在泗州徐城县北三十里，古徐国也。"《春秋》僖公三年"徐人取舒"杜注："徐国，在下邳僮县东南。"据清《一统志》，僮县故城在今安徽泗县（清泗州）东北；徐县故城"在旧州城西北，周时徐子国"，而"泗州旧城在今州城东南一百八十里。"总之，在今泗县境，洪泽湖的西北，彭城（今江苏徐州市）之南。或谓地"在今江苏泗洪县东南大徐台子"[1]，"徐国，以今江苏泗洪为中心"[2]。泗县与泗洪，今虽分隶安徽、江苏两省，实相毗邻，故两种说法出入并不大。要之，徐偃王时代的徐国，其中心当在今安徽、江苏间的泗县、泗洪一带，当不会有什么问题。

徐人的这次失败，既谈不上什么灭国，甚至连徐偃王的带领一部分徐人北走彭城，恐也是暂时的。实际上，在尔后的相当长一段历史时期内，徐人仍作为一支不可忽视的政治力量活跃在淮河流域一带。《诗经·大雅·常武》（宣王时诗）谓"率彼淮浦，省此徐土。"率，循也，浦，涯也，谓顺着淮水岸边，省视徐土。说明西周后期徐人仍在淮水一带。《后汉书·东夷传》谓："厉王无道，淮夷入寇，王命虢仲征之，不克。宣王命召公（召伯虎）伐而平之"；《诗经·大雅·江汉》言宣王令召伯虎征淮夷；《诗经·大雅·常武》言宣王令卿士南仲、太师皇父率六师征徐方；厉、宣时器《虢仲盨盖》、《敔簋》、《翏生盨》、《禹鼎》、《师簋》等，亦多次提到周人对"淮尸（夷）"、"南淮尸（夷）"的战争——而如前所述，此时此地所谓的"淮夷"，在我们看来，是包括徐人在内的，甚至是以徐人为代表的。凡此，都证明徐偃王之败远不是徐人的末日，从西周初直到公元前512年灭于吴前，徐人一直是淮河流域一带比较强盛的国家。

---

① 魏嵩山主编：《中国历史地名大辞典》，广东教育出版社1995年版，第927页。
② 《中国历史大辞典》，上海辞书出版社2000年版，第2477页。

接下来要问的是：徐人的早期活动地区在哪里？他们是否一直活动在今苏、皖两省北部的淮河流域呢？

在这个问题上，学者间是有不同看法的。

一种看法认为，徐历来就在今苏、皖北部的淮河流域。如贺云翱即认为：

徐国之国民乃淮河中、下游的土著居民，其疆域主要在今江苏境内的黄淮平原大部，包括和其相邻的安徽境内的一部分，但其曾一度扩地北至鲁、鲁南以及江淮之间，它的晚期国都在今泗洪和泗县境内。[①]

董楚平亦认为：

从殷末至春秋前期，徐国的中心位置约在今洪泽湖西北的苏、皖交界处、淮河下游地区。……周公东征后，山东的夷人大量的南迁，投入徐人怀抱该是意料中事。此后徐奄并称，但只见徐人的气焰，未闻奄人作为。徐可能兼并了南迁的奄人。所谓徐偃王可能就是徐奄王。偃奄古通。[②]

亦有人认为，徐人本居泰山附近[③]，或源自今山东邹县[④]。徐旭生认为，徐国在周初当在今山东东南部曲阜县附近，以后才迁到南方数百里外[⑤]。景以恩认为，若木所居之“徐”，即《说文》所云鲁东之“郤”城，亦即《史记》所云若木所居之“费”。春秋时之古费邑，在今费县西北十五公里处，在蒙山脚下。新中国成立后，蒙山之阳之费县城北台子沟又出土了春秋时器《余（徐）子氽鼎》。由此鼎可证，今蒙山即古涂山。这里，正是徐人的发祥地，《余（徐）子氽鼎》便是春秋时泗县徐国国君北来蒙山脚下祭祖寻根的遗留物[⑥]。陈梦家认为，徐人并不起源于山东，而是发源于东北，称为佳夷，后沿海岸南下，止于徐州而得徐夷之名[⑦]。何光岳认为，徐人的摇篮是在嬴姓始祖生活的燕山一带，徐则是由燕族最早分出来的一支部落，其始居之地在今河北省玉田县北二十里的徐无山，后迁山西榆次，再迁河南温县，河南嵩县的三涂山即因徐族而得名。商代末年，徐族方迁至今山东滕县附近。[⑧]

笔者不赞成徐人为淮河土著说，而倾向于北来说。但北到哪里呢？陈梦家的东北说和何光岳的燕山说，虽都有一定根据，但到目前为止，证据还是略嫌单薄些；山东说，特别是徐旭生、何浩、景以恩等的曲阜说、邹县说、费县——蒙山说，可能更接近事实些。

首先，从历史渊源上看，徐人的根子在山东。《史记·秦本纪》载：

① 贺云翱：《徐国史初探》，收《历史与文化》，中国人事出版社1996年版，第40页。

② 董楚平：《徐永生〈徐国史研究〉序》，中国文联出版社2002年版，第10页。

③ 程憬：《夷方与徐方》，载于《大陆杂志》第1卷第8期，1933年。

④ 何浩：《巢国史迹钩沉》，载于《中国史研究》1983年第2期。

⑤ 徐旭生：《中国古史的传说时代》（增订本），科学出版社1960年版，第167页。

⑥ 《涂山、涂山氏与大禹、皋陶》，载于《先秦史研究动态》总第29期，1997年。

⑦ 陈梦家：《佳夷考》，载于《禹贡》半月刊第5卷第10期。

⑧ 何光岳：《徐族的源流与南迁》，载于《安徽史学》1984年第2期。

秦之先，帝颛顼之苗裔孙曰女脩。女脩织，玄鸟陨卵，女脩吞之，生子大业。大业取少典之子曰女华，女华生大费。与禹平水土，已成，帝锡玄圭。禹受曰："非予能成，亦大费为辅。"帝舜曰："咨尔费，赞禹功，其赐尔皂游，尔后嗣将大出。"乃妻之姚姓之玉女。大费拜受，佐舜调驯鸟兽，鸟兽多驯服，是为柏翳。舜赐姓嬴氏。大费生子二人，一曰大廉，实鸟俗氏；二曰若木，实费氏。

"大费"者，据《索隐》："此则秦赵之祖，嬴姓之先，一名伯翳。《尚书》谓之伯益，《系本》、《汉书》谓之伯益是也。"《索隐》又曰："若木，以王父字为费氏也。"而《正义》则有又言曰："《列女传》云：'陶子生五岁而佐禹。'曹大家注云：'陶子者，皋陶之子伯益也。'按此即知大业是皋陶。"伯益又名大费，当以居费得名，或费地因大费所居而得名。费地，即在今山东费县西北。而传为与大业为一人的皋陶，据《帝王世纪》，"生于曲阜。曲阜，偃地，故帝因之，而以赐姓曰偃。"又据郑樵《通志》卷26《氏族略》二《徐氏》条："皋陶之后也。皋陶生伯益。伯益佐禹有功，封其子若木于徐。……子孙以国为氏。"景以恩认为："若木所居之徐即《说文》所云鲁东之郳城，也即《史记》所称之'费'氏。伯益名大费，当以居费得名，其子若木继居之，故亦称'费'氏。费即徐、郳。"（见上引景以恩文）"徐"是否即"费"，姑暂置不论，但"徐"即"郳"，"鲁东南有郳城，读若涂"（《说文》六下邑部），从而认定若木所封之"徐"在"鲁"之东，还是有根据的。总之，从根子上看，徐人的先辈们在早主要活动在今曲阜及曲阜以东地区，应该是成立的。

其次，从商末周初鲁、奄、徐的斗争格局上看，徐人亦应在今山东曲阜以东地区。众所周知，鲁之曲阜一带，原为奄人所居。周初管、蔡、武庚叛乱时，徐、奄等夷人亦卷入了。《逸周书·作洛》："周公立，相天子，三叔及殷东徐、奄及熊盈以畔。"及周公东征，"践奄"，其子伯禽被封于奄之故地，才建立了鲁国。奄人既在山东失去了原有的地盘，遂展转南移，并一直移徙到长江以南的今江苏常州一带去了。看来，周公此次东征，主要是重创并最终赶走了奄人，徐人似未遭重创，故伯禽来鲁后不久便遭到了徐与淮夷的攻伐。《费誓》《序》谓："鲁侯伯禽宅曲阜，徐、夷并兴，东郊不开，作《费誓》。"说明威胁来自东边（"东郊不开"），战事也在曲阜东边的费地进行（誓于费）。据此，再联系到大费、若木居费；"鲁东有郳城"；《诗经·鲁颂·閟宫》"保有凫绎，遂荒徐宅"——"凫"，山名，在今山东邹县西南。"绎"，又作"峄"，山名，在今山东邹县东南。"荒"，据有也。"遂荒徐宅"，是说这里原先居住着徐人，后被鲁国据有了。邹县位曲阜南、费县西；以及《余（徐）子汆鼎》在费县的出土等等，皆可证迁淮前徐人曾长期在今曲阜以东，以南的今山东费县、邹县一带居住过。

（原载《青海民族研究》2006年第4期）

傅 说 二 题

　　有关傅说的记载，散见于《古文尚书·说命》、《国语·楚语》、《墨子·尚贤》、《孟子·告子》、《荀子·非相》、《韩诗外传》、《尸子》、《史记·殷本纪》、《论衡·偶会》诸书。其中，《说命》、《殷本纪》、《楚语》、《尚贤》诸篇稍具眉目、首尾，其余皆甚简略，多为谈话、论史时偶尔语及而已。近有学者从甲骨文和楚简中寻觅到有关傅说的踪迹、信息。总之，从先秦、秦汉的有关记载和后世的一些政治家、文人的不时称引、盛誉来看，历史上确有傅说这位伟大历史人物是不会有任何问题的。而据《史记·殷本纪》《集解》、《索隐》、《正义》、《博物志》、《十三州志》、《大清一统志》、清康熙《平陆县志》等的记载及存留于今的相关文物、传说看，傅说曾劳作过、并被殷高宗武丁所派的访贤者发现于斯的傅险（岩），就在黄河边的今山西平陆境，也应该是可信的。

　　唯时隔久远，书阙有间，关于傅说的具体身世、事迹、治国业绩及治国思想等，生活在今天的我们实已难以知其详了。本文仅拟就如下两个方面谈谈自己的一些粗浅看法，不当之处，愿与方家、同好共正之。

一、傅说的里居、姓名、身世

　　为讨论方便计，兹先将诸书有关记载迻录于后：

　　高宗梦得说，使百工营求诸野，得诸傅岩，作《说命》三篇。……王宅忧，亮阴三祀。既免丧，其惟弗言。群臣咸谏于王曰："呜呼，知之曰明哲，明哲实作则。天子惟君万邦，百官承式，王言惟命。不言，臣下罔攸禀令。"王庸作书以诰曰："以台正于四方，惟恐德弗类，兹故弗言。恭默思道，梦帝赉予良弼，其代予言。"乃审厥象，俾以形旁求于天下。说筑傅岩之野，惟肖。爰立作相，王置诸其左右。（《古文尚书·说命上》）

　　帝武丁即位，思复兴殷，而未得其佐。三年不言，政事决定于冢宰，以观国风。武丁夜梦得圣人，名曰说。以梦所见视群臣百吏，皆非也。于是迺使百工营求之野，得说于傅险中。是时说为胥靡，筑于傅险。见于武丁，武丁曰是也。得而与之语，果圣人，举以为相，殷国大治。故遂以傅险姓之，号曰傅说。（《史

记·殷本纪》)

昔殷武丁能耸其德，至于神明，以入于河，自河徂亳，于是乎三年默以思道。卿士患之，曰："王言以出令也，若不言，是无所禀令也。"武丁于是作书，曰："以余正四方，余恐德之不类，兹故不言。"如是而又使以象梦旁求四方之贤，得傅说以来，升以为公，而使朝夕规谏。（《国语·楚语上》）

傅说被褐带索，庸筑乎傅岩，武丁得之，举以为三公，与接天下之政，治天下之民。（《墨子·尚贤中》）

昔者傅说居北海之洲，圜土之上，衣褐带索，庸筑于傅岩之城，武丁得而举之，立为三公，使之接天下之政，而治天下之民。（《墨子·尚贤下》）

上述记载，牵涉到傅说的里居、姓名、身世等三个问题，试辨析如下。

傅说是何方人氏呢？从现有记载看，只知道他是在"傅岩"或"傅险"这个地方被武丁派的人访求到的。至于他是否出生于此，如不出生于此，他又是从哪里来的等，则未作交代。唯《墨子·尚贤下》于"傅岩"外又有"傅说居北海之洲，圜土之上"云云，多少给人留下点玄想的余地。《史记·殷本纪》、《集解》引徐广曰及《尚书正义》皆有"《尸子》云：'傅岩在北海之州。'"即傅岩与北海之洲实为一地，只不过一个是小地名（傅岩）、一个是大地名罢了。孙诒让《墨子间诂》则谓："虞、虢界近南河，距北海绝远，《墨子》、《尸子》说盖与汉、晋以后地理家异。"认为傅说所居之"北海之洲"与其"庸筑"之"傅岩"并不是一个地方。至于这个"北海之洲"究竟在哪里，孙诒让氏自己也没有考证清楚。所以，傅说的里居问题，至今仍不好断言，有宣传材料谓傅说为"古虞国（今山西省平陆县）人"，恐尚嫌根据不足。

关于傅说姓名的由来，诸书所记亦有细微出入。从《古文尚书·说命》《序》"高宗梦得说，使百工营求诸野，得诸傅岩"及《墨子·尚贤》言"傅说被褐带索，庸筑乎傅岩"，"傅说居北海之洲，圜土之上，衣褐带索，庸筑于傅岩之城"等记载看，傅说在被武丁发现前就叫傅说，即姓傅名说。《史记·殷本纪》则谓："武丁夜梦得圣人，名曰说。……于是迺使百工营求之野，得说于傅险中。……故遂以傅险姓之，号傅说。"这是说傅说的名字"说"是原就有的，所姓之"傅"乃是由于他在"傅险"这个地方被发现新取得的。到了东汉人马融、郑康成头上，更明谓"高宗始命为傅氏"、"得诸傅岩，高宗因以傅命说为氏。"（《尚书正义》孔《疏》引）又，《古文尚书·说命上》孔《传》称"傅岩"为"傅氏之岩"，孔《疏》据此进一步发挥说："《传》以傅为氏，此岩以傅为名，明言傍有姓傅之民，故云傅氏之岩也。"若此，则此处本有傅姓，不劳武丁因岩命氏也。西晋皇甫谧云："高宗梦天赐贤人，胥靡之衣蒙之而来，且云：'我，徒也，姓傅名说，天下得我者岂徒也哉！'武丁悟而推之曰：'傅者，相也。说者，欢悦也。天下当有傅我而悦民者哉！'明以梦视百官，百官皆非也，乃使百工写其形象，求诸天下，果见筑者胥靡衣褐带索，执役于虞、虢之间傅岩之野，名说。以其得之傅岩，谓之傅说。"（《尚书正义》《疏》引）《尚书正义》孔《疏》于征引皇甫谧上说后尝辨之曰："谧言初梦即云'姓傅名说'，又言'得之傅岩，谓之傅说'，其言自不相副，……其言非实事也。"看来，傅说姓名之由来，也还说不太清楚。

再来看一看傅说的所谓"奴隶"身份问题。《说命上》谓"说筑傅岩之野"，《孟子·告子下》谓"傅说举于版筑之间"，《韩诗外传》卷七谓"傅说负土而版筑"，是皆谓傅说未遇武丁前曾在傅岩这个地位服"版筑"之类的贱役，于其具体身份并未作任何交代。《墨子·尚贤下》则明谓"昔者傅说居北海之洲，圜土之上，衣褐带索，庸筑于傅岩之城"。《周礼·大司徒》郑《注》："圜土，谓狱也。狱城圜。"《释名·释宫室》："狱又谓之圜土，言筑土表墙，其形圜也。"孙诒让《墨子·间诂》："周以圜土为系治罢民之狱。据此书，则殷时已有圜土之名，不自周始矣。"据此，则傅说当是以刑徒身份而"庸筑于傅岩"者。《史记·殷本纪》亦谓："是时说为胥靡，筑于傅险。"《说命上》孔《疏》引晋灼《汉书音义》云："胥，相也。靡，随也。古者相随坐轻刑之名。"故"胥靡"，通常指被罚服劳役的刑徒。不过，对傅说的"刑徒"身份，也还有不同看法。如《史记·殷本纪》《集解》引孔安国曰："傅氏之岩在虞、虢之界，通道所经，有涧水环道，常使胥靡刑人筑护此道。说贤而隐，代胥靡筑之，以供食也。"《说命上》孔《疏》亦谓："傅说，贤人，必身不犯罪。言其说为胥靡，当是时代胥靡也。"意为傅说这样的贤人怎么会犯罪，他只不过是为生活所迫顶替或冒充胥靡服役混口饭吃罢了。笔者认为，这种解释未免太有点"为尊者讳"了，贤者为什么就不能被罪呢！不过，有一点倒可以肯定：傅说即使在被武丁派去的人发现时为奴，为戴罪之身，但他前此绝不会是奴隶出身，而是有一定背景、很高文化素养的隐居贤者。因为，一个自幼为奴者是无论如何也不可能凭空臆造出高深的治国之道来的。

最后，再附带说说傅说与"版筑"术的关系问题。据现有史料，说傅说在傅岩（险）从事过版筑工作当然不会有任何问题，若进而谓"3000 多年前傅说发明"了"版筑之术"，傅说"在实践中""发明'版筑'技术"，傅说"在征服洪水泛滥时因发明'版筑法'而闻名遐迩"，甚至把傅说目为"版筑之父"，就不太恰当了。因为，据学者研究，我国古代版筑技术"起源于仰韶文化时代晚期的中原地区"，至商代前期已"广泛传播至包括河套平原、燕山南北、东南沿海和长江中下游的广大地区"①，生活在商代后期的傅说又怎能成为这项技术的发明者和"父"呢！

---

① 张玉石：《中国古代版筑技术研究》，载于《中原文物》2004 年第 2 期。

二、傅说的治国之道，兼及国人的"贤人政治"情结

众所周知，在商代历史上，武丁是一位几可与开国之君成汤比肩并立的一代明主，而武丁之所以能成就如此赫赫功业又是同他有甘盘、傅说，特别是傅说这样的得力辅佐分不开的。

傅说的治国思想、措施，主要见之于《古文尚书·说命》上、中、下三篇中。自清儒阎若璩《尚书古文疏证》出，学者多以传世《古文尚书》为伪，不足凭信。笔者认为，《古文尚书》即伪，其内容亦不至全是作伪者的向壁虚造，其中必有某些历史的影像可资治史参考者。

据《古文尚书·说命》，傅说的治国之道基本是围绕着人主武丁的内修（修身）、外治（治国）设计、展开的。主要有：

（1）纳谏。傅说初见武丁，即向武丁提出："惟木从绳则正，后从谏则圣。后克圣，臣不命其承，畴敢不祗若王之休命？"意思是："木依从绳墨斧削才会正直，人主依从谏言才会圣明。人主能够圣明受谏，臣下不待教命犹将承意从事，谁还敢不恭敬顺从我王的美好教导呢？"在一人说了算的专制主义政治体制下，君王的纳谏是避免决策失误的重要保障，故傅说一见武丁便把它作为政之首提了出来。

（2）刷新吏治。傅说深知，国家能否治理好，光有一个圣明的君王不行，还要有一支廉政、勤政的官员队伍。针对当时腐败的吏治，傅说提出："惟治乱在庶官。官不及私昵，惟其能；爵罔及恶德，惟其贤。"即唯"贤"、"能"是举，不能让那些靠私交和品德不良的人担任官吏，获得爵位。既为官，就要"不惟逸豫，惟以乱民"。《尔雅·释诂》："乱，治也。"即为官者不应贪图安逸享受，而要把全部心思放在治理民众的事情上去。

（3）谨慎、有备、务实。傅说告诫武丁，国无小事，凡事须谨言慎行。如谓："惟口起羞，惟甲胄起戎，惟衣裳在笥，惟干戈省厥躬。"孔《疏》云："惟口出令不善，以启羞辱。惟甲胄伐非其罪，以起戎兵。言不可轻教令、易用兵也。惟衣裳在箧笥，不可加非其人，观其能足称职然后赐之。惟干戈在府库，不可任非其才，省其身堪将帅然后授之。"即对诸如发布政令、兴兵打仗、任用官吏之类的大事，一定要谨慎行事。傅说主张为政要有远见、预见，说"惟事事乃其有备，有备无患。"又主张"黩于祭祀，时谓弗钦。礼烦则乱，事神则难。"孔《传》："祭不欲数，数则黩，黩则不敬。事神礼烦则乱而难行。高宗之祀特丰数近庙，故说因以戒之。"这是针对武丁时祭祀活动过频、过滥、过于铺张而发的，充分体现了傅说的无畏和节俭求实精神。

（4）多闻、师古、务学、修德。傅说说："王，人求多闻，时惟建事，学于

古训，乃有获。事不师古以克永世，匪说攸闻。"强调"念终始典于学，厥德修罔觉。"认为作为君王，只有"多闻"，多听取臣下意见，并善于总结古圣贤的经验教训，才能把事情办好；只有坚持不懈地把学习放在心上，才能使自己的道德修养在不知不觉间得到提高。

（5）提倡力行，崇尚实践。《说命中》载，武丁在听了傅说的一番治国理论、措施后，很受感动，并表示要照着傅说所讲去做。傅说立刻补充强调说："非知之艰，行之惟艰。""王忱不艰"。意思是说认识一件事情，懂得一个道理，并不难，难的是把它付诸行动；自然啦，君王您只要真心实意去做，也就没什么难的了。这种朴素唯物主义的重实践的观点，不仅为历史上的诸多有识者奉为圭臬，至今仍不失其现实指导意义。

傅说的治国思想、理念，虽称不上系统、完整，但它上承五帝，下启周（公）孔（子），其在中国古代传统政治理念中的地位仍是不可忽视的。这个传统的政治理念，就是一直为国人津津乐道的德治、民本、仁政、贤人政治等。

傅说是位贤人、圣人，其人其事一直为后人称道、传颂。但在古代专制主义的政治体制下即使是傅说一类的圣贤，亦不能随心所欲地施展抱负，甚至连他本人能不能成其为圣贤，也不是完全由自己的能力、努力决定的，而是处处取决于、受制于那位高高在上的天下一人的君王。傅说的际遇无疑是幸运的，因为他遇上了武丁，而历史上同他一样有才能的人就不一定如他一样幸运了，因为"千里马常有而伯乐不常有"。关于这一层，据传孔老夫子曾有过一段颇为精彩的议论：

故君子博学深谋，不遇时者众矣，岂独丘哉！贤、不肖者，材也。遇、不遇者，时也。今无有时，贤安所用哉！故虞舜耕于历山之阳，立为天子，其遇尧也。傅说负土而版筑，以为大夫，其遇武丁也。伊尹故有莘氏僮也，负鼎操俎，调五味，而立为相，其遇汤也。吕望行年五十，卖食棘津，年七十，屠于朝歌，九十乃为天子师，则遇文王也。管夷吾束缚自槛车，以为仲父，则遇齐桓公也。百里奚自卖五羊之皮，为秦伯牧牛，举为大夫，则遇秦缪公也。虞丘于天下以为令尹，让于孙叔敖，则遇楚庄王也。伍子胥前功多，后戮死，非知有盛衰也，前遇阖闾，后遇夫差也。夫骥罢盐车，此非无形容也，莫知之也。使骥不得伯乐，安得千里之足，造父亦无千里之手矣。夫兰茝生于茂林之中，深山之间，人莫见之，故不芬。夫学者非为通也，为穷而不困，忧而志不衰，先知福祸之始，而心无惑焉，故圣人隐居深念，独闻独见。夫舜亦贤圣矣，南面而治天下，惟其遇尧也。使舜居桀纣之世，能自免于刑戮之中，则为善矣，亦何位之有？桀杀关龙逢，纣杀王子比干，当此之时，岂关龙逢无知，而王子比干不慧乎哉！此皆不遇时也。故君子务学修身端行而须其时者也。（《韩诗外传》卷七）

可孔子并不懂得，这样的"时"是并不多见的。因为，剥削者的本质和专制独裁的体制决定了圣明天子总是是稀见的、暂时的、相对的，而贪婪、独裁的君王，才是那个制度的普遍的、经常的、绝对的产物。也正因为如此，偶尔一见的圣君贤相才会显得那么珍稀，那么搅动人心。当然，在旧制度尚未寿终正寝，在尚未有新的、更合理的制度取代旧制度的历史条件下，人们还只能寄希望于多出现些圣君贤相，以为小民们营造出一个个相对安定的生产、生活环境，这也就是为什么所谓"贤人政治"情结在人们心目中久久难以挥去的原因之所在。时至今日，这种情结仍在不少人头脑里、血液中存留着。君不见，生当 21 世纪的我们中的一些人，包括所谓文化人，不是还在那里卖力地呼唤、歌颂、膜拜清廉的父母官出来为民作主，而有意无意间忽视了如何从制度的层面去杜绝贪官孳生的努力吗？这是颇值得认真深思的。人们应该懂得，"贤人政治"虽曾在历史上起过一定积极作用，但那个时代毕竟已经过去了；今天，我们应倾力于民主、法治的建设，而不是到"贤人政治"中去逃避、陶醉，甚至误导大众。

周公"摄政称王"散议

周公，文王子，武王母弟，名旦，亦称文公、叔旦。《史记·鲁周公世家》《集解》引谯周曰："以太王所居周地为其采邑，故谓周公。"《索隐》云："周，地名，在岐山之阳，本太王所居，后以为周公之菜邑，故曰周公。即今之扶风雍东北故周城是也。"《括地志》云："周公城在岐州岐山县北九里，周之畿内，周公食采之地也。"今岐山县北有周公村、周公庙，当即昔日周公食采之地。

周公一生经历了商末周初文王、武王、成王三个时期。"文王在时，旦为子孝，笃仁，异于群子。""及武王即位，旦常辅翼武王，用事居多。""武王既崩，成王少……周公乃践阼代成王摄行政当国"，且置管叔及其群弟"周公将不利于成王"的流言于不管不顾，敢于承担，勤于政事，每"一沐三捉发，一饭三吐哺"（《史记·鲁周公世家》），"夜以继日"，"坐以待旦"（《孟子·离娄下》），又于还政于成王后以"太师"身份辅政三年，后"（终）老于丰"（《尚书大传》）。对新建立的姬周王朝，周公可谓鞠躬尽瘁，死而后已。

纵观周公一生的政治活动、业绩，可大体分为参与灭商开国和摄政当国两大阶段。前一阶段，武王是主角，周公是主要参与者；后一阶段周公则处于政治前台的中心位置，举凡东征平叛、营建洛邑、封建诸侯、制礼作乐以及周初统治思想、策略政策的制定等，大都是周公主持进行或直接、间接同他有关的。《汉书·古今人表》将上自太昊帝宓羲氏下迄秦末秦二世胡亥、项羽、陈胜、吴广等1913 位历史人物，以人的品行为主，参之以事功的大小和学术的高低，列为上上至下下三等九则。其中，列入"上上圣人"栏者凡 14 位，前 12 位，太昊帝宓羲氏、炎帝神农氏、黄帝轩辕氏、少昊帝金天氏、颛顼帝高阳氏、帝喾高辛氏、帝尧陶唐氏、帝舜有虞氏、帝禹夏后氏、帝汤殷商氏、文王周氏、武王，皆古之著名人王，殿后的二位，为周公、孔子。周、孔得与伏羲至武王的 12 位著名古帝王比肩并立，厕身"上上圣人"行列，其历史贡献之大，地位之高，自不待言。

不过，对周公这样一位功勋卓著的伟大历史人物，在某些方面，主要是在他的"摄政称王"这一问题上，当时的人和后人也还是有不同看法、评价的。

众所周知，关于武王死后周公是否"摄政称王"的问题，历来有种种不同看法，有谓周公确曾摄政称王的，有谓周公虽摄政却未称王的，有谓周公既未摄政亦未称王的，有谓周公谋篡的，等等。

《荀子·儒效》："武王崩，成王幼，周公屏成王而及武王以属天下，恶天下之倍（背）周也。履天子之籍，听天下之断，偃然如固有之，而天下不称贪焉。杀管叔，虚殷国，而天下不称戾焉。兼制天下，立七十一国，姬姓独居五十三人，而天下不称偏焉。教诲、开导成王，使谕于道而能揅迹于文、武。周公归周，反籍于成王，而天下不辍事周，然而周公北面而朝之。天子也者，不可以少当也，不可以假摄为也。能则天下归之，不能则天下去之。是以周公屏成王而及武王以属天下，恶天下之离周也。成王冠，成人，周公归周反籍焉，明不灭主之义也。周公无天下矣，乡（向）有天下，今无天下，非擅也；成王乡无天下，今有天下，非夺也；变执（势）次序节然也。故以枝代主而非越也，以弟诛兄而非暴也，君、臣易位而非不顺也。因天下之和，遂文、武之业，明枝、主之义，抑亦变化矣，天下厌然犹一也，非圣人莫之能为。"照荀子看来，周公并不是什么摄政不摄政的问题，而是堂堂正正地"履天子之籍，听天下之断"，在实际上和明义上都做起"王"来。

而《尸子》、《韩非子·难二》、《逸周书·明堂》、《礼记·文王世子》、《韩诗外传》卷八、《尚书大传》、《淮南子·齐俗》、《史记·周本纪》诸书篇，皆谓周公旦仅于武王死后"假为天子"、"假为天子七年"、"摄政君天下"、"相，践祚而治"、"假天子之尊位七年"、"摄政"、"摄天子之位"、"摄行政当国"，着重其"假"、"摄"的"代行"身份，与《荀子》的"天子也者……不可以假摄为也"不同。

东汉以降，经学家们为了维护皇权、君统，往往对周公"摄政称王"事持掩盖、否定态度。

如宋儒朱熹、蔡沈等为了回护、抹杀周公"摄政称王"事，竟把作为成王时书的《尚书·康诰》、《酒诰》、《梓材》三篇文字硬说成是"此是武王书无疑"，"《康诰》、《酒诰》、《梓材》篇次当在《金縢》之前"（朱熹：《语类》七十九、蔡沈：《书集传》四）。清儒庄存与、庄述祖更明确指言："司马迁尝读百篇之《序》，而不知成王、周公之事为荀卿、蒙恬所汩乱。……周公践祚，君子有知其诬者，而不能知成王即位其年不幼也。……成王有人君之大节如此，而又以二公（太公、召公）为左右，天即不笃生周公，亦自可成一家之事。""诬圣乱经，自孙（荀）卿始。其言曰'……周公……以枝代主而非越，君、臣易位而非不顺，因天下之和，遂文、武之业。'谓之'大儒之效'。后世乱臣贼子袭是迹而文其奸言以窃天位，开其端者孙卿也！……故言周公之事大抵以为摄天子位，假王者号，褙褙襦襦，莫知其非，仅拘墟夫文辞而遂以胎滔天之恶，言顾可不慎哉。《书序》明著之曰：'周公相成王'。相也者，臣道也，非假摄之谓也。自《归

389

禾》以至《息慎之命》，再言'天子'，再言'王命'，曰'黜'，曰'伐'，曰'迁'，曰'命'，曰'封'，曰'告'，皆系之成王。《大诰》曰'相成王'，《君奭》亦曰'相成王'，何乃有假摄之说哉！"（庄存与：《尚书既见》二、庄述祖：《大诰序说》）焦循亦谓："《明堂位》以周公为天子，汉儒用以说《大诰》，遂启王莽之祸。郑氏不能辨证，且用以为《尚书注》，而以周公称王。自时厥后，历曹、马以及陈、隋、唐、宋，无不沿莽之故事。而《传》（《伪孔传》）特卓然以周公不自称王而称成王之命以诰，胜郑氏远甚。"（《尚书补疏叙》）他们之所以这样做，说穿了，无非是为了尊君，为了避免出王莽式的人物而不惜掩盖周公曾摄政称王的历史。

在清代，亦有个别学者坚持周公"摄政称王"说，如钱塘即认为："《尚书·大诰篇》：'王若曰：猷：大诰尔多邦越尔御事。'郑康成曰：'王谓摄也。周公居摄，命大事则权代王也。'……康成说是也。《大诰》作于东征时，不称王无以令诸侯，故权代之也。……然而公之摄政，恒也；摄王，非恒。出政之谓'摄政'，称王之谓'摄王'。王者有大事则摄，平时固摄政之冢宰也。……公摄政七年，称王者三而已，皆系天下之安危——征武庚、命微子、封康叔是也。"（《周公摄政称王考》）即认为周公不但以冢宰身份摄政七年，且曾于重要时刻"摄王"——权代王也。而廖平则更进一步，直谓"成王非幼，周公非摄，此《尚书》成周公之意，又有语增耳。武王克殷后即以天下让周公，《逸周书》所言是也。当时周公直如鲁隐公、宋宣公，兄终弟继，即位止名，故《金滕》称'予一人'、'予小子'，下称'二公'，《诰》称'王曰'。《檀弓》：'文王舍伯邑考而立武王。'盖商法兄终弟及，武王老，周公立，常也。当时初得天下，犹用殷法。自周公政成之后，乃立周法，以传子为主。周家法度皆始于公，欲改传子之法，故归政成王。"（《经话》）即认为克殷后，武王老迈，乃让位周公，周公是堂堂正正的"王"，并无"摄位"之事；后为改行"传子之法"，才"归政成王"的。

围绕周公是否"摄政称王"一事，近今学者依然是众说纷纭，迄未取得一致看法。

王国维认为："殷以前无嫡、庶之制。……是故大王之立王季也，文王之舍伯邑考而立武王也，周公之继武王而摄政称王也，自殷制言之皆正也。舍弟传子之法实自周始。当武王之崩，天下未定，国赖长君，周公既相武王，克殷胜纣，勋劳最高，以德，以长，以历代之制，则继武王而自立，固其所矣，而周公乃立成王而己摄之，后又反政焉。摄政者，所以济变也。立成王，所以居正也。自是以后，子继之法遂为百王不易之制矣。……原周公所以能定此制者，以公于旧制本有可以为天子之道，其时又躬握天下之权，而顾不嗣位而居摄，又由居摄而致政，其无利天下之心昭昭然为天下所共见，故其所设施，人人知为安国家、定民人之大计，一切制度遂推行而无所阻矣。"①

顾颉刚则认为："武王死后，周公奉了武王的长子诵继位，是为成王。为了这个新造的大邦还没有稳固，内忧外患接踵而来，非由一个才干和威望兼全的人担任起领导的责任不可，所以就由周公执行王政。周公既站在王的地位，发挥王的权力，人们口头上也就称他为'王'，史官记录他的文告时也就写作'王若曰'。""为了周公实际上不是真的周王，所以当时固然有人称他为'王'的，但也有人照旧称他为'周公'的，也有'王'和'周公'杂用的称呼，记载中并不一律。"②

童书业师认为："《大诰》中之'王'为周公无疑。……而《康诰》曰'王若曰……'，此'王'亦为周公无疑。""周公摄政称王，犹多尔衮之为摄政王专政也。""春秋时人所以罕言周公摄政而但称'相王室'者，则宗法礼制思想作祟。至战国末年，古'宗法'制已经解体，《荀子》等书即明言周公摄政践阼矣。"③

徐中舒师亦认为："周公辅成王而自行摄政称王，这和清初多尔衮拥立幼君福临而自称摄政王，先后如出一辙。这都是建国初期国家体制未定时，内部争权斗争而出现的一种现象。"④

杨宽认为："这时周公出来摄政，而且称王，是十分必要的。不称王，不足以号令诸侯以及周的所有贵族。""实际上，周公不仅是'权代王'，当时周公'践天子之位'，就是掌握着天子的权力。《大诰》的王，无疑是周公。""从《大诰》、《康诰》、《酒诰》等文来看，周公摄政称'王'，以'王命'东征，以'王命'分封诸侯，是无疑的。然而，春秋时人不见有称周公摄政称王的，只说周公'相王室'……这是他们为周公讳言，因为这样摄政称王而用'王命'，是不符合当时的宗法制和周礼的。"⑤

刘起釪认为：周公"为应付危难，便自己执政称王。""周公之称王，在当时历史条件下是很自然的事。"但周公的摄政称王，"并不意味着他必须排除周成王的王位。……所以天子之位的继承权归成王，而自己必须在成王还不能胜任时出来践履这一天子之位以摄政称王，支撑危疑震撼的局面。"⑥

杜勇认为："武王死后，周公一度摄政称王以治天下。""在周公那个时代，王位传子制尚未凝固，……周公在执政时称王也不过是一件极平常的事。""成王

① 王国维：《观堂集林》卷十《殷周制度论》，中华书局1959年版。
② 顾颉刚：《周公执政称王——周公东征史事考证之二》，载于《文史》1984年第23期。
③ 童书业：《春秋左传研究》，上海人民出版社1980年版，第34页。
④ 徐中舒：《西周史述论》（上），载于《四川大学学报》1979年第3期。
⑤ 杨宽：《西周史》，上海人民出版社1999年版，第140～141页。
⑥ 刘起釪：《周公事迹大略》、《由周初诸〈诰〉作者论"周公称王"的问题》，收《古史续辨》，中国社会科学出版社1991年版，第337、352、356页。

先已嗣立，周公旋又称王，周初政治舞台上出现了二王并存的局面。从人类早期的历史来看，这种二头政长的现象并不是个别的。……由于成王一直未离王位，周公摄政数年就退居臣位，致使史籍言周公摄政事多与成王并举，或曰'周公相成王'，《史墙盘》历数西周诸王而不及周公，其原因正在于此。"①

郭伟川谓："周初礼制未备，传位法未定，周承殷制，顺理成章。故武王传位予周公，及后周公之继位称王，既是形势造成，也是合理合法。""事实上，周公称王是完全遵照武王的遗嘱办的：依天命践阼称王；天下平，致政子诵。可以说百分之百执行武王的指示，完全实现武王的遗愿，显示了周公忠诚谋国的品格，武王是可以死而瞑目的。但相形之下，我觉得周公的人格和形象，实在伟大得多！其王与不王，皆以社稷与人民的利益为依归。"②

宫长为亦认为："周公摄政称王七年，应是历史事实。……从周初的历史文献来看，《大诰》、《康诰》之中的'王'，当为周公无疑。"③

而杨向奎则认为："周公并没有'称王'，但在成王初年曾经摄政，所有成王时《周诰》都是周公代成王宣告而称王，周公没有自己称王。"④

美国学者夏含夷的看法略同，他同样认为："可以根据西周时代的第一手历史资料来判定周公摄政时根本不曾称王。"⑤

杨朝明亦认为："武王去世后，按照当时通行的嫡长子继承制，年仅13岁的成王即位。当时，周室初定，天下未稳，尚在幼冲中的成王还不足以承担周朝天子所应该承担的职责。在这种背景下，身为文王之子、武王之弟、成王之叔父的周公从周朝统治的大局出发，遂以冢宰的身份，毅然摄理国政，担负起稳定周朝统治的大任。7年之后，成王已长，周公才归政成王。""周公摄政实际上是辅佐成王，以冢宰总百官，于名于实，成王都是国王；……周公摄政时期绝不会称王。"⑥

还有学者认为，周公仅辅相成王，既未摄政，更未称王。如马承源即认为："金文中的史实和史籍的真实记载，都说明成王是嗣位之君，并且起着一个国君应起的作用，周公召公则是辅相成王。周公的形象，被汉儒大加夸张而使后人产生错觉，周公摄政事实上不存在。"《小臣单觯》、《禽簋》"两件器的铭文都记录

① 杜勇：《〈尚书〉周初八诰研究》，中国社会科学出版社1998年版，第21、27页。

② 郭伟川：《周公称王与周初礼治——〈尚书·周书〉与〈逸周书〉新探》，收郭伟川编《周公摄政称王与周初史事论集》，北京图书馆出版社1998年版，第196、199页。

③ 宫长为：《周公何以摄政称王》，收郭伟川编《周公摄政称王与周初史事论集》，北京图书馆出版社1998年版，第148页。

④ 杨向奎：《宗周社会与礼乐文明》（修订本），人民出版社1997年版，第160页。

⑤ ［美］夏含夷：《周公居东新说——兼论〈召诰〉、〈君奭〉著作背景和意旨》，收《西周史论文集》，陕西人民教育出版社1993年版，第873页。

⑥ 杨朝明：《周公事迹研究》，中州古籍出版社2002年版，第102、114页。

了成王作为天子的领导作用，根本否定了史籍讹传的周公‘践祚称王’”。①

王慎行认为：“‘成王年幼’及引申为‘在襁褓中’之说，系战国时人与汉代经师误读《尚书》‘孺子’一词所致”，“‘孺子’之称，不必皆属婴儿之谓”。事实上，“成王即位时当已成年”。但“殷周时代在天子居丧期间应由冢宰当国，代王出令，摄行政事。”“武王崩后，天下未宁，成王正值居丧期间，礼当冢宰摄政。周公既为大宰（冢宰），总摄行政，以佐王治邦国，自是常事。”故“史载‘周公践祚称王’实乃‘冢宰摄政’”，而实际上还是“成王亲自临朝视政、决策军国大事”，无需“周公摄政”。②

还有一部分学者认为周公之当国实为“谋篡”。如李裕民即认为“周公作为圣人是后人捧起来的，实际上他不是那么完美的‘圣人’”，“周公自称‘王’表明他确已篡夺了王位。”“管叔只是要保卫成王，反对周公夺权，要攻打周公的据点成周，丝毫没有自立为王之意，可见‘畔周’乃是周公等人强加给管、蔡的罪名，后人据此记载下来，使管、蔡蒙受了千年不白之冤。唯有明代祝允明看透其中奥秘，而称‘管、蔡为忠臣’。（《四库全书总目提要》“祝子罪知”条）可惜传统说法已根深蒂固，祝氏之说非但不为人们接受，反被视为狂人，禁毁其书。”“周公篡位的理由是因为成王年幼，其实成王年龄并不幼小……成王即位时大约十八九岁……十八九岁不算太小，周公凭什么非摄政不可？”“旧史的种种饰辞，都掩盖不住历史的真相，周公确曾篡夺了成王的王位。”“周公篡位与管叔反篡位的斗争实质上是统治集团内部争夺权利的斗争。”③

启良亦认为：“按照已成传统的王位继承制，继王位的本应是早已成年的成王，而不应是周公，那么周公登上天子位，其谋篡的性质是可想而知的。”“周公居东既不是东征，也不是避居东部，而是流亡东方。其情况可能是：就在周公出征东征的过程中，成王及召公等六（大）臣趁其不在国都镐京，废了他的天子名号，并拘捕其属党，成王自己作了天子。周公平定三监之乱后，不能回镐京，只得流亡东方。……在此种情况下，周公贻诗（《鸱鸮》——引者）成王，要求成王看在他昔日的功绩上，不要做得过分。”又谓：“周公率师亲证管、蔡，成王在后方发难，控制了镐京，践祚称天子，使得周公东征胜利后不能西归。周公虽然流亡东方，但仍然拥有天子称号……虽然不能回师镐京，凭着自己的兵力，周公完全有可能割地称雄，与成王政权分庭抗礼。洛邑就是在此种历史背景下建立

---

① 马承源：《西周金文和和周历的研究》（节录），收郭伟川编《周公摄政称王与周初史事论集》，北京图书馆出版社 1998 年版，第 111 页。

② 王慎行：《周公摄政称王质疑》，载于《河北学刊》1986 年第 6 期。

③ 李裕民：《周公篡位考——从“铜叶封弟”的疑案说起》，载于《晋阳学刊》1984 年第 4 期。

的。……这样，由武王打下来的一统天下遂一分为二，变成东西两个并立的政权。"①

以上，我们用较多篇幅介绍了古今学者在周公是否摄政称王这个问题上的不同看法，真可谓林林总总，应有尽有，众说纷纭，莫衷一是。各种说法，似都有一定根据，故能历久而不衰，不被他说吃掉；而任何一种说法，又都嫌根据不足、不硬，故又很难吃掉别人，将自己定为"一尊"。看来，在没有新史料出现的情况下，这个问题恐一时尚难解决。笔者对此问题没有作过专门研究，初步看法可划归"摄政称王"说的一类。这里，我想顺便指出的是，讨论中，一些学者所流露出的对周公过分顶礼膜拜或过分憎恶的感情色彩，都是不必要的，甚至是有害的，因为，这些东西会妨碍人们对历史人物、事件作冷静、公正的观察、判断。

还有一点，亦应在此强调一下，即上引诸说，无论是对周公持颂扬态度的，还是持贬抑态度的，大都是以正统忠君观立论持说的。殊不知，"正统"这东西大都是权力的握取者制造、宣扬出来的，而谋取权力者若也"正统"，则他们自己就先已无立身之地了。试想，商汤之于夏桀、周武王之于商纣、刘邦之于秦、唐高祖李渊之于隋、宋太祖赵匡胤之于后周，又何"正统"之有？隋文帝杨坚若对他的外孙辈（非亲外孙）的北周静帝讲"正统"、唐高祖李渊若对他的同外祖的姨表弟杨广讲"正统"，历史上又何来什么隋文帝、唐高祖？至于说到杀兄诛弟、逼父禅位、占夺弟媳的唐太宗李世民，岂止够不上一代明君圣主的格，恐怕还会被送上道德的审判台，打翻在地，再踏上一只脚，打入十八层地狱了。是以，我们评价历史人物，主要是看他的历史功过，看他对历史发展的推动抑或阻滞作用，不必过于在正统的忠君观上兜圈子、做文章。准此，周公虽一度"称王"过，亦无掩于他的伟大历史功绩，后人亦无须对之大张挞伐或曲为回护。

作者附记：本文原为上海科学技术文献出版社 2007 年出版之拙著《西周史与西周文明》中之一章，题为《周公其人其事》，兹为应研讨会之需，稍加修改补充，改题为《周公"摄政称王"散议》。

① 启良：《周公事迹新说》，载于《江汉论坛》1991 年第 5 期。后来，作者在《中国文明史》（上）一书中，又重申了上述看法，见该书花城出版社 2001 年版，第 273~277 页。

巴国社会性质问题

巴为活动于今重庆及比邻地区的一先秦古邦。由于材料的限制及其他一些因素的作用，人们对巴历史文化诸多方面的认识至今仍嫌不足，迷雾重重，对巴社会性质的认识亦不例外。

童恩正在《古代的巴蜀》一书中认为：

巴的历史发展到春秋时代，……在生产力发展的推动和西周奴隶制王国的影响之下，这一时期的巴族，已经经历了阶级产生的过程，而成为南方一个割据的奴隶制诸侯国，……

巴族这时已经出现了完整的国家机构，有国君，有正规的军队，有一套职官制度，这已经不是一个原始民族所具备的了。尽管这个国家还是处于地理范围较小，统治力比较薄弱的情况下，"但是终究有一个机构迫使奴隶始终处于奴隶地位，使社会一部分人受另一部分人压迫"（列宁：《论国家》，《列宁选集》第4卷，第48页）。从而使巴族的历史进入一个新阶段了。

在春秋战国之际，……在其他诸侯国向封建社会转化的同时，巴仍然保留了反动的奴隶制度，……与当时已逐步向封建制度转化的中原各国相比较，巴族的经济文化比较落后，其奴隶制带有更强烈的原始性和掠夺性。……正是反动的奴隶主这种对内对外的疯狂掠夺性，阻碍了巴族经济和文化的进步，最终决定了这个奴隶制王国覆亡的命运。①

1980年发表的冯汉骥遗稿《西南古奴隶王国》亦谓：

以蜀而言，大概在殷、周之际即已进入了阶级社会。……巴人在社会和文化的发展上似较蜀人落后，至秦并巴、蜀时，似乎尚处在奴隶制初期，如"秦昭襄王时（公元前306～前251年），白虎为害，自秦、蜀、巴、汉患之，秦王乃重募国中，有能煞（音同杀）虎者，邑万家，金帛称之。于是夷朐忍廖仲药、何射虎、秦精等，乃作白竹弩，于高楼上射虎中头三节。白虎常从群虎，瞋恚，尽搏杀群虎，大响而死。秦王嘉之，……欲如约，王嫌其夷人，乃刻石为盟要，复夷

---

①　童恩正：《古代的巴蜀》，四川人民出版社1979年版，第21～22、25～27页。

人顷田不租，十妻不算，伤人者论，杀人者雇死偿钱。盟曰：'秦犯夷输黄龙一双，夷犯秦输清酒一锺'，夷人安之。"因当时巴人尚处在奴隶制之下，故不能用当时汉族的爵禄（封建剥削方式），只能从其原始的剥削方式以羁縻之。……秦人之统治蜀人和巴人的方法是迥然不同的。对蜀则为封王置守，对巴则始终为"盟要"，而妻以秦女。此中亦不无反映一点社会组织的发展阶段的不同。①

20世纪90年代初，董其祥于所著《巴蜀社会性质初探》一文中写道：

从文献记载考察，巴……已经产生了对立的阶级。……巴郡蛮，其先为五姓氏族组成部落联盟，未有世袭的君长。至廪君时，巴氏族破坏了传统的部落联盟制，建立了阶级对立的阶级制度，巴氏族为君，为贵族；四姓降为臣属。……但这样建立的奴隶制，是东方类型的种族奴隶制，即举族为统治者臣民。在氏族或部族内部，氏族共同体的血缘纽带依然十分牢固地束缚着每个氏族成员，也可说是不成熟的奴隶制。

根据经典作家关于国家学说的理论，结合巴蜀社会的资料，论证巴蜀社会已经建立了正式的奴隶制国家。现列举其证据如下。

第一，巴蜀社会已经分裂为统治者和被统治者、主人和奴隶、剥削者和被剥削者。……

第二，巴蜀社会已有固定的疆域和以地域为基础的稳定国民。……

第三，巴蜀社会已具备国家机器的雏形。

……

巴王的武装除了用来参加争城掠地，获取奴隶外，还用来对内镇压奴隶或氏族叛乱。《华阳国志·巴志》记载有巴蔓子的事迹，就是镇压奴隶叛乱的明证。《巴志》说："周之季世，巴国有乱，将军有蔓子请师于楚。"这里说的"巴国有乱"，应是统治下的臣民举行起义；由于蔓子乞师于楚，镇压了这次"叛乱"，这也是奴隶制国家职能的具体表现。

……

根据我们以上的分析研究，巴蜀社会应当在殷周之际就已进入阶级社会了。生产的发展，已经过了第一、第二、第三次社会大分工，私有制逐渐形成，贫富阶级逐步分化，形成主人和奴隶，剥削者和被剥削者对立的社会；应运而起的，作为一个阶级统治另一个阶级的国家机器终于诞生了；在巴蜀奴隶制王国里，为了强化国家机器，组织了正规武装和官僚机构。②

以上诸家，或认为自殷周之际以来，或认为进入春秋战国时期后，巴已从原始社会转入奴隶社会，总之，灭亡前的巴已是一个奴隶制的国家。

---

① 冯汉骥：《西南古奴隶王国》，载于《历史知识》1980年第4期。

② 董其祥：《巴史新考续编》，重庆出版社1993年版，第91、97~100、111页。

唐嘉弘的看法则完全不同，在他看来：

巴人是否曾经建立了一个发达的奴隶制国家或奴隶制王国的问题，既不应将传说当作信史，也不宜硬套某些公式，应该按照历史材料来分析，得出实事求是的结论。

从西周到春秋，巴子之国的国家性质，因其为西周王室的同姓封国，和楚国毗邻，应当说，它和西周以及楚国的国家性持，基本上是一致的。国内许多历史学家都认为西周是封建领主制，所以，我认为如果确已建国，当时的巴国的国家性质有可能是封建领主制的国家。至于说它是发达的或发展的奴隶制国家，在理论上和材料上，都是不能成立的。

父系家长制家庭中的奴隶制，又称为家长奴隶制，在一般的情况下，当原始社会解体之时，总是向奴隶社会行进。但这并不是一成不变的，并不排斥某些部落，在各种内因和外因的推动下，利用在原始社会末期萌芽出现农村公社组织，可以不经过奴隶社会，直接向封建社会过渡，因为它本来就具有封建制因素农奴制的存在。

巴子之国从西周初期建立时，有可能进入封建制社会，是有它的理论依据和史实依据的。

生产关系上，早在战国时，巴地租税制度已有明文记载，剥削形态，和中原地区基本一样。……基于上述各点，我们完全有理由论定巴国各个部族，在相当长久的时期内，和中原地区特别是楚、秦二国，有着密切的政治、经济和文化的交流与影响，正在封建化的行程上前进，逐渐向封建领主制过渡。在他们的历史上，不存在什么奴隶制王国得到发展或发达的问题。从民族学上考察，原始社会的家长奴隶制到封建领主制的社会发展型式，屡见不鲜，巴人即应属于这种情况。[1]

上述诸家说表明，在对巴社会性质的认识上，学者间是存在着明显的分歧的。

笔者认为，唐嘉弘的看法从总体上说是正确的，童正恩、冯汉骥、董其祥等的奴隶社会说不能成立。

首先，巴为奴隶社会说缺乏史实根据，它不是从史实出发，而是从某种长期以来流行的社会发展程式中推导出来的。

按理，一个社会若要构成为奴隶社会，它就不仅需要有奴隶，而且需要有数量足够多的奴隶存在。因为，只有当一个社会的奴隶在社会总人口中占相当大比例、奴隶成为社会生产的主要担当者、整个社会主要是建立在奴隶劳动基础上的时候，这个社会才称得上是奴隶社会。总之，不要一找到几个奴隶便草率做出结论说："看，我又发现了个奴隶社会。"如果真的可以那样，任何一个毫无史学修

---

[1] 唐嘉弘：《"巴国"是一个奴隶王国吗？》，载于《四川文物》1984年第1期。

养的人都可以不费吹灰之力就把上自原始社会末期（那时已经有了奴隶）下迄新中国成立前的旧中国（这时仍然有奴仆——奴隶的存在）通通说成奴隶社会。

遗憾的是，巴奴隶社会说的持有者们，不仅没有在巴的历史上找到数量足够多的奴隶，甚至连巴有奴隶的材料都举证不出（应该说，当时的巴人社会中是有奴隶存在的，只是我们至今未能找到这方面的材料）。事情既然如此，巴奴隶社会说的持有者们又是如何作出自己的巴为奴隶社会的结论来的呢？原来，在他们看来，既然"奴隶社会是第一个阶级社会"（前引董其详文），只要能证明当时的巴人已有了阶级和国家，已进入国家时期，巴人社会为奴隶社会便是顺理成章、不证自明的了。

在包括历史研究在内的任何研究中，推导——推理总是需要的，关键要看大前提正确与否。如果大前提错了，推理自然也会错。长期以来，"奴隶社会乃人类历史发展必然阶段"、"奴隶社会乃人类历史第一个阶级社会"一类的说法被奉为颠扑不破的真理，而据包括笔者在内的不少学者的研究，当原始社会瓦解后，由于特定的历史条件，只有古希腊、古罗马等极少数国家步入奴隶社会，而在世界其他更为广大的地区，则是从原始社会进入封建社会，事实上，经过奴隶社会发展阶段，是变例、特例，不经过奴隶社会发展阶段，才是人类社会发展的通例和普遍规律。关于这一层，笔者曾在所著《奴隶社会并非人类历史发展必经阶段研究》（青海人民出版社 1988 年版）一书中做过比较全面、系统的论述，有兴趣的读者不妨找来一阅，此不作赘。既然，"奴隶社会乃人类历史发展必经阶段"，"奴隶社会乃人类历史第一个阶级社会"的大前提并不存在，靠它去推导巴人的奴隶社会自然就难以成说了。

这里需顺便交代一下，董其详氏所谓廪君时随着"世袭君长"的出现，"巴氏族为君，为贵族；四姓降为臣属。……这样建立的奴隶制，是东方类型的种族奴隶制"云云，一如前此郭沫若的"周是以少数人征服了商，又把殷民降为种族奴隶。如'殷民六族'、'殷民七族'都是殷之遗民。'怀姓九宗'，则是属于殷的种族奴隶。但以后都成了周的种族奴隶了。""周人对待这些种族奴隶是比较自由的……让他们耕种着原有的土地而征取地租，征取力役"[①] 一类的说法，同样不能成立。因为，在奴隶制下，奴隶的"全部劳动都表现为无酬劳动"[②]，对于他们，是无行何租税制度可言的。所以，"种族奴隶"之类的提法，实难成说。

其次，准诸现有史实，说进入国家时期的巴为封建社会要比把巴视为奴隶社会更合理、更有根据些。

说实在的，根据现有材料，要正确判明巴国的社会性质是十分困难的，相比

① 郭沫若：《奴隶制时代》，人民出版社 1973 年版，第 235、27～28 页。

② 马克思：《资本论》第 1 卷，人民出版社 1975 年版，第 591 页。

较而言，说巴为奴隶社会可以说是毫无根据，而视巴为封建社会则不但符合人类历史发展普遍规律，且多少还有些史实作依据。《后汉书·南蛮西南夷列传》载：

及秦惠王并巴中，以巴氏为蛮夷君长，世尚秦女，其民爵比不更，有罪得以爵除。其君长岁出赋二千一十六钱，三岁一出义赋千八百钱，其民户出幏布八丈二尺，鸡羽三十镞。汉兴，南郡太守靳疆请一依秦时故事。

秦昭襄王时有一白虎，常从群虎数游秦、蜀、巴、汉之境，伤害千余人。昭王乃重慕国中能杀虎者，赏邑万家，金百镒。时有巴郡阆中夷人，能作白竹之弩，乃登楼射杀白虎。昭王嘉之，而以其夷人，不欲加封，乃刻石盟要，复夷人顷田不租，十妻不算，伤人者论，杀人者得以倓钱赎死。盟曰："秦犯夷，输黄龙一双；夷犯秦，输清酒一锺。"夷人安之。

文中所言秦人对巴人的剥削，明显是封建国家对臣民的封建性剥削。当然，此处所言只是战国后期已并入秦国之后的情况。而在此之前，在巴国内部巴王对其臣民又是如何实行剥削的呢？《华阳国志·巴志》载：

其地，东至鱼复，西至僰道，北接汉中，南极黔涪。土植五谷，牲具六畜。桑、蚕、麻、苧、鱼、盐、铜、铁、丹、漆、茶、蜜、灵龟、巨犀、山鸡、白雉、黄润、鲜粉，皆纳贡之。

任乃强于注释中申其意云：

此所举"纳贡"物十八种，皆谓巴王旧所征取于其属民之物品。巴王族以鱼盐业致富强，征服沿江及其商业所至诸民族部落。初不从事农牧工矿生产。王族生活所需，一切向其人民征取。此十八种纳贡品，是谯周《巴志》原所举列，足以代表巴国未亡以前巴地社会经济生活情况……①

从《巴志》的这段记述和任乃强氏的进一步申述不难看出：巴在亡于秦前其民所受王族的实物贡赋剥削同样是封建性的，同奴隶剥削并不搭边。何以会如此呢？归根结底还是取决于巴人的社会结构和生产资料所有制形式。从有关记载看，自周初以迄秦汉，巴人的以氏族组织和村社制度为特征的基本社会组织形式和生产资料所有制形式并无大的变化②，其剥削方式自亦不应有质的不同。因为，面对得到氏族组织和村社制度强力庇护的巴族劳苦大众，不管是本族统治者，还是外族征服者，都无法一下子将他们从族群中剥离出来，从村社的土地上剥离出来，从而也就无法将之置于奴隶的境地，而只能采取中原地区老早就已采用过的所谓"夏后氏五十而贡，殷人七十而助，周人百亩而彻"（《孟子·滕文公上》）的习见剥削方式。而所谓"贡"、"助"、"彻"，又实不过是夏、商、周三代建立

---

① 任乃强：《华阳国志校补图注》，上海古籍出版社1987年版，第6页。

② 参见徐中舒：《巴蜀文化初论》、《巴蜀文化续论》，《徐中舒历史论文选辑》，中华书局1998年版，第1021~1126页。

在村社井田制基础上的封建剥削方式罢了。①

　　毋庸讳言，笔者的巴封建社会说亦同童、冯、董诸君的巴奴隶社会说一样，基本上都是借助推论立论持说的，但两相比较，笔者仍觉得我们的推论比之巴奴隶社会说来，还是要略合理、略切合历史实际些。

　　　　　　　　　　　　　　　（原载《巴蜀文化暨三峡考古学术研讨会文集》，
　　　　　　　　　　　　　　　　　西南师范大学出版社 2006 年版）

---

　　①　参见张广志：《“贡助彻”研究中的几个问题》，东北师范大学历史系编《中国古代经济史论丛》，黑龙江人民出版社 1983 年版。

杜宇、开明禅位说浅议

早在国家萌动期，即有所谓"尧舜禅让"，尔后，又有蜀杜宇之于开明（鳖灵）、燕王哙之于子之、西汉孺子婴之于王莽、东汉献帝之于曹丕、北周静帝之于隋文帝杨坚、后周恭帝之于宋太祖赵匡胤，等等。在中国长达数千年的专制政治史上，"禅让"之所以时有闪光一现，不绝如缕，既是特定历史条件下权力传承双方都能接受的体面交接形式，又能迎合士人们梦寐以求的"公天下"、"贤人政治"等的心理诉求，其存在和一直为人们津津乐道也就显得再自然不过了。

关于尧舜禅让，笔者曾为文论之[①]，今再就蜀杜宇、开明间的所谓王位禅让作所议论。

一、史书所载杜宇、开明间的王位禅让

由于本身无文字记载，再加上远离中原政治纷争旋涡，不大为外人关注，故直至战国灭于秦，蜀史的面貌始终云遮雾罩，面目不够清晰。先秦有关蜀的记载十分稀见、零星姑且不说，即成书晚后传为西汉末杨雄撰集的《蜀王本纪》和东晋常璩的《华阳国志》，虽稍具统系，但亦十分简略，可到目前为止，我们谈蜀史，还是离不开这两部书（由于本文侧重点不同，未涉考古发掘材料，幸勿误会）。

为讨论方便计，兹先将二书有关记述移录于后：

蜀王之先名蚕丛，后代名曰柏濩，后者名鱼凫。此三代各数百岁，皆神化不死，其民亦颇随王化去。鱼凫田于湔山，得仙，今庙祀之于湔。时蜀民稀少。

后有一男子，名曰杜宇，从天堕止。朱提有一女子，名利，从江源井中出，为杜宇妻。乃自立为蜀王，号曰望帝，治汶山下邑，曰郫。化民往往复出。

望帝积百余岁，荆有一人名鳖灵。其尸亡去，荆人求之不得。鳖灵尸随江水上至郫，遂活，与望帝相见，望帝以鳖灵为相。时玉山出水，若尧之洪水，望帝不能治，使鳖灵决玉山，民得安处。鳖灵治水去后，望帝与其妻通，惭愧，自以

---

① 《尧舜禅让之再认识》，《虞舜文化研究集》，山西古籍出版社2006年版。

德薄不如鳖灵,乃委国授之而去,如尧之禅舜。鳖灵即位,号曰开明帝。……

望帝去时子鴂鸣,故蜀人悲子鴂鸣而思望帝。(严可均辑本《蜀王本纪》,见《全上古三代秦汉三国六朝文》)

蜀之为国,肇于人皇,与巴同囿。至黄帝,为其子昌意娶蜀山氏之女,生子高阳,是为帝喾(按:此以帝喾为高阳,《史记·五帝本纪》谓"帝颛顼高阳","帝喾高辛"——引者)。封其支庶于蜀,世为侯伯。历夏、商、周。武王伐纣,蜀与焉。

……

周失纪纲,蜀先称王。有蜀侯蚕丛,其目纵,始称王。死,作石棺、石椁。国人从之。故俗以石棺椁为纵目人冢也。次王曰柏灌。次王曰鱼凫。鱼凫王回于湔山,忽得仙道。蜀人思之,为立祠。

后有王曰杜宇,教民务农。一号杜主。时朱提有梁氏女利,游于江源。宇悦之,纳以为妃。移治郫邑。或治瞿上。七(引者按:任乃强以时间不对,谓此处"七字,应是巴之讹。"① 然准诸后文"自以功德高诸王","七"字或不误)国称王,杜宇称帝,号曰望帝,更名蒲卑,自以功德高诸王。……会有水灾,其相开明决玉垒山以除水害。帝遂委以政事,法尧舜禅授之义,遂禅位于开明。帝升西山隐焉。时适二月,子鹃鸟鸣,故蜀人悲子鹃鸟鸣也。巴亦化其教而力农务,迄今巴蜀民农时先祀杜主君。(《华阳国志》卷三《蜀志》)

二书所记,有一致的地方,即皆言杜宇效法尧舜故事,把帝位禅让给开明了。亦有不一致处,即《蜀王本纪》言杜宇是因为与鳖灵妻通,"惭愧,自以德薄不如鳖灵",才"委国授之而去的",禅位多少有点无可奈何,不怎么光彩。《说文》于"鴂"字下亦云:"蜀王望帝淫其相妻,惭,亡去为子巂鸟。"此类说法居然能为《说文》这样的书所采用,足见其影响之深远、广泛。而在《华阳国志·蜀志》中,通灵妻、惭愧、自以德薄不如鳖灵云云,已压根不见踪影,就只剩下堂堂正正、光明磊落的"遂委以政事,法尧舜禅授之义,禅位于开明"了。值得注意的是,约成书于汉末三国间来敏《本蜀论》的记述:

荆人鳖灵死,其尸随水上,荆人求之不得。鳖灵至汶山下复生,起见望帝。望帝者,杜宇也。……望帝立以为相。时巫山峡而蜀水不流,帝使鳖灵凿巫峡通水,蜀得陆处。望帝自以德不若,遂以国禅,号曰开明。(《本蜀论》久佚,此据《水经注》卷三十三《江水一》引)

此处虽隐去了"与其妻通"、"惭愧"的字眼,仍保留了"自以德不若"的提法,态度居《蜀王本纪》与《华阳国志·蜀志》之间。从这些记述里,人们不难发现从对杜宇进行人格、道德的抹黑到对其回护、漂洗的微妙变化过程。这

---

① 《华阳国志校补图注》,上海古籍出版社1987年版,第118页。

些，自然给后人留下了遐想和思考的余地。

二、后世文人、学者对此事的遐想、思考

当然，多数人基于善良和儒家伦理政治的长期熏陶，还是乐于接受杜宇、开明间的堂堂正正、光明磊落的禅位说的，但亦有不少文人、学者硬是从中嗅出、找出一些疑窦、破绽、问题来。

开始，主要是唐代那些感情丰富、多愁善感、嗅觉灵敏的诗人们发出了疑问。试听他们的吟唱：

杜宇竟何冤，年年叫蜀门。至今衔积恨，终古吊残魂。芳草迷肠结，红花染血痕。山川尽春色，呜咽复谁论。（杜牧：《杜鹃》，《全唐诗》卷 525）

杜宇冤亡积有时，年年啼血动人悲。若教恨魂皆能化，何树何山着子规。（顾况：《子规》，《全唐诗》卷 267）

杜宇曾为蜀帝王，化禽飞去旧城荒。年年来叫桃花月，似向春风诉国亡。（胡曾：《咏史诗·成都》，《全唐诗》卷 647）

蜀魂千年尚怨谁，声声啼血向花枝。满山明月东风夜，正是愁人不寐时。（罗邺：《闻子规》，《全唐诗》卷 654）

千里冤魂化为禽，永逐悲风叫远林。愁血滴花春艳死，月明飘浪冷光沉。凝成紫塞风前泪，惊破红楼梦里心。肠断楚词归不得，剑门迢递蜀江深。（蔡京：《咏子规》，《全唐书》卷 472）

诗人非史家，抒发感情用不着征引论证，但一个个用"冤"、"冤亡"、"恨魂"、"冤魂"、"积恨"、"国亡"等词语寄托对杜宇国失身亡的深切惋惜之情，总不好说全是毫无来由的无病呻吟吧。

诗人的吟咏外，此类情绪在宋元以来的地志和杂纂类书中亦有所反应。如：

时有荆人鳖冷死，其尸随水上，荆人求之不得。鳖冷至汶山下忽复生。见望帝，立以为相。时巫山壅江，蜀地洪水。望帝使鳖冷凿巫山，蜀得陆处。望帝自以德不相同，禅让于鳖冷，号开明。遂自亡去，化为子鹃鸟。故蜀人闻子鹃鸣曰："是我望帝也。"（宋乐史：《太平寰宇记》卷七十二《剑南西道一·益州》）至陶宗仪《说郛》（据陶宗仪远孙陶珽增补之百二十卷本）卷六十辑乐史《寰宇记》，其《杜鹃》条下则作：

荆人鳖灵死，其尸浮水上至汶山下又复生。望帝见之，用为相。以己之德不如鳖灵，让位鳖灵，立号开明。望帝自逃之后，欲复位不得，死化为鹃。每春月间，昼夜悲鸣。蜀人闻之曰："我帝魂也。"

不唯文字有所润改，且添加"自逃"、"欲复位不得"诸词，悲愤之情得到新的强化。

当代学者对此问题也是有看法的。如徐中舒师就曾质疑道："必要把惭愧德薄委国授之而去作为禅让的又一理由，这岂不是对禅让的谴责吗？"[1] 童恩正认为："开明族可能是从川东迁徙来的一种民族，熟悉水性，善于治水。……在消除水害开发成都平原的生产斗争中，作出了一定的贡献。随着开明族势力的增长，就不断与杜宇族发生矛盾，经过一段剧烈的斗争，终于逐走了杜宇族，统治了川西地区。"[2] 蒙默等认为："师法尧舜禅让"，"是根据华夏族的传说而杜撰出来的"，"不足为凭"，"杜宇被逼失位，欲复不得，悲愤而死"，"这才是较为接近真实的历史"。[3] 毛曦亦谓："杜宇禅位开明可能是统治者粉饰太平的一种说法，未必可信。历史的真相应是杜宇王朝后期，成都平原发生严重水灾，杜宇蜀国受到重创，开明趁机取而代之，建立古蜀国开明政权，随后的首要任务是带领蜀国人民治理水患，进行灾后重建。"[4] 类似的看法，还有一些，兹不再一一列举。

三、结　语

杜宇、开明之间到底发生了什么，限于史料，至少到目前为止，是谁也说不清道不明的。但有一点似可肯定，即长期为人们所津津乐道的禅位说是不成立的。之所以不成立，除上文已引述的诸疑点、破绽外，这里再向大家转述一下当代神话研究大家袁珂所转述和他自己搜集到的两则神话故事。一则转引自羊路由《关于杜鹃的种种传说故事和对这些传说故事的初步分析》（未刊稿），内容如下：

从前，杜鹃鸟是不常叫的，偶尔叫几声，也没有现在叫得这样凄楚，这样感动人。自从杜宇把帝位让给鳖灵，自己隐居在西山，而鳖灵却乘机霸占了他的妻子，杜宇在西山知道这件事情，却对鳖灵莫可如何，只有一天悲愤哀泣而已。后来，杜宇临死的时候，托付西山的杜鹃说："杜鹃鸟啊，你叫吧，你把杜宇的心情，叫给人民都来听吧！"从此，杜鹃就飞在蜀国境内，日夜哀啼，直到它口中流血。

一则是袁珂自己采集的，内容作：

古时岷江上游住着一条恶龙，常在每年谷子黄熟季节，发下洪水，赶跑人民，吃掉他们的庄稼和牛羊。恶龙有妹，秉性正直善良，不忍人民受苦，便……运用神力。……泄去洪水……恶龙恼怒，把龙妹囚在五虎山铁笼中。

① 《论蜀王本纪成书年代及其作者》，《徐中舒历史论文选辑》，中华书局1998年版，第1321页。

② 《古代的巴蜀》，四川人民出版社1979年版，第70页。

③ 《四川古代史稿》，四川人民出版社1988年版，第33页。

④ 《先秦蜀国王权更替考述》，载于《史林》2006年第4期。

有青年猎人名杜宇……斗恶龙，打得恶龙大败而逃；又去五龙山……救出龙妹。龙妹钦佩杜宇志慨高尚，便协助杜宇把洪水治理平息了。人民感念杜宇治水有功，一致拥戴杜宇做了国君，龙妹也做了杜宇的妻子。

杜宇手下有个臣子，是他从前打猎时的伙伴，看见杜宇既当国君，又有温柔美丽的龙妹作妻，非常嫉妒，常想篡夺王位，把龙妹据为己有。（后接言这个坏家伙勾结恶龙把杜宇骗上山关进铁笼，从略）

坏家伙得知杜宇被囚，便乘机篡夺了他的王位，并逼龙妹为妻。龙妹誓死不从，被囚禁在深宫中。

杜宇关在铁笼里，……怀想人民，又思念爱妻，竟忧闷地死去了。死后，他的魂灵化作一只小鸟，飞到故国的深宫中，绕着龙妹的身子悲啼……龙妹……由于伤心过度，也死去了。她的魂灵也化作一只小鸟，和先前那只小鸟，双双飞去。这就是今天我们所见的雌雄杜鹃鸟，也叫杜宇鸟。①

如果说《本蜀论》、《华阳国志·蜀志》还仅限于对杜宇进行人格、道德的回护、漂洗的话，这两则神话传说则进而以其人之道还治其之身，一变而为把窃国者同时描绘成劫色者了。两则神话传说倾向性十分明显，全是站在原杜宇蜀国子民的立场，缅怀旧主，宣泄对新攘夺者的不满，是遗民心态的一种表露。这恐怕不是毫无来由的，其中必包含某些历史的影子。说到这里，有学者可能会说，这都不过是些神话传说，是登不了历史的大雅之堂的。可这些同志别忘了，《蜀王本纪》，《华阳国志·蜀志》所言蚕丛、柏濩、鱼凫、杜宇、开明等，又有哪个从出生到行事不都是神神道道的？中国远古史上的盘古、燧人、伏羲、神农、黄帝、尧、舜、禹，乃至商之祖契、周之祖弃，又有哪个身上不罩着神的光环或充满着神气？若把神话传说全逐出历史，中国恐怕也就没有远古史可言了。所以，神话传说材料还是可以用的，关键在怎么用，用得合理，用得有分寸。

以上还仅限于在不同的材料中兜圈子，不免有点公说公有理，婆说婆有理。能不能跳出具体材料从理论些的高度看待这个问题呢？不仅能，而且早有人这样做了。如邓少琴即谓："尧舜禅位之事，是儒家之誇言，远非事实。"② 徐中舒师等也认为："国家出现以后，是不会行'禅让'之制的。"③ 而早在1935年，顾颉刚即已明谓："一定要先有了墨子的尚贤主义，然后会发生尧舜的禅让故事"，"这是墨家为了宣传主义而造出来的。"④ 这便从根子上把包括杜宇、开明在内的所有禅位故事一概拔除了。顾氏等上述看法，学界始终有不

① 参见袁珂：《中国神话传说》，中国民间文学出版社1984年版，正文第388页、第394页注⑩。

② 《巴蜀史稿》，《邓少琴西南民族史地论集》，巴蜀书社2001年版，第216页。

③ 徐中舒、唐嘉弘：《古代楚蜀的关系》，载于《文物》1981年第6期。

④ 《战国秦汉间的造伪与辨伪》，《古史辨》第七册上编，上海古籍出版社1982年影印本，第12、15页。

同意见，这是正常的。笔者赞同顾氏等的上述看法，这也是本文立论的出发点。

　　总括起来说，笔者不认可杜宇、开明的禅位说，但二者间的权力更迭是如何实现的——是兵戎相见？城下之盟？宫廷政变？抑或其他阳谋阴招？限于材料，实难以知其详了。言至此，已尽显本文破有余而立不足的缺憾，可这也是没办法的事。谜底的真正揭开，尚有待识者，有待来日。

"东杞"、"西杞"说

一

杞作为族群或国族名，其源甚古。太史公曰："禹为姒姓，其后分封，用国为姓，故有夏后氏、有扈氏、……杞氏、缯氏、辛氏……"。商灭夏，"汤封夏之后，至周封于杞也"（《史记·夏本纪》）。《正义》引《括地志》云："夏亭故城在汝州郏城县东北五十四里，盖夏后所封也"；"汴州雍丘县，古杞国城也。周武王封禹后，号东楼公也。"是谓商、周所封夏后，其地并不在一处。梁玉绳则据多种典籍认为，"禹后封杞，即汤封之，武王特因其旧封重命之耳"（《史记志疑》卷二）。王献唐先生亦认为："商代杞国，确在杞县一带。"[①] 殷封之杞与周封之杞到底是一地、一国，还是二地、二国，这里且不去说他，但商代已有杞这个方国，则是确定不移的事实，因为，卜辞中已有作为方国名的"杞"和"杞侯"等记载（《甲骨文合集》24473、36751、13890）。

入周，关于杞的记载虽较商代稍多，但仍十分简略。《史记·陈杞世家》谓："杞东楼公者，夏后禹之后苗裔也。殷时或封或绝。周武王克殷纣，求禹之后，得东楼公，封之于杞，以奉夏后氏祀。"接下来仅用二百余字粗略交待了一下自东楼公至简公的世系（梁玉绳《史记志疑》卷十九曾指出其中"必有脱误"），最后是"楚惠王之四十四年，灭杞"，列为世家之杞，遂告完事。何以如此简略呢？太史公自己说得明白："杞小微，其事不足称述。"

有名的《春秋左传》，自然也是围绕大国、大事、大人物转的，所幸，该书在上起隐公四年下迄哀公九年的二百多年时间里，仍断断续续地为后人保存下有关杞史的五十余条材料。虽然，材料十分零散，且多为会盟、从征、丧葬之属，但其中仍不乏对认识杞史有重要价值的史料。我们今天研究杞史，若就文献材料言，仍需主要仰仗《春秋左传》。

---

① 王献唐：《黄县𣄼器》，山东人民出版社 1960 年版，第 68 页。

二

以下，拟集中考察一下杞史上的几次迁徙和杞都所在地。

关于商代之杞，前已言之，前人或谓在"汝州郏城县东北五十四里"，或谓同周武王封，在"汴州雍丘县"，近年王恩田先生又提出商时"杞国都城应在新泰西境。"① 限于材料，此事恐一时尚难定论。

关于武王所封之杞，旧儒咸谓地在"雍丘"，即今之河南杞县，近今学者似亦无持异议者。

杞第一次向东远徙，是基于什么原因，徙于何时，又徙往何地呢？对此，史书并无明确记载。《春秋》隐公四年（公元前719年）"二月，莒人伐杞，取牟娄。"杜预注云："牟娄，杞邑，城阳诸县东北有娄乡"，地在今山东诸城境。这条记载表明，早在隐公四年（公元前719年）前，杞人便已从河南迁入山东了。王献唐先生谓："西周后期，杞在河南站不住，又跑回山东老家，便为春秋时的杞"，"其迁当在春秋以前"。② 杨伯峻先生亦谓杞"春秋前即已东迁"。③ 凡此，皆揣度之辞，于史并无确切根据。关于此，我们只能说，杞之东迁，可能在西周末，也可能在春秋初（《史记·陈杞世家》《索隐》即谓"至春秋时杞已迁东国"），因为，在平王东迁（公元前770年）与隐公四年（公元前719年）间还有51年时间呢。关于东迁的原因，有一种说法是"杞为宋灭。"（《太平寰宇记》卷一）西周、春秋之交，王纲解纽，诸侯争锋，杞为近邻宋所逼，"在河南站不住"了，倒也是有可能的。首迁之地又在何处呢？据前，作为其邑的"牟娄"既在今山东诸城西北境，则其地盘大抵亦当在今山东诸城、安丘一带。至于其都城，由于初迁动荡不宁，于史无闻，抑或当时根本尚无正式都城可言。

《左传》桓公五年、六年（公元前707年、公元前706年）载："冬，淳于公如曹，度其国危，遂不复"，"六年春，（淳于公）自曹来朝，书曰'实来'，不复其国也。"原来，在杞附近，有一姜姓小国，曰州，都淳于，故其君称州公，又称淳于公。这个淳于公之所以出奔在外，先曹后鲁，"不复其国"，乃是因为"桓六年，淳于公亡国，杞似并之，迁都淳于"（《春秋》隐公四年杜注），致其无国可复了。杞既灭州，遂据有其地，并以其都淳于为都。淳于，本"州国所都，城阳淳于县也"（《左传》桓公五年杜注），地在今山东安丘东北三十里。这表明，杞国此时已将其统治中心从诸城、安丘间向安丘东北的北方转移。

---

① 王恩田：《从考古材料看楚灭杞国》，载于《江汉考古》1988年第2期。

② 王献唐：《黄县𣄉器》，山东人民出版社1960年版，第68、166页。

③ 杨伯峻：《春秋左传注》第一册，中华书局1981版，第33页。

《左传》僖公十四年（公元前 646 年）"春，诸侯城缘陵而迁杞焉。"缘陵，《春秋》僖公十四年杜注谓为"杞邑"，杨伯峻先生则据《管子·大匡》谓"缘陵本齐地，齐城之以封杞者，犹楚之迁许于叶，欲使在境内为附庸耳。"[①] 地在今山东昌乐县东南七十里。这次迁徙，或谓是因为"淮夷病杞"（《左传》僖公十三年），"避淮夷迁都于缘陵"（《左传》僖公十四年杜注），或谓"盖徐、莒胁之"（《公羊传》僖公十四年），《管子·大匡》则谓宋"伐杞，桓公筑缘陵以封之。"总之，大约是基于外患，因附齐以图存。从迁徙路线看，这次是西向往近齐的方向移动了。

在此后的一百年的时间里，杞曾两次遭鲁侵伐，又曾多次朝鲁、朝晋，往来依违于齐、鲁、晋诸大国间，日子颇不好过。《春秋》襄公二十九年（公元前 544 年）经云："仲孙羯会晋荀盈、齐高止、宋华定、卫世叔仪、郑公孙段、曹人、莒人、滕人、薛人、小邾人城杞"；《左传》云："晋平公，杞出也，故治杞。六月，知悼子合诸侯之大夫以城杞。"此举，主要是晋牵的头，出的力，目的大约仍是"杞危而不能自守，故诸侯之大夫相帅以城之"（《穀梁传》。襄公二九年）关于此次所城之"杞"，杜氏于襄公二十九年经传文下虽无说，但他处则有云："襄二十九年，晋人城杞之淳于，杞迁都淳于"（《春秋》隐公四年注），"襄二十九年，城杞之淳于，杞迁都"（《左传》昭公元年注）；孔疏亦谓："襄二十九年，晋帅诸侯城杞，昭元年祁午数赵文子之功云城淳于，是知淳于即杞国之都也"（《春秋》隐公四年疏）。后人遂据此认为，这次行动是从缘陵往东回迁原淳于城。事实是否如此，我的回答是否定的，具体分析见后。

同年稍后，还发生了"晋侯使司马女叔侯来治杞田，弗尽归"（《左传》襄公二十九年）的事。杜注云："使鲁归前侵杞田，所归少。"九年后，晋人复"来治杞田，季孙将以成与之"，经过一番波折，"晋人为杞取成"。（《左传》昭公七年）此处之"成"，据杜注，"成，孟氏邑，本杞田。"成，即郕，地在今山东宁阳东北。这里需提请大家注意的是，成，前本属杞，现又归杞，而它的地点则在今山东宁阳境，这对下文讨论后期杞国究竟位于何处至关重要。

再往后，大概是大国完全占领了历史舞台的缘故吧，弱小的杞越发不为史籍所关注，记载日少，所幸，《史记·楚世家》到底还是为杞保留了最后一笔，明确写上：楚惠王四十四年（公元前 445 年）"楚灭杞……是时，越已灭吴而不能正江、淮北，楚东侵，广地至泗上。"其中，"广地至泗上"五字，对正确判定后期杞国所在地亦十分重要。

三

根据习见文献有关杞国历史的简略记述，我们似可大体勾勒出杞国史的如下

---

① 杨伯峻：《春秋左传注》第一册，中华书局 1981 版，第 347 页。

轮廓：商周时，杞立国于河南东部，都城在今河南杞县；西周末或春秋初，东迁，先后都于淳于、缘陵、淳于，其统治范围大抵不出今山东东部之诸城、安邑、昌乐一带。当然，这是仅就文献言。

但问题出来了。清末，今山东新泰境出土了几件杞伯铜器，出土地点、器物时代不详；新中国成立后，新泰境又有"淳于公之御戈"戈、"淳于左造"戈出土①。魏国先生文中断二戈为"春秋时期"器，后又谓为"春秋晚、战国早期"器。② 根据杞伯器在新泰的出土，许瀚早谓："新泰全境系何国地，初无明文，今杞彝器并出其间，知班所云'鲁东北'者，即新泰也"，从而认为新泰一带乃"杞之古都"（转引自吴式芬《攈古录金文》卷二）。不过，这样一来，新问题又出来了：旧史籍所言春秋以来徙入山东之杞，其活动范围，大体不出今山东东部之诸城、安丘、昌乐一带，现骤谓新泰乃杞都所在，将置习见文献于何地呢？对此，近年王恩田先生又倡言曰：殷封之杞与周封之杞为处于不同地域的两个杞国，周杞原在雍丘，春秋时迁于缘陵；殷杞则在"今新泰、宁阳、泰安三县交界地区"，"杞国都城应在新泰西境。"③ 公元前445年为楚所灭，楚并因而得"广地至泗上"的，自然也就是这个偏西边的殷杞了。

笔者认为：第一，新泰境所出杞器与淳于二戈，应该与新泰在某个时期内为杞地有关。当然，我这样说，并不仅仅以新泰出土有上述器物为支撑。因为，谁都知道，某器出土之地并不一定就是器主人生前所在、所领之地，由于交往、婚嫁、出亡、虏获等原因造成二者分离的情况是常见的，例如，谁也不会因为"吴王夫差鉴"出于山西代县、"越王勾践剑"出于湖北江陵，便认为山西代县、湖北江陵分属吴、越。我这样说，除有上述器物作根据外，还有文献上的依据。依据之一便是上文已提到过的原属于杞、后为鲁占、在晋干预下又复归于杞的"成"地。此"成"既在今山东宁阳境，地近新泰，那么，说当时的杞国就在新泰一带应该不会有什么大的问题；若以那时的杞国仍在东方的诸城、安丘、昌乐一带，地处今山东中部偏西的"成"岂不要作为远离杞国的一块飞地而存在？若谓不是飞地，而是与杞接壤的，杞国又岂不成了横贯山东中部，比齐、鲁还要大的大国了？这显然是不可能的。依据之二，前引太史公言"楚灭杞……广地至泗上。"按泗水，源于今山东泗水县东蒙山南麓，西流经今泗水、曲阜、兖州，再折而南流，"泗上"，通常泛指泗水上游北岸地区，恰与新泰地理位置相符，而诸城、安邑、昌乐则属潍水流域，去"泗水"远甚。所以，说后期杞国在今新泰一带，是有比较充分的依据的。第二，习见史籍有关杞在今山东东部诸城、安丘、昌乐一带活动的记载，基本上还是可信的，绝不能拿新泰之杞去否定东部之杞的

---

① 魏国：《山东新泰发现淳于戈》，载于《中国文物报》1990年3月1日，第8期，总172期。

② 魏国：《新泰先秦考古发现与研究概况》，载于《先秦史研究动态》1993年第1期，总23期

③ 王恩田：《从考古材料看楚灭杞国》，载于《江汉考古》1988年第2期。

存在。合理的解释应该是：历史上既存在有诸城、安丘、昌乐一带的"东杞"，又有新泰一带的"西杞"存在着。第三，王恩田先生以"殷杞"、"周杞"并存说，发前人所未发，颇富新意，可备一说，但笔者总觉得，新泰一带的杞若是作为"殷杞"早就存在，如此久远之邦，总该在史籍上有所反映吧，可惜的是，有关的材料我们至今没有见到，而有限的几条有关新泰之杞的材料，又全都是襄公二十九年（公元前 544 年）"城杞"，即"城杞之淳于，杞又迁都淳于"之后的。话说到这里，遂扯出了一个十分关键的问题，即襄公二十九年所城、所都的"淳于"，究竟是迁缘陵前原已都过的旧淳于，这次迁都只不过是回迁呢，还是在他处另建一个新的淳于城呢？有迹象表明，应该是后面一种情形。根据是，其一，如前文所述，襄公二十九年筑城一事，牵动了晋、鲁、齐、宋、卫、郑、曹、莒、滕、薛等诸多国家（《春秋》襄公二十九年），连晋悼夫人（平公母，杞女）都亲自出面犒劳"舆人之城杞者"（《左传》襄公三十年），如此兴师动众、高度重视，似乎不像是对旧城的整修、加固，而是异地别筑新城，虽然，仍沿用了"淳于"的旧名。其二，上文也已述及，在"城杞"的同时，还有"晋侯使司马女叔侯来治杞田"之举，可以说，"城杞"与"治杞田"，是晋侯"治杞"总体谋划中的不可分割的两个重要方面。对此，孔颖达似已洞察到了，《左传》襄公二十九年疏云："城杞，谓筑杞城耳，下使女叔侯来治杞田，知治杞之地非独修其城也。"道理很简单，要想使杞在新地站住脚，单给它修个都城是不行的，还得为它尽快扩充领土。于是筑城之当年，便从鲁人那里为杞讨回了部分被占土地，九年后，又为杞从鲁人手里讨回地在今山东宁阳境的"成"地，从筑城和拓地两个方面加强、提升在西部新立国的杞的国力。"成"地既在宁阳境，新"淳于"想必也脱不出新泰、宁阳一带这个圈圈。以襄公二十九年（公元前 544 年）新淳于的修筑、建都为标志，可界划分明地将迁入山东后的杞史断分为"东杞"与"西杞"两大段落或曰两个历史时期。前面提到过的两件"淳于"戈，出于新泰，且为春秋晚、战国早期器，亦恰与此"后期之杞"、"西杞"在地域上、时间上若合符节，凡此，皆事理之使然，绝非巧合耳。

综上，杞国应该还是一个，只不过有"东杞"、"西杞"之分罢了。说到这里，需解释一下，我所说的"东杞"、"西杞"，是指迁入山东后的杞说的；若有人把河南之杞称"西杞"，迁入山东后的杞叫"东杞"，也未尝不可，不过，那已是另一种概念了。特在此加以说明，以免误解。

（原载《杞文化与新泰》，中国文联出版社 2000 年版）

莒 史 三 题

莒，地僻位卑，史传无专文记其事。从史书的一些零星记载知，周初，武王封兹舆期于莒，为莒立国之始，楚简王元年（公元前431年）为楚所灭，前后延续了600年左右之久①；初都介根（今山东胶州市西南），春秋初徙莒（今山东莒县），约有今山东莒县、日照、五莲、诸城、胶南、胶州、安丘、沂水、沂南、临沐诸县、市间地，并曾于公元前567年挥师灭鄣，扩地至今山东南端之枣庄、苍山一线，一度成了今山东地区仅次于齐、鲁的第三大国。

关于莒之史事，《世本》、《国语》、《战国策》、《墨子》诸书虽间有提及，然皆过于支离破碎，后人多赖《春秋》及三《传》（主要是《左传》）知莒之大略（世系及大的活动等），对西周及进入战国后莒的情况，则不甚了了。进入20世纪，特别是新中国成立以来，随着考古工作的进展，为研究莒史提供了一批珍贵材料，这是值得庆幸的；但总的来说，仍感材料不足，特别是文献材料的不完整，不系统，这是历代及今之治莒史者深以为憾的。

本文仅拟就莒史中的几个具体问题略陈浅见，不当之处，祈方家、同好正之。

一、莒 之 族 姓

关于莒之族姓、缘起，《世本》、《左传》、《国语》只有片断记载。晋杜预《春秋释例·世族谱》始罗致旧说作所敷衍，使之略有可观。

《世本》："己姓，出自少皞"；"莒，己姓"，"自纪公以下为己姓。"（《左传》昭公十七年、《春秋》隐公二年疏引）

《左传》："穆伯娶于莒，曰戴己，生文伯；其娣声己，生惠叔。""穆伯如周吊丧，不至，以币奔莒，从己氏焉。"（文公七年、八年）

《国语·郑语》：祝融，其后八姓："己姓：昆吾、苏、顾、温、董"；"曹

---

① 见《左传》隐公二年孔疏及《史记·楚世家》。又，因武王克商之年迄无定论，故兹舆期之封亦难确指，此处莒之积年只是约略言之。

姓：邹、莒"。

杜预《春秋释例·世族谱》："莒，嬴姓，少昊之后。周武王封兹舆于莒，初都计，后徙莒，今城阳莒县是也。《世本》：'自纪公以下为己姓。'不知谁赐之姓者。十一世兹丕公方见《春秋》，共公以下微弱不复见，四世楚灭之。"①

《国语》明言"己姓：昆吾、苏、顾、温、董"，"曹姓：邹、莒"，则莒非己姓而为曹姓至明；然韦昭却于"己姓：昆吾、苏、顾、温、董"下注云，"五国皆昆吾之后别封者，莒其后，"于"曹姓：邹、莒"下但注："陆终第五子曰安，为曹姓，封于邹"，硬把莒为曹姓的问题给予回避掉了。看来，为《国语》作注的韦昭似乎并不同意《国语》莒为曹姓的说法，而是持莒为己姓的通行看法。

面对记载中的歧异，郑樵在具引了上述"嬴姓"、"己姓"、"曹姓"等不同说法后，亦只好说"未知孰是"（《通志》卷二十六《氏族略》第二），表现了一个大学问家的审慎和无奈。

看来，在现有资料条件下要彻底弄清这个问题是十分困难的。我们只能大致推测说：莒属东夷，嬴姓，为少昊后，很早就繁衍生息在今山东东南部这块古老的土地上，是可信的。商代，莒可能已同商王朝发生了某种干系；入周，莒人可能接受了周王室的封号，在形式上承认周室的共主地位，但事实上却保有自己很强的独立性，这从西周彝铭中屡有周室对包括莒面内的东夷大张挞伐的记载可以得到证明。② 进入春秋，"自纪公以下为己姓"，这倒并不一定是"谁赐之姓"，而很有可能是莒人自己改姓己，以顺应东周以降天下一家、夷夏合流的历史趋势，向中原文化靠拢。因为，据云黄帝二十五子，得姓者十四人，为十二姓，其中就有"己"姓（《国语·晋语四》）。韦昭于"唯青阳与夷鼓皆为己姓"下注云："青阳，金天氏帝少昊。"《世本》亦谓："青阳即是少昊，黄帝之子，代黄帝而有天下，号曰金天氏。"（《左传》昭公十七年孔疏引）这种径行把东夷族的少昊拉扯成黄帝的儿子，一如传说中把黄帝、颛顼、帝喾、尧、舜、禹看成祖孙血亲关系，甚至把彭祖、匈奴始祖淳维等也都目为黄帝后人一样，都是春秋战国以来天下一家、万姓归一大一统思想的产物，本不足凭信的。

莒既为东夷，自然在礼俗等诸多方面有许多不同于中原各国的特点。见于《春秋》和《左传》的莒君称号有"兹公"、"纪公"、"渠丘公"、"犁比公"、"著丘公"、"郊公"、"共公"等。杜预于《左传》僖公二十六年首言"莒兹公"下注云"兹，时君之号，莒夷无谥，以号为称。"杨士勋亦谓："莒夷无谥。"

---

① 此据《春秋》隐公二年疏引；孙诒让《墨子閒诂》卷五所引，文字略有不同，作："杜预《春秋释例》云：'莒国，嬴姓，少昊之后。周武王封兹舆期于莒。十一世兹平（《左传》作'平'，同'丕'，不作'平'）公方见《春秋》。'"

② 孙敬明、徐鹏志：《西周金文与莒史补》，载于《齐鲁学刊》1995年第2期。

（《穀梁传》成公十四年疏）杨伯峻先生也认为："莒是当时夷国，国君无谥号，以地名为号，如襄三十一年之黎（犁）比公、昭四年之著丘公、昭十四年之郊公、定四年之兹公。昭十九年有莒共公，共亦非谥，而是地名。渠丘，莒地，据《清一统志》，在今山东莒县北。"① 莒君的名字，有的尚用夷语，如莒犁比公之被杀，《春秋》襄公三十一年经文作"莒人弑其君密州"，《左传》则作"莒人弑其君买朱鉏"。杜注："买朱鉏，密州之字。"段玉裁认为杜注误，他的解释是："买、密双声，朱、州叠韵。州为朱鉏，犹邾为邾娄也。断非一名一字……盖买朱鉏者从主人，密州者从中国欤？……此《左经》曰'密州'，《左传》以'买朱鉏'释之，岂非夷、夏之语互训之欤？……此可以见买朱鉏之为莒语也，号从中国。"（《经韵楼集·密州说》）

正由于莒在一些方面尚保留着夷风，故中原人士每以蛮夷目之。如鲁子服惠伯就曾埋怨晋"君信蛮夷之诉（杜注："蛮夷谓邾、莒"），以绝兄弟之国"（《左传》昭公十三年），"晋信蛮夷而弃兄弟"。（《国语·鲁语下》。韦注："蛮夷，莒人；兄弟，鲁也。"）当然，这只是问题的一个方面。从另一方面看，通过与其他国家的长期交往（如会盟、朝聘、战争、通婚、商贸等），莒也在发展，在华夏化，并逐渐为诸夏所认同、接纳。如《穀梁传》成公九年即谓："莒虽夷狄，犹中国也。"《穀梁传》虽然晚出，但此语亦可在一定程度上反映春秋时人面对夷夏融合的历史潮流，从文化上、心理上认同、接纳莒人的积极趋向。

二、莒　之　亡

这个问题本不是什么问题，因为《史记·楚世家》明言："简王元年，北伐灭莒。"这一年，当公元前431年，上距楚惠王四十四年（公元前445年）"楚灭杞，……广地至泗上"（《史记·楚世家》）14年，准诸楚当时兵锋已抵达今山东南部之态势，莒于此时为楚所灭亦属情理中事。另，战国早期楚器《中子化盘》铭曰："中子化用保楚王，用正（征）梠（莒），用择其吉金，自乍（作）盥盘。"郭沫若先生《两周金文辞大系考释》谓："本铭中字，余谓即楚简王名。《楚世家》'惠王卒，子简王中立。简王元年北伐灭莒。'此言'征梠'，事亦相合。"孙敬明、徐鹏志则进一步论证说："从铭文语意推测，此时或简王尚未即位，故自名'中子'。楚师伐莒，当不止简王元年一次，此中子化盘铭文所记当补文献之缺漏。"② 即此铭所记不是灭莒那一次，亦可作楚简王元年北伐灭莒之佐证、铺垫。

---

① 杨伯峻：《春秋左传注》，中华书局1981年版，第839～840页。
② 孙敬明、徐鹏志：《两周金文与莒史补》，载于《齐鲁学刊》1995年第2期。

问题出在《墨子》和《战国策》中又有与上引《史记·楚世家》楚"北伐灭莒"完全不同的记载上。《墨子·非攻中》有言：

东方有莒之国者，其为国甚小，间于大国之间，不敬事于大，大国亦弗之从而爱利。是以东者越人夹削其壤地，西者齐人兼而有之。计莒之所以亡于齐越之间者，以是攻战也。

孙诒让《墨子閒诂》：

杜预《春秋释例》云："莒国……楚灭之。"苏云："《史记》云'楚简王元年，北伐灭莒。'据此则莒实为齐灭，故其地在战国属齐。"诒让案：《战国策·西周策》云："郑、莒亡于齐"，亦其证。

对《战国策·西周策》"郑、莒亡于齐"策文的解释，注家并不相同。姚本谓"为齐所灭亡"，赞同策文所言；鲍本则谓"鲁邹县，故郑也。郑，曹姓国，二十九世，楚灭之。莒属城阳国，故盈姓国，三十世，楚灭之。盖恃齐也。"即认为郑、莒实为楚所灭，策文所言"亡于齐"者，不过是指郑、莒二国不自强、过分依赖于齐，终于导致了他们的灭亡罢了。总之，鲍彪是坚持传统看法，认为莒亡于楚；姚宏、苏时学、孙诒让则认为莒亡于齐。已故当代学者蒙文通先生也认为"灭莒者宜为齐国"，甚至还进一步具体推断说："灭莒应为齐威王九年至十四年（公元前348~343年）间事。"[1]

笔者认为，从传统的灭国——政权之被灭亡这个标准来说，莒还是亡于楚的，这有《史记·楚世家》的明确记载可证，若无有力反证，实不宜轻予推翻。但《墨子》、《战国策》所言及姚宏、苏时学、孙诒让、蒙文通的看法，也不是毫无根据和一无可取之处。因为，他们毕竟注意到齐人对莒国壤地的"兼而有之"，莒地在战国时多"属齐"的事实。从这个角度说，谓齐是莒国壤地的瓜分者和莒国的灭亡者之一，亦不为过。

三、莒 治 之 失

在大国争霸、弱肉强食的战乱环境里，莒能够纵横捭阖于齐、鲁、晋、楚、越诸强间，在夹缝中求生存，图发展，确非易事。莒存在的时间有六百年左右，并一度有相当发展（如入向，伐杞取牟娄，灭鄅，长期同鲁争郓，并一次可出动兵车千乘等，皆其证），这件事本身就足以证明莒的顽强生命力和莒统治者在治理国家方面（内政的，外交的）所取得的成功。可惜，这些积极的方面在《春秋》、《左传》中基本上都没有得到应有的反映；相反，作为鲁史的《春秋》倒是时不时地在字里行间流露着对莒的敌视、轻蔑。这是我们至今难以获取莒治国

---

[1] 蒙文通：《越史丛考》，人民出版社1983年版，第132~133页。

方面正面经验的一个重要原因，而不是说莒压根儿就没有这方面的经验可谈。

自然，莒统治者在治理国家方面也有不少失败的地方，这也是毋庸讳言的。其主要表现是：

（一）城廓失修，疏于防备

《左传》成公九年："冬，十一月，楚子重自陈伐莒，围渠丘。渠丘城恶，众溃奔莒。戊申，楚入渠丘。……楚师围莒。莒城亦恶。庚申，莒溃。楚遂入郓，莒无备也。君子曰：'恃陋而不备，罪之大者也；备豫不虞，善之大者也。莒恃其陋，而不修城郭，浃辰之间（十二天），而楚克其三都，无备也夫！'"

何以这样"无备"呢？且看莒君自己的一番妙论。上一年，"晋侯使申公巫臣如吴，假道于莒。与渠丘公立于池上，曰：'城已恶。'莒子曰：'辟陋在夷，其孰以我为虞？'"原来，这个天真的莒君，竟以"哪个会觊觎我这个偏僻简陋、处在蛮夷之地的国家"为由，松弛了防备。

（二）政局动荡，内争不已

春秋之世，莒公室内部，莒君与大臣间、莒君与国人间的矛盾都相当突出。

据史，春秋时期莒君中就有两人（纪公、犁比公）是被自己的儿子借助于国人的力量杀掉的。兄弟、叔侄间的夺位斗争，亦有好几起。如纪公子仆与季佗之争，犁比公子去疾与展舆之争，去疾子郊公狂与去疾弟共公庚舆之争等。

君臣间的冲突亦时有发生。如上引成公九年楚军仅用 12 天便连拔莒三座城池，莒人之所以败得如此之惨，除疏于防备外，也是同莒大夫的背叛行径分不开的。如《穀梁传》成公九年就明确记载着是役中"大夫溃莒而之楚"一事。范宁注："臣以叛君为事，明君臣无道。"杨士勋疏："君臣不和，自溃散。"《左传》昭公五年又记有莒大夫牟夷带着牟娄及防、兹等叛莒奔鲁事。

统治集团内部的纷争，又大都同国人的反抗斗争错综复杂地交织在一起。如前述莒纪公之被杀，就是因为他"多行无礼于国"，触怒了国人、太子仆才"因国人以弑纪公"（《左传》文公十八年）。《左传》襄公三十一年载："犁比公虐，国人患之。……展舆（犁比公之子）因国人以攻莒子，弑之。"《左传》昭公二十三载："莒子庚舆（莒共公）虐而好剑。苟铸剑，必试诸人。国人患之。……乌存（莒大夫）帅国人以逐之。"

这些纷争，由于基本同社会改革、新旧势力之争无涉，故不仅对莒国的社会进步无积极作用，反造成了自身的内耗、内伤。

（三）因循旧制，改革不兴

春秋中晚期以来，各主要国家在经济、政治、思想文化领域均发生了不同程度的变化、改革，如鲁之初税亩、作丘甲、用田赋，晋之作爰田、作州兵，郑之作丘赋，齐之相地而衰征、叁其国而伍其鄙，楚之书土田、量入修赋等，也涌现出了齐管仲、郑子产、鲁三桓、晋六卿、齐田氏等风云人物。可终春秋之世，却不见莒在这方面有任何动静。这个问题，可能是史籍失载，也可能是莒本来就缺乏这方面的东西。笔者认为，这后一种可能性当更大些。因为，《春秋》对改革和改革派人物，基本是持否定态度的，莒若有这方面的材料，《春秋》当不会放过。

凡此，都是莒在残酷的列国斗争角逐中逐渐落伍的表现，也是莒日趋衰亡的一个重要原因。

（原载《莒文化研究文集》，山东人民出版社 2002 年版）

姑蔑考索

史籍有关姑篾的记载十分简略，总共就是顺便说及的那么几条，且无头尾，真是莫知其始，莫知其终；但姑蔑在历史上真实地存在过，却也是不争的事实。本文拟就有关姑蔑的一些问题作些讨论、辨析，不当之处，祈方家、同好正之。

一、北姑蔑与南姑蔑

先从较原始的史料谈起。

《春秋·隐公元年》："三月，公及邾仪父盟于蔑。"《左传》《传》文同于《经》文；而《公羊传》、《穀梁传》皆引作"盟于眜。"何休公羊《解诂》云："眜，……左氏作蔑。"范宁穀梁《集解》亦云："眜，音蔑，地名，左氏作蔑。""眜"即"蔑"，二字音同得通，所指为一地应该是没有任何问题的。

《左传·定公十二年》："仲由为季氏宰，将堕三都，于是叔孙氏堕郈。季氏将堕费，公山不狃、叔孙辄帅费人以袭鲁。……仲尼命申句须、乐颀下伐之，费人北。国人追之，败诸姑蔑。……遂堕费。"杜预隐公元年《经》注云："蔑，姑蔑，鲁地，鲁国卞县南有姑（据《史记·孔子世家》《集解》引杜氏注，'姑'下当脱'蔑'字）城"。《史记·孔子世家》《正义》引《括地志》云"姑蔑故城在兖州泗水县东四十五里。"看来，隐公元年《经》、《传》所言"蔑"与《左传·定公十二年》所言之"姑蔑"为一事（一地），也不会有任何问题。至于"姑蔑"又何以省称为"蔑"，先贤时哲亦有说。近人余绍宋谓："姑字当是发语词，犹越之称于越，于越可单称越，则姑蔑亦可单称蔑，《左传》盟于蔑，杜预注蔑即姑蔑是其证也。"（见氏纂《龙游县志》卷二《地理考》）惠栋《春秋左传补注》谓："隐公名息姑，当时史官为之讳。……汲郡古文（按指《竹书纪年》——引者）云：'鲁隐公及邾庄公盟于姑蔑'，魏史不为鲁讳，则此《经》为隐讳明矣。"当代学者杨伯峻先生亦认为："《竹书纪年》乃魏国史书，不必为鲁讳，因不省'姑'字，亦足以证惠说。"[1]

---

① 杨伯峻：《春秋左传注》，中华书局 1981 年版，第 7 页。

以上所讲乃北方之姑蔑，即作为鲁国地名的姑蔑。

而同一时期同名之为"姑蔑"者，则又曾在南方出现，且同出《左传》一书。《左传·哀公十三年》载：

六月丙子，越子伐吴，为二隧，畴无余、讴阳自南方，先及郊。吴大子友、王子地、王孙弥庸、寿于姚自泓上观之。弥庸见姑蔑之旗，曰："吾父之旗也。不可以见雠而弗杀也。"大子曰："战而不克，将亡国，请待之。"弥庸不可，属徒五千，王子地助之。乙酉，战，弥庸获畴无余，地获讴阳。越子至，王子地守。丙戌，复战，大败吴师，获大子友、王孙弥庸、寿于姚。丁亥，入吴。

关于"姑蔑之旗"，杜预注云："姑蔑，越地，今东阳大末县。""弥庸父为越所获，故姑蔑人得其旌旗。"《国语·越语上》亦语及"姑蔑"，作：

勾践之地，南至于句无，北至于御儿，东至于鄞，西至于姑蔑。

成书稍晚的《吴越春秋》亦提及"姑蔑"，唯作"姑末"。该书卷八《勾践归国外传》云：

（吴王乃增封勾践地）东至于勾甬，西至于槜李，南至于姑末，北至于平原。

对此处之"姑末"，元徐天祐注云："即春秋越姑蔑之地。姑蔑，地名，有二，鲁国下县南有姑蔑城；越之姑蔑，至秦属会稽，为大末县，今衢州。"

后世的一些古史地名著及有关方志，亦大都尊承杜注谓越之姑蔑在今浙江龙游境。如北魏郦道元《水经·渐江水注》即谓：

穀（本或作穀）水……源西出太末县，县是越之西部，姑蔑之地也。

唐李吉甫《元和郡县图志》卷二十六《江南道二·衢州龙丘县》下云：

本春秋姑蔑之地，越西部也。杜注云'今东阳太末县'。《越绝书》谓之姑蔑州。晋改太末为龙丘（按：晋时是否已改龙丘，诸书所记不一，待考——引者），因县东龙丘山为名。隋末废，贞观八年又置。

宋黄裳《新定九域志》《衢州》条云：

姑蔑城，……杜预注云：姑蔑，越地，今东阳太末也。又《东阳记》云：在穀水南三里，东门临薄里溪是也。

宋罗泌《路史·国名纪四·姑蔑》条云：

一曰姑妹，大末也。晋之龙丘、今衢之龙游有姑蔑城。昔弥庸见姑蔑之旗者，汉之大末，即东阳之太蔑县。

清顾祖禹《读史方舆纪要》卷九十三《衢州府·龙游县·姑蔑城》条下载：

在县北，今府境故姑蔑地也。……相传穀溪之南即其故城。

《大清一统志》更在前人研究的基础上，罗致旧说、传闻，对有关姑蔑的材料多所收录，如：

《衢州府·建置沿革》条："禹贡扬州之域，春秋时越姑蔑也。"

《龙游县》条："春秋越姑蔑地。"

《山川·东华山》条："在龙游县东二里，下有姑蔑子墓。"

《古迹·姑蔑故城》条："在龙游县北。……旧志在毂溪之南，今人呼为寺城麓。"

《陵墓·姑蔑子墓》条："在龙游县东东华山下，宋庆元间为人所发，古物充牣。"

明万历《龙游县志》卷一《舆地·沿革》条下曾详举姑蔑之由来及姑蔑地区后世行政设置之置废并析（间或有不确处）曰：

周姑蔑国，子爵，越附庸也。及越伐吴，吴王孙弥庸、寿于姚自泓上观之，见姑蔑之旗。……秦制分天下为三十六郡，立太末县，地属会稽。汉高祖置郡国，武帝置十三刺史，郡县如故。新莽改太末为末治。东汉献帝初平三年分立新安县。建安四年孙权析新安置丰安县，二十三年析太末地立平昌县。吴主皓宝鼎元年以会稽隶东阳改太末为龙丘。晋武帝太康元年平吴分天下为十九州，东阳郡隶扬州，县仍复为太末，隶东阳，宋、齐、梁、陈皆仍之。隋文帝开皇九年平陈，省太末、丰安，入吴宁县，废东阳，置婺州，地属婺州。唐高祖武德四年置毂州，又析置太末、白石二县。八年废毂州，省太末、白石，入信安县，仍隶婺州。太宗贞观八年析信安、金华二县，复置龙丘。武后垂拱二年，分信安、龙丘、常山三县置衢州，县隶之。如意元年析地置盈川县。证圣二年析地置武安县。……后唐明宗长兴三年吴越钱镠以丘为墓不祥，改龙丘为龙游。宋隶衢州。徽宗宣和四年诏天下郡县有龙字者皆避之，改龙游县为盈川县。高宗绍兴元年诏复为龙游。……

民国余绍宋所纂《龙游县志》卷二《地理考》则谓：

（龙游）周末春秋姑蔑之地。……案两旧志（指万历、康熙年间所修两种《龙游县志》——引者）云姑蔑国，子爵，越附庸也。未知所据，未敢率录。

以上所举，上起《左传》《传》文及杜氏注，下迄民国《龙游县志》，对《左传·哀公十三年》及《国语·越语上》所说之"姑蔑"，皆认为为一有别于北方鲁地姑蔑之另一南方姑蔑，地在今浙江龙游境。这些，本已是众口一词，毫无疑义的了。但鉴于南北同有"姑蔑"，稍一疏忽即会弄错。如前引罗泌《路史·国名纪四·姑蔑》条即曾谓：

一曰姑妹，大末也。晋之龙丘、今衢之龙游有姑蔑城。昔弥庸见姑蔑之旗者，汉之大末，即东阳之太蔑县，而瑕丘其析也。（下并有双行小字夹注曰："隐公元年盟邾之处，今兖之瑕丘有姑蔑城。"）

看来，若不是传刻文字有误，就是罗泌有些弄混了。大末当今浙江龙游，瑕丘地在今山东兖州，何由得析？此诚如余绍宋在所纂《龙游县志》卷二《地理考》中所指出的：

《路史》谓姑蔑、姑妹、太末实皆一地名，最为通论。惟谓瑕丘其析，则隐公元年盟邾之姑蔑，杜注与哀公十三年姑蔑之旗注不同。明谓蔑，姑蔑，鲁地，鲁国卞县南有姑蔑城。鲁、越地殊，又安能析？当是别一属鲁之姑蔑，异地而同名者，不可以不辨也。

说到这里，有一问题似需顺便交待一下。前引《国语·越语上》有"勾践之地，南至于句无，北至于御儿，东至于鄞，西至于姑蔑"的记载。韦昭注云：句无，"今诸暨有句无亭是也"；御儿，"今嘉兴御儿乡是也"，鄞，"今鄞县是也"；姑蔑，"今太湖是也。"既谓御儿（嘉兴）为越北，何以地处御儿更北面（西北）的姑蔑（太湖）却成了越之西境了呢？方位明显不对！故王应麟《困学纪闻》卷十《地理》以为韦注所谓"太湖"乃"太末"之讹。然亦有学者认为，韦注是对的，此正好说明"夫差刚释放勾践时，姑蔑族仍在太湖一带"。姑蔑实有"泗水、太湖和龙游三说"。（徐云锋：《龙游石窟：二千五百多年前的姑蔑遗存》，龙游县委宣传部等编印《龙游石窟研究论文集》）此"太湖"说能否成立，尚难遽断，书此聊备一说。

二、南北姑蔑关系之蠡测

同一时期（春秋），同一本书上（《左传》）既然出现了两个"姑蔑"，人们自然会问：它们只是毫不相干的名称上的巧合重名呢，还是彼此间有一定的渊源关系？笔者浅见，倾向于后一种认识。但说句老实话，在现有材料条件下，要想彻底弄清它几乎是不太可能的，只能作些相对合理的议论、揣测。

笔者的基本看法是：姑蔑属东夷族，原居今山东地区，西周以前或已立国为一小邦，周公东征后，随着周王室在今山东地区所分封扶持的齐、鲁两个诸侯大国的逼迫、侵伐，在原居住地立脚不住，遂辗转南移，其中的一支（主要的一支）最终落脚在今浙江龙游境，开始恐尚能自主，渐依附于越，后为越并灭，姑蔑亦随之成为越之地名。姑蔑南迁的时间当在西周时期，很可能就在西周初期。

首先，笔者之所以认姑蔑为夷，且世居山东地区，是因为：第一，夷人分布虽广，然以山东地区为大本营。第二，亦以"姑"名的薄姑（蒲姑）在灭国前即主要分布在山东稍偏北的齐地。西汉又置有姑幕县，治今山东诸城市西北。姑幕之得名是否源于古族称呢？如是，蒲姑、姑幕、姑蔑是否在族属上有某种联系呢？何光岳先曾谓："蒲姑，又作薄姑、蒲兹、蒲如、落姑，蒲姑与布谷音又相同，即今叫布谷鸟。因这种鸟的叫声为蒲姑，后转为布谷。蒲姑氏乃鸟夷嬴姓的东支，因定居于番吾人故地，以务农为主，每布谷鸟叫啼时，即开始播种农耕，故奉为季候鸟之图腾。""薄姑，即以布谷鸟、鹁鸪鸟为图腾。"[1] 很可能，薄姑、

---

① 何光岳：《百越源流史》，江西教育出版社1989年版，第362页。

姑幕、姑蔑同为以布谷鸟为图腾的东夷族中一个分支。第三，古地名中有相当大一部分是由所居族的族名命名的，"姑蔑"，可能即是由姑蔑人曾经在这里长期居住、甚至立国而得名的。（近年来曾有学者提出甲骨文中的"蔑"即"姑蔑"——见前引徐云峰文——，事情是否如此，笔者对此缺乏研究，未敢妄断，亦录此聊备一说。）

其次，笔者之所以认为南姑蔑为北姑蔑之南迁，是基于：第一，是当时的政治地理形势造成了相当大一部分夷人的由山东而江苏、而浙江的南迁走向、路线。周灭商后，特别是周公东征胜利后，周王室连同它的几个重要封国如鲁、齐、燕已将势力伸展至东方。在这种政治态势下，夷人既难以在原山东地区立足，又无力西进、北上（有一小部分北上），相对来说，南方尚无强大政治势力，故向南迁移对相当一部分夷人来说实在是个好去向。据史，原属东夷、居今曲阜一带的奄人亡于鲁后，除一部分留居原地成为鲁的臣民外，相当大一部分都南迁了，且一直迁到了江南的今江苏常州地区。《越绝书·吴地传》："毗陵县南城，故古淹君地也。东南大冢，淹君子女冢也。去县十八里。"毗陵，县名，西汉置，治所在今江苏常州市。"淹"即"奄"。正如顾颉刚先生所论："周公伐奄，直把奄人从今山东曲阜县赶到了江苏常州市，……这个奄城遗址，规模如此之大，又可以想见奄国人数的众多，力量的雄厚，虽武力已失败而仍有建设国家的能力。"[①] 薄姑的一部分，亦曾南迁取虑（今江苏睢宁县西南），再迁吴。《越绝书·吴地传》："蒲姑大冢，……去县三十里。"顾颉刚先生亦有言："这个县即今江苏吴县。……蒲姑族的人民在战败后也从山东流转到了江南，而且比奄人走得更远，他们一直往东走，直到东海边的苏州市才停下。"[②] 而据一些文献和传说，同属于夷的徐国灭亡后，相当一部分徐人亦曾渡江南下，包括今龙游灵山在内的浙江许多地方都有徐偃王庙等遗迹，应是当年徐人南下入浙的反映。薄姑、奄、徐等夷人都曾渡江南下，"姑蔑"人由鲁来浙自然也是可能的。第二，江苏历史上遗留下来的诸多与"姑"字有牵涉的地名，或即"姑蔑"由鲁之越途中所留。如前所述，古地名中有相当大一部分得自族名，且这类地名会随着族的迁移而迁移。除众所周知的姑苏山（一作姑余山、姑胥山）、姑苏台、姑苏城外，尚有越人"沿海泝淮以绝吴路，败王子友于姑熊夷"（《国语·吴语》）的"姑熊夷"。此"姑熊夷"，从越师"沿海泝淮以绝吴路"的战略选择看，当在江北的淮水流域。另，地处长江南岸、由北方南下浙西甚为便捷的今安徽当涂也有姑孰溪、姑孰口、姑孰城。这些以"姑"字名的地名，是否为当年"姑蔑"族南下所遗是很值得玩味的。

最后，笔者之所以把姑蔑的开始南迁设定在春秋前的西周、乃至西周初年，

是考虑到：第一，隐公元年（公元前 722 年）时"姑蔑"既已成为鲁国的一个城邑，说明至迟在这时"姑蔑"作为一个独立的小邦已经不存在了。不仅春秋时不存在，西周时亦不见其踪影。从文献记载看，西周、春秋时期鲁国附近尚有一些中、小国家，如邾、滕、薛、曹、任、郯、颛臾、莒、杞等不时出现于历史舞台，唯独不见有关"姑蔑"作为一支独立政治力量的任何记载。这只能说明，它早已不存在了。第二，从前述周初大的政治斗争格局上看，姑蔑之亡、之迁，亦应在周初。因为，随着周公东征的胜利和鲁的建国，就在鲁国都城曲阜眼皮底下的姑蔑（地在今山东泗水县东，去曲阜甚近）又焉能不亡、不迁。"姑蔑"辗转南移到龙游一带后，一开始恐尚保有一定的实力，甚至建国。《逸周书·王会》有"姑妹珍"句，说的是姑妹向周王进献珍异。孔晁注："姑妹国，后属越。"既谓"后属越"，说明其一开始还是独立的。若此，则万历、康熙年间所修两种《龙游县志》所言"周姑蔑国，子爵"，恐并非毫无根据。《逸周书·王会》讲的是周成王成周之会、各方国进献的盛况。据黄怀信先生研究，此篇属"本出西周而经春秋加工改写者。""此篇解语显著。但其原作，必当时实录，至少必有所据。因为篇中所记当时会场之布置、天子与诸公的服饰、位置，以及各方贡物，是无缘也无法杜撰出来的。前人或谓此篇'怪诞'，正说明其时代较早。唯有末段所记国名或较晚见，论者以之作为此篇晚出的根据，实不知该段乃校书者所附益，而非原书之旧。"① 看来，姑蔑之开始南迁，当在周初；迁至龙游，亦当在西周时期，至迟是春秋早期。因为，到了春秋后期，它已是越地了，它的独立存在期当然要比这早许多。

最后，需再次强调，以上所论多是些揣测，能否成立，连自己也感到没多少把握。匆匆草就，聊供讨论。

（原载《姑蔑历史文化论文集》，人民日报出版社 2004 年版）

---

① 黄怀信：《逸周书源流考辨》，西北大学出版社 1992 年版，第 119、125 页。

宜侯夨簋与吴的关系研究的
历史回顾与再认识

　　1954 年 6 月某天，江苏省丹徒县龙泉乡下聂村（今属镇江市新区）农民于耕作中无意发现此器。此器虽非科学发掘所得，且经毁坏，但经拼合修复，原120 余字的铭文仍存留 110 余字，内容基本完整、可观。此器是迄今发现具体记载周初分封情况的唯一重器，堪称国宝。兹参酌诸说，将铭文释读如下：

　　惟四月辰在丁未，王省斌王、成王伐商图，遂省东或（国）图。王卜于宜□土南乡。王令虞侯夨曰：□侯于宜。锡盅卣一卣，商瓒一□，彤弓一，彤矢百，旅弓十，旅矢千。锡土：厥川三百□，厥□百又□，厥宅邑卅又五，〔厥〕□百又册。锡在宜王人□又七生（姓）。锡奠七伯，厥□□又五十夫。锡宜庶人六百又□六夫。宜侯夨扬王休，作虞公父丁障彝。（大意为：四月丁未这天，王察看了武王、成王伐商图，又察看了东方各国图，终于选定了宜这个地方，于是命虞侯夨说："就把你封在宜这个地方了！"王赐给夨香酒一罈，商瓒一枚，红弓一件，红箭百支，黑弓十件，黑箭千支。又赐疆土，计河流三百条……邑落三十五处……百四十。还赐给民众，计王人……七姓，管理官吏七个，……又五十名，庶人六百余人。宜侯夨为了宣扬王的美德，并纪念自己的父亲，便铸造了这件宝器。）

　　短短百多个字，所涉问题颇多。以下，姑抛开其他诸多争议问题不谈，仅围绕宜侯夨簋与吴国的关系一事谈点不成熟看法。

一、年　　代

　　《文物参考资料》1955 年第 5 期于刊布江苏省文物管理委员会整理的《江苏丹徒县烟墩山出土的古代青铜器》一文的同时，还刊登了陈梦家、陈邦福撰写的考释研究文章。

　　陈梦家认为，其"形制和文饰，都是西周初期的。若根据簋铭，可以定为成王时，最晚是康王时。"[①] 在稍后的另一篇文章中，陈氏更明谓："作器者宜侯夨

---

　　① 《宜侯夨簋和它的意义》，载于《文物参考资料》1955 年第 5 期。

因成王之赏赐而作其父虘公父丁的祭器。"①

陈邦福认为，铭文中的"王令"，"指的是周成王册书命令。"②

岑仲勉未断此器为何王时物，仅谓"这个金铭是西周初期一篇极重要的文字"。③

郭沫若亦据"《夨令簋》与《夨令彝》，为周成王时器"，而"此宜侯夨或虞侯夨与彼二器之作册夨令，当系一人"，断此器为成王时物。④

唐兰认为，此铭中的"王既然可以省斌王成王的伐商图，显然已在成王以后。""这个宜侯夨簋应在康王时期"，"是康王时期的铜器。"⑤

谭戒甫亦断此器为"康王时"物。⑥

陈直则认为此器"作于西周成王时期"。⑦

以上是 20 世纪 50 年代此器甫一问世的考释研究盛况，挥笔上阵的陈、陈、岑、郭、唐、谭、陈诸位，无一不是享誉学界的饱学之士，他们的以此器为周初成王或康王时物，特别是唐兰的康王时物的论断，亦基本上为后继的研究者们所接受，如刘启益的"宜侯夨簋的时代为康王"⑧，黄盛璋的"宜侯夨簋记康王改封虞侯夨于宜"⑨，李学勤的"夨"为"康王"时人⑩，沈长云的"周初康王曾亲自巡行至于江南俎地"⑪，王晖的"俎侯夨簋，为我们提供了周康王时代吴国所封之地的宝贵材料"⑫，彭裕商的"本器年代，唐兰先生已指出，应为康王时器。……我们同意康兰先生的看法"⑬ 等，皆此，不再一一列举。当然，亦有不同看法，如何幼琦即认为"虞侯改封为宜侯"，当发生在周公东征胜利、洛邑也已建成之后，且是"周公亲自到宜册封"的，"宜的地望距洛邑不远"，宜侯夨簋根本不是什么吴器，其作为"传给子孙的册封纪念品，流入江南的时期，一定

---

① 《西周铜器断代》《宜侯夨簋》，载于《考古学报》总第 9 期，1955 年。

② 《夨簋考释》，载于《文物参考资料》1955 年第 5 期。

③ 《西周社会制度问题》附录一《〈虘侯夨簋〉铭试释》，上海人民出版社 1957 年版，第 150 页。

④ 《夨簋铭考释》，载于《考古学报》1956 年第 1 期。

⑤ 《宜侯夨簋考释》，载于《考古学报》1956 年第 2 期。

⑥ 《周初夨器铭文综合研究》丙《俎侯夨簋铭考释》，载于《武汉大学人文科学学报》1956 年第 1 期。

⑦ 《考古论丛》三《江苏镇江新出夨簋释文并说明》，载于《西北大学学报》（人文科学）1957 年第 1 期。

⑧ 《西周夨国铜器的新发现与有关的历史地理问题》，载于《考古与文物》1982 年第 2 期。

⑨ 《铜器铭文宜、虞、夨的地望及其与吴国的关系》，载于《考古学报》1983 年第 3 期。

⑩ 《宜侯夨簋与吴国》，《文物》1985 年第 7 期；《宜侯夨簋的人与地》，《走出疑古时代》（修订本），辽宁大学出版社 1997 年版，第 261 页。

⑪ 《〈俎侯夨簋〉铭文与相关历史问题的重新考察》，载于《人文杂志》1993 年第 4 期。

⑫ 《西周春秋吴都迁徙考》，载于《历史研究》2000 年第 5 期。

⑬ 《西周青铜器年代综合研究》，巴蜀书社 2003 年版，第 246～247 页。

在昭，穆以后。"①

笔者认为，上引诸家说虽皆有一定依据，然准诸器形、纹饰以及铭文所揭时王与武王、成王之关系诸点，仍以唐兰的康王说为胜。

二、宜之地望

铭言"王令虞侯矢曰：□侯于宜。"即王令矢由原封地虞徙封于宜。"宜"及与之相关的"虞"地在何方呢？这是一个至今争论不休的焦点问题。

铭中之"𪊨"，诸家释"宜"、释"俎"、释"胙"、释"柤"不一。

陈邦福释此字为"俎"，谓俎"可能是在洛邑边鄙几百里之间的一个地名。"②

陈梦家释此字为"宜"，说"宜地是否即器物的出土地尚不能确定"，若"铭文中的宜是当地的话，则西周初期周人的势力范围已达及东南。"③

岑仲勉谓此字当"读如'胙'"，"胙"，"周公之胤也"，地在"今延津县北三十五里。""依当日周人监视商族的政策及形势来看，似不能而且也无需伸展到长江南岸。"④

郭沫若谓"𪊨是古宜字，其地望或即在今丹徒附近。"⑤

唐兰先释此字为"宜"，后又改释"俎"，先谓其地"可能就在丹徒或其附近地区"，后则十分肯定地说："此器发现在丹徒，则俎地即在此，在长江以南。"⑥

谭戒甫释此字为"柤"，谓"柤"地当去微山湖不远，"在今邳县和沭阳县的中间。"⑦

陈直释此字为俎，谓"此簋现时出于镇江，推原其故，……作器之矢，在成王灭武庚之后，……再从伐淮夷，事定之后，即家于江淮，亦未可知。"⑧

刘启益认为，"太伯建立的吴国"，"不在江苏"，而在"岐山以西"；"太伯

---

① 《〈宜侯矢簋〉的年代问题》，《西周年代学论丛》，湖北人民出版社 1989 年版，第 116、115、117 页。

② 《矢簋考释》，载于《文物参考资料》1955 年第 5 期。

③ 《宜侯矢簋和它的意义》，载于《文物参考资料》1955 年第 5 期。

④ 《西周社会制度问题》附录一《〈𪊨侯矢簋〉铭试释》、附录三《再论𪊨侯封地》，上海人民出版社 1957 年版，第 154、173 页。

⑤ 《矢簋铭考释》，载于《考古学报》1956 年第 1 期。

⑥ 《宜侯矢簋考释》，载于《考古学报》1956 年第 2 期；《西周青铜器铭文分代史征》，中华书局 1986 年版，第 154 页。

⑦ 《周初矢器铭文综合研究》丙《柤侯矢簋铭考释》，载于《武汉大学人文科学学报》1956 年第 1 期。

⑧ 《考古论丛》三《江苏镇江新出矢簋释文并说明》，载于《西北大学学报》（人文科学）1957 年第 1 期。

死后无子，由其弟仲雍继任，仲雍三传到虞仲，武王灭纣以后，虞仲被封到晋南去做虞国的君长去了"；"虞侯夨在康王时被封于宜，他的子孙就在这一带定居下来。宜在今天的丹徒。"①

黄盛璋认为，"西周早期有徐与淮夷横亘于黄河与长江之间，长江下游丹徒一带非西周势力所能达到，以此地分割虞侯是无法想象的。""宜绝不能在丹徒一带，而应在王畿之内。""此宜当即后来之宜阳。"宜侯夨簋"出土于丹徒烟墩山墓葬，系后人带去。"②

李学勤认为，丹徒烟墩山、母子墩一带是吴国墓地，"宜的位置距此不会太远。""宜这个都邑在那里，目前固然难于肯定，但所封国土应当包括苏南地区。"③

董楚平谓："仲雍始封为北虞国君，故称虞仲。本铭之虞公、虞侯夨父子，原为北虞君臣。周王封虞侯夨到南方为宜国君主，于是铭文结尾自称宜侯夨。为了纪念这次册封庆典，特此在北虞铸造此器，后来带到南方。因此，此簋无论铜质、形制、纹饰，皆属中原铜器。"④

沈长云名此器为"俎侯夨簋"，认为"俎侯夨就封的俎地就在器物出土的附近"，就在"丹徒"。"丹徒古称朱方，……朱方可单称朱，实际上丹徒二字的急音就是朱。而朱、俎二字古代的发音是很相近的。俎之古音属庄纽鱼部，朱则在章纽侯部。侯鱼二部音近。庄纽虽属齿音，与章纽属舌音似有别，但上古发齿音的字多读舌音，其中的庄纽字即有此种情形。……故俎地实即丹徒的古称。"⑤

谢元震认为，"丹徒烟墩山隔江为仪征县"，"'宜'地中心位置即在仪征"，"以古文字而论，仪宜同声通假。"⑥

王晖释此字为"俎"，此"俎"地即《春秋》中沭水与沂水之间的租地，"即今离山东地界不远的江苏邳县北略偏西之'加口'或作'珈口'。""从西周康王时到西周晚期吴国一直以俎为其国都。""春秋初期，吴取邗（干）国而建都于邗，此即今扬州一带。邗为吴都一直到吴王诸樊时代。"后诸樊为避楚国锋芒，才不得不把都城迁到江南去。对于此器之在丹徒出土，王晖的看法是："器物出土地不一定与其居地有必然的所属关系。"⑦

综上，宜之地望，已有丹徒说、仪征说、邳县说、邳县与沭阳之间说、洛邑

① 《西周夨国铜器的新发现与有关的历史地理问题》，载于《考古与文物》1982 年第 2 期。

② 《铜器铭文宜、虞、夨的地望及其与吴国的关系》，载于《考古学报》1983 年第 3 期。

③ 《宜侯夨簋与吴国》，载于《文物》1985 年第 7 期；《宜侯夨簋的人与地》，《走出疑古时代》（修订本），辽宁大学出版社 1997 年版，第 262 页。

④ 《吴越徐舒金文集释》，浙江古籍出版社 1992 年版，第 21 页。

⑤ 《〈俎侯夨簋〉铭文与相关历史问题的重新考察》，载于《人文杂志》1993 年第 4 期。

⑥ 《〈宜侯簋〉考辨》，载于《东南文化》1993 年第 4 期。

⑦ 《西周春秋吴都迁徙考》，载于《历史研究》2000 年第 5 期。

边鄙说、延津说、宜阳说种种。就目前材料而言，诸说虽皆有一定立论依据，但大都有欠坚实，几十年过去了，诸说仍只能是各守自家营垒，破他说乏术，兀自各说各的。这种情况，近期恐亦无法改变。

三、关于矢其人

关于作器者矢这个人，同样是个聚讼纷纭的棘手问题。

1929 年洛阳邙山出土一组令器。郭沫若断为成王时器，谓铭中"伯丁父即丁公，矢令之父也。"及《宜侯矢簋》出，郭遂谓："往年曾出《矢令簋》与《矢令彝》，为周成王时器。彼矢令在《矢令彝》中亦单称矢，其父亦为父丁。然则此宜侯矢或虞侯矢与彼二器之作册矢令，当系一人。"①

陈梦家谓："矢令最初在成周为作册之官，在周公子明保（明公）之下。其后他与明公同成王东征，至于鲁、炎，最后他与成王到了宜，封为侯。""作器者矢亦见于洛阳出土的《令方彝》、《令尊》和《令簋》。此诸器并同出的《乍册大鼎》在铭末都有'鸟形册'的族铭，乃是一家之器。此簋之父为父丁，与《令方彝》、《令尊》相同，而据《令簋》矢令曾从王东征至于炎。然则此簋的宜侯和《令方彝》、《令簋》的作册矢令应是一人。"②

岑仲勉谓"据郭氏及梦家氏说，丁公之子为'作册矢令'，矢令之子为'作册大'，所有《令彝》、《令簋》、《作册大鼎》和这新发见的簋都是他父子作的。按昨国的考证若不错，则依前引僖公九年《左传》，并计其年代，丁公应是周公旦的儿子；据《令彝》，令曾佐周公子明保（郭氏说即伯禽）办事，说明他是明保的侄儿，也很合事理。可是有人却认矢令为殷遗民，就不能不展开讨论。"③

唐兰认为，"虞公父丁可能是《史记》的叔达，是周章和虞仲的父亲"，"虞侯矢应该就是周章。""周章在武成之间封为虞侯，隔三十多年到康王时封为宜侯。"④

谭戒甫亦认为《柤侯矢簋》与 1929 年洛阳邙山所出令器"确是矢氏一家之器"，谓"矢令是齐国丁公级之子，周公摄政时，他任作册职务。""当成王即政时期，他隶属于明保部下，还是作册原职。"后来，"他不知何时做到了虞侯"，"现在他又由虞侯升为盉侯了。""他的父丁公在摄政四年封齐侯，此又称虞公，

① 《两周金文辞大系图录考释》下册，上海书店出版社 1999 年版，第 4 页；《矢簋铭考释》，载于《考古学报》1956 年第 1 期。

② 《宜侯矢簋和它的意义》，《文物参考资料》1955 年第 5 期；《西周铜器断代》《宜侯矢簋》，载于《考古学报》总第 9 期，1955 年。

③ 《西周社会制度问题》附录一《盉〈侯矢簋〉铭试释》，上海人民出版社 1957 年版，第 155 页。

④ 《宜侯矢簋考释》，载于《考古学报》1956 年第 2 期。

大约虔是一个采邑。"①

陈直认为，夨簋及诸令器"皆为夨为祭父丁而铸造"。"夨之父名丁，虔公是其封爵，夨本人官作册，初袭封虔公，后改封敻侯，令为夨之字，夨之子名大，亦官作册，夨三代的名位，大略如此。"②

李学勤初谓"周章是吴国事实上的始封之君，簋铭'虞（吴）公'很可能是他，而夨是辈分相当康王的熊遂"；后又修正曰："虞公、父丁"，"应该是两代"。周章"是吴国始封之君，当即铭中的虞（吴）公，父丁是他的儿子熊遂，作器者就该是熊遂之子柯相"。③

尹盛平认为，在今宝鸡渭水两岸到凤县一带，曾经存在过一个外族方国——弓单国，其国名从弓从鱼，应当是弓单氏。弓单氏是巴族的一支，原居于江汉之间的荆山地区，商代晚期迁到宝鸡的渭水两岸。因为弓单氏原来是荆山地区的巴族，所以被称为"荆蛮"。太伯奔荆蛮，就是向西逃到弓单国。《汉书·地理志》说："吴山在西。古文以为汧山，《国语》所谓虞也。"吴山又名岳山，位于汧河以西，在今宝鸡以北35公里，地近陇县。而据考古发现证实，今陇县、千阳县的汧水两岸到宝鸡一带正是夨国所在地。正因为太伯、仲雍奔到此地，所以后世才有吴山之名。吴山地处夨地，所以"虞"字从夨，而虞字读音则来自于弓单。康王把虞侯夨改封到宜，于是就改称为"宜侯夨"。一直到寿梦时吴才改用祖先的族号，称"工敔"、"攻敔"，等等。④

彭裕商则从另一角度对已在学界产生广泛影响的郭沫若、陈梦家、唐兰、李学勤诸氏的观点提出不同看法。他说："关于宜侯夨，有学者认为与令方尊、方彝的夨令是一人，我们不同意这种看法。姑且不说夨令作为周王朝的作册之官是否有可能封为东南海滨之地的诸侯，就以古代世官而论，其说也难以成立。因为由本铭可知，夨在封宜之前本为虞侯，不是作册之官。其次，作册夨令和其父辈大所作之器都有相同的族氏铭文'鸟形册'，表示作册为其世官，而宜侯夨簋却没有这样的铭文，所以，我们认为将二者视为一人，还缺乏充分的依据。又有学者认为宜侯原为虞侯，虞为姬姓，宜与吴古音又极近，故宜应即吴之始封地。我们认为这也不可靠，因为本铭有'父丁'称谓，……以天干称其父祖是商人的特点，周人没有这样的传统，则宜侯夨不应为周族人，而应是商代遗族。""本器出

---

① 《周初夨器铭文综合研究》丙《柤侯夨簋铭考释》，载于《武汉大学人文科学学报》1956年第1期。

② 《考古论丛》三《江苏镇江新出夨簋释文并说明》，载于《西北大学学报》（人文科学）1957年第1期。

③ 《宜侯夨簋与吴国》，载于《文物》1985年第7期；《宜侯夨簋的人与地》，《走出疑古时代》（修订本），辽宁大学出版社1997年版，第261页。

④ 尹盛平：《西周史征》第一章第三节《西周的国与吴太伯、仲雍奔"荆蛮"》，陕西师范大学出版社2004年版，第38～71页。

于丹徒，所以有学者认为是吴国最早的铸品，将其与吴文化联系起来。但也有学者认为本器为中原所铸，系输入品。我们同意后者的看法。"①

这样，在夨这个人究系何方人士这个问题上，学者们又为我们开列了诸如周公子明保部下，周公孙、明保侄儿，齐丁公级之子，仲雍后周章、熊遂、柯相，乃至商之遗族等种种说法。这些说法，一如前引诸家对宜地的论定一样，虽都有一定因由、依据，但总的说来，似皆嫌证据不足，揣测居多。

这种情况，促使部分学者不得不抛开太史公以来的传统成说另辟解决问题的蹊径。

早在 20 世纪 60 年代，张亚初即提出："根据文献、考古材料和民族学材料综合研究的结果，认为春秋时期南方的吴国的始祖，并不是太伯、仲雍。太伯、仲雍奔吴说是吴国托始于中原的结果，是攀龙附凤的结果。"且谓："我们对文献记载决不能'照单全收'，象太伯、仲雍奔吴的近于神话的记载，我们应该像铁面无私的法官一样逐页检查，以便做到'物归原主，各得其所'，这是使历史成为科学的必不可少的一步。"②

刘建国认为，"出有宜侯夨簋的大墓，以至于江南地区其他青铜器大墓，根据他们的葬制以及遗物的特征，其墓主人皆应属土著首领或方国君卡，而实与宗周封国的周人贵族无缘。""我们认为，丹徒一带在西周时期并不属宗周所封的宜国、吴国。""丹徒，古称朱方"，"所谓朱方，应就是位于丹徒及其附近的一个商代方国的名字。""朱方国民，无疑是以湖熟文化的创作者为其土体。" "西周时期，朱方国应是继续存在。……《后汉书·东夷传》曾记载，'徐夷僭号，乃率九夷，以伐宗周，西至河。'……如果说朱方国的军队也曾参加过徐国率领的远征宗周的战争，并与地处中原的宜国发生过接触或遭遇，并俘获了宜侯夨簋等宜国重器，然后又被随葬于朱方国君的墓葬之中，这样的设想大概不是完全没有可能的。"后来，吴自寿梦起国势渐强，才西向兼并了朱方。③

周国荣也认为，"太伯仲雍奔东吴于历史事际是不可能的"，"吴国统治集团非周人而是土著族（夷）。"④

看来，事情的真相较之一些学者揭示给人们的，距离尚远，情况颇为复杂。

情况之复杂以及这种复杂给学者所带来的困惑和窘迫甚至在某些权威性的著作中都得到了反映，如由郭沫若主编的《中国史稿》即有谓："周朝在东南方最远的同姓诸侯国是吴国（今江苏无锡东南）。传说吴国是季历之兄太伯、仲雍率领一部分周人跑到那里，和当地居民相结合而建立的。""吴国是周朝追封的，同

---

① 《西周青铜器年代综合研究》，巴蜀书社 2003 年版，第 249、248 页。
② 《吴史新证》，载于《江海学刊》1963 年第 8 期。
③ 《宜侯夨簋与吴国关系新探》，载于《东南文化》1988 年第 2 期。
④ 《说吴族》，载于《苏州大学学报》（哲学社会科学版）1991 年第 1 期。

周朝的来往不多。附近还有一个宜国，是成王把西部的虞侯改封到那里的。江苏丹徒出土的一批周初青铜器中有一件夨簋，在铭文中详细地记载了虞侯夨改封为宜侯的事迹。"①

吴与宜，到底是一回事，还是两回事，二者关系如何，以及与吴并立于江南的这个宜以后又到哪里去了，等等，既说不清道不明，只好权作两个并列的国家含混处理了。这也难怪作者，材料所苦嘛。

以上笔者对半个世纪以来学者对宜侯夨簋与吴的关系的研究情况做了一番简要的回顾，至于笔者浅见，说来惭愧，至今还拿不出。如果一定要我表示个倾向性看法的话，我只能说：唐兰等把此器的年代定为康王时期应该是成立的。至于宜之地望，不少学者把他定在丹徒境或附近地区，恐难成立。第一，宜作为地名，在丹徒地区是既无来龙，又无去脉，从地名的角度不好解释，有学者借助音韵学将之与吴、虞、朱等联系起来，略嫌牵合。第二，从葬制、器物组合等看，烟墩山出土宜侯夨簋等器物的那块地方根本不像得到周王如此高封厚赐的诸侯级的大墓（姑不论该处是不是墓葬都还值得怀疑），作为重器的宜侯夨簋很可能是从外地流入的。第三，也是更为重要的，周初（武、成、康时期）虽经周公东征践奄，淮河流域的广大地区基本上还是徐人、淮夷的天下，苏南恐尚非周人势力所能达及。据此，说宜在畿内、近畿处、或距鲁不远的苏北一线，似皆比丹徒说为胜。宜地若不在江南，不少学者所主张的作器者夨为太伯、仲雍之后说恐怕也就无从谈起了。当然，这都只不过是我的一孔之见，是否成立连自己都心里没底。我之所以要写这篇了无新意的文章，不过是想告诉广大关心这个问题的读者，此一问题尚复杂得很，切莫一看到一篇文章就被作者牵着鼻子走。我向来主张，学问贵真，在材料尚不足以做出结论的情况下，把真实情况如实告诉读者，把问题留待来日，远比强作解人，轻下结论为好。我这样说，丝毫没有抹杀半个世纪来学者们在此问题上倾注大量心血的意思，已有的研究，即使不够完美，但它们毕竟是这个问题解决道路上的一环，会给后人留下继续前进的基石，至少也是某种启迪、借鉴。

我过去在所著《西周史与西周文明》② 及所承担的《江苏通史》③ 先秦卷夏商西周史相关章节中，对宜侯夨簋的处理有从众、跟风处，现回到存疑的立场上来，看似倒退，实认识之深化。

（原载杜勇主编《叩问三代文明——中国出土文献与上古史国际学术研讨会论文集》，中国社会科学出版社 2014 年版）

---

① 《中国史稿》第一册，人民出版社 1976 年版，第 228~229 页。
② 上海科学技术文献出版社 2007 年版。
③ 凤凰出版社 2012 年版。

吴与中原的文化交流

一、先 吴 时 期

　　1993 年南京汤山猿人头骨化石及前此三山、河姆渡、马家浜、崧泽、良渚诸文化遗存的发现，表明早在距今数十万年前，吴地即有远古人类在活动，并同中原等地的先民有着一定的联系。关于汤山猿人及属于旧石器时代晚期三山文化期吴地先民同中原等地的联系情况，限于材料，我们至今所知甚少。进入新石器时代，特别是其后期的良渚文化时期，这种联系已渐露端倪。

　　例如，考古工作者早就注意到，在崧泽、草鞋山发现的属崧泽文化期的"圆点弧线三角纹白衣黑彩陶片，与仰韶文化庙底沟类型的相近。"[①] 而良渚文化在其发展鼎盛期的突然中断、消失，更引起一些学者的大胆猜测、玄想。有学者认为：良渚文化的突然消失，同公元前 2000 年前后发生的那场千年一遇的名曰"宇宙期"的灾变有关。当时，太湖平原的干凉期被暖湿期取代，土地沼泽化，聚落被淹没，良渚人被迫外迁，有的甚至远徙岭南或中原地区。考古发掘中岭南石峡文化和中原陶寺文化中突然出现的大量良渚文化因素，即可能与此有关。传说中和炎黄二帝大战的蚩尤，可能就是"北迁的良渚文化先民"。[②] 类似的猜测还有。如前此即有学者指出：以琮钺为代表的良渚文化先进部分，突然整体地、远距离转移，从东南远徙河南、山西、甚至甘肃河西走廊，只能说明良渚文化的上层社会整体地离开了太湖地区，来到了黄河流域，参加了中原逐鹿。在夏人中，有一支为从南方北上的古越人。商灭夏后，夏桀南逃，一部分夏人也随之南迁，回到祖先生活的地方。[③] 更有学者主张，夏文化本萌生于中国史前的东南文化圈，夏族的原居地在长江下游地区，而不是传统史家所说的黄河流域，中国历史上第一个王朝夏朝崛起于东南地区，夏初王畿也在东南地区；是公元前第 3000

---

　　① 　任式楠：《长江流域的新石器时代文化·太湖平原和杭州湾地区的新石器时代文化》，《新中国的考古发现和研究》，文物出版社 1984 年版，第 152 页。

　　② 　戈春源、叶文宪：《吴国史》，人民出版社 2001 年版，第 63～82 页。

　　③ 　参见董楚平：《吴越文化新探》第一章《夏越关系新探》，浙江人民出版社 1988 年版，第 1～130 页。

年末期即良渚文化晚期发生的一次"宇宙期"才迫使良渚文化先民（即夏人）北迁南徙。北上的一支在鲧的率领下曾和帝尧为首的中原土著民族发生了激烈冲突，最终以鲧的失败和夏人暂时退出中原回归江淮地区而告终。到了大禹头上，才利用尧、舜联盟内讧，击败帝舜，重回黄河流域。①

以上是讲远古时期吴地先民徙向中原。相传，中原先民亦老早就进入了吴地，如《尚书·禹贡》、《墨子·兼爱中》、《节葬下》、《史记·越王勾践世家》、《吴越春秋·越王无余外传》等，皆有有关禹治理震泽（太湖）、江淮，于越地朝四方群臣、诛防风氏，死于越，葬于越，以及夏王朝封少康庶子无余于越的记述；《史记·吴太伯世家》、《吴越春秋·吴太伯传》则有关于商末时周太王之子太伯、仲雍兄弟奔吴的记述。

远古时期中原先民之进入吴地，已得到地下考古发掘的证明。近年来，上海考古工作者在松江区佘山镇广富林村发掘出土了一批距今 4000 年前的陶器、石器和一些生活设施。经研究，广富林文化遗存不属于良渚文化，而属于中原文化，即河南东部地区被称为"王油坊类型"的文化。上海外，在江苏昆山、浙江宁波，也都发现了这一类型的文化遗存。这种文化，在环太湖地区生存了约 200 年，才逐渐融入了吴地本土文化之中。这表明，远在大禹治水的年代，已有一批今河南东部的先民移入吴地。②

上述种种，诸如良渚人是否北上进入过中原地区，禹及夏王朝的足迹、势力是否远及越地，以及越、吴是否"禹后"、"周后"等问题，学界至今仍聚讼不休，迄无定论，如有学者就直斥"越为禹后说"和"吴为周后说"为"无稽"之谈。③ 笔者认为，限于材料，短时期内恐尚难将其中的某一说法定于一尊，众说并存的局面还将继续下去，但有一点似可肯定，即远在史前、夏商时期，吴地先民即与中原等地的先民们有着一定的交往、接触。一个时期以来，人们往往对古人的活动能力，特别是他们的大范围地域跨越能力估计不足，过分夸大高山大河的阻隔作用。既然非洲的远古人类可以冲出非洲、走向世界，黄河、长江又怎么能够完全阻断南北先民们的交往、交流呢。

商代，吴地可能已臣服于商，或至少已是商王朝控制力之所及。据传，早在商初，伊尹就曾受汤之命下令周边诸族进贡土特产。在这些被责令进献方物的诸族中，就有地处吴地的"越沤"等（《逸周书·王会解》附《伊尹朝献·商书》）。又甲骨文有"王越于上𣄰"、"在上𣄰"、"涉𣲷（漏）于虞"等记载。郭沫若谓："上𣄰当是国名，……疑即上虞"，"𣲷乃水名，疑是漏字。虞乃地名，

---

① 陈剩勇：《中国第一王朝的崛起——中华文明和国家起源之谜破译》，湖南人民出版社 1994 年版，第 233～234、291～332 页。

② 唐茂松：《采集富有吴文化特色的资料》，载于《吴文化博览》2004 年第 10 期。

③ 陈桥驿：《"越为禹后说"溯源》，《吴越文化论丛》，中华书局 1999 年版，第 30～38 页。

上彞如果为上虞，则虘疑即吴也。"① 甲骨文又有"吴于……供王臣"、"吴弗其以王臣"（《甲骨文合集》5566、5567）的记述。太戊的"天官"巫贤和祖乙时的贤臣巫贤父子二人便都是吴人向商王朝供奉的王臣。《越绝书·越绝外传记吴地传》谓："虞山者，巫咸所出也。"虞山，一名海隅山、海巫山，在今江苏常熟市西北。巫咸、巫贤父子为吴人之在商王朝供职者，死后仍归藏吴地，"冢皆在苏州常熟县西海虞（隅）山上"（《史记·殷本纪》及《天官书》《正义》）。

二、吴、越立国称雄时期

进入西周、春秋，吴地与中原的交往、联系进一步加强。《史记·吴太伯世家》载：周王朝建立后不久，武王求太伯、仲雍之后，得周章（仲雍曾孙）。周章已君吴，因而封之。乃封周章弟虞仲于周之北故夏墟（今山西平陆县东北），列为诸侯。又据铜铭，康王时曾改封虞侯矢于宜（《宜侯矢簋》）。关于矢为何人，虞、宜在何地等问题，学界至今争论不休。一般认为："虞"即"吴"，在今苏南，"宜"亦在今丹徒附近，原封、改封之地皆在今苏南地区；"矢"当即周章，或周章子熊遂，或熊遂子柯相。② 此类分封，目的自然在加强周室对吴地的经营、控制。传至寿梦（太伯至寿梦十九世），吴益大，称王。寿梦孙即著名的吴王阖闾（阖庐）。当阖闾、夫差在吴当国时，前此相对无闻的越则处于越王勾践的统治下。

一个时期以来，吴、越与周室的关系还是比较稳定的。《吴越春秋·吴太伯传》谓吴"从太伯至寿梦之世，与中国时通朝会"；《今本竹书纪年》载成王二十四年"于越来宾"；《逸周书·王会解》更详记成王时地在今福建、浙江、苏南一带的东越、欧人、姑于、姑妹、且瓯、海阳、会稽等向周王室进献方物的盛况。成王或穆王时，吴人还曾受周王之命派兵协助毛伯讨伐"东国痛戎。"（《班簋》）当然，与周室的冲突亦不时发生，如《北堂书钞》卷一一四引《纪年》即有"周穆王伐大越，起九师，东至九江"的记述。

寿梦当国（公元前586～公元前561年在位）时，与周室及中原诸国的联系日趋频繁。寿梦刚一即位，便"朝周，适楚，观诸侯礼乐"（《吴越春秋·吴王寿梦传》），积极谋求外向接触、发展。寿梦十年（前576年）、十八年（前568年）、二十三（前563年），吴多次在钟离（今安徽凤阳）、戚（今河南濮阳）、柤（今江苏邳州市西北之加口）等地与以晋为代表的中原诸侯会盟，标志着吴已

---

① 郭沫若：《卜辞通纂》，《郭沫若全集》考古编第二卷，科学出版社1983年版，第475～480页。

② 唐兰：《宜侯矢簋考释》，载于《考古学报》1956年第2期。李学勤：《宜侯矢簋与吴国》，载于《文物》1985年第7期；《宜侯矢簋的人与地》，收《走出疑古时代》修订本，辽宁大学出版社1997年版，第261页。

逐渐成长为有能力介入中原事务、举足轻重的大国了。寿梦以后的几位吴王（诸樊、余祭、余昧、僚），为对付强邻楚国，继续结好以晋为代表的中原诸国，如与晋通婚姻之好，季札在鲁、齐、郑、卫、晋的广泛外交活动等，全是围绕这一目的进行的。

阖闾当国以来，特别是夫差、勾践时，吴、越二国于彼此间的争斗及对付强邻楚国之余，仍不忘北上争锋，并曾先后称霸中原于一时。

阖闾时，"吴以伍子胥、孙武之谋，北威齐晋，南服越人"（《史记·伍子胥传》），一时间声望大振，齐、蔡等纷纷与吴结婚姻之好，陈怀公也仅因反楚不力便被召入吴，且被扣留下来，客死于吴。

夫差为吴王时（公元前495～公元前473年在位），连破越、陈、鲁、宋、齐诸国师，国势盛极一时。公元前482年，夫差亲率大军北上与周室大臣单平公、晋定公、鲁哀公等会于黄池（今河南封丘西南），与晋争为盟主。黄池之会，表面看是吴占得上风，实际上此时之吴已是强弩之末，不久便被重新崛起的越国灭亡了。

越王勾践（公元前497～公元前465年在位）灭吴后，亦曾循夫差故辙北上争雄，"与齐、晋诸侯会于徐州（今山东滕州市南），致贡于周。周元王使人赐勾践胙（祭肉），命为伯（诸侯之长）。当是时，越兵横行于江、淮东、诸侯毕贺，号称霸王"（《史记·越王勾践世家》）。

会盟外，吴与中原诸国的使节交聘亦相当频繁。如余昧、僚当国时，公子季札就曾两次出聘鲁、齐、郑、卫、晋诸国。以后，类似的出聘更是多不胜举。

互通婚姻，亦是吴与中原诸国关系的一个重要方面，如诸樊时的晋"嫁女于吴"（《左传》襄公二十三年），及阖闾时的"吴王之女嫁于蔡"[①] 等。

此外，吴地与中原诸国间也还存在着诸如移居、游仕一类的人员交往。如寿梦时，原为楚人、后为晋人的巫臣之子狐庸入吴后就被委以行人、相等职，"任以国政"（《吴越春秋·吴王寿梦传》）；余昧时，郑大夫游楚"放"于吴（《左传》昭公元年）；僚时，宋大夫华登奔吴为吴大夫；阖闾时，伍子胥、伯嚭、孙武等先后入吴为吴重臣；夫差时，蔡大夫公孙猎"放"于吴、公孙展"出奔吴"（《左传》哀公三年、四年）。吴人入中原为官或迁入中原定居的亦为数不少，如前述巫咸、巫贤父子就曾在商王朝为臣，阖闾与僚内争时，僚子庆忌曾出奔卫国，吴人壮驰兹任"晋大夫"（《国语·晋语九》韦注）等。

吴与中原诸国政治上、军事上、外交上的频繁接触与人员交往，促进了吴地与中原诸国间的经济文化交流和民族的融合。

大家知道，河姆渡文化、良渚文化时期，吴地史前文化的整体发育水平并不

---

① 郭沫若：《由寿县蔡器论到蔡墓的年代》，载于《考古学报》1956年第1期。

低于中原，而在有些方面，如稻作、琢玉、髹漆、丝麻纺织、造船等领域甚至还处于领先地位。后来，由于宇宙期的一场大灾变，吴地文化一下子中断了、衰落了，而此时又适逢中原地区发生了由史前向文明的大跨越。正是抓住了这个难得的契机，再加上其他方面的一些原因，中原地区才迅速甩开吴地并在尔后相当长一段历史时期内一直承载着中国政治、经济、文化中心的历史重任。夏、商、周时期，吴地与中原的差距相当大。进入春秋、战国，随着与外界政治、经济、文化交流的加强，吴地才重新开始了追赶的步伐，逐步缩小着与中原的差距。

当时的交流，自然主要体现为中原先进经济、文化向吴地的传播、波及。史称，太伯甫入吴，便率领人民筑城、垦田、兴修水利，"数年之间，民人殷富。"（《吴越春秋·吴太伯传》）语虽夸饰，却也在一定程度上反映出太伯入吴后给当地带来的新景象。寿梦时，申公巫臣自晋使吴，"教吴乘车，教之战阵"，并送给吴人部分兵车和车上的射手、御者（《左传》成公七年）。此举，连同以后伍子胥、孙武等著名外地军事家的相继入吴，无疑对迅速提升吴的军力和作战水平有着重要作用。寿梦主吴后不久，即"朝周、适楚，观诸侯礼乐。鲁成公会于钟离，深问周公礼乐。成公悉为陈前王之礼乐。因为咏歌三代之风。"面对先进的中原礼乐，寿梦被深深地感动和震动了。他感慨万分地说道："于乎哉，礼也！"'"孤在夷蛮，徒以椎髻为俗，岂有斯之服哉？"（《吴越春秋·吴王寿梦传》）表示出向中原文化看齐的强烈愿望。季札的两次出使中原诸国，外交的收益外，另一重要收获便是对中原礼乐文化的进一步了解与学习。史称，李札对中原文化十分了解，使鲁，"问周乐，尽知其意，鲁人敬焉"（《史记·鲁周公世家》）。春秋后期，作为中原传统文化主要承载者的儒学在中原崛起后，亦迅速向吴地波及、传播。《史记·仲尼弟子列传》载，吴人言偃（字子游）从孔子学，孔门弟子澹台灭明更曾南下吴地授徒，有弟子三百（见下《吴与齐鲁的文化交流》节）。又据《史记·仲尼弟子列传》，约当战国时，吴人矫子庸疵还是孔门易学传承系统中的一个重要人物。说明早在先秦时期，儒学已不仅南传吴地，且已有一定根底了。当时，同时传入吴地的还有道家思想。《庄子·庚桑楚》谓："有庚桑楚者，偏得老聃之道。"此"庚桑楚"即《列子·仲尼》篇之"亢仓子"，《史记·老子韩非列传》《索隐》引司马彪云谓为楚人，俞樾则据贾逵疑为吴人（见郭庆藩《庄子集释》）。

先秦时期吴地虽在整体上落后于中原，多受中原文化的影响、熏陶，但这并不排斥吴地亦有自己的某些优势、长处，并予中原地区以积极影响。

在铁器出现和普及以前，铜器一直是关乎国计民生及上层人物身份地位的重要器物，而铜原料又主要产自包括吴地在内的南方，故自夏以来铜就成为了吴地向中原王朝进献的重要贡物。《尚书·禹贡》在谈到古扬州的贡品中就列有"金三品"。"金三品"者，旧注或谓为"铜三色"，或谓为"金、银、铜"，但不管怎样说解，铜总是少不了的。《周礼·夏官·职方氏》亦谓此地"利金锡"。《考工记》更明言"吴粤之金、锡，此才之美者也。"《吴越春秋·阖闾内传》曾提到"干将作剑，采五山之铁精，六合之金英，……使童女、童年三百人，鼓橐装炭，金铁乃濡，遂以成剑。阳曰干将，阴曰莫耶。"《越绝书·越绝外传记宝剑》亦谓："欧冶子、干将凿茨山、泻其溪，取铁英，作剑三枚。"据此，再联系到今江苏六合程桥、常州、苏州等地皆有春秋时期的铁器出土，有理由认为吴地是我国最早掌握冶铁术的地区之一。春秋时期吴越的兵器更是远近闻名，深为时人所重。战国赵名将赵奢曾夸之曰："吴干（将）之剑，肉试则断牛马，金试则截盘匜。"（《战国策·赵策三》）现吴王光剑、吴王夫差剑、越王勾践剑已多处出土。这些剑，虽深埋地下两千多年，仍基本没有锈蚀，锋利异常。此外，吴地的某些造船技术，不仅在当时的中国，即使在世界，也是领先的。吴还是当时各诸侯国中最早建立海军的国家。凡此，都是吴地人民对历史的巨大贡献。

《左传》昭公三十年有谓："吴，周之胄裔也，而弃在海滨，不与姬通，今而始大，比于诸华，光（阖闾）又甚文，将自同于先王。"表明随着与中原诸国的频繁交流、接触，商周之际还"断发文身，为夷狄之服"（《吴越春秋·吴太伯传》）的吴地此时已一变而为国力上略可与中原诸强相比肩、习俗上已略同于华夏的国家了。

三、秦 汉 以 后

秦汉后吴地由一个辟处东南的落后之区逐渐发展为中国最大的财赋所出之地和人文所萃之乡，不可不谓为历史上的一大奇迹。这个奇迹的出现，略有如下几个原因：第一，秦汉以后统一国家的建立，为吴地的经济文化发展及吴地同其他地区的交流、合作提供了环境和保障；第二，随着人类改造自然能力的提高，原卑湿、不太适合于人类居住的江南，逐渐显露出后发潜在优势，成为人们向往的所在；第三，作为政治中心，中原经常是兵连祸结，动荡不定，而有大江做屏障的吴地则相对安定多了，故经常成为战乱中北人南下投奔的理想地方。因此，吴地的后来居上，一点都不奇怪。秦统一后，虽仍不时出现分裂割据局面，但总体上，吴地已是统一中国的一个部分。历代统治者在这里设官治理、开通道路（如秦之驰道、唐之贡道、元之驿道、清之官路以及近代的铁路、公路等）、兴修大型水利工程（如秦时的丹徒曲阿、太湖南陵水道、隋大运河等），其着眼点固然在维护统治，但客观上却十分有利于吴地的经济、文化发展，有利于吴地同中原的经济、文化交流。

吴地的逐渐崛起，又同魏晋以来中原地区几次战乱造成的北方人口的大量流入有着重要关系。这种由战乱所造成的北方人口向吴地的大迁移共发生三次，即晋永嘉之乱后、唐安史之乱后和宋靖康之乱后。

自西晋怀帝永嘉年间一直延续到宋文帝元嘉年间前后持续了 140 余年的中国历史上第一次人口大移徙究竟达到了何等规模，限于材料，现已很难确知其数了，谭其骧估计为 90 万上下[1]，葛剑雄等经过进一步研究分析，认为当在 200 万左右。[2] 总之，南渡人口为数相当可观，特别是上层社会，大多举家南下，史书所谓"中州士女避乱江左者十六七"（《晋书·王导传》），恐非虚言。这次人口大迁移中，有不少人进入吴地。他们的到来，不仅给吴地补充了大批劳动人手，带来了新的生产知识、经验，更给吴地带来了大批文化人，带来了学术、文化，对提升吴地在全国的影响、地位，对吴地的经济文化发展和中国经济、文化重心的开始南移，无不有着不可估量的作用、影响。

唐玄宗天宝末年安史之乱后，又接连出现藩镇割据、黄巢起义及五代交替的纷乱局面，中原地区再次陷入长期混乱之中，于是，中国历史上又出现了北人南下的第二次高潮。史载，是时"两京蹂于胡骑，士君子多以家渡江东"（《旧唐书·权德舆传》）；"中国新去乱，士多避处江淮间"（韩愈：《考功员外卢君墓铭》，《韩昌黎集》卷二十四）。这次北人南下虽分布地域较广，但流入吴地的仍然居多。这次人口大迁移，再加上其他多种因素的作用，已导致中国经济、文化重心南移的基本完成，南北人口比重也由北重南轻一变而为南重北轻。

靖康之乱后出现的中国历史上第三次人口大迁移高潮，其规模据葛剑雄等估计当在 500 万人左右[3]。吴地仍然是移民进入最多的地区。移民新一轮大量涌入，有力促进了吴地经济、文化的新发展，使吴地进一步发展为全国经济、文化水平最高的地区。反观北方，由于长期战乱，经济萎缩，人口锐减，虽经元初十多年的恢复，直到元至元二十八年（1291 年），北方各省户数也只占到全国总数的 14.8%。[4] 凡此，皆标志着唐末五代以来已基本完成的中国经济、文化重心的由北向南转移的最终完成，而吴地又实不失为整个南方中一个最具典型性、代表性的地区。

隋代大运河的开通，是吴地迅速崛起的另一个重要契机。大运河是隋唐直至清嘉庆年间（道光后渐不通）历代封建王朝粮食和物资的重要运输线，生命线。20 世纪 70 年代，考古工作者在洛阳含嘉仓内发现一块记载有武则天圣历二年（699 年）从苏州运去 10000 余石糙米的铭砖[5]。说明早在唐代吴地便已成为中央王朝的一个重要粮源区。元代，漕运虽已以海运为主，每年从大运河运到大都的

---

[1] 谭其骧：《晋永嘉丧乱后之民族迁徙》，载于《燕京学报》第 15 期，1934 年 6 月。
[2] 葛剑雄等：《简明中国移民史》，福建人民出版社 1993 年版，第 152 页。
[3] 葛剑雄等：《简明中国移民史略》，福建人民出版社 1993 年版，第 311 页。
[4] 同上，第 312 页。
[5] 河南省博物馆等：《洛阳隋唐含嘉仓的发掘》，载于《文物》1972 年第 3 期。

漕粮仍多达数十万石。大运河既是封建王朝的漕运粮道，也是沟通南北的一条重要商道。随着大运河的开通，镇江、常州、无锡、苏州等一批吴地都市迅速崛起，特别是地处长江、运河交汇处的扬州，更一跃而为隋唐时期全国最大的商业城市。史称："江淮之间，广陵大镇，富甲天下。"(《旧唐书·秦彦传》)"扬州富甲天下，时人称扬一、益二。"(《资治通鉴》唐昭宗景福元年)来扬州经商的波斯、大食等外国商人亦不下数千(《旧唐书·邓景山传》、《田神功传》)。扬州的富庶和巨大商机，激起了从中央到地方一批军政要员的贪欲。他们纷纷于扬州置店铺住宅，从事商业活动，甚至"以军储货贩"，以致引起了朝廷重视、干预。代宗大历十四年（779 年），"令王公百官及天下长吏无得与人争利，先于扬州置邸肆贸易者，罢之。先是诸道节度观察使以广陵当南北大冲，百货所集，多以军储货贩，列置邸肆，名托军用，实私其利息。至是乃绝"(《唐会要》卷八十六"市")。苏州虽稍次，亦是"人稠过扬府，坊闹半长安。"(《白居易集》卷二十四《齐云楼晚望偶题十韵兼呈冯侍御、周、殷二协律》)他如常州、润州（镇江）等，亦一派繁荣景象，盛况空前。

吴地经济在中央政权支持和当地、外来人民的共同开发下迅速崛起后，也给中央政权和全国以丰厚回报。早在唐代，韩愈就曾说过："当今赋出于天下，江南居十九。"(《东雅堂昌黎集注》卷十九《送陆歙州诗序》)杜牧引崔郾曰："三吴者，国用半在焉。"(《浙江西道观察使崔郾行状》，《文苑英华》卷九百七十七)白居易说："当今国用多出于江南。江南诸州，苏最为大，兵数不少，税额至多。"(《白居易集》卷六十八《苏州刺使谢上表》)权德舆说："江淮田一善熟，则旁资数道，故天下大计，仰于东南。"(《新唐书·权德舆传》)宋苏轼说："两浙之富，国用所恃，岁漕都下米百五十万石，其他财赋供馈不可悉数。"(《苏东坡全集·奏议集》卷九《进单锷吴中水利书状》)至南宋，"天上天堂，地下苏杭"，"苏湖熟，天下足"(《吴郡志》卷五十)的谚语已广为流传。据《元史·食货志》，元代江浙行省每岁税粮 4494783 石，遥居全国之首，占全国税粮总数 12114708 石的 37% 以上。明清时期，太湖地区仍然是全国最重要的财赋供给地。《明会典》卷二十六《税粮一》载，洪武二十六年（1393 年），苏州府秋粮实征 2746990 石，占国实征数 24729450 石的 11% 以上，比四川、广东、广西和云南四省的总数还要多。这种情况，一直延续至清。总之，隋唐以来，吴地已成了整个封建国家的重要财赋基地。而明清资本主义萌芽、近代民族工业的兴起、乃至当今经济建设新时期中，吴地亦每每得风气之先，继续在全国领跑，予古老的中原和全国以新的贡献、回报，这些，大家多已耳熟能详，兹不作赘。

在思想文化的交往上，亦先是中原基本上单向式地对吴地浸润、沾溉、惠泽；六朝隋唐时期，随着北方士人的南下和吴地精神文化、文化人的逐步发展、成长，南北间对等交流、互动的格局始大体形成；南宋以降，特别是进入明清时期后，吴地则已在思想文化领域全面领先于全国各地，并进而影响、惠泽中原和其他地区了。

两汉时期，随着国家统一的实现，吴地与中原文化交流的步伐有所加快。汉初，吴王刘濞门下招致有枚乘、邹阳、严忌等名士，淮南王刘安更广招宾客方术之士著《淮南子》；东汉时丹阳太守李忠之创办学校，会稽太守张霸之倡导读经，大儒桓荣之授徒江淮等，都对中原传统文化在吴地的传播起到一定作用。两汉期间，吴地也出现了一批北上游学、游仕的读书人，如严忌、严助、朱买臣、严匆奇、包咸、严光、程曾、王充、赵晔等。他们中的一些人后来还成为著名学者，如包咸、包福父子以治《论语》名世，相继入宫授太子，为帝王师，赵晔著有《吴越春秋》，王充著有《论衡》，其影响皆已超出吴地，成为全国性的大人物、大学问家了。东汉时，吴地还出现了一批习经通仕、代为冠族的豪门，如陆氏、顾氏等。凡此皆可证吴地与中原文化交流的步子在加快，吴地在迅速赶上来。

六朝是吴地与中原文化交流中一个至为重要、关键的时期。在谈及这一问题时，需注意如下三层意思：第一，六朝文化的繁荣、兴盛，在一定意义上可以说是北方政局发生变故、北方人特别是其中的读书人大批涌入的结果。无此，即无六朝，六朝文化本身也就失去了存在的前提；第二，六朝文化的形成、确立，虽有北方人的功劳，但它在本质上并不是北方文化的简单搬用、移入，而是在新的历史条件、新的社会环境中产生的本土化的东西。如南方的谈玄已大不相同于何晏、王弼辈的止始之音；葛洪、陶弘景等吴地道家，也已与北方原始道教大异其趣；至于范缜的《神灭论》，陶渊明、谢灵运的诗作，刘义庆的《世说新语》，刘勰的《文心雕龙》，钟嵘的《诗品》，顾恺之、张僧繇的绘画、王羲之的书法，祖冲之的圆周率等等，不管它们的作者是本地土著，还是祖上流寓江左的，更已是地道的地产——吴地自己的东西了；第三，此时南方的思想文化成就已压过北方，中国的文化重心暂时转入南方，并开始了有史以来南方向北方的首次文化回流、倒灌。正如有的研究者所指出的："南北朝时期文化的交流，就其主要方面来看，可以说是南朝文化向北方的回流。之所以这样说，是因为在长期的南北分裂状态下，江南地区不仅保存了中华传统文化，享有正统的地位，而且不断与时演进，获得空前发展。相较之下，中原地区，异族凭凌，文化凋残。随着北魏汉化的日渐深入，中原汉族士大夫及开明的鲜卑统治者，总是致力取法南朝，转输江左文化。"①

隋朝时期，国家统一，政治、文化中心虽重新复归中原，但以吴地为代表的南方文化并未因此而凋零，而是在继续朝前发展。特别是到了安史之乱后的唐代后期，"长江流域文化蓬勃发展，各种人才层出不穷，其总数已超过北方。"如

---

① 许辉等：《六朝文化》，江苏古籍出版社 2001 年版，第 648 页。

"长江流域进士及第人数明显上升并且超过了北方；长江下游的苏州、杭州、扬州等地进士及第的人数更为突出。"[1] 到了五代，在文学艺术诸领域，更是南盛北衰，南北文化地位逆转，文化重心的南移已基本完成。宋代，特别是到了南宋，在文学艺术、哲学、史学等领域，南方更是全面压倒北方，中国文化重心的南移最终完成。余镇于对《宋元学案》一书儒者作详尽统地、分析后谓："北宋末人物之盛，仍推中原一区为第一"，"浙东次之"，"闽中第三"，"浙西第四"，"江西第五"，"蜀中第六"，"湖湘第七"，"至于关中，在这个时期内真是凋零得可惊了！""南宋前期，浙东一变而处于第一位，其人数的增加，极为惊人，比北宋中叶时增加了五倍有奇"，"闽中居地二位"，"江西第三"，"蜀中第四"，"中原和浙西同处于第五位"，"湖湘第六"，"关中第七"。[2] 进入明清、近现代，江南的文化优势更得到全面彰显，在诸多领域，名家辈出，代有传人，而尤以吴地为最盛。据商衍鎏《清代科举考试述录》，清代共出状元 114 名，其中江苏 49 名，浙江 20 名，其余各省连同满洲、蒙古一共 45 名。[3] 特别是苏州，一府即出了 26 名状元，占江苏省状元总数的 53.06%，全国状元总数的 22.81%。[4] 又报载，现我国两院院士中，论籍贯，又是江苏、上海、浙江分居前三名。吴地文脉、文气之盛，于此可见一斑。

(作者为高燮初主编《吴地文化通史》所撰之章节，
中国文史出版社 2006 年版)

---

[1] 李学勤等：《长江文化史》，江西教育出版社 1995 年版，第 553 页。

[2] 《宋代儒者地理分布的统计》，载于《禹贡半月刊》第 1 卷第 6 期，1934 年。

[3] 商衍鎏：《清代科举考试述录》，生活·读书·新知三联书店 1958 年版，第 169 页。

[4] 李嘉球：《苏州状元》，苏州大学出版社 1999 年版，第 3 页。

吴与齐鲁的文化交流

一、先 秦 时 期

吴地和齐鲁都是我国史前文化发生较早的地区，且地理位置比邻，故两地间的文化交流也发生得比较早。

旧石器时代的情况，限于材料，尚不太好说，进入新石器时代后，两地文化交流的蛛丝马迹已逐渐显露出来。新石器时代，与吴地河姆渡、马家浜、崧泽、良渚文化相对应，在齐鲁地区则有北辛、大汶口、山东龙山、岳石文化。从地域分布看，北辛、大汶口、山东龙山、岳石文化诸文化的南沿均已抵达淮河，而与吴文化互相接壤、交叉。正如有的学者所说：新石器时代晚期，"淮河南岸及江淮地区的一些遗址，如霍丘红墩寺、肥西古埂、含山大城墩等，往往既存在龙山文化的典型器物，也存在良渚文化的某些特征。……到距今5000年至4000年时，龙山文化、良渚文化等，各以其发达的生产力水平为基础，在淮河中下游地区发生频繁的交流和强烈的碰撞。"[1] 这种情况，曾给学者对这一地区文化面貌的认识和命名带来一定困难和某些混乱。如20世纪70年代，即有研究者提出鲁南、苏北、苏南和浙北地区，凡是早于龙山文化和良渚文化的新石器时代文化均属青莲岗文化系统，并把青莲岗文化区分为江南和江北两种类型。但考古学界更多人对上述把江南、江北如此广袤地区的原始文化皆归入青莲岗文化体系中的观点并不赞同。这些学者根据大江南北新石器文化所显现出的明显地域差异，认为青莲岗文化的命名应予取消，江北归入大汶口文化，江南称马家浜文化。[2] 这种分歧，不用说主要还是由吴地与齐鲁地区的新石器文化在淮河一线交汇引起的。

从族属上看，吴地与齐鲁先民似亦有某种关联。对吴地先民的族属问题，学界一直有不同看法。有的认为，吴、越同属土著越人；有的认为，吴族以东夷族为主，越族以百越为主体；亦有人认为，吴与楚同为荆蛮。事实如何，目前尚难

---

① 李修松等主编：《淮河流域历史文化研究》，黄山书社2001年版，第11页。

② 吴山菁：《略论青莲岗文化》，载于《文物》1973年第6期；夏鼐：《碳—14测定年代和中国史前考古学》，载于《考古》1977年第4期。

断言。笔者倾向于认为：吴、越应属同一族属，由于地域相邻，部分居民抑或有与东夷人、楚人混血的成分存在。

夏、商时期吴地与齐鲁间的交流情况，我们至今所知甚少，西周以降，这方面的材料才逐渐多了起来。

西周时期，随着周公东征的胜利和燕、齐、鲁几个重要封国在东部地区的建立，原居今山东地区的夷人，大部分被征服、同化，另一部分则在周王室和齐、鲁的联合打压下陆续向周王朝控制力相对薄弱的淮河地区转移，有的还一直流徙迁播到今苏南、浙江地区，如奄、蒲姑、徐、姑蔑等。

今山东曲阜一带，本东夷大国奄的地盘。周公"践奄"后，一部分奄人留下来，成为鲁之臣民，另一部分奄人则于反抗失败后一路南逃，一直逃到遥远的江南去了。《越绝书·吴地传》载："毗陵县南城，故古淹君地也。东南大冢，淹君子女冢也。"毗陵，即今常州。陈志良《奄城访古记》谓："今常州城南二十里许有奄城遗址，亦作'淹城'。……淹城当为古代奄族南迁后的居留地。"[1] 顾颉刚赞同此说，亦明谓"周公伐奄，直把奄人从山东曲阜赶到了江苏常州市。"[2]

东夷另一大国蒲姑的遭遇与奄差不多。《汉书·地理志》载："周成王时，薄姑氏与四国共作乱，成王灭之，以封师尚父，是为太公。"蒲（薄）姑亡国后，其民一部分留下来成为姜齐的治下之民，另一部分则远徙他乡。迁到哪里去了呢？对此，学界说解亦多，兹不备举。按顾颉刚的说法，是南徙到取虑（今江苏睢宁境）以至"吴"地（今江苏苏州）去了。[3]

徐人的历史亦颇为古老，可一直追溯到夏禹时若木被封于徐时。此后，徐人大约一直在曲阜一带的鲁南地区活动。西周初年，徐人曾积极参加武庚和三监发动的反周叛乱，又曾联合淮夷围攻过曲阜，失败后逐渐向今苏、皖北部转移。徐偃王时，徐人势力一度很大，曾起兵攻周，但最终还是被周穆王和楚人的联合大军打败了，并从此衰落下去，公元前 512 年终为吴所灭。灭国后，徐人流散各地，其中不少人进入苏南、浙江。浙江姓徐的人很多，徐至今仍是衢州第一大姓。徐偃王庙、徐偃王古城遗址及种种有关徐偃王的传说在浙江流传很广。1981年，一批徐器在浙江绍兴市坡塘狮子山出土。[4] 这些，似皆与灭国后部分徐人向浙江地区流散有关。

还有一个久为人们遗忘、忽视的姑蔑人的问题。《春秋》隐公元年载："三月，公及邾仪父盟于蔑。"蔑，即姑蔑，鲁邑。《史记·孔子世家》《正义》引《括地志》云："姑蔑故城在兖州泗水县东四十五里。"这是出现于北方作为鲁国地名的姑蔑。《左传》哀公十三年越人伐吴时又有所谓"姑蔑之旗"的出现。杜

---

①②③ 顾颉刚：《奄和蒲姑的南迁——周公东征史事考证四之四》，载于《文史》第 31 辑，1988 年。

④ 浙江省文物管理委员会等：《绍兴 306 号战国墓发掘简报》，载于《文物》1984 年第 1 期。

注谓："姑蔑，越地，今东阳大末县。"《吴越春秋·勾践归国外传》亦载："（吴王乃增封勾践地）东至于勾甬，西至于槜李，南至于姑末，北至于平原。"此处所言之"姑末"，元徐天祐注谓"即春秋越姑蔑之地。姑蔑，地名，有二：鲁国卞县南有姑蔑城；越之姑蔑，至秦属会稽，为大末县，今衢州。"即是说，春秋时除鲁之姑蔑外，越地还另有一个姑蔑。两个姑蔑有没有一定关系呢？长期以来，这个问题很少人去关注、深究。2002 年 10 月于浙江衢州市龙游县举行的"全国首届姑蔑历史文化学术研讨会"上，这个问题才真正引起学者们的高度重视并展开了热烈讨论。笔者连同与会相当一部分学者的共同看法是：姑蔑本东夷族，原居今山东地区，西周前或已立国为一小邦。周公东征后，在周室和鲁的威逼、侵伐下，姑蔑只好放弃原居地辗转南移，其中的一支最终落脚在今浙江龙游一带，开始恐尚能自保，后为越所灭。这样，姑蔑人前后所在之处便分别成了鲁和越的一个地名了。

部分夷人的陆续南移，不仅给吴地增加了劳动人手，还带来了异地文化，对吴地经济、文化的发展有着积极意义。

春秋时期，吴、越与齐、鲁"国家"间的交往也十分频繁。在上《吴与中原的文化交流》节中提到的吴、越所参与的许多会盟、聘问、征伐行动中，几乎都有齐、鲁这两个北方大国的身影。为免重复，本节不再一一赘述。下面，再主要从吴、越与齐、鲁双边关系的视角介绍一下有关会盟和征伐方面的史事。

寿梦二年（公元前 584 年），吴北上伐郯（今山东郯城西南），郯谞和屈服于吴。这是吴首次北向参与中原事务，也是吴开始强大的标志。吴北上展示兵威，引起北方诸国的不安。次年，晋、鲁、齐、邾四国遂以"事吴故"（《左传》成公八年）共伐郯。后来，双方为共同对付楚国，互相妥协，于是又有了公元前 576 年的钟离（今安徽凤阳）之会。公元前 568、公元前 563 年的戚（今河南濮阳）、祖（今江苏邳州市西北之加口）之会，与会者主要仍是晋、齐、鲁、吴等国，主题仍然是共同对楚。

诸樊、余祭、余眜、僚、阖闾主吴期间，仍一本寿梦时确立的外交方针，全力对付楚、越，修好晋、齐、鲁，除公元前 512 年的灭徐外，基本未再北向用兵。

及夫差降服越国，自以为乃父阖闾时已重创楚国，现在自己又降服了越，再无后顾之忧，北上争霸的欲望迅速膨胀起来。公元前 494、公元前 489 年，夫差两次加兵于陈（今河南淮阳）。公元前 489 年，吴又乘景公新死，齐内乱，举兵伐齐，败齐师于艾陵（今山东莱芜东北）。接着，吴又以胜利者的姿态会鲁哀公于鄫（今山东枣庄市东），向鲁强征百牢（牛、羊、猪各一百头），鲁哀公不敢抗命，与之。不久，又应邾之请伐鲁，连下鲁之武城、东阳、五梧、蚕室等地，驻军泗上，与鲁盟而后还。夫差十年（公元前 486 年），为北上争霸，夫差在江北筑邗城（今江苏扬州市西北），凿邗沟、沟通江、淮水系。夫差十一年（公元前485年），吴联合鲁、郯、邾伐齐南境，吴大夫徐承并率舟师自海上攻齐，终为齐所败。次年，吴、鲁之师再次联合伐齐，大败齐师于艾陵，俘齐主帅国书，缴获革车八百乘。此役后，吴军威大振，鲁、卫、宋等国纷纷臣事于吴，吴遂北向扩地至武城（今山东费县）、祖（今江苏邳州市）、丰（今江苏丰县）等地。夫差十三年（公元前483年），夫差又把邗沟北拓、西展，连接沂、济二水，使吴水师可直达宋、鲁地。十四年（前482年），夫差置大臣劝阻于不顾，亲率大军沿新开水路北上争霸，在黄池之会上与晋争做盟主。连年的征战，耗尽了吴的国力，后方空虚。正当夫差做霸主美梦的时候，越人乘机攻入吴国，吴请和，九年后终为越所灭。灭吴后，越人又继承了吴人的未竟之业，继续北上图霸，并在徐州之会上被周元王命为诸侯之长（见前《吴与中原的文化交流》节），亦颇为风光了一阵子。吴、越争霸实不过春秋时期大国争霸的一个尾声，是齐、晋、楚三强争霸的延续和衍生物，是大国角逐夹缝中来去匆匆的短暂景象。因为，从整体上说，当时吴、越的综合国力尚不及齐、晋、楚等传统强国，故很快就相继衰落了（越于战国时灭于楚）。

在通使交聘方面，两地亦不乏往还。如前述季札之出使，鲁、齐皆当其选。阖闾、夫差当国时，两地间使节往还更加频繁。如阖闾时，鲁曾派季孙"聘于吴"、东海勇士椒丘訢亦曾"为齐王（侯）使于吴。"（《吴越春秋·阖闾内传》）夫差北上图霸期间，彼此间的使节往还更达到新的高峰，且其中不乏知名之士，如伍子胥之使齐、晏子之使吴、子贡之使吴、越等等。

除政治的、外交的、军事的接触外，吴地与齐、鲁间还存在着婚姻上、经济上、文化上的诸多联系、接触。

据史，余祭、余昧时，曾以吴女嫁齐相庆封（在齐获罪奔吴）和莒犁比公；鲁昭公曾娶吴女为夫人；阖闾时，齐景公畏吴强，"使女为质于吴，吴王因为太子波聘齐女。女少，思齐，日夜号泣，因乃为病。阖闾乃起北门，名曰望齐门，令女往游其上。"（《吴越春秋·阖闾内传》。此谓妻太子波，《说苑·权谋》谓"妻阖闾"。）

两地间经济上的交流缺乏直接材料，但也不是全无踪迹可寻。《韩非子·说林上》即载有一对善于"织屦"、"织缟"的鲁人夫妻欲往越地谋生事。又，范蠡于灭吴后功成身退，先浮海到齐，后至陶（今山东定陶西北），以经商成巨富。凡此，似皆与吴地早已与齐、鲁地区有着商业往还有关。

吴地与齐、鲁间的思想文化交流也相当紧密。孔门著名弟子言偃（字子游），就是吴人，曾从孔子受业，深受孔子器重，曾出任鲁武城宰。孔门弟子澹台灭明，曾"南游至江，从弟子三百人，设取予去就，名施乎诸侯。"长于经商和外交辞令的另一孔门弟子子贡，曾南下吴、越，说动吴兴师伐齐，避免了一场眼看就要发生的齐对鲁的进攻。（以上均见《史记·仲尼弟子列传》，孔子弟子司马耕, 宋人, 为避其兄桓魋, 亦曾到过吴国 (《左传》哀公十四年)。著名军事家孙武, 虽为齐人, 但其一生的主要活动却发生在吴国。《史记·孙子吴起列传》谓: "孙子武者, 齐人也, 以兵法见于吴王阖闾。阖闾曰: '子之十三篇, 吾尽观之矣, 可以小试勒兵乎?'"《正义》引魏武帝云: "孙子者, 齐人。事于吴王阖闾, 为吴将, 作《兵法》十三篇。"一言孙子来吴前即已著有《兵法》, 一则似隐谓《兵法》之作发在其为吴将之后。以常理衡之, 一个无相当军事实践经验的人是很难闭门造出兵法的, 即使原来就有个初稿, 亦需日后为将时不断补充、修订。孙子为齐人, 自幼受齐文化的熏陶, 但他又毕竟长期在吴为将, 在吴的丰富军事实践经验不可能不被吸收进兵书中, 故《孙子》一书实为齐、吴文化结合的产物。

二、秦 汉 以 后

秦统一前, 齐鲁与中原间尚可区别, 其后, 区别已难。因为, 二者实已融为一体, 齐鲁已基本成为中原的一部分了。正是由于这个原因, 我们在前《吴与中原的文化交流》节, 已不可避免地使用了齐鲁地区的材料。也就是说, 前《吴与中原的文化交流》节实已在一些方面涵盖了吴与齐鲁间文化交流的内容。为免重复, 本节只能就某些方面略作补充。

两汉以来, 作为儒学发源地的山东地区, 文化积淀深, 人才优势明显, 故在当时中原先进文化南传中经常会看到山东人的身影、贡献。如汉初以文辩名的齐人邹阳, 曾入吴王濞门下为客, 得与吴人严忌、淮阴人枚乘结交。东汉时, 东莱牟平人刘宠, 少以明经举孝廉, 后任会稽太守, "简除烦苛, 禁察非法, 郡中大化"; 侄刘繇曾为扬州牧, "值中国丧乱, 士友多南奔, 繇携接收养, 与同优剧, 甚得名称" (《后汉书·循吏列传》)。汉末, 东海郯人王朗, 以通经拜郎中, 举孝廉, 为会稽太守。在东汉末的动乱中, 朗"虽流移穷困, 朝不谋夕, 而收恤亲旧, 分多割少, 行义甚著。""亲旧"中自然少不了读书人 (《三国志·魏书·王朗传》)。同时代的华歆, 平原高唐人, 曾为豫章太守, 深得民心, 连孙策都对他"亲执子弟之礼, 礼为上宾。""是时四方贤士大夫避地江南者甚众, 皆出其下, 人人望风。" (《三国志·魏书·华歆传》注引华峤《谱序》) 这些人, 不仅自己南移, 周围还收揽、团结了一批南下士人, 对南北文化交流作出了应有贡献。汉魏之际南下的齐鲁人还有大家都熟知的诸葛瑾、诸葛亮兄弟。诸葛兄弟本琅玡阳都 (今山东沂南) 人, 后诸葛亮先南下隐居隆中, 继而出山助刘备成就一番大事业; 对《毛诗》、《尚书》、《左氏春秋》皆颇有研究的诸葛谨则移居江左仕吴, 亦颇得吴主孙权的优礼重用。

在永嘉之乱后中国历史上第一次北人南下的移民高潮中, 山东是个重要的迁出地，"按今地划分，接受移民最多的是江苏省"，"移民的来源，山东占了一半以上。"① 在这次移民高潮中，齐鲁地区不仅给吴地补充了大量劳动人手，给吴地带来了新的生产知识、经验，更为重要的还在于给吴地输入了一批世家大族和文化人，对吴地的政权建设和精神文化发展作出了重大贡献。如琅邪王氏，早自西汉昭、宣之世起，即逐渐显赫。西晋时，王衍在朝中为相，弟王澄为荆州都督、刺史，族弟王敦、王导则积极协助琅邪王司马睿出任镇东大将军，镇守建康，为东晋的建立出了大力。东晋初，王导、王敦执掌军政大权，王氏子弟亦布满朝野，担任中外要职，时人有"王与马（司马氏），共天下"（《晋书·王敦列传》）之说。其后，虽有王敦之乱和颍川庾氏的稍分其权，但终东晋之世，甚至延至南朝，王氏一门在政治舞台上的影响始终未曾中断、衰竭，实当时江左之第一高门。当然，王氏族人中并不尽是些官僚、武夫，亦出过大文化人，如王羲之、王献之等，即王导本人，亦长于书法。兰陵（今山东峄县东）萧氏于西晋末南渡后初本无闻，后因萧氏女为宋武帝刘裕妃而日渐显达。后来，萧道成、萧衍更先后建立起萧齐、萧梁两个小王朝。另一琅玡望族颜氏，相传为颜回后，南渡后其族人颇得东晋及南朝统治者的礼遇、重用。先在萧梁为官、侯景之乱后又流落北齐，以著有《颜氏家训》名传后世的颜之推即出其门。高平金乡（今属山东）郗氏，东晋时亦世代为官，且郗鉴、郗愔、郗昙、郗超、郗俭、郗恢祖孙三代六人皆善书法，时称"六郗"。

在安史之乱后的第二次移民高潮，特别是靖康之乱后的第三次移民高潮中，山东地区同样有不少人移入吴地，且不乏知名之士。如同为今山东济南人士的李清照、辛弃疾等。特别是辛弃疾，不但是著名词人，还积极投身实际的抗金斗争，其影响所及，远非一般士人可比。

秦以后，除六朝、五代十国和明初外，中国历代统一封建王朝的政治中心元代前大抵在传统所谓关中、河南一带的中原地区，元、明、清三代始北移今北京（明初一度都南京）。在元、明、清以前，由于政治中心在关中、河南，故全国的交通规划皆以中原为中心，大运河也主要是用来沟通京师所在的中原与作为粮仓的吴地的；元代以降，随着政治中心的北移，交通规划自然转以北京为中心，大运河也只好重新加以改造、改道了（过去，大运河是先西北向入中原，再转而东北向北上，山东地区基本上被排除在外；元代以后始逐步弃"弓"走"弦"，一条取道山东、南北直通的大运河终于应运而生）。正是由于上述原因，才造成了元代以前吴地与中原的经济文化交流较紧密而与山东地区的联系则相对薄弱；元代以降，情况渐有变化，与中原的联系、交流相对有所削弱，而与今山东、北京一线的联系、交流则日趋活跃起来。史载，明清时期，在商贾云集、百货充盛的

① 葛剑雄等：《简明中国移民史》，福建人民出版社 1993 年版，第 148 页。

苏州，即有山东商人建立的会馆、公所。兖州地区不仅从江南水运进"杉梓楩楠"一类的木料，各类"服食器用鬻自江南者"甚至达"十之六七"之多。济宁地当"南北之冲"，也是"江淮吴楚之货毕集。"山东的一些出产，如峄县的"梨、枣"，郓城县的"木棉"等，亦由"贾人转鬻江南"。（《古今图书集成·职方典·兖州府部》《物产考》《风俗考》）在清人徐扬所绘《盛世滋生图》（又称《姑苏繁华图》）中，也出现有"山东沂水茧绸"、"山东茧绸"等店铺。[①] 这些，皆表明明清时期吴地与山东地区经济交流之紧密。进入近现代，随着津浦铁路和高速公路网等的建成、连通，两地间的经济、文化交流更加频繁、便捷。这些，大家多已知道，这里就不再多费笔墨了。

（作者为高燮初主编《吴地文化通史》所撰之章节，
中国文史出版社 2006 年版）

---

① 李华：《从徐扬"盛世滋生图"看清代前期工商业的繁荣》，载于《文物》1960 年第 1 期。

有关秦赵长平之战的几个问题

发生在战国晚期的秦赵长平之战，向以耗时长，规模大，且对交战双方的前途命运乃至当时历史发展的大走势都产生过重大影响而受到当时政治家和后世史家的关注。近年来，随着山西高平长平之战遗址永录 1 号尸骨坑的发掘、展出和相关影视作品的造势，这一已逝去二千多年的古战事又一下子在人们的心目中热了、活了起来，

不过，由于年代久远，史籍缺失，《战国策》、《吕氏春秋》、《史记》、《资治通鉴》等书所传留下来的有关长平之战的记述，错乱、龃龉之处甚多，有些记述更是明显靠不住的，须作进一步的清理研究，以使我们的认识比较的接近历史的真实些。

本文拟在前贤时哲研究的基础上，对有关长平之战的几个疑点作所议论，不当之处，请大家批评指正。

一、关于长平之战的历时和起止时间问题

关于长平之战的历时（持续时间）和起止时间，一般多谓起于公元前 262 年，止于公元前 260 年，凡历时三年之久。如颇具权威的上海辞书出版社 1979 年版《辞海》、2000 年版《中国历史大辞典》两书的《长平之战》条，郭沫若主编之《中国史稿》，白寿彝总主编之《中国通史》，皆取此说。著名战国史研究家杨宽更多次强调，"秦、赵两军在长平相持了三年"的说法，"是正确的"。[1]

亦有学者系"赵使廉颇拒秦于长平"于周赧王五十四年，即公元前 261 年，系"赵使赵括代廉颇，秦白起败之于长平，大破赵军，坑四十五万人"于周赧王五十五年，即公元前 260 年，即北役历时年余，跨两个年头。[2]

还有学者认为，长平之战实公元前 260 年一年间的事。[3]

① 杨宽：《战国史》，上海人民出版社 1980 年版，第 359 页；《关于长平之战的时间》，载于《历史教学》1983 年第 3 期；《再谈长平之战的时间》，载于《历史教学》1983 年第 11 期。

② 齐思和等：《中外历史年表》，生活·读书·新知三联书店 1958 年版，第 93 页。

③ 范文澜：《中国通史简编》修订本第一编，人民出版社 1964 年版，第 256～257 页。

上述诸家说，似皆有所本。以杨宽为代表的历时三年说，其根据是《吕氏春秋·应言》篇所谓"秦虽大胜于长平，三年然后决。"三年之数既定，接下来须定其起、止两头。把战役的终止点定在公元前 260 年，根据尚觉充分，因为，《史记·秦本纪》、《六国年表》、《白起王翦列传》、《资治通鉴》等书皆把长平之战的终止点定在秦昭王四十七年、周赧王五十五年，即公元前 260 年；而起始点的推定，则麻烦多了，因为，迄今为止尚无任何可靠材料足以证明长平之战是从何时开打的，人们把它定在公元前 262 年，多半是为凑足三年之数向上逆推的结果。

历时二年说的根据是《史记·六国年表》把"使廉颇拒秦于长平"和"使赵括代廉颇将，白起破括四十五万"分系周赧王五十四、五十五年，即公元前 261、260 年。

以长平之战首尾皆在公元前 260 年，即为一年间的说法，根据较多。如《史记·秦本纪》载："（昭王）四十七年，秦攻韩上党，上党降赵，秦因攻赵，赵发兵击秦，相距。秦使武安君白起击，大破赵于长平，四十余万尽杀之。"《史记·白起王翦列传》更按月细载是役之经过云：

（昭王）四十七年，秦使左庶长王龁攻韩，取上党。上党民走赵。赵军长平，以按据上党民。四月，龁因攻赵，赵使廉颇将。赵军士卒犯秦斥兵，秦斥兵斩赵裨将茄。六月，陷赵军，取二鄣四尉。七月，赵军筑垒壁而守之。秦又攻其垒，取二尉，败其阵，夺西垒壁。廉颇坚壁以待秦，秦数挑战，赵兵不出。赵王数以为让。而秦相应侯又使人行千金于赵为反间，曰："秦之所恶，独畏马服子赵括将耳，廉颇易与，且降矣。"赵王既怒廉颇军多失亡，军数败，又反坚壁不敢战，而又闻秦反间之言，因使赵括代廉颇将以击秦。秦闻马服子将，乃阴使武安君白起为上将军，而王龁为尉裨将，令军中有敢泄武安君将者斩。赵括至，则出兵击秦军。秦军详（通佯）败而走，张二奇兵以劫之。赵军逐胜，追造秦壁。壁坚拒不得入，而秦奇兵二万五千人绝赵军后，又一军五千骑绝赵壁间，赵军分而为二，粮道绝。而秦出轻兵击之，赵战不利，因筑壁坚守，以待救至。秦王闻赵食道绝，王自之河内，赐民爵各一级，发年十五以上悉诣长平，遮绝赵救及粮食。至九月，赵卒不得食四十六日，皆内阴相杀食。来攻秦垒，欲出。为四队，四五复之，不能出。其将军赵括出锐卒自搏战，秦军射杀赵括。括军败，卒四十万人降武安君。武安君计曰："前秦已拔上党，上党民不乐为秦而归赵。赵卒反覆，非尽杀之，恐为乱。"乃挟诈而尽阬杀之，遗其小者二百四十人归赵。前后斩首虏四十五万人。赵人大震。

《资治通鉴》所记略同，亦系此役于周赧王五十五年（公元前 260 年）。

1975 年出土之云梦睡虎地秦简《编年纪》亦作："（昭王）卅七年，攻长平。"①

综上，有关长平之战持续时间和起止时间的各种说法虽皆有所本，但相比较而言，三年说依据的是《吕氏春秋·应言》篇的无头无尾的只字片言，二年说本于《史记·六国年表》，所据虽尚称坚实，惜孤证难立，恐皆不足凭信，唯发生于公元前 260 年一年之内的说法，不但见诸多种记载，特别是有《白起王翦列传》按月记事式的言之凿凿，其可信度理应在三年说、二年说之上。此事，当如张景贤所论："秦赵长平之战正式爆发于秦昭王四十七年，即公元前 260 年，战争从四月开始至九月结束，历时六个月。"所谓"双方相持三年之久，才分出胜负"的说法，是因为人们往往"把秦军攻韩上党的时间、赵军进驻长平的时间，和长平之战爆发的时间混为一谈"了。②

说到这里，还有一条记载亦应在此议论一下。《史记·赵世家》载："（赵孝成王）四年，……赵遂发兵取上党，廉颇将军军长平。七年，廉颇免而赵括代将。秦人围赵括，赵括以军降，卒四十余万皆阬之。"如果此记载不误，按照有些学者所主张的廉颇进驻长平之日即可视为长平之战开始之时的说法，长平之战岂不又成了起于公元前 262 年、止于公元前 259 年，前后历时四个年头的战役了。这段记载，从孝成王四年跳到七年，中间或有缺失。梁玉绳看到了这一点，于是于《史记志疑》中提出："廉颇将军军长平"上"失书六年二字"；"七年""乃七月之误"。这样，长平之战的结束之日，又重新被拉回到赵孝成王六年（公元前 260 年），以求与《史记》他处记载相吻合。中华书局点校本《史记》，大约是接受了梁玉绳的部分看法，校改"七年"为"七月"，却又未接受梁氏"廉颇将军军长平"上"失书六年二字"的看法，这样一来，长平之战岂不成了首尾皆在赵孝成王四年（公元前 262 年）时候的战事了，这恐怕是点校者所始料不及的。应该说，梁玉绳和中华书局点校本《史记》的点校者的校改"七年"为"七月"之举，恐未必妥当，因为，将长平之战的终结置于赵孝成王七年（公元前 259 年）关非《赵世家》的一家之言。如《史记·廉颇蔺相如列传》附《赵奢传》即明谓："（孝成王）七年，秦与赵兵相距长平，……括军败，数十万之众遂降秦，秦悉阬之。"《史记·韩世家》亦谓："（桓惠王）十四年，秦拔赵上党，杀马服子卒四十余万于长平。"韩桓惠王十四年，当秦昭王四十八年、赵孝成王七年，即公元前 259 年。故有学者认为，长平之战应终于赵孝成王七年，秦昭王四十八年，即公元前 259 年。③ 究竟应该怎样看待长平之战的终结是在公元前 260 年还是公元前 259 年一事呢？梁玉绳《史记志疑》的做法是一以《白起传》为准校改他书年份。如谓《韩世家》中的桓惠王"十四年"乃"十三年"

① 《睡虎地秦墓竹简》，文物出版社 1978 年版，第 5 页。
② 《长平之战时间考辨》，载于《历史教学》1982 年第 9 期。
③ 韩连琪：《睡虎地秦简〈编年纪〉考证》，载于《中华文史论丛》1981 年第 1 辑。

之误；《赵奢传》中的孝成王"七年"乃"八年"之误（这里需提请读者格外注意：此"八年"实应作"六年"，因为，唯有作"六年"才能与《白起传》中的秦昭王四十七年合，才能与上文的韩桓惠王十三年合。"六"误为"八"者，不知是出于手民之误，还是梁氏自己一时犯糊涂了）。杨宽的解释是："有的同志根据上述资料，断定长平之战最后结束在秦昭王四十八年。我认为，最后决胜在秦昭王四十七年结尾，可能已跨进四十八年的年初，因而记载有四十七年与四十八年的出入。《白起传》载：'至九月，赵卒不得食四十六日，皆内阴相杀食，来攻秦垒，欲出'，于是展开决战。按秦昭王时，秦已采用颛顼历，云梦睡虎地秦墓出土秦简《编年纪》可资证明。历以十月为岁首，十月初一为元旦，九月已是岁末。"① 事情是否如此，尚有待于识者作进一步深入之研究。

二、白起将赵降卒四十余万"悉阬之"的说法靠得住吗

长期以来，史学论著及通俗历史读物多取旧史有关白起将赵降卒四十余万"悉阬之"的说法，近年来，怀疑者渐多。下面，试谈谈自己对这个问题的看法。

为讨论方便计，先摘引一下旧史有关这个问题的记述：

白起……又越韩、魏攻强赵，北坑马服，诛屠四十余万之众，流血成川，沸声若雷……（《战国策·秦策三·蔡泽见逐于赵章》）

（秦昭王）四十七年，……秦使武安君白起击，大破赵于长平，四十余万尽杀之。（《史记·秦本纪》）

（秦昭王）四十七年，白起破赵长平，杀卒四十五万。（《史记·六国年表》）

（桓惠王）十四年，秦拔赵上党，杀马服子卒四十余万于长平。（《史记·韩世家》）

（赵孝成王）七年，廉颇免而赵括代将。秦人围赵括，赵括军降，卒四十余万皆阬之。（《史记·赵世家》）

（赵孝成王）七年，……括军败，数十万之众遂降秦，秦悉阬之。赵前后所亡凡四十五万。（《史记·廉颇蔺相如列传》附《赵奢传》）

（秦昭王）四十七年，……括军败，卒四十万人降武安君。武安君计曰："前秦已拔上党，上党民不乐为秦而归赵。赵卒反覆，非尽杀之，恐为乱。"乃挟诈而尽阬之，遗其小者二百四十人归赵。前后斩首虏四十五万人，赵人大震。（《史记·白起王翦列传》）

（周报王）五十五年，……赵师大败，卒四十万人皆降。武安君曰："秦已拔上党，上党民不乐为秦而归赵。赵卒反覆，非尽杀之，恐为乱。"乃挟诈而尽

_____

① 杨宽：《再谈长平之战的时间》，载于《历史教学》1983 年第 11 期。

坑杀之，遗其小者二百四十人归赵。前后斩首虏四十五万人，赵人大震。（《资治通鉴》卷五）

上引所记，虽有"诛屠四十余万之众"、"四十余万尽杀之"、"杀卒四十五万"、"杀马服子卒四十余万"及"卒四十余万皆阬之"、"数十万之众遂降秦，秦悉阬之"、"卒四十万人降武安君，……乃挟诈尽阬之，遗其小者二百四十人归赵"等行文用语上的小小不同（或仅言"杀"，或明言"阬"），但却一致地认定白起残忍地把赵国降卒几乎都杀（阬）了，而且一杀（阬）就是四十多万。

对这类记载，长期以来人们多深信不疑，近年来，已有不少学者对此提出质疑，认为旧史所谓长平之役后白起将赵降卒四十余万全部坑杀了的说法显然是夸大了的，不可信的。

首先，从赵国的人口、兵源及此役在赵人心目中的地位看，赵国投入此役的总兵力当远不足四十万。有研究者估计，当时赵国的总人口约为170万或223万，成年男人约40余万或50万~60万。可这些成年男子又不可能全都开往前线作战，从事生产和提供军需者必占相当大比重。再则，赵乃"四战之国"，四面受敌，边防不能空，都城邯郸也要拱卫，长平之役虽事关重大，但毕竟不过是秦、赵之间的一次争城夺地之战，尚不是事关赵国生死存亡的一次总决战，赵国没理由倾巢出动把全部兵力都押在这一战上。据此，长平之役中赵国投入的总兵力充其量不过20万左右。①

其次，《白起传》所言"卒四十万人""尽阬之"，与"前后斩首虏四十五万人"明显不合常理，有违事实。据《白起传》所载白起自己的说法，是役中秦军虽大获全胜，但也付出了"秦卒死者过半"的惨重代价。号称虎狼之师英勇善战的秦军都付出了"死者过半"的代价，作为败方的赵军又怎会只在战斗中减员十分之一左右，十分之九左右都存活下来向白起投降了呢？这是不可能的。如果上引赵方在长平之役中投入的总兵力为20万左右的估计不误的话，那么，经过廉颇、赵括与秦军的多次搏杀，再加上被围中饿死、被食的，战役结束后向白起投降的赵卒应当远在10万以下。有研究者更根据长平之战的决战阶段，白起只用两万五千人即将赵军后路切断并形成一个包围圈，另用五千骑兵便将赵军主阵地穿插突破、并实行有效的战役隔离达46日之久等事实，估计秦赵两军当时交战的部队均已不超过10万人。再经过决战的消耗、饿毙、溃逃等，最后降秦被杀的赵国军卒，不过万余……人。②

复次，旧史所谓白起对赵降卒一律采取"阬杀"的处置办法的说法未必是事实。如上所引，《战国策》、《史记》、《资治通鉴》诸书在述及这次杀俘事件时，

---

① 参见宋裕：《白起坑赵卒有"四十万"吗？》，载于《晋阳学刊》1983年第3期；舒咏梧：《"长平之战活埋赵卒四十万"质疑》，载于《文史杂志》1990年第3期。

② 王树新等：《战国长平之战新考》，军事科学出版社2007年版，第93~94页。

也是或言"诛屠",或言"杀",或言"阬",词语不尽一致。再则,从纯技术的角度讲,对人实行"活埋"要比"斩杀"、"击杀"等费时、费力得多,且被处置的又不是几个、几十个、几百个的小数目,没必要、也不大可能对数以万计的俘虏一律按"活埋"的办法处置。

山西省考古研究所等所撰《长平之战遗址永录 1 号尸骨坑发掘简报》谓:"永录 1 号尸骨坑内的遗骸应是赵军亡卒。""关于赵卒死亡原因,史书记载大都一致,即,'挟诈而尽阬之'。……'阬'、'阬杀'多解释为'活埋'。然而,从坑内遗骸的观察和分析,并非如此。初步观察统计表明,未经破坏和扰乱的 60 个个体近半数或头骨无躯体,或头与躯干分离,应是死亡在前,埋葬在后。还有 14 具头骨有钝器、刀器、石块等造成的创伤痕迹,其中至少 7 具个体的创伤是致命的,应排除在活埋死亡之外。剩余十多个个体死亡原因难以判断。可能为活埋的仅有 1 例,编号 AI:4,俯身,面部向下,脑后部被晚期灰坑破坏,其他骨骼不见创伤痕迹。右臂下垂,尺挠骨扭曲状,左臂从腹下伸向右侧髂脊上缘,两腕相距约 10 厘米,左手掌骨与右手腕骨基本相邻(图一三)。这种现象可以有两种解释,其一为软组织受伤致死而葬;其二为双手被缚活埋而死。当然,永录 1 号尸骨坑仅有百余个体,尚不能完全反映数十万死者的死因。"① 这里,笔者甚同意文中所表述的"'阬杀'多解释为'活埋'。然而,从坑内遗骸的观察和分析,并非如此"的看法,至少,该号尸骨坑到底是秦军处置赵降卒的场所,还是某次战斗结束后秦军或赵军打扫战场时草草掩埋战死者的所在,恐尚需做进一步深入之研究。

最后,再谈谈造成这种状况的原因。宋裕把它归结为两类:(1)最先道及白起坑赵卒四十余万众的,是战国游士蔡泽,而"战国游说之士惯于夸大其辞","难以置信"。(2)"与秦末汉初人痛恨秦政从而夸大秦的残暴有关。"② 舒咏梧又补充了一条,说:"历史上的战争,有不少杀伤数字都是夸大了的。《三国志·魏书·国渊传》里有一段文字道出了事情的真谛,原来'破贼文书,旧以一为十'。曹操就曾因国渊如实上报斩首数而感到奇怪。可见这种事情相沿成习已非一朝一夕的事了。用此旧习惯解释长平之战,再联系到秦还有'上首功'的制度,所谓活埋了赵卒四十万之说,是不确实的。那是被夸大了的因而也是不可信的数字。"③ 我想再补充一下,这种"夸大",不仅是战胜方邀功请赏的需要,亦为战败方所需要,因为,"夸大"牺牲,不仅可将对方置于不义的地位,又可借此激励自己。明于此,白起坑赵卒四十万说,《扬州十日记》中所谓清军在扬州杀人"八十余万"说,也就好破解了。

---

① 载于《文物》1996 年第 6 期。
② 宋裕:《白起坑赵卒有"四十万"吗?》,载于《晋阳学刊》1983 年第 3 期。
③ 舒咏梧:《"长平之战活埋赵卒四十万"质疑》,载于《文史杂志》1990 年第 3 期。

三、赵国长平之败不应归罪赵括一人

一谈到长平之战中赵方的败因，人们总是习惯地认为，多亏"廉颇筑垒固守，坚不出战，以逸待劳，消耗秦的力量"，才造成"双方相持三年，不分胜负"的局面；后来，"赵国中了秦的反间计，改用赵括代替廉颇。赵括只会纸上谈兵，不能领兵打仗。他一反廉颇坚守的战略，向秦军发动进攻"，终遭败绩。[①]有论者更不无惋惜地写道："兵法空谈家赵括凭他的空谈就断送了四十余万人的生命。"[②] 这种把战争失败的责任完全归结为赵括的无能的看法，是有失公允的。

首先，长平之战赵国战败的最根本原因还是赵在综合国力上逊于秦。虽说在战国后期赵是东方六国中最强的，但与强秦相比，还是逊色不少。正如有的研究者所论："从秦赵两国的国力上看，秦经过商鞅变法，已经发展成为战国七雄中的最强国"，而赵虽不失为"东方最强国，军事力量也比较强大"，但此时的赵国，"政治腐败，经济发展出现失衡，法令不行，已经出现亡国之形"。特别是"赵国的粮食生产远远落后于秦国，战争进入相持阶段，赵国军粮的不济，使赵国在持久战中陷于不利地位，赵孝成王责备廉颇守而不战，就是因为赵国军粮缺乏之故。军粮的缺乏促使赵国急于决战，这使赵国又失去了久劳秦师最终取胜的机会。"所以，"从根本上说，赵国是没有力量与秦国相抗衡的。"[③]

其次，赵国以孝成王为代表的高层决策者的昏聩无能和关键时刻的决策失误也是导致赵国在长平之役中溃败的重要原因。长平之战爆发后不久，赵军稍遭挫折，前不久还在为取得上党而"大喜"的孝成王立马就动摇了抗秦的决心。当时，虞卿曾建议赵王派使者携重宝向楚、魏求援，合纵抗秦。可惜孝成王并未采纳虞卿的建议，而是派人向秦求和，坐失一次可能挽回败局的良机。在廉颇有鉴于双方力量对比于己不利，坚守不出，苦苦支撑局面的情况，孝成王非但没有增兵驰援，反而怪廉颇怯战，又中了秦人的反间计，以"徒能读其父书传，不知合变"的赵括取代经验老到的廉颇，终遭惨败。看看无能的赵王，再看看"自之河内，赐民爵各一级，发年十五以上悉诣长平，遮绝赵救及粮食"的秦昭王，赵之败自在情理之中。

长平之败，赵括自然亦有其不可推卸的责任。他的责任就在于下车伊始便"悉更约束，易置军吏"，并贸然出击，从而招致了赵军的速败、惨败。我这里之所以用"速败"、"惨败"的字样，无非是想说，在当时那样一种局面下，若无外援（合纵攻秦）、内援（增兵），即使仍让廉颇主军，亦不过是两种结局：一

---

① 郭沫若主编：《中国史稿》第二册，人民出版社 1979 年版，第 105 页。

② 范文澜：《中国通史简编》修订本第一编，人民出版社 1964 年版，第 257 页。

③ 沈长云等：《赵国史稿》，中华书局 2000 年版，第 204、205、208 页。

是继续困守，坐以待毙；二是组织一次成功的突围，挽救部分赵卒的生命。两种结局，败的形式、程度虽可能有所不同，终归还是一个败字。

自负而又缺乏实际战争历练的赵括，接的是烂摊子，碰得是硬钉子，结局自然很惨，虽壮烈殉国，身后还要被唾骂、讥笑，似乎他是个只会纸上谈兵误国殃民的大草包。在人们长期养成的、浓烈的以成败论英雄的文化心理环境中，赵括注定只能是个悲剧式的人物。

从安边和民族政策高度看秦始皇
对巴寡妇清的尊礼

　　一个女性，又是寡妇，不仅富甲一方，而且能得到千古一帝秦始皇的尊礼，巴寡妇清的人生无疑是成功的，她身上的传奇、神秘色彩亦足够吸引人。近年来，随着经济热和地方文化热的升温，巴寡妇清引起学者和相关方面的关注，自是情理中事。遗憾的是材料太少，进一步、深层次之开掘、研究，面临不少困难。

　　先看相关记载。《史记·货殖列传》：

　　巴寡妇清，其先得丹穴，而擅其利数世，家亦不訾。清，寡妇也，能守其业，用财自卫，不见侵犯。秦皇帝以为贞妇而客之，为筑女怀清台。……清，穷乡寡妇，礼抗万乘，名显天下，岂非以富邪？

　　唐司马贞《索隐》："巴，寡妇之邑；清，其名也。"南朝宋裴骃《集解》引徐广曰："涪陵出丹"。唐张守节《正义》引《括地志》云："寡妇清台山俗名贞女山，在涪州永安县东北七十里也。"关于"家亦不訾"，《索隐》的解释是："谓其多，不可訾量。"《正义》谓："言资财众多，不可訾量。一云清多以财饷遗四方，用卫其业，故财亦不多集聚。"《汉书·货殖传》基本沿袭《史记》，作：

　　巴寡妇清，其先得丹穴，而擅其利数世，家亦不赀。清，寡妇，能守其业，用财自卫，人不敢犯。始皇以为贞妇而客之，为筑女怀清台。

　　唐颜师古《注》曰："以其行絜，故号曰清也。""丹，丹砂也。穴者，山谷之穴出丹也。"不赀，"言资财众多无限数。"

　　以上，便是《史记》、《汉书》及后世学者《注》中所言及的有关巴寡妇清的材料，文字虽简，却是我们研究巴寡妇清的最早、最基本、最可靠的材料。

　　一个边远穷乡寡妇，何以能够得到秦始皇（嬴政之尊礼巴寡妇清，可能在称帝前，也可能在称帝后，或两个时期兼而有之，为行文方便，姑全以始皇称之）的尊礼呢？《史记·货殖列传》谓是以其"贞"，以其"富"。窃以为"贞"和"富"固然不失为理由之一，但绝非最主要的，因为，天下"贞女"、"富人"多的是，何劳人主躬亲尊礼之。不少研究者又每从巴寡妇清或曾以其雄厚财力支持过秦的统一战争和修筑长城，其所业之丹砂能为秦始皇提供丹药、为其陵墓提供所需水银等方面探求秦始皇对巴寡妇清的尊礼，笔者以为，这些虽都可能不失为理由或曰条件之一，恐亦不是最主要的。

那么，什么才是最主要的原因呢？笔者以为，我们不妨从秦之国策，即从其边疆、民族政策的层面、高度试作解读。

公元前316年，秦人于东向并灭六国前采取了一项重大战略步骤，即并灭蜀、巴，以期建立巩固的大后方，为东向并灭六国作准备。并灭蜀、巴后，秦人虽在这里设立了蜀郡、巴郡，但于蜀地仍在相当长的一段时间里保留了蜀王后人的蜀侯称号，而在巴地，秦的统治政策就更宽松了。在巴，秦推行的是郡县制与民族君长制并存的政策，巴人原有的宗族组织和社会结构基本得以保留，赋敛较轻，社会秩序亦较安定。《后汉书·南蛮西南夷列传》载：

及秦惠王并巴中，以巴氏为蛮夷君长，世尚秦女，其民爵比不更，有罪得以爵除。其君长岁出赋二千一十六钱，三岁一出义赋千八百钱，其民户出賨布八丈二尺，鸡羽三十鍭。汉兴，南郡太守靳彊请一依秦时故事。

……

秦昭襄王时有一白虎，常从群虎数游秦、蜀、巴、汉之境，伤害千余人。昭王乃重募国中能杀虎者，赏邑万家，金百镒。时有巴郡阆中夷人，能作白竹之弩，乃登楼射杀白虎。昭王嘉之，而以其夷人，不欲加封，乃刻石盟要，复夷人顷田不租，十妻不算，伤人者论，杀人者得以倓钱赎死。盟曰："秦犯夷，输黄龙一双；夷犯秦，输清酒一锺。"夷人安之。

"夷人安之"，说明秦人于此所施行的羁縻政策是适宜的，成功的。有了这种相对宽松的大环境，巴寡妇清家的"数世"基业不仅得以保留，还可能大大发展了。

与巴寡妇清的际遇大体相同而更显荣的还有北方的乌氏倮。《史记·货殖列传》载：

乌氏倮畜牧，及众，斥卖，求奇缯物，闲献遗戎王。戎王什倍其偿，与之畜，畜至用谷量马牛。秦始皇帝令倮比封君，以时与列臣朝请。……倮，鄙人牧长。

《集解》引韦昭曰："乌氏，县名，属安定。倮，名也。"《正义》：乌氏，"县，古城在泾州安定县东四十里。"《集解》引徐广曰："闲，一作'奸'。不以公正谓之奸也。"《索隐》："闲献，犹私献也。"这是发生在北方今宁夏固原一带一个游牧部落牧主头人身上的故事，足与南方巴寡妇清的故事遥相辉映、媲美。而巴寡妇清与乌氏倮，恰恰都是秦边少数民族地区的富人、头面人物。

巴寡妇清与乌氏倮的上述际遇，在东方六国贵族、豪富身上却是很难见到的。岂只很难见到，还多是恰恰相反的。

据史，秦在并灭六国的过程中和统一全国后，曾用强制迁徙的办法对六国贵族、豪富予以打压，以消解其势力，消除隐患。史载，秦灭赵后，"赵王迁流于房陵（今湖北房县）"（《史记·赵世家》《集解》引《淮南子》）；灭齐，"虏王建，迁之共（今河南辉县）。"（《史记·田敬仲完世家》）公元前221年，秦始皇刚完成统一大业，便于收天下兵器予以销毁的同时，"徙天下豪富于咸阳十二万户。"（《史记·秦始皇本纪》）还另一些著名的豪富，则早在统一前就分别被迁徙到咸阳外的其他地方去了。如：

蜀卓氏之先，赵人也，用铁冶富。秦破赵，迁卓氏。卓氏见虏略，独夫妇推辇，行诣迁处。……乃求远迁，致之临邛。……即铁山鼓铸，运筹策，倾滇蜀之民，富至僮千人，田池射猎之乐，拟于人君。

程郑，山东迁虏也，亦冶铸，贾椎髻之民，富埒卓氏，俱居临邛。

宛孔氏之先，梁人也，用铁冶为业。秦伐魏，迁孔氏南阳。大鼓铸，规陂池，连车骑，游诸侯，因通商贾之利，有游闲公子之赐与名。（《史记·货殖列传》）

同是豪富，何扬抑殊若霄壤邪？曰此亦无他，盖一为六国之余，打压对象；一为原秦边民，笼络、安抚、倚重之力量也。

秦之先本东土夷人，后辗转迁播至今甘陕戎狄地区，经多代惨淡经营，遂先霸西戎，继而得天下。长期身处民族地区复杂环境，加上"纣克东夷而陨其身"（《左传·昭公十一年》）和周幽王时犬戎之乱等的亡国教训，促使秦统治者比较重视和善于处理民族问题。秦之得天下，可从这里得到某种解释，巴寡妇清、乌氏倮辈所受尊礼，恐怕亦与此项政策有相当之关系。

以上所说，不一定对，写下来供方家和关心这个问题的同志们参考。

周人的"德治"与"民本"思想

近年来，对"法治"、"民主"与"以德治国"等的宣传多了，一些人又不免把目光投向中国古代的"德治"与"民本"上，并颇多溢美之辞，似乎这又是我们老祖宗那里已有之的，毋需旁求。

本文试对周人的"德治"与"民本"思想略作剖析，看看它们究竟是一种什么样的思想理论。

周代商后，鉴于殷亡的教训，周统治者在淡化天命信仰的同时，格外重视人事——重视对"治民"之术的新探求及相应的理论建构。名垂史册，一直为国人津津乐道的"德治"与"本民"思想，正是在这样的一种历史背景下被提出的。

一、"德治"的社会功能定位及其评价

有学者如郭沫若等认为，"德"字在周金文中才出现，商时还没有德的观念。[①] 亦有学者认为，殷商时已有"德"字，卜辞"值"即"德"字，或"德"之初文。[②] 我们认为，"德"字或早已有之，"敬德"思想也不会如郭沫若等所断言的那样为周人所首创、独具，但把"德"上升到治国方针、方略的高度，还是周人的功劳，且主要是周公的创制。

"德"的本义是个人的品德、道德修养。郭沫若说："德字照字面上看来是从值（古直字）从心，意思是把心思放端正，便是《大学》上所说的'欲修其身者先正其心'。"[③]

以周公为代表的周统治者的贡献和高明之处就在于把"德"字从"人生哲学"提升为"政治哲学"。

过去，郭沫若曾有言曰："周人一面在怀疑天，一面又在仿效着殷人极端地

---

① 郭沫若：《先秦天道观之进展》，《青铜时代》，科学出版社 1957 年版，第 17 页；杜守素等：《中国思想通史》第一册，生活·读书·新知三联书店 1949 年版，第 73 页。

② 杨荣国：《中国古代思想史》，人民出版社 1973 年版，第 9 页；徐中舒主编：《甲骨文字典》，四川辞书出版社 1988 年版，第 168～169 页。

③ 郭沫若：《先秦天道观之进展》，《青铜时代》，科学出版社 1957 年版，第 17 页。

尊崇天，这在表面上很像是一个矛盾，但在事实上一点也不矛盾的。请把周初的几篇文章拿来细细地读，凡是极端尊崇天的说话是对待着殷人或殷的旧时的属国说的，而有怀疑天的说话是周人对着自己说的。这是很重要的一个关键。这就表明着周人继承殷人的天的思想只是政策上的继承，他们是把宗教思想视为了愚民政策。自己尽管知道那是不可信的东西，但拿来统治素来信仰它的民族，却是很大的一个方便。自然发生的原始宗教成为了有目的意识的一个骗局。""周人根本在怀疑天，只是把天来利用着当成了一种工具。"① 郭氏的说法，未免太高估了周人（把周人看成无神论者了），也不符合历史实际。如《尚书·大诰》之"不敢替（废弃）上帝命。天休（嘉惠）于宁王（文王），兴我小邦周"，并不是对殷人，而是对周人和友邦的国君和大臣们说的；《康诰》之"天乃大命文王，殪戎殷（灭亡大邦殷）"也不是对殷人，而是对自己的弟弟、新封到卫国为君的康叔封讲的。所以，周人还远没有达到郭沫若所说的"根本在怀疑天"那样的认识高度，周人同样是相信天命的。诚然，召公、周公等是有过"天难谌（信）"、"天不可信"（《君奭》）的话，但只要我们细审上下文意，就不难发现周、召二公的"天难谌"、"天不可信"云云，并不是不再相信天命了，而是为了强调"不敢宁（安）于上帝命"，即不能完全地、一味地仰仗天命，怠于政事，而应"时（恃）我"，即靠自己的业绩表现去赢得、保住天命，并坚信："我道惟宁王德延，天不庸释于文王受命"（《君奭》），即只要我们把文王的美德发扬光大，上天就不会废弃文王所受的天命。要之，在周人看来，天命还是可信的；永恒的、不变的天命则不可信。

正因为周人在朝代的兴替中看到了"皇天上帝改厥元子"（《召诰》），"惟命不于常"（《康诰》。郑玄云："命，天命也。天命不于常，言不专佑一家也。"）的严酷事实，又发现天命的改变同民心的向背有一定联系，即所谓"天视自我民视，天听自我民听"，"民之所欲，天必从之"（伪古文《泰誓》），遂逐渐淡化了对"天"的信仰、仰仗，而在"人事"、亦即"治术"上狠下功夫，从而形成了自己的所谓"敬天保民"思想。

"敬天"也好，"保民"也罢，说到底还是为了"祈天永命"、"受天永命"（《召诰》），即周人统治地位、秩序的长治久安；问题是，怎样才能做到上敬天、下保民呢？周公等认为，关键在统治者自己的表现，即统治者自身的"明德"、"敬德"与否，亦即能否奉行"德治"，以德治国。

周人所谓"以德治国"，实包含如下三个方面的内容：（1）要求在位者克制自己的私欲，检点、约束自己的行为，加强自身道德修养，即后世儒家的所谓"正人先正己"。为此，周公等曾向在位者提出过"孝友"、"勤奋"、"无逸"、

---

① 郭沫若：《先秦天道观之进展》，《青铜时代》，科学出版社 1957 年版，第 16 页。

"恭敬"、"亶"（诚信）、"惠"、"宽"等修德要求及"高乃听"（《康诰》）（指敬慎地对待自己的听闻，善于总结经验教训）、"永观省"（《酒诰》）（指经常观察、反省自己）等修德方法。（2）在具体行政中，亦即"治民"方法上，要"重教化"。而"重教化"的前提是把"民"当"人"看待，"保民"、"显民"（《康诰》）（指"光显"、"尊崇"其民）、"闻小人之劳"（《无逸》），"若保赤子"（《康诰》）一样地去保护自己的臣民。（3）慎刑罚。周公等"明德慎罚"并提，说明刑罚还是要的，但两相比较，"明德"（崇尚德教）是根本，是前提，"罚"是"明德"的一个方面的体现、补充。"罚"虽必不可少，但必须谨慎对待，不可滥用。

周人的"德治"思想，在一定程度上体现了对人的尊重、重视，也对在位者的贪欲、恶行给予了一定的限制、遏制，在历史上第一次把统治者和全社会的道德建设提高到治国方针的高度去认识（当然，这绝不是说，在周以前的统治者们完全不懂教化的作用，他们无疑也是懂得的，但却没有像周人那样把它系统化、理论化，并上升为治国方针），所有这些，无疑具有进步的历史意义。但也必须同时指出，它的历史局限性和负面作用也是毋庸忽视的。

第一，周人的"德治"，连同后世儒家所大肆张扬的"礼治"、"仁政"等等，常常被统治者用来掩盖其阶级专政的血淋淋实质，对被统治者起着麻痹和欺骗作用。道德，在阶级社会，虽有其全民的一面，但本质上却是阶级的道德，统治者的道德，为统治服务的道德。正是在这个意义上，目光深邃的鲁迅才把中国长期封建社会的"仁义道德"目为"吃人"的道德的。（《狂人日记》）

第二，把"道德治国"摆在第一位，事实上不可行，也不是事实。周统治者把在位者的道德修养、道德约束看成高于一切，以为只要这些人变得高尚了，就可上敬天（以德配天），下保民，国祚永远延续。这实际上是不可有的。因为，人剥削人、人压迫人的社会制度本质上就是一个不断地、成批量地孳生暴君、奸相、贪官、污吏的大温床，圣君、贤相、清官、廉吏从来就只能是凤毛麟角的个别例外，又怎么能够设想离开制度的改变、单靠在位者的修德便可营造出一个清平世界来。据有心者多方搜寻，在长期的中国封建社会中，"真正袋中如洗的清官"，寥若晨星，不过区区"几十人"[1]，而贪官则多如牛毛。正是："爱民"嘉言枉自多，"德治"无奈贪官何啊！而实际上，周人虽在那里高张"明德慎罚"的大旗，把"德"举得甚高，骨子里还是仰仗"罚"的，时不时宣称"不可不杀"（《康诰》）的。

第三，容易被独夫民贼所利用，以不德为大德，以独夫为圣君。什么是

---

[1] 参见明张岱：《夜航船》卷七《政事部·清廉》列举；王春瑜：《论"口袋运动"》，《漂泊古今天地间》，百花文艺出版社 1998 年版，第 4 页。

"德",什么是"不德",标准是什么,由谁界定,所有这些,在人压迫人的社会里,特别是在君主专制的社会里,只能是统治者、特别是最高统治者说了算。因为,在君主专制制度下,最高权力的掌有者,往往自封或被御用文人打扮成真理的化身,正义的化身,道德的化身,"内圣外王"、"君师一体","伟大领袖"同时也就是"伟大导师"。于是,在几乎人人都自我标榜奉行"德治"、"仁政"的中国古帝王行列中,人们又很难找得出几位圣明天子来,"不德"的帝王们总是带头予他们高唱的"德治"以极大的讽刺。

第四,限制、阻碍"法"的发育、完善,便于暴君污吏们上下其手、横行不法。在古代君主专制制下,无论"德治"、"礼治"还是后来法家的所谓"法治",实际上都是"人治"。但相形之下,法家的"法治"还或多或少地对在位者(帝王除外)有所限制,而"德治"则以其宽泛,弹性大,难以掌握、操持等特性甚得统治者之青睐,便于暴君污吏在"德"的旗号下上下其手、恣肆放任、横行不法。正如有的学者所指出的:"周代没有完整、系统的法律形式,其中一个原因也就在于'德'成为内心束缚力极强的、具有法律功能的崇高准则;它缓冲了阶级矛盾,模糊了阶级意识,排挤了法律,使它长期处于幼稚和发育不完善的状态。"① 信哉斯言,唯法之不完备方能以言代法,而以言代法(旧时之"圣谕"及"文革"中之"最高指示"皆高于法律)又极大地妨碍了法的发育、完善。

把道德拿来直接为政治统治服务,是周人的聪明处和一大创造。启良谓:"中国的'伦理宗教'从其产生之日起,就是一种政治化的神学。""西周初年兴起的'伦理宗教'","局限于政治领域,带有强烈的政治化的实用理性。也就是说,其他民族的'伦理宗教'主要是一种人生哲学,而中国汉民族之新兴的'伦理宗教'则主要是一种政治哲学。""此种神学化的德治思想奠定了尔后流延三千余年的民本主义的理论基础。"② 道德的政治化和政治化的道德,确实是我们的国粹。

二、"民本"的实质

从文献记载看,"民惟邦本,本固邦宁"这句话虽在夏代就可能有了(语出伪古文尚书《五子之歌》),但作为一种比较成熟的政治思想、理念,它应该是西周的东西,因为,所谓"民本",乃是同"德治"、"保民"等思想紧密联系着的。应该说,"民本"思想至西周时始渐趋成熟、定型,至孔、孟而益盛。

---

① 赵昆生:《周公关于"天"的思想》,载于《重庆师范学院学报》1984 年第 1 期。
② 启良:《中国文明史》(上),花城出版社 2001 年版,第 282、286 页。

"民本"的原意本来很简单、直白，就是"只有民众才是立国的根本，根本稳固了，国家自然安宁。"无可否认，"重民"对遏制、约束统治者的贪欲，缓和阶级冲突，从而为再生产提供一个相对适宜的环境有着积极的意义，可有些学者却硬是要节外生枝，把它同"民主"联系、甚至等同起来，这就牛头不对马嘴了。

昔时梁启超曾谓："商周以前，民本主义极有力，西周之末尚然，东迁以后渐衰。""天子为天之代理人，在天监督之下以行政治，则本来之最高主权属于天，甚明。然此抽象的天，曷由能行使其监督耶？吾先民以为天之知（聪明）能（明威）视听，皆假涂于人民以体现之。民之所欲恶，即天之所欲恶。于是论理之结果，不能不以人民为事实上之最高主权者。故此种'天子政治'之组织，其所谓天者，恰如立宪国无责任之之君主；所谓天子者，则当其责任内阁之领袖。天子对于天负责任，而实际上课其责任者则人民也。"又谓："古代之民本主义，曾否实现，用何种方法实现，实现到若何程度，今皆难确言。《盘庚》有'王命众悉至于庭'语，《大诰》、《多士》、《多方》等篇，一读而知为周公对群众之演说辞。以此推之或如希腊各市府之'全民会议'。盖古代人少，实有此可能性也。"① 总之，在梁启超看来，古之"民本"就是"民主"，"天视自我民视，天听自我民听"即"人民为事实上之最高主权者。"

后来，再像梁启超那样径行把"民本"当成"民主"的说法虽已不再多见，但变相的提法还是不时出现。如吕振羽就曾认为在先秦民本思想的代表人物孟子身上就"无可否认"地"有着民主主义的进步因素。"② 冯天瑜亦认为："晚周民本思潮是我国封建时代产生的一种比较富于人民性的政治思想。正如古希腊的雅典民主派的思想后来一再被欧洲反对封建专制制度的斗士们所利用一样，《左传》、《孟子》的民本主义也一再被后人借重。"③ 赵吉惠虽曾清醒地指出"古代的民本思想是以君为主体"，"是站在君主的立场，以君为主体治民"，"中国古代的民本思想仅仅包含若干民主思想之萌芽，还不是民主思想"，另一方面却又说："在中国传统文化中本来就存在着民本思想与君权思想的对立。无论是道家文化抑或是儒家文化都贯穿着鲜明的'民为邦本'的人文精神与反对君主专制的人道主义原则。只有法家强调君主专制。"④ 刚刚说"民本思想"是"站在君主的立场，以君为主体治民"，怎么一下子又变成了"民本思想"是与"君权思想"对立的，甚至是"反对君主专制"的了呢？

① 梁启超：《先秦政治思想史》，东方出版社 1996 年版，第 44，36～39 页。
② 吕振羽：《中国政治思想史》上册，人民出版社 1955 年版，第 196 页。
③ 冯天瑜：《晚周民本思想刍议》，载于《人文杂志》增刊《先秦史论文集》，1982 年。
④ 赵吉惠：《传统"民本"与现代"民主"》，《国学沉思》，浙江人民出版社 1998 年版，第 198、197 页。

　　笔者认为，所谓"民本"思想，并不是什么"君权思想"的对立物，当然也谈不上是"反对君主专制"的，与"民主"并不搭边。统治者之"重民"，提出什么"民惟邦本"之类，完全是从统治者维护自身利益的角度出发的，是一种比较清醒而有远见的"治民"之术。这里，丝毫不存在"民主"——让民当家做主管理国家的意思，正如深谙经营之道的农民无不懂得牛马对其安身之命的重要性，有时不免会发出"牛马就是我的命根子啊"一类的由衷赞叹，但这绝不意味着牛马竟会因此而成了农民的"主人"一样。

　　（原载《史海侦迹——庆祝孟世凯先生七十岁文集》，新世纪出版社 2006 年版）

"仁"的广狭二义试解

孔子的"仁"，就其本来的意味讲，到底是什么，古今学者搞了一两千年，似乎在某些方面还没有完全搞得清楚。先儒近贤多以"爱人"（《论语·颜渊》）、"克己复礼"（《论语·颜渊》）、"忠"（"己欲立而立人，己欲达而达人"（《论语·雍也》））"恕"（"己所不欲，勿施于人"（《论语·卫灵公》））之道等等来界说"仁"，这固不失为的当之论，亦是出之于有根有据，不过，当我们用这些界说去审理《论语》中的"仁"的时候，仍不能完全解决问题，仍不免会有困惑之感。试看，《论语》中的这个"仁"字，其含义有时似乎是无所在的，有时又好像是无所不在的；有时是统摄一切、所及极广的，有时又是具体、平实，范围相当有限的；有时是高不可即的，有时又是甚为平易近人的。这件事苦恼着历代的经学大师们，近今学者对此也颇为迷惘。何以会如此呢？我以为问题就在于人们多还没有充分注意到这个"仁"字原有广狭二义之分，它原是个一而二、二而一的东西。

我在《孔子的阶级立场和他的政治主张》一文中，曾提及这个问题，但所言过简，故再成此短文，希冀能对"仁"的一之为二、二之为一作些初步分析，并无意于标新立异，亦不敢步能者之先，聊以求教而已。

一

《论语》一书言仁之处甚多，据我新近统计，仁字在《论语》中凡十六篇、五十九章、百有九见，尚不包括篇名《里仁》之仁。清儒阮元《揅经室一集》卷八《论语论仁论》谓凡五十八章、百有五见；赵纪彬《论语新探》同此；杨伯峻《论语译注》则谓百有四见。然据笔者统计，不论是据何晏《集解》分章法，还是据朱熹《集注》分章法，抑或据杨氏《译注》分章法，皆当为五十九章、百有九见，是以疑阮、杨二氏统计或误，读者如有兴趣，不妨再仔细统计一下。

在这些谈及仁的条目中，有一语（或一义）而再见者凡两条，如"子曰：'巧言令色，鲜矣仁'"一条，就分别见于《学而》和《阳货》；又《子罕》篇有"子曰：'知者不惑，仁者不忧，勇者不惧'"一条，又曾颠倒再见于《宪问》篇，作"子曰：'……仁者不忧，知者不惑，勇者不惧。'"

在这为数甚多的谈仁条目中，出于弟子和他人之口的，凡二十四章、二十六见，余皆为孔子本人所言。我在考察仁的含义时，固然主要以孔子所言为准，但像曾子、有子、子游等孔门高足的话，想来亦不会去孔子原意太远，故亦择其要者间或征引一、二。

另，仁字在《论语》中虽分见于五十九章，不可谓不多矣，但其中有的是作为"人"字用的，有的是当作"仁人"用的，而在另外一些场合，则是"用"而不"论"，其义难明，真正有助于我们考察仁的广狭二义者，三十六章而已。

以上，是我读《论语》时所作的几项统计，写在这里，或许对读者有所帮助。

二

关于仁，在有关的三十六章中，孔子和几个弟子虽也曾或从正面或从反面，或直接或间接地对它作过近乎定义式的议论，但却全是些片断而已。事实在上，孔子本人——更不用说他的弟子了——并没有给仁下过明确的定义，对答弟子、品评人物时所言之仁，也都是因时、因地、因人而异，前后并无一定界说。当然，这并不等于说孔子的仁本来就是个乱七八糟的大杂烩，仁字自有其一定所指，只是孔子的话说得太含混些罢了。我们如能对孔子言仁处细细作一番考察，再参以历代经解家的说解，是不难从中理出一个眉目的。

《中庸》："仁者，人也。"郑注谓为"相人偶"之意。阮元说："春秋时孔门所谓仁也者，以此一人与彼一人相人偶而尽其敬礼忠恕等事之谓也，'相人偶'者，谓人之偶之也，凡仁必于身所行者验之而始见，亦必有二人而仁乃见。"（《揅经室一集》卷八《论语论仁论》）《说文》："仁，亲也，从人从二。"段玉裁注云："独则无耦，耦则相亲，故其字从人二。"这些说法，都是对的。"仁"之为德，就是说的人与人之间的关系，故其义见于字形亦从人二，亦即从人人。孔子的"仁学"，就是讲的做人的道理，是一个关于人与人之间的关系应当是怎么样的，亦即一个人应当怎么样地去对待他人的道德、政治说教。

仁，就其本旨来讲，实不外"爱人"二字（至于这两个字在孔子那里是出自真心，还是有意欺骗，则是另一回事了）。若具体分析起来，这"爱人"二字又包含着如下三层意思：第一，爱人之心。这是为仁的出发点和前提；第二，忠恕之道。这是为仁的两条纲领、方法和途径。第三，循礼。这是为仁的依则、准绳。即是说，一个人要想笃行"仁道"，他必须有"爱人"之心，时刻遵循"己欲立而立人，己欲达而达人"（积极的）和"己所不欲，勿施于人"（消极的）

这样两条做人的基本原则，处处按照礼的要求去做——只有这样，才算是做到了"仁"。（关于孔子仁学提出的历史背景、仁学的阶级实质、仁的进步性与局限性之所在以及仁同礼的关系等等，因不属本文议论范围，兹从略。）

三

以上，我们论及了孔子的仁是一个有关人与人之间关系的学说，是讲的做人的道理，其本旨不外"爱人"二字。这是从其为"一"的方面着眼的。下面，再来谈仁之为"二"，谈仁的广狭二义之区分。

（一）广义的"仁"

"仁"既是讲的做人的道理，所以就其广义而言是没有止境的，它可以包括人与人之间的一切正当关系和人的一切美德。这也并不和它的"爱人"的本旨相违背，因为，一个人要想真正地去行"爱人"之道，只具备一项或些许美德是不够格的，他必须兼具众德，俨然完人一样才行。

此种含义的仁，凡二十二章，约占三十六章的百分之六十一。今略为别其类次序列于后：

有子曰："……孝弟也者，其为仁之本与。"（《论语·学而》）

仲弓问仁。子曰："出门如见大宾，使民如承大祭。己所不欲，勿施于人。在邦无怨，在家无怨。"（《论语·颜渊》）

司马牛问仁。子曰："仁者，其言也讱。"（《论语·颜渊》）

樊迟问仁，子曰："居处恭，执事敬，与人忠。……"（《论语·子路》）

子曰："刚、毅、木、讷近仁。"（《论语·子路》）

子张问仁于孔子。孔子曰："能行五者于天下为仁矣。""请问之。"曰："恭、宽、信、敏、惠。恭则不侮，宽则得众，信则人任焉，敏则有功，惠则足以使人。"（《论语·阳货》）

子曰："巧言令色，鲜矣仁。"（《论语·学而》、《论语·阳货》）

子曰："不仁者不可以久处约，不可以长处乐。……"（《论语·里仁》）

（原宪问）"克、伐、怨、欲不行焉，可以为仁矣？"子曰："可以为难矣，仁则吾不知也。"（《论语·宪问》）

颜渊问仁。子曰："克己复礼为仁。……"颜渊曰："请问其目。"子曰："非礼勿视，非礼勿听，非礼勿言，非礼勿动。"（《论语·颜渊》）

子曰："……仁者必有勇，勇者不必有仁。"（《论语·宪问》）

子曰："唯仁者能好人，能恶人。"（《论语·里仁》）

子曰："苟志于仁矣，无恶也。"（《论语·里仁》）

子曰："……好仁者，无以尚之。……"（《论语·里仁》）

子曰："君子而不仁者有矣夫，未有小人而仁者也。"（《论语·宪问》）

孟武伯问："子路仁乎？"子曰："不知也。"又问。子曰："由也，千乘之国，可使治其赋也，不知其仁也。""求也何如？"子曰："求也，千室之邑，百乘之家，可使为之宰也，不知其仁也。""赤也何如？"子曰："赤也，束带立于朝，可使与宾客言也，不知其仁也。"（《论语·公冶长》）

子张问曰："令尹子文三仕为令尹，无喜色；三已之，无愠色。旧令尹之政，必以告新令尹。何如？"子曰："忠矣。"曰："仁矣乎？"曰："未知。焉得仁？""崔子弑齐君，陈文子有马十乘，弃而违之，至于他邦，则曰：'犹吾大夫崔子也。'违之。之一邦，则又曰：'犹吾大夫崔子也。'违之。何如？"子曰："清矣。"曰："仁矣乎？"曰："未知。焉得仁？"（《论语·公冶长》）

子游曰："吾友张也为难能也，然而未仁。"（《论语·子张》）

曾子曰："堂堂乎张也，难与并为仁矣。"（《论语·子张》）

子曰："回也，其心三月不违仁，其余则日月至焉而已矣！"（《论语·雍也》）

子曰："若圣与仁，则吾岂敢！……"（《论语·述而》）

这样的"仁"，实统摄着孝、悌、忠、恕、信、恭、敬、刚、毅、木、讷、宽、敏、惠、訒、勇……等等美德。一个"仁人"应兼具各种美德，但具有某些美德或革除某些缺点的人却称不起"仁人"。（如仁人必定是勇敢的，但勇敢的人未必能成为仁人；楚令尹子文可谓忠矣，齐陈文子可谓清矣，但都还当不起一个"仁"字；能克服好胜、自夸、怨恨和贪心四种毛病的人可谓难能可贵的了，但仍够不上仁者的资格。）一个仁人，他的一言一行无不是约束、限制自己的欲望，合乎礼的要求的。这样的人，便不会有任何缺陷（"苟志于仁矣，无恶也"），已达人生最高境界（"好仁者，无以尚之"）。岂但自己没有缺陷，就是他去品评别人，也能总褒贬得当、抑扬执中（"唯仁者能好人，能恶人"）。这样说来，"仁"实在是一个最高的、无所不包的道德范畴，它简直和"人间美德"成了同义语了；一个"仁人"也就是一个十全十美的"完人"、一个"圣人"了。拿这个标准来衡量人，虽以楚令尹子文之忠、齐陈文子之清，都不可谓之仁；孔子的几个高足，虽都才德过人，但除开颜渊还勉强能够三月不违仁外，其他就只能是偶尔想到一下罢了；甚至连他老夫子自己，也轻易不敢以仁自许（"若圣与仁，则吾岂敢"）；至于小民们，那更是连边儿也沾不到的（"未有小人而仁者也"）。

这个广义的"仁"，既为为人的最高准则，人生之最高境界，故统摄众德，所及极广；也正因其统摄一切，所及极广，故又不免笼统含混。这就是为什么我们每每觉得它飘忽不定、难以捉摸的原因之所在。

（二）狭义的"仁"

《中庸》："子曰：'道不远人，人之为道而远人，不可以为道。'"看来，孔子自己也似乎觉察到若把一种东西说得玄乎其玄，放在高高的九重天上，便不会对人们起到现实的教育作用，所以，他在另外一些场合，又把仁的范围局限在仅仅作为一种美德上面。这就是狭义的仁。自孟子以下，后儒谈仁多是袭用的这个含义。在这种含义上使用的仁，在《论语》中凡十四章，约占三十六章的百分之三十九。现引述于后。

子曰："……仁者不忧，知者不惑，勇者不惧。"（《论语·宪问》，《子罕》篇略同）

子曰："知及之，仁不能守之，虽得之，必失之。知及之，仁能守之，不庄以涖之，则民不敬。知及之，仁能守之，庄以涖之，动之不以礼，未善也。"（《论语·卫灵公》）

子曰："……好仁不好学，其蔽也愚；好知不好学，其蔽也荡；好信不好学，其蔽也贼；好直不好学，其蔽也绞；好勇不好学，其蔽也乱；好刚不好学，其蔽也狂。"（《论语·阳货》）

子贡曰："如有博施于民而能济众，何如？可谓仁乎？"子曰："何事于仁！必也圣乎？尧舜其犹病诸！夫仁者，己欲立而立人，己欲达而达人。能近取譬，可谓仁之方也已。"（《论语·雍也》）

子曰："仁远乎哉？我欲仁，斯仁至矣。"（《论语·述而》）

子曰："如有王者，必世而后仁。"（《论语·子路》）

子夏曰："博学而笃志，切问而近思，仁在其中矣。"（《论语·子张》）

子曰："民之于仁也，甚于水火。水火，吾见蹈而死者矣，未见蹈仁而死者也。"（《论语·卫灵公》）

子曰："……君子笃于亲，则民兴于仁。……"（《论语·泰伯》）

子贡曰："伯夷、叔齐何许人也？"（子）曰："古之贤人也。"曰："怨乎？"曰："求仁而得仁，又何怨？"（《论语·宪问》）

微子去之，箕子为之奴，比干谏而死。孔子曰："殷有三仁焉！"（《论语·微子》）

子路曰："桓公杀公子纠，召忽死之，管仲不死。"曰："未仁乎？"子曰："桓公九合诸侯，不以兵车，管仲之力也。如其仁，如其仁。"（《论语·宪问》）

子贡曰："管仲非仁者与？桓公杀公子纠，不能死，又相之。"子曰："管仲相桓公，霸诸侯，一匡天下，民到于今受其赐。微管仲，吾其被发左衽矣。岂若匹夫匹妇之为谅也，自经于沟渎而莫之知也？"（《论语·宪问》）

把这十四条（第一条两见，故只列举十三条）同前述二十二条仔细加以比较，便不难看出二者间的寓意是不大相同的。

从一至三条看，仁既和知、勇、信、直、刚等并列，故它只是美德之一种。仁者不一定好学，喜爱仁德的人，也可能失之于愚（"好仁不好学，其蔽也愚"），又可能失之于不庄，失之于违礼——至少，仁与不仁同庄与不庄、守礼不守礼不是一回事（第二条）。这样的仁，就不再是最高的、无所不包的道德范畴了，而只是作为美德之一种的狭义的仁。这样的仁，就比"圣"的标准低得多了（第四条）。从五至九条看，这样的仁也是很平易近人的。作为个人只要你真心去求，就不难得到它（第五条）。作为王者，只要能坚持不懈，三十年（世）后，仁政也就可以大行了（第六条）。甚至在个人为学方面，只要你能够广泛地学习且有一定志向，谦恭好问且多能从近身平实处出发，那末，仁德就事实上存在着了（第七条）。再以一般小民来说吧，虽然按照孔子的说法，他们还不能意识到仁德对于他们来说是比水火还来得重要的东西，他们还不知道水火虽多有益于人，但有时亦可置人于死地，至于仁德，却是对人生百益而无一害的（第八条，后句或解作"人们每能在一定关头赴汤蹈火而死，却没有为仁去杀身的"，亦通），但这里，孔子至少还是承认了仁德也是可以同小民们联系起来，为小民们所需要的，而且，只要在上位者能够厚待自己的亲族，作出个样子来，小民们就会走向仁德（第九条），这就和《宪问》篇所说"未有小人而仁者也"大不相同了。

第十至十三条，涉及几个具体的"仁人"。这几条表明，若以狭义的仁作标准来衡量人，成一事、具一德即可当得起为"仁人"，而不必再按那个高标准去求全责备。如许伯夷、叔齐以仁，是取其礼让；许微子、箕子、比干以仁，是取其能忠国忧民，不与暴君同流合污；特别是那个管仲，孔子曾以其"器小"、"不俭"、"不知礼"相讥谤（《八佾》篇第二十二章），子路、子贡也都以其不能为公子纠死节而怀疑他的"仁者"资格，但孔子仍以其能尊王攘夷、有惠于民而许之以"仁"。

四

大凡一种说教，若处之过低，难免落于粗俗，其教育作用自不会大；若悬之过高，把它说和恍恍惚惚，使人可望而不可即，同样不会起到纲纪人心、经世致用的作用。是以古代儒家的一些说教每兼有高、下两个标准，广、狭两种含义，以使人可即之而不可极尽之。"仁"如此，"中庸"亦是这样，如谓：

君子之道，费而隐。夫妇之愚，可以与知焉，及其至也，虽圣人亦有所不知焉。夫妇之不肖，可以能行焉，及其至也，虽圣人亦有所所不能焉。天地之大也，人犹有所憾，故君子语大，天下莫能载焉，语小，天下莫能破焉。诗云，

"鸢飞戾天；鱼跃于渊。"言其上下察也。君子之道，造端乎夫妇，及其至也，察乎天地。（《中庸》）

我觉得《中庸》一书对"中庸"的这番剖析，可能是直接受"仁"的广、狭二义之分的影响的，只不过前者比后者表述得较为明显罢了。大家不妨好好玩味一下《中庸》的上述剖析，或许对我们了解"仁"的广、狭二义有所启发。

现在，我们再回过头来谈"仁"。

从"一"的角度讲，"仁"即"爱人"。从"二"的角度讲，它又有广、狭二义之分。其广义，统涵一切爱人之心、爱人之举以及实际的爱人效果。若此，则仁者非兼具众德不行，仁人就是完人。其狭义，仅指某些好的、善良的动机或好的行为而已。此一标准下的仁者，无须乎兼具众德，他的行为也不必尽善，成一事具一德即可当之。但不论是广义的仁也好，狭义的仁也好，又都离不开"爱人"二字。这就是"仁"的"一"之为"二"、"二"之为"一"。只有弄清了这一点，才能确切把握住"仁"在《论语》中不同地方的不同用法及其含义。

（原载《青海师范学院学报》1981 年第 2 期）

国学热漫议

——写在鬼谷书院揭牌之际

一个国家，特别是像中国这样一个历史悠久、幅员辽阔、人口众多、对人类文明作出过重大贡献的国家，必有其诸多过人之处，必有其积淀甚深、丰富多彩的传统文化。

传统文化有极其顽强的生命力，如中国的传统文化，虽历经秦始皇、太平天国、五四运动、"文化大革命"的几次大的摧残破坏至今仍能存留延续下来，就是最好的证明，它远不是什么人想抛弃就能一下子抛弃得了的。

历史不能割断，传统不应丢弃，这是毋庸置疑的。但也必须看到，传统又有其两面性，即它既能作为我们前进的基地、动力，又可成为我们前进、发展中的包袱、障碍。这就要求我们，第一，要善于区分传统文化中的精华和糟粕，万不能一股脑地全盘接受；第二，即使是其中的精华部分，亦需按时代的需要，加以新的诠释、改造，找出其与时代的联结点、契合点，不能原封不动地照搬照用；第三，在继承、振兴传统文化的同时，要力戒崇旧复古，盲目排外。古代不是天堂，不是理想国，往后看是没有出路的；外国的东西自然不能照搬，全盘西化的路更不能走，但外国的好东西一定得学。我们这些年所取得的巨大成就，从根本上说，是得益于改革开放而不是来自守旧锁国已充分证明了这一点。事实上，我们这个民族，历来就有其博大、包容的一面，比如，源自印度的佛教，不正是在中国生根开花了吗？德国的马克思、俄国的列宁的学说、思想，不正是在中国得到最伟大的实践了吗？一个抱残守缺、自外于世界的民族，是没有前途的。

说到这里，有两件事想提出来议论一下。

一件事是一些人在倡导什么少年读经班，说什么引导少儿读经是一个重大的文化复兴工程，借用宋儒张横渠的话来讲，是"为天地立心，为生民立命，为先圣继绝学，为万世开太平"。让少年儿童通过传统童蒙读物接受一下传统文化的熏陶自然不错，但让孩子们去读经未免有些离谱。1935年，胡适在《我们今日还不配读经》一文中，引用傅斯年在《大公报》发表的文章《论学校读经》中的话曰："今日学校读经，无异于拿些教师自己半懂不懂的东西给学生。……六经虽在专门家手里也是半懂不懂的东西，一旦拿来给儿童，教者不是混沌混过，便要自欺欺人。这样的效用，究竟是有益于儿童的理智呢，或是他们的人格？"又引王国维《与友人论〈诗〉〈书〉中成语书》中的话曰："《诗》、《书》为人人诵习之书，然于六艺中最难读。以弟之愚暗，于《书》所不能解者殆十之五，于《诗》亦十之一二。此非独弟所不能解也，汉魏以来诸大师未尝不强为之说，然其说终不可通，以是知先儒亦不能解也。"胡适由此发挥说："最近一二十年中，学校废止了读经的功课，使得经书的讲授脱离了村学究的胡说，渐渐归到专门学者的手里，这是使经学走上科学的路的最重要的条件。二三十年后，新经学的成绩积聚的多了，也许可以稍稍减低那不可懂的部分，也许可以使几部重要的经典都翻译成人人可解的白话，充作一般成人的读物。在今日妄谈读经，或提倡中小学读经，都是无知之谈，不值得通人的一笑。"是啊，把那些连自己都"半懂不懂的东西"硬塞给孩子，赚钱事小，毁了孩子的前程可就是大事了。

另一件事发生在大学问家季羡林身上。2008 年华艺出版社出版了季羡林自选集《三十年河东，三十年河西》。篇首题为《谈中国精神》，其文有谓："现在我们已经改革开放，正处在市场经济的大潮中，正处在一个重要的转型期中，我们仍然要弘扬中国文化中国精神的精髓，这一点我在上面已经谈过了。但是我们的中国精神和以中国文化为核心的东方文化，其作用就仅仅限于中国和东方吗？否，否，绝不是的。自工业革命以后，几百年来，西方列强挟其分析的思维模式，征服自然，为人类创造了空前辉煌的文化，世界各国人民皆蒙其利。然而到了今天，众多弊端都显露了出来，举其荦荦大者就是环境污染、生态平衡破坏、新疾病产生、臭氧层出洞，等等。如果其中一项我们无法遏止，人类前途就处在危险之中。有没有拯救的办法呢？有的。'三十年河东，三十年河西'，西方不亮东方亮，唯一的一条拯救之路就是以东方综合思维模式来济西方之穷，在过去已有的基础上改弦更张，人类庶几有被拯救的可能，这就是我的结论。"季羡林先生以为以中国文化为核心的东方文化不仅可以强中国，而且能够"济西方之穷"，拯救整个世界，其爱国豪情固然可嘉，但把希望寄托在"三十年河东，三十年河西"，风水轮流转、明年到我家的宿命上，又以"综合思维模式"、"分析思维模式"界分东西方，且断言"综合思维模式"优于"分析思维模式"云云，就不大像个饱学、严肃的大学问家所应该持取的了。

今天，我们研究国学，振兴国学，为的是总结历史经验，继承优秀文化遗产，古为今用，建设现代社会，为的是继承、发扬中华传统美德，从古人有益于世道人心的言行中汲取营养，进行社会主义新道德建设，而不是发思古之幽情，更不是回到尧舜禹汤、文武周孔、秦皇汉武、唐宗宋祖，乃至康熙、乾隆两大帝的所谓"盛世"中去。

在国学热铺天盖地而来的今天，一些所谓文化精英和唯利是图的出版商炮制的不少东西，真假参半，似是而非，泥沙俱下，鱼龙混杂，误导大众，贻害无穷，而认真、严肃的国学研究又何曾真正热起来过呢？这种现象，不能不令人深思。

事实上，即使是认真、严肃层面的国学研究，也不能无限膨胀、放大它的价值、作用。说到底，我们今天所面临的诸多问题，是相当复杂的，有些还是整个人类所面临的世界性难题，解决它是一个十分复杂的系统工程，需要实践，需要时间，绝不是单靠传统文化就能够解决得了的。在儒学赖以生存和发展的经济基础和社会结构已经解体的今天，奢望靠读经济世，儒学兴国，是不切合实际的。很难设想，在全世界都感到茫然的今天，人们会突然从两千多年前的儒者那里寻觅到一剂普世皆宜的济世良方来。

包括儒学在内的传统文化，今天仍然有用，仍需研究，但切忌无限制地膨胀、拔高它的作用，更不能以之骗人、害人。孔、孟等圣贤，都是些好人，君子。我们要爱护他们，切莫让好心的糊涂人特别是欺世盗名之徒毁了他们。果能如此，则国学振兴有望，先贤地下安寝矣。

总之，国学既是一门学问，就需以做学问的态度待之，而做学问，需要的是心要热，头脑要冷，炒作、起哄、说大话、唱高调，非但于事无补，且往往会把事情搞坏。

顷闻友人房立中先生创办并任山长之鬼谷书院揭牌，心甚喜之。立中先生为一严肃、认真，有担当、有胸怀的学者，所著《鬼谷子全书》为鬼谷子研究领域扛鼎之作，深为学界所重。由立中先生出任山长之鬼谷书院，必能在同类学校中立定脚跟，办出特色，办出水平，延续国学薪火，培养出一批高水平国学研究人才和众多有素养的传统文化的传播者、爱好者来。

办学不易，但既已迈出步子，就坚定不移地走下去吧。祝立中先生好运。

也谈杨朱的"拔一毛而利天下不为也"

  杨朱及其学说在历史上曾颇为风光了一阵子，但很快就从历史舞台上销声匿迹了。近世，特别是近年来，随着国人个体、个性意识的觉醒，人们又重新关注起两千多年前的杨朱及其学说来，也是十分自然且不无道理的。

  笔者过去即曾关注过这个问题，并曾在与李学功合著的《三代社会形态——中国无奴隶社会发展阶段研究》一书中以"杨朱——不公正社会中个人权益的勇敢捍卫者"为小节题作过一些议论，唯限于体例、篇幅，有些话未能说透，兹成此短文，再申浅见，不当之处，请大家批评指正。

一、诸书所见杨朱言论、行事

  为讨论方便，兹将诸书所见杨朱言论、行事移录丁后：

  杨朱、墨翟之言盈天下。天下之言，不归杨，则归墨。杨氏为我，是无君也；墨氏兼爱，是无父也。无君无父，是禽兽也。……杨墨之道不息，孔子之道不著，是邪说诬民，充塞仁义也。仁义充塞，则率兽食人，人将相食。吾为此惧，闲先圣之道，距杨、墨，放淫辞，邪说者不得作。（《孟子·滕文公下》）

  杨子取为我，拔一毛而利天下，不为也。（《孟子·尽心上》）

  钳杨墨之口，攘弃仁义，而天下之德始玄同矣。（《庄子·胠箧》）

  阳子居（成玄英《疏》云："姓杨，名朱，字子居"）南之沛，老聃西游于秦，遨于郊，至于梁而遇老子。（《庄子·寓言》）

  阳子（成玄英《疏》云："姓阳，名朱，字子居"）之宋，宿于逆旅。逆旅人有妾二人，其一人美，其一人恶，恶者贵而美者贱。阳子问其故，逆旅小子对曰："其美者自美，吾不知其美也。其恶者自恶，吾不知其恶也。"阳子曰："弟子记。行贤而去自贤之行，安往而不爱哉。"（《庄子·山木》。《韩非子·说林上》所记略同，作："行贤而去自贤之心，焉往而不美。"）

  杨朱哭衢涂曰："此夫过举蹞步而觉跌千里者夫！"哀哭之。（《荀子·王霸》。《淮南子·说林训》作："杨子见逵路而哭之，为其可以南，可以北。"）

  今有人于此，义不入危城，不处军旅，不以天下大利易其胫一毛。世主必从而礼之，贵其智而高其行，以为轻物重生之士也。夫上所以陈良田大宅、设爵禄，所以易民死命也。今上尊贵轻物重生之士，而索民之出死而重殉上事，不得也。（《韩非子·显学》）

杨朱之弟杨布衣素衣而出，天雨，解素衣，衣缁衣而反，其狗不知而吠之。杨布怒，将击之。杨朱曰："子毋击之，子亦犹是。曩者使女狗白而往，黑而来，子岂能毋怪哉！"（《韩非子·说林下》）

阳生（李善注《文选·谢灵运述祖德诗》及王应麟《困学纪闻》卷十皆引作"阳朱"，阳、杨古多通用）贵己。（吕氏春秋·不二》）

夫弦歌鼓舞以为乐，盘旋揖让以修礼，厚葬久丧以送死，孔子之所立也，而墨子非之。兼爱，尚贤，右鬼，非命，墨子之所立也，而杨子非之。全性保真，不以物累形，杨子之所立也，而孟子非之。（《淮南子·氾论训》）

杨朱见梁王（《艺文类聚》卷九十四引作"梁惠王"），言治天下如运诸掌然。梁王曰："先生有一妻一妾不能治，三亩之园不能芸，言治天下如运诸手掌，何以？"杨朱曰："臣有之。君不见夫羊乎？百羊而群，使五尺童子荷杖而随之，欲东而东，欲西而西。君且使尧牵一羊，舜荷杖而随之，则乱之始也。臣闻之，夫吞舟之鱼不游渊，鸿鹄高飞不就污池，何则？其志极远也。黄钟大吕，不可从繁奏之舞，何则？其音疏也。将治大者不治小，成大功者不小苛，此之谓也。"（《说苑·政理》）

杨子曰："事之可以之贫，可以之富者，其伤行者也。事之可以之生，可以之死者，其伤勇者也。"仆子曰："杨子智而不知命，故其知多疑。语曰：'知命者不惑。'晏婴是也。"（《说苑·权谋》）

古之人，损一毫利天下，不与也；悉天下奉一身，不取也。人人不损一毫，人人不利天下，天下治矣。禽子问杨朱曰："去子体之一毛，以济一世，汝为之乎？"杨子曰："世，固非一毛之所济。"（《列子·杨朱》）

诸书所记（《列子》书虽晚出，但《杨朱》篇中的某些记述，当有所据，姑亦采入），大抵就是这样。由于过于支离，以致人们在论及诸如历史上是否确有杨朱其人，如有，其里居、时代又在何地、何时这样一些问题时有这样那样的不同看法、猜测，也就再自然也不过了。比如，一般认为，阳子、阳子居，即杨朱，为一人；但也有学者认为："之宋的阳子，十之八九是阳子居，是老聃的弟子，与杨朱没有关系。"[①] 蔡元培更认为"《孟子》之所谓杨朱，实即庄周。古音'庄'与'杨'，'周'与'朱'俱相近，如荀卿之亦作孙卿也。"[②] 杨朱的里居，亦有魏、卫、宋、秦多种说法。其所处时代，或谓当春秋末世，与老子同时，或

① 唐钺：《杨朱考》，《古史辨》第四册，上海古籍出版社1982年重印本，第544页。

② 《中国伦理学史》，转见《古史辨》第四册，上海古籍出版社1982年重印本，第539页。

谓当战国初，略早于孟子。由于材料所限，目前想彻底弄清这些问题似不太现实，笔者认为，相比较而言，目前多数学者所持取的杨朱与阳子、阳子居为一人，为战国初魏人的说法，还是比较稳妥的，可以接受的。

二、"拔一毛而利天下不为也"诠释

杨朱的"拔一毛而利天下不为也"的"为我"说，曾被孟子痛斥为"是无君也"，"是禽兽也"，后人亦每据此指摘杨朱是个"极端自私自利之人"，是个所谓"无政府主义者"。这是不成立的。

关于"拔一毛而利天下不为也"的含义，冯友兰曾作过如下诠释：

杨朱一派有"不拔一毛"、"不利天下"的口号。这个口号可能有两个解释。一个是，只要杨朱肯拔他身上一根毛，他就可以享受世界上最大的利益，这样，他还是不干。另一个是，只要杨朱肯拔他身上一根毛，全世界就可以都受到利益，这样，杨朱还是不干。前者是韩非所说的解释，是"轻物重生"的一个极端的例；后者是孟轲所说的解释，是"为我"的一个极端的例子。两个解释可能都是正确的，各说明杨朱的思想的一个方面。[①]

先说前一种解释。杨朱何以连拔掉自己身上一根微不足道的毛即可换取天大的利益这种在常人看来再划算不过的事都不肯干呢？这是因为，他遵循的是"全性保真，不以物累形"，即"轻物重生"的人生信条，把"名"、"利"等身外之物看得很轻、很淡。更何况，谋取"名"、"利"，总是要担风险的，弄不好，不要说搭上一根毛了，恐怕连小命都不保，即一如《吕氏春秋·审为》所谓："身者所为也，天下者所以为也。审所以为而轻重得矣。今有人于此，断首以易冠，杀身以易衣，世必惑之。是何也？冠所以饰首也，衣所以饰身也，杀所饰、要所以饰，则不知所为矣。世之走利，有似于此。危身伤生、刎颈断头以徇利，则亦不知所为也。"即要帽子本是为的头，要衣服本是为的身子，若是拿头和身子去换帽子和衣服，那就不免本末倒置了。所以，从这个角度考察，你尽可以指摘杨朱的清高或故作清高，却无法把他同利禄之徒或势利小人联系在一起。即按孟子所说杨朱是个不肯为天下的利益拔自己身上一根毫毛的人，也是难以得出杨朱极端自私的结论来的。这是因为，在杨朱看来，"一毛济世"云云，本来就是个伪命题——其潜台词很可能是暗指它本是统治者及其御用文人们编造出来愚弄小民们不断拔毛、多多拔毛，以满足在位者们欲壑的一种说教；再说，杨朱在讲"损一毫利天下，不与也"的同时，不是明明又讲"悉天下奉一身，不取也"吗？世界上哪有这种把天下给他他都不要的极端自私自利之徒！要之，"拔一毛而利

---

① 《中国哲学史新编》，人民出版社1998年版，第272页。

天下不为也"云云，只不过是杨朱们遵循的"轻物重生"的世界观、人生观的一种夸饰的、形象的表述而已，是不能从中推衍出杨朱是个极端的自私自利之徒的结论来的。

还有学者认为杨朱的"拔一毛而利天下不为也"会导致无政府主义。这也是不能成立的。从上引杨朱对梁王言"治天下如运诸掌然"（《说苑·政理》）的议论及其对"行贤而去自贤之行（心）"（《庄子·山木》、《韩非子·说林上》）的贤人政治的向往看，他还是要政府，要社会秩序的，只不过他所憧憬的是童子牧羊式的"欲东而东，欲西而西"的宽松统治罢了，这同老子的"无为而治"、"小国寡民"、"治大国若烹小鲜"走的是同一条路子，讲的是同一个道理。

古代中国，历来的在位者及主流派文人们，讲的多是尊君抑民，贵国家社稷轻小民生命财产那一套，少有为小民们的正当权益呼喊的。他们不惟不关心小民们的正当权益，还要编出种种愚民谎言，让小民们心甘情愿地被欺凌、榨取，乐于"奉献"。道学家们讲"存天理灭人欲"，"文化大革命"中极力宣扬的"狠斗私字一闪念"，"做社会主义的傻子"，等等，都是这类愚民货色。因为，唯有民"愚"了，才可任驱遣，在位者才能肆其所欲，为所欲为。明于此，再回过头来看杨朱的"拔一毛而利天下不为也"，就会感到它的分量，它的价值。应该说，杨朱及其学派，当时是以勇敢维护个人正当权益的姿态创派立说的，其价值就在于个体的人之发现、体认及对人性、人格的张扬，杨朱及其学派实不失为不公正社会中个人权益的勇敢捍卫者。

自然，杨朱的"拔一毛而利天下不为也"论，亦明显地有其不足之处，不但在学理上失之偏颇、极端，而且在实践中亦难付诸行动，只不过是个偏狭、美好的幻想而已。这是因为，第一，在阶级社会中，小民们被压迫、剥削是不可避免的，作为小民，你已实际上时时、处处被奴役、盘剥，即被"拔毛"，而不管你愿意与否，意识到了这一层与否。第二，抛开剥削、榨取的层面，人既是社会的动物，人与人，人与群体、社会、国家之间自不免会发生某些不带剥削、榨取色彩的"奉献"行为或利益交换活动，在某些特定的情况下，如当你所在的群团、种族、国家处在危难的关头，"杀身成仁"、"舍生取义"之类的壮举，亦不能仅仅轻佻地讥之为是用头和身子去换取已经无用的帽子和衣服。所以，杨朱的"拔一毛而利天下不为也"说，不管是在学理上，还是在实践上，都还有其明显的偏颇、不足和行不通之处，这也是毋庸讳言的。

三、杨学的阶级性、学派归属及其产生和迅速消亡的历史根源

春秋战国之际，社会巨变，诸子百家竞起，各思以其道易天下，即皆欲从自己所代表的社会利益集团的利益出发，按照自己的观点改造社会，左右历史。那

么，杨朱一派所代表的又是何种利益集团呢？冯友兰认为"杨朱是没落奴隶主阶级的思想上的代表"①，吕振羽说"杨朱的思想，从新兴地主——商人的利益出发"②，孙开泰谓"杨朱与杨朱学派正是适应这些小土地私有者的利益应用而生的"。③ 按照笔者的观点，中国本不存在一个奴隶社会发展阶段，故冯友兰的"没落奴隶主阶级的思想上的代表"说实难成立；吕振羽的"新兴地主——商人的利益"代表者说，你只要把新兴地主——商人志在天下的积极进取态势和杨朱一派的退避、自保稍作比较，就会感到二者间不免南辕北辙，是怎么也扯不到一起去的；相比较而言，还是孙开泰的"小土地私有者的利益"代表者说，大体得之。这不仅因为杨朱本身就是个"有一妻一妾"、"三亩之园"的小土地所有者，更重要的还在他的学说，他的"拔一毛而利天下不为也"的人生观、价值取向，正是小土地所有者们在动荡时局下奋身自保心声的生动写照。

关于杨朱的学派归属，人们历来将之归入道家。高亨在列举杨朱与老、庄的种种不同之处后说："归说胥归杨朱于道家，余则谓杨朱本自成一家，非道家也。"④ 笔者认为，杨朱与老、庄虽有区别，但这种小"区别"比之他与老、庄的大"同"来，毕竟是第二位的，还不足以据此证成他不属道家。事实上，不管从童子牧羊式的宽松政治理想来看，还是从"全性保真，不以物累形"的人生哲学来看，杨朱一派还是应该归入道家思想体系的。只不过，恢宏、超俗的老、庄是没落村社贵族上层思想上的代表，汲汲于"　毛"的杨朱乃是刚从瓦解中的村社离析出来的下层小土地所有者利益的代言人罢了。

这类小土地所有者，是春秋战国之际社会变革的产物，是村社井田制瓦解的结果。大家知道，在夏、商、西周时期，被组织在村社井田制下的农民，过的是一夫一妇种田百亩（这是举其成数，并不是任何时候、任何地方都是实行"五口（或八口）之家"、"百亩之田"的）的稳定生活。在村社井田制下，他们虽无土地（从所有权说），却从不担心失去土地（从使用权说）。这时，他们虽也被盘剥——"拔毛"，但这种盘剥不但相对较轻，而且大都是通过村社间接施行的，没有如今被"拔毛"时的那种切肤之痛。所以，这时的他们，尚无从发出"拔一毛而利天下不为也"一类的呼喊。进入春秋战国后，农民虽有了自己的一块土地，但面对动荡的时局，苛重的赋役，已失去村社庇护的他们忽然间感到自己竟是如此的脆弱，无助，彷徨，茫然。《荀子·王霸》和《淮南子·说林训》所载杨朱"哭衢涂（逵路）"的故事，正是新时期小土地所有者们战战兢兢、手足无措心境的一个生动写照。这时，他们呼天天不应，呼地地不灵，唯有自己站出来

---

① 《中国哲学史新编》，人民出版社 1998 年版，第 275 页。
② 《中国政治思想史》，人民出版社 1955 年版，第 139 页。
③ 见史仲文等主编《中国全史》之《中国春秋战国思想史》，人民出版社 1995 年版，第 65 页。
④ 《杨朱学派》，《古史辨》第 4 册，上海古籍出版社 1982 年重印本，第 578 页。

向压迫者、剥削者抗争，捍卫自己的权益，杨朱的"拔一毛而利天下不为也"的呼喊，正是在这种背景下发出的。

可这种呼喊远不能为统治者所容。正如孟子所说，大家都"为我"，"君主"谁养活？将置"君主"于何地？韩非也说，大家都不入危城，不处军旅，"轻物重生"，君主们以"良田大宅"、"爵禄"等诱使人们为其卖命的如意算盘就会落空。众所周知，儒、法两家是日后历代统治者手中治国驭民的两大法宝，是得到官方尊崇、认可的主流意识，官学。儒、法两家的强势打压、围剿，是杨朱学派逐渐失势乃至最终走向消亡的一个重要原因。再从小土地所有者本身来说，在经历了婴儿期的种种苦痛和不适后，他们也已慢慢适应、接受了加在自己身上的种种盘剥，也逐渐淡漠乃至最终遗忘了对村社的怀念、留恋，一句话，已渐渐习惯于被"拔毛"了。所有这些，都注定了杨朱的"拔一毛而利天下不为也"论之于中国思想史，只能是如流星划过天际一样，虽然耀眼，却刹那即逝。

（原载《长江·三峡古文化学术研讨会暨中国先秦史学会第九届年会论文集》，重庆出版社 2011 年版）

也谈鬼谷子其人其书

　　自司马迁于《史记》中首揭作为地名、人名的"鬼谷"、"鬼谷子"以来，后人围绕着历史上是否确有鬼谷子其人和《鬼谷子》一书的真伪、价值等，一直争论不休。很长一个时期，肯定其人其书的虽大有人在，但声音却不怎么强，而否定的声音不仅十分高亢，且其中不乏知名之士，似占着上风头。近年来，随着鬼谷子热的兴起，情况已为之一变，认为历史上确有鬼谷子其人、《鬼谷子》一书乃先秦古籍的说法完全占了上风，否定的声音已基本听不大到了。

　　笔者对这个领域向无研究，近虽稍有涉足，也是如入五里雾中，何曾摸得一丁点边际。以下，仅将自己在接触这个问题时所产生的一些认识，主要是疑问、困惑写出来，供关心这个问题的研究者参考、批评。

一、关于鬼谷子其人

　　流传至今的先秦古籍不曾提及鬼谷子。这个名字连同作为地名的鬼谷，最早出现于司马迁《史记》一书中。其记载如下：

　　苏秦者，东周雒阳人也。东事师于齐，而习之于鬼谷先生。（《史记·苏秦列传》）

　　张仪者，魏人也。始尝与苏秦俱事鬼谷先生，学术，苏秦自以不及张仪。（《史记·张仪列传》）

　　苏代……因说秦王曰："甘茂，非常士也。其居于秦，累世重矣。自殽塞及至鬼谷，其地形险易皆明知之。彼以齐约韩、魏反以图秦，非秦之利也。"秦王曰："然则奈何？"苏代曰："王不若重其贽、厚其禄以迎之，使彼来则置之鬼谷，终身勿出。"（《史记·樗里子甘茂列传》）

　　以上，司马迁既提到了"鬼谷先生"这个人，又提及"鬼谷"这个地方，至于二者间有无干系，司马迁则未作交代。

　　南朝宋裴骃为《史记》作《集解》始引东晋、刘宋间人，著有《史记音义》的著名学者徐广的话说："颍川阳城有鬼谷，盖是其人所居，因为号。"又引东汉应劭《风俗通义》补充说："鬼谷先生，六国时从横家。"至唐司马贞《史记·

苏秦列传》《索隐》，则一方面谓："鬼谷，地名也。扶风池阳、颍川阳城并有鬼谷墟，盖是其人所居，因为号"（此处司马贞两鬼谷并举，略觉含混，《史记·樗里子甘茂列传》《索隐》则进而谓："徐广云在阳城。刘氏云此鬼谷在关内云阳，是矣。"），另一方面又引乐壹注《鬼谷子》书云："苏秦欲神秘其道，故假名鬼谷。"唐张守节《史记·樗里子甘茂列传》《正义》引唐代著名《史记》研究家刘伯庄云："此鬼谷，关内云阳，非阳城者也。"张守节亦据此进而谓："阳城鬼谷时属韩，秦不得言置之。"这样，在徐广、司马贞、刘伯庄、张守节等人眼里，鬼谷先生乃得名于其所居之地曰鬼谷者，这个鬼谷地在颍川阳城，与司马迁《史记·樗里子甘茂列传》所言作为秦地的鬼谷并无干系。

以上，列举的是《史记》一系的书。他书亦有一些零星相关记载，如：

鬼谷子曰："人之不善而能矫之者难矣。"（刘向：《说苑·善说》）

或问："仪、秦学乎鬼谷术，而习乎纵横言，安中国者各十余年，是夫？"曰："诈人也，圣人恶诸。"（杨雄：《法言·渊骞》）

术则从横，师则鬼谷也。传曰："苏秦、张仪从横习之鬼谷先生……"（王充：《论衡·答佞》）

苏秦、张仪悲说坑中，鬼谷先生泣下沾襟。（王充：《论衡·明雩》。上引《论衡·答佞》亦有类似记载，作："掘地为坑，……苏秦下说，鬼谷先生泣下沾襟，张仪不若。"）

尔后，一些学者文人的论著诗文、地理方志书和神仙家语中，亦不乏对鬼谷子的存在持肯定态度者，有的还给鬼谷子安排了国籍（卫或楚）、姓名（王诩、王栩、王䜣、王禅、留务滋等）、具体活动年代（晋平公时），这里不再一一列举。因为，第一，后起诸说，多无坚实根据，有的且属捕风捉影、放言无忌之谈；第二，在笔者看来，从肯定鬼谷子存在的角度言，有超重量级人物司马迁和稍晚后于他的刘向、杨雄、王充这样一些汉代著名学者的坐镇、支撑，已足够了。

否定的声音不仅有，且从未断过。如上文已提到过的唐司马贞《史记·苏秦列传》《索隐》引乐壹注《鬼谷子》书即云"苏秦欲神秘其道，故假名鬼谷。"唐马总《意林》为所摘录之《鬼谷子》一书作按语云："此苏秦作书记之也。鬼之言远，犹司马相如假无是公云尔。"（或谓此"按语"乃乐壹"注"语）更明谓鬼谷子实乃子虚乌有式的虚构人物。后晋刘昫等撰《旧唐书·经籍志》、北宋欧阳修、宋祁等撰《新唐书·艺文志》，皆明标《鬼谷子》一书的撰者为苏秦，实际上也是否定了鬼谷子其人的存在。他如梁元帝萧绎《金楼子》、宋李昉《太平广记》、明白云霁《道藏目录详注》、《文选》注引《鬼谷子序》等，则或将鬼谷子当成了神仙，或将鬼谷子作为"隐者通号"，则是从另一角度对作为历史真实人物、曾为苏秦、张仪师、且著有《鬼谷子》书的鬼谷子做了否定。

至于后代根据某些史影和民间传说，并借助山水形胜打造出来的遍及今河南、陕西、河北、山东、浙江、湖北、湖南、甚至新疆等地的以"鬼谷"名的山水、纪念物，大都晚起，且多是从汉代司马迁等人的书言及"鬼谷"、"鬼谷先生"，后来又出现了神秘色彩颇浓的《鬼谷子》这样一本书衍生出来的，若无其他坚实史料作支撑，它们本身除文化价值外，对证明鬼谷子存在与否并无决定意义，这里就不去说它了。

情况就是如此，分歧是明显存在着的。说历史上没有鬼谷子这个人吧？何司马迁、刘向、杨雄、王充这些大学问家皆言之凿凿？说有吧，除居于鬼谷，且曾为苏、张师（实际上，苏秦比张仪晚死二十五年，似年辈不同，能否"俱事鬼谷先生"，也还是个问题）外，竟无任何事迹可言，甚至连个姓名、里居都没有，不免给人以虚幻、缥缈之感，我的困惑之长期挥之不去的原因就在这里。不过，困惑归困惑，从总体上说，我还是初步倾向于认为历史上是有过生活于战国时期、且曾为苏、张师（自然，不一定是同时授二人业）的鬼谷子这样一个人的。

二、关于《鬼谷子》其书

鬼谷子其人和《鬼谷子》其书是密不可分的，故上文谈鬼谷子其人时已多处涉及《鬼谷子》这本书了，下面再集中讨论一下。

众所周知，《汉书·艺文志》纵横家类凡收书十二种，苏秦的《苏子》三十一篇、张仪的《张子》十篇皆赫然在列，却不见《鬼谷子》踪影。至唐魏征等撰《隋书·经籍志》，始在纵横家类著录了《鬼谷子》皇甫谧注、乐一注两种（注意，隋志纵横家类著录者亦仅此二书），皆三卷，且在皇甫谧注本下注明："鬼谷子，周世隐于鬼谷。"皇甫谧为西晋人，乐一，或作乐壹、乐台（"台"字繁体"臺"与"壹"形近），生平不详，或谓南朝梁人，或谓唐人，晚后于皇甫谧。比较一下《汉书·艺文志》和《隋书·经籍志》纵横家类所著录之书，会发现一个十分有趣、发人深思的现象：汉志收《苏子》、《张子》等十二种，独不见《鬼谷子》，至隋志，一下子冒出了《鬼谷子》的两种本子，而包括《苏子》在内的其他纵横家书却全然不见了踪迹。这种现象，理所当然地引起了人们的诸多怀疑。

如前引为《鬼谷子》作过注的乐壹即明谓"苏秦欲神秘其道，故假名鬼谷。"前引马总《意林》也说："此苏秦作书记之也。鬼之言远，犹司马相如假无是公云尔。"还有前面提到的两唐书既皆把《鬼谷子》的作者定为苏秦，也就实际上从作者的角度把《鬼谷子》打成伪书了。

上引乐壹、马总及两唐书的撰者还仅限于指证《鬼谷子》并非鬼谷子所作，但书还是早已有之的真古书。及唐柳宗元作《辩鬼谷子》，已进而谓："汉时刘向、班固录书无《鬼谷子》。《鬼谷子》后出，而险鸷峭薄，恐其妄言乱世，难信，学者宜其不道。""晚乃益出七术，怪谬异甚，不可考校，其言益奇，而道益陋，使人狙狂失守，而易于陷坠。"已是从真伪到价值，对《鬼谷子》予以全盘否定了。明胡应麟《四部正讹》则进而指出："《鬼谷子》，《汉志》绝无其书，文体亦不类战国。晋皇甫谧序传之。案《汉志》纵横家有《苏秦》三十一篇，《张仪》十篇；《隋经籍志》已亡。盖东汉人本二书之言，会萃附益为此；或即谧手所成而托名鬼谷，若子虚、亡是云耳。"

清姚际恒《古今伪书考》谓："然则其人本无考，况其书乎？是六朝所托无疑。"

近人梁启超亦根据姚际恒、崔东壁等的辨伪成果，将《鬼谷子》列入"全部伪绝对决定者"类。[1] 近人顾实谓："《鬼谷子》十四篇本当在《汉志》之《苏子》三十一篇中，盖《苏子》为总名，而《鬼谷子》其别目也……后世《苏子》书亡，而《鬼谷子》犹以别行而存也。"[2] 当代学者钱穆于《鬼谷子辩》中谓："而《鬼谷子》则犹为东汉后晚出伪书。"[3] 几种影响较大的辞书，如商务印书馆1979年修订本《辞源》、上海辞书出版社1980年缩印本《辞海》、上海辞书出版社2000年版《中国历史大辞典》，亦咸谓《鬼谷子》"文颇奇诡，不类汉以前所作"，"系后人伪托"。

以《鬼谷子》书为不伪的学者亦代不乏人。南宋时期的几部目录学名著，如郑樵的《通志·艺文略》、晁公武的《郡斋读书志》、陈振孙的《直斋书录解题》等，都是将《鬼谷子》作为鬼谷子著的先秦古籍对待的。清儒阮元在其为乾隆五十四年刻秦恩复《鬼谷子》校正本写的《跋》中谓："元读《鬼谷子》，中多韵语。又其《抵巇》篇曰：'巇者，罅也。'读巇如呼，合古声训字之义，非后人所能依托。"近人俞诚之（俞棪）于《中国政略学史》一书第三篇第二章《〈鬼谷子〉真伪考》中谓："《鬼谷子》一书不特传于汉世，亦具存于晋、齐、梁之世，而后传于隋，始见著录。""此书历代流传，未尝中绝，不得谓为晚出，亦不得谓为伪托。何以言之？此书之条理、系统、组织、原理、方法，皆秩然有序，先秦诸子罕有其比；其词义古茂，韵依古声，断非后世所能依托者。"俞氏的最后结论是：《鬼谷子》"为苏秦述其师学之作，其中有为鬼谷传诵于弟子之言，书中凡古韵之文均是也；有为苏秦自撰之篇，如《揣》、《摩》及《阴符》说解是也；有为苏子纂集吕尚、《周书》之言，如《符言》之录自齐大公《阴符》是也；其他如《抵巇》篇中亦有战国晚年纵横家窜入之词，……其他后人注释之文

① 《中国近三百年学术史》，中国书店1985年版，第258页。
② 《重考古今伪书考》卷三《鬼谷子》，大东书局1928年版，卷三，第5～6页。
③ 《先秦诸子系年》，商务印书馆2001年版，第359页。

误为正文者，亦非绝无。"① 俞氏的这种把《鬼谷子》诸篇从来源上区分为若干个组成部分的做法，显然此笼统、简单地以真、伪定该书高出许多。近人余嘉锡亦认为《鬼谷子》书虽不伪，但"为苏秦手著"。② 近人蒋伯潜说法略同，亦谓："《隋志》无《苏子》，而有《鬼谷子》三卷。《新唐书》亦有《鬼谷子》，……且直题'苏秦撰'。《汉志》则有《苏子》，无《鬼谷子》。岂《鬼谷子》即《苏子》耶？按鬼谷子实无其人，故乐台谓'苏秦欲神其说，托名鬼谷。'……又《说苑·善说篇》引《鬼谷子》曰：'人之不善而能矫之者，鲜矣。'《说苑》为刘向所序，而已引《鬼谷子》，则似西汉末已有此书。……而《七略》、《汉志》不录者，殆明知《鬼谷子》为苏秦诡托，故从其实，迳称《苏子》欤？则乐台之说，庶几得之。"③

房立中说，在1994年10月于河南淇县召开的首届鬼谷子学术思想研讨会上，"多数学者认为鬼谷子确有其人，并非子虚乌有；《鬼谷子》一书是先秦著作，并非伪书。"④ 在2003年8月于陕西石泉县召开的首届石泉鬼谷子文化学术研讨会上，与会者基本上一致认定历史上确有鬼谷子其人，"多数学者主张《鬼谷子》一书应为鬼谷先生所著。"⑤

20世纪70年代长沙马王堆汉墓帛书的出土，又给这个问题的研究提供了新的材料，开辟了新的视野。李学勤说："《鬼谷子·符言》的'主位'节，不难看出是从《称》篇这段来的。……这充分表明，《符言》确有所本，不是对《管子》的剿袭。""根据我们由新出简帛获得的知识，《鬼谷子·符言》或《管子·九守》之为古书，是很明显的。"⑥

综上，关于《鬼谷子》其书，实不外三种看法：一曰真古书，且为鬼谷子本人著；二曰书是真的，唯著者为苏秦；三曰伪书，是汉末或六朝人伪托。

应该说，与后世好事者围绕鬼谷子身世、踪迹的捕风捉影、放言无忌不同，厕身《鬼谷子》真伪考定行列者多为学养较高之文人，故立论持说多能给人以言之有物、持之有故之感，再加上相关材料翻来覆去就是那么些了，故时至今日人们仍难以遽断哪种说法是对的，而其他说法都错了。

笔者的不成熟看法是：《鬼谷子》的作者不是鬼谷子，亦不是成书于先秦的先秦古籍。理由是：第一，《汉书·艺文志》未见著录，先秦、秦汉其他史籍亦未见到提及它的确切材料。第二，从苏秦、张仪皆曾师事鬼谷子一事看，鬼谷子

---

① 《中国政略学史》（外一种《鬼谷子新注》），上海社会科学院出版社2009年版，第56～58、63页。

② 《古书通例》，上海古籍出版社1985年版，第45页。

③ 《诸子通考》，浙江古籍出版社1985年版，第542～544页。

④ 《新编鬼谷全书》，学苑出版社1995年版，《序言》第2页。

⑤ 《先秦史研究动态》总第38期，宫长为2003年8月29日在全国首届石泉鬼谷子文化学术研讨会闭幕式上所作《学术研讨总结》。

⑥ 《〈鬼谷子·符言〉篇研究》，收《古文献丛论》，上海远东出版社1996年版，第209、206页。

肯定是个有学问的高人，但作为隐者——一个毫无高层政治、外交实践经历的人（从其连姓名都不为外人所知看，鬼谷子应是个真隐者，而不大像曾经在政治、外交舞台上干过一番事业，失意后才隐退的高官），他是无从"闭门造车"式的编撰出作为纵横家经典的《鬼谷子》这样一本书来的。我也不同意书是真书，唯著者为苏秦的说法。第一，苏秦没理由、没必要这样做。因为当时著书尚无后世之署名制（有学者言："周秦古书，皆不题撰人。俗本有题者，盖后人所妄增。"[①]），又无稿酬，用这个是报不了师恩的。若谓苏秦此举是假师名以自重吧，也说不大通。因为，从当时情况看，鬼谷子也就是隐者一个，并非什么显赫人物，他身后的光辉是另一回事，是《鬼谷子》书流传开来后，特别是鬼谷子被人为地神化、仙化后才逐步增强起来的。第二，如果说《鬼谷子》早就有，且为苏秦著，那么，《汉书·艺文志》就应该著录有《鬼谷子》，或《鬼谷子》、《苏子》并录，而不是只录《苏子》，不见《鬼谷子》踪影。因此，我初步倾向于认为：《鬼谷子》乃汉魏六朝间人从散佚的《苏子》中撷拾部分内容并杂采他书而编就的。书虽晚出，但既为"撷拾"、"杂采"，而非向壁虚造，其中不少东西又自是真的，先秦的。因为，唯有这样看，才好解释为什么《汉书·艺文志》有《苏子》而无《鬼谷子》，《隋书·经籍志》有《鬼谷子》却全然不见了《苏子》踪影的变局；也才好解释为什么传世《鬼谷子》中除纵横家言外，又有兵家、法家、道家、阴阳家语，内容略显杂驳这样一个事实。

书虽晚出，但《鬼谷子》中毕竟保留着一些真的、先秦的东西，其中所富含的思想资源，方法论，乃至语言艺术，都有不少值得探讨、总结、发扬之处。自然，书毕竟晚出，自不免混入后人添加进的东西，使用时务必慎重。

---

① 余嘉锡：《古书通例》，上海古籍出版社 1985 年版，第 18 页。

历史地、有区别地对待、使用鬼谷子相关资料

历史上传留下来的有关鬼谷子的资料，就历史学角度言，有价值的不是很多，价值不怎么高的杂芜文字却为数不少。近观近年来有关鬼谷子的论著，发现有的研究者在材料的使用上有欠严谨，每把历史的、传说的、宗教的鬼谷子眉毛胡子一把抓，混为一谈，从而作出不正确的结论来。有鉴于此，特成此小文，拟将传留至今有关鬼谷子的资料，按时代、性质略加条理，并作所议论，希望能对这个问题研究的进一步开展有所裨益。

一、两汉"原生态"鬼谷子材料

我们今天所能看到的有关鬼谷子的最早记述出现在两汉，散见于《史记》和几部子书中：

苏秦者，东周雒阳人也。东事师于齐，而习之于鬼谷先生。（《史记·苏秦列传》）

张仪者，魏人也。始尝与苏秦俱事鬼谷先生，学术，苏秦自以不及张仪。（《史记·张仪列传》）

苏代……因说秦王曰："甘茂，非常士也。其居于秦，累世重矣。自殽塞及至鬼谷，其地形险易皆明知之。彼以齐约韩、魏反以图秦，非秦之利也。"秦王曰："然则奈何？"苏代曰："王不若重其贽、厚其禄以迎之，使彼来则置之鬼谷，终身勿出。"（《史记·樗里子甘茂列传》）

鬼谷子曰："人之不善而能矫之者难矣。"（刘向：《说苑·善说》）

或问："仪、秦学乎鬼谷术，而习乎纵横言，安中国者各十余年，是夫？"曰："诈人也，圣人恶诸。"（杨雄：《法言·渊骞》）

术则从横，师则鬼谷也。传曰："苏秦、张仪从横习之鬼谷先生……"（王充：《论衡·答佞》）

苏秦、张仪悲说坑中，鬼谷先生泣下沾襟。（王充：《论衡·明雩》。上引《论衡·答佞》亦有类似记载，作："掘地为坑，……苏秦下说，鬼谷先生泣下

沾襟，张仪不若。"）

在先秦记载阙如的情况下，两汉学者的上述记载，姑可称之为有关鬼谷子的最早的、"原生态"材料。

上述材料仅告诉我们：战国时有个号曰鬼谷子的人，长于纵横家言，是苏秦、张仪的老师。此外，举凡此人的国别、里居、族姓、功业、著述等，皆未言及。自然，《苏秦传》"东事师于齐，而习之于鬼谷先生"一语，隐含着鬼谷子曾在齐活动事；刘向《说苑·善说》所引"鬼谷子曰"之"鬼谷子"是指人还是指书，尚不明。故对此处"皆未言及"一语，不可看绝对了。

上述记载虽简，却是我们研究鬼谷子的主要依据和出发点。

二、魏晋南北朝隋唐宋间鬼谷子材料的增益

从史学的角度说，此间鬼谷子材料的增益，主要体现为《鬼谷子》书之见诸载籍和鬼谷地望的考求。

（一）《鬼谷子》书之见诸载籍

大家知道，《汉书·艺文志》纵横家类下凡收书十二种，苏秦的《苏子》三十一篇、张仪的《张子》十篇皆赫然在列，唯不见《鬼谷子》踪影。至唐魏征等《隋书·经籍志》始在纵横家类著录了《鬼谷子》皇甫谧注、乐一注两种（隋志纵横家类亦仅著录此二书），皆三卷，并在皇甫谧注本下注曰："鬼谷子，周世隐于鬼谷。"皇甫谧为西晋人，乐一，或作乐壹、乐台（"台"字繁体"臺"与"壹"形近），生平不详，或谓南朝梁人，或谓唐人，晚后于皇甫谧。如隋志所言不诬，则至晚在西晋时便已有《鬼谷子》一书流布于世了。至后晋刘昫等《旧唐书·经籍志》、北宋欧阳修、宋祁等《新唐书·艺文志》，虽仍著录有《鬼谷子》，却又皆明标其撰者为苏秦。

众所周知，《鬼谷子》书一露面，人们便围绕它的时代、作者、真伪等展开了激烈的争论。认为其为鬼谷子本人所著之先秦真古籍的虽然也有，但声音不大，更多的是反对、否定的声音。

唐司马贞《史记·苏秦列传》《索隐》引乐壹注《鬼谷子》书云："苏秦欲神秘其道，故假名鬼谷。"唐马总《意林》为所摘录的《鬼谷子》一书作按语亦谓："此苏秦作书记之也。鬼之言远，犹司马相如假无是公云耳。"（或谓此"按语"乃乐壹"注"语）上引两唐书《经籍志》、《艺文志》更直接把《鬼谷子》标为苏秦撰。

这些，还只限于说《鬼谷子》非鬼谷子撰，而是苏秦所为，书本身还是真的，先秦的。

及唐柳宗元作《辩鬼谷子》已进而谓:"汉时刘向、班固录书无《鬼谷子》。《鬼谷子》后出,而险鷙峭薄,恐其妄言乱世,难信,学者宜其不道。"明胡应麟《四部正讹》亦谓:"《鬼谷子》,《汉志》绝无其书,文体亦不类战国。晋皇甫谧序传之。案《汉志》纵横家有《苏秦》三十一篇,《张仪》十篇;《隋经籍志》已亡。盖东汉人本二书之言,会萃附益为此;或即谧手所成而托名鬼谷,若子虚、亡是云耳。"清姚际恒《古今伪书考》谓:"然则其人本无考,况其书乎?是六朝所托无疑。"当代学者钱穆《鬼谷子辩》谓:"而《鬼谷子》则犹为东汉后晚出伪书。"①

上引柳宗元、胡应麟、姚际恒、钱穆等,已明确把《鬼谷子》断为东汉后晚出之后人伪托之伪书了。

亦有学者指出,不应简单地以"真"、"伪"两字说事,应作具体分析。如近人俞诚之(俞棪)于《中国政略学史》一书第三篇第二章《〈鬼谷子〉真伪考》中谓:"《鬼谷子》一书不特传于汉世,亦具存于晋、齐、梁之世,而后传之于隋,始见著录。""此书历代流传,未尝中断,不得谓为晚出,亦不得谓为伪托。"《鬼谷子》"为苏秦述其师学之作,其中有为鬼谷传诵于弟子之言,书中凡古韵之文均是也;有为苏秦自撰之篇,如《揣》、《摩》及《阴符》说解是也;有为苏子纂集吕尚、《周书》之言,如《符言》之录自齐太公《阴符》是也;其他如《抵巇》篇中亦有战国晚年纵横家窜入之词,……其他后人注释之文误为正文者,亦非绝无。"② 近人蒋伯潜亦谓:"《隋志》无《苏子》,而有《鬼谷子》三卷。《新唐书》亦有《鬼谷子》,……且直题'苏秦撰'。《汉志》则有《苏子》,无《鬼谷子》。岂《鬼谷子》即《苏子》耶?按鬼谷子实无其人,故乐台谓'苏秦欲神其说,托名鬼谷。'……又《说苑·善说篇》引《鬼谷子》曰:'人之不善而能矫之者,鲜矣。'《说苑》为刘向所序,而已引《鬼谷子》,则似西汉末已有此书。……而《七略》、《汉志》不录者,殆明知《鬼谷子》为苏秦诡托,故从其实,迳称《苏子》欤?则乐台之说,庶几得之。"③

由于可靠材料太少,围绕着《鬼谷子》书的时代、作者、真伪的争论,恐怕一时间谁也说服不了谁,还得继续争论下去。笔者的不成熟看法倾向于认为:《鬼谷子》乃汉魏六朝间人从散佚的《苏子》中摭拾部分内容并杂采他书编就。书虽晚出,但既为"摭拾"、"杂采",而非向壁虚造,其中不少东西又自是真的,先秦的。因为,唯有这样看,才好解释为什么《汉书·艺文志》有《苏子》而无《鬼谷子》,《隋书·经籍志》有《鬼谷子》却又全然不见了《苏子》踪迹的变局;也才好解释为什么传世《鬼谷子》中除纵横家言外,又有兵家、法家、

---

① 《先秦诸子系年》,商务印书馆 2001 年版,第 359 页。

② 《中国政略学史》(外一种《鬼谷子新注》),上海社会科学出版社 2009 年版,第 56~58、63 页。

③ 《诸子通考》,浙江古籍出版社 1985 年版,第 542~544 页。

道家、阴阳家语，内容略显杂驳这样一个事实。

（二）鬼谷地望的考求

鬼谷子本非人名，而是那个作为苏秦、张仪师的隐者因隐居"鬼谷"这个地方而得来的"号"。"鬼谷"在哪里呢？除上引《史记·苏秦列传》"苏秦东事师于齐，而习之于鬼谷先生"隐示鬼谷子曾活动于齐、因而鬼谷也很有可能在齐地外，上引两汉关于鬼谷子的各种记述对鬼谷地望皆未交代清楚，于是这个问题便留给了后人。后世学者关于鬼谷地望的考求，主要保存在《史记》三家注中。南朝宋裴骃《史记·苏秦列传》《集解》：

徐广（东晋、刘宋间人，著有《史记音义》）曰："颍川阳城有鬼谷，盖是其人所居，因为号。"骃案：《风俗通义》曰"鬼谷先生，六国时从横家。"

需注意的是：前引《史记》虽两言"鬼谷先生"，一处提到秦人打算软禁甘茂的"鬼谷"这个地方，但并未言明"鬼谷先生"与"鬼谷"这个地方有何干系，至徐广才真正挑明了鬼谷子乃是因为居住在鬼谷这个地方才得此名号的。唐司马贞《史记·苏秦列传》《索隐》：

鬼谷，地名也。扶风池阳、颍川阳城并有鬼谷墟，盖是其人所居，因为号。

此谓扶风池阳、颍川阳城并有鬼谷墟，都是鬼谷子居住过的地方。其《史记·樗里子甘茂列传》《索隐》谓：

徐广云在阳城。刘氏云此鬼谷在关内云阳，是矣。

一会儿说"扶风池阳、颍川阳城并有鬼谷墟"，鬼谷子都居住过，一会儿又从徐广说认为鬼谷子住过的地方是颍川阳城，从刘氏说认为秦人打算软禁甘茂的鬼谷为关内之云阳（此关内云阳与上引扶风池阳实指一地），似与鬼谷子无涉，两处所言，前后不尽一致。唐张守节《史记·樗里子甘茂列传》《正义》则明谓：

刘伯庄（唐代著名《史记》研究家）云："此鬼谷（指秦人打算软禁甘茂的鬼谷——引者），关内云阳，非阳城者也。"案：阳城鬼谷时属韩，秦不得言置之。

看来，司马贞稍显含混，徐广、裴骃、刘伯庄、张守节等则明确倾向于认为鬼谷子所居并因以得名的鬼谷在颍川阳城，而打算软禁甘茂的鬼谷属秦，在关内，似与鬼谷子无涉。

三家注外，在一些地志和其他相关著述中，提到的以"鬼谷"名的地名还有不少，如陕西韩城、河南淇县、河南汝阳、湖南大庸、湖北当阳、浙江宁波、新疆哈密等。① 这些以"鬼谷"为名的地方，或言与鬼谷子活动有关，或仅以鬼谷

---

① 参见房立中：《新编鬼谷子全书》上编《鬼谷考·鬼谷地名考》，学苑出版社 1995 年版，第 5~12 页。

为名，要皆传闻之词，缺乏证据，这里就不去说它了。

看来，各地以"鬼谷"名的地方究竟哪个与鬼谷子的活动、得名有关，至今恐怕还没有人能够说得清楚，说得令人信服。此诚如杜勇先生所言："上面说到的那些鬼谷可能一个也不是鬼谷子的真正故里，因为它们都不在齐地，此与司马迁《史记》所记鬼谷子为齐人（据司马迁《史记·苏秦列传》'苏秦……东事师于齐，而习之于鬼谷先生'推断——引者）不免发生矛盾。鬼谷子以其纵横捭阖的雄辩鬼才著称于世，后世不少地方出现有关他的传说，只是反映了民众对他的一种崇敬心理，似不可作落实看。所以对鬼谷子其人的认识，我以为不要超越汉儒的认识为宜。"①

魏晋南北朝隋唐宋间学者围绕《鬼谷子》书、鬼谷地望的记述、议论，丰富了两汉学者对鬼谷子的认识，仍属史的层面，是后人研究鬼谷子的又一资料来源。

三、民间故事、仙道传奇中的鬼谷子资料

由于历史传留下来的有关鬼谷子的材料太少，而机智多谋、神秘色彩浓重的鬼谷子又在人们的心灵深处难以挥去，于是魏晋以来在历史的层面略显孤独的鬼谷了学便开启了向民间文学、仙道传奇等领域的进军。这些，在魏晋以来的方志、文人诗文、讲史小说、民间故事、宗教仙话中有着充分的反映。兹仅将一些有代表性的记述移录于后：

青溪千余仞，中有一道士。云生梁栋间，风出窗户里。借问此何谁？云是鬼谷子。……（晋郭璞：《游仙诗》。见《文选》卷二一）

祖洲……有不死之草，……服之令人长生。……始皇遣使者赍草以问北郭鬼谷先生。鬼谷先生云此草是东海祖洲上有不死之草，……始皇于是……乃使使者徐福发童男童女五百人……入海寻祖洲，遂不返。（《海内十洲记》。此书托名汉东方朔撰，实六朝人所为）

第四中位太清太上老君……左位……鬼谷先生……（即将鬼谷子列入仙班，位列第四阶（共七阶）主神太上老君左第十三位）（南朝梁陶弘景：《洞玄灵宝真灵位业图》）

鬼谷先生者，古之真仙也。云姓王氏。自轩辕之代，历于商周，随老君西化流沙，泊周末复还中国，居汉滨鬼谷山。受道弟子百余人。（唐末五代著名道士学者杜光庭：《录异记》卷一《仙》）

鬼谷先生，晋平公时人。隐居鬼谷，因为其号。先生姓王名栩，亦居清溪山

---

① 《浅谈〈鬼谷子〉的著作年代》，收《鬼谷子文化研究文集》，陕西旅游出版社 2004 年版，第 55 页。

中，苏秦、张仪从之学纵横之术。……先生凝神守一，扑而不露，在人间数百岁，后不知所之。（宋李昉等：《太平广记·神仙四·鬼谷先生》）

鬼谷先生，晋平公时人，姓王名诩，不知何许人，受道于老君。（明道士白云霁：《道藏目录详注》卷四《鬼谷子》条下注）

鬼谷子，春秋时人，姓王名栩。尝入云梦山中采药得道，颜如少童。（明王圻、王思义：《三才图会·人物卷十·鬼谷子》

周之阳城，有一处地面，名曰鬼谷。……内中有一隐者，但自号曰鬼谷子，相传姓王名栩，晋平公时人，在云梦山与宋人墨翟，一同采药修道。……其人通天彻地，有几家学问，人不能及。……弟子就学者不知多少，先生来者不拒，去者不追。就中单说同时几个有名的弟子：齐人孙宾、魏人庞涓、张仪、洛阳人苏秦。（明冯梦龙：《东周列国志》第八十七回。类似文字，又见清杨景淐《鬼谷四友志》（一名《孙庞演义七国志全传》）中）

以上还仅限于见诸传世书籍（有的还不失为名著）者，至于长期流传民间不大为人所知的鬼谷子故事，就更加丰富多彩，自然也离史更远了。如据流传于陕西石泉的民间传说，鬼谷子姓王名禅，父亲叫王三，母王袁氏，于公元前398年农历3月26日出生于汉水之滨云雾山鬼谷岭下的王家沟（今陕西省石泉县北迎丰镇香炉沟村）。① 流传于河南淇县一带的传说则说鬼谷子出生于云梦山，母曰王霞瑞，是东海龙女的化身，故从母姓王，又因其母是吞食奇谷成孕，孩子出生又适逢知了欢鸣，故取名鬼谷子，又名王蝉，成年后又叫王禅。②

此类文人附会之语，小说家言，民间传说，仙道传奇等，虽荒诞不经，但也不是随便什么人想呼唤就能呼唤出来的，而是适应社会特定文化需求而产生的，自有其特定的文化价值，不容否定、抹杀，实际也否定、抹杀不少。但话又得说回来，这类材料既是借历史的鬼谷子作由头衍生、创造出来的，因此，文化学者、民间文学工作者以及搞旅游开发的诸君，尽可放心去用，而作为历史学工作者，则只能谨慎对待，聊作参考。

---

① 参见帅键整理《鬼谷子传说》，中国国际文化艺术出版社2012年版。
② 参见房立中：《新编鬼谷子全书》下编《关于鬼谷子的传说·鬼谷子出世》，学苑出版社1995年版，第947～951页。

《鬼谷子》政治观、战争观浅议

在进入正题之前先说明一下：关于鬼谷子其人其书的有无、真伪，学界迄无定论。前此，我曾写过《也谈鬼谷子其人其书》、《历史地、有区别地对待、使用鬼谷子相关资料》。我也曾把这两篇文章提交给，或准备提交给相关学术研讨会，皆未刊。我的初步看法是：历史上是确曾有过生活在战国时代且曾为苏秦、张仪师的鬼谷子这个人的，传世的《鬼谷子》书的作者则不是鬼谷子，书也不是撰成于先秦的先秦古籍，而是汉魏六朝间人从散佚的《苏子》中撷拾部分内容并杂采他书编就的。书虽晚出，但书中毕竟保留了一些真的、先秦的东西，书中的许多言论、观点，亦可视为鬼谷子或以鬼谷子为代表包括苏秦、张仪在内的那个纵横家群体的，故仍是有较高学术价值的，可用的。

本文姑暂搁置鬼谷子其人其书有无、真伪的争议，仅就传世《鬼谷子》（主要是其上、中卷中的《捭阖》至《符言》十二篇）的政治观、战争观作所论析。为行文方便，所有称引姑全归诸鬼谷子名下，而实际上，一如上文所述，这里的鬼谷子只具有符号的意义——即存留于经后人加工整理《鬼谷子》书中的以鬼谷子为代表的纵横家群体的言论符号，即是说，这些言论并不是鬼谷子一个人的，也不是原汁原味的。为免误会，亦需在此略作说明。

一、以贤能政治、待时而动和择主而事、优胜劣汰、向往统一为特色的政治观

在春秋战国大变革、大动荡的社会环境中，儒、墨、道、法诸家相继亮出"仁政"、"兼爱"、"无为"、"法治"大旗，相形之下，理论体系欠缺、旗帜不显的鬼谷子则只能通过游说来影响、左右各主要大国的时局走向和国与国间的关系格局，并为自己谋得职位利禄。

由于理论建树的相对不足，特别是由于《鬼谷子》中和盘托出了历来政治家们虽人人都做却大都不说的政治斗争中那些阴暗、欺诈、冷血的一面，故对《鬼谷子》向来是贬多褒少。如唐柳宗元《辩鬼谷子》即直斥《鬼谷子》"妄言乱世"，"学者宜其不道"。直到今天，还有学者指斥以鬼谷子为代表的纵横家只讲

求名利进取，策略决定一切，毫无原则可讲。应该说，《鬼谷子》中虽充斥着实用主义的、功利的一面，但这绝不等于说鬼谷子等纵横家只是些全无信仰、信念、原则可言的利禄小人，事实上，他们还是有自己的信念、理想和操守的，对国家、社会、人群是关心、关注的。可能由于学派本身侧重点的不同，也可能是因为后世编纂整理者的"偏爱"，《鬼谷子》谋略的一面被大大强化、彰显了，其本来就不显眼的理论诉求则被大大弱化、删除，故我们今天很难在传世《鬼谷子》中找到其政治思想方面的相关材料，当然，也不是全无踪迹可寻。

以下，试对《鬼谷子》中所残存的有关其政治观方面的材料作如下钩稽。这些材料虽多是只言片语，但仍不难从中窥其政治观于一斑。

（一）贤能政治

《鬼谷子》中多处提到"圣人"与"贤人"，谓："圣人之在天地间也，为众生之先。"（《鬼谷子·捭阖》，下引《鬼谷子》只注篇名）"圣人居天地之间，立身御世，施教扬声明名也，必因事物之会，观天时之宜，因（或谓此'因'字或'国'字之误）之所多所少，以此先知之，与之转化。世无常贵，事无常师。圣人常为无不为。"（《忤合》）"目贵明，耳贵聪，心贵智。以天下之目视者，则无不见；以天下之耳听者，则无不闻；以天下之心虑者，则无不知。辐辏并进，则明不可塞。""用赏贵信，用刑贵正（'正'，本或作'必'）。""人主不可不周；人主不周，则群臣生乱。"（《符言》）强调"非至圣达奥，不能御世"，"材质不惠，不能用兵"（《忤合》）；否则，"上无明主"，"贤人不用"，势必造成"君臣相惑"、"父子离散"、"土崩瓦解"（《抵巇》）的局面。

这些主张，与孔子的"举贤才"有相通处，但亦不尽相同，孔子的圣贤观多着眼道德的层面，且跳不出"亲亲"、"尊尊"的圈子，《鬼谷子》则更看重实际的治国能力，且着眼下层，强调"世无常贵"。

（二）待时而动和择主而事

《抵巇》篇谓："世无可抵，则深隐而待时；时有可抵，则为之谋。"《忤合》篇谓："古之善背向者，乃协四海，包诸侯，忤合天（"天"，本或作"之"）地而化转之，然后以之求和。故伊尹五就汤、五就桀，而不能有所明，然后合于汤。吕尚三就文王、三入殷朝，而不能有所明，然后合于文王。此知天命之钳，故归之不疑也。"

说的是有识之士出仕干政要把握好时机，待时而动；要选择明主事之，即所谓"良禽择木而栖，贤臣择主而事"也，而不是一味盲动、愚忠。对纵横家的这种选择，是不应不加分析地动辄以"朝秦暮楚"责之的。

（三）优胜劣汰

《抵巇》篇谓："巇者，罅也。罅者，涧也。涧者，成大隙也。巇始有朕，可抵而塞，可抵而却，可抵而息，可抵而匿，可抵而得，此谓抵巇之理也。……圣人见萌芽巇罅，则抵之以法。世可以治则抵而塞之；不可治则抵而得之。……五帝之政，抵而塞之；三王之事，抵而得之。诸侯相抵，不可胜数。当此之时。能抵为右。"即是说，国家亦同器物一样，当它出现了裂痕、问题时，可补救则补救之，不可补救则不妨干脆打掉重做一个，取而代之也。这种优胜劣汰、进化的社会历史观，比之孔子的"兴灭国，继绝世，举逸民"（《论语·尧曰》）来，要开明、进步许多，是顺应当时一顶顶王冠落地，"诸侯奔走不得保其社稷者不可胜数"（《史记·太史公自序》）的大变革、大动荡的历史潮流的。

（四）向往统一

《鬼谷子》中缺乏明确支持兼并、向往统一的言论，但从其每言"圣人之在天下也"，"可以说天下"（《捭阖》），"天下分错，上无明主，公侯无道德"（《抵巇》），实不难看出其每每从"天下"的高度着眼看问题，并对"上无明主，公侯无道德"的天下纷争混乱现状不满，再联系到上文所揭其"世无常贵"、优胜劣汰等的论述，说《鬼谷子》在政治上是支持兼并、向往统一的恐不会错到哪里去。而苏秦的"并诸侯，吞天下，称帝而治"（《战国策·秦一·苏秦始将连横》）云云，事或有疑，且与《鬼谷子》无涉，但亦可在一定程度上佐证以鬼谷子为代表的纵横家不论在思想倾向上，还是实际政治活动上，都是支持兼并、向往大一统的。

二、以慎战、尚谋为特色的战争观

有学者目鬼谷子为兵家，根据无非是《鬼谷子》中曾言及兵事，其谋略适用于兵事。这是不成立的。因为，历史上哪个政治家可与兵事完全绝缘，而谋略之适用于战争和战争谋略也毕竟是两回事。所以，从总体上说，鬼谷子并不是严格意义上的兵家，《鬼谷子》也不是严格意义上的兵书。

《鬼谷子》直接言及兵事者仅有如下材料：一则是"材质不惠，不能用兵"（《忤合》）；一则是"主兵日胜者，常战于不争、不费，而民不知所以服，不知所以畏，而天下比之神明。"（《摩》）前一则讲有才能的人才能带兵打仗，无多少实际内容，真正能代表《鬼谷子》军事理论、战争思想的还是后一则。这则议论，虽未展开，内涵却颇为丰富、深刻，它告诉人们：只有不轻易言战、不轻易耗费社会财富的人，才会被天下人奉若神明。

首先，它强调慎战、不争，即不轻启战端。

古今和平主义者，反对战争和一切暴力形式，主张用和平的、非暴力的形式解决人世间的冲突和对抗。其愿望固然美好，可实际是行不通的。因为，在阶级对抗的社会，在世界大同尚未到来之前，战争是不可能从社会生活中被连根拔除的，更何况，有些战争还是正义的，推动社会前进的。据此，一些有眼光的政治家、军事家，并不讳言、回避兵事，而是谨慎对待之。孙武"不战而屈人之兵，善之善者也。故上兵伐谋，其次伐交，其次伐兵，其下攻城"（《孙子·谋攻》），讲的就是这个道理。《鬼谷子》的"不争、不费"，讲的也是这个道理。如前所述，鬼谷子是为求统一支持兼并的，而在当时的具体历史条件下，兼并又离不开战争。在这种两难和无奈之下，鬼谷子亦同一切良知未泯、负责任的政治家一样，就唯有选择"慎战"一途了。

其次，它强调慎战之目的在于节财，即珍惜社会财富。

既不可轻启战端，那么，该用何种办法去解决国与国之间的矛盾、冲突呢？孙子言"伐谋"、"伐交"，而"谋略"，特别是外交方面的谋略，恰恰是鬼谷子的强项，是鬼谷子思想精华之所在。

当今世界，和平与发展是主题，但战争逆流的阴影仍不时威胁着国际大家庭。面对复杂、多变、诡谲的国际形势，我们既需不断增强包括军事实力在内的综合国力，震慑可能的对手，以防不测，又要积极通过外交途径，广结善缘，争取人心，力争通过谈判、对话解决国际争端，遏止战争，维护和平，尽可能把战争这头怪兽关进笼子里去。在这种情势下，有心者不免情不自禁地想起以智圣鬼谷子为代表和旗帜的纵横家来，因为，纵横家纵横捭阖、折冲樽俎的谋略思想和谈判技巧，确有不少值得我们认真发掘、总结、借鉴的地方，这也是今天两岸学者集聚一堂探讨鬼谷子谋略和慎战思想的意义之所在。

姓氏札记四则

姓氏虽与每一个人息息相关，且大都略知一二，但若要真正理清、弄懂它，又远不是一件容易的事。笔者虽亦早就留心这个问题，但总也理不出个眉目、统系来，故迟迟不敢在这个问题上置一言。兹为应研讨会之需，仅拟就如下几个问题谈点不成熟看法。不当之处，请大家批评指正。

一、三代姓氏与史前姓氏

姓氏的历史发展，大致可划分为如下三个大的阶段：一曰原始社会后期氏族部落时代的姓氏孕育产生期；二曰夏、商、周三代的姓氏发展，特别是西周时代的姓、氏二分期；三曰战国秦汉以来的姓氏合一期。战国秦汉以来姓氏合一期的情况，记述较多，基本面貌已大体廓清，此文不再议论。前两期的情况，问题就比较多了。

后人谈战国秦汉以前的古姓氏问题，如所谓"赐姓命氏"、"贵族有姓，庶人无姓"、"男子称氏，妇人称姓"等，大都是根据西周以来的文献记载、周人的礼制立论持说的。当然，夏、商二代既已进入阶级社会，大的社会段落同于西周，夏、商与西周在姓氏制度上必有其承袭相通的一面，但由于夏代迄今尚未发现可靠文字记载，商代甲骨文中与姓氏制度直接有关的材料亦为数不多且在学者间多有争议，故我们今天谈夏、商二代的姓氏问题虽可借助西周的情况予以联想、逆推，但这样做时务必十分谨慎，切忌胡乱套用。

原始社会的情况就更复杂了。原始社会很漫长，早期的情况就不去说它了，即使是从传说中的有巢氏、燧人氏、伏羲氏等说起，许多问题也大都是说不清、道不明的。一般认为，从时间的早晚上讲，姓的产生早于氏，即姓在前，氏在后；从范围的涵括上讲，姓大于氏，氏是从姓中派生出来的。这种认识，既符合社会发展的进程，也符合西周姓氏制度的实际。可问题来了，据后起的相关文献记载，许多上古的"人王"早就是以"氏"名的，如有巢氏、燧人氏、伏羲氏、女娲氏、神农氏、轩辕氏等，有的还同时有姓，如谓伏羲氏风姓、黄帝轩辕氏姓公孙，或曰姓姬等。姑暂置上述诸"人王"到底是人还是神在学术界尚有争论不说，即使实有其人，其某某氏云云多半也是后人根据后之姓氏制度逆推、奉送给他们的。这是我的第一点推想。第二，退一步说，即使那时已有氏称，也与西周时用以"别贵贱"的氏有质的不同，正如有的研究者所正确指出的："最早所称的'氏'，乃原始社会末期，父系为本位时，为父系氏族部落的标记。其首领和酋长也可以称为某氏。但'氏以别贵贱'之氏乃晚起之事。"① "黄炎以前，中原民族已分为多个分族，如少典氏、有娇氏、防风氏等。这些氏是母系姓族的分族，是最早的族氏。""不是本文探讨的姓氏之氏。"② "我国上古传说时代被称为'氏'的一些族团组织，如伏羲氏、女娲氏、太皞氏等等，实际都是一些部落集团，与表示家族组织的'氏'还是两回事。"③ 有的研究者对三代（主要是西周）与史前的姓氏状况不予细分，眉毛胡子一把抓，是很难得出科学结论来的。

二、关于"庶人无姓氏"

古今学者多谓"庶人无姓氏"。如南宋学者郑樵即谓：

氏所以别贵贱，贵者有氏，贱者有名无氏。（《通志·氏族略序》）

明末清初学者顾炎武谓：

庶人无氏，不称氏，称名。（《顾亭林诗文集》卷一《原姓》）

清代学者梁玉绳谓：

三代以前，必著功德然后赐姓命氏，故人不皆有姓。（《史记志疑》卷一）

当代学者马雍谓：

"姓"与"氏"是有爵有土的贵族才能拥有的标志，丧失了贵族的权力与身分即不再能拥有"姓、氏"。④

著名学者李学勤亦谓：

古代社会中并非人人有姓，而是只有具有一定身分的人才有姓。……至于氏，得于世功官邑，身分低贱的人自然不能具有。⑤

他们之所以这样说，无非是根据《国语》、《左传》的相关记载和后儒对《尚书》"百姓"词语的训释。《国语·周语下》载：

唯有嘉功，以命姓受祀（氏），迄于天下。及其失之也，必有惛淫之心间之。故亡其氏姓，踣毙不振；绝后无主，湮替隶圉。

① 骆光华：《先秦姓氏制度初探》，《中国古代史论丛》总第八辑，福建人民出版社 1983 年版，第 208 页。

② 赵艳霞：《中国早期姓氏制度研究》，天津古籍出版社 2008 年版，第 66 页。

③ 张淑一：《先秦姓氏制度考索》，福建人民出版社 2008 年版，第 35 页。

④ 马雍：《中国姓氏制度的沿革》，《中国文化研究集刊》第二辑，复旦大学出版社 1985 年版，第 161 页。

⑤ 李学勤：《考古发现与古代姓氏制度》，《古文献丛论》，上海远东出版社 1996 年版，第 118 页。

《左传》隐公八年载：

天子建德，因生以赐姓，胙之土而命之氏。诸侯以字为谥，因以为族。

《左传》襄公十一年载亳之盟的诅辞曰：

或间兹命，……明神殛之，俾失其民，坠命亡氏，踣其国家。（类似的诅辞尚有桓公元年的"渝盟，无享国"、僖公二十八年的"有渝此盟，明神殛之俾坠其师，无克祚国"等。）

又，《尚书·尧典》有"平章百姓"、《逸周书·商誓解》有"百姓里居（君）"句。说者多谓此处之"百姓"当解为"百官"，并进而谓足见古者只有官即贵族才有姓，平民是无姓的。

上述材料，涉及的基本都是进入阶级社会后、特别是西周时期与分封制相关的情况。这些被授予土地、人民，赐姓命氏的人是贵族是毫无疑问的，《尚书·尧典》、《逸周书·商誓解》中的"百姓"是身具各族族长兼政府官员双重身份的贵族也不会有什么问题。问题在于：第一，从分封制中得姓氏者只不过是姓氏来源的一种途径，而非其全部。当时，一定还有不少从原始社会末期传留下来的古姓、氏。若此，人们凭什么一定要把姓、氏的取得同分封制等同、混一，并据此得出所有的姓、氏均属贵族，唯贵族才有姓、氏的结论来？第二，即使是从分封制中得到姓、氏的贵族，亦无任何可靠材料能证明其被赐命的姓、氏只是专属于他本人及其近亲而不得与广大族人分享的专利品。一个受封者，面对被赐予的大片土地和众多异族人群，如果他连同自己有血缘关系的本族平民都不认可，他还能在封区站得住脚跟吗？须知，在西周、春秋，众多居住在都城及其附近的封君的同族人，被称作"国人"，又称"邦人"，其中多数人无官位，属平民。这些人，平时有一定的议政、参政权，战时更须执干戈以卫社稷，是国君的重要依靠对象，力量的源泉，自然应与在位者同其姓氏的。准此，通常所谓的赐姓命氏只给予受封者及其近亲等少数贵族而不惠及与受封者同出一族的广大平民的说法，实于理难通。上引《尚书·尧典》不也明明讲什么"克明俊德，以亲九族。九族既睦，平章百姓。百姓昭明，协和万邦，黎民于变时雍"吗？若是连姓、氏都没有庶人的份，又谈何与庶人们亲善和乐！史籍中之所以难觅记述古平民姓氏的材料并从而造成古平民无姓氏的假象，当是由于这些无官无爵、终生为衣食劳作、无缘以族的身份四处抛头露面的小人物们很少用得着姓氏所造成的，一如一直到近世荒村野岭的贫寒村民，若是不上学起个学名，终生也就用个"狗娃"、"菊花"一类的乳名，完全用不着在名字前再冠个姓一样。第三，说者又每引盟会诅辞中的"坠命亡氏"以证贵族身份与姓、氏的共命运、相始终，但"坠命亡氏"的本质所指是"无享国"，即国破、族灭、家亡，什么都没有了，这对贵族和平民都是一样的，用此类材料是完全证明不了贵族有姓、氏，平民无姓、氏的命题的。

对庶人到底有无姓氏，一些大学者心里其实也是没多少底，犯嘀咕的，如在《通志·氏族略序》同一篇文字里，郑樵前面刚讲"氏所以别贵贱，贵者有氏，贱者有名无氏"，后面又不得不补充说："五曰以地为氏。有封土者，以封土命氏，无封土者，以地居命氏。盖不得受氏之人，或有善恶显著，族类繁盛，故因其所居之所而呼之，则为命氏焉，居傅岩者为傅氏，徙嵇山者为嵇氏……"

事实上，先秦史籍中亦偶有一些可证当时庶人有姓、氏的零星材料，虽不甚丰富、坚实，仍能在一定程度上说明问题，尚有待有心者作进一步发掘、整理。限于学力、篇幅，本文不拟作进一步之议论，好在对先秦姓氏问题研究下过一番功夫的张淑一于其所著《先秦姓氏制度考索》一书（前已引述）的第三章第三节《先秦庶人无姓氏发覆》中有过比较全面的论述，有兴趣的读者、研究者，不妨找来一阅。

三、由"古代男子不称姓"论及周公可否称之为"姬旦"？

古代（战国秦汉前）男子不称姓，已成古今学者共识，在此无需多言。但古代男子不称姓并不是说那时的男子们无姓。个别学者认为"古代凡女子才有姓，男子无姓"[①]，是不成立的。对此，史有明载，言之凿凿，似亦无须在此多作辨析。要之，古所谓"男子称氏，妇人称姓"也者，并非男子无姓，女子无氏（史籍多有女子称父方的氏或夫方的氏的记载），而只不过是在通常情况下男子以氏称，女子以姓称罢了。何以会如此呢，对此，著名老一代史学家吕思勉有过如下一段颇为精当的论述：

> 周制，始祖之姓曰正姓，百世不变。正姓而外，别有所以表其支派者，时曰庶姓。庶姓即氏也，亦曰族，随时可改。……春秋时之男子，所以不称姓者，非不重姓也，言氏则姓可知耳。盖女无外事，但于昏姻时考其姓，以免取同姓之讥，可矣。男子与人交接孔多，必先知其祖父为何人，不能但知其始祖之姓而止，故必有氏以表之。夫姓不足以表男子者，以其始祖去之久远，其关系已亡也。然则得氏之祖，去其人久远者，仍不足以表明其人为何如人，此氏之所以必时变也。然则非男子不重姓也，男子于姓之外又需有氏，女子则但有姓而已足耳。[②]

古男子既虽有姓而不称，故不得将姓与名连在一起自名或名他人。顾炎武谓："男子称氏，女子称姓。……考之于传，二百五十五年之间，有男子而称姓者乎？无有也。"（《顾亭林诗文集》卷一《原姓》）宋人郑樵曾据此责"奈何司

---

① 骆光华：《先秦姓氏制度初探》，《中国古代史论丛》总第八辑，福建人民出版社1983年版，第206页。

② 吕思勉：《中国制度史》，上海教育出版社1985年版，第380、384页。

马子长、刘知几谓周公为姬旦、文王为姬伯乎？三代之时，无此语也。良由三代之后姓氏合而为一，虽子长、知几二良史，犹昧于此。"（《通志·氏族略序》）今之学者张淑一亦曾针对《晋书·姚兴载记》称周文王为"姬昌"、《晋书·王浑传》称周公为"姬旦"，指出"这都是不符合先秦实际姓氏制度的错误称法"，"大概魏晋时人对于先秦姓氏制度便已不甚了了，遂以战国秦汉以后的制度比附先秦，而后人不加详察，递相沿用，致使一错再错。"[①] 近年来的一些出版物中，亦不时会看到称周文王为"姬昌"、称周公为"姬旦"的，前不久去陕西岐山周公庙，居然看到1983年新刻制的周公画像碑迳题作"周文公姬旦像"，著名先秦史专家斯维至教授于此碑之题记中亦迳称之为"首辅姬旦"。当然，作为今之人，对历史上的一些东西，虽不能说一点也动不得，但对某些东西，如众所习见并合乎规范的专名、表语，如"周公"、"周公旦"、"周公，姬姓，名旦"，还是一仍其旧为好，改称"姬旦"似觉不妥。

四、关于王、李、张三大姓与黄帝的关系

包括海外华人在内的中国人，多目自己为炎黄子孙，许多姓氏，也大都能同炎黄二帝，特别是黄帝攀上关系。这其中，既有血缘层面的东西，又有政治、文化认同甚或附会的成分在，情况颇为复杂。下文，仅拟就均有近亿人口的王、李、张三大姓同黄帝的关系作所议论。

（一）王姓

相传王姓的来源主要有三大支。郑樵《通志·氏族略四·以爵为氏·王氏》条谓："王氏，天子之裔也，所出不一，有姬姓之王，有妫姓之王，有子姓之王……若琅玡、太原之王，则曰周灵王太子晋以直谏废为庶人，其子宗恭为司徒，时人号曰王家。若京兆、河间之王，则曰周文王第十五子毕公高之后，毕万封魏，后分晋为诸侯，至王假为秦所灭，子孙分散，时人号曰王家。……此皆姬姓之王也。出于北海、陈留者，则曰舜之后也。其先齐诸田为秦所灭，齐人号为王家。此妫姓之王也。出于汲郡者则曰王子比干之后也。此子姓之王也。"按传统说法，舜、商的始祖契、周的始祖弃，都是黄帝后裔。若此，则王姓出自黄帝自无疑问，但也有不少学者认为，周室为黄帝后问题似乎不大，而舜和商则很可能出自东夷，与炎黄属不同族系。

---

① 张淑一：《先秦姓氏制度考索》，福建人民出版社2008年版，第119～120页。

（二）李姓

据传，李姓开姓始祖为皋陶。郑樵《通志·氏族略四·以官为氏·李氏》条谓："李氏，嬴姓。高阳氏生大业，大业生女华，女华生皋陶，字庭坚，为尧大理（主刑之官），因官命族为理氏。夏商之季有理征，为翼隶中吴伯，以直道不容，得罪于纣。其妻契和氏携子利真逃于伊侯之墟，食木子而得全，遂改理为李氏。"传统看法，以颛顼高阳氏为黄帝之孙，皋陶又是颛顼之后，李姓自然也就源自黄帝了。然不少学者又倾向于认为皋陶乃东方夷人，最早的那支李姓应归入东夷族系。

（三）张姓

郑樵《通志·氏族略三·以字为氏·张氏》条下谓："张氏，世仕晋，晋分为三，又仕韩，此即晋之公族以字为氏者。谱家谓黄帝子少昊青阳氏第五子挥为弓正，观弧星，始制弓矢，主祀弧星，赐姓张氏，此非命姓氏之义也。"看来，郑樵是倾向于张氏源自晋这一说法的，对所谓黄帝子少昊第五子挥为弓正、赐姓张氏一说则颇不以为然。若张姓源出晋之"公族"，姬姓，则其源或可上溯黄帝；若出自少昊，鉴于不少学者多倾向于认为少昊非黄帝之子，而是东方夷人的首领，则源出少昊第五子挥的张姓恐怕便同黄帝无什干系了。

说起来，生活在今天的我们每一个人，大家无不是先祖们一代一代传下来的，无不有个远古的老祖宗。但由于年代久远，演变过程复杂，真要弄清其来龙去脉又远非易事。不过，亦唯其如此，古老的姓氏学才有吸引力，才大有可为。

字砖文字内容分类浅议

与木、竹、草、土、石等自然物不同，砖乃人类历史发展到一定阶段经人工烧制而成之建筑材料。依用途别，略可区分为屋宇砖、亭台砖、塔砖、墓砖、城砖等。多数无字，少数有字者，习称字砖，其文曰砖文。

《诗·陈凤·防有鹊巢》有句："中唐有甓。"《毛传》、《郑笺》、《孔疏》有说解。当代著名语言学者王力综合前人，谓："唐指唐涂，是堂下通过中庭通往前门去的一条路。甓，旧说是瓴甋（一作令适），也就是砖。"①《诗经》收西周初年至春秋中叶大约五百多年间的诗歌，若上引说解不误，则我国至迟在春秋中叶时已有了砖的普遍使用了。据现有考古资料，我国砖的出现已可上推至西周时期。一般认为，字砖产生于战国，汉魏以降渐盛，隋唐后渐衰落。

字砖限于砖的承载面有限，一般字数不多，内容涵括自亦不能与甲金简帛碑刻诸文字载体相比肩，然其于文物、文字演变、书艺及考史诸方面的价值亦不容忽视。关此，已有研究者为文论及，兹不作赘。

以下，拟参酌诸家说就字砖文字内容的分类谈点不成熟看法。

依内容别，字砖的文字内容略可区分为如下几类：

一曰宣示、张扬大一统、皇权、国威类。如收藏者初定为秦品、后学者多断为汉代物的"海内皆臣，岁登成孰，道毋饥人"十二字砖、汉"海内皆臣，岁登成孰，道毋饥人，践此万岁"十六字砖、"汉广益强，破胡灭羌，长乐未央"砖、"单于和亲，千秋万寿，安乐未央"砖属之。此类砖当为宫殿旧物，砖铭着力宣扬大一统、皇权、国泰民安、国威远播等，带有明显政治色彩，旨在通过政治宣传、灌输以达国家统一和皇权永固之目的。

二曰吉语、祈福类。如长乐宫的"长乐未央，子孙益昌，千秋万岁"砖，西安建章宫旧址出土的"延年益寿，与天相侍，日月同光"砖，以及两汉以降屡见于民间中小砖室墓中的"大吉祥"、"宜子孙"、"富贵昌"、"千秋万亿年无极"、"日利千金，长乐未央"、"吉富昌寿"、"寿比金石……官秩至三公"、"富贵祥

———————————

① 王力：《古代汉语》下册（第一分册）《古汉语通论》（二十二）《古代文化常识》（四）《宫室》，中华书局1978年版，第937页。

宜，侯王并兴，乐寿命长"诸砖铭属之。此类砖文，反映了上自皇室、达官，下至一般民众（自然多为富者）祈求福禄寿喜的强烈心理、愿望，而欲达此目的，自然又须心地纯正、善与人处、努力做事，寓劝善教化作用。

三曰纪年、纪事类。纪年、纪事类砖铭多见诸墓葬用砖，一般只记造墓制砖之年时，有的，如辽宁盖县东汉永和年间一墓砖上更详记造墓的宏大工程、糜费曰："永和五年造作，竭力无徐，用庸数千，士夫莫不相助，生死之义备矣。"

四曰标识制砖地名、工匠名及监管官署名类。此类砖铭，汉时已有，至明城砖（如南京明城墙砖）渐趋完备。此类砖铭，原不过一般性标识，后渐演变为具特定考绩问责功能者。

五曰墓志类。近世河南洛阳出土之东汉时期与犯人尸骨共埋一起、记有犯人名籍及生卒年月等内容的刑徒墓砖及东汉以降屡见之墓志砖属之。此类砖铭，起标识、纪念作用。墓志砖所记死者之年代、生平行事等，有一定考史作用。

六曰"买地券"类。"买地券"，亦称"冥契"、"幽契"，是东汉以降盛行的随葬象征性证券，券文刻写或书写于砖、石、铁、铅等硬质物上。因铭中有死者姓名、死亡年月及所买地的来源、大小、价值、证人（多为虚拟）等，且充斥迷信、荒诞语，对认识当时社会经济生活、宗教信仰、风俗习惯等，有一定参考价值。

七曰追思、悼亡言及愤懑、不平语类。人皆有感情，感情须宣泄，宣泄须有途径、窗口，砖铭即其选择之一。在传世砖铭中，有"幽室感仁贤"、"呜呼哀哉，处斯幽冥，潜神居土，何时复生"（见朱明岐明止堂拓片选所录浙江余姚出土东吴宝鼎二年砖、上虞出土西晋太康八年砖）一类语词，是死者亲人对死者追思、悼念之情的自然流露。而在20世纪70年代安徽亳州曹氏宗族墓出土的砖铭中则又有"牛头也曹君"、"世何等言兮，大兄临无可食"、"当奈何"、"为将奈何，吾真愁惶"、"苍天乃死"、"人谓壁作乐，作壁正独苦，却来却行壁，反是怒皇天"诸语，反映出在汉末黄巾大起义的日子里下层劳苦大众对社会的愤懑不平情绪，史料价值弥足珍贵。

与传统的金、石、瓷、玉、字、画等的收藏不同，字砖的收藏研究相对晚后薄弱。而对字砖的收藏研究来说，对砖文内容进行分类又是研究中必不可少的一步。对砖文内容作类的区分，看似小事，做起来颇难。因为，同一砖铭，字数虽不多，内容却可涉及多个领域、方面。即同一语词，亦可从不同角度予以归类。如暂归入纪年类的所谓"纪年砖"，有的是墓志，有的则是城砖，性质、功能迥然不同。所谓"纪事砖"，亦嫌含混、宽泛。因为，除单纯的"纪年"、"吉语"砖外，涉事之"纪事砖"又可据所涉事项的不同作进一步的区分。因此，如何将字砖从内容上归类，实在不好把握。是以本文所作字砖文字内容分类，是极粗略的，不当、不妥之处，在所难免，祈方家、同好正之。

第四辑

"对立面的统一性" 及 "十月革命后民族民主革命的性质及其所属阵线" 问题研究

有关对立面的统一性的一些问题

事物的矛盾法则，即对立统一法则，是唯物辩证法的最根本的法则。列宁曾称之为辩证法的本质或核心。而对立面的统一性与斗争性的问题则是这一法则的基本内容。因之，弄清这一问题对于我们把握矛盾法则以至整个唯物辩证法有着特别重要的意义。

对这一重要问题，同其他许多重要问题一样，经典作家本来都有着明确的指示。然而，目前哲学界对于这一问题特别是关于对立面的统一性问题所流行的一些见解却是错误的。应该引为注意的是，这些同志的错误恰恰发生在他们自以为是为了捍卫马列主义哲学而进行的反对唯心主义与形而上学的战斗之中。他们虽在主观上想进行反对形而上学的斗争，但斗争却显得如此无力，而最终自己也不能不陷入形而上学的泥坑。何以会如此呢？道理很简单，他们自己本来就是立足于形而上学的立场之上的。在这个问题上，形而上学者惯用绝对的抽象的统一性来扼杀对立面的斗争性从而达到否定整个唯物辩证法的目的。这些同志为了反对这一点，但由于他们自己毕竟也不懂得这一点，所以在否定了形而上学的绝对的抽象的统一性的同时，连根本有别于这种统一性的具体的、相对的对立面的统一性，也加以层层限制和种种"责难"，尽量剥夺它的地盘，把作为对立面根本属性之一的绝对的、普遍的、无条件的、恒常存在的对立面的统一性看成为相对的、有条件的、暂时的现象。看来，这样做似乎是为了森严自己的壁垒，进行反对形而上学和捍卫"对立面的斗争性"及整个唯物辩证法的战斗，但由于他们不懂得对立面的统一性与斗争性之间本身就是一种辩证统一的关系，只看到，至少是过分地强调了其矛盾的一面，企图用降低统一性的应有地位的办法来维护对立面的斗争性，其实际效果恰恰是倒向形而上学，否定了矛盾斗争的绝对性和整个唯物辩证法。我个人认为，要反对形而上学，要维护矛盾斗争的绝对性以至整个唯物辩证法，只能认为这种具体的、相对的对立面的统一性的存在是无条件的、恒常的、普遍的、贯穿始终的、绝对的。

下面我们就来探究一下这个问题。由于讨论未曾展开，不知争论焦点之所在，故不能对该问题的各个方面进行全面深入的分析，也不宜过多地引经据典，只是把问题摆了出来并初步提出了自己的看法，以供讨论。

一、统一性是对立面之间关系的一个方面

任何一种矛盾都是由既统一又斗争着的两个方面构成的。这两个方面，一般名之为"对立面"。这样的两个方面由于具有不同的性质，代表着发展中不同因素和力量，具备着不同的运动趋势，它们之中的一方对于另一方来说，都是否定的因素和运动中的障碍力量。在运动中，它们为了各自保持自我的性格与发展趋势，就要排斥对方、压倒对方、否定对方。上述这种状况是对立面之间关系的一个方面，我们称之为对立面的斗争性。这种斗争性是矛盾的最高属性之一，它是无时不在、无处不有的，它存在于一切矛盾之中，贯穿于每一矛盾过程之始终，因而，它的存在是无条件的、绝对的。

对立面之间关系的另一个方面，矛盾的另一最高属性，是对立面的统一性。所谓对立面的统一性，依据毛泽东同志在《矛盾论》中的指示，说的是如下两种情形：（1）对立的两个方面各以和它对立着的方面为自己存在的前提，双方共处于一个统一体中。（2）对立双方通过斗争各向其相反的方面转化。

我们通常所说的对立面，是指的具体事物、现象、过程赖以构成的两个矛盾方面，而不是任意的两个方面。这样的两个方面就必然和当然是互为存在前提、互相联结、互相渗透，共处于一个统一体中的。因为其中的任何一方之所以作为对立面之一而存在，正是因为有与之相应的另一方同时存在着，离开了对方，它自己就失去了存在的前提和意义，对立面也就不成其为对立面了。毛泽东同志明确指示过："矛盾着的各方面，不能孤立地存在，假如没有和它作对的矛盾的一方，它自己这一方就失去了存在的条件。"[①] 恩格斯也说："所有的两极对立总是决定于相互对立的两极的相互作用"，"两极的分离和对立，只存在于它们的相互联系和统一之内。"[②] 这都说明了对立面之间之具有互相依存、互相联结、互相渗透的性质或关系，正如磁铁之两极间具有互相吸引的性质或关系一样，是一种不证自明的道理，它不随任何时间地点条件为转移。无论何时何地，只要对立面之作为对立面存在，它们之间就必然和当然具有互为存在前提、互相联结、彼此渗透的统一性。

再从统一性的第二种意义来看，我们既然承认事物都处于不断的发展与变化中，我们就必然要承认对立面的转化是绝对的、无条件的。因为事物的发展变化，事物的运动，其实质就是对立面的互相转化。事物之所以呈现出不停地变化面貌，正是由于该事物赖以构成的对立方面之间的力量对比，彼此消长处于不停

---

① 《矛盾论》，《毛泽东选集》第 1 卷，第 316 页。
② 《自然辩证法》，人民出版社 1955 年版，第 48 页。

的变化之中，正是由于对立面处于各自向其相反方面的转化之中。没有对立面的转化就没有事物的发展变化，就没有运动。当对立面之间的力量对比，彼此消长还未到达根本转折点的时候，事物呈现为不显著的、微小的量变，而一旦对立面之间力量对比，彼此消长达到根本转折点的时候，事物就呈现为显著的质变。但不论是量变阶段还是质变阶段，对立双方总是处于不停地向其相反方面的转化过程之中，正是这一点，决定着运动发展的绝对性。没有对立面的转化就没有事物的变化与发展，就没有运动。否认对立面转化的绝对性就是否认运动的绝对性。

因此，无论就统一性的哪种含义来说，对立面的统一性正如对立面的斗争性一样，也是绝对的、无条件的存在着的。它们共同构成对立面之间关系的两个方面，是矛盾的最高属性。只要有对立面存在，就有对立面的统一性和斗争性存在。缺少了统一性和斗争性之中的任何一个，对立面都将不再成其为对立面，矛盾不再成其为矛盾，事物不再成其为事物了。正如有火存在就有光和热存在，没有光和热或其中的任何一个，火就将不再成其为火了一样。这本是一个不成问题的问题，但偏偏有人认为火的光（或热）的存在不是绝对的、无条件的，而是相对的、有条件的、暂时的、转眼即逝的现象。似乎存在着脱离光或热（至少是大多数情况下是脱离的）的火。难道不是吗？明明就有人——而且是不少人——认为对立面的统一性的存在只是相对的，有条件的、暂时的东西。按照这些人的说法，似乎对立面有时，而且在大多数情况下都不具有统一性。有些人就干脆说出质变阶段对立面没有统一性。更有人把这种观点用去分析社会历史现象，讲出了我们和国民党建立统一战线时，我们和国民党这两个对立面之间有统一性；而当统一战线破裂时，其间的统一性也就消失了的笑话来。这一切都不能不表明我们对作为唯物辩证法核心的对立统一规律的理解是如何的不够。因此，对这一问题展开讨论，彼此提高，是十分必要的。

二、斗争性不能离开统一性独立存在

如上所述，为了证明对立面的统一性的存在是有条件的、暂时的、相对的，于是这些同志提出了质变阶段对立面没有统一性，统一性只是对立面在一定时期、阶段和一定条件下的产物，是斗争性在一定条件下的产物的说法。如艾思奇同志就曾说：“对立面的统一性一般地是在事物的相对静止的状态下存在。”“事物内部的对立方面……是在一定条件下具有统一性的。”又说：“同一性是对立面斗争的一定情形之下的产物。”“至于说到在显著变动的状态和质的飞跃状态下面，上述对立面的同一性就不能继续下去，而要发生破裂。例如在革命阶级对反动阶级举行革命的决战的情形下，前者对于后者既然要经过决战使之归于消灭，这就在实质上失去了依赖关系了。"①

表达了同一个意思但比之更为明快的是薛靖同志。他说："对立面的统一只是有条件地相对地存在于发展过程的量变阶段，而对立面的斗争则是无条件地存在于发展过程的始终，既存在于发展过程的量变阶段，也存在于发展过程的质变阶段。"②

类似的说法，几乎俯拾皆是。但其实质只是一个，即对立面之间有时不存在统一性。而既然斗争性是绝对的，贯穿始终的，其逻辑结果必然是承认斗争有时会脱离统一性而独立存在。事实上，他们也并不隐晦这一点。如艾思奇同志就明确说过"在对立的同一性破裂的情况下固然有着斗争"③之类的话。这样，我们争论的焦点和问题实质之所在——斗争性能否脱离统一性而独立存在的问题——就昭然若揭了。

前面我们已经从对立面的统一性是矛盾的最高属性之一，没有统一性，对立面就不成其为对立面，从而也就谈不上什么斗争性的存在这一角度考察了斗志性之不能离开统一性而独立存在。现在，我们再从统一性与斗争性的直接关系中来加以考察。

谁都知道，对立面的斗争性是事物发展变化的根源、动力。但斗争性的存在是以统一性为前提的。因为正是对立面之间的互相依赖、渗透、贯通和双方共处于一个统一体之中，才为对立的斗争提供了可能和场所。如果对立面之间无任何联系（严格说来，无任何联系的双方并不能称为"对立面"），试问对立面的一方如何把作用传给另一方，又如何从对方接受作用呢？如果没有统一体存在，它们又在何处去进行斗争呢？所以，抹杀了对立面的统一性的存在就等于取消对立面之间发生相互影响、相互作用、相互排斥的任何可能，从而也就是在根本上取消了斗争性的存在。

再从统一性的第二种意义来看。如果否认对立面转化的绝对性，承认对立面在某些，而且是大多数情况下是不转化的，那就等于否认运动发展的连续性与绝对性。就会认为矛盾斗争并不会引起事物的运动发展，至少是不会在任何情况下经常地引起事物的运动发展。这同样是在实质上抹杀了矛盾斗争的绝对性与它的真实含义。

可见，没有统一性就没有斗争性，否认统一性就是同时否认了斗争性。

看来，否认量变阶段统一性的存在是不容易的。于是，就有人从质变上打主意。认为质变阶段对立面的统一性该不存在了吧！以艾思奇同志为代表的一些人，正是这样做的。现在，我们就来考察一下，到底质变阶段对立面之间还有没

① 《辩证唯物主义纲要》，人民出版社 1959 年版，第 186、179、193、188 页。
② 《统一性和斗争性的关系》，载于《新建设》1960 年 6 月号。
③ 《辩证唯物主义纲要》，人民出版社 1959 年版，第 133 页。

有统一性的存在。

首先，应当明了质变并不是别的，它意味着事物的发展进入了质的飞跃阶段，事物突破了旧质的规定性变为一种新的事物，也就是对立面的互相转化进入了根本转折的阶段。这不仅不是统一性的破灭，而恰恰是统一性的第二种含义的最明显的表露。

其次，大家都不否认事物处于质变状态下，对立面的斗争不仅没有消除反而加剧起来，而这在对立面之间无丝毫联系的情况下又是绝不可能的。

最后，所谓质变就是旧事物的消灭与新事物的产生，就是旧的对立面的消灭与新的对立面的产生，就是旧的统一性、斗争性的消灭与新的统一性、斗争性的产生。这其中新旧之间的更替固然是一个十分复杂与深刻的过程，但只要事物还是原来的事物，对立面还是原来的对立面，那么，原来的斗争性与统一性就会存在；而一旦新的事物、新的对立面确立起来，新的斗争性与统一性也就随之产生了。这里，新旧统一性之间是密接无间的。它们之间并不存在一个无任何统一性的"真空地段"，正如新旧事物之间、新旧对立面之间、新旧斗争性之间之密接无间，不存在一个"真空地段"一样。不可否认的事实是质变时统一性发生了根本的变化、交替，但变化、交替不等于不存在，难道我们能因质变时斗争性也同样发生了变化和交替就说质变时斗争性也不存在了吗？

应该再强调一次，对立面的统一性同对立面的斗争性一样，都是矛盾的根本属性。企图把统一性从对立面中赶出去，正如企图把光或热从火中赶出去一样，是绝对不可能的事。

三、相对的统一性与对立面统一性的存在是绝对的

除了上述因把对立面的统一性的存在看成是有条件的、暂时的，从而把对立面的统一性的存在说成相对的之外，还有些同志用矛盾两个方面的统一性"不能成为绝对没有矛盾的完全的同一性，而只能有一定方面、一定范围和一定程度的同一性"[①] 以及统一之中还有斗争存在等诸如此类的理由来否定对立面的统一性的存在是绝对的。原来，他们把绝对的统一性与对立面的统一性的存在是绝对的两个不同的概念混淆起来了。

按照我们的理解，"绝对的统一性"是指的抽象的、排斥一切差异与对立的形而上学的统一性。而"对立面的统一性"是具体的、包含差异与对立于其中的辩证统一性。如果把形而上学的那种统一性叫做绝对的统一性的话，那么在对等的意义上辩证法承认自己的统一性是相对的统一性。这里应该提请大家注意的

---

① 《辩证唯物主义纲要》，人民出版社 1959 年版，第 186 页。

是，相对的统一性与对立面的统一性的存在是相对的与否，正如绝对的统一性与对立面的统一性的存在是绝对的与否，同样不是一回事。相对的统一性和绝对的统一性是回答统一之中是否包含差别与对立于其内的问题，是回答具体的、辩证的统一性还是抽象的、形而上学的统一性的问题；而对立面的统一性的存在是相对的还是绝对的问题则是回答这种对立面之间的统一性（即相对的、具体的、辩证的统一性）的存在是有条件的、暂时的呢？还是无条件的、贯穿始终的呢？对于前一个问题，我们的回答是对立面的统一性是相对的统一性；对于后一问题，我们的回答是对立面的统一性的存在是绝对的。合而言之，就是对立面之间的相对性、具体的、辩证的统一性是无条件的、贯穿始终的、绝对的存在着的。这也就是相对统一性的绝对存在，相对之中的绝对。

上述同志用统一之中仍有斗争这一事实来论证对立面的统一性是有别于形而上学的统一性的相对的统一性是正确的，但用它来证明对立面的统一性的存在是有条件的、暂时的、相对的，则是风马牛不相及的。

同样道理，绝对的斗争性与对立面的斗争性是无条件的、贯穿始终的、绝对的存在着的也不是一回事。

绝对的斗争性是形而上学的，排斥一切联系的斗争性，在这种意义上辩证法承认对立面的斗争性是相对的斗争性。但当我们进一步问这种对立面的斗争性是有条件的、暂时的、相对的存在着的呢？还是无条件的、贯穿始终的、绝对的存在着的呢？我们并不会因为我们承认对立面的斗争性是相对的斗争性就妨碍我们同时承认对立面的斗争性又是无条件的、贯穿始终的、绝对的存在着的，即承认相对的斗争性的绝对存在。这同样是相对中的绝对。

退一步来说，如果上述同志的那种论证方法是真实的、正确的，那么我们同样可以说："既然斗争是统一之中的斗争，所以对立面的斗争性的存在只是有条件的、暂时的、相对的。"这样的结论，显然是上述同志也难以接受的。

四、"统一性"与具体的特定的"统一形式"或"统一状态"

除了弄不清统一性与斗争性的辩证关系，以及混淆了相对的统一性与统一性的存在是绝对的这两个不同的概念外，弄不清对立面的统一性及其表现——具体的特定的统一形式（状态），是使上述同志陷入错误的另一重要原因。应该指出，对立面的统一性及统一形式的问题，是一个一直被忽略了的极为重要的问题。

对立面的统一性，已如所述，是对立面之间关系的一个方面，是指对立面之间的那种互相依存、双方共处于一个统一体中以及互相转化的性质。而统一形式则是指的这种统一性在一定条件下的具体表现形态。这是两个不同的问题，前者是回答对立面之间有没有一种互相依存，双方共处于一个统一体中，和互相转化的性质或关系以及这种性质或关系的存在是否是无条件的、贯穿始终的、绝对的的问题。而后者则是回答这种对立面的统一性在一定条件下是怎样表现出来的，即对立的双方采取何种方式互相依存，它们处于怎样的统一体之中，以及它们采取何种方式和途径互相转化的问题。

作为矛盾的根本属性之一的对立面的统一性的存在是无条件的、贯穿始终的、绝对的。而统一形式则因为总是和具体的条件相联系着，所以它的存在则是有条件的、暂时的和相对的。随着事物自己内部对立斗争进程的变化以及周围条件的影响，统一性总是通过这样或那样的统一形式表现出来和不断地更替着自己的统一形式。例如，对立面是互相依存的，但双方究竟如何依存则是以具体的条件为转移的，有时表现为缓和的共处，有时是激烈的斗争，有时是势均力敌，有时又是一方压倒另一方或一方起来消灭另一方。由此也就造成了它们共居的统一体的这种或那种的不同形式。再如，对立面是互相转化的，但双方究竟如何相互转化，采取何种方式，通过何种途径来转化却是和具体的条件联系着的，是多种多样的。

由此我们不难得出如下结论：对立面的统一性是无条件的、贯穿始终的、绝对的存在着的；而对立面的具体的、特定的统一形式（统一状态）才是有条件的、暂时的、相对的东西。

不少同志却弄不清这一点。他们把平衡、均势、团结、协调等统一性在一定条件下的具体的特定的表现形式等同了统一性，以致当平衡、均势、团结、协调等状态一旦消失之后，就认为是对立面的统一性也消失了，并据此得出统一性的存在是有条件的，暂时的和相对的结论来。如张如心同志就曾说过："矛盾着的两方面（以工人阶级为代表的人民大众和大地主大资产阶级国民党反动派）由于一定的条件（日本帝国主义的进攻以及其他条件）而互相联结、互相贯通，结成抗日民族统一战线，这叫做矛盾的同一性。"[①] 艾思奇同志在旧版《大众哲学》中也持有上述看法。认为大革命时期国共之间有统一性，土地革命时期没有了，到抗日战争时期统一性重新出现，而解放战争时期又没有了。另外，在艾思奇同志的其他著作及不少通俗小册子中也都曾把"平衡"和"统一性"相提并论，认为"平衡"或"均衡"就是矛盾的统一性。

我们承认统一战线是国共之间统一性的特定表现形式，也承认平衡是各经济部门间统一性的特定表现形式，但它们并非各该对立面统一性的所有形式，更非统一性本身。有统一战线，固然标志着国共之间统一性的存在；统一战线破裂，国共之间仍然有统一性存在。难道我们能认为在土地革命时期国共之间失去了互相依存共处于旧中国这个统一体中的统一性，解放战争时期国共之间失去了互相

[①] 《毛泽东同志对马克思主义辩证法的贡献》，人民出版社 1954 年版，第 43 页。

转化的统一性了吗？同样道理，我们也不能把各经济部门间平衡状态的破裂看成为其间已失去彼此联结、贯通、依存的统一性了。

我们应该精确使用"统一"这个字眼。"统一"一词在经典著作中是有不同所指的。当它在和"斗争"或"斗争性"对等的意义上使用时是指的对立面的统一性；在它和"平衡"、"均势"、"团结"、"协调"等并列的意义上使用时，是指的对立面的暂时的、相对的统一状态（具体的统一形式）。不少人就是由于不会加以区别，才把统一性当成了统一形式，把统一性等同了"平衡"、"均衡"、"团结"、"协调"。

五、应该正确理解列宁的指示

持有上述错误看法的同志往往援引列宁。列宁同志的那句看来可以当作他们看法有力依据的话被引用了不知多少次。然而，错误的不是列宁，而恰恰是这些同志自己。他们歪曲了列宁同志的原意。在《谈谈辩证法问题》那篇著名的短文中，列宁同志确实曾经说过："对立面的统一（一致、同一、均势）是有条件的、暂时的、易逝的、相对的。相互排斥的对立面的斗争则是绝对的，正如发展、运动是绝对的一样。"[①] 这句话应该作何理解呢？表面看来，列宁同志似乎真的赞同他们；但只要我们稍稍深思一下，是绝对不会得出上述同志那样的结论来的。很难设想，伟大的辩证法大师会把对立面之间的那种相互依存共处于统一体中及彼此转化的性质或关系的存在看成是有条件的、暂时的、易逝的、相对的，因为，他在另一个地方明明说过："每种现象的一切方面"，"都是互相依存的，彼此有极其密切而不可分割的联系"的。[②] 唯一正确的理解，亦即列宁原意之所在，只能是认为被列宁指为有条件的、暂时的、易逝的、相对的不是对立面的统一性，而是对立面的特定统一形式。不仅从经典作家的一贯看法及列宁这句话的整个意思上应作这样理解，即使从字面上也只能作如此解释。列宁同志不是明明在"统一"之后的括号中又写了"一致"、"同一"、"均势"等同义词吗？我再次提请大家注意，"统一"一词在经典著作中往往没有严加区分，用在不同地方是有不同所指的，不了解这一点，就会把意思搞错，歪曲了经典作家的原意。

六、小　　结

上面乱七八糟谈了一大堆，不外想说明如下意思：对立面的统一性是区别于

---

① 《谈谈辩证法问题》，《列宁全集》第38卷，第408页。

② 《卡尔·马克思》，《列宁全集》第21卷，第36页。

抽象的、排除一切差别和对立的形而上学的、绝对的统一性的具体的、包含差别和对立于其中的辩证的、相对的统一性。然而这种统一性却是对立面之间的关系的一个根本方面，是矛盾的最高属性之一，它存在于任何矛盾之中，又贯穿每一矛盾过程之始终，因而它的存在又是无条件的、普遍的、恒常的、绝对的。至于这种统一性所赖以存在的具体形式——统一形式或统一状态——则取决于矛盾的具体性质、斗争的过程和方式以及周围条件的影响等等，因而是有条件的、易逝的、相对的。

弄清全部问题的关键在于，应该首先学会区分：（1）相对的统一性还是绝对的统一性与对立面的统一性（相对的统一性）的存在是相对的还是绝对的，是两个不同的概念。（2）对立面的统一性和对立面的具体的特定的统一形式或统一状态，是两个不同的概念。

问题是展示出来了，分歧肯定是有的。我的看法确当与否以及究竟应该作出何种结论，这有赖于专家和对此有研究、有兴趣的同志多多发表意见，共同讨论。

作者附言：本文写于 1960 年作者于山东大学历史系读书时，五十年后的今天始得刊出，苦衷在心，冷暖自知。

（原载《青海师范大学学报》2010 年第 3 期；又收入拙著《先秦传说与区域文化研究》，兰州大学出版社 2010 年版）

辩证法的"同一性"可不可以作两种含义上的区分和如何区分?

——读了高鼎忠等同志的文章之后

一

前几年,我国学术界曾就思维和存在的同一性、错误思维和存在的同一性以及矛盾的同一性和斗争性的关系等问题开展过热烈的争论。其后,讨论即向纵深发展,不少同志又就一般的同一性概念的理解和运用问题进行了探讨。毫无疑问,这些讨论将是有益的,是会有助于我们对辩证法尤其是它的核心——对立统一规律的进一步了解的。

事情往往是这样:当我们探讨某个问题的时候,为了有助于这一问题的解决,常常要把我们的步子迈得更远一些——客观的需要会把我们带进一个新的领域中去。这样一来,旧的问题还没有完全解决,新的问题却已接踵而来了。这是正常的,因为我们不能等到一个问题完全解决之后,才去考虑下一步该做些什么。问题的开展和由一个问题到一个问题的跳跃,常常就是按着这种逻辑进行的;何况这样一来也许会——多半会是这样——有助于遗留下来的老问题的最后解决呢!基于此,我们应该欢迎我们的哲学研究工作者勇于提出新问题的做法;至于所提出的新看法本身该不该受到欢迎,那就要看它的正确与否了。如果它是错的,我们当然不能同意;但如果有另外一些同志在批评这种错误看法的时候,是以错正错、以偏纠偏,我们也同样不能同意。这是笔者个人对这次论争所持的态度。

刊载在《新建设》1962年7月号上的高鼎忠同志所写《也谈"同一性"概念的理解和运用》一文(《哲学研究》1962年第5期曾转载),提出"对'同一性'这一概念,除了应区别抽象的同一性和具体的同一性之外,还应区别辩证唯物主义者在不同场合运用的相对于斗争性的同一性和相对于差别性的同一性两个不同的概念。"(篇内下引"高文"均出此处,为行文方便起见,以下不再一一注明出处,仅以高文相称)此文刊出后,很快就有人出来提出异议。截至今日,已为笔者所见者，即有：徐崇温《对立同一问题种种》（载《新建设》1962 年 10 月号）、马泽民《是辩证法还是形而上学？》（载《哲学研究》1962 年第 6 期）、林京耀《辩证法同一性与形而上学同一性的根本对立》（载《哲学研究》1963 年第 2 期）等三篇文字（篇内所引三氏语，均出此三文，下仅以徐文、马文、林文示别）。三文中针对高鼎忠同志的错误观点所作的批评，笔者每表同意；然亦有不能轻易唱和之处。我个人认为：高鼎忠同志所说的可以把辩证法的同一性概念作两种含义上的区分这一提法本身，是可以接受的，因为这种区分的确存在于实际生活当中；而且只有真正地理解到了这种区分，才能确切、完善地领会恩格斯关于思维和存在的同一性问题的意旨。不过，从高鼎忠同志的整个议论上看来，他事实上并不懂得如何作这种区分。他只是朦朦胧胧地觉察到某些现象，再加上许多不正确的论证和似是而非的论据，结果竟作出两种含义上的同一性是绝对排斥的、互不相干的、完全是不同的两回事的结论来。这就违背了事实，违背了二者之间既相区别又密切关联着的事实。徐崇温等同志针对高鼎忠同志割裂两种含义上的同一性之间的有机联系的错误观点所作的不少批评，每能切中要害，对此，我是深表赞同的；但令人遗憾的是，这些同志在批评高鼎忠同志错误的同时，却连应该对辩证法的同一性概念作两种含义上的区分这一提法本身也从根本上加以抛弃，认为辩证法只能承认相对于斗争性的那种同一性，即我们通常所理解的相互依存、相转化意义上的那种同一性，认为只有这样的同一性，才是对立的同一；至于什么相对于差别性的同一性，那只能是形而上学的货色。不错，后一种同一性在高鼎忠同志那里确实被打扮成了形而上学的货色。但我们要问：是否相对于差别性的同一性就只能作形而上学的理解而根本不能解释作辩证法的呢？对此，三位同志的回答又并不尽同。林京耀同志根本就不承认相对于差别性的同一性还可作辩证法的理解；而徐崇温等同志虽然勉强承认其是辩证法的，但却以两种同一性的相互联系的论证，进而把它们说成是一回事，并由此做出结论说：人们不应该、也不必要区分它们！这同样违背了上述那个事实，即违背了二者之间既相区别又密切关联着的那个事实。两种人的区别仅在于：一种人只看到区别，看不到联系；另一种人又只看到了联系而忘掉了区别。事实上，双方都是各持一端，俱失之于片面。

我个人的看法是：一方面，承认两种含义上的同一性都是辩证的、对立面的同一性。它们之所以都是辩证的、对立面的同一性，就在于它们都存在于矛盾之中，就在于他们都是作为对立面之间所具有的某种关系或性质而存在着的。而完全不能像高鼎忠同志那样，为了强调它们的区分竟把一个说成存在于矛盾之中，另一个存在于矛盾之外。根据笔者个人的体会：完整意义上的辩证法的（对立面的）同一性，是应该包摄着相互依存、相互转化和共同点、符合、一致这两层意思在内的。我们通常只在相互依存、相互转化的含义上使用着对立的同一这一概念，那是作的狭隘的理解。因为这样的同一性只是相对于斗争性的同一性，只是对立同一的一种含义。事实是，对立的同一是个总称，其下既隶属着相对于斗争性的同一性，又隶属着相对于差别性的同一性。另一方面，两种含义上的同一性虽然都存在于矛盾之中，存在于对立面之间，虽然它们是密切关联着的，但彼此间又各自有着自己相对的独立性，它们毕竟又不完全相同，不能像徐崇温等同志那样把它们混而为一。

下面拟从几个方面将自己的浅薄看法提出并和几位同志有所争论，是非安在，尚有待公论。

二

首先，我表示同意高鼎忠同志的应对辩证法的同一性概念作两种含义上的区分的提法。的确，辩证法的同一性是有着两种不同含义的，这正如高鼎忠同志所指出的那样："相对于斗争性的同一性之含义，是矛盾双方互相依存、互相转化；相对于差别性的同一性之含义，是共同点、符合、一致等。"这不仅符合事实，而且在经典著作中也是有根据的。不过，高鼎忠同志对自己提法的理解却是错误的。他为了向人们强调两种含义上的同一性"是绝对不能混淆（合并）的""两个不同的概念"，不是根据对两种含义上的同一性之间的既相区别又相联系的整个关系作认真的分析，而是以抹杀其间的相联系的一面来突出区别。这就在方法论上先失误了，这是一错。而他又为着论证其间区别的绝对性，更进一步把二者置于完全不同的领域中去，把一个放在矛盾之中，放在对立面之间；一方放在矛盾之外，对立面之外。这是二错，而且错得更远。另外，为了论证自己的看法，高鼎忠同志还对经典著作作了一些征引，也多半是领会得不够确切甚至曲解了经典作家的原意。

高鼎忠同志认为：相对于斗争性的同一性，"只能是矛盾双方互相依存、互相转化两种情形，不包括共同点、符合、一致等的意思"；而相对于差别性的同一性的意思，又指的是"特殊事物间比较过程中存在着的共同点、符合、一致等"，"矛盾双方互相依存、互相转化是不能包含在内的。"请大家注意！高鼎忠同志这里虽然说的是"不能包含"，但从其一系列的具体论证看来，实际上是指的两者间的绝对排斥。在他看来：只有相对于斗争性的同一性才存在于矛盾之中，在这种场合下就根本没有相对于差别性的同一性存在；反之亦然，相对于差别性的同一性又仅仅是特殊事物间外在比较过程中存在着的东西，是存在于矛盾之外的东西，在这种场合下，又根本没有相对于斗争性的同一性存在的余地。真是隔河据山，壁垒森严！但不知高鼎忠同志有没有意识到，这样一来却已把形而上学给引进来了。表面看来，要想区分两个对象，再没有比借助形而上学更来得简便的了。因为借助于这种方法可以把对象之间的相联系的一面抹掉，似乎可以把对象区分得格外明显。但我们不应该忘记，形而上学毕竟是行不通的，别的且不去说它，即这次论争中高鼎忠同志的上述看法被驳得防不胜防，难道不正是一个极好的例证吗？

为了论证两种含义上的同一性的绝对排斥，高鼎忠同志正是从我们前面提到过的那两个方面着手的：即一方面去论证在此者存在的场合下就没有彼者；另一方面去论证在彼者存在的场合下便没有此者。且在每一论证方面之下又都列举了不少例证作为论据。对此，徐崇温同志已作过很好的论评，读者可找来参阅。今再择其要者，议论一、二，聊补徐崇温等同志言所未尽、未善之处。

先谈第一个方面。在这一方面高鼎忠同志所要论证的是：两种含义上的同一性之所以是绝对排斥的，是因为在相对于差别性的同一性存在的场合下，没有相对于斗争性的同一性的存在。其根据是在经典作家的一些有关相对于差别性的同一性的论述中，似乎就完全看不到同时还有相对于斗争性的同一性之存在。且举了几个例子。现在我们就先来考察一下，这些例子是帮助了高鼎忠同志呢？还是适得其反呢？然后再去分析他的道理。

例之一：

"植物、动物、每一个细胞，在其生存的每一瞬间，既和自己同一而又和自己相区别……"①

例之二：

"在一切敌后地区和战争区域，应强调同一性，不应强调特殊性，否则就会是绝大的错误。不论在华北、华中或华南，不论在江北或江南，不论在平原地区、山岳地区或湖沼地区，也不论是八路军、新四军或华南游击队，虽然各有特殊性，但均有同一性，即均有敌人，均在抗战。"②

例之三：

是主席在《统一战线中的独立自主问题》一文中所提及的统一战线中的独立性和统一性时所使用的"统一性"（同一性）概念。③

高鼎忠同志分别引述了或提到过这几段文字。认为经典作家在这些地方所使用的同一性即是相对于差别性的同一性。我并不否认，在这些地方经典作家的确是在上述那种含义上使用了同一性概念的；但要想以此来证明在这样的场合下因为有了它的存在就绝对排斥相对于斗争性的同一性的存在，那可就错了！

事情非常明显，植物、动物、每一个细胞，既然都是"在其生存的每一瞬间，既和自己同一又和自己区别"，那就是明白地告诉了我们：它们处在一刻不

---

① 恩格斯：《自然辩证法》，人民出版社 1955 年版，第 176 页。
② 《毛泽东选集》第 2 卷，第 749 页。
③ 参见《毛泽东选集》第 2 卷，第 527 页。

停的运动变化之中。而抛开矛盾、抛开矛盾的斗争性和相对于斗争性的同一性去谈什么运动变化，在今天来说，那恐怕是连稍稍有点辩证法常识的人都会发笑的。"运动本身就是矛盾"，"既然简单的机械的移动本身包含着矛盾"，那么，怎么能够设想"物质的更高级的运动形式，特别是有机生命及其发展"，竟不包含矛盾呢？恩格斯不是明明指示过我们——"有机生命及其发展，就更加包含着矛盾"[①] 吗？

再如例之二所引主席的关于在一切敌后地区和抗战区域，在一切党所领导下的抗日军队当中，应该强调同一性，不应该强调特殊性的一段讲话。应该承认这个和"特殊性"相对待而言的"同一性"，主要是在共同点、符合、一致等的含义上使用的。但是否就能因此而说，在这里"就没有矛盾双方互相依存、互相转化的意思"（高文）了呢？显然是不能的！这里，我们姑且不论主席这篇文章所涉及的一些具体问题，就单单从哲学的一般角度来考察，谁又能否认前方和后方之间是互相依存、互相转化的呢？难道它们之间不正是互相支持、互相依赖的吗？难道它们的区分是绝对不变的，难道它们不可能在一定条件下互相转化，后方不可能变成前方，前方也不可能变成后方的吗？这些极为浅显的道理，恰恰被高鼎忠同志忽视了！

高鼎忠同志又认为："毛泽东同志在分析抗日民族统一战线中的统一性和独立性时所运用的同一性这个概念，也不是相对于斗争性的同一性"，而是相对于差别性的那种同一性。诚然，国共两党之间曾在国难当头的特殊条件之下，暂时的"一致"起来，结成抗日民族统一战线。从这个角度来讲，可以说是两者之间既有差别性（本质的），又有同一性（暂时的、局部的）。所以主席有时将同一性和差别性并提。但主席却在更多的地方将同一性和斗争性并提（如又斗争又团结、又斗争又联合等），这难道不是在相对于斗争性的意义上使用了同一性概念的吗？高鼎忠同志怎么就恰恰把这一点给忘了！如果像高鼎忠同志那样，把主席关于抗日民族统一战线的学说仅仅归结为去说明国共两党之间的既同又异，那是歪曲了这一学说，那就不免在实际上极大地贬低了主席这一学说的战斗意义。

为什么高鼎忠同志在这些问题上总是和我们谈不到一道去呢？为什么他一定要把相对于斗争性的同一性从相对于差别性的同一性存在着的场合下清除掉呢？说起来并不奇怪！因为——正如我们前面已经提到过的——照他看来，相对于差别性的同一性孤立于矛盾之外，它"只能是特殊事物间比较过程中存在着的共同点、符合、一致等"；而相对于斗争性的同一性才存在于矛盾之中，它是对立面的互相依存、互相转化。既然是一个处于矛盾之中，一个处于矛盾之外，当然无缘来往了！

① 《反杜林论》，人民出版社 1956 年版，第 123、124 页。

到此为止，高鼎忠同志总算把他的那个"相对于差别性的同一性"的面貌给我们勾画出来了。这究竟是怎样的一种同一性呢？原来它只是存在于特殊事物间外在比较过程中的、排斥矛盾的、排斥矛盾的斗争性和相对于斗争性的同一性的东西。这样的同一性该叫它做什么？高鼎忠同志自认为是辩证法的；我看，不如说它是形而上学的更来得恰当些！这是因为：（1）我们的这个世界是个统一性和多样性的世界。严格说，绝对相异或绝对相同的物是不存在的。据此，不要说在某些特定对象间，就是在任何的两个对象之间，人们要想从中找出相同之点或相异之点来，都并非难事。不过，做这种工作，形式逻辑就完全能胜任了，还要辩证法干什么？（2）实际上，高鼎忠同志所运用的还不只是形式逻辑的思维规律，而是作为世界观，作为认识世界根本方法之一种的形而上学原则。因为他所涉及的不是初级思维的领域，而是谈论的世界观，谈论的认识世界的根本方法。而形式逻辑的方法一经绝对化，一经提升为世界观和认识世界的根本方法，就变成形而上学了。高鼎忠同志正是想把外间比较法打扮成作为世界观和认识世界的根本方法的，这非但没有成功，却恰恰进一步从形式逻辑滑入形而上学了。

高鼎忠同志也许会反驳说：形而上学的公式是 A 等于 A，不能 A 等于 A 又不等于 A；而我却是说的同一性和差别性两相对待而在，是说的也有同也有异，这怎么会是形而上学呢？问题恰恰就在这里！正如马泽民同志所说："形而上学完全可以既承认同，又承认异；但却不能承认同中有异、异中有同。它们只能承认同和异外在的并列，而不能承认同和异内在的包含。"为什么是这样呢？因为形而上学和辩证法之间的根本分歧就在于：形而上学将事物目为不变的、自身和自身完全等同的、内部不包含矛盾的浑一体；而辩证法则把事物看作是生动变化的、是自身又非自身的、内部包含着矛盾的对立物的同一。据此，在"同"、"异"关系问题上，形而上学所谓的相同、相异，只能是事物外在比较过程中的同和异。同即同、异即异，同、异虽可共在，却并列而不相干。何以会如此呢？就在于它不敢承认事物内部包含着矛盾这一事实！而辩证法的"同"、"异"观，却是将其放在矛盾之中去理解的。所谓"同"，乃是指的对立面的相符合、相一致的一面；所谓"异"，乃是指的对立面的相区别的一面。所以在"同"、"异"问题上，形而上学和辩证法的试金石就在于敢不敢把它和矛盾联系起来加以考察。在辩证法看来，"世界上的每一差异中就已经包含着矛盾，差异就是矛盾。"[1] 差异（差别）的同一就是矛盾的、对立面的同一的一种含义。而高鼎忠同志的那种相对于差别性的同一性既是排斥矛盾的，又怎么可以把它叫做辩证法的呢？说它是形而上学的不是更恰当些吗？！

看来，要想把相对于斗争性的同一性从相对于差别性的同一性存在着的场合

---

[1] 《毛泽东选集》第 1 卷，第 295 页。

下人为地清除出去，就等于把矛盾也一起清除出去。这样做虽然会造就出一个十分纯净的相对于差别性的同一性来，不过，它却只能是一个不折不扣的形而上学的同一性了！

现在来谈第二个方面。在这个方面高鼎忠同志所要论证的是相对于斗争性的同一性又是怎样不能相容于相对差别性的同一性的，以和他的前一个论证——相对于差别性的同一性之不能相容于相对于斗争性的同一性——相照应。

他说："相对于斗争性的同一性始终存在于一切矛盾之中，而相对于差别性的同一性却不一定存在于一切矛盾之中、一切事物之间。有些事物间虽然构成一对矛盾，却不见有相对于差别性的同一性。"请读者务必注意！高鼎忠同志所谓的"不一定存在于"，实际上是"一定不存在于"，所谓的"有些事物间"，实际上是"一切事物间"。因为按照高鼎忠同志文章的主旨来说，是要证明两种同一性的绝对排斥的。否则，既然是"不一定存在于"，既然是"有些事物间"，那当然是在某时、某地、某些事物间存在，在某时、某地、某些事物间又不存在。这样一来，岂不是等于承认在某些构成矛盾的事物间既有相对于斗争性的同一性又有相对于差别性的同一性了吗？这不等于承认两种同一性都在矛盾之中，承认其间的紧密联系了吗？显然，这些东西都是高鼎忠同志所不能承认的。这显然是一个自我矛盾！高鼎忠同志为什么要把自己陷入这种自相矛盾的窘境中去呢？当我们进一步考察下去的时候，就会看出他的苦衷来！他之所以用了"不一定"和"有些"这类字眼，并不是出于疏忽，而是不得已而为之！因为他没有勇气宣布在所有矛盾的对立面之间都不存在着相对于差别性的同一性（林京耀同志却敢这样宣布，在这一点上他比高鼎忠同志走得更远，也错得更远。对此，我打算在下一节里作所议论，此处姑从略），所以他默认了在一些矛盾对立面之间两种含义上的同一性都存在着的事实。这真可以说是一种万不得已的牺牲，但又有什么办法呢？过于明显的东西是不便于抹煞的！不过，高鼎忠同志为了维护自己的观点，并没有作全线退却，他仍然固守着"在本质上、在现象上根本对立的不同的事物间，即俗话说的'毫无共同之点'的事物间"这块阵地上。在他看来，在这样类型的事物之间，虽然能构成一组对立面，却总不至于还会有相对于差别性的那种同一性存在了吧！事实又是怎样的呢？且让我们还是先来分析一下高鼎忠同志所征引的几个例子吧。

例之一：

"构成一对矛盾的敌我双方之间，从整体来说，'敌''我'都是代表着不同阶级的人，有相对于差别性的同一性。但我们说'敌''我'，是从阶级的根本利益这一特定范围（本质属性）为出发点的。从敌我之间的阶级利益的根本对立这一特定范围来说，敌我之间就可以说'毫无共同之点'，没有相对于差别性的同一性。"

我觉得高鼎忠同志在论证问题的方法上虽然很有些技巧，却不够正确。我们知道，任何矛盾的对立面之间除了有共同之点和符合、一致之处外，总还会有相异的（相区别的）一面。据此，我们要想在对立面之间找出其相异之点来，实非什么难事。但令人百思而不得其解的是高鼎忠同志在敌我之间找出其相异之点来究竟是想说明什么问题呢？如果就是为着说明其有相异之点，这固然符合事实，但却与高鼎忠同志的论旨无关；如果是想以其相异之点的存在来否定其有相同之点，即试图通过对对立面之间有相异的一面的论证来否定其还有相同之点的存在从而达到最终否定对立面之间有相对于差别性的同一性之存在的目的，这虽然是高鼎忠同志所向往的，却完全行不通！事情非常明显，对立面之间既然又有同又有异，那么，不管对立面之间的异是多么根本的、多么特殊的，都不足以达到绝对排除"同"的地步。否则，对立面也就不再成其为对立面了！如果一定要走上述那条行不通的路，那就是陷入了形而上学。因为形而上学是惯于用绝对的同来否定异或用绝对的异来否定同的。高鼎忠同志正是想以对立面的异来否定对立面的同的，结果就只能把这个异变成形而上学的绝对的异。而形而上学一插足进来，矛盾就化为乌有了。高鼎忠同志论证方法上第二失足之处是偷换概念。高鼎忠同志也承认敌我双方间从整体上来说，是有着相同之点的；而他所说的二者之间在阶级利益的根本对立这一特定范围内则毫无共同之点，我也并不反对，但对他的论证问题的方法却不能同意了。高鼎忠同志究竟想以所谓特定范围内毫无共同之点的说法来证明什么呢？如果就是说的特定范围内毫无共同之点，那没有任何意义，因为这证明不了他的看法。如果是想以此来证明敌我这两个对立面之间毫无共同之点，那就是偷换了概念，就是以对部分的论证来代替对整体的论证，是以偏概全。因为不管这个特定范围（整体中的部分）来得多么大和多么重要，但部分毕竟不等于整体，部分上的毫无共同之点并不等于整体上也毫无共同之点！

虽然高鼎忠同志也说从整体看来，敌我双方有共同之点，但在实际上他是不承认这一点的。因为这一点和他的文章的主旨相违背。实质上，他是想通过上述那种偷换概念的方法来论证"在本质上、在现象上根本对立的不同的事物间"——如敌我双方间——的绝对相异的。至于他的从整体上看来云云，只不过是门面上的东西而已！有的同志就因为没有注意到高鼎忠同志在论证方法上的错误，结果上了当。如徐崇温同志为了表示不同意高鼎忠同志的那种看法，就用了很大的气力去证明即使在阶级利益的根本对立这一特定范围内，敌我双方之间也有共同之点和符合、一致之处。这就不免劳而无功，甚至还会把自己陷入到新的错误中去。（因这个问题和本文关系不大，这里就不去多说它了。）

例之二：

"正确思维和存在是符合的、一致的"，故有相对于差别性的同一性；而"错误思维和存在是根本不符合、不对头的，因此错误思维和存在没有相对于差别性的同一性。"

这种看法乍看起来似乎没有什么问题，其实是很有漏洞的。

首先，高鼎忠同志又一次犯了论证方法上的错误。试看："由于错误思维和存在是根本不符合、不对头的，因此错误思维和存在没有相对于差别性的同一性。"说错误思维和存在之间从根本上（基本上、整体上）来讲是"不符合、不对头的"，当然是对的，但按高鼎忠同志的定义，所谓相对于差别性的同一性系指共同点、符合、一致等意思，高鼎忠同志既然还没有办法证明错误思维和存在间一无共同之点和符合、一致之处，怎么能来个"因此……"呢？怎么能作出上述那种结论来呢？当然，高鼎忠同志也许会说：我所使用的"根本"二字，就是指的全部、完全的意思，它是排斥任何共同点、符合、一致等的存在的。这样说或那样说，别人无权过问。但我在这里却要指出：这样的两个绝对不同、毫无共同之点的对象，根本就不是对立面，现实生活中也根本不存在着这样的东西！

其次，我们如果不是从形而上学的观点去看问题，那么，当我们肯定正确思维与存在相符合、相一致的时候，就必须同时指出其间的差别性，因为哪怕是最最正确的思维也不能和存在绝对地等同起来；另一方面，当我们指出错误思维和存在就其根本点上来说是不符合、不一致的时候，也必须同时看到其间尚有某种形式、某种范围内的相符合、相一致的成分。符合、一致并非绝对的同，符合、一致中包含着差别；不符合、不一致，亦非绝对的异，不符合、不一致中又包含着某种符合、一致。当然，我这样说并不是要混淆真理和错误间的界限。我同样承认两者间的本质区别。在我看来，这种区别和界限就在于前者在根本点上来讲是和存在相符合、相一致的；而后者却是在根本点上和存在不符合、不一致的。但这样说一点也不排斥在前一种情况下二者之间差别性的存在和在后一种情况下二者之间同一性的存在。错误之所以为错误，乃在于它不正确地、歪曲地反映了现实，并不是说它和存在之间毫无共同之点和符合、一致之处！哪怕是最最荒谬的认识，最最离奇荒诞的不经之谈，最最无据的梦言呓语，也总是凭借着感觉材料造就成功的，也总是颠倒地植根于客观存在的基础之上的。虽然在这些场合下，存在是被极大地歪曲了，但人们仍不难从中看到一些存的影像。上帝虽然是假的，但上帝的创造者们仍然是用人的头、人的手、人的一些体质特征来设想和臆造上帝的。牛头马面虽然也是假的，但巫师们在拼凑它们的时候，仍然不能不在现实生活中摄取材料——从牛马身上借来了头部，从人那里借来了躯体。马克思主义认识论认为：思维是存在的反映。这里所说的思维，当然是既包括正确的思维也包括着错误思维在内的。既谓之反映，那么，无论如何在反映者和被反映者之间总该有着或多或少的共同之点和符合、一致之处吧！比如你去照哈哈镜，虽然映出个奇形怪状，但总不至于映出一个茶杯来吧！

以上我们分析了高鼎忠同志所列举的两个例子。可以看出，他所谓的"在本质上、在现象上根本对立的不同的事物间"，虽然构成为矛盾，却"不见有相对于差别性的同一性"存在的说法，是完全不能成立的。事实是：一切矛盾、一切对立面之间都有某种共同之点和符合、一致之处，亦即都有相对于差别性的那种同一性存在。按理说，这一点对于我们今天的哲学研究工作者来说，本当是个不证自明的道理，可是就偏偏有人（如高鼎忠、林京耀二同志）不理解和不愿意承认它。这样的同志怎么就不去想想：如果对立面之间仅仅有差别，而无某种共同之点和符合、一致之处，那么，这样绝对异的两个方面又怎么能够彼此联结、互相依存而处于一个统一体中呢？没有统一体，对立面还成其为对立面、矛盾还成其为矛盾吗？如果一定要说还会有这样的矛盾，那也只能是高鼎忠同志等的想象中之物。由此看来，企图把相对于差别性的同一性从矛盾中抹掉，结果就只能是把矛盾化为乌有！矛盾既不存在，当然也就无从谈起什么矛盾的斗争性和相对于斗争性的同一性了，虽然这后一点恰恰是高鼎忠同志所想要证明的！论证的结果，竟把什么东西都给论证没有了，这一点不知高鼎忠同志想过没有？

总之，两种含义上的同一性都是存在于矛盾之中而又密切关联着的。如果用形而上学的方法人为地把它们割裂开来，共结果就只能是把一个变为形而上学，一个在实际上化为乌有。这样的区分怎么可以说是辩证法的区分，用这样的方法区分出来的同一性又怎么可以说是辩证法的同一性呢？

三

以上，笔者对高鼎忠同志的错误观点作了种种批评。在这一方面，每能和徐崇温等三位同志一致起来，但彼此间所作出的结论却是完全相反的。这就表明，大家的立足点并不一致。笔者认为，在我们批评高鼎忠同志割裂两种同一性的做法的同时，不能以偏纠偏，以错正错。三位同志失误之处就在于：他们或者根本就不承认还有相对于差别性的同一性之存在；或者是虽然承认两种同一种的存在，却一反高鼎忠同志的割裂而为把二者完全混同起来，这实际上仍然是不承认有相对于差别性的那种同一性之存在。至于最后的结论，三位倒是一致的，他们都认为不应该、也不可能把辩证法的同一性作两种含义上的区分。笔者却认为：在我们批评高鼎忠同志错误观点的同时，必须保留他的应对同一性概念作两种含义上的区分这一有价值和富于启发性的提法本身。以下，打算就几个问题和三位同志作所争辩。

（一）相对于差别性的同一性根本不存在吗？

林京耀同志认为辩证法的同一性之所以不能作两种含义上的区分，原因是相对于差别性的那种同一性根本就不存在——它根本不能作辩证的理解。在他看来，辩证的、对立的同一就仅仅指的是对立面的互相依存、互相转化；除此之外，别无他物，在对立面之间根本就不存在什么共同点、符合、一致等东西（性质、关系）。并说什么如果谁承认了对立面之间有共同点、符合、一致等，谁就是"恰好取消了矛盾"。这种看法是毫无根据的。我倒是认为，如果谁不承认对立面之间有共同点、符合、一致等，谁才是"恰好取消了矛盾"呢！关于这一点，我已在上节批评高鼎忠同志同样看法的时候作过较多的阐述，这里不再重复。下面仅就林京耀所列举的几个例子谈一下。

例之一：

"像商品的内部矛盾是使用价值和价值，我们能不能说商品内部矛盾的这两个方面存在着'共同点呢'？我们知道，使用价值是商品的自然形态，是一种物体，而价值则是商品的社会形态，是一种社会关系。"
林京耀认为是不能说两者之间有什么"共同点"，且引证了马克思的如下一段话作为根据：

"使用价值当然不能有它的对立物（价值）的作用；价值是和它没有任何共同点的，除了'价值'是在'使用价值'的名称上出现。"①

这里，林京耀除开继续袭用了高鼎忠同志的那个把对立面目为绝对的异的错误观点来作为根据外，还有什么别的呢？！恩格斯说过："对立与区别，虽然存在于自然界中，可是只有相对的意义。"② 这就明明告诉我们：在对立与区别当中包含着"同"。我们怎么能够设想两个构成为矛盾的对立面的对象之间竟然成了"不可调和的、不能解决的两极对立"，怎么可以在其间加上一个"强制规定的、固定不变的分界线与分类标志"③ 呢？诚然，恩格斯此处批判的是自然科学分类问题上的形而上学观点，但对我们理解对立面的关系、理解价值和使用价值这对矛盾对立面的关系不也是具有着同等的指导意义吗？当然，我这里并不是援引恩格斯来反对马克思，不是的，事情完全不是那样！事实上，马克思和恩格斯是一致的。问题在于我们的某些同志——如林京耀同志——惯于从字面上，惯于只从一个片面去理解马克思的指示。大家应该知道，马克思此处之所以说价值和使用价值之间是"没有任何共同点的"，完全是针对着当时的一些资产阶级学者教授们硬要把它们说成是一个东西的谬论而发的。我们只要全面地去理解马克思关于商品二重性的学说，就不难看出马克思正是把价值和使用价值当作统一物的两个部分、对立着的两个方面来处理的，完全不能够设想作为唯物辩证法创始人的马克思竟会认为矛盾的各个方面是绝对异的、毫无共同之点的东西！林京耀同志仅能从对立同一中看到异，却看不到同，这充其量只能是半个辩证法，而究其实

---

① 《资本论》第1卷，人民出版社1953年版，第1019页。
②③ 《反杜林论》，人民出版社1956年版，第10页。

质，还是形而上学。

一物有效用，不一定是商品。一物既有效用又是劳动的产物，也不一定就是商品；但作为商品的物除有效用外还必须是劳动的产物。准此，作为商品内部矛盾的两个方面的使用价值和价值，虽然前者是由具体劳动创造的，后者是由抽象劳动创造的，但从它们的形成都是以劳动为前提、为基础来看，不正足以说明其间有共同之点吗？怎么能将之目为绝无相似之处呢？

例之二：

"在讨论思维和存在的同一性问题时，有些同志由于把辩证的同一了解为共同点和等同，因而不敢承认思维和存在的同一性，其理由是：'思维和存在毕竟是不同的'、'思维和存在不是同一事物、属性和现象'，他们认为凡是承认思维和存在的同一性，就必然把两者看作是相同的东西，因而就导致唯心主义。另一方面有的同志为了证明思维和存在的同一性，不去论证它们的辩证同一，而去论证它们的'共同点'，说思维是存在的反映就是'共同点'。以上这两种表现都是由于把辩证的同一了解为形而上学的抽象的同一的结果"。

是否同一性在两种人那里都成了形而上学的抽象的同一性了呢？应该作具体分析，不能一概而论。前一种人把同一性了解为等同，认为凡是承认思维和存在的同一性，就必然把两者看作是相同的东西。他们口中的同一性当然是形而上学的抽象的同一性！至于后一种人，林京耀同志指责他们"为了证明思维和存在的同一性，不去论证它们的辩证同一，而去论证它们的'共同点'。"我们不明白林氏为什么一定要把"辩证的同一"和"共同点"对立起来！难道"共同点"不正是"辩证的同一"的一个方面、一种含义吗？难道论证了"共同点"不正是论证"辩证的同一"所必做的工作吗？当然，如果有人仅仅用"共同点"的论证去代替"辩证的同一"的论证，那是不全面的，因为"共同点"只是"辩证的同一"的一个方面、一种含义。应该在论证思维和存在间的共同点的同时，还要去论证其间的互相依存、互相转化。但这样的同志也只是失之于片面，怎么能被责为形而上学呢？倒是林氏应好好反省一下，自己那种把对立面目为绝对的异而否认其间有任何共同之点的做法，有没有形而上学的嫌疑！

例之三：

是林京耀同志提到了唯物主义和唯心主义的对立同一问题。

在这个问题上，前几年曾有人借口所谓的同一性来抹煞唯物主义和唯心主义的界线，这是我们应该坚决反对的。但林京耀同志的如下说法，也同样值得商榷。他说："唯物主义和唯心主义的互相排斥和斗争是绝对的，是不可调和的因而不能混淆，不能说它们之间有什么共同点。"这句话前半截是对的，后半截就错了。

其一，我承认二者间的斗争是绝对的，是不可调和的，也不能混淆；但我同样承认其间有共同点。"共同点"既非"等同",那么,承认这种共同点又何以会"混淆"呢?又何以会妨碍其间斗争的绝对性呢?相反,如果把二者彼此孤立开来,将之目为绝对的异,才恰恰是在实际上取消了矛盾、否定了矛盾斗争的绝对性呢!试问,唯物主义(或唯心主义)和粉笔怎么去"斗争"呢?显然是不能"斗争"的,其所以不能"斗争",就在于它们之间毫无共同之点、是风马牛不相及的两回事!可见,如果像林、高二位那样,硬要把共同点从对立面之间驱除出去,就等于取消了矛盾,就是在实际上腰斩了对立斗争的绝对性——虽然林京耀同志在主观上是很想强调它的!

其二,唯物主义和唯心主义之间的确在根本区别的前提下又有着某种共同之点,这可以从以下几个方面看得出来:(1)它们都是哲学,它们所涉及的领域、所研究的对象和主要问题是一致的。否则,风马牛不相及,如何构成对立的同一,又怎么个斗争法?(2)在某些唯物主义思想家和某些唯物主义的理论中,会包含有唯心主义的渣滓;而在某些唯心主义思想家和某些唯心主义的理论中,又会包含有唯物主义的因素。这是互相渗透,是彼此间将自己的成分渗透到对方中去,这也就是我们通常所说的同中有异,异中有同。(3)一部哲学史是唯物主义和唯心主义斗争的历史。在斗争中,魔高一尺,道高一丈,各自在原有的基础上发展着、丰富着自己。这是斗争的一个方面、一种形式。另外,基于前述那种情况(两者互相渗透),在斗争中,唯物主义还会把唯心主义中的合理因素吸取过来加以改造(不是拿来主义),变成丰富自己的滋养品;而唯心主义同样也会利用唯物主义中的某些弱点,把对自己有用的东西剽窃过来并加以改造变成自己的东西。作为两大营垒中的个别哲学家来说,也可能在斗争中为对方所"俘获"——原来基本上站在唯心主义方面的,可能前进一步变成唯物主义者;而原来基本上站在唯物主义方面的,也可能后退并滑入唯心主义的泥坑中去。这是两大营垒之间斗争的尖锐化、复杂化的一个侧面、一种斗争表现形式。而所有这些,都是林京耀同志的彼此绝对孤立的观点所不能解释得了的!

例之四:

"一个人当他一生出来以后,在他生命的充分发展的过程中,同时包含其日益衰老和死亡的过程,……在这里,生和死是同一过程的两个方面,是统一物之分解为两个部分,而不能理解为作为生命过程的矛盾的一个方面——生之中存在着死,否则,就不变成了相对主义的逻辑吗?"

生不是死,发展不是衰亡,这当然是对的。但发展中就包含着衰亡的因素、生之中就包含着死的因素,难道不同样是真确的吗?究竟是别人是相对主义,还是林氏是形而上学,不是再明白不过了吗?

根据以上分析看来,林宗耀同志所谓根本就不存在相对于差别性的那种同一性的说法,是不成立的。

（二）不必要区分吗？

有的同志虽然勉强承认两种同一性的存在，但却又固执地反对区分它们。在这个问题上，一反高鼎忠同志的割裂而代之以混同的，要算马泽民同志表现得最为明显了。如他说："如果相对于差别性的同一性包含矛盾，那就是矛盾诸方面的同一性（马泽民同志把对立的同一仅仅理解作互相依存、互相转化，亦即仅仅理解为相对于斗争性的那种同一性——引者），因此，提出'相对于差别性的同一性'概念，就是不必要的"。并进一步认为："把辩证法的同一性区分为'相对于差别性的同一性'和'相对于斗争性的同一性'的观点，实质上是趋向于混淆辩证法和形而上学的界限。"

固然高鼎忠同志的区分是有错误的，但若由此就断言任何别的什么区分也都要不得，那未免把话说得太早了些。辩证法的同一性事实上是存在着两种含义上的区分的，这绝不是什么人愿意或不愿意区分它们所能改变得了的！

在辩证法看来，一切事物、现象和过程的内部都包含着矛盾。矛盾是由彼此对立着的各个方面组成的。对立面之间，既斗争着，又互相依存、互相转化着，既是差别（区别）着的，又是有着某种共同之点和符合、一致之处的。斗争性、相对于斗争性的同一性、差别性、相对于差别性的同一性——这是共同制约着矛盾的存在和矛盾的性质的各个不可或缺的关系、性质和方面。一切矛盾都是这样，没有例外！四者中的任何一个缺少了，对立面都将不再成其为对立面、矛盾不再成其为矛盾了。

也许我的上述分析有些不着边际。因为马泽民同志会说：我也承认两种同一性的存在，只是反对去区分它们。这就叫人更难理解了！既然都存在，而各自的含义又不尽同，为什么不可以区分它们呢？区分开来不是更好些？看来马氏虽然在口头上承认两种同一性的存在，但说来说去还是实际上只承认一种同一性——相对于斗争性的那种同一性——的存在的。如他说："相对于差别性的同一性……就是矛盾诸方面的同一性"，而所谓"矛盾诸方面的同一性"在马泽民同志那里又仅仅指的是互相依存、互相转化，亦即仅仅是指的相对于斗争性的同一性。这样一来，相对于差别性的同一性就等同于相对于斗争性的同一性了，就把前者混一到后者中去从而在实际上取消了前者的存在了！所以，马泽民同志的"不必要区分"论实质上还是林京耀同志的"根本不存在"论。

马泽民同志还说，区分它们"实质上是趋向于混淆辩证法和形而上学的界限。"我不知道这样的指责从何说起？如果是指的高鼎忠同志的那种区分法，那是对的；如果是泛指可以把辩证法的同一性作两种含义的区分这一正确提法本身，那就错了！

（三）有违于经典作家的指示吗？

有的同志说：主席说过，对立面的同一性就是指的对立面的互相依存、互相转化，如果谁要"给它添加上另外什么意思，都是不能不造成混乱的。"（马文）不错，主席在《矛盾论》中曾将对立面的同一性归结为互相依存、互相转化，而没有谈到共同点、符合、一致等。这作何解释呢？我个人的理解是：在主席看来，对立面之间之有共同点、符合、一致等的关系（性质）乃是个不证自明的道理，这一点易于为人们接受，而互相依存、互相转化却不易于为一般人所理解，所以主席在文中就只强调了互相依存、互相转化，而没有提及共同点、符合、一致等。虽未提及，但主席从来也没有说过对立面是毫无共同之点的绝对的异的东西；相反，在主席著作中倒是有不少地方就是在共同点、符合、一致等的含义上使用着同一性概念的。而同样的使用方法在其他经典著作中也是每每能见到的。高鼎忠同志虽然把问题给理解得绝对了，但他所引用的那些材料中的同一性，倒的确主要是在共同点、符合、一致等的含义上被经典作家们使用着的。这里已无须更多地罗列其他材料了。准此，马氏所指责的"造成混乱"真不知从何说起；至于什么"给它添加上另外什么意思"云云，我更担当不起。我没有在经典作家的意思之外添加些什么，我只是希望提请大家别忘了经典作家意思中的一个不证自明的道理。仅仅如此而已！

看来，不管借口什么"理由"来反对把辩证法的同一性作两种含义上的区分，都是行不通的！

四

在上几节里，笔者一方面批评了高鼎忠同志的错误观点，却同时保留了他的应对辩证法的同一性作两种含义上的区分的提法；另一方面，在表示赞同徐崇温等同志对高鼎忠同志的错误观点所作的一些批评的同时，也对他们的反对区分两种同一性的做法提出了异议。下面打算再就如何去区分它们和把它们区分开来有何意义两个问题简略地谈一下自己的粗浅看法。

我觉得把辩证法的同一性区分为相对于斗争性的同一性和相对于差别性的同一性是恰当的。因为这样的两种同一性恰好足以准确地反映辩证法的（对立面的）同一性的两种含义。这样一来，辩证法的、对立面的同一性就成了总称，它统摄着相对于斗争性的同一性和相对于差别性的同一性，也就是说，它既包含着互相依存、互相转化的那层含义，也包含着共同点、符合、一致等的意思在内。而我们习惯的用法却是将其仅仅理解为互相依存、互相转化的意思的，也就是说仅仅把它当作相对于斗争性的那种同一性来理解和使用着的。不过，习惯既成，不便轻改。我们权且将那种实际上只是在相对于斗争性的同一性之含义上使用的"对立面的同一性"，名之为"狭隘的对立面的同一性"，以示别于作为总称的、广义的对立面的同一性。当然，最好的办法还是，当我们只在互相依存、互相转化的含义上使用同一性概念时，就径直把它叫作"相对于斗争性的同一性"好了，不要再含糊地名之曰"对立面的同一性"。

有的同志之所以反对区分两种同一性，理由之一就是担心这样做会造成混乱。我看，非但不会造成什么混乱，反而有着不少好处，有着重大的意义呢！

其一，人的认识应该力求正确地反映客观世界。既然两种同一性的区分在实际生活当中存在着，我们怎么可以不承认它呢？承认它不是更有助于我们对客观世界的进一步的认识吗？

其二，在经典著作中的同一性概念，有时是在这种含义上被使用着的，有时又是在另一种含义上被使用着的。我们要是懂得两种同一性的区分，会有助于我们更精确地去把握经典著作的原意。

其三，我们要是不懂得两种同一性的区分，在一般情况下还可以马虎过去，但在某些场合下就行不通了。如处理思维和存在的同一性问题时，我们若单单从互相依存、互相转化来看同一性，就很难区分开正确思维和错误思维。因为不论是正确思维还是错误思维都是和存在互相依存、互相转化着的。这时，我们就不得不去求助于相对于差别性的那种同一性，只有用它才能衡量出正确思维和存在虽然还不是百分之百地符合、一致，但却是基本上（本质上）符合、一致的；而错误思维和存在虽然亦有某种共同点和符合、一致之处，但却是基本上（本质上）不符合、不一致的。

其四，在现实斗争中，认识到这个问题更有重大的意义。如在抗日民族统一战线形成的时期，右倾投降主义因为只看到国共两党间的"同"，而看不到其间本质的"异"，于是在统一战线工作中就只强调团结，否认斗争，这种路线发展下去的结果，必将导致把共产党混到国民党中去；而"左"倾关门主义者又因为只看到其间的"异"，看不到两者间曾在国难当头的特殊条件之下，在抗战这一点上曾暂时的、局部的一致起来，从而在统一战线工作中只强调斗争，而忽略了团结的一面，这种路线如果发展下去，必将导致统一战线的破裂。这两种错误路线的共同之处就在于他们都搞不清对立面的差别性和相对于差别性的同一性的关系这个问题。

*　　*　　*　　*　　*　　*

文章就写到这里吧！这样的一个重要问题的解决，有赖于集思广益，有赖于许多人的共同努力。我建议对此问题有兴趣的同志一道来讨论它，解决它。至于我竟冒昧地提出了个人的一些浅薄看法，完全无意于标新立异，亦不敢步能者之先，聊以求教而已！不当之处，愿和诸同好共正之。

（写于 1963 年，原载《先秦传说与区域文化研究》，
兰州大学出版社 2010 年版）

十月革命后民族民主革命的
性质及其所属阵线问题

我国史学界在对于十月革命后殖民地半殖民地国家民族民主革命的性质及其同世界革命的关系的认识上，长期以来存在着不正确的看法。这种看法，从十月革命开辟了无产阶级社会主义世界革命的历史时代这一正确前提出发，但却得出了十月革命后一切殖民地半殖民地国家的一切民族民主革命都是无产阶级社会主义世界革命的一部分的错误结论。

不少研究者在论述十月革命后各别殖民地半殖民地国家民族民主革命的性质时，往往好下"它发生在十月革命后的无产阶级社会主义世界革命的历史时代，所以它是无产阶级社会主义世界革命的一部分"这样简单化的论断。[①] 在这些同志眼里，革命的领导权在哪个阶级手里以及与此相关的革命的内容、革命的前途等等，不决定革命的性质，决定革命性质的仅仅是时代的不同（注意：在他们那里，时代的特色并不是由时代所包含的深刻内容决定的，相反，倒是被他们绝对化了的、抽去了生动内容的时代框架决定着一切！）这些同志认定：十月革命后，任何殖民地半殖民地国家发生的民族民主革命都是新民主主义革命，因而都是无产阶级社会主义世界革命的一个构成部分。[②] 这无异于说，十月革命后，再也不会有旧民主主义革命了，连资产阶级领导的民族民主革命也在新时代的浸润下一变而为新民主主义革命了。

上述错误看法，在史学界十分流行。

另有一些同志，似乎觉察到把资产阶级领导的民主主义革命认作新民主主义革命不够合适，他们承认，在十月革命后，资产阶级仍在领导民族民主革命，这种革命，仍属旧民主主义革命范畴，如何予同志就曾说过："考察一个国家民主革命是新民主主义的，还是旧民主主义的，主要地应当看革命的领导权是掌握在

---

① 如朱杰勤同志在分析朝鲜"三一"运动的性持时就这样写道："它是在十月革命影响下，殖民地与附属国家的民族解放运动的一部分，也就是全世界无产阶级革命的一环"。（见所著《亚洲各国史》，广东人民出版社1958年版，第287~288页）诸如此类的议论，见诸报刊，尚有不少，兹不一一列举。

② 见《人文杂志》1959年第5期《对十月革命后殖民地民族解放运动性质问题的讨论》一稿所介绍的第四种意见。

无产阶级手中还是掌握在资产阶级手中。"这样看问题，无疑是正确的，然而同一个何予同志最后竟又得出"资产阶级领导的以反帝为主要内容的民主革命运动，在革命战线上，同样也是属于世界无产阶级社会主义革命的一部分，却不能认为它是新民主主义革命"[①] 的奇怪结论，从而最终把自己同流行的观点一致起来。

上述两种看法，都是错误的。

我们认为：十月革命后，殖民地半殖民地国家的民族民主革命，有着新旧民主主义之别，只有无产阶级领导的那一部分，才是无产阶级社会主义世界革命的一部分；资产阶级领导的那一部分，仍旧是旧民主主义革命，虽然，这种革命在新的历史条件下已经成了世界无产阶级在反对国际帝国主义斗争中的一支重要同盟军，但是，从阶级属性上讲，从两种世界革命的阵线分野上讲，它依然只能是旧的资产阶级世界革命大家族中的一员，而绝不可能是无产阶级社会主义世界革命的构成部分。

下面，分别从几个方面来谈。

一、两种性质不同的革命

众所周知，殖民地半殖民地国家有过两种革命运动——旧民主主义革命运动和新民主主义革命运动。

旧民主主义革命运动是资产阶级领导的，其目的是对外摆脱帝国主义的奴役压迫，争取民族的独立，对内排除封建势力的障碍，发展资本主义，建立资产阶级专政的国家。这种革命运动，由来已久，远在十月革命前就发生了。新民主主义革命则是由无产阶级领导的，其目是彻底铲除帝国主义和封建主义，建立人民民主专政的国家。这种革命，固然在客观上，在一定程度上，会为资本主义的发展提供方便（事实上，民族资本在革命中和革命后的一段时间内，也确会有一定程度的发展），但它更以政治上、经济上不断增长的社会主义因素保证了革命的非资本主义前途，为向社会主义革命的转变开拓了广阔的天地。殖民地半殖民地国家的这种革命运动，是在十月革命后新出现的。

两种革命运动都是反帝反封建的，客观上都是在排除资本主义发展道路上的障碍，即是说，其社会经济内容都是资产阶级民主主义的，这是它们的共同之处。但是，由于它们所赖以产生的历史条件不同，这就决定了二者在革命的领导权、革命的彻底性以及革命的前途等等方面，都不相同，所以，二者间又是有着质的差别的。前者，属于旧的资产阶级民主主义革命范畴，是资产阶级世界革命

---

① 何予：《略论新、旧民主主义革命及其和世界革命的关系》，载于《历史教学问题》1959 年第 3 期。

的一部分，后者属于新的资产阶级民主主义革命范畴，是无产阶级社会主义世界革命的一部分。无视二者间的这种质的差别，是十分错误的。

二、十月革命并没有结束旧民主主义革命

殖民地半殖民地国家的历史，是帝国主义勾结这些国家的统治者压迫、剥削各该国家人民大众的历史，也是殖民地半殖民地国家人民大众反抗这种压迫、剥削的历史。这一历史过程从殖民制度产生以来（特别是殖民体系建立起来之后）就开始了，现在还在世界范围内继续着，它将随着殖民制度的被彻底埋葬而告终结。

十月革命前，殖民地半殖民地国家的革命运动毫无例外地（自然，旧式的农民战争是个例外）属于资产阶级领导的旧民主主义革命，因为，在当时的历史条件下，反对帝国主义和封建主义、建立独立的资产阶级专政的新国家，是殖民地半殖民地人民所能选择的唯一道路。

十月革命是一次伟大的无产阶级社会主义革命，又是一次伟大的民族殖民地革命，因为，俄国边境地区的被压迫民族在这次革命中得到了彻底解放。这样，十月革命就不仅为各先进国家的无产阶级革命开辟了一个新的时代，树立了榜样，也为落后国家的民族民主革命开辟了新时代，树立了榜样。殖民地半殖民地国家的无产阶级和人民大众从俄国各被压迫民族在十月革命后的新生中看到了自己的未来和希望，他们开始认识到最终用社会主义的前途来解决他们所面临的"民族"、"民主"问题，远比资本主义的方案好得多，正如列宁所说："这些民族根据自身的痛苦经验，深信除了苏维埃政策战胜全世界帝国主义之外，他们则别无救亡之策。"[①] 正是在十月革命的影响下，在上述逐渐萌发出来的新认识的基础上，一个新的历史时代，即"在无产阶级领导下进行殖民地革命的时代"[②] 终于到来了。这种十月革命后发生的、新的、由无产阶级领导的、彻底反帝反封建的革命运动，便是我们通常所说的新的民主主义革命。

但是，十月革命开辟了无产阶级领导殖民地半殖民地民族民主革命的新时代一事，又绝不意味着资产阶级领导的旧民主席义革命的就此结束。这不可能！

从常理上讲，十月革命（或历史上曾经有过的任何壮举）不可能把历史一刀断开，在一昼夜间了却旧的，开始新的。怎么能够设想，十月革命的一声炮响就可以促成革命领导权从资产阶级手中到无产阶级手中的转移，从而使旧民主主义革命一变而为新民主主义革命！

---

① 列宁：《论民族问题》，中央民族学院研究部 1955 年 10 月版，第 472 页。
② 斯大林：《斯大林全集》第 10 卷，人民出版社 1954 年版，第 206 页。

　　从事实来看，也远不是那么一回事。事实上，直到今天为止，资产阶级仍旧在不少地方左右着、领导着那里的民族民主革命，也就是说，直到今天，旧民主主义革命还没有被了结。前面我们曾经说过，殖民地半殖民地国家的无产阶级和人民大众从十月革命中看到了自己的未来和希望，他们开始认识到最终用社会主义前途来解决他们所面临的"民族""民主"问题远比资本主义的方案好得多。但不应忘记，这仅仅是个新认识的开始，而不是它的完成，对于不少人来说，直到今天，由十月革命所开辟出来的那条新道路，仍然未被认识、接受；何况，决定革命性质、前途的，还不单单是个认识问题，更重要的还在于革命力量的积聚、革命队伍内部各阶级（主要是无产阶级同资产阶级）力量对比的消长变化和领导权的归属转移，而所有这些，又是一个复杂、长期的历史过程，是不可能一蹴而就的。

　　就个别殖民地半殖民地国家来说，它们由旧民主主义革命到新民主主义革命的转变，也完全要以各该国家内部的具体条件为转移，因而在转变发生的时间上会呈现出或前或后的不同，例如在中国，五四运动和中国共产党的诞生标志着这个转变的实现，而在另外一些地区，则大多晚后得多，或至今未能实现这个转变，而绝不能够要求各个国家皆以十月革命为准，一刀切。否则，如果真的按照流行的观点去看问题，孙中山先生领导的同一个护法运动，岂不成了十月革命前那段属于旧民主主义革命，是资产阶级世界革命的一部分，十月革命后的那段则一变而为新民主主义革命、一变而为无产阶级社会主义世界革命的一部分了吗？显然，那是有悖于情理，有乖于事实的。

　　总之，那种以为十月革命已结束了旧民主主义革命，十月革命后殖民地半殖民地所发生的一切民族民主革命都是新民主主义革命的说法，是站不住脚的。

三、旧民主主义革命不是无产阶级社会主义世界革命的一部分

　　有些同志（如何予同志）承认十月革命后资产阶级领导的民族民主革命仍属旧民主主革命，这无疑是对的，但他们又作出结论说这种旧民主主义革命在十月革命后也成了无产阶级社会主义世界革命的一部分，这就令人难以同意了。

　　为要说清旧民主主义革命不是无产阶级社会主义世界革命的一部分，最好还是让我们先来分析一下新民主主义革命为什么会成为（在什么意义上成为）无产阶级社会主义世界革命的一部分的。

　　马克思主义的民族理论和列宁的民族殖民地革命学说告诉我们：民族压迫是同一定的社会制度联系着的，民族压迫是阶级压迫的社会制度造成的，因此，要彻底解决民族压迫问题，就必须彻底根除一切剥削制度、特别是根除现代民族压迫所赖以存在的资本主义制度。这样，民族殖民地问题就同社会主义革命有了干

系，民族殖民地问题就成了全人类从资本主义下解放出来的总问题的一部分了。但是，这又决不等于说用任何办法、途径去解决民族殖民地问题都会使它自然而然地同社会主义革命发生干系，都会使它自然而然地成为无产阶级社会主义世界革命的一部分，这是不可能的！事实上，只有用无产阶级的方案，只有通过新民主主义的途径去解决民族殖民地问题，才能使这个问题同社会主义革命联系起来，成为无产阶级社会主义世界革命的一部分。道理很简单，因为，这种新民主主义革命虽非社会主义的，但是，第一，它同样是无产阶级领导的；第二，它同样是以马克思列宁主义为思想指导的；第三，它的下一步便是社会主义的——正是根据这些，正是在上述几个方面的意义上，我们才说新民主主义革命是无产阶级社会主义世界革命的一部分的！

至于说到旧民主主义革命，它显然是不具备上述几个方面的特点的，它同无产阶级社会主义革命之间，实在没有什么共同之点可言。硬要把这种资产阶级领导的以建立资产阶级专政为目标的革命视作无产阶级社会主义世界革命的一部分，是毫无道理的。

民主主义革命从旧世界革命的一部分转变为新世界革命的一部分，是同它从旧民主主义革命转变为新民主主义革命相一致的，是一个问题的两个方面，也就是说，旧民主主义革命若不转变为新民主主义革命，它便不可能从旧世界革命的一部分转变为新世界革命的一部分；很难设想，同样一个旧民主主义革命，发生在十月革命前是资产阶级世界革命的一部分，到了十月革命后，便一变而为无产阶级社会主义世界革命的一部分了。

四、关于毛泽东同志有关论述的理解问题

关于十月革命后殖民地半殖民地国家民族民主革命的性质及其同世界革命的关系问题，毛泽东同志有过如下几段论述。

其一：

有两种世界革命，第一种是属于资产阶级和资本主义范畴的世界革命。这种世界革命的时期早已过去了，还在一九一四年的第一次帝国主义世界大战爆发之时，尤其是在一九一七年俄国十月革命之时，就告终结了。从此以后，开始了第二种世界革命，即无产阶级的社会主义的世界革命。这种革命，以资本主义国家的无产阶级为主力军，以殖民地半殖民地的被压迫民族为同盟军。不管被压迫民族中间参加革命的阶级、党派或个人，是何种的阶级、党派或个人，又不管他们意识着这一点与否，只要他们反对帝国主义，他们的革命，就成了无产阶级社会主义

世界革命的一部分，他们就成了无产阶级社会主义世界革命的同盟军。①

其二：

在这种时代，任何殖民地半殖民地国家，如果发生了反对帝国主义，即反对国际资产阶级、反对国际资本主义的革命，它就不再是属于旧的世界资产阶级民主主义革命的范畴，而属于新的范畴了；它就不再是旧的资产阶级和资本主义的世界革命的一部分，而是新的世界革命的一部分，即无产阶级社会主义世界革命的一部分了。……

这种殖民地半殖民地革命的第一阶段，第一步，虽然按其社会性质，基本上依然还是资产阶级民主主义的，……然而这种革命，已经不是旧的、被资产阶级领导的、以建立资本主义的社会和资产阶级专政的国家为目的的革命，而是新的、被无产阶级领导的、以在第一阶段上建立新民主主义的社会和建立各个革命阶级联合专政的国家为目的的革命。②

其三：

现时中国的资产阶级民主主义的革命，已不是旧式的一般的资产阶级民主主义的革命，这种革命已经过时了，而是新式的特殊的资产阶级民主主义的革命。这种革命正在中国和一切殖民地半殖民地国家发展起来，我们称这种革命为新民主主义的革命。这种新民主主义的革命是世界无产阶级社会主义革命的一部分，它是坚决地反对帝国主义即国际资本主义的。③

其四：

如果说，由于特殊条件（资产阶级战胜了希腊的侵略，无产阶级的力量太薄弱），在第一次帝国主义大战和十月革命之后，还有过一个基马尔式的小小的资产阶级专政的土耳其，那么，在第二次世界大战和苏联已经完成社会主义建设之后，就决不会再有一个土耳其，尤其决不容许有一个四亿五千万人口的土耳其。④

单从第一条看，很容易把毛泽东同志的意思误解为：在十月革命后，不论新民主主义革命还是旧民主主义革命，都毫无例外地成了无产阶级社会主义世界革命的一部分。何予同志的看法，大约就是这样产生的。但是，当我们把它同第二、第三两条联系起来考察的时候，便不难发现毛泽东同志丝毫没有旧民主主义革命也会成为无产阶级社会主义世界革命一部分的意思，相反，他倒是一再地强调唯有无产阶级领导的新民主主义革命才是这种新的世界革命的一部分。通观上列各条，可以清楚地看出毛泽东同志又是这样去看问题的，即：第一次世界大战和十月革命的发生，已经使"旧式的一般的资产阶级民主主义的革命""过时

---

① 毛泽东：《新民主主义论》，《毛泽东选集》，人民出版社 1964 年版，第 664 页。
② 毛泽东：《新民主主义论》，《毛泽东选集》，人民出版社 1964 年版，第 661 页。
③ 毛泽东：《中国革命和中国共产党》，《毛泽东选集》，人民出版社 1964 年版，第 642 页。
④ 毛泽东：《新民主主义论》，《毛泽东选集》，人民出版社 1964 年版，第 674 页。

了"，与之相应，"资产阶级和资本主义范畴的世界革命"也随之"终结了"，除开"基马尔式的小小的资产阶级专政的土耳其"是"特殊条件"下的产物，是个少有的例外外，在十月革命之后，一切殖民地半殖民地国家发生的民族民主革命，都已经是新的资产阶级民主主义革命，都已经是新的无产阶级社会主义世界革命的一部分了。这种看法，似与十月革命后的实际历史进程不符。事实上，十月革命之后，资产阶级在许多地方并没有立即丧失掉其对民族民主革命的领导权，旧式的资产阶级民主主义革命并没有一下子就成为"过时"的东西，"基马尔式的资产阶级专政的土耳其"也绝非仅有的一个特殊例外——这些，都是再明白不过的事实。

总之，开辟了新历史时代的十月革命并没有立即结束旧民主主义革命和旧的世界革命，十月革命后，在殖民地半殖民地国家的民族民主革命中，仍然会在相当长的历史时期内存在着两个阶级、两条道路、两种前途的激烈搏斗；无视这种情况，把一切都看得那么简单、纯一，势必模糊人们对新、旧民主主义革命界限的认识，低估无产阶级在斗争中夺取革命领导权的决定性意义。

以上是我对这些问题的极不成熟的看法，错误之处，请同志们批评指正。

附记：这是我二十年前做学生（读大学三年级）时的一篇旧稿。文成后，曾投寄某杂志，他们最初答应刊用，后因某种非常明显的原因又把它退还于我。不久前看到有人又提起这个问题，使我感到自己的这篇旧稿也许还有些参考价值，这才把它找了出来，略加修改，刊布于此，以供讨论。

作者　1980 年 7 月 30 日

（原载《青海师范学院学报》1980 年第 3 期；又收入拙著《先秦传说与区域文化研究》，兰州大学出版社 2010 年版）

就民族民主革命有关问题答徐晃同志

徐晃同志《也谈十月革命后民族民主革命的性质及其所属阵线问题——与张广志同志商榷》是针对拙文《十月革命后民族民主革命的性质及其所属阵线问题》（刊《青海师范学院学报》1980年第3期）而发的。读后颇受教益，在此表示感谢，兹谨就徐文提出的有关问题作答如下。

为便于未读过我那篇文字的同志对我的观点有个初步了解，先撮要交待一下我在那篇文章中所陈述的基本看法。我认为：旧民主主义革命与新民主主义革命是"两种性质不同的革命"，"前者属于旧的资产阶级民主主义革命范畴，是资产阶级世界革命的一部分，后者属于新的资产阶级民主主义革命的范畴，是无产阶级社会主义世界革命的一部分"；十月革命的一声炮响并没有立即取消旧民主主义革命，这种旧时代遗留下来的旧式民主主义革命，即使在十月革命后也不是无产阶级社会主义世界革命一部分；十月革命虽然开辟了一个新的历史时代，但这绝不是说发生在这个新时代的民族民主革命就是铁板一块了。相反，这时的民族民主革命中，"仍然会在相当长的历史时期内存在着两个阶级、两条道路、两种前途的激烈搏斗"。在那篇文章中，我批评了史学界长期流行的"十月革命后，再也不会有旧民主主义革命了，连资产阶级领导的民族民主革命也在新时代的浸润下一变而为新民主主义革命了"，或即有旧民主主义革命，它也已转到新的阵线上来，转而"属于世界无产阶级社会主义革命的一部分"了一类的错误看法。这些观点，我至今未变。

一

徐同志指摘说：

张同志认为只有"根除一切剥削制度"，"根除"资本主义制度，民族殖民地解放运动才能"成为无产阶级社会主义世界革命的一部分"。按照张同志的说法，所有的民族民主运动凡是反帝国主义、封建主义进行民主革命，而不反资本进行社会主义革命的，都不"根除"资本主义，都不是世界无产阶级社会主义革命的一部分？张同志的说法是脱离实际的，是不能成立的。

如果我真的那样"认为"——如徐同志所指摘的,我的看法自然是"脱离实际的","不能成立的"。因为,谁都知道,"根除"资本主义以至一切剥削制度,并不是民族民主革命的任务。以此为标准去苛求民主革命,莫说旧民主主义革命,即新民主主义革命也不够格。问题是我并没有那样去"认为",我远没有那个意思。为正视听,将拙文有关部分照抄如下:

（十月革命使）殖民地半殖民地国家的无产阶级和人民大众从俄国各被压迫民族在十月革命后的新生中看到了自己的未来和希望,他们开始认识到最终用社会主义的前途来解决他们所面临的"民族"、"民主"问题,远比资本主义的方案好得多,……正是在十月革命的影响下,在上述逐渐萌发出来的新认识的基础上,一个新的历史时代,即"在无产阶级领导下进行殖民地革命的时代"（斯大林语）,终于到来了。这种十月革命后发生的、新的、由无产阶级领导的、彻底反帝反封建的革命运动,便是我们通常所说的新民主主义革命。

为要说清旧民主主义革命不是无产阶级社会主义世界革命的一部分,最好还是让我们先来分析一下新民主主义革命为什么会成为（在什么意义上成为）无产阶级社会主义世界革命的一部分。

马克思主义的民族理论和列宁的民族殖民地革命学说告诉我们:民族压迫是同一定的社会制度联系着的,民族压迫是阶级压迫的社会制度造成的,因此,要彻底解决民族压迫问题,就必须彻底根除一切剥削制度、特别是要根除现代民族压迫所赖以存在的资本主义制度。这样,民族殖民地问题就同社会主义革命有了干系,民族殖民地问题就成了全人类从资本主义下解放出来的总问题的一部分了。但是,这又决不等于说用任何办法、途径去解决民族殖民地问题都会使它自然而然地同社会主义革命发生干系,都会使它自然而然地成为无产阶级社会主义世界革命的一部分。道理很简单,因为,这种新民主主义革命虽非社会主义的,但是,第一,它同样是无产阶级领导的;第二,它同样是以马克思列宁主义为思想指导的;第三,它的下一步便是社会主义的——正是根据这些,正是在上述几个方面的意义上,我们才说新民主主义革命是无产阶级社会主义世界革命的一部分的!

上引两大段话,目的在于论证为什么只有新民主主义革命才能成为无产阶级社会主义世界革命的一部分。在论证问题的过程中,我明明只是在"彻底解决民族压迫"的意义上使用两个"根除"的,我也明明提到这种新民主主义革命是"非社会主义的","它的下一步"才是社会主义的;我从不曾把两个"根除"派作民族民主革命的任务（拙文第一小节"两种性质不同的革命"明确指出新、旧民主主义革命"都是反帝反封建的,客观上都是在排除资本主义发展道路上的障碍",便是明显的例证）,也从不曾说过只有在"现阶段"彻底实行两个"根除"的民主革命（事实上，这样的民主革命根本不存在）才算是无产阶级社会主义世界革命的一部分一类的话。徐同志以"张同志认为只有'根除一切剥削制度'，'根除'资本主义制度，民族殖民地解放运动才能'成为无产阶级社会主义世界革命的一部分'"责我，显然是误解了我的意思。

<h2 style="text-align:center">二</h2>

徐同志承认十月革命后仍存在旧民主主义革命，这无疑是对的，但却又认为这种旧民主主义革命也同新民主主义革命一样，同属无产阶级社会主义世界革命的一部分，这就值得商榷了——这也是我同徐同志的基本分歧之所在。

徐同志写道：

到了帝国主义时代，民族运动作为资产阶级世界革命的一部分已经不存在了，取而代之的是无产阶级社会主义世界革命，……

只要是民主运动，就是世界无产阶级社会主义革命的一部分。

斯大林这些话完全可以作这种理解：只要是反对帝国主义的民族运动，不管是君主制国王领导的，资产阶级领导的，都是革命的，都是世界无产阶级社会主义革命的一部分。

旧民主主义革命既然不是"一部分"，当然也就不会成为世界无产阶级的同盟军，这是很清楚的。张同志似乎感到这样说不妥，于是他说："这种革命在新的历史条件下已经成了世界无产阶级在反对国际帝国主义斗争中的一支重要同盟军"。虽然承认是一支重要同盟军，终究不承认它是世界无产阶级社会主义革命的一部分。他说："从阶级属性上讲，从两种世界革命的阵线分野上讲，它依然只能是旧的资产阶级世界革命大家族中的一员，而绝不可能是无产阶级社会主义世界革命的构成部分"。……在是同盟军但不是"一部分"，是"一部分"但又不是同盟军的纷乱状况下，无产阶级政党根据什么去制定自己的斗争策略呢？这些问题恐怕都是张同志无法回答的。

张同志认为新旧民主主义革命是"两种性质不同的革命"……这是不对的。……

既然新旧民主主义革命都有是资产阶级民主主义性质的革命，那么为什么只有新民主主义革命才是世界无产阶级社会主义革命的一部分，而旧民主主义革命却不是呢？这个道理显然是说不通的。

以上，我们摘引了徐同志文章中的五段话。前三段，主要是从理论前提上否定我的看法；后两段，则着重揭示我论证逻辑上的某些混乱，使之不攻自破。

下面，分别予以讨论。

首先，徐同志所谓"到了帝国主义时代，民族运动作为资产阶级世界革命的一部分已经不存在了"，"只要是民主运动，就是世界无产阶级社会主义革命的一部分"的提法，是根本站不住脚的。众所周知，帝国主义时代是从19世纪末、至迟是20世纪初开始的。若以为自那时起资产阶级世界革命已不复存在，一切民主运动，已毫无例外地成了世界无产阶级社会主义革命的一部分，未免太绝对化，太性急了吧！果真如此，孙中山先生所领导的辛亥革命岂不也成了世界无产阶级社会主义革命的一部分！诚然，斯大林是说过"阿富汗国王为阿富汗独立而进行的斗争在客观上是革命的斗争，因为这个斗争能够削弱、瓦解和摧毁帝国主义，虽然阿富汗国王及其战友抱有君主制的观点"，"埃及的商人和资产阶级知识分子为埃及独立而进行的斗争，由于同样的原因，在客观上也是革命的斗争，虽然埃及民族运动的首领是资产阶级出身，具有资产阶级身份，并反对社会主义"①，但他却从不曾有过"革命的"即等于"世界无产阶级社会主义革命一部分的"的提法，从不曾把"抱有君主制观点"的阿富汗国王以及"反对社会主义"的埃及商人和资产阶级知识分子们的运动一股脑地视为世界无产阶级社会主义革命的一部分；说"只要是反对帝国主义的民族运动，不管是君主制国王领导的，资产阶级领导的，都是革命的，都是世界无产阶级社会主义革命的一部分"，只是徐同志自己的理解，而且是一种错误的理解。

其次，在徐同志看来，我一方面认为旧民主主义革命在新的历史条件下可成为"世界无产阶级在反对国际帝国主义斗争的一支重要同盟军"，但在另一方面却又不承认这同一个旧民主主义革命是世界无产阶级社会主义革命的一部分似乎是一个很大的矛盾。在他看来，既不是"一部分"，当然成不了"同盟军"；反过来说，既为"同盟军"，那就势必是"一部分"——似乎只有这才叫不矛盾。事实最清楚不过，并不是我"纷乱"了头脑，自相矛盾，倒是徐同志自己硬要把两上虽有联系但毕竟不同的概念强拉在一起。为什么"同盟军"必是"一部分"，不是"一部分"就必不能成为"同盟军"呢？这是毫无道理的！"同盟军"也者，不过是说在反对共同敌人的斗争中，结盟诸方基于某种共同利益结成或长或短的同盟罢了；至于"一部分"，则须具共同的质的规定性。说得通俗点，前者是"我"、"友"关系，后者则是"我"自家内部之事，怎好混为一谈呢？众所周知，农民阶级、小资产阶级以至民族资产阶级是无产阶级的"同盟军"，但我们总不好把它们（包括农民这个最可靠的同盟军）视为无产阶级的"一部分"吧？第二次世界大战中，帝国主义的美、英等国也曾是社会主义苏联的"同盟

---

① 斯大林：《论列宁主义基础》，《列宁主义问题》，人民出版社1964年版，第58~59页。

军"，但谁也不至于把它们算作社会主义苏联的"一部分"。足见，是"同盟军"就势必是"一部分"（反过来说也一样）的提法是不能成立的。

最后，徐同志又曾在"性质"同还是不同这些概念上做文章，不同意我关于新、旧民主主义革命是"两种性质不同的革命"的论述，认为二者是"同一性质的革命"，即都是"资产阶级民主革命"，并质问说："既然新旧民主主义革命都是资产阶级民主主义性质的革命，那么为什么只有新民主主义革命才是世界无产阶级社会主义革命的一部分，而旧民主主义革命却不是呢？这个道理显然是说不通的。"

新、旧民主主义革命究竟是"同一性质的革命"还是"两种性质不同的革命"呢？我看，两种提法全对，问题在于你从什么范围、什么角度去看。从较大的范围讲，相对于社会主义革命或历史上的其他什么革命来说，二者都只不过是资产阶级民主主义性质的革命，就这一点说，它们是"同一性质的革命"。对此，没有人表示过异议。在承认"民主革命"这个既定前提下，若细析之，又不难发现二者间在不少方面（领导权、彻底性、前途等）又是很不相同的。这些不同，如果我们所面临、所要回答的是大范围的问题，是民主革命与否的问题，自然可以略而不计，视为非本质的差别；但是，当我们须进一步考察某一民主革命是什么样的民主革命的时候，上述差别就不再是非本质的了。在这后一种场合，在承认那些差别是质的差别的同时，进而认为新、旧民主主义革命是"两种性质不同的革命"又有何不可呢？所谓"质的差别"与"非质的差别"，本是相对的，关键取决于你考察问题的范围、角度。只承认大范围内质的规定性，不承认小范围内质的规定性，是十足的形而上学。举个例子来说吧，当我们考察的是人与其他动物的区别时，男人与女人，皇上与小民间的差别完全可以不予理会，视为非本质的差别；可是，当我们须进一步研究人这个大类之下都究竟包含着一些什么样的人的时候，你就不能再无视那些差别，你就得承认男人与女人之间、皇上与小民之间确实存在着质的差别了。徐同志只看到新、旧民主主义革命在都是民主革命这一点上的"同"，而不愿同时承认二者间在到底是什么样的民主革命这个角度上的"异"，难道不是同只看到男人、女人在都是人这一点上的"性质相同"，而不愿同时承认男人、女人在另外一个角度、范围又毕竟是"两种性质不同的人"一样的吗？

徐同志说："既然新旧民主主义革命都是资产阶级民主主义性质的革命，那么为什么只有新民主主义革命才是世界无产阶级社会主义革命的一部分，而旧民主主义革命却不是呢？"在徐同志看来，既然是同一的民主革命，就不该分属于两种世界革命。这也是不能成立的。因为，得承认，至少是十月革命前的旧民主主义革命就不属于世界无产阶级社会主义革命的一部分，而新民主主义革命则属。可见，同为民主革命还是可以分属于不同的世界革命的；退一步来说，就算徐同志的"既同为民主革命，其所属亦必为一"的说法能够成立，你徐同志可以那样发问，别人又何尝不可以问："既然新旧民主主义革命都是资产阶级民主主义性质的革命，那么为什么只有旧民主主义革命才是资产阶级世界革命的一部分，而新民主主义革命却不是呢？"把新民主主义革命目为旧的资产阶级世界革命的一部分，自然徐同志也不会赞同；可按照徐同志的论证方法，却可推导出那样的结论来——这恐怕是徐同志所始料未及的吧！

说唯有无产阶级领导的新民主主义革命才是无产阶级社会主义世界革命的一部分，并不是我的发明创造，我没有那个能耐，而是毛泽东同志的见解，他说：

这种殖民地半殖民地革命的第一阶段，第一步，虽然按其社会性质，基本上依然还是资产阶级民主主义的，……然而这种革命，已经不是旧的、被资产阶级领导的、以建立资本主义的社会和资产阶级专政的国家为目的的革命，而是新的、被无产阶级领导的、以在第一阶段上建立新民主主义的社会和建立各个革命阶级联合专政的国家为目的的革命。①

这种新民主主义的革命是世界无产阶级社会主义革命的一部分，它是坚决地反对帝国主义即国际资本主义的。②

自然，从字面看，毛泽东同志有关这个问题的几次提法有前后不尽相同之处，这就需要我们认真地去研究、去把握其中的精神实质，而不是孤立地、断章取义地在某些字面上做文章。关于这一层，我已在那篇文章的第四小节"毛泽东同志有关论述的理解问题"中予以论述，此不作赘。

以上，算是我对徐同志文章的一个答复。限于水平，恐旧谬未除而新误又出，尚祈徐同志及广大读者进而教之。

（原载《青海师范学院学报》1982 年第 2 期；又收入拙著《先秦传说与区域文化研究》，兰州大学出版社 2010 年版）

---

① 毛泽东：《新民主主义论》，《毛泽东选集》，人民出版社 1964 年版，第 661 页。
② 毛泽东：《中国革命和中国共产党》，《毛泽东选集》，人民出版社 1964 年版，第 642 页。

附　　录

老生常谈"学"与"思"

自孔夫子提出"学而不思则罔，思而不学则殆"以来，古今学者已不知在"学"与"思"这两个字上做过多少文章，发过多少议论了。但这一老生常谈的题目，却是常谈常新，至今仍不失为读书人读书做学问的不二法门。因为，你要想在学问上有所建树，必须首先接过前人和当代人已有的东西，即老老实实、认认真真地读别人的书，向别人学习。这是前提。没有这个前提，一切都无从谈起。而能否在前人和当代人已有基础上进一步有所发明，有所创造，有所前进，就要靠你的独立思考能力，创造思维能力了。这是做学问最为重要、最为关键的一步。踏不上这一步，你纵使读了一辈子的书，读了很多很多的书，到头来只不过是在贮存、使用他人已有的知识罢了，你自己并未给人类知识宝库添加进任何新的东西。

若想从理论上再对"学"与"思"问题作所阐释、发挥，已实在没有什么必要，也不可能再谈出什么新道道来。以下，仅想结合自己的经历、感受炒炒这碗剩饭，兴许能对青年朋友有所启发、帮助。

一、关于读书的"苦"与"乐"

读书自然有其很苦的一面，什么"头悬梁锥刺股"啊，"十年寒窗苦用心"啊等等，全是讲的这一层。大、中、小各级学校的不少学生们，或被父母逼着学，或为将来有个好的饭碗、前程（前人谓之"黄金屋"、"千钟粟"、"颜如玉"等等）发奋学，也都有其很苦的一面。这是大家都知道的。

我在中、小学阶段，学习成绩虽一直不错，但那时是凭小聪明，学习上并不是很用功，自然也谈不上怎么苦。我的"苦读"，是从上大学后才开始的。促使我发生上述变化的原因是多方面的：第一，我是 1957 年考入大学的，上一年（1956 年）全国大学招生总人数是 16 万左右，1958 年是个大跃进，招生人数激增，唯独 1957 年是招生人数的低谷，仅招收 10.7 万人。能在这一年考入当时名气甚大的山东大学历史系，我深感荣幸、不易。再说，那一年我已年满 20，也慢慢懂得学习的重要性和生活的不易，懂得为自己规划规划未来了。第二，那年山大历史系共招收新生 90 余名，90 余名新生中，突出地呈现着三多两少。三多即拿调干助学金的调干生多、城里人多、已在哈尔滨外语学院、沈阳俄文专科学校读过一年甚至两年俄语的老大学生多（前两年，俄语热，招生过了头，现在又动员人家转专业）；两少即应届高中生少（仅有 30 余名）、农村来的学生少。而我，就恰恰是这为数不多的来自农村的应届高中毕业生中的一个。特别是，我又出身于剥削阶级家庭，不是团员，从上到下一身农家子弟打扮，往别人跟前一站，总觉处处不如人，很有点自惭形秽。凡此种种，都促使我暗下决心：为了自己的尊严和日后前途，我一定要在学习上压过他们。正是靠着这种信念、动力，大学四年间，我没有学跳舞（我是全年级为数不多的几个未扫掉的舞盲之一，至今也不会跳舞）；节假日，我很少上街，基本上都是在校内外的图书馆度过的；在青岛读书期间（1957～1958 年，山大还在青岛），没去过崂山，没去过海水浴场；在济南读书期间（1958 年秋，山大从青岛迁往济南），每年往返于济南与老家徐州时，也从未在泰山、曲阜等处顺便下车游览过；当时，风行一时的印度影片《流浪者》，同学们每以自己看过三遍、五遍甚至七遍、八遍为荣，我硬是没去看（"文革"后才在一次偶然的机会看了一遍），一来没那个闲钱，二则也是为了考验自己所谓抵御外来诱惑的毅力。大学期间，我虽享受全额助学金，吃饭不成问题，但为了弄点零用钱，有时会半夜半夜地帮建筑工地拉砖挣钱。那时，正值生活极端困难时期，饭吃不大饱，晚上加班干重体力活，实在有点吃不消，有时饿得实在不行了，就拔老乡地里的萝卜、白菜一类的东西用自来水冲冲吃。即使这样，大学四年我从未旷过一节课。也许是皇天不负苦心人吧，四年大学下来，我的总成绩在全年级 90 多人中高居第二，总算在心理上求得了某种安慰、平衡。自然，那四年，我的确读得很苦，很苦。

大学毕业后，我自愿报名来青海工作。自 1961 年一头扎进青海师大（原青海师院）的大门后，就再也没改换过门庭，算起来如今竟已 40 多个年头过去了。来师大后，我一直从事中国古代史特别是先秦史的教学和研究工作，并深深地爱上了它。由于参加工作后的读书已不再主要是为了父母、饭碗和争口气而被动地读，而是紧紧围绕自己的专业和志趣爱好读，故读书之"苦"的一面在削减，"乐"的一面逐渐得到强化、彰显。读书的由"苦"到"乐"，是一个质的巨大飞跃、升华。谁都知道，避害趋利、避苦趋乐，是人的天性之一。如果读书总是那么苦，恐怕很少有人能够坚持到底。只有能从读书中不断获取乐趣，得到享受，读书才会伴你一生，才会变为自觉行为，甚至变成一种不可须臾离也的嗜好、癖好。读书，也同世间的许多东西如吸烟、喝酒、打牌、跳舞、看电视连续剧一样，接触多了，积久成习，同样是可以上瘾的。当你已养成了良好的读书习惯，当读书已成了你的乐趣之所在，特别是当它已成了你的嗜好、癖好时，读书就会只见其乐，不见其苦（当然，据说也有个别人会越读越苦恼，甚至会去自杀的，那属于人生哲学中的另一个问题，不在本文议论范围）；相反，这时若因种种主客观原因使你不能读书，无法读书，你定会觉得苦不堪言了。当然，我这样说，完全没有轻视、卑薄大多数人价值取向、生活方式的意思，大千世界，人各有志，也各有各的活法，不存在什么"万般皆下品，唯有读书高"；我这里只是想告诫那些潜心向学，一心想在学问上搞出点名堂的青年朋友们：人生苦短，人一生就是短短的那么几十年，掐头去尾（孩童时代的"头"和老得不成的"尾"），再刨去睡觉、休息、吃饭、生病等，真正留给你支配的时间能有多少？在这有限的时间内，你在别的方面支出的时间多了，留给读书的时间自然就要减少。你既然选择了读书做学问这条路，你就必须在其他方面作出牺牲，否则，我劝你还是及早改行为好。

我这一生，不吸烟，不喝酒（不是绝对的，烟早年吸过一阵，老早就戒了。酒，没瘾，一个人很少喝，人场上也只是凑凑热闹而已），不打牌，不跳舞。有朋友同我开玩笑说："你这辈子算是白活了，想搞腐败都没个便利条件。"前两个"不"，是为身体，后两个"不"，则是为了时间。试想，一个打牌成瘾、跳舞成瘾、看电视连续剧成瘾的人，还哪有时间读书？我总觉得，养成个爱读书、爱逛书店的瘾，总比打牌、跳舞、看电视连续剧成瘾好些吧。1997年，我从领导岗位上退下来后，读书、逛书店的时间多了，我又可以无拘无束地神交古人、遨游书海了，论著方面，也是收获颇丰。可以说，这几年对我来说虽已是夕阳残照，但却活得相当充实、愉快，这都是有书为伴，书之所赐。

二、要敢于和善于独立思考

我这一生虽未做出什么像样的学问来，但平生却最景仰有学问的人，并特别服膺陈寅恪先生所立"独立之精神，自由之思想"的治学信条、精神。

我一向认为，为学之道，贵在创新。如果一切都是前人说了算，书本说了算，领导、权威们说了算，还哪里有什么学问、学术可言。早在大学学习阶段，我即对所谓"奴隶社会乃人类历史发展必经阶段"说和毛泽东同志有关"十月革命后一切民族民主革命都是无产阶级社会主义世界革命的一部分"的论断有所怀疑。后一个问题，当时就已写成论文，并几乎被《人文杂志》公开发表；前一个问题，也是大学毕业后的第二年（1962年）写成初稿寄杨向奎、童书业二位老师请求指教。须知，这些问题在当时都是犯大忌的，但我敢想，并动手去写。粉碎"四人帮"后，学术环境改善，我的上述观点陆续得到公开发表的机会，并在学界引起较大反响。开始时，压力颇大，如1980年年初当我的《论奴隶制的历史地位》一文经徐中舒师推荐在《四川大学学报》公开发表后，对我开火自不必说，即徐中舒师亦未逃过某些人的背后攻击、指责。另据朋友告诉我，权威的中国社会科学院历史研究所先秦史研究室，还曾把我这篇文章复印分发，准备于适当时机在全国范围内批判（后因学术环境逐渐宽松、改善，我始逃过一劫）。这些，都未使我退却，多年来，我一直抓住这个题目不放，先后写出《奴隶社会并非人类历史发展必经阶段研究》（青海人民出版社 1988 年版）、《三代社会形态——中国无奴隶社会发展阶段研究》（与李学功合著，陕西师范大学出版社 2001 年版）、《中国古史分期讨论的回顾与反思》（陕西师范大学出版社 2003 年版）等专著，被史学界视为当代中国史学界持"中国无奴隶社会说"的代表人物。说实话，当时虽是硬着头皮坚持了下来，心里还是有所顾忌、犯过嘀咕的，但总的说来，还算是挺了过来，没有"曲学阿世"。这是因为，我始终坚信并遵循：即使是马克思、恩格斯、毛泽东一类导师级的伟大人物，他们终归"是人，而不是神，是人就有人的认识的局限、历史的局限"，他们的基本思想、理论及其观察问题、解决问题的方法，固然对学术研究有指导意义，但"他们有关学术问题的具体意见，则只能以学术上的一家之言待之，不能当成'最高指示'。""作为学者，要有学者的人格、良心。要敢于追求、维护真理，不屈从权势、权威为违心、悖理之论。""学者一定要有为真理、为事业而献身的科学精神。""作为治史者，理应有个纵观历史长河，胸怀国家、社会，不忘历史使命的恢宏气度，不必过分计较一己的、眼前的是非得失。"①

做学问是件十分严肃的事，敢于独立思考外，还需善于思考。不能一味标新立异，惯唱对台戏，处处对着干。更不能故作惊人语，靠骂名人出名。这些，都是做学问的大忌，万万要不得的。还有，做学问要胆大心细。胆不大，脱不开旧的窠臼，发现不了前人的问题；心不细，则求不出真正的新知。做学问要重证据，靠事实说话，即胡适先生所说："有一分证据说一分话，有九分证据不能说十分话。""文人之笔，和武人之枪，是一样厉害，不可轻用。"② 凡此，都不是一句话两句话所能说清楚的，要各人结合自身做学问的经历、感受去慢慢体会，这里就不再啰嗦了。

最后，再强调一下，我本非做学问的材料，也没做出什么像样的学问，但我一向谨遵先贤有关史德的教海，不虚妄，不曲笔，不看别人脸色做违心文章。我曾为自己定下如下治学格言："尊重前贤时哲而不迷信之，勇于探索而不故作惊人语。""不以压力轻弃己见，不以面子固执己见。坚持真理需要勇气，修正错误亦需勇气。"书此，愿与青年朋友共勉。

（本文曾作为附录收入《先秦传说与区域
文化研究》，兰州大学出版社 2010 年版）

---

① 张广志：《中国古史分期的回顾与反思》，陕西师范大学出版社 2003 年版，第 269、271、272 页。
② 转引自唐德刚：《晚清七十年》大陆版自序，岳麓书社 1999 年版，第 2 页。

八十自述

一、家世和青少年时期

我于 1937 年 10 月 20 日（农历 9 月 17 日）出生在江苏省徐州市近郊黄河故道转弯处一个三面环河的名曰郭店的小村子里（这个小村子现已从地图上消失，如今，它已成了徐州市新城区的核心地段，市委、市政府、奥体中心，都在原村屋附近）。村子虽名郭店（因此处地近官路，早先有一郭姓人家于此开一小旅店，故名），实际上姓郭的一直只有一家，主要是张、王两大姓。由于祖上并没有什么显赫人物，故我们这支张姓竟不知来自何方，上几辈也没出过大文人，故亦无家学渊源可言。曾祖父育有四子，我爷爷排行老二。听说我爷爷他们弟兄四个当初分家时，财产基本上是均分的，后来就分化了，新中国成立后定成分，大爷爷是贫农、我爷爷是富农、三爷爷是中农、四爷爷是地主。我们家虽曰富农，其实也就六七十亩地，几头牲畜，一辆大车，有时还开个粉坊（生产粉条）、粮行什么的，算一小康之家。爷爷、伯父、叔父都没读过书，父亲（讳张世璞）倒是念过几年的旧学和新式学堂，还做过短期的民国副乡长，在村里和附近一带算是个有头脸的人物。父亲一生为人谨慎，乐善好施，口碑甚好，但"文革"中还是不堪门口挂黑牌子、出门戴白袖套的羞辱，于 1970 年（时年五十有九）畏罪"自杀"了。本来土改时我家被定为富裕中农，合作化前夕的土改补课又上划为富农。粉碎"四人帮"后，上头又下来一纸文书，说什么过去把我们划为富农是错误的，又恢复了我家的富裕中农成分。这真叫人啼笑皆非、欲哭无泪啊，在家庭成分最被看重的日子，你是剥削阶级，不用说子女的前程被耽误、大人被作为四类分子整，甚至连人都给逼死了，当家庭成分对一个人已无足轻重时，又不疼不痒地还你个劳动者家庭出身，且一分钱的补偿、一句道歉的话都没有，也没有任何人承担责任，真是岂有此理，天理何在？"文革"中当权者被整为走资派，事后还能写写回忆录一类的诉诉冤枉，出口恶气，知识分子被错划右派，改正后也可靠着点话语权宣泄一下，最可怜的还是农民们，像草一样无声无息地生，无声无息地死，即使冤死又有哪个知道？母亲（讳魏素贞）是个典型的旧式小脚家庭妇女，善良外几无他长可陈。母亲生性胆小，心量也不怎么大。父亲冤死那年，母亲六十二岁，一个人又苦熬了三十多年，直到九十四岁高龄才辞世。父亲死后不久的一次社员田间劳动中，母亲干活时所处的位置刚好直冲着父亲的葬身处（父亲死时，上头知会家里人，不准哭丧，不许备棺木，只许用一张旧苇席卷着草草掩埋了，更不准留坟头，由于埋在爷爷坟旁，故位置尚知）。几位好心的女伴怕母亲到跟前时难过，就早早把她调换到偏过一点的地方去。可临到父亲葬身处时，母亲还是无法承受，可又不敢哭，就这么硬憋着。憋着，憋着，她突然大笑起来，笑得那么凄楚、无告，……可怜的母亲，竟一下子憋得短暂精神失常了。父亲和母亲虽一生平凡、平常，无任何功德可资传扬，但二老的立身行事还是对我日后的向学和为人产生了深远影响。

我的孩提时代过得颇幸福。由于伯父早逝，膝下无子，叔父当时还没有孩子，而在我出生前，我的两个哥哥又相继夭折，故我作为我爷爷这支张姓唯一男嗣的到来，理所当然地受到全家上下的呵护、娇惯。比如，我经常能同爷爷一起吃"小灶"，当时在农村颇为稀贵的白砂糖，有时竟给我脖子上挂个小罐子，由我抓着吃。

我小学的头几年是在村子里的一所旧式学校念的。学校就一间教室，一名教师。教师是邻村的我的一位表伯父，什么课都是他一个人教。新中国成立后，我到邻村丁庄读高小。因为生病，我的高小实际只读了三学期（五年级下学期没念），好在我学的还可以，三个学期都拿了年级第一，小学毕业会考还拿了个全学区第二。

1951～1957年，我的初、高中都是在历史悠久、颇有名气的徐州一中读的。本来，按性情，我是比较偏爱文史的，可当时的风气却逼着我往理工科努力。谁知到了高三体检时发现我的眼睛有红绿色弱的毛病，除数学、力学外几乎所有理工医农科皆不能报考，这才又把精力往文史上转。这虽谈不上因祸得福，却是我乐意的。

二、大 学 四 年

1957年，我如愿考上了山东大学历史系。早在读高中时，我就爱浏览《文史哲》上的文章，关心古史分期等问题的讨论，知道杨向奎、童书业、王仲荦等人的名字。现在，既有幸来到山大历史系，来到这些久所仰慕的名师身边，自然应发奋苦读一场。当时，促使我"发奋"的也还同周围的具体环境以及我在这个环境中所处的地位分不开。

大家知道，1957年考大学特难。上一年（1956年）全国大学招生总人数好像是16万左右，1958年是个大跃进，招生人数激增，唯独1957年招生人数是个低谷，只招了 10.7 万人。能在这一年考上名气甚大的山东大学历史系，我深感荣幸、不易。再说，那一年我已 20 岁，也慢慢懂得为自己规划规划未来了。再有，那一年山大历史系共招收新生 90 余名。90 余名新生中，突出地呈现着"三多两少"。"三多"是拿调干助学金的调干生多，城里人多，已在哈尔滨外语学院和沈阳俄专读过一年甚至两年俄语的转专业老大学生多（前两年，俄语热，招生过了头，现在只好动员大家转学校、改专业）；"两少，"即应届高中毕业生少，农村来的学生少。而我就恰恰是个来自农村的应届高中生。特别是，我又出身于剥削阶级家庭，不是团员，从上到下一身农家子弟打扮，往别人跟前一站，总觉低人一头，自惭形秽。这些，都促使我暗下决心：为了尊严和日后前程，我一定要在学习上压过他们。正是靠着这种信念、动力，大学四年，我没学跳舞（我是全年级未扫掉的几个"舞盲"之一，至今也不会跳舞）；节假日，我很少上街，基本上都是在校内外的图书馆度过的；在青岛读书期间（1957～1958 年，山大在青岛），没去过崂山，没去过就在学校边上的海水浴场（买不起游泳裤）；在济南读书期间，每学期放假往返济南与徐州老家，也从未顺道在泰山、曲阜等处下车游览过；当时风行一时的印度影片《流浪者》，同学们每以自己看过三遍、五遍甚至七遍、八遍为荣，我硬是没去看（"文革"后才在一次偶然的机会看了一遍），一来没那个闲钱，二来也是为了考验自己所谓抵御外来诱惑的毅力；大学期间，我虽享有全额助学金，吃饭不成问题，但为了弄点零用钱，有时会半夜半夜地帮建筑工地拉砖（半个晚上最多时可挣 5 块钱）。那时，适值生活困难时期，饭吃不大饱，晚上加班干重体力活，实在有点吃不消。有时实在饿得不行，就拔老乡地里的萝卜、白菜什么的用自来水冲冲充饥。即使这样，大学四年中我从未旷过一节课。也许是皇天不负有心人吧，大学四年下来，我的总成绩在全年级 90 余人中高居第二，算是在心理上赢得了某种慰藉、平衡。

当时的读书环境虽不怎么好（如反右、双反、大炼钢铁等运动的接踵干扰、冲击），但我还是抓紧时间读了些书，并认真、执着地思考过一些重大的、敏感的学术问题。这些问题是：

第一，对毛泽东"十月革命后一切殖民地、半殖民地国家发生的民族民主革命都是无产阶级社会主义世界革命的一部分"的论断提出质疑，认为即使在十月革命后，殖民地、半殖民地国家的民族民主革命仍然存在两个阶段、两种道路、两种前途的不同，只有无产阶级领导的新民主主义革命，才是无产阶级社会主义世界革命的一部分，资产阶级领导的以建立资产阶级专制为目的民族民主革命，仍然是旧民主主义革命，是资产阶级革命的一部分。1960 年，读大学三年级时，我曾把这个观点写成《十月革命后民族民主革命的性质及其所属阵线问题》一文，投寄《人文杂志》。他们本准备发表的（这有我至今仍保留的当时的退稿信为证），后来由于非常明显的原因而最终作罢了。粉碎"四人帮"后，我的那篇文章始在《青海师范学院学报》1980 年第 3 期刊出，《新华文摘》1981 年第 3 期作过比较详细的摘登，也引起过一点争论，后来我还为此又写了一篇回应争论的文章。不过，这终归不是我的主业、本行，以后也就不再过问这个问题。

第二，对毛泽东"对立面的统一性是相对的"的论断提出质疑。在我看来，对立面的统一性也同斗争性一样，其存在也是无条件的、绝对的。至于统一性的具体表现形式，则是相对的，正如斗争性的具体表现形式也是相对的一样。同样是在 1960 年读大学三年级的时候，我曾把这个观点写成《有关对立面的统一性的一些问题》，并通过班干部许玉琪转呈时任山大历史系主任的哲学家蒋捷夫审阅。过了一段时间，蒋主任仍通过许玉琪将稿子退还于我，除在上面改正了一个明显的错别字外，什么书面意见都没提。我问许玉琪蒋主任啥看法？许说：蒋主任的意思大概是这个题目不好写，写了也不好发表。蒋主任的意思我自然懂得：你小子文章犯忌啊！1962～1963 年，当我看到《新建设》等杂志刊登有高鼎忠等论述"统一性"的文章时，又忍不住写了《辩证法的"同一性"可不可以作两种含义上的区分和如何区分——读了高鼎忠等同志的文章之后》一文，投寄《新建设》。从编辑已在后来退还于我的文章原稿上标出大小标题及正文的不同字号看，他们似曾打算采用，但后来还是把稿子退还我了。后来，这两篇讨论"统一性"的文章就一直压在箱底，直到 2010 年出版《先秦传说与区域文化研究》（兰州大学出版社出版）一书时，方才将它们作为"附录"塞进书里，使之面世。

第三，是对传统的、流行的"奴隶社会乃人类历史发展必经阶段"的论断提出质疑。本来，我亦同大多数人一样，认为人类历史上存在个奴隶社会发展阶段是天经地义的，反右中始知道雷海宝、李鸿哲两人在这个问题上持有不同看法并因此被打成右派。当时，我是抱着好奇心把雷、李二人的文章找来一读的。谁知读过他们的文章后，我不但没觉得他们有什么错，反倒被他们的观点俘虏了。后来，我曾同好友祝中熹同学不时交流、讨论这个问题，但鉴于兹事体大，迟迟未能动笔为文。1962 年，我始将这个观点写成一篇长文寄呈曾在我的母校山东大学历史系任过教的杨向奎和仍在山大历史系任教的童书业两位老师征询意见，鉴于当时的形势，二位老师一谓题目太大，应仅从古史分期入手，一以身体不好，无力审阅，先后将稿子退还于我。之后，学术环境愈加险恶，我也只好将之束之高阁（不是一般的"束之高阁"，而是将之转藏于徐州老家我妹妹之处），断了刊行问世的念头。

三、困顿、虚掷的十五年

1961 年，我从山东大学历史系毕业。毕业后便一头扎进青海师大（原青海师院），一干就是 46 年，直到 2007 年 70 岁时退休，其间从未跳槽、改换门庭过。

这 46 年的前 15 年，即 1961～1976 年粉碎"四人帮"的那段日子，可以说基本上是在困顿、迷茫中度过的，大好时光就这样的虚掷了。开头两年，我虽曾利用大学读书时的残存劲头写过《孔子的阶级立场和他的政治主张》（刊《青海师范学院论文集》1962 年第 2 期）、《辩证法的"同一性"可不可以作两种含义上的区分和如何区分——读了高鼎忠等同志的文章之后》、《略论奴隶制的历史地位》等文，但这种势头很快就戛然而止了。先是，1962 年我因在政治学习会上公开说"前几年饿死人，天灾与人祸相比，人祸是主要的；人祸中，又不能光怪地方、基层，说什么中央的经是好经，是下面的歪嘴和尚把经给念歪了。实际上，党中央和毛主席应负主要责任"等言论，被批判，并被延长试用期一年。1963 年以后，又被弄下乡，搞了三年多"社教"。接着就是"文化大革命"。这当儿，连安全、饭碗都成了问题，又谈何学术？

四、再度耽搁和抓了把学术生命的尾巴

粉碎"四人帮"后，诸事渐入正途，学术环境亦大有改善。1979 年，我这个年已四十有二的老学生远赴四川大学从著名史学家徐中舒进修先秦史一年。这一年，是我学术生命中极为关键的一年。因为，在这一年里，我不仅从徐老身上领悟了什么叫大师，什么是大家风范，极大地开阔了学术胸怀、眼界，更重要的是我新修改定稿的《略论奴隶制的历史地位》一文得到徐老的认可。据徐老的孙子徐亮工告诉我，当徐亮工问徐老对我那篇文章的看法时，徐老回答说，张的看法是对待。徐亮工又进而问，那你过去不是也承认中国有奴隶社会，并是古史分期中的西周派吗？你过去的那些文章不是白写了吗？徐老说，当时也只能那样。后来，我的那篇洋洋五万言的长文经徐老力荐得以在《四川大学学报》1980 年第 2、3 期刊出（此文稍前曾在《青海师院学报》1980 年第 1、2 期刊出过，但当时我院学报尚属内部发行，影响不大），一时在学界产生较大影响，从而极大地鼓舞了我，坚定了我的学术信念。从徐老进修时，我的结业论文是《"贡助彻"研究中的几个问题》，同样是阐述中国无奴隶社会说的。接下来的几年，我又围绕这一课题连续撰写了《中国奴隶社会研究中的几种常见提法驳议》、《商代奴隶社会说质疑》、《早周社会性质问题》以及《匈奴与奴隶制——从少数民族史看初始阶级社会的非奴隶制性质专题研究之一》等 10 篇从少数民族史角度论定中国奴隶社会说之不能成立的系列论文。后来，我把这些文章集结为《奴隶社会并非人类历史发展必经阶段研究》一书出版（青海人民出版社 1988 年）。

不过，这股刚刚起来的学术研究势头很快又被扼住了。因为，我这个原来连团都没入过的人于 1983 年入了党，特别是从 1984 年起又连续被推到历史系副主

任、教务处长、副校长、校长的位子上去，而且一干就是 13 年，直到 1997 年年满 60 岁时才退下来。开始做历史系副主任时尚不觉得怎么太影响学业，可一搬入学校办公大楼，就全然身不由己了。幸好，我这人没把"官位"看得太重，也未全身心地投入到行政工作中去，仍坚持带研究生，偶尔也动笔写点小玩意，为的是不致太脱离学术前沿。

十几年的"官"，耽误了学业不说，即在行政管理上也没做出像样成绩，真是两耽误了。实践证明，我这个人确实不是块当"官"的料，所以谈不上什么"政绩"（当然，我也不是占着位子一点事情都不做，在学科建设、师资队伍建设、图书馆建设、研究生点建设，以及高水平运动队——特别是女篮建设等方面，我还是有些想法、做了些工作的），不过，聊以自慰的是在我当"官"期间从未贪污、受贿过一分钱，未干过一件昧良心的事。我当行政一把手多年，坚持不要"一支笔"，把财权交给副校长，基建等与钱沾边的大项目更从不具体过问。一次我去汕头大学公差，为省钱，我坚持不住会议安排的校级宿舍，即使这样还是超标准了。回校报销差旅费时，财务处长说，你是校长，就不要死搬标准了，实报实销吧。我说，你管不了我这个校长，又怎好管别的领导和众多的教授们呢，结果，我还是坚持按标准报销房费，超支部分我自掏腰包。对上司，我该服从的服从，该尊重的尊重，却从不私下走动。一次，校党委书记提醒我说，分管文教的×副省长对你有点意见，说别的校长都往他那儿跑，就你架子大，不去，是不是看不起他啊，你还是多跑跑。我说：对×副省长，我向来是尊重的，作为上级，他要我汇报工作，我立马就去，但没事让我跑去套近乎，我不干。后来，×副省长退下来后还曾当面问过我，是不是看不起他，或对他有什么意见。我如实向他做了解释，说我就是这么个人。他听说后也就释然了。针对官场的一些腐败现象和用人制度中的诸多弊端，我曾在某公开场合放言："若这种势头得不到遏止，势必造成好人不当官，当官没好人，好人当官当长了都得变坏。"话传出去，听说有位领导很不满，说：他张广志好赖也是一级领导，怎么能这样放言无忌呢？由于老管不了自己的嘴，我爱人杨秀荣曾不止一次告诫我："这次开会，你能不能光带个耳朵去，闭嘴不说话行不？"有时我也觉得应该不再说那些不合时宜、不中听的话，可生性使然，很难完全做到。

1997 年年满 60 时我终于从领导岗位上退下来后，有朋友问我，习惯吗？是不是有点失落啊？我说：如果领导岗位能给我带来利益，一旦失去，我自然会感到失落。可对我来说，"官"位实在是个枷锁，现终于甩掉了，实在是一种解脱、解放。退下来后，我又开始向本来的我回归，回归到不再为琐事俗务操心，过着逛逛书店，跑跑图书馆，遨游书海，神交古人的惬意生活。

在退下来后这段日子里，我在时间上还是抓得比较紧的，因为，我深深知道，生命已到了尾期，再不抓住它，就真的要老大徒伤悲了。从那以后，不管是仍在教学岗位上，还是在 2007 年年满 70 岁退休后，我都是在读书、写作、参加各种学术会议中愉快而充实度过的。有付出，自然有收获。这段时间，我先后出版了《三代社会形态——中国无奴隶社会发展阶段研究》（与李学功合著，陕西师范大学出版社 2001 年版）、《中国古史分期讨论的回顾与反思》（陕西师范大学出版社 2003 年版）、《西周史与西周文明》（上海科学技术文献出版社 2007 年版）、《历史投下的阴影——古代帝王将相的人性负面》（青海人民出版社 2006 年版）、《先秦传说与区域文化研究》（兰州大学出版社 2010 年版）等著作及一批为提交先秦史学会等组织的各类学术研讨会所撰写的论文。此外，作为江苏籍学者，晚年又定居南京，我又曾应邀参加了江苏有关方面主持的《吴地文化通史》（中国文史出版社 2006 年版）、《江苏通史·先秦卷》（凤凰出版社 2012 年版）、《江苏吴文化志》（江苏科学技术出版社 2013 年版）等书部分章节的撰写工作。

上述论著，虽不敢说有多高学术品位、价值，但除少数急就、应景之作外，大都是经过自己独立思考，认真作出的。我一向认为，脑袋既然长在自己肩膀上，就应该用自己而不是别人的脑袋去思考，去表述。我虽不是做学问的大材料，也没做出什么像样学问，但我一向谨遵先贤有关史德的教诲，不虚妄，不曲笔，不看别人脸色做违心文章。我曾为自己立下如下治学格言："尊重前贤时哲而不迷信之，勇于探索而不故作惊而人语。""不以压力轻弃己见，不以面子固执己见。坚持真理需要勇气，修正错误亦需勇气。""不唯上，不媚俗，不看别人脸色为违心之论。"

五、我与旧体诗词

我的阅读领域比较广，史学外，哲学、经济学、文学艺术等无不涉猎，有时也学着写写旧体诗词，并曾在《青海青年报》、《青海湖》、《中华诗魂》、《近五十年寰球汉诗精选》等报刊和集子中公开发表过 20 多首诗词作品。我写的旧体诗词，虽谈不上多高意境和艺术水平，但却是我不同时期心灵的真实写照，我还是很珍惜它们的。如写于"文革"时期的三首：

七绝·雪夜独酌
旧愁未了又新愁，世事难言一梦休。
薄酒三杯成小醉，长空漫乱雪淹楼。

七绝·荒郊秋晚
涧水潺湲似泪流，荒郊踯躅为悲秋。

枯杨叶尽空枝在，犹被霜风逼不休。

浣溪沙·重九登高感怀

重九登高莅绝台，西风扑面触愁怀，万般惆怅酒中排。

村柳叶黄莺自去，山花香尽蝶稀来，高天云凉雁啼哀。

反映的是"文革"时期知识分子的迷茫、凄凉、无助。而另一些诗作，如：

五绝·无题

十年如噩梦，浩劫一时除。

喜理荒疏业，韶华好读书。

七绝·读李杜三峡诗感怀

天公遗我美山川，李杜能诗冠众贤。

安得如椽神助笔，研江为墨续新篇。

前一首写于 1979 年赴川大从徐中舒师进修先秦史时，后一首写于 1993 年游三峡途中，心境就同过去大不一样了。再则，我写的旧体诗词虽水平不高，却是严格按照诗韵、词谱规定的平仄和韵部办事，并力避重字、孤平、三平调诸病，大体中规中矩，不至流于打油、顺口溜之列。

六、学 界 师 友

一生接触过不少师长，各行业、各类型的朋友也交了不少，但主要还是限于学界圈子。

下面，主要讲讲对我学业有过较多帮助、影响的师友，以示感谢，以为纪念。

童书业是我大学的业师，我还当过他的课代表，惜环境、时代所限，交往不多，但童师的人品、学识，特别是他的惊人的记忆力，以及传扬甚广的轶闻趣事，还是给我留下了深刻印象。徐中舒师的情况，上文已有所交待，这里不再赘述。1991 年 1 月 9 日徐师仙逝于成都后，我虽接到唁电，却来不及亲往送徐师最后一程，只好面向南天，长跪不起，痛哭失声。赵光贤先生，与我在先秦史学会共事多年，并曾为我的《奴隶社会并非人类历史发展必经阶段研究》一书赐序，多所鼓励、奖掖，是我十分敬重的另一位著名前辈学者。

在朋友辈中，论交往时间之长、程度之深，当首推祝中熹君。祝小我一岁，山东诸城人，是我大学同窗。大学毕业后，我去青海，他到甘肃，不时互通音信，"文革"中他还曾逃往我处避过难。五十多年来，我们始终保持联系。中熹"文革"前长期被埋没在乡间中学，"文革"后始调往庆阳师专、甘肃省博物馆得以施展。祝治学路子颇宽，举凡一般社会史（如中国无奴隶社会研究）、地方史、秦文化、文博考古诸领域皆有涉足，并取得很高成就。祝的文章，不仅有识见，说理透彻，且文采飞扬，读来实在是一种享受。我学术界的另一位朋友是原青海师大副校长、青海省社会科学院院长赵宗福君。赵是北师大著名民俗学者钟敬文的高足，主攻民俗学，与我的研究领域多有相通，故时有交流。赵又工诗，所写旧体诗词并不停留在一般所谓"写景"、"状物"、"抒情"、"遣兴"上，要在"言志"，立意高远，且平仄用韵甚工，词语精粹，艺术水平上佳，是我的一位交往多年的学友、诗友。

由于我主攻先秦史，参加中国先秦史学会活动三十多年，是学会的创办人之一，且蒙大家错爱，又担任过学会的副理事长、顾问等职，故我的学界朋友主要集中在先秦史领域。学会的首任理事长是徐中舒师，继任者为李学勤，现为宋镇豪，三位学者可谓当代先秦史领域老一辈、中生代、新生代的代表性人物，学术造诣高自不待言，对学会的产生、发展亦皆曾作出或正在作出重大贡献，我本人亦曾在同他们的接触、交往中获得过不少教益、帮助。三位理事长外，我这里不能不提及对学会日常运转付出大量心血、作了大量工作的两任副理事长兼秘书长孟世凯和宫长为。孟是中国社科院甲骨文专家，长期担任先秦史学会的副秘书长、秘书长、副理事长、顾问组组长等职，是先秦史学会存在、发展、辉煌之枢要人物。孟风趣睿智，善与人处，上自达官显要，下至贩夫走卒，皆能与之交，是先秦史学会不可多得的一位组织者和宣传活动家。孟告退后，这摊繁重工作由宫长为接手。开始时，我同部分老朋友还真有点担心年纪略轻些的宫能否胜任此项工作，现在看来，我的担心完全是多余的，宫在承担繁重的科研任务、行政工作、家事（孩子尚小）的同时，也把学会工作搞得相当出色。前东北师大副校长、中国先秦史学会前副理事长、现顾问詹子庆教授，是我 1979 年在川大从徐中舒师进修先秦史时的同窗好友。詹不但是知名先秦史专家，还是一位做人做事都极为认真的好教师、好领导、好丈夫。詹夫人刘效云多病，詹精心照料，多年如一日，甚至不惜为此提前辞去副校长职务。这样的好人，如今已不多见了。中国先秦史学会前副理事长、现顾问、西北大学中国思想史研究中心刘宝才教授，亦是我川大进修时的同窗。刘是位有思想、有个性的学者，话不多，却每能闪耀出智慧的火花，给人以启迪。刘的学生、中国社科院研究员吴锐，是位年轻有为，善思考、有担当、有学术良心的学者。我曾与刘曰："孔夫子弟子三千，达者七十二人。你门下有多少，我不知道。我看，一吴锐足矣！"前陕西师大校长、中国先秦史学会副理事长赵世超教授是我在川大从徐中舒师进修时的又一同窗。赵小我九岁，后又从徐师读博士。他主陕师大校政时，善于延揽英才，建树颇多。在做学问上，赵站得高，大局观好，故每有所出必能新人耳目，给人以启发。中国先秦史学会前副理事长、现顾问、河北师大沈长云教授，是赵光贤先生的高足，是中国无奴隶社会说的代表人物之一，与我同道。沈做学问认真、执着，所论多有新义，且不跟风、媚俗，有古士人风。中国先秦史学会副理事长、天津师大科研处长杜勇教授，原是我在川大从徐中舒师进修时同窗之一姚政的学生，后又从赵光贤先生读博士。杜做学问路子宽，有深度，是同龄人中之佼佼者。中国先秦史学会前副理事长、大连大学特聘教授葛志毅，是一位著述甚丰且很有识见的学者。葛文献功底深厚，言出有据，读他的东西给人以厚实感，非当下一些专门在新概念、新方法论上兜圈子却空言满篇者可比。中国先秦史学会副理事长、四川大学历史文化学院教授彭邦本，是徐中舒师高足。彭治学严谨，思辨、表述能力均佳，是一位既富才气又十分勤奋的学者。潍坊博物馆研究员、山东大学兼职教授孙敬明，主攻文博考古，能诗善画，口才极佳，是个才气横溢的才子型学者。现在，像他这样既学有专是长又活得有韵味的学者已越来越少了。南开大学朱彦民教授，年方五十出头，已是知名的殷商史、甲骨文专家，且善书，曾从著名书画家范曾学，书法别具一格，很有特色，经得起品读、玩味。苏州科技学院叶文宪教授，天赋甚高，长于思辨，所著《重新解读中国》、《新概念哲学》等，发人所未能发，言人所未能、未敢言，有相当学术价值，惜在人云亦云大行其道的当今学术界，迄未引起足够重视、反响。江苏社科院历史所副所长、研究员王健，先后师从著名史学家李民、谢维扬，学有专精，著述颇丰，且乐与人处，待人诚恳宽厚。近年，我应邀参与由他主编的《江苏通史·先秦卷》、《江苏吴文化志》的编写工作，期间，时相切磋，并通过他新结识了一些江苏学界朋友，实晚年一大乐事。中国人民解放军后勤学院、国防大学研究员、教官房立中，是知名军事史、兵书研究专家，尤以鬼谷子研究享誉海内外。我近年稍涉鬼谷子研究领域，多得益于他《新编鬼谷子全书》的引领才多少摸得些门径的。

以上是我接触交往较多者，此外，尚有许多学者，如李仲立、殷玮璋、曹定云、李健民、黎小龙、徐难于、罗运环、谢维扬、晁福林、朱凤瀚、蔡运章、郑杰祥、程有为、张新斌、陈恩林、吕文郁、钱宗范、白国红、于孔宝、杨朝明、杨善群、范毓周、王辉、王晖、尹盛平、郑洪春、贾彦儒、杨东晨、何光岳、张闻玉、徐日辉、魏建震、刘俊男、徐义华、朱明歧、刘心田等诸友，亦都曾给予我这样那样的关照、支持、帮助，他们的情谊，连同他们的道德文章，我会永志不忘，限于篇幅，这里就不再具体记述了。

我的研究生和学术助手，如李学功、蔡锋、莫金山、李广明、韩红宇、金颜、张科、李健胜等，亦大都学业、事业有成，对我关心、帮助甚多。我与他们，既是师生，又是朋友。

七、平辈及晚辈家人、亲属

母亲生有八名子女，三名夭折，存活下来五名，即我和一个姐姐、两个妹妹、一个弟弟。由于重男轻女旧传统的影响及特定社会因素的作用，我们兄弟姐妹五个人中只有我一个最终成了读书人，其他则根本无缘或很少读书。大妹广荣，为带弟弟小学没念完就辍学了。广荣聪明能干，一生吃了不少苦。改革开放初期，成了我们家乡一带闻名远近的女个体户。弟广斌，天资甚高，小学毕业那年适值“文革”，虽在升初中的考试中名列全公社前茅，还是被剥夺了升初中的权利。现在他虽也搞点经营，衣食无忧，但心思还是在知识上，喜欢文史，其知识面之广、记忆力之强，一般读书人是比不了的。姐广梅、小妹广瑞，早年也都生活得很艰辛，幸近年来子女们都有出息，如今都已是儿孙满堂，晚景尚好。

妻杨秀荣，西安人氏，比我小五岁，学政教专业的，曾任青海师大附中总支书记，副校长，中学特级教师，全国优秀教师。妻子对我帮助极大，生活上的照料外，还帮我打书稿、文章，且每能在提法、文字上发现我的某些不足或错误。

我结婚偏晚（1970 年结婚时，我 33 岁，杨 28 岁），34 岁上生下女儿，37 岁上生下儿子。女儿张熠，青海师大艺术学音乐专业毕业，现供职于青海广播电视台。婿万玛加，亦供职于青海广播电视台，是青海省首位中国新闻最高奖——范长江奖的获得者。子张炜，西北师大中文系毕业，现为江苏省总工会宣教部干部。儿媳史海燕，在一证券交易所供职。外孙女万怿凌、孙女张嘉懿都还小，前者读高中，后者才读小学。

现在，我定居南京，安度晚年。回首往事，有满意的地方，亦不乏遗憾处。对此，我看得颇开，月亮尚有阴晴圆缺，人生又哪能心想事成、尽善尽美，但求仰不愧天、俯不愧人、内不愧心足矣。

旧体诗词杂抄

　　少壮坎坷，为诗多悲凉语。晚近稍安，竟又没有了韵律。近检旧箧，得往日所写旧体诗词一束。重读之下，虽觉意境平平，格律欠工，但它们毕竟皆余某个时期、某种环境下心迹的真实写照，故又不免敝帚自珍起来。因选出部分，连同近年所作，刊布出来，谅无大碍。

七绝·别云龙

远望云湖意怅然，轻烟似水水如烟。

今朝撒泪辞君去，乡月何时得再圆？

1961·徐州

七绝·怀慈母

秋风阵阵送胡笳，归雁哀哀日影斜。

梦里依稀慈母泪，断肠游子客天涯。

1964·湟源

七绝·秋日淫雨感怀

细雨绵涟困小楼，枝头春尽已残秋。

蹉跎岁月华年逝，思绪如麻恨未休。

1967·西宁

七绝·无题

焚余残卷久尘封，笔砚阑干任去从。

可叹书生新尚武，相攻互伐势何凶！

1967·西宁

七绝·荒郊秋晚

涧水潺湲似泪流，荒郊踯躅为悲秋。

枯杨叶尽空枝在，犹被霜风逼不休。

1969·湟源

七绝·雪夜独酌

旧愁未了又新愁，世事难言一梦休。

薄酒三杯成小醉，长空漫乱雪淹楼。

1969·西宁

浣溪沙·重九登高感怀

重九登高莅绝台，西风扑面触愁怀，万般惆怅酒中排。

村柳叶黄莺自去，山花香尽蝶稀来，高天云冷雁啼哀。

1969·大通

古绝·怀杨君

荒村孤寒夜，长天无片云。

卧对西窗月，遥忆梦中人。

1970·湟源

浣溪沙·赠杨君

一处相思两处裁，奈无双翼适堪哀，心灵遥筑望卿台。

长恨人生多逆事，此情合共泪深埋，雁书久去不归来。

1970·湟源

七绝·静夜思

风惊庭树曷伤神，乍醒难分幻与真。

最是多情西岭月，夜深犹照不眠人。

1970·湟源

七绝·寄伊人

春意初笼岸柳梢，闲来信步过长桥。

伊人远在云天外，望断群山去路遥。

1970·湟源

七律·雪夜感怀

霰雪纷纭夜未眠，寒鸦引颈泣长天。

凭窗东望情凄切，依杖西顾意怆然。

志大才疏空自责，心高命薄复谁愆。

穷愁潦倒无完梦，风撼危楼似荡船。

1970·湟源

七绝·惜别

长离小聚又东西，相对无言鹊夜啼。

莫叹平生多懊恼，痴心一片只情迷。

1970·西宁

五绝·无题

十年浩劫，"文革"不"文"。中共十一届三中全会后，拨乱反正，社会诸端始渐入正途。1979年，教育部委托四川大学著名史学家徐中舒先生举办先秦史进修班，从全国范围内招收11名中青年教师入川深造，余亦有幸得厕身其列，入徐师门下受业。十年荒废，乍获学习良机，其喜可知，赋此自勉。

十年如恶梦，浩劫一时除。

喜理荒疏业，韶华好读书。

1979·成都

古绝·赠书诗并序

现出版业改革，让写书人包卖一部分自己写的书。既不会卖就送人吧，又怕别人嫌弃或别生强卖疑虑，是以在赠书的同时附打油一首，以明本意，以抒情怀。

新时多奇事，出书须自销。

未谙陶朱业，相赠幸勿抛。

1989·西宁

七绝·陪外地学友游青海湖

谁将黛玉置青毡，六月巅峰雪接天。

此景疑应尘世有，仙乡西海会群贤。

1990·青海湖

七绝·三峡怀古

锦绣河山放眼收，岩崖削凿大江流。

前朝俊秀俱千古，空惹骚人笔底愁。

1993·三峡途中

七绝·读李杜三峡诗感怀

天公遗我美山川，李杜能诗冠众贤。

安得如椽神助笔，研江为墨续新篇。

1993·三峡途中

七绝·游戏马台怀项王二首

叱咤风云百战雄，项王恃勇寡谋功。

垓堤一败虞姬死，再走乌江路已穷。

身经百战慑群雄，刎颈乌江不肯东。

自古彭城多死士，成仁取义项王风。

1995·徐州

七绝·重访故里忆旧游

少年飘泊慕虚名，老访彭城面目生。

旧友难觅嬉处在，几人坟上草萋萋。

1995·徐州

七绝·题孟公"忆母亭"并序

海南有亚圣后孟允安者，两岁丧父，赖母抚育成人。公即将大学毕业时，母亦撒手西归。为报母恩，公倾历年积蓄建"忆母亭"，并向全世界公所结识的文友征集诗、联，勒石永念。此诗即应孟公约而作，蒙孟公不弃，得勒石存焉（位第四碑）。

尖峰岭下大洋滨，孟氏修亭报母亲。
莫叹尘间鲜孝道，匡扶懿德有贤人。

1995·西宁

七绝·年近花甲从教卅五述怀

甫离学馆已师身，泰半年华付粉尘。
对镜何须悲白发，杏坛济济有来人。

1996·西宁

五律·送赵君宗福游学京门

壮志存高远，京华负箧行。
是非挥度外，得失任人评。
宦海波涛恶，书山义理精。
钟门兢仰止，孜汲业终成。

1999·西宁

后　记

对出这本集子的用意及集子的大体内容等,《前言》中已述及, 故对书本身已没什么可说的了, 下面, 想再说点书外的话。

整理旧文实在是件苦事, 麻烦事。收入本集子的这些文章, 不少原为铅印稿、打印稿、手写稿, 现在都要一一录入电脑, 再加上文字的订正、引文的核对以及诸多纯技术方面的规范处理等, 都远不是我一个年届八旬的人所能胜任的。幸有我妻子杨秀荣协助, 特别是我原来的助手、现已为博士生导师的李健胜教授以及他的学生宋义岳、郭海涛、赵元山、邹林、董波的大力襄助, 本书始得按时、按要求整理出来。

又, 本书出版得到青海师范大学校长何波、副校长赵海兴、科技处处长李美华、人文学院院长杜常顺等的关心、支持。责编庞丽佳女士在本书的审编、出版社与作者的沟通、协调方面做了大量工作, 对本书提出过不少中肯修改意见。

在此, 谨向诸君表示由衷谢忱。

张广志

2016 年 5 月 10 日于南京青海干休所新居